KB254077

꿈의 심리학과 집단투사 꿈작업

김중호 지음

학지사

추천의 글 1

나는 어머니로부터 내가 태어나기 전에 꾸신 태몽에 대한 이야기를 여러 번 들었다. 어머니는 글을 모르셨고 그리스도교에 대해 아는 것이 아무것도 없었다. 그런데 그 태몽의 의미를 생각해 보면, 내가 목회자나 상담자가 될 수밖에 없는 상징의 꿈이었다는 것을 알 수 있다. 돌이켜 보면, 나의 삶은 태몽의 자기실현과 같은 삶이었다. 태몽은 아이가 잉태되기 전이나 임신 중에 꾸는 꿈으로서 곧 태어날 아이의 성별, 성격, 재능, 운명, 삶의 여정 등을 나타낸다고 여겨진다. 한국 및 동아시아 일부 문화권에서는 전통적으로 태몽을 소중하게 여기는 경향이 있다. 현대적인 꿈해석의 입장에서 보면, 태몽은 전통적인 문화와 심리적인 기대가 결합된 현상으로 생명의 탄생과 그 기쁨을 기념하는 의미가 있다.

김중호 교수의 두 번째 집필 서적인 『꿈의 심리학과 집단투사 꿈작업』의 출간을 축하한다. 김중호 교수는 15년 이상 꿈작업에 관한 집중적인 강의와 임상적인 꿈작업을 해 왔다. 참가자들의 개인적인 꿈 사례를 다루고 그 의미를 찾아가는 실제적이고 경험적인 과정이었다. 이번에 출간하는 서적에서 김 교수는 꿈을 이해하기 위한 전통적인 심리학, 곧 프로이트의 정신분석학적인 입장과 칼 융의 분석심리학적인 입장 그리고 프리츠 펄스의 게슈탈트적인 입장을 알기 쉽고 명료하게 정리해 놓았다. 그런 심리학적인 지식은 꿈의 의미를 찾는 꿈작업 과정에 유익하고 너너한 이론적 배경이 된다고 생각한다. 김 교수는 꿈해석에 도움이 될 수 있는 현대의 새로운 방법을 도입했다. 그것은 꿈에 대한 심리학적인 이론이 아니라 꿈을 다루고 그 의미를 찾아가는 꿈작업 방법에 대한 것이다. 김 교수는 미국에 있는 헤이든 꿈 연구소에서 꿈작업에 대한 현대적인 접근방법을 수학했으며 그 방법을 자신의 강의와 임상에 적용했다. 그 방법의 특징은 투사와 '아하' 경험에 있는데, 그 과정을 '투사 꿈작업(projective dream work)'이라고 한다. 독자들은 이 책에서 새로운 꿈작업 방법에 대해 알게 될 것이다. 흥미로운 방법이다.

꿈이란 무엇일까? 꿈은 나 자신의 무의식이 나에게 들려주는 이야기이다. 그 이야기는 나 자신에 관한 이야기로서 나의 의식이 알지 못하거나 알고 있을지라도 제대로 알지 못하는 이야기이다. 꿈은 내가 나 자신을 알도록 나를 도와주기 위해 나를 찾아온다. 따라서 꿈을 꾸고 꿈의 의미를 알게 되면 우리는 그만큼 자기이해와 자기통합이 가능해지며 인격의 성장이 이뤄진다. 의식과 무의식의 소통과 통합이 이뤄지는 것이다. 꿈은 나 자신의 영이 나에게 들려주는 이야기이다. 영은 내가 하나님을 만날 수 있는 통로이기 때문에 꿈은 나의 영적 세계의 문을 여는 관문이 될 수 있다. 전통적으로 그리스도교에서는 꿈이 하나님을 만나고 하나님의 계시를 받을 수 있는 영적인 현상으로 여겨져 왔다. 그럼에도 그리스도교의 목회 현장에서 꿈이 오랫동안 무시되고 사장되어 온 것은 안타까운 일이다. 더욱이 과학적 합리주의에 영향을 받은 현대인들은 꿈이 비과학적이라는 이유로 꿈을 무시하며 무의미하게 생각하는 경향이 있다. 그러나 꿈이 비과학적이라는 이유로 꿈을 무시하는 것은 인간이 영적이며 이성 이상의 초월적인 존재라는 것을 부정하는 것만큼 어리석은 일이다.

김 교수는 책의 서두에서 '누가 우리에게 꿈을 보내는가?'라는 질문을 하면서 꿈은 우리의 무의식과 자아보다 큰 신적인 존재가 보내는 특별한 편지라고 말한다. 이런 관점은 추천의 글을 쓰고 있는 나 자신의 이해와 일치한다. 꿈은 의미 있는 메시지가 담겨 있는 상징으로서 우리의 무의식 또는 하나님이 우리에게 보내는 편지와 같은 것이다. 성공회 신부이며 융학파의 저명한 분석가인 샌포드(John A. Sanford)는 『꿈―하나님의 잊혀진 언어』라는 책을 저술했는데, 그 책에서 샌포드는 그리스도교의 신학과 융 심리학을 병행하는 통합적인 입장을 취하고 있다.

꿈은 허상이 아니라 우리 삶 속에 존재하는 하나의 실체이다. 우리는 꿈을 통해서 무의식의 세계를 만나고 자신이 모르고 있던 자기의 내면을 이해할 수 있다. 우리가 어디에 있는지 자신의 상태와 위치를 모를 때 꿈은 상징을 통해 현재의 위치를 알려 준다. 이성이 깨닫지 못하는 것을 꿈은 결코 놓치지 않는다. 우리의 의식이 삶의 중요한 의미를 모르고 지나칠 경우에 꿈은 그 의미를 깨닫도록 우리를 찾아온다.

김 교수의 저서인 『꿈의 심리학과 집단투사 꿈작업』은 꿈에 관심이 있는 사람이라면 누구나 알기 쉽고 흥미롭게 읽을 수 있도록 쓰인 책이다. 난해하고 이해하기 어려운 꿈의 심리학적인 이론과 개념들을 명료하고 이해하기 쉽게 설명해 놓았다. 따라서 상담자나 심리학을 공부하는 사람들은 물론 꿈에 관심이 있는 모든 사람이 읽을 수 있는 책이다. 꿈을 다루고 그 의미를 찾아가는 꿈작업은 소수의 특별한 사람들만의 전유물이 아니다. 그것은 모든 사람이 꿈을 꾸는 것처럼 모든 사람에게 필요한 과정이다. 많은 사람이 이 책을 읽고 꿈에 대한 관심과 이해가 증대되기를 바란다. 다시 한번 이 책의 출간을 축하한다.

2025년
치유상담대학원대학교 명예총장
정태기

추천의 글 2

　　1970년대부터 '냇물'이라는 애칭으로 상담학도의 도반으로 지내 온 김중호 박사가 『꿈의 심리학과 집단투사 꿈작업』라는 자신의 저서에 추천의 글을 써 달라는 전화를 걸어 왔다. 나는 이 청탁을 꿈의 동산에서 함께 산책하자는 초대장으로 받아들였다.

　　나는 1970년대부터 꿈일기를 쓰고 있다. 꿈일기는 나에게 무형문화재이다. 무형문화재는 사람의 행위에 의해 나타내는 무용수의 춤사위, 판소리 명창의 목소리, 명품을 만들어 내는 장인의 솜씨같이 안 보이거나, 붙잡을 수 없는 심상(image)으로 전해지는 유산을 말한다. 꿈도 이와 같다. 무형문화재는 민족과 문화의 혼을 타고 심상으로 꾸준하게 전달된다. 꿈도 역사와 문화의 물줄기를 타고 인간공동체에 내재하고 있다.

　　나는 꿈부자이다. 백만 불짜리 꿈이 여러 개 있다. 그중의 하나를 소개한다.

　　1998년 11월 21일 밤 나는 황금색같이 빛나면서 하얀가슴털이 탐스러운 우아한 호랑이와 함께 아름다운 강변을 산책하였다. 우리는 함께 멋진 경치를 감상하고, 강물을 마시고, 하늘에 떠 있는 구름을 감상하였다. 헤어질 때는 호랑님의 앞발과 악수를 하고 잘 가라고 손짓도 하였다.

　　꿈을 깨니 아주 행복한 감정이 나를 사로잡았다. 가만히 생각해 보니 그날은 나의 회갑날이었다. 무인년 호랑이 해에 태어난 나에게 이 꿈은 엄청난 깨달음과 축복을 선물로 주었다. 이제부터는 영악한 호랑이로 살지 말고 우아한 호랑이로 살아가라는 하늘에 계신 분의 메시지였다. 이 꿈의 넋[夢魂]이 그로부터 나의 절친한 친구가 되었다.

　　김중호 박사의 책의 꾸밈새를 살펴보니 한마디로 꿈의 동산에서 함께 산책하며 의식과 무의식의 대화의 향연에서 자리를 함께하자는 초대장이다. 소꿈도, 개꿈도 모두 뭉개 버리지 말고, 향연의 무대 위에 올려 극진하게 대접해서 멋진 무대를 만들어 보자는 환대의 메시지이다.

　　열 장과 부록으로 꾸려진 이 책은 꿈이 무엇인가라는 호기심을 넘어, 아름다운 꿈쟁이가 되자는 청원문처럼 다가온다. 꿈은 꿈쟁이에게 무엇을 의미하며, 꿈과 더불어 살아가는 삶이 얼마나 풍요로운가를 꿈작업을 통하여 실증하는 사례적 해석들을 담고 있다. 이 사례적 해석들은 꿈이론의 두 기둥을 이루고 있는 프로이트와 융 등의 이론으로 합리적, 상징적으로 정확하게 뒷받침되어 있다. 그래서 이 책은 정신건강 운동에 전념하는 지도자들, 사역에 몸을 담고 있는 신학생과 목회자들, 전인건강을 도모하는 상담가나 심리치료자들에게 꿈의 넋을 만나게 해 주는 길동무가 되어 주기에 안성맞춤이다.

이제 꿈 과학자들은 인간뿐만 아니라 동물과 식물들도 꿈을 꾼다고 확인해 주고 있다. 동물들은 사람과 비슷하게 급속안구운동(REM)을 하고, 식물들은 생명의 주기리듬(circadian rythms)을 통해 환경의 조건을 기억하며 살아간다고 한다. 꿈을 꾸고 꿈의 의미를 탐색하는 일은 우주에 살고 있는 다른 생명들을 이해하고 함께 살아가는 데에도 필수적인 린치핀이 되었다. 인간과 맞먹으려는 인공지능으로 탄생한 로봇은 영혼이 없어서 꿈을 꿀 수가 없다고 하니 꿈을 꾸고 그 꿈을 해석하는 인간됨의 존엄성에 스스로 경탄하지 않을 수가 없다.

치유상담대학원대학교에서 젊음을 바쳐 연구하고 가르친 꿈의 학문을 이렇게 소담스러운 열매로 엮어 낸 저자의 노고에 경의와 사랑의 마음을 전하면서 이 귀한 책의 추천의 글을 갈무리한다.

2025년

감리교신학대학교 목회상담학 명예교수

和江 이기춘 모심

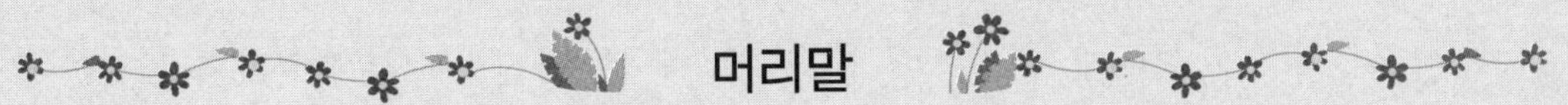

머리말

오래전에 이런 꿈을 꾸었다.

　꿈에서 나는 층계를 지나 교회 종탑으로 올라가고 있다. 종탑에 이르자 고개를 들어 종이 매달려 있는 꼭대기를 바라본다. 그런 다음 다시 층계를 내려온다. 종탑 아래 있는 넓은 방을 지난다. 2층 방인데 전면이 투명한 유리창으로 되어 있다. 나는 유리창을 통해서 밖을 내다본다. 그런데 길 건너편에 누런색의 굶주린 개떼가 으르렁거리며 먹이를 찾고 있다. 십여 마리쯤 되어 보인다. 나는 위협을 느끼며 시선을 돌리려 하는데, 그만 개들의 눈과 마주친다. 순간 개들이 나를 향해 돌진한다. 내가 있는 2층 방 층계로 뛰어오른다. 나는 재빨리 방문을 닫으려 한다. 그러나 방문이 닫히지 않는다. 그 틈새로 개들이 몰려 들어온다. 나는 필사적으로 개들을 향해 주먹질을 하고 발길질을 한다. 그러나 모두 헛방이다. 그때 큰 놈의 개 한 마리가 정면으로 나를 덮친다. 나는 뒤로 넘어지며 놀라 비명을 지른다.

　그리고 잠에서 깨어났다. 충격적인 악몽이었다. 이것이 무슨 꿈일까? 꿈작업을 통해서 나는 나를 공격한 개떼가 내 안에 있는 나의 억압된 그림자라는 것을 알게 되었다. 그림자는 어둡고 억압된 인격의 열등한 측면으로 아직 의식의 빛으로 가져오지 못한 자신의 일부이다. 개떼는 그 당시 내 안에 억압된 나의 분노와 공격성을 상징한다. 굶주린 개들이 떼를 지어 몹시 사나운 상태에 있는 것은 억압된 분노와 공격성이 그만큼 강렬하다는 것을 나타낸다. 교회 종탑은 분노와 공격성의 그림자를 억압하는 나의 페르소나를 상징한다. 페르소나는 외부세계와 관계를 맺는 외적 인격으로 낮시간에 자아가 입는 옷이라 할 수 있다. 꿈에서 내가 종탑의 꼭대기를 바라보고 있는 것은 나의 의식적인 자아가 자신을 페르소나, 곧 종교적인 착한 인물과 동일시하고 있다는 것을 의미한다. 나의 의식적인 자아는 자신을 착한 인물과 지나치게 동일시함으로써 공격성의 그림자를 억압한 것이다. 억압된 분노와 공격성은 종종 꿈에서 꿈사람을 공격하는 무서운 괴물이나 공격자로 등장한다. 이런 꿈이 꿈사람에게 보내는 메시지는 분명하다. 자신의 내부에 분노와 공격성이 억압되어 있다는 것을 자각하게 함으로써 그 해결책을 찾아보라는 것이다.

꿈을 꾸고 나는 한동안 그 꿈을 잊을 수가 없었다. 고통스러운 악몽이었기 때문이다. 그러나 꿈 공부를 하면서 어떤 꿈도 나에게 해를 주려고 오는 것은 없다는 것을 알게 되었다. 모든 꿈은 꿈을 꾼 사람의 전인건강, 곧 치유와 성장에 도움을 주려고 오는 것이다. 꿈에는 목적과 방향이 있다. 꿈은 항상 건강과 회복을 지향한다. 파괴와 질병을 지향하는 꿈은 없다. 그리고 꿈에는 의미가 있다는 것도 알게 되었다. 모든 꿈에는 의미가 있다. 꿈에 개가 나왔을지라도 개꿈이 아니다. 내 꿈에 개가 나왔지만 그것은 의미 없는 개꿈이 아니라는 것이 분명했다. 그 후 꿈을 대하는 나의 태도와 자세가 달라졌다. 두려움에서 호기심으로, 경계심에서 친근감으로, 부정적이고 소극적인 자세에서 긍정적이고 적극적인 자세로 바뀌었다. 그리고 꿈에 대해 이야기하는 것을 즐기게 되었다. 꿈에 대한 관심이 커지면서 꿈 공부를 시작했다. 필자는 미국 노스캐롤라이나주 카누가(Kanuga)에 있는 헤이든 꿈 연구소(The Haden Institute)에서 꿈작업 리더과정을 수료했다.

꿈을 꾸지 않는 사람은 없다. 우리는 하룻밤에 4~5편의 꿈을 꾼다. 잠이 들 때 꾸는 입수면 꿈, 잠에서 깨어날 때 꾸는 탈수면 꿈, 그리고 1단계 수면 상태에서 꾸는 렘(REM)수면 꿈에 이르기까지 여러 편의 꿈을 꾼다. 렘수면 꿈은 꿈을 꿀 때 눈의 안구가 좌우로 빠르게 흔들리는 현상이 수반되는 꿈을 말한다. "나는 꿈을 꾸지 않아요."라고 말하는 사람도 실상은 꿈을 꾸지 않는 것이 아니라 꿈을 꾸었지만 단지 그 꿈을 기억하지 못할 뿐이다.

꿈이란 어떤 것일까? 꿈은 내가 나를 알 수 있는 마음의 거울이다. 내가 나를 비춰 볼 수 있는 나의 반사경이다. 꿈은 거짓말을 하지 않는다. 백설공주의 민담에 나오는 거울처럼 거짓말을 하지 않는 거울이다. 꿈은 진실만을 전한다. 그러나 꿈의 거울에서 내가 나를 만나고 나를 알아 가는 과정은 쉽지 않다. 왜냐하면 꿈은 합리적인 이성과 논리로는 이해할 수 없는 이상하고 해괴망측한 얼굴로 우리를 찾아오기 때문이다. 꿈은 우리가 사용하는 일상적인 언어와 전혀 다른 언어를 사용한다. 꿈은 상징(symbol)이라는 언어를 사용한다. 꿈의 의미를 알기 위해서는 상징의 언어에 친숙해져야 한다. 꿈을 만나고 꿈작업을 하는 것은 내가 나의 의식적인 사고와 일상적인 삶을 초월하는 특별한 경험이다. 꿈은 심리학적인 영역만이 아니라 초월적인 영혼의 세계에 이르는 문을 열어 주기 때문이다. 꿈작업을 하는 것은 마치 가 보지 않은 새로운 나라를 여행하는 것과 같다. 꿈의 내용이 너무나 낯설고 이상하기 때문이다. 그러나 낯설고 이상한 것만큼 흥미롭고 기대된다. 꿈은 호기심을 자극한다.

필자는 오랫동안 상담과 치유 분야에서 일을 했는데, 상담을 하면서 알게 된 것이 있다. 내담자가 어떤 문제를 가지고 오는가에 관계없이 꿈을 다루고 꿈작업을 하는 것은 매우 유익하다는 것을 알게 되었다. 꿈을 다루면, 내담자가 가지고 있는 핵심문제(core issue)에 더 깊이 그리고 더 빠르게 접근할 수 있다. 상담 중에 꿈을 다루면, 꿈을 다루지 않을 경우 10회기쯤에서 등장할 수 있는 내담자의 핵심문제가 상담 초기에 드러날 수 있다. 그리고 핵심문제를 다루는 것에 대한 내담자의 자기방어나 저항이 최소화된다.

꿈을 접하고 꿈 공부를 하면서 꿈에 관한 책을 쓰고 싶었다. 반면에 한편으로는 망설여지기도 했다. 왜냐하면 이미 꿈에 관한 책들이 많이 나와 있으며, 내가 쓰는 글에 특별히 새로운 내용이 없을 것 같았기 때문이다. 그럼에도 책을 쓰고 싶었는데, 그 이유는 꿈에 관한 책들이 읽기에 너무 복잡하고 난해하다는 생각이 들었기 때문이다. 간결하고 알기 쉽게 쓰인 책이 있으면 좋겠다는 생각을 했다. 나는 여러 책을 읽으면서 내가 이해한 대로 그리고 꿈작업을 하면서 내가 경험한 것을 책 속에 담아 보려고 했다. 그러나 이 책이 그런 목적에 맞게 쓰였는지는 의문이다. 독자의 판단에 맡길 뿐이다.

이 책은 모두 10장과 부록으로 되어 있는데, 그 내용은 구성상 4부로 나눌 수 있다. 제1부는 제1장에서 제4장으로 꿈작업을 하기 전에 알아 둘 필요가 있는 기본적인 내용들을 담았다. 제1장에서는 누가 누구에게 꿈을 보내는 것일까라는 질문과 함께 꿈이 사용하는 상징의 언어, 꿈의 의미를 발견할 때 나타나는 '아하' 체험, 그리고 꿈작업에 효과적인 방법으로 알려진 '투사적 꿈작업' 기법 등을 다뤘다. 제2장에서는 뇌파 및 수면과 꿈의 관계를 알아보았고, 제3장에서는 가위눌림과 잠꼬대 및 몽유현상과 악몽, 자각몽, 예지몽 등 특이한 꿈들을 다뤘다. 제4장에서는 꿈에 단계가 있으며 그 단계에 따라 의미에 차이가 있다는 것을 비교해 보았다.

제2부는 제5장에서 제7장으로 꿈작업을 하는 데 도움이 되는 세 분야의 심리학적인 연구로 구성되어 있다. 제5장에서는 지그문트 프로이트의 심리학과 꿈이해로서 프로이트는 꿈을 어떻게 이해했으며 꿈해석 방법으로 어떤 기법을 사용했는지를 다뤘다. 제6장에

서는 칼 융의 꿈이해가 프로이트와 어떻게 다르며 융은 꿈해석 방법으로 프로이트와 달리 어떤 기법을 사용했는지를 비교해서 살펴보았다. 제7장에서는 프리츠 펄스의 게슈탈트 심리학에서 꿈을 어떻게 보며 또한 어떻게 다루고 있는지를 알아보았다. 이상 세 가지의 꿈의 심리학을 정리해 본 것은 그 이론적인 내용이 꿈을 이해하고 꿈작업을 하는 데 필수적으로 도움이 된다고 생각했기 때문이다.

제3부는 제8장과 제9장으로 꿈의 의미를 찾는 데 도움이 되는 것으로 알려져 있는 최근의 꿈작업 방법인 '집단투사 꿈작업(Group Projective Dream Work)'에 대해서 알아보았다. 제8장에는 그 방법에 대한 이론적 배경 그리고 진행 과정과 순서가 정리되어 있으며, 제9장에는 집단투사 꿈작업 방법에 따른 꿈작업의 실제 사례가 수록되어 있다. 임상적인 꿈작업 방법, 곧 집단투사 꿈작업에 관심이 있는 독자는 제3부의 내용을 먼저 읽어 보아도 무방하다.

제4부는 제10장과 부록으로 되어 있는데, 제10장에는 꿈의 이해와 꿈작업 과정에 빼놓을 수 없는 분야인 신화와 민담을 담았으며, 부록에는 앞서 제6장의 '칼 융의 심리학과 꿈 이해'에서 충분하게 다루지 못한 정신의 구조 및 콤플렉스와 원형 그리고 자기와 자기실현의 주제를 다뤘다.

이 책이 나오기까지 도움을 주신 분들이 많다. 크리스찬 치유상담연구원과 치유상담대학원대학교에서 나의 강의를 듣고 함께 꿈작업을 한 학생들이다. 그리고 허정수 교수가 대표로 있는 사단법인 꿈벗 드림아카데미의 회원들이다. 허정수 교수는 필자의 아내로 필자와 함께 헤이든 꿈 연구소에서 꿈 공부를 했으며, 이 책의 저술 과정에서 수차례의 논의를 통해 신선한 아이디어를 주었다. 특히 여러 번 초고를 읽으며 교정을 해 주었다. 필자의 꿈작업 과정에 참석한 학생들과 꿈벗 드림아카데미의 회원들은 필자가 책을 쓸 수 있는 영감과 용기를 주었으며, 자신의 꿈과 투사 및 '아하'의 경험을 책 속에 담을 수 있도록 허락해 주었다. 감사한 일이다. 그리고 이 책의 출판 의뢰를 기꺼이 수락해 주신 학지사의 김진환 대표님과 책을 만들기 위해 도움을 주신 편집부의 박나리 선생님과 모든 분께 감사를 드린다.

2025년

늦은 밤 연구실에서

김중호

차례 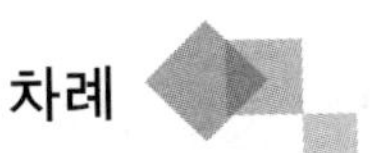

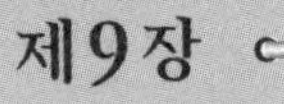 **제9장** — **집단투사 꿈작업 사례** • 261 

제10장 — **신화와 민담** • 295 

부록 1 — **칼 융의 정신구조와 꿈의 상징** • 311 

부록 2 — **자기와 자기실현** • 383 

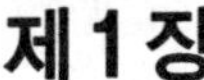

제1장

꿈작업 개요

—————— 꿈의 송신자와 수신자

꿈은 누가 보내는 것일까? 꿈은 누가 만드는 것일까? 꿈에는 꿈을 보내는 송신자와 꿈을 받는 수신자가 있다. 꿈을 보내는 송신자가 누구인지를 아는 것은 꿈의 의미를 파악하는 데 도움이 된다. 꿈의 송신자는 꿈을 만들고 그 꿈을 우리의 의식으로 보낸다. 꿈을 만드는 꿈의 송신자는 둘이다.

첫째, 꿈의 송신자는 우리의 무의식이다. 꿈은 무의식이 우리의 의식으로 보내는 편지이다. 무의식은 꿈의 송신자가 되고 의식은 그 수신자가 되는 셈이다. 대부분의 현대인은 마음, 곧 정신의 세계가 의식과 무의식으로 되어 있다는 것을 알고 있다. 이것은 프로이트(Sigmund Freud)의 공헌이다. 프로이트는 당시 모든 사람이 의식만을 정신이라고 생각했던 시대에 의식 너머 그 아래 깊은 곳에 무의식의 세계가 있다는 것을 알아냈다. 그런데 의식과 무의식은 한 사람의 정신 안에 함께 있는 것이지만 그 둘 사이에는 너무나 먼 심리적인 거리가 있다. 서로를 잘 모를 뿐만 아니라 소통이 안 된다. 그 결과 둘 사이에 종종 갈등과 긴장과 충돌이 발생한다. 프로이트의 입장에서 보면, 그런 갈등과 충돌은 신경증과 정신장애의 요인이 된다고 할 수 있다. 이때 꿈이 등장한다. 의식과 무의식 사이에 소통과 대화를 돕기 위한 것이다. 무의식은 꿈이라는 편지를 의식으로 보냄으로써 자신이 지금 어떤 상태에 있는지를 알리는 것이다.

유대인의 탈무드에 보면, 꿈은 당신에게 배달된 봉투 안에 들어 있는 편지라는 말이 있다. 꿈은 우리에게 배달된 편지이다. 편지에는 항상 편지를 보내는 송신자가 있고 그 편지를 받아 보는 수신자가 있다. 그러나 그 편지는 봉투 안에 들어 있을 뿐, 아직 뜯어 보지 않은 편지이다. 꿈작업을 한다는 것은 그 봉투를 뜯어서 편지를 읽는 것이라 할 수 있다. 무의식이 꿈을 보내는 꿈의 송신자라는 것은 무의식이 꿈꾸기 과정에서 주도적인 역할을 한다는 것을 의미한다. 의식이 꿈을 주도할 수는 없다. 의식이 어떤 꿈을 꾸고 싶다고 해서 그런 꿈을 꿀 수 있는 것은 아니다. 의식은 그냥 꿈의 편지를 받아 보는 수동적인 수신자가 될 뿐이다. 심리학자 칼 융(Carl G. Jung)은 이렇게 말했다. "사람이 꿈을 꾸는 것이 아니다. 꿈은 오직 꾸어지는 것이다."(Jung, cited in Jacobi, 1973)

무의식이 꿈을 만들고 꿈을 보내는 꿈의 송신자가 된다는 것은 프로이트와 칼 융의 이론에 근거할 때 분명해진다. 프로이트는 꿈을 해석하는 것이야말로 마음속 무의식을 알아보는 가장 좋은 방법, 곧 무의식에 이르는 왕도라고 말했으며, 융 역시 꿈을 무의식으로 통하는 길이라고 말했다(Fontana, 1994). 융은 콤플렉스가 꿈을 꾸게 하는 꿈의 건축가라고 말했는데, 콤플렉스는 개인무의식을 구성하고 있는 내용물이다. 꿈이 무의식으로 통하는 길이라면 그것은 꿈이 무의식으로부터 왔다는 것을 의미한다. 융에 따르면, 꿈은 개인무의식만이 아니라 집단무의식 안에 있는 요소들, 곧 원형과 신화 등이 의식으로 드러나는 과정이다. 융은 '시대정신'과 '깊은 곳의 정신'을 구별했는데, 학문과 지식은 시대정신에 속한 것으로서 시대정신만으로는 꿈을 이해하지 못한다고 말했다. 왜냐하면 꿈과 영혼은 깊은 곳의 정신에 속한 것으로서 학문적인 지식 너머에 있는 것이기 때문이다(Jung, 김세영, 정명진 공역, 2020). 융이 말하는 깊은 곳의 정신은 무의식, 특히 집단무의식을 의미하는 것으로 볼 수 있다. 꿈은 무의식, 곧 개인무의식과 집단무의식이 의식으로 보내는 편지이다.

둘째, 꿈은 자아보다 큰 존재, 곧 신적인 존재가 우리에게 보내는 편지이다. 전통적으로 시대와 종교를 초월하여 꿈은 신과 대화하는 수단 또는 신이 자신의 뜻을 인간에게 계시하는 수단으로 여겨졌다(Taylor, 1983). 오래전부터 인류는 개인적·집단적으로 중요한 선택의 순간에 놓여 있을 때 꿈의 인도함을 받았다. 고대로부터 대부분의 문화권에서는 꿈을 외부세계로부터 찾아오는 신의 방문이라고 믿었다. 이집트인들은 꿈을 선한 영혼과 악한 영혼이 전하는 메시지라고 믿었다. 그리스인들은 꿈을 보내는 존재가 신들이라고 믿었으며, 꿈을 꾸기 위한 신탁소(oracle)를 짓고 그곳에서 잠을 자며 신들이 꿈을 보내 주기를 기다렸다(Fontana, 1994). 고대 유대인들과 초기 그리스도교인들은 하나님이 그들에게 꿈을 보내 준다고 믿었다. 탈무드의 기록에 보면, 꿈은 우리에게 배달된 편지일 뿐만 아니라 그 편지를 보낸 송신자가 누구인지를 언급한 대목이 있다. 그 편지의 송신자는 하나님이다. "하나님은 매일 밤 우리에게 사랑의 연애편지를 보낸다."고 되어 있다. 연애편지는 곧 꿈을 나타내는 비유적인 말이다. 성경에는 하나님이 꿈을 보내는 분으로 묘사되어 있다. 야곱의 꿈(창28:12), 요셉의 꿈(창37:5-11), 바로 왕의 꿈(창41:1-7), 다니엘의 꿈(단7:1-14), 동방박사들의 꿈(마2:12) 등은 대표적인 사례들이다. 이처럼 전통적으로 시대와 종교를 초월하여 사람들은 꿈이 신과 대화하는 수단이며 신이 자신의 의지를 계시하는 수단으로 생각했다. 꿈은 자아보다 큰 신적인 존재가 우리에게 보내는 편지이다.

자아보다 큰 외부의 존재, 곧 신적인 존재가 꿈을 보낸다는 고전적인 생각이 오늘날에도 통용될 수 있는 것일까? 현대의 합리적인 사고에 기초한 심리학자들은 그런 고전적인 생각을 받아들이지 않는 경향이 있다. 그러나 필자는 그런 생각이 단지 고전적이며 비이성적이라는 이유로 부정하고 싶지 않다. 왜냐하면 꿈은 이성을 포함하지만 이성을 넘어가는 초이성적이며 영성적인 현상이라고 보기 때문이다. 고대인의 생각과 의식은 모두 현대인의 생각과 의식보다 열등한 것인가? 초자아 심리학(transpersonal psychology)의 선두주자인 켄 윌버(Ken Wilber)의 '전근대와 근대(pre-modern and modern)'에 대한 논의는 우리의 이해에 도움이 된다. 근대 이후 현대에는 전근대 시대에 실패한 예술, 과학, 도덕, 이념 등의 발달로 과학 기술 및 민주주의와 인권신장의 분화가 빠르게 이뤄졌다. 그러나 근대와 현대에는 전근대 시대에 당연하게 받아들여지고 있었던 인간의식의 상위단계인 초자아적 신비체험은 대부분 부정되고 어이없는 현상으로 취급되고 있다. 윌버에 따르면, 이런 현상은 감각에 기초한 유물론적인 가치가 내면적 세계의 특성인 정신과 영적인 가치를 지배하고 통제하였기 때문이다. 즉, 내면의 정신과 영적인 경험까지 과학적인 수단과 방법에 의해 검증되어야만 그 가치를 인정받을 수 있게 된 것이다. 전근대 및 중세 시대에는 모든 가치가 '신'이라는 도그마에 묶여 있었다면, 근대와 현대에는 그 가치가 '과학'이라는 새로운 도그마에 묶여 버린 것이라 할 수 있다(Wilber, 조옥경 역, 2008).

『꿈-하나님의 잊혀진 언어(Dreams-God's Forgotten Language)』라는 저서를 남긴 신학자이자 융 심리학자인 존 샌포드(John A. Sanford)는 우리가 꿈에서 생명력으로 충만한 하나님의 계시를 받는다고 하였다. 샌포드는 이렇게 말했다. "나는 꿈이 하나님의 잊혀진 언어라고 생각한다……. 꿈은 하나님으로부터 오는 것이다……. 꿈은 우리를 어떤 목적으로 안내한다. 꿈은 우리가 알지 못하는 우리의 근본 문제를 해결하기 위해 창의적인 방법으로 대화를 시도한다. 창의적인 요소는 하나님에게 속한 것이다."(Sanford, 정태기 역, 2018) 래리(Larry)라는 꿈학자는 "하나님은 우리의 꿈에서 성육신을 한다."고 말했다. 래리의 견해를 받아들인다면, 우리는 매일 밤마다 꿈에서 하나님을 만난다고 할 수 있다. 세계 꿈학회의 회장을 지낸 제레미 테일러(Jeremy Taylor)도 말하기를, 우리는 매일 밤 꿈에서 '신과 하나가 되는 체험'을 하지만 단지 그것을 기억하지 못할 뿐이라고 했다(Taylor, 1983).『꿈과 영적인 성장(Dream and Spiritual Growth)』이라는 저서를 남긴 루이스 새버리(Louis M. Savary) 외 두 명의 저자들은 이렇게 말했다. "꿈은 하나님의 선물이며, 꿈을 해석하는 것은 그 자체가 기도이며 예배가 된다. 하나님은 꿈을 통해 우리의 영혼에 에너지를 공급해 준다."(Savary et al., 정태기 역, 1993).

──────── 상징의 언어

꿈은 무의식 또는 신적인 존재가 우리의 의식으로 보내는 편지인데, 그 편지에 사용되는 언어가 특별하다. 평소에 우리가 사용하는 글자가 아니다. 한글도 아니고, 영어도 아니고, 그렇다고 중국어나 일본어도 아니다. 그렇다면 꿈이 사용하는 언어는 무엇일까? 지금까지 연구된 바에 따르면, 꿈이 사용하는 언어는 상징(symbol)이다. 상징이란 의미를 지닌 이미지 또는 표현으로서 직접적으로 표현된 것 이상을 나타낸다. 상징을 이해하려면 기호(sign)와 비교해 볼 필요가 있다. 칼 융(Carl G. Jung)은 상징과 기호를 구분했다(Jung et al., 이부영 외 공역, 1985).

기호는 항상 그것이 표현하는 개념 바로 그것만을 나타낸다. 따라서 기호는 직접적이고 명백한 대상을 가리킨다. 기호는 의식의 세계와 합리적이며 과학적인 세계에서 사용되는 언어라 할 수 있다. 산속에 있는 나무를 보고 '이것은 소나무다'라고 말한다면, '소나무'라는 표현은 기호이다. 마찬가지로 넥타이를 보고 '넥타이'라고 말하거나, 휴대폰을 보고 '휴대폰'이라고 말하는 것은 모두 기호적인 표현이다. 일상적으로 우리는 기호의 세계에 살고 있다고 할 수 있다. 이처럼 기호는 그 기호가 나타내는 바로 그것만을 표현한다. 기호는 표현하고자 하는 그 대상을 직접적으로 가리킨다.

그러나 상징은 기호와 다르다. 상징은 그것이 표현하는 개념, 또는 그 이상의 것을 나타낸다. 상징의 의미는 기호보다 크고 넓은 것이다. 상징은 그것이 표현하는 개념 이상의 것을 나타내기 때문에 직접적이고 명백한 대상을 가리키지 않는다. 즉, 정확하게 정의되거나 설명될 수 없다. 그러나 상징은 기호로서는 담아낼 수 없는 특별하거나 더 큰 의미를 지닌다. 상징은 무의식의 세계, 종교의 세계, 신화의 세계 그리고 예술의 세계에서 많이 사용된다(Taylor, 1993). 동물원에 가서 뱀을 보고 '뱀'이라고 말한다면 그것은 기호이다. 그러나 어젯밤 내 꿈에 뱀이 나타났다면 그 '뱀'은 상징이다. TV 뉴스에 유명 연예인이 자살을 했다는 보도가 나왔다면 그것은 기호적인 표현이다. 자살은 명백하게 죽음 그것만을 나타내기 때문이다. 그러나 어젯밤 유명 연예인이 자살하는 꿈을 꾸었다면 그것은 상징이다. 왜냐하면 꿈에서 본 자살은 TV 뉴스에 나온 것처럼 물리적인 자살을 의미하는 것이 아니기 때문이다. 그것은 자살 그 이상의 의미가 있다. 그것은 연예인의 자살로 상징되는 나의 특별한 문제를 표현하고 알려 주는 꿈이라 할 수 있다.

그런데 동일한 말일지라도 문맥에 따라서 기호로 사용될 수도 있고 상징으로 사용될 수도 있다. 예를 들면, "물 한 컵만 주실래요?"라고 말할 때, '컵'이라는 말은 기호이다. 왜냐하면 컵은 나도 알고 상대방도 아는 명백한 대상이기 때문이다. 즉, 컵이라는 말은 '컵' 그 자체만을 의미할 뿐 그 이상이 아니다. 그러나 "요즘 내 마음은 텅 빈 '컵'과 같아요."라고 말한다면, '컵'이라는 말은 상징이다. 왜냐하면 컵은 직접적으로 표현된 것, 그 이상을 나타내기 때문이다. 즉, 이때 컵은 물을 마시는 컵 이상의 의미를 지닌다.

꿈에 나오는 모든 시각적인 심상(image)과 말들은 상징으로 되어 있다. 물론 아주 드물게 기호로 표현되는 경우가 있다. 기호로 표현되어 있다는 것은 꿈에 나타난 것과 깨어 있을 때의 상황이 물리적으로 일치한다는 것을 의미한다. 미래에 있을 일을 미리 알려 주는 꿈, 곧 예지몽의 경우에 간혹 기호로 표현된다. 그러나 그런 경우는 매우 드물게 나타나는 예외적 현상으로 보아야 한다. 왜냐하면 꿈으로 나타나는 대부분의 상징은 직접적으로 표현하는 개념 이상의 의미를 지니고 있기 때문이다. 꿈의 언어가 상징이라고 하는 것은 꿈의 의미가 꿈에서 시각적으로 표현된 것 그 이상의 의미를 내포하고 있다는 것을 나타낸다.

따라서 꿈에 나오는 상징심상을 문자적으로 해석하지 않도록 주의해야 한다. 예를 들면, 어젯밤에 시골에 있는 아버지가 병실에 누워 있는 꿈을 꾸었다고 하자. 그러면 우리는 깨어나자마자 걱정하면서 아버지에게 전화하려고 할 것이다. 물론 이 경우에 꿈에서 본 것처럼, 아버지가 편찮아서 병원에 입원했다는 소식을 들을 수도 있다. 만약 그런 소식을 들었다면 그 꿈은 바로 그것만을 나타내는 기호라고 할 수 있다. 그러나 그런 경우는 매우 드물다. 그러면 이 꿈이 의미하는 것은 무엇일까? 꿈은 상징이라는 것을 기억할 필요가 있다. 꿈에 나타난 아버지는 물리적인 아버지가 아니라 내 마음속에 있는 아버지에 대한 나의 생각, 감정, 걱정, 또는 태도 등을 의미하거나, 내가 가지고 있는 나의 남성성에 문제가 있음을 나타낼 수 있다.

| **꿈 사례** | 

어느 여인이 다음과 같은 꿈을 꾸었다.

꿈에 몇 년 전 세상을 떠난 외국인 친구로부터 편지가 왔다. 봉투에 편지를 보낸 친구의 이름과 주소가 선명하다. 여인은 손으로 편지를 움켜쥐고 "드디어 왔구나."라고 말하며 기뻐하는 꿈이다.

이 꿈의 의미는 무엇일까? 만약 이 꿈을 기호로 해석한다면 외국인 친구로부터 편지가 와야 한다는 것을 의미할 것이다. 그러나 그 친구는 몇 년 전에 세상을 떠났기 때문에 편지를 보낼 수가 없다. 따라서 이 꿈은 상징으로 해석되어야 한다. 꿈을 꾼 여인의 말에 따르면, 외국인 친구는 수년 전 암으로 투병생활을 하면서 혼자 지냈다고 한다. 그 친구는 자신이 죽기 전 무엇인가를 이 여인에게 보내 주겠다고 말했다. 이 여인은 그것이 무엇인지는 모르지만 오랫동안 기다렸다. 그러다가 전화를 했는데 그녀가 세상을 떠났다는 사실을 알게 되었다.

꿈작업을 하면서 여인은 이 꿈의 의미를 알아차리게 되었다. 여인은 최근에 많은 부담을 느끼며 하고 있는 일이 있었는데, 이 꿈은 이제 그 일이 마무리되었다는 것을 알려 주는 꿈이라는 것을 깨닫게 되었다. 여인은 '드디어 왔구나.'라는 말의 의미를 자기가 하고 있던 일이 '드디어 완성되었다'라는 것으로 이해했다. 꿈에 나타난 심상은 몇 년 전에 세상을 떠난 친구가 보내 준 편지였지만, 이 꿈이 자신에게 주는 의미는 현재 하고 있는 일이 종료됨으로써 느끼는 성취감과 이제 그 일에 대한 부담감에서 해방되고자 하는 자신의 욕구를 나타낸 것으로 이해한 것이다. 이런 해석은 꿈의 심상을 상징으로 볼 때 가능해진다.

상징은 남녀노소 모든 인류가 사용하는 보편적인 언어(universal language)이다. 상징은 모든 인류의 원초적인 모국어라 할 수 있다. 인류는 수백만 년 동안 상징의 언어로 꿈을 꾸었다(Taylor, 1993). 따라서 꿈작업은 다른 문화권이나 다른 언어권의 사람들과도 가능하다. 왜냐하면 모든 사람은 꿈에서 상징의 언어를 사용하기 때문이다. 이처럼 꿈은 상징으로 되어 있기 때문에 꿈작업(dream work)을 한다는 것은 상징의 의미를 찾는 것이라 할 수 있다. 그러므로 우리에게 필요한 것은 상징의 언어에 친숙해지고 상징의 언어가 지닌 의미를 찾는 방법에 대해서 배우는 것이다.

마음의 거울

꿈이란 어떤 것일까? 꿈은 내가 내 마음을 비춰 볼 수 있고 나를 알 수 있는 마음의 거울이다. 꿈속에는 내가 알지 못하거나 알고 있지만 희미하게 알고 있는 나 자신의 모습이 투사적으로 나타나 있다. 꿈은 우리의 내적 상태를 드러내는 투사의 안전한 상태이다. 따라서 꿈은 우리 자신과 분리될 수 없다. 꿈은 우리의 무의식에서 만들어지는 우리 자신의 것을 있는 그대로 드러낸다. 사람들은 꿈을 자신과 관계가 없이 분리된 것으로 생각하는 경향이 있지만 꿈처럼 우리 자신과 밀접하게 연결되어 있는 실체도 없다.

꿈은 정직하다. 우리의 내면 상태를 숨김없이 그대로 보여 주고 있기 때문이다. 베르너 볼프(Werner Wolf)는 꿈을 양심의 거울(mirror of conscience)이라고 말했다. 꿈은 언제나 온전성을 추구하기 때문에 양심의 기능처럼 내면의 모든 상태를 있는 그대로 드러낸다는 것이다(Taylor, 1983). 꿈은 우리가 스스로 회피하고 억압하고 부인하고 있는 것까지 숨김없이 노출한다. 꿈은 거짓말을 하지 않는다. 꿈은 백설공주라는 그림 동화집에 나오는 '거짓말을 하지 않는 거울'과 같다. 마법의 거울(magic mirror)이라고도 불리는 이 거울은 누구에게 나 항상 정직하게 반응하고 대답한다. 한 번은 백설공주의 계모인 사악한 여왕이 거울을 보며 이렇게 물었다. "거울아 거울아 세상에서 누가 가장 예쁘니?" 이때 거울은 백설공주 가 제일 예쁘다고 대답했다. 그전에는 여왕인 자기가 가장 예쁘다고 말했는데, 이번에는 자기가 아니라 백설공주가 가장 예쁘다고 말한 것이다. 그 말을 들은 여왕은 질투심을 느 끼며 백설공주를 죽이려는 계교를 꾸미게 된다. 마법의 거울은 비록 여왕이 막강한 힘을 가지고 있었지만 그 힘에 구애받지 않고 정직하게 말한 것이다. 이처럼 꿈은 비록 우리의 의식적인 자아가 방해를 하고 있을지라도 내면의 상태를 꾸밈없이 그대로 정직하게 보여 준다. 따라서 꿈작업을 하는 것은 우리의 진정한 내면 상태를 만나고 알 수 있는 계기가 마련되는 것이다. 꿈작업은 우리를 자기이해와 자기수용에 이르도록 도와준다.

그러나 꿈은 우리 내면의 부정적인 상태만 드러내는 것은 아니다. 긍정적인 상태도 숨 김없이 드러내 준다. 제레미 테일러는 이렇게 말했다. "마법의 거울과 같은 우리의 꿈은 우리의 긍정적인 모습을 비추어 줄 때도 거짓말을 하지 않는다. 만약 꿈이 세상에서 내가 가장 예쁘다고 말한다면 그 말을 믿어도 좋다."(Taylor, 1993). 테일러가 말하는 세상은 진정 한 나 자신, 곧 자기가 존재하는 깊숙한 내면의 세계를 의미한다고 볼 수 있다. 그러나 사 람들은 꿈이 자기 안에 그렇게 아름다운 모습과 자원이 있다는 것을 알려 주어도 그런 긍 정적인 모습을 받아들이고 통합하는 것을 어려워한다.

꿈의 목적과 방향

우리는 왜 꿈을 꾸게 되는 것일까? 우리의 무의식이 꿈을 보내는 이유는 무 엇일까? 하나님이 우리로 하여금 꿈을 꾸게 하는 목적은 어디에 있을까? 꿈의 목적은 우 리의 전인건강, 곧 치유와 성장에 도움이 되도록 하는 데 있다. 꿈에는 꿈이 지향하는 방 향이 있다. 건강과 회복, 그리고 치유와 성장이다. 꿈은 전인건강을 지향한다. 파괴와 질 병을 지향하는 꿈은 없다. 해를 주거나 파멸로 인도하는 꿈은 없다. 제레미 테일러는 이렇 게 말했다. "모든 꿈은 보편적인 언어로 말하며, 건강과 전일성에 봉사하려고 온다. 나쁜 꿈이란 없다. 다만 우리의 관심을 끌기 위하여 극적으로 부정적인 형태를 취하는 꿈이 있을 뿐이다."(Taylor, 1983) 우리가 꿈작업을 하는 목적도 동일한 이유 때문이다. 꿈작업을 하는 가장 중요한 이유 중의 하나는 창조적인 에너지가 증대됨으로써 일상적인 삶의 질이 향상되어 삶을 더 즐겁고 행복하게 살도록 돕는 데 있다(Taylor, 1983). 꿈에 어떤 내용이 등장하든지 꿈은 개인의 깊은 내면 속에 있는 성장과 변화의 에너지를 자극함으로써 전인건강을 지향한다. 이러한 관점에서 볼 때 다음과 같은 설명이 가능하다.

첫째, 나쁜 꿈은 없다. 다시 말하면 나에게 해가 되는 꿈이나 나에게 불행을 가져다주는 꿈은 없다는 것이다. 악몽이라 할지라도 그것은 나에게 도움을 주기 위해 오는 것이다. 악몽은 무섭거나 몹시 시달리는 꿈을 말하는데, 꿈에서 괴물이나 맹수 또는 험상궂은 사람에게 쫓기거나 죽음의 위협이 느껴지는 악몽을 꾸고 나면 꿈에서 깨어난 이후에도 그 잔상이 사라지지 않고 남아 있는 것이 보통이다. 그런데 이런 악몽이 가지고 있는 기능적인 의미가 있다. 그것은 우리의 의식적인 관심을 끌기 위한 것이며 또한 그 꿈이 지니고 있는 메시지를 더 적극적으로 전달하기 위한 것이다. 그 꿈의 메시지를 아는 것이 전인건강에 도움이 되기 때문이다. 악몽에는 우리가 알아야만 하는 긴급하고 중요한 메시지가 담겨 있다고 할 수 있다. 악몽은 꿈의 전보와 같은 것이다.

만약 불행해 보이는 꿈을 꾼 다음, 낮시간에 실제로 불행한 일이 발생했다면, 그것은 그 꿈을 꾸었기 때문이 아니다. 그런 불행한 일이 발생되도록 운명적으로 결정되어 있었기 때문이다. 그럼 불행해 보이는 꿈을 꾸는 목적은 무엇일까? 그 꿈을 왜 꾸게 되는 것일까? 그것은 불행한 일이 발생하는 것을 예방하라는 조언과 경고의 의미가 있다. 그런 꿈을 꾸고 나면 사람들은 조심하는 태도를 갖게 됨으로써 불행한 일이 발생하는 것을 어느 정도 예방할 수 있다. 그러나 또 하나의 이유가 있다. 불행해 보이는 꿈은 현실적으로 불행한 일을 피할 수 없으니 마음에 미리 준비함으로써 실제로 불행한 일이 발생했을 때 큰 충격을 받지 않도록 도와주려는 데 목적이 있는 것이다. 불행한 일이 발생했을 때 그것을 예상한 상태에서 맞이하는 것은 그렇지 아니한 경우보다 그 충격과 고통이 경감된다.

둘째, 개꿈, 즉 의미 없는 꿈은 없다. 모든 꿈에는 의미가 있다. 꿈에 개가 나왔어도 그것은 개꿈이 아니다. 그러므로 어떤 꿈도 그냥 버려서는 안 된다. 모든 꿈에는 우리에게 보내는 메시지가 담겨 있기 때문이다. 물론 어떤 사람들은 꿈이 지닌 가치와 의미를 부정한다. 꿈은 단지 화학적인 정신작용의 결과일 뿐, 의미가 없다고 말하는 이들도 있다. 그러나 더 보편적이며 지지를 받고 있는 이론은 '모든 꿈에는 의미가 있다'는 것이다. 앞에서 언급하기를, 꿈은 무의식 또는 신적인 존재가 의식으로 보내는 편지라고 했다. 편지 속에는 언제나 전하고자 하는 메시지가 담겨 있다. 메시지가 담겨 있다면 꿈은 항상 의미가 있는 것이다.

셋째, 사단이 주는 꿈은 없다. 왜냐하면 모든 꿈은 우리의 전인건강 그리고 치유와 성장에 봉사하기 위해 오는 것이기 때문이다. 사단이 존재하는 목적은 우리의 건강과 구원과 행복을 파괴하는 데 있다. 전인건강이라는 꿈의 목적과 사단의 존재 목적은 공존할 수 없다. 그리스도교적인 입장에서 보면, 꿈은 무의식 또는 하나님이 보내 주는 것으로서 사단은 꿈을 보내는 대상이 되지 않는다. 제레미 테일러는 사단이 우리에게 날씨를 보내 주지 않는 것처럼, 사단이 꿈을 보내 주지 않는다고 말했다(Taylor, 1983). 그러나 사단이라는 존재가 꿈의 상징심상으로 나타날 수는 있다. 꿈을 꾸는 사람이 꿈에 등장한 어떤 상징심상을 사단으로 느낄 수는 있다. 그러나 이것도 사단이 주는 꿈은 아니다. 이 꿈 역시 나의 무의식 또는 하나님이 보내 준 꿈이다. 우리가 이런 꿈을 꾸는 것은 목적이 있기 때문인데, 그것은 우리가 사단의 유혹과 공격에 깨어 대비하도록 하거나, 우리가 사단의 유혹에 빠져 있다는 것을 알려 주거나, 또는 우리가 곧 사단의 모습을 가지고 있다는 것을 깨우쳐 주는 데 있다.

그러나 자아보다 큰 존재, 곧 하나님이 보내 주는 꿈은 많지 않다. 무의식이 보내는 꿈에 비하면 매우 제한적이다. 따라서 꿈을 대하고 꿈작업을 할 때 주의해야 할 것이 있다. 어떤 꿈이든지 그 꿈을 대할 때는 먼저 무의식이 보낸 꿈으로 보아야 한다는 것이다. 모든 꿈을 하나님이 보낸 꿈으로 생각하면 꿈을 너무 절대화함으로써 위험한 해석을 하게 된다. 이 경우 꿈의 심상을 기호로 해석하면 더 문제가 된다. 예를 들면, 꿈에서 내가 아는 한 사람이 수렁에 빠져 허우적거리는 모습을 보았다고 하자. 이런 꿈을 꾸고 나서 이 꿈을 하나님이 보여 준 꿈이라고 생각하고 더욱이 이 꿈의 의미를 기호적으로 해석하면 매우 위험한 결과를 초래할 수 있다. 왜냐하면 꿈에서 수렁에 빠져 허우적거리는 사람이 바로 내가 알고 있는 그 사람이며, 그 사람이 꿈에서 본 것처럼 그렇게 수렁에 빠져 있다고 해석할 수 있기 때문이다.

그러나 어떤 꿈은 하나님이 보내 준 꿈이라는 확신이 들 때가 있다. 기도 중에 꾸는 꿈, 경건한 영성생활 중에 꾸는 꿈, 묵상 중에 보는 환상 등은 하나님이 보내 준 꿈인 경우가 있다. 성경에 나오는 많은 꿈은 하나님이 보내 준 꿈이다. 그리스도교의 경우만이 아니다. 여러 종교의 경전에는 꿈의 이야기와 그 꿈이 그들이 신봉하는 신으로부터 왔다는 것이 기록되어 있다.

넷째, 꿈은 의식과 무의식의 통합과 균형을 지향한다. 언급한 것처럼, 의식과 무의식은 한 사람의 정신 안에 공존하는 것이지만 그 둘 사이에는 종종 갈등과 충돌이 발생한다. 갈등 가운데 있는 개인은 혼란과 고통으로 많은 에너지를 소모하게 된다. 이때 꿈사람은 의식과 무의식이 충돌함으로써 갈등상태에 있다는 것을 보여 주는 꿈을 꿀 수 있는데, 꿈이 그런 상태를 보여 주는 것은 목적이 있기 때문이다. 의식과 무의식의 두 마음이 통합되어 균형을 유지할 필요가 있다는 것이다.

| **꿈 사례** | 

한 여인이 꿈을 꾸었다. 친구에게 전화를 걸고 있는 꿈이다. 전화기가 오래된 것으로 번호 버튼이 달려 있다. 여인은 수화기를 들고 전화를 건다. 그런데 통화에 실패한다. 왜냐하면 번호 버튼을 잘못 누르기 때문이다. 마음속으로는 친구의 전화번호를 알고 있다. 그런데 손가락이 계속 틀린 번호 버튼을 누르는 것이다.

이 꿈의 의미는 무엇일까? 꿈작업을 통해서 그 의미를 알게 되었다. 꿈을 꾼 이 여인은 얼마 전에 그 친구와 의견 충돌로 분노를 느끼며 갈등상태에 있었다. 한동안 그 친구에게 연락하지 않고 지냈다. 한편, 그런 상태가 불편하고 불안했다. 마음 한쪽에서 이런 목소리가 들렸다. "그래도 연락해야지. 친구 관계를 이렇게 끝낼 수는 없잖아." 꿈의 의미가 명료해졌다. 이 여인에게는 두 마음이 있었다. 하나는 친구가 밉고 화가 나서 연락하고 싶지 않은 마음이다. 다른 하나는 그 친구와 결별하는 것은 더욱 고통스러운 일이기 때문에 자신이 먼저 연락하고 화해해야 한다는 마음이다. 이런 두 마음이 꿈에 투사된 것이다. 꿈속에서 친구에게 전화를 걸려고 수화기를 든 것은 화해하고 싶은 마음이 투사된 행동이다. 그러나 자기의 손가락이 틀린 전화번호 버튼을 계속 누르는 것은 그 친구가 밉고 화가 나서 연락하고 싶지 않은 마음이 투사된 행동이다. 여기에 무의식과 자아의식이 대립되고 있는 것을 볼 수 있다. 친구에게 화가 나서 연락하고 싶지 않은 마음은 무의식이다. 그래도 연락하고 화해해야 한다는 마음은 윤리적인 자아의식이다. 여인은 꿈작업을 통해서 자기의 마음속에 무의식과 자아의식이 공존하고 있다는 것을 알게 되었다. 그리고 그런 두 마음의 균형을 유지할 필요가 있다는 것을 깨달았다. 꿈의 의미를 알게 된 여인은 무의식과 자아의식의 두 마음을 통합하기로 했다. 두 마음을 모두 존중하기로 한 것이다. 여인은 다음과 같이 하기로 했다. "친구에게 전화를 하기는 하되, 정말 하고 싶을 때 한다." '전화를 하기는 하되'라는 것은 자아의식의 요구에 응답한 것이고, '정말 하고 싶을 때 한다'는 것은 무의식의 마음에 응답한 것이다. 여인의 마음이 평안해졌다.

———— 자연치유 효과

꿈은 꿈을 꾸는 자체만으로도 치유와 성장의 효과가 있다. 꿈에는 자연치유의 기능이 있다. 꿈을 꾸고 나서 그 꿈을 기억하지 못할지라도, 그 꿈의 의미를 발견하지 못했을지라도, 단지 꿈을 꾸었다는 사실만으로 치유의 효과가 있다는 것이다. 왜 그런 것일까?

첫째, 꿈은 무의식이 의식으로 보내는 것으로서 무의식이 의식으로 드러나는 '무의식의 의식화'라는 치유적 과정에 부합되기 때문이다. 무의식의 의식화는 정신분석과 역동심리학에서 강조하는 치유의 원리 중의 하나이다. 정신분석에서는 의식과 무의식 사이의 단절이 정신병리의 원인이 된다고 말한다. 특히 무의식 속에는 의식에서 부정하고 억압한 것들이 쌓여 있다고 보고 있다. 치유를 위해서는 의식이 무의식 속에 억압되어 있는 것들을 인식함으로써 의식화해야 한다(Saul, 이근후 외 공역, 1992). 꿈은 의도적이지는 않지만 무의식의 요소가 의식으로 전달되는 과정이기 때문에 무의식의 의식화라는 치유의 원리와 맥을 같이한다고 볼 수 있다.

둘째, 꿈은 과거에 상처입은 외상적 사건을 해결하려는 종결원칙(completion principle)의 표현이기 때문이다. 종결원칙이란 마음속에서 미해결된 사건을 마무리 지으려는 정신적인 경향성을 말한다. 사람은 외상과 같은 충격적인 사건을 경험하면 공포와 불안, 그리고 분노와 슬픔 등의 고통이 계속되는데, 이것은 그 사건이 마음속에서 해결되지 않은 상태로 남아 있기 때문이다. 이때 정신 속에서는 이런 고통으로부터 벗어나기 위한 자연적인 시도가 나타나는데, 그런 시도 중의 하나가 종결원칙에 따른 작업이다. 마르디 호로위츠(Mardi Horowitz)는 "플래시백(flashback)이나 악몽(nightmare)은 외상적 사건을 해결하려는 종결원칙의 표현이다."라고 했다(Horowitz, cited in Herman, 1997). 플래시백은 외부의 자극으로 과거에 발생한 충격적인 사건에 대한 기억과 장면이 순간적으로 회상되는 것을 말한다. 이런 플래시백과 악몽은 과거에 발생한 충격적인 사건을 마무리 지음으로써 그 고통에서 벗어나려고 하는 경향성에 의한 결과이다. 물론 플래시백과 악몽은 적극적인 치유라고 말할 수는 없다. 치유와 회복의 시간이 오래 걸린다. 따라서 더 적극적인 치유의 과정이 필요하다. 외상(trauma) 치유의 문제를 연구한 폴 러셀(Paul Russell)은 이렇게 말했다. "치유와 회복을 위해서는 외상의 재현을 반드시 경험해야 한다."(Russell, cited in Herman, 1997) 정신분석에서는 외상의 재현을 위해서 내담자로 하여금 '재구성(reconstruction)'이라는 작업을 하도록 돕는데, 재구성 작업은 플래시백이나 악몽과는 달리 과거에 발생한 외상적인 사건을 의식적으로 떠올리고 직면함으로써 그 사건을 적극적으로 기억해 내는 것이다. 재구성 작업은 적극적인 치유의 과정이다. 그러나 플래시백과 악몽 중에도 소극적이기는 하지만 어느 정도 외상적 사건을 재구성하는 과정이 이뤄지기 때문에 치유에 도움이 된다고 할 수 있다.

이제 꿈작업을 시작하기 전에 꿈에 대한 우리의 이해와 자세가 달라질 필요가 있다. 우리에게 해를 주는 나쁜 꿈은 없다. 모든 꿈은 우리의 치유와 성장과 전인건강에 도움을 주기 위해 찾아오는 것이다. 따라서 꿈을 대하는 우리의 마음과 태도가 바뀔 필요가 있다. 꿈을 만나고 꿈에 대해서 말하는 것을 전혀 두려워할 이유가 없다. 오히려 적극적인 관심과 기대를 가지고 꿈과 친해질 필요가 있다. 꿈을 내놓고 이야기하며, 꿈을 다루는 꿈작업의 과정을 즐기는 것이다. 꿈은 우리의 호기심을 자극한다.

─────── 꿈사람의 '아하' 경험

최근에 개발된 꿈작업 방식, 곧 '집단투사 꿈작업(group projective dream work)'에 따르면, 꿈에 담긴 의미가 무엇인지를 알 수 있는 사람은 꿈사람(dreamer)뿐이다(Taylor, 1983). 꿈을 꾼 꿈사람만이 자신이 꾼 꿈의 진정한 의미를 알 수 있다는 것이다. 왜냐하면 꿈은 꿈사람의 무의식이 의식으로 보내는 사적인 편지이기 때문이다. 꿈작업을 하는 것은 그 편지를 읽어 보는 것인데, 이것은 개인의 무의식 안에 있는 내용물을 의식의 차원으로 끌어올리는 지극히 개인적인 탐구작업이라고 할 수 있다(Taylor, 1983). 따라서 아무리 심리학과 꿈 공부를 많이 한 전문가라 할지라도 다른 사람의 꿈에 대해서 정확하게 말할 수 없다. 다만 그 사람이 자신의 꿈의 의미를 찾도록 도와줄 수 있을 뿐이다. 칼 융은 분석가가 환자의 꿈을 해석할 때 주의해야 할 것이 있다고 말했다. 분석가는 환자의 자발적인 알아차림이 있기 전에는 자신의 꿈해석을 포함하여 어떤 꿈해석이 맞는지 틀리는지 그 여부를 말하지 않아야 한다는 것이다. 즉, 분석가는 환자가 꾼 자기 꿈의 의미를 찾는 과정에서 분석가의 영향을 많이 받게 해서는 안 된다는 것이다(Jung, cited in Jacobi, 1973).

꿈사람이 자기 꿈의 의미를 발견했을 때 나타나는 반응이 있다. '아하(aha)' 반응이다. 아하는 새로운 사실이나 의미의 진실을 발견했을 때, 문제를 바라보는 시각이나 관점이 바뀔 때 또는 어떤 해결책이 갑자기 떠오를 때 나타나는 인지적, 정서적, 신체적 그리고 영적인 전인적 반응이다. 아하 경험은 주로 직관적인 사고에서 비롯되며 뒤따르는 논리적 사고에 의해 뒷받침되거나 확인된다. 직관적 사고는 논리적 사고보다 빠르게 진행되며 의미 발견의 배경에 제한을 두지 않음으로써 훨씬 더 개방적이고 초월적인 특성을 가지고 있다. 아하 경험은 의식보다 무의식적인 반응으로서 뇌파 가운데 알파(α)파의 감소와 감마(χ)파의 증가와 관련이 있다.

심리학적인 지식과 논리적인 사고만으로 꿈의 의미를 찾는 것은 한계가 있다. 꿈에는 종종 이성과 합리성을 넘어가는 초월적인 기능이 나타나기 때문이다. 물론 지식과 합리성이 아하의 경험을 명료하고 풍부하게 만든다. 지식과 합리성은 꿈작업과 꿈해석 과정에 필요하다. 그러나 기억해야 할 것이 있다. 그 지식과 합리성을 수학 공식처럼 또는 사전처럼 사용할 경우, 그것은 오히려 아하의 세계에 이르는 문을 닫음으로써 아하를 구속

할 수 있다는 것이다. 지식과 합리성을 아하의 세계에 열어 놓아야 한다. 아하 경험이 발생하는 무의식의 세계는 무한히 열려 있는 초월적인 세계이다. 아하 경험은 꿈의 배경이 되는 무의식과 소통할 수 있는 적절한 방법이이다. 제레미 테일러는 이렇게 말했다. "꿈을 꾼 사람만이 자기의 꿈이 어떤 의미를 지니는가에 대하여 확실하게 말할 수 있다. 이런 확신은 보통 아하 느낌이 드는 인지의 형태로 다가온다. 이 아하의 체험은 기억작용이며 꿈작업 과정에서 유일하게 믿을 만한 시금석이 된다."(Taylor, 1993)

──────── 투사적 꿈작업

꿈의 진정한 의미는 꿈사람만이 알 수 있기 때문에 우리가 다른 사람의 꿈에 대해서 말할 때는 투사적으로 말하는 것이 좋다. 투사적으로 말한다는 것은 나의 말이 나의 개인적인 생각이라는 것을 전제하고 말해야 한다는 것을 의미한다. 왜냐하면 나의 말은 꿈해석에 대한 객관적이거나 합리적인 말이 될 수 없기 때문이다. 다른 사람의 꿈에 대해서 투사적으로 말하려면 어떻게 해야 할까? 제레미 테일러를 포함하여 꿈을 연구한 전문가들에 따르면, "그 꿈이 내 꿈이라면~(If it were my dream~)"이라는 말로 시작하는 것이다(Taylor, 1983). 시작하는 말이 중요하다. "그 꿈이 내 꿈이라면"이라는 말로 시작하면 그 이후의 모든 말은 투사적으로 말하는 것이 된다. 이것을 '투사적 꿈작업(projective dream work)'이라고 한다. 그리고 집단적으로 이런 작업을 할 때 '집단투사 꿈작업(group projective dream work)'이라고 한다.

투사(projection)란 방어기제 중의 하나이다. 투사는 자신이 지닌 것 중에서 스스로 부정하거나 억압한 것을 다른 사람에게 전가하는 것이다. 그러나 넓은 의미에서 본다면, 우리의 모든 말과 행동 속에는 투사적 의미가 있다. 왜냐하면 나의 말과 행동은 나의 내적 경험이나 상태를 외부세계에 던져서 내놓는 것이기 때문이다. 제레미 테일러는 "우리는 투사의 바다에 살고 있다."라고 말했다. 따라서 모든 사람의 말에는 투사적인 요소가 있다고 할 수 있다. 전문가의 말에도, 심리치료사의 해석에도, 그들 자신의 투사적인 요소가 있다. 왜냐하면 그들의 말은 그들의 지식과 경험과 가치관 등이 반영된 그들의 것이기 때문이다. 그러므로 아무리 전문가들의 말이라 하더라도 객관적인 진리가 될 수는 없다. 그런 까닭에 우리는 어떤 사람의 말을 절대시해서는 안 된다. 즉, 너무 믿어서는 안 된다. 믿어야 할 것은 그들의 말이 아니라 자신의 '아하' 경험이다.

다른 사람의 꿈에 대해서 투사적으로 말해야 한다는 것은 다음과 같은 의미가 있는 말이다. 즉, 처음부터 나의 말은 객관적인 해석이 아니라 나의 개인적인 생각이라는 것을 인정하고 말하는 것이다. 나의 말은 나의 투사이므로 객관적이거나 정확한 해석이 될 수 없다는 것을 전제하고 말하는 것이다. 그러나 투사적으로 말한다는 것이 아무렇게나 말해도 좋다는 것은 아니다. 투사자의 '아하' 경험이 중요하다. 즉, 투사자는 꿈사람의 꿈 이야기를 듣고 자기 안에서 발생하는 아하의 느낌과 생각을 말하는 것이다. 아하의 경험은 꿈사람이 자신의 꿈의 의미를 알 수 있는 열쇠인 동시에 투사자가 다른 사람의 꿈에 대해서 말하는 투사의 근거가 되는 것이다. 다른 사람의 꿈에 대해서 투사적으로 말할 때 얻게 되는 유익이 있다. 마음껏 말할 수 있는 자유를 누리는 것이다. 꿈의 정확한 의미를 말해야 한다고 생각한다면 부담이 되어 말하기가 어렵다. 그러나 투사적으로 말할 때 우리는 정답을 찾는 것이 아니라 자신의 생각을 그대로 펼쳐 놓으면 되는 것이기 때문에 그렇게 조심할 필요가 없다. 우리가 자유롭게 말하는 동안 꿈사람은 그 말을 들으면서 '아하'로 접촉된 것만을 취하면 되는 것이다.

투사적 꿈작업을 할 때 투사자에게 요구되는 것이 있다. 꿈사람의 꿈을 내 꿈으로 가져와야 한다. 그것을 내 마음속에 품고 내 꿈으로 만드는 것이다. 꿈사람의 꿈 이야기와 그 이야기 속에 있는 장면과 이미지를 내 마음속에 담는 것이다. 그런데 중요한 것이 있다. 꿈사람의 꿈을 내 꿈으로 가져오려면 꿈사람이 꿈에 대해 말할 때 경청해야 한다. 주의 깊게 들어야 한다. 경청은 일반적인 상담만이 아니라 꿈작업 과정에도 매우 필요한 요소이다. '아하' 경험과 투사에 대한 자세한 내용과 설명은 '제8장 집단투사 꿈작업의 이해와 과정'을 참고하기 바란다.

다원 결정적 의미

꿈의 심상은 상징으로 되어 있기 때문에 하나의 꿈속에는 여러 가지의 의미가 중복적으로 나타날 수 있다. 이것을 다원 결정적(overdetermined) 또는 중복 결정적이라고 한다. 제레미 테일러는 말하기를, "한 가지 의미만을 지니는 꿈은 없다. 모든 꿈은 다원 결정적인 것이어서 다층적인 의미를 가지고 있다."라고 하였다(Taylor, 1983). 예를 들어, 꿈에 아버지가 돌아가시는 꿈을 꾸었다고 하자. 아버지가 돌아가셨다는 그 심상은 하나의 상징이다. 그 상징이 가지고 있는 의미는 다음과 같이 다원적이고 다층적일 수 있다.

- 꿈에서 아버지의 죽음은 병환으로 누워 계시는 아버지가 돌아가실지도 모른다는 불안과 두려움이 꿈사람의 마음속에 있다는 것을 보여 준다. 즉, 아버지의 죽음은 물리적인 현상이 아니라 꿈사람의 마음속에 있는 불안에 대한 상징 표현이다.
- 꿈은 아버지의 죽음이 임박했다는 것을 알려 주는 예지적인 꿈일 수 있다. 이런 꿈을 꾸면 실제로 아버지가 돌아가셨을 때 그 죽음으로 인한 충격과 고통이 감소한다.
- 꿈은 꿈사람이 가지고 있는 아버지 콤플렉스를 보여 주는 꿈일 수도 있다. 아버지에 대한 공포, 불안, 분노 등을 나타내는 해결되지 아니한 콤플렉스의 문제를 나타내는 것일 수 있다.
- 꿈사람이 남자라면, 이 꿈은 꿈사람이 지니고 있는 미해결된 오이디푸스 콤플렉스(Oedipus complex)를 나타내는 꿈이기도 하다.
- 역시 꿈사람이 남자라면, 꿈에서 아버지의 죽음은 그가 가지고 있는 내면의 그림자(shadow)가 지나치게 억압되어 있거나 방치된 상태에 있다는 것을 나타낼 수도 있다.
- 꿈은 꿈사람이 지니고 있는 권위주의적인 태도가 바뀌어야 한다는 것을 나타낼 수도 있다. 이 경우, 아버지의 죽음은 꿈사람이 지닌 권위주의가 죽어야 한다는 것을 상징하는 것이다.
- 꿈사람이 여자라면, 꿈에서 아버지의 죽음은 그녀가 가지고 있는 남성성, 즉 아니무스(animus)가 제대로 기능을 하지 못하고 죽어 있는 상태를 나타내는 것일 수 있다.

이처럼 하나의 꿈 상징 속에는 하나의 의미가 아니라 두세 가지 또는 그 이상의 의미가 중복적으로 나타나는 경우가 많다. 이런 경우 꿈사람은 한두 가지의 사항에 대해서 아하를 할 수도 있고, 거의 모든 사항에 대해서 아하를 할 수도 있다. 물론 그 아하의 정도에는 차이가 있을 수 있다. 그러므로 꿈의 의미를 찾는 과정에서 꿈사람은 하나의 투사에 아하가 있었을지라도 다른 의미를 더 찾을 수 있도록 아하의 문을 계속 열어 놓아야 한다. 꿈작업의 과정에서 그 의미를 찾는 것은 학교에서 학생들이 시험을 치를 때 정답을 쓰는 것과 다르다. 왜냐하면 학생들의 시험에서 정답은 언제나 하나이지만 꿈작업 과정에서의 아하 경험은 하나가 아닐 수 있기 때문이다.

어떻게 하나의 꿈속에 여러 가지의 의미가 중복적으로 나타날 수 있을까? 이런 질문에 대한 과학적인 답변은 어렵다. 다만 프로이트가 말한 응축현상(condensation phenomenon)으로 다소의 설명이 가능하다. 응축현상은 큰 것을 작은 것에 담고, 여러 가지를 하나에 담는 것으로서 꿈의 경제적인 기능이라 할 수 있다(Ackroyd, 1993). 응축현상은 긴 이야기를 짧은 이야기로 압축하거나 두세 개의 단어를 한 단어로 합성하기도 하는 형태로 나타난다. 응축현상은 꿈이 지닌 엑기스화 기능이라고 할 수 있다.

새로운 사실

꿈은 우리가 모르는 새로운 사실을 알려 주려고 온다. 새로운 사실은 의식이 모르는 내용이다. 이미 알고 있는 사실을 알려 주려고 오는 꿈은 거의 없다. 앞에서 말하기를, 꿈은 무의식 또는 자아보다 큰 존재가 의식으로 보내는 편지라고 했다. 편지 속에는 송신자가 수신자에게 보내는 메시지가 담겨 있기 마련이다. 그 메시지는 대부분 수신자가 모르는 것들이다. 수신자가 알고 있는 내용을 구태여 다시 알릴 필요는 없기 때문이다. 이처럼 꿈은 의식이 모르는 새로운 사실을 알려 주는 것이기 때문에 꿈은 의식적인 자아에게 항상 낯설고 이해하기 어려운 것이다.

존 샌포드는 "꿈은 자아가 모르는 정신세계의 핵심적인 내용이다."라고 말했다(Sanford, 정태기 역, 2018). 칼 융의 제자이며 저명한 분석심리학자인 폰 프란츠(Marie-Louise von Franz)

박사는 이렇게 말했다. "꿈은 보편적으로 우리가 모르는 우리의 맹점을 지적한다. 꿈은 결코 우리가 이미 알고 있는 것을 말하지 않는다."(Franz, cited in Boa, 1988) 폰 프란츠에 따르면, 우리가 우리의 꿈을 들여다보는 것은 마치 우리가 고개를 돌려서 우리의 등을 보려고 하는 것과 같이 쉽지 않은 일이라고 했다. 우리의 등에 상처가 났을 때 그 상처를 다루고 치유하기 위해서는 등을 의사에게 보여 주어야 한다. 마찬가지로 꿈은 우리의 의식이 모르는 것을 우리에게 전하는 것이기 때문에 그 의미를 알기 위해서는 다른 사람의 눈이 필요하다는 것이다. 제레미 테일러도 말하기를, "어떤 꿈도 이미 알고 있는 사실을 말해 주려고 오는 경우는 없다. 모든 꿈은 새로운 경지를 개척하며 새로운 이해와 통찰로 우리를 초대한다."라고 하였다(Taylor, 1993).

그러나 필자의 견해로는 우리가 이미 알고 있는 사실을 다시 알려 주기 위해서 오는 꿈도 있다고 생각한다. 어떤 경우에 그럴까? 첫째, 꿈의 의미를 잘못 파악하고 왜곡했을 때이다. 꿈해석의 교정이 필요하다. 이때 우리는 유사한 꿈을 반복적으로 꿀 수 있다. 둘째, 꿈의 의미를 알면서도 삶으로 실천하지 않을 때이다. 꿈을 꾸는 중요한 목적은 단지 꿈의 의미를 아는 데 있지 않다. 삶이 변하고 성숙해지는 데 있다. 따라서 꿈의 의미를 알게 되었지만 삶이 바뀌지 않았을 때에는 같은 의미를 지닌 꿈을 여러 번 꿀 수 있다.

꿈은 새로운 사실을 알려 주려고 오는 것이기 때문에 꿈작업은 집단적으로 하는 것이 매우 유익하다. 집단적인 꿈작업은 다음과 같은 장점을 지니고 있다. 하나의 꿈을 여러 집단원이 다양한 시각으로 바라봄으로써 새로운 사실과 의미의 발견에 대한 폭을 넓혀 준다. 하나의 꿈을 혼자 들여다보는 것은 의미발견의 폭을 제한한다. 개인 상담에서 꿈을 다루는 것은 필요하고 유익한 경험이 되지만, 꿈 투사 또는 꿈해석의 범위를 상담자 한 사람에게 국한함으로써 새로운 사실과 꿈의 의미를 발견할 수 있는 폭이 제한될 수 있다. 칼 융은 꿈분석가들에게 서로 동료들을 찾아가서 꿈 이야기를 나누라고 했는데, 그 이유는 아무리 꿈 공부를 많이 한 사람이라고 할지라도 자기가 꾼 자기의 꿈을 스스로 해석하는 것은 쉽지 않다고 생각했기 때문이다. 융의 제자인 폰 프란츠의 말에 의하면, 융은 "내 꿈을 해석해 줄 수 있는 융이 없다."고 통탄했다고 한다(Boa, 1988). 융은 종종 그의 제자들에게 자기의 꿈을 말하곤 했는데, 그것은 제자들이 하는 말과 해석을 듣기 위해서였다. 융은 비록 제자들의 말과 해석이 객관적으로 보기에는 미흡할지라도 귀를 기울여 들었다. 왜냐하면 그들의 말과 해석이 융에게 자기의 꿈을 다른 시각에서 바라볼 수 있도록 관점의 폭을 넓혀 주었기 때문이다. 폰 프란츠는 우리가 우리의 등을 스스로 볼 수 없는 것처럼, 자기가 자기의 꿈을 스스로 해석하는 것은 그만큼 한계가 있다고 말했다.

제 2 장
꿈과 뇌파 및 수면

잠을 안 자는 사람은 없는 것처럼 꿈을 안 꾸는 사람은 없다. "나는 꿈을 꾸지 않아요."라고 말하는 사람도 사실은 꿈을 꾸지 않는 것이 아니라 꿈을 꾸었지만 그 꿈을 기억하지 못하는 것일 뿐이다. 꿈과 수면에 관한 연구에 따르면, 사람은 수면 시간의 평균 20%의 시간 동안 꿈을 꾸는 것으로 알려져 있다. 그 시간에 여러 편의 꿈을 꾸는데, 하룻밤에 보통 4~5편의 꿈을 꾸는 것으로 밝혀졌다.

꿈은 잠을 자는 동안 나타나는 정신현상이다. 따라서 꿈에 대한 이해를 위해서는 수면과 꿈의 관계를 알아볼 필요가 있다. 수면에는 4단계의 수면이 있다. 사람들은 1단계의 얕은 수면에서부터 4단계의 깊은 수면을 취한다. 사람들은 주로 1단계의 수면 중에 꿈을 꾸는 것으로 알려져 있다(Fontana, 1994).

1단계부터 4단계까지의 수면이 진행되는 동안 우리의 몸과 마음에서는 각 단계마다 서로 다른 생리적인 활동과 뇌파가 발생한다.

뇌파

뇌파란 뇌에서 발생하는 전기의 흐름으로 뇌의 신경세포들이 서로 신호를 전달하고 정보를 처리하는 과정에서 생성된다. 뇌파는 뇌의 다양한 기능과 상태를 나타내는 중요한 지표이다. 이것은 개인의 몸과 마음의 상태에 따라 여러 가지로 나타난다.

1929년 독일의 한스 베르거(Hans Berger)는 뇌파의 모양을 측정하고 기록할 수 있는 뇌파계를 만들었다. 그리고 1950년 영국의 내과의사 윌리엄 월터(William G. Walter)는 뇌파의 흐름을 그림으로 나타낼 수 있는 뇌전도(electroencephalography=EEG)라는 지도를 만들었다. 뇌전도는 뇌 표면에 전극을 부착함으로써 뇌에서 발생하는 뇌파, 곧 전기 신호를 감지하여 그것을 그림으로 표시한 것이다. 이것은 뇌활동 상태를 측정할 수 있는 중요한 지표로서 오늘날까지 사용되고 있다.

뇌파를 분석하는 방법으로서 가장 많이 사용되는 것은 파워 스펙트럼 분석(power spectrum analysis)이라는 것이다. 파워 스펙트럼 분석은 EEG에서 나타난 신호를 주파수 영역에서 분석하는 방법이다. 이 분석 방법에 따르면, 뇌파는 특정 주파수로 진동하는 단순 진동들의 선형적 결합이라고 가정한다. 그리고 그 진동으로부터 각각의 주파수 성분을 분해하여 크기 또는 파워를 표시한다. 그 표시는 파장(주파수)과 진폭으로 나타낸다. 파장 곧 주파수는 뇌파의 오름과 내림의 수치들을 의미하는 것으로서 보통 1초당 몇 번의 오름과 내림이 있는가로 나타낸다. 주파수의 단위는 전자파를 발견한 독일의 물리학자 하인리히 헤르트(Heinrich Hert)의 이름을 따서 헤르츠(Hz)라고 표시한다. 진폭은 뇌파의 오름과 내림 사이의 거리, 즉 격차를 의미하는 것으로서 그 단위는 마이크로 볼트(μV)로 표시한다.

파워 스펙트럼 분석 방법에 따르면, 일반적으로 인간에 대한 뇌파의 분석 범위는 주파수의 경우 0.1~100Hz 사이이며, 진폭의 경우 0.1~200μV 사이이다. 이런 주파수와 진폭에 따라 인간의 뇌파를 종류별로 분류하면 감마(χ)파, 베타(β)파, 알파(α)파, 세타(θ)파, 델타(δ)파 등으로 나뉜다(Wolpaw & Wolpaw, 2012). 여기서 알파, 베타라는 표시는 편의상 분류한 것으로서 그 자체에 의미가 있는 것은 아니다. 편의상 분류된 뇌파의 형태는 자료에 따라 다소의 차이가 있지만 대체로 다음과 같은 유형을 나타낸다.

종류별로 분류된 뇌파는 서로 다른 기능과 특징을 가지고 있다. 알파파를 기준으로 해서 알파파보다 주파수가 낮은 세타파와 델타파를 서파(low wave)라고 하고 알파파보다 주파수가 높은 베타와와 감마파를 속파(high wave)라고 한다. 각각 뇌파의 종류에 따라 그 모양과 특징과 기능을 알아보면 [그림 2-1]과 같다.

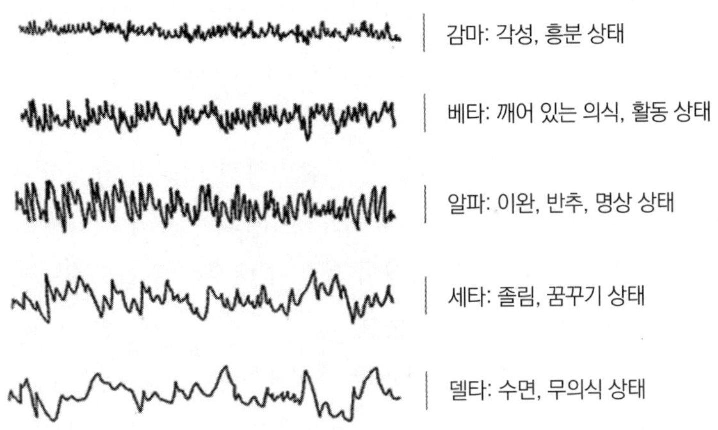

그림 2-1 뇌파의 형태

니더마이어와 다 실바(Niedermeyer & da Silva)의 저서, 『뇌전도: 기초 원리, 임상 적용 및 관련 분야(Electroencephalography: Basic Principles, Clinical Applications and Related Fields)』는 뇌파 및 뇌전도(EEG)에 관한 대표적인 교과서로서 그 책에는 각각의 뇌파에 대한 다음과 같은 정보가 포함되어 있다(Niedermeyer & da Silva, 2004). 감마(γ)파는 30~100Hz의 주파수와 0.1~5μV의 진폭을 나타낸다. 즉, 주파수가 높고 빠르며 진폭이 낮은 고주파에 해당한다. 감마파는 극도의 각성과 흥분 상태에서 발생되는 뇌파이다. 격렬한 논쟁, 싸움, 위기, 분노 등의 각성된 상태에서 나타난다. 또한 복잡한 수학계산을 할 때도 출현한다. 감마파가 발생하면 육체뿐만 아니라 정신의 시스템과 균형이 깨지고 건강을 해칠 수 있다. 감마파는 뇌의 전두엽과 두정엽의 중심에서 발생되는 것으로 알려져 있다.

베타(β)파는 13~30Hz의 주파수와 5~20μV의 진폭을 나타냄으로써 역시 고주파에 해당한다. 베타파는 의식이 깨어 있는 일상적인 삶 속에서 많이 발생한다. 우리가 눈을 뜨고 움직이며 걷고 말하고 활동을 할 때는 주로 14Hz의 주파수가 나타난다. 베타파는 전두엽에서 강하게 나타난다. 베타파는 주파수에 따라 20~30Hz에 해당되는 '속베타파(high β wave)'와 13~20Hz에 해당되는 '서베타파(low β wave)'로 나뉜다. 속베타파는 긴장과 불안 등 스트레스를 받을 때 발생되기 때문에 '스트레스파'라고도 불린다. 한편, 속베타파는 렘수면(REM sleep) 꿈을 꿀 때도 나타나는 것으로 알려져 있다. 따라서 렘수면을 역설적 수면이라고도 한다. 왜냐하면 베타파는 깨어 있는 상태에서 발생하는 뇌파이기 때문이다. 속베타파의 주파수는 비록 감마파보다는 낮지만 다른 뇌파에 비해 상당히 높은 것으로서, 이런 속베타파가 지속될 경우 신체 및 정신적인 장애가 나타날 수 있다. 한편, 서베타파는 적당히 긴장을 할 때 발생한다. 서베타파가 출현하면 비교적 양호한 학습능력이 유지된다. 사람은 낮시간의 대부분을 속베타파 또는 서베타파 등의 베타파의 상태에서 지낸다고 할 수 있다. 베타파 상태에서는 의식이 외부의 대상에게 집중되므로 자기성찰이나 명상과 같은 정신활동은 잘 이뤄지지 않는다.

뇌파를 더 세분할 경우, 베타파와 알파파 사이에 SMR(Sensory-Motor Rhythem)이라는 뇌파를 두어 구분하기도 한다. SMR은 12~15Hz의 주파수를 지니고 있으며 베타파와 유사하게 5~15μV의 진폭을 나타낸다. SMR은 베타파보다는 느리고 안정적이며 알파파보다는 빠르게 진동하는데, 집중력과 기억력을 향상시킴으로써 최적의 학습능력을 유지시켜 준다. 뇌파치료(brain wave therapy)라는 것이 있다. 이것은 집중력과 학습 능력의 향상을 위한 치료법으로서 불안하거나 졸린 상태에서 발생하는 뇌파를 학습의 최상조건이 되는 SMR로 바꾸도록 돕는 것이다. SMR은 뇌의 감각운동피질에서 관찰된다.

알파(α)파는 8~13Hz의 주파수와 20~100μV의 진폭을 보인다. 알파파는 비교적 주파수가 느리며 진폭이 낮은 저주파에 해당된다. 알파파는 모든 뇌파의 기본이 되기 때문에 '기본파'라고도 하며, 몸과 마음이 이완되고 안정을 취할 때 발생하기 때문에 '안정파'라고도 한다. 알파파가 나타내고 있는 뇌의 상태를 알파파 상태라고 말한다. 알파파는 뇌발달과 밀접한 관계가 있으며, 명상을 할 때처럼 몸과 마음이 안정되거나 눈을 감고 있을 때 많이 발생한다. 알파파는 두정엽과 후두엽에서 발생된다. 알파파는 그 주파수에 따라 12~13Hz에 해당되는 속알파파(high α wave)와 10~12Hz에 해당되는 중간알파파(mid α wave), 그리고 8~10Hz에 해당되는 서알파파(low α wave)로 나누기도 한다. 속알파파는 약간의 긴장과 주의집중 상태에서 나타나고, 중간알파파는 집중력과 창의력과 기억력이 비교적 높은 상태에서 발생한다. 서알파파는 명상을 할 때나 무념무상의 상태에서 나타나며, 또한 약간 졸린 상태에서도 발생하는 것으로 알려져 있다. 서알파파는 일명 '명상파'라고도 한다.

세타(θ)파는 4~8Hz의 주파수와 20~100μV의 진폭을 나타내는 저주파로서 느리게 움직이는 서파(low wave)에 해당한다. 세타파는 잠이 들려고 할 때 또는 얕은 수면 상태에서 발생되기 때문에 '졸음파'라고도 하고, '수면서파'라고도 한다. 세타파는 지각과 꿈의 경계 상태에서 발생한다. 이 상태에서 사람들은 종종 꿈을 꾸며, 갑작스러운 통찰력이나 창조적인 아이디어 또는 초능력이 나타나는 신비한 경험을 하기도 한다. 이때 오랫동안 고민하던 문제의 해결을 위한 실마리를 얻기도 한다. 한편, 공부를 하거나 책을 볼 때 세타파가 나올 수도 있는데, 이것은 뇌가 그 상황을 지루해하고 있다는 표시이다. 학습 중에는 SMR이 활성화되어야 그 능력이 향상된다. 세타파는 주로 해마와 측두엽에서 관찰된다.

델타(δ)파는 0.1~4Hz의 주파수와 20~200μV의 진폭을 지닌 최저주파로서 가장 느리게 움직이는 서파이다. 델타파는 깊은 수면 또는 무의식 상태에서 발생하는 뇌파로서 '수면파'라고도 한다. 델타파가 발생할 때는 꿈을 꾸지 않는 것으로 알려져 있다. 청소년들의 경우, 델타파가 발생하는 깊은 수면 상태에서 성장호르몬이 많이 분비된다. 한편, 뇌전증, 뇌종양, 정신박약, 의식장애 등이 있을 때에도 델타파가 발생하며, 만약 낮시간의 각성 시에 델타파의 출현이 있으면 정신의 이상 상태로 볼 수 있다. 델타파는 피질 전반에서 관찰되지만 주로 전두엽에서 강하게 나타난다. 낮시간과 수면 상태를 포함해서 다양한 뇌파의 단계를 분류하면 [그림 2-2]와 같다.

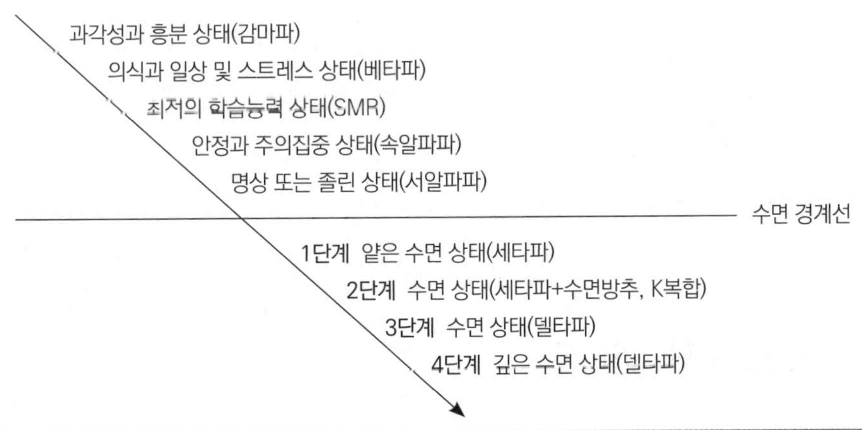

그림 2-2 뇌파의 단계

뇌파와 수면

서알파파가 발생하는 졸린 상태에서는 눈꺼풀이 무거워지고 눈이 감긴다. 온몸이 노곤하고 눕고 싶다. 의식은 있으나 점차로 주의집중이 안 된다. 외부의 소리가 성가시게 느껴진다. 세타파가 발생하는 1단계의 얕은 수면에서는 가벼운 잠이 든다. 그러나 밖에서 들려오는 소리나 옆 사람의 뒤척이는 행동 또는 전등불을 켜는 것 같은 외부의 자극을 받으면 잠에서 쉽게 깬다(Fontana, 1994).

세타파와 델타파가 발생하는 2, 3단계의 수면에서는 잠에 빠져들면서 쉽게 깨어나지 않는다. 호흡소리가 거칠어진다. 특히 2단계 수면에서는 세타파와 함께 수면방추(sleep spindle)파와 K복합(K complex)파가 발생함으로써 웬만한 자극에 의해서는 잠이 깨지 않도록 보호한다. 수면방추파는 물레에서 실을 감는 방추모양으로 생겼기 때문에 방추파라고 부른다. 이것은 비렘(NREM=Non REM)수면 상태에서 관찰되는 뇌파로서 뇌의 시상피질부에서 생기는 것으로 알려져 있다. 이것은 시끄러운 소음을 차단함으로써 잠에서 깨지 않고 계속 잘 수 있도록 돕는 기능을 한다. 비렘수면은 렘수면과 달리 안구의 움직임이 없는 수면 상태를 말한다. K복합파 역시 비렘수면 상태에서 관찰되는 뇌파이다. 이것도 외부의 위험신호와 자극에 반응하는 뇌신경의 기능을 억제하고 억압함으로써 잠에서 깨지 않도록 하는 기능을 지니고 있다. 또한 이것은 수면 중에 기억기능을 강화함으로써 낮시간에 입력된 정보를 기억의 창고 속에 저장하도록 한다(Krugger, 2016).

델타파가 발생하는 4단계의 깊은 수면에 이르면, 호흡과 맥박이 느려지고 육체가 축 늘어지면서 깊은 잠에 빠진다. 2, 3단계의 수면과 비교할 때 더 강한 외부의 자극에도 깨어나지 않는다. 4단계의 깊은 수면은 초기수면에서 약 30~60분간 지속된다. 이런 4단계의 수면은 하룻밤에 한두 차례 진행된다.

수면의 단계와 꿈

수면에는 하강과 상승이라는 과정이 있다. 하강은 얕은 수면에서 깊은 수면으로 들어가는 과정이고, 상승은 그 반대 방향으로 진행되는 수면이다. 수면 초기에 4단계의 깊은 수면에 진입했다고 해서 계속 4단계의 깊은 수면이 이루어지는 것은 아니다. 3단계, 2단계, 1단계의 얕은 수면이 나타나기도 하고, 또는 잠에서 깨어났다가 다시 수면 상태로 들어가기도 한다. 이런 수면 상태의 하강과 상승을 수면곡선으로 나타내면 [그림 2-3]과 같다.

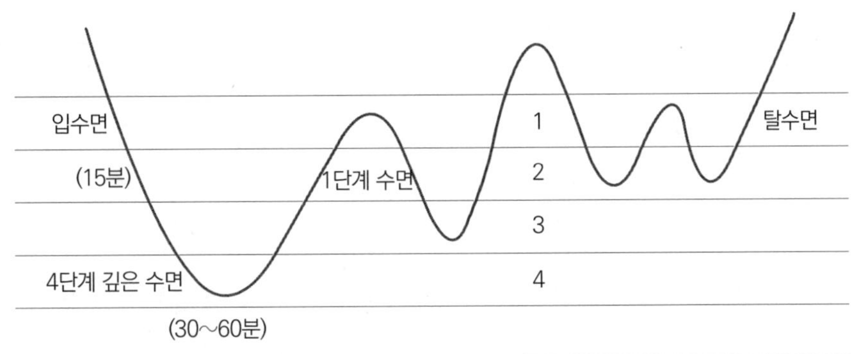

그림 2-3 수면곡선

수면의 하강과 상승이 하룻밤에 4~5번 정도 반복된다.

- 처음 하강 시의 수면을 입수면(hypnogogic sleep)이라고 하고, 잠에서 깨어나기 직전 상승 시의 수면을 탈수면(hypnopompic sleep)이라고 한다.
- 수면 진입 후 4단계의 깊은 수면에 도달하는 하강 시간은 건강한 사람의 경우 평균 15분 정도이다.
- 4단계의 깊은 수면은 수면의 초기과정에서 약 30~60분 정도 진행되며 하룻밤에 한두 차례 이뤄진다(Fontana, 1994).

이런 4단계의 수면 중, 사람은 언제 꿈을 꾸게 되는 것일까? 연구된 바에 따르면, 입수면 시간과 탈수면 시간에 꿈을 꾸며, 또한 1단계의 수면 중에 집중적으로 렘수면 꿈을 꾸는 것으로 밝혀졌다. 이것을 꿈과 수면 그래프로 나타내면 [그림 2-4]와 같다.

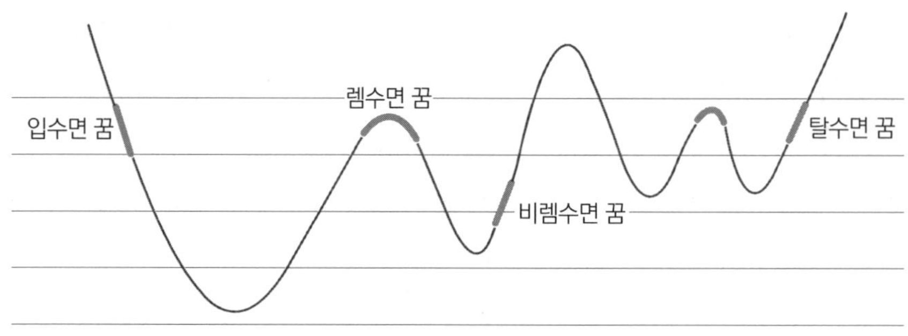

그림 2-4 꿈과 수면 그래프

입수면 꿈(hypnogogic dream)은 수면의 초기 하강 시간에 꾸는 꿈, 즉 잠이 들려 하거나 막 잠이 들었을 때 꾸는 꿈을 말한다. 이것은 '수면진입 꿈'이라고 번역되기도 한다. 사람은 막 잠이 든 수면의 초기 상태에서 꿈을 꾼다. 입수면 꿈에는 무엇인가 순간 스쳐 지나가는 것 같은 이미지나 환상이 등장하고, 명확하지 않은 어떤 그림이 합쳐지거나 용해되기도 하며, 기하학적인 무늬가 나타났다가 사라지면서 형체 없는 무정형의 이미지가 보이기도 한다. 때로는 낮에 있었던 사건이 하나의 희미한 삽화처럼 스쳐 지나가기도 한다. 꿈을 꾸는 사람은 그 삽화를 그냥 죽~ 훑어보게 된다. 이것은 낮시간에 예민하고 경직된 의식의 고삐가 풀리게 함으로써 긴장과 불안을 감소시키는 효과가 있다. 입수면 꿈은 영국의 꿈 학자 프레드릭 마이어스(Fredric Myers)가 발견한 꿈이다. 이 꿈은 렘수면 꿈에 비해서 이미지가 강렬하지 않으며 뇌 활동도 활발하지 않다(Fontana, 1994).

탈수면 꿈(hypnopompic dream)은 잠에서 깨어나기 직전에 꾸는 꿈을 말한다. 사람은 잠이 막 들었을 때만이 아니라 눈을 뜨기 직전에도 꿈을 꾼다. 탈수면 꿈은 잠에서 깨어나기 직전에 꾸는 꿈이기 때문에 기억하기가 쉽다. 우리는 대부분 탈수면 꿈을 기억한다. 탈수면 꿈의 특징은 다음에 설명하는 렘수면 꿈과 유사하다.

렘수면 꿈(REM sleep dream)은 렘수면, 곧 렘 현상 중에 꾸는 꿈을 말한다. 렘(REM=rapid eye movement) 현상이란 안구가 좌우로 빠르게 움직이는 것을 의미한다. 렘수면은 렘 현상 상태에서 잠을 자는 것이다. 렘 현상은 주로 1단계의 수면 상태에서 나타나는데, 사람들은 수면의 하강과 상승 과정에 따라 하룻밤에 4~5번의 렘수면을 취하며, 이때 꿈을 꾸는 것으로 밝혀졌다. 렘수면 꿈의 평균 지속시간은 약 10~20분 정도이다. 렘수면은 '역설적 수면'이라고도 한다. 왜냐하면 이때 사람의 뇌는 마치 깨어 있을 때처럼 활발하게 활동하며, 심장박동수와 산소의 소비량, 그리고 아드레날린 같은 스트레스 호르몬의 분비량도 깨어 있을 때의 수준과 거의 동일하기 때문이다. 남성의 경우, 렘수면 꿈을 꿀 때 음경이 발기되기도 한다. 그러나 신체의 다른 부분과 근육들은 마비 상태에 있다. 왜냐하면 꿈을 꿀 때에 몸에서 신체근육을 마비시키는 특별한 물질이 분비되기 때문이다(Fontana, 1994).

꿈과 수면에 대해 연구한 나다니엘 클라이트만(Nathaniel Kleitman)과 유진 애서린스키(Eugene Aserinsky)는 사람들이 렘수면 중에 꿈을 꾼다는 사실을 실험연구를 통해 처음으로 알아냈다. 연구자들은 몇 사람의 피험자들을 실험실에서 잠을 자도록 하고 특수한 기계를 사용해서 그들의 눈꺼풀을 주시했다. 그리고 눈꺼풀이 흔들릴 때마다 그들을 잠에서 깨우며 꿈을 꾸고 있었는지를 확인해 보았다. 피험자들은 모두 꿈을 꾸고 있었다고 대답했다. 이런 실험연구의 결과에 따라 사람들은 렘수면 중에 꿈을 꾼다는 사실이 밝혀지게 된 것이다(Fontana, 1994).

만약 렘수면 꿈을 꾸지 못하도록 방해한다면 어떤 일이 일어날까? 연구자들은 다음과 같은 실험연구도 하였다. 피험자들을 실험실에서 잠을 자도록 하고 특수한 기계를 사용해서 그들의 눈꺼풀을 주시하였다. 그리고 눈꺼풀이 흔들릴 때마다 그들을 흔들어 잠에서 깨웠다. 즉, 렘수면 꿈을 꾸지 못하도록 방해한 것이다. 그러자 피험자들은 낮시간에 심한 불안과 조급증 그리고 피로감을 호소했으며, 집중력과 기억력 등의 사고능력과 정서적인 안정감이 급격히 떨어졌고, 때로는 어떤 환상을 보기도 했다. 즉, 렘수면 꿈을 방해하면 신체건강과 정신건강에 해가 된다는 것이 밝혀진 것이다. 그러나 단지 렘 현상의 방해가 건강을 해친 것인지, 아니면 렘수면 꿈의 방해가 건강을 해친 것인지에 대한 의문은 남아 있다. 제레미 테일러의 이해에 따르면, 피험자들의 신체 및 정신건강이 저하된 것은 렘수면 꿈을 꾸지 못하게 한 것이 그 원인이라고 보는 것이 적절하다. 왜냐하면 테일러는 우리가 잠에서 깨어났을 때 꿈을 기억하든 기억하지 못하든 그것과 관계없이 꿈을 꾼 그 경험 자체가 심리정서적인 안정과 건강에 도움이 된다고 말했기 때문이다(Taylor, 1983).

사람들이 기억하는 많은 꿈은 렘수면 꿈이다. 따라서 꿈작업 중에 다루는 꿈은 대부분 렘수면 꿈 또는 탈수면 꿈이라 할 수 있다. 렘수면 꿈은 강력한 이미지를 지닌 시각성이 두드러진 꿈이다. 꿈을 꾸는 동안 뇌는 그 이미지에 반응한다. 사람의 뇌는 꿈속에서 보는 시각적인 이미지와 깨어 있을 때 보는 실제적인 사물의 차이를 구별하지 못하기 때문에 꿈을 꾸는 동안 강렬한 정서적인 반응이 나타난다.

비렘수면 꿈(NREM sleep dream)은 눈동자가 좌우로 흔들리는 렘 현상이 없는 가운데 꾸는 꿈을 말한다. 마크 솜스(Mark Solms)의 연구에 따르면, 사람은 비렘 상태의 수면 중에도 꿈을 꾸는 것으로 밝혀졌다. 그러나 비렘수면 시간에 항상 꿈을 꾸는 것은 아니고 간헐적으로 꿈을 꾼다고 볼 수 있다. 비렘수면 꿈은 렘수면 꿈보다 덜 엉뚱하고 훨씬 더 실제에 가까운 모습을 지닌다. 마크 솜스는 렘수면을 관장하는 뇌와 꿈을 관장하는 뇌가 서로 다르다고 말한다. 렘수면을 관장하는 뇌는 간뇌(파충류의 뇌)이고, 꿈을 관장하는 뇌는 대뇌(신피질)의 두정엽과 측두엽이다. 만약 간뇌의 간섭이 없이 대뇌만 작동한다면 렘 현상이 없는 비렘수면 꿈을 꾸게 된다고 할 수 있다.

제3장

유사수면과 특이한 꿈

꿈의 다양한 이해를 위해 꿈을 연구한 심리학자들의 이론을 살펴보기 전에 몇 가지 특이한 꿈들의 상태를 알아본다. 특이한 꿈들은 수면 상태와 관계가 있다. 수면과 관련된 용어 중에 유사수면(parasomnia=quasi sleep) 그리고 가수면(false sleep)과 가경(false awakening)이라는 말이 있다. 가수면은 의식이 반쯤 깨어 있는 상태에서 옅은 잠을 자는 것을 말하고, 가경은 잠을 자는 상태에서 의식이 반쯤 깨어 있는 것을 의미한다. 즉, 가수면과 가경은 모두 완전히 잠을 자는 것도 아니고 완전히 깨어 있는 것도 아닌 중간 상태를 의미한다. 유사수면은 몽유현상과 같이 수면 중에 이상행동을 하는 각성장애와 관련이 있는 수면을 말한다. 이런 중간 상태와 유사수면 상황에서 발생할 수 있는 현상들이 있는데, 그것은 가위눌림(sleep paralysis), 잠꼬대(sleep talking), 몽유(sleep walking) 등이다.

가위눌림

가위눌림이란 무엇일까? 가위눌림도 꿈으로 볼 수 있을까? 가위눌림 현상이 있을 때 우리의 몸과 정신 안에서는 어떤 일이 일어나고 있는 것일까? 많은 사람이 가위눌림을 경험한다. 가위눌림은 의식은 깨어 있으나 몸은 깨어 있지 아니한 마비 상태로서 그때 몇 가지의 감각적인 환각이 나타난다. 첫째, 시각적인 환각 상태인데, 잠을 자고 있는 방안 한쪽 구석에서 어두운 그림자 형상이 보이거나 누군가가 자신을 내려다보고 있다는 느낌이 드는 것 등이다. 둘째, 청각적인 환각 상태로서 누군가가 자기에게 속삭이는 듯한 말소리가 들리거나 시끄럽고 이상한 소음이 들리기도 한다. 때로는 정체를 알 수 없는 두려운 대상이 자기에게 다가오는 발자국 소리가 들린다. 셋째, 촉각적인 환각 상태로서 존재를 알 수 없는 무서운 괴물이 옆에 누워 있다는 느낌이 든다. 섬뜩하다. 괴물이 자신의 몸을 누르거나 목을 조르는 감각이 느껴지기도 한다. 괴물을 제거하려 하지만 몸이 꼼짝하지를 않는다. 의식은 있는데 몸이 전혀 움직여지지 않기 때문에 고통이 더욱 심하다. 이런 가위눌림 현상은 주로 스트레스나 수면 부족 그리고 불규칙한 수면 습관과 관계가 있는 것으로 알려져 있다.

가위눌림의 상태는 가수면 또는 가경이라는 중간 상태에서 발생하는 것으로 볼 수 있다. 가위눌림의 현상은 꿈과 유사한 상태로서 신경계의 문제로 발생하는 것이다. 연구된 바에 따르면, 사람이 렘수면(REM sleep) 꿈을 꿀 때 뇌의 활동은 활발하게 진행되지만 몸은 마비상태에 있다는 것이 밝혀졌다. 따라서 꿈에 등장한 시각적인 장면과 정서적인 경험을 신체 행동으로 옮겨 놓지 않는다. 예를 들어, 꿈에서 자신이 도망을 치거나 격렬하게 싸움을 하고 있을지라도 그것을 행동으로 옮기지는 않는다. 왜냐하면 꿈꾸기를 시작할 때 신체를 마비시키는 특별한 신경전달물질이 분비되기 때문이다. 특별한 신경전달물질은 글리신(Glycine)과 감마-아미노부티르산(Gamma-Aminobutyric Acid: GABA) 등이다. 글리신은 척수와 뇌간에서 운동신경세포의 활동을 억제하며, 감마-아미노부티르산은 중추신경계에서 운동신경세포의 활동을 억제한다. 그 결과 사람은 꿈을 꿀지라도 그 경험을 몸의 활동으로 전이하지는 않는다. 신체가 마비되어 있기 때문이다. 이런 신체 마비 현상은 뇌신경학적인 목적에 따른 것이다. 그것은 꿈을 꾸고 있는 자기 자신 및 주변 사람을 다치지 않게 하고 환경을 파손하지 않도록 예방하는 안전과 보호에 목적이 있다. 그러나 간혹 그런 마비 상태가 제대로 이뤄지지 않는 경우가 있는데, 그러면 꿈을 꾸며 소리를 지르거나, 팔로 옆 사람을 때리고 발로 차는 등 공격행동이 나타나기도 한다. 이런 것을 렘수면 행동장애라고 한다. 그러나 그 행동은 누구에게나 발생할 수 있는 자연 현상으로서 정신병리로 진단되지는 않는다. 한편, 우리의 신체 근육 중에서 심장근육, 횡격막, 소화기관, 안구근육 등은 신체를 마비시키는 물질의 영향을 받지 않기 때문에 꿈을 꾸면서 심장박동, 호흡, 소화기 및 장운동, 안구운동 등은 계속된다.

현대의 실험적인 연구에 따르면, 노르아드레날린(noradrenaline)과 세로토닌(serotonin) 같은 신경전달물질도 렘현상(안구운동) 또는 꿈꾸기 활동과 관계가 있다는 것이 밝혀졌다. 노르아드레날린은 주로 각성, 주의집중, 스트레스 반응을 담당하는 신경전달물질이다. 따라서 노르아드레날린의 분비 수치가 높으면 렘현상을 수반하는 꿈꾸기 활동이 시작될 수 없다. 즉, 그 수치가 낮아야 렘수면 꿈이 시작된다. 노르아드레날린의 분비가 억제되면 감정과 기억을 처리하는 뇌의 부위, 곧 편도체(amygdala)와 해마(hippocampus)가 활성화되어 그 내용물들이 꿈에 반영될 수 있다. 즉, 노르아드레날린의 분비가 많으면 렘수면과 꿈꾸기 활동이 감소하고, 그 분비가 적으면 렘수면과 꿈꾸기 활동이 시작되고 유지된다.

세로토닌은 비렘수면(NREM sleep)을 유도하며, 노르아드레날린처럼 렘수면과 꿈꾸기 활동을 억제하는 역할을 한다. 즉, 세로토닌의 분비 수치가 높으면 렘수면과 꿈꾸기 활동이 시작될 수 없으며, 그 수치가 감소하면 렘수면과 꿈꾸기 활동이 시작되고 유지된다. 따라서 꿈꾸기 활동이 활발한 상태에서 세로토닌이 분비되면 렘수면이 비렘수면으로 바뀌면서 꿈꾸기 활동도 종료된다. 한편, 세로토닌의 분비 수치는 꿈의 생생함이나 정서적인 강도에 영향을 준다. 즉, 세로토닌의 분비 수치가 높으면 렘수면을 억제함으로써 꿈을 덜 생생하게 하고 그 빈도수를 낮추지만, 그 수치가 낮으면 꿈을 마치 낮시간의 경험처럼 생생하게 만들고 그 빈도수도 높아진다.

언급한 것처럼, 꿈을 꾸고 있을 동안에는 글리신 또는 감마-아미노부티르산과 같이 신경을 억제하는 물질이 분비됨으로써 신체 근육을 마비시키지만, 잠과 꿈에서 깨어나면 신경억제 물질이 사라지면서 마비 중에 있던 신체가 풀리게 된다. 몸을 움직일 수 있게 되는 것이다. 이때 뇌는 신체에 이런 메시지를 보낸다고 할 수 있다. "꿈이 끝나고 의식이 깨어났으니 몸도 깨어나라." 그 순간 몸을 마비시켰던 물질이 용해되어 사라지는 것이다. 하지만 매우 드물게 그 물질이 사라지지 않고 계속 분비 상태에 있는 경우가 있다. 그러면 의식은 깨어났지만 몸을 움직일 수가 없다. 즉, 의식은 깨어났지만 몸은 여전히 꿈을 꾸는 상태에 있는 것이다. 이것은 내분비계의 잘못으로 몸속에 분비된 신경억제 물질이 사라지지 않고 비정상적으로 과도하게 또는 지속적으로 잔류하고 있는 것으로 볼 수 있다. 이때 꿈사람은 신체 마비 상태에서 벗어나려고 아무리 애를 써도 몸이 움직여지지 않아서 고통스러워하며 불안에 휩싸이게 된다. 이때 나타나는 현상이 가위눌림이다. 일반적으로 꿈이 끝나면 신체를 마비시켰던 물질이 사라지면서 신체도 깨어나는 것이 정상이다. 그러나 간혹 내분비계의 문제로 그 물질이 사라지지 않음으로써 몸을 움직일 수 없는 괴로운 상태가 되는 경우가 있다.

가위눌림은 악몽처럼 괴로운 상태의 꿈을 꿀 때 나타나기도 한다. 가위눌림은 괴롭고 고통스러운 악몽이 계속되면서 의식이 반쯤 깨어난 상태로 볼 수 있다. 즉, 가수면 또는 가경의 상태이다. 의식이 완전히 깨어 있는 것이 아니라 반쯤 깨어 있는 상태이기 때문에 신체를 의지적으로 움직일 수가 없는 것이다. 이렇게 가위눌림으로 고통스러울 때 그 고통에서 벗어날 수 있는 손쉬운 방법이 있다. 그것은 손가락이나 발가락처럼 쉽게 움직일 수 있는 신체 부위에 자극을 주어 살짝 움직이는 것이다. 그러면 신체를 마비시켰던 물질이 사라지면서 몸이 깨어난다. 몸을 움직일 수 있게 되는 것이다.

─────── 잠꼬대

잠꼬대는 잠을 자거나 꿈을 꾸면서 말하는 것이다. 잠꼬대는 유사수면 상태에서 발생한다. 유사수면은 가수면 또는 가경과 다르다. 왜냐하면 가수면과 가경은 의식이 반쯤 깨어 있는 상태이지만 유사수면은 의식이 전혀 깨어 있지 않은 상태이기 때문이다. 유사수면 상태에서 나타날 수 있는 것이 잠꼬대와 몽유현상이다. 잠꼬대는 꿈에서 경험하는 것을 말과 소리 등 청각적으로 표현하는 것이며, 몽유현상은 그것을 신체 감각과 동작으로 재현하는 것이다. 잠꼬대와 몽유현상 속에는 주위의 다른 사람들에게 전달하고자 하는 메시지가 담겨 있다는 것이 특징이다.

잠꼬대는 자신이 하고 싶은 말이나 중요하게 생각하는 것이 있는데, 외부의 강압적인 통제나 억압 때문에 말하지 못할 때 주로 발생한다. 또는 자신이 어떤 말을 했지만 아무도 그 말을 믿어 주지 않을 때 나타난다. 즉, 잠꼬대 속에는 다른 사람들이 자신이 하는 말에 귀를 기울여 달라는 메시지가 들어 있다고 할 수 있다. 이런 잠꼬대는 부모의 억압과 통제로 하고 싶은 말을 마음대로 하지 못하는 어린아이들이나, 직장 상사의 강요로 자신의 의사표현을 못하는 부하직원, 또는 강압적인 남편에게 눌려 지내는 아내의 경우에 많이 나타난다. 일상적인 부부 사이에서 강압적이고 통제적인 남편에게 하고 싶은 말을 못하고 눌려 지내는 아내는 남편이 없는 공간으로 이동하면서 혼자 중얼중얼할 수 있는데, 그것은 남편에 대한 불만과 분노를 언어로 표현하는 상태라 할 수 있다. 이것은 남편에게 직접 말하고 싶었지만 남편의 억압으로 그렇게 하지 못한 것을 말로 표현하고 있는 것이다. 그런 중얼거림과 유사하게 잠꼬대는 외부의 통제적인 환경 때문에 마음껏 표현하지 못한 것을 잠꼬대의 형식으로 말하는 것이다. 잠꼬대는 다른 사람들이 들으면 이해할 수 없는 비합리적인 말들로 되어 있는 경우가 많다. 그러나 깨어 있는 다른 사람들에게는 비합리적으로 들리지만 잠꼬대를 하고 있는 사람에게는 합리적인 말이다. 중요한 것은 잠꼬대를 하나의 상징으로 보아야 한다는 것이다. 그러므로 잠꼬대의 의미를 파악하려면 그것을 단지 문자적으로 해석하지 않고 그 이상의 상징으로 이해해야 한다.

융 심리학에서는 잠꼬대의 현상을 카산드라 콤플렉스(Cassandra complex)라고 하는데, 이것은 그리스 신화에서 유래된 말이다. 태양, 활, 음악, 신탁, 의술 그리고 막강한 힘과 남성미를 자랑하는 그리스의 신 아폴로(Apollo)는 트로이의 공주 카산드라를 보고 한눈에 반해서 그녀에게 프러포즈를 한다. 사랑에 눈이 먼 아폴로는 카산드라에게 네가 원하는 것은 무엇이든지 다 해 주겠다고 선언한다. 카산드라는 자신에게 미래를 내다보고 예언할 수 있는 신통력을 달라고 요청한다. 아폴로는 자기가 말한 대로 그녀에게 예지, 예언의 신통력을 신사한다. 카산드라는 그 신동력으로 미래를 내다보며 예언을 했고 사람들은 그녀의 신통력에 매료되어 그녀를 따라다녔다. 사람들로부터 추앙받는 존재가 된 것이다. 그때 아폴로가 카산드라에게 나타난다. 그리고 카산드라에게 말하기를, 내가 너에게 네가 원하는 것을 주었으니 너도 나에게 내가 원하는 것을 달라고 요구한다. 아폴로는 둘이 잠자리를 하자는 섹스를 원한 것이다. 그러나 카산드라는 그렇게 하고 싶은 마음이 전혀 없었다. 카산드라는 이렇게 말했다. "아폴로 신이여, 당신이 그냥 나에게 내가 원하는 것을 선물로 주겠다고 한 것이지, 그것을 섹스와 거래하자고 한 것은 아니잖이요. 나는 당신과 섹스하고 싶지 않아요." 논리적으로 아폴로의 섹스 요구를 거부한 것이다. 이에 몹시 화가 난 아폴로는 논리적으로는 그녀를 반박할 수 없었고, 신적인 능력을 발휘해서 그녀에게 저주를 내렸다. "이제 네가 그 신통력으로 아무리 예언을 할지라도 아무도 너의 예언을 믿지 않을 것이다. 내가 사람들의 마음을 그렇게 만들 것이다."라는 저주였다. 그 후 아폴로의 저주처럼, 카산드라는 미래를 내다보며 사실대로 예언을 했지만 아무도 자기의 말을 믿어 주지 않았다. 너무나 답답하고 곤혹스러웠다. 이런 신화에 근거하여 융 심리학에서는 잠꼬대의 현상을 카산드라 콤플렉스라고 말한다.

잠꼬대와 유사하지만 잠꼬대와 다른 현상인 야경증(sleep terror)이라는 것이 있다. 야경증은 수면 중에 공포를 느끼며 갑자기 잠에서 깨어나 소리를 지르거나 몹시 불안해하는 현상을 말한다. 이것은 낮시간에 몹시 긴장하거나 불안을 느낀 경우에 많이 발생한다. 야경증은 주로 어린아이들에게 나타나는데, 이때 아이들은 소리를 지르거나 울면서 깨어나기도 하고 호흡이 빨라지거나 식은땀을 흘리기도 한다. 야경증은 자율신경계가 각성되어 있는 상태에서 발생하며, 주로 비렘수면 시에 나타나는 것으로 알려져 있다.

몽유현상

몽유현상은 꿈을 꾸면서 움직이거나 돌아다니는 것을 말한다. 이때 몽유행동을 하는 사람은 이리저리 돌아다니며 과거의 사건을 재현하거나 잃어버린 물건을 찾기도 하고 심지어는 편지를 쓰기도 한다. 몽유현상은 해리성 반응, 즉 특정한 생각이나 행동이 의식에서 분리되어 독자적으로 표현되는 신경증적 반응으로 분류된다. 몽유현상은 앞에서 살펴본 가위눌림 상태와 반대의 경우라 할 수 있다. 가위눌림에서는 의식이 깨어 있으나 몸은 꿈을 꾸고 있는 마비 상태에 있지만, 몽유현상은 반대로 몸은 깨어 있으나 의식은 잠자는 상태에 있는 것이다. 즉, 몽유행동을 하는 사람은 자신이 무슨 행동을 하고 있는지 알지 못한다. 몽유현상은 말이 없다는 특징이 있다. 그러나 몽유행동 속에도 다른 사람들에게 전달하고자 하는 메시지가 담겨 있다. 몽유현상은 잠꼬대와 같이 낮시간에 아무리 말을 해도 자신의 말에 귀를 기울여 주는 사람이 없을 때 나타나는 현상이라 할 수 있다. 몽유현상 역시 상징적인 행동이다.

북유럽 사람들에게 많이 나타나는 몽유현상이 있다고 한다. 그들은 잠을 자다가 벌떡 일어나 주방으로 가서 냉장고 문을 열고 음식을 꺼내 먹는 행동을 한다. 이런 몽유행동에는 다음과 같은 의미가 있다. "나는 지금 제대로 먹지 못해서 영양실조에 걸려 있다. 좋은 음식을 만들어 먹게 해 달라.", "나는 지금 정신적인 지지와 돌봄이 부족하여 정서적으로 영양실조에 걸려 있다. 나에게 관심을 가지고 나를 보살펴 달라.", "나는 지금 지적으로 또는 영적으로 영양섭취가 부족하다." 그들의 몽유현상에는 이런 메시지가 담겨 있다는 것이다.

다음은 제레미 테일러가 소개한 사례이다. 여섯 살 정도의 남자아이가 한밤중에 침대에서 일어나 자기 집 지하 방으로 내려간다. 그리고 지하 방 진열장에 즐비하게 놓여 있는 빈 술병을 꺼내어 바닥에 한 줄로 나란히 세워 놓는다. 아이의 이런 행동을 지켜본 엄마는 염려가 되어 그 아이를 테일러에게 데리고 갔다. 테일러는 어머니와의 상담을 통해서 아이가 왜 이런 행동을 하고 있는지 그 원인을 알아냈다. 그 집에는 알코올 중독자인 할아버지가 함께 살고 있었다. 하루도 술을 마시지 않는 날이 없었다. 아이는 할아버지가 술을 마시는 것을 싫어했다. 그러나 할아버지에게 술을 마시지 말라고 말할 수는 없었다. 테일러의 해석에 따르면, 아이가 술병을 나란히 세워 놓는 몽유행동 속에는 할아버지에게 전달하고자 하는 메시지가 담겨 있다. "할아버지! 여기 보세요. 당신이 마신 술이 이렇게 많아요. 이젠 그만 마셔요." 이처럼 몽유행동 속에는 다른 사람들에게 말하고자 하는 메시지가 들어 있다(Taylor, 강의 중에서).

─────── 반복적인 꿈

사람마다 반복적으로 꾸는 꿈이 있다. 오래된 꿈이지만 반복되는 꿈일수록 의미 있는 메시지가 담겨 있다. 반복적인 꿈은 무의식이 꿈사람에게 동일한 메시지를 전달하는 수단이 된다. 그 메시지는 중요한 것임에 틀림이 없다(Sanford, 정태기 역, 2018). 반복은 중요성을 나타내기 때문이다. 개인마다 반복적으로 꾸는 꿈이 있는데, 어린 시절부터 계속 꾸는 꿈, 언제인가부터 반복되는 꿈, 그리고 꿈에 나타난 심상은 다르지만 꿈의 주제나 내용이 동일한 꿈 등을 꾼다.

반복적인 꿈을 꾸는 것은 이유가 있기 때문이다. 꿈사람이 그 꿈의 의미를 파악하지 못했거나 잘못 파악했을 때 유사한 꿈을 다시 꿀 수 있다. 그 이유는 단순하다. 꿈의 의미를 잘못 파악했으니 그것을 버리고 참된 의미를 찾으라는 것이다. 또한 꿈의 의미를 파악했을지라도 그것을 삶으로 실천하지 아니할 때 반복적인 꿈을 꿀 수 있다. 그것은 이제 꿈이 제시하는 의미에 따라 행동을 바꾸라는 것이다. 꿈사람이 꿈의 의미를 알게 되면 그리고 그 꿈의 의미를 삶으로 실천하면 그 꿈은 더 이상 되풀이되지 않는다(Taylor, 이정규 역, 2015).

반복적인 꿈에는 외상적인 꿈도 포함된다. 외상적인 꿈은 주로 악몽의 형태로 나타나는데, 그렇게 반복적으로 꿈을 꾸는 것은 외상사건으로 인한 상처와 정신적인 문제를 조금씩 치유해 가는 과정이라고 할 수 있다. 이것은 종결원칙이라는 치유적 정신기능에 부합되는 현상이다.

| 반복적인 꿈 사례 |

한 남자는 어린 시절부터 반복적으로 꾸는 꿈이 있다.

꿈에 도둑을 만나서 놀라는 꿈이다. 창문을 열고 밖을 내다보려고 하는데 그 순간 밖에서 그 창문으로 들어오려고 고개를 내미는 도둑의 얼굴과 마주치는 꿈, 엷은 커튼 뒤에 숨어 있는 도둑의 그림자가 보이는 꿈, 여러 명의 도둑이 집단적으로 침투해서 공격당하는 꿈 등, 장면은 다르지만 유사한 꿈을 반복적으로 꾸었다. 이 남자는 꿈에서 공포에 시달리며 고통스러워했는데, 그때마다 큰 소리로 "도둑이야!"라고 소리를 질렀다. 꿈속에서만이 아니라 실제로 소리를 지르는 바람에 옆에 자고 있던 아내가 깜짝 놀라 잠을 깨곤 하였다.

이 남자는 왜 도둑 꿈을 반복해서 꾸고 있는 것일까? 몇 가지 이유를 생각해 볼 수 있다. 첫째, 꿈을 꾼 꿈사람은 어린 시절 고향집에 도둑이 들어서 놀랐던 충격적인 경험이 있다. 그때 도둑은 아버지의 옷 주머니 속에 있는 돈을 모두 훔쳐 갔으며, 아버지의 바지를 뭉쳐서 담 밑에 버린 것을 보았다. 그리고 도둑이 담을 넘어올 때 손으로 잡았던 손자국이 하얀 벽에 그대로 남아 있는 것을 보았다. 그 기억이 선명하다. 따라서 이 꿈들은 어린 시절 그가 경험한 충격과 두려움이 아직 완전히 해소되지 않았다는 것을 의미하며 또한 그 꿈이 반복됨으로써 그 충격에서 벗어나는 자연적인 치유의 과정 중에 있다는 것을 의미한다.

둘째, 이 꿈들은 꿈사람의 내면에 자리 잡고 있는 그의 핵심문제, 곧 침입불안에 대한 상징적인 표현이다. 침입불안이란 외부의 다른 사람이 자신의 자아경계를 침범하는 것에 대한 두려움에서 비롯되는 반응이다. 외부의 다른 대상이 나의 생각을 무시하고 그의 생각이나 감정을 따르라고 강요하고 명령한다면 그것은 나의 자아경계를 침범하는 것이며 이때 나는 침입불안을 느낄 수 있다. 꿈사람의 내면에 있는 침입불안의 심리적인 원인을 찾는 것은 탐색과 분석이 필요한 일이지만, 이 꿈은 침입불안이 그가 해결해야 할 핵심문제 중의 하나라는 것을 보여 준다.

셋째, 이 꿈은 꿈사람의 마음속에 남의 것을 훔쳐서 제 것인 양 사용하는 도둑과 같은 성향이 있다는 것을 보여 준다. 바로 자기가 도둑이라는 것이다. 꿈에 나오는 모든 상징심상은 꿈을 꾼 꿈사람 자신이 가지고 있는 성격의 한 측면을 나타낸다. 도둑 꿈을 꾼 꿈사람은 낮시간에 학교에서 강의를 하는 강사인데, 강의할 때 종종 다른 학자들의 이론이나 연구 결과들을 인용한다. 그런데 강의를 하다 보면 그 이론이나 연구 결과들을 마치 자기가 만든 자기의 이론처럼 말을 하기도 한다. 표절을 한 것이다. 의도적으로 한 것은 아니지만 결과적으로 그렇게 된 것이다. 꿈은 그렇게 정직하지 못한 꿈사람의 행동을 일깨워 주고 있는 것이다. 한편, 꿈사람은 그런 강의를 한 후에 죄책감을 느끼는 경우도 있었는데, 이때 그런 도둑 꿈이 등장했다. 이 경우 꿈에서 만난 도둑은 하나의 상징으로서 그의 마음속에 있는 죄책감에 대한 투사적 표현이라 할 수 있다.

악몽

악몽(nightmare)은 무섭고 끔찍한 장면이나 그런 상징심상이 등장하는 꿈이다. 사람들은 가끔 꿈에서 공포를 느끼거나 몹시 괴로워하며 시달리는 꿈을 꾼다. 무시무시한 괴물이 등장하는 꿈, 형체를 알 수 없는 귀신같은 존재가 나오는 꿈, 험상궂은 사람에게 쫓기는 꿈, 죽은 사람의 시체가 나오거나 자기 자신이 죽는 꿈 등을 꾸기도 한다. 이런 꿈을 꾸면 깨어난 후에도 그 잔상이 사라지지 않고 그대로 남아서 두려움과 불안이 계속되기도 한다.

왜 우리는 그런 악몽을 꾸게 되는 것일까? 악몽에는 기능적인 의미가 있다. 악몽은 기억하기가 쉽다. 많은 꿈은 꿈에서 깨어나는 순간.의식에서 사라지는 것이 보통이지만 악몽은 계속 남아 있다. 이것은 악몽이 지닌 기능적인 효과 중의 하나이다. 악몽은 꿈사람이 꿈에서 깨어날지라도 꿈의 내용을 잊지 않고 기억하기가 쉽다. 악몽은 우리의 의식을 끌어당겨서 꿈 내용에 집중하게 함으로써 꿈을 기억하게 만든다. 악몽은 쉽게 잊히지 않는다. 악몽이 잊히지 않는 것은 기능적인 의미가 있는 것으로서 그 꿈속에 들어 있는 메시지와 의미를 파악하라는 것이다(Taylor, 1983). 왜냐하면 그 의미를 파악하는 것이 꿈사람에게 시급하고 중요한 문제이기 때문이다. 그것은 꿈사람의 치유와 성장에 필요한 것이다. 이처럼 악몽 속에는 꿈사람이 알아야 할 긴급하고 중요한 메시지가 담겨 있다. 따라서 악몽은 단순한 꿈의 편지가 아니라 꿈의 전보와 같은 것이다.

악몽을 꾸었을 때에는 그 악몽에 대한 이해와 함께 적절한 대처가 필요하다. 꿈의 심리학, 특히 게슈탈트 심리치료의 입장에 따르면, 꿈에 나오는 모든 심상적 이미지는 꿈사람 자신의 성격 중 일부, 성격에서 소외되고 부정되고 억압된 것 그리고 꿈사람의 정신과 삶에서 부족하고 결핍된 것을 나타낸다(Ackroyd, 1993). 따라서 악몽에 등장하는 무섭고 끔찍한 대상들이 바로 자기 자신을 나타내는 투사적 표현이라는 것을 이해할 필요가 있다. 꿈작업에서 해야 할 일 중의 하나는 그런 대상이 바로 자기 자신이라는 것을 이해하고 수용하는 것이다. 이와 같은 꿈작업에 도움이 될 수 있는 몇 가지 특별한 방법들이 있다(Taylor, 1983).

- 악몽에 등장한 무섭고 끔찍한 상징심상이 바로 자기 성격의 한 측면 또는 자신의 성격에서 소외되거나 결핍된 것을 나타내고 있다는 것을 분명하게 이해하고 수용한다. 그 상징심상이 외부의 다른 사람들을 의미하는 것이 아니라는 것을 이해한다.
- 악몽에 등장한 대상이나 장면을 그림으로 그린다. 꿈을 꿀 당시의 경험과 감정을 그림으로 표현한다. 꿈에 등장한 대상의 모양과 형태를 그림으로 그리고 색깔을 입힌다. 꿈을 그림으로 그리면 그림으로 표현된 무엇인가가 자기 안에 있다는 것을 이해하게 된다. 한편, 꿈의 내용을 그림으로 표현하면 힘이 역전된다. 꿈이 의식에 미치

는 공포감이 줄어들고 의식이 악몽 속에 있는 힘과 에너지를 안을 수 있게 된다. 꿈을 수용할 수 있는 여유가 생기는 것이다.

- 악몽 속에 등장한 무서운 대상의 이미지를 가면(mask)으로 만든다. 이것은 그림보다 더 적극적이고 능동적인 작업이다. 악몽 속에 등장한 무서운 대상을 회피하지 않고 직면하는 것이다.

- 자기가 만든 꿈의 가면을 얼굴에 쓰고 그 대상이 되어 동작과 움직임으로 그 존재, 곧 자기 내면에 억압되거나 소외되어 있는 성격의 측면을 동작으로 표현한다. 이것은 꿈사람이 스스로 부정하고 억압한 것, 곧 프로이트의 심리학으로 말한다면 억압된 성욕과 공격욕과 외상(trauma) 경험 또는 융의 심리학으로 말한다면 소외된 자신의 그림자(shadow) 등을 인정하고 수용함으로써 통합하는 것이라 할 수 있다.

- 악몽으로 인한 공포감이 너무 크다면 앞에서 그린 그림이나 가면을 불에 태우는 것이 도움이 될 수 있다. 그림 또는 가면을 한 손에 들고 불을 붙여서 소각한다. 하나도 남지 않도록 완전히 소각한다. 소각의 의미는 없애는 것이 아니라 변화시키는 데 있다. 불의 원형적인 의미는 변화를 상징하는 것이다. 이런 행동은 하나의 상징으로서 불이 지닌 우주적인 에너지를 받아들이는 것이다.

제레미 테일러에 따르면, 악몽은 감염병 예방을 위해 백신을 맞는 것과 같다. 앞으로 발생할 수 있는 질병같은 어려운 상황을 대비하고 극복할 수 있는 힘을 기르는 기회가 된다(Taylor, 1983). 어린아이들이 종종 악몽에 시달리는 꿈을 꾸는데 그것은 목적이 있기 때문이다. 그것은 지금 성장이 필요한 시기에 있으며 성장 중에 있나는 것을 의미한다. 행복하게 잘 지내고 있는 어린아이들도 종종 악몽을 꾸는데 이때 악몽은 성장의 이정표와 같은 것이다(Taylor, 1983). 동시에 어린아이들의 악몽에 등장하는 무서운 대상은 낮시간에 통제적이고 강압적인 부모에 대한 투사인 경우가 많다. 이런 경우 꿈에서 괴물에게 쫓기는 것은 부모의 통제와 강압에 시달리고 있다는 것을 의미한다.

외상 꿈

외상 꿈(traumatic dream)은 대부분 악몽으로 등장한다. 왜냐하면 꿈을 꾸게 되는 배경이 충격적인 외상상태이기 때문이다. 따라서 외상 꿈은 외상성 악몽(traumatic nightmare)으로 불리기도 한다. 외상성 악몽은 외상후 스트레스 장애(PTSD)의 주요 증상 중의 하나이다. 외상후 스트레스 장애가 있는 사람에게는 종종 외상성 악몽이 등장한다. 그것은 무의식 속에 억압되어 있는 외상 경험이 의식으로 침투한 결과이다. 외상성 악몽이 계속되는 것은 그 사건이 아직 종료되지 않았다는 것을 의미한다. 치유와 회복이 필요한 상태이다. 그러나 그것은 동시에 그 사건을 종료하기 위한 시도이기도 하다. 왜냐하면 꿈꾸기 작업 그 자체 속에는 적극적인 것은 아니지만 치유와 회복의 기능이 들어 있기 때문이다. 외상성 악몽의 특징은 다음과 같다(Herman 외 꿈연구 학자들의 견해).

- 외상사건의 장면이 상징화되기 이전의 모습인 날것 그대로 나타나거나 날것과 상징화의 중간 상태로 나타난다. 예를 들면, 전투외상 신경증 환자의 꿈에 전투장면이나 죽은 동료의 피 묻은 시체가 그대로 등장한다. 성폭력 생존자의 꿈에 성폭력 장면이나 공포스러운 가해자의 신체 또는 남성의 성기가 그대로 등장한다.
- 다른 꿈에 비해 지금 발생하고 있는 것처럼 즉각적이고 생생한 느낌이 든다. 그 느낌이 마치 깨어 있는 현실에서 경험하는 것처럼 강렬하다. 즉, 꿈이지만 꿈사람의 뇌신경과 정서적인 상태는 낮시간에 외상사건을 실제로 경험하는 것처럼 반응한다.
- 무시무시한 두려움과 공포와 불안 등의 강렬한 정서 반응이 나타난다. 꿈을 꾸면서 공포와 불안에 시달린다.
- 꿈이 반복된다. 공포스럽고 끔찍한 장면이 계속되는 유사한 꿈을 반복적으로 꾼다. 언급한 것처럼, 외상성 악몽이 반복되는 것은 외상사건이 아직 미해결 상태에 있다는 것과 동시에 그 외상사건을 종결하기 위한 무의식적인 시도이다.
- 다른 꿈과 달리 외상성 악몽은 깊은 수면단계(3~4단계)에서도 꿈꾸기가 가능하다. 다른 꿈들은 대개 1단계의 얕은 수면에서 꿈꾸기가 이뤄진다.

———— 자각몽

　　　　자각몽(lucid dream)은 꿈을 꾸면서 자기가 꿈을 꾸고 있다는 것을 아는 꿈이다. 자각몽은 다른 꿈들과 차이가 있다. 이야기의 전개에 일관성이 있으며 합리적인 측면이 있다. 꿈의 내용이 정교하고 꿈에서 깨어난 후 꿈의 내용을 기억하기가 용이하다. 가장 중요한 것은 꿈사람이 꿈을 꾸면서 자신이 꿈을 꾸고 있다는 것을 자각하는 것이다(Taylor, 1983). 자각몽은 우리말로 명석몽이라고 번역되기도 한다. 꿈사람은 꿈을 꾸는 중에 흥분하거나 섬뜩한 느낌이 수반되면서 자신이 꿈을 꾸고 있다는 것을 인식한다. 특이한 것은 꿈사람이 꿈속에서 전개되는 사건들을 통제하거나 변화를 유도할 수 있다는 것이다. 꿈에서 자신이 무엇을 해야 할지, 어디로 가야 할지 또는 무엇을 경험할지를 직접 결정하는 것이다(Fontana, 1994). 예를 들어, 꿈에서 괴물에게 쫓기던 꿈사람이 절벽 앞에 당도했을 때 자기는 뛰어내릴 수 있다는 생각을 하면서 뛰어내린다. 그리고 전혀 다친 데가 없이 그 아래 바닥에 안전하게 착지한다. 또는 넓은 강폭을 물 한 방울 젖지 않고 날아서 건넌다.

　동양 종교에서는 자각몽을 신비주의적이며 종교적인 수행의 한 과정으로 여기는 전통이 있다(Taylor, 1983). 힌두교와 불교, 특히 티베트 불교에서는 명상 능력이 뛰어난 신자들의 경우, 꿈을 꾸는 중에도 의식을 유지할 수 있기 때문에 자각몽을 꿀 수 있다고 말한다. 티베트 불교의 전통에 따르면, 잠을 자면서 꿈을 꾸고 있다는 것을 자각하는 것은 높은 수준의 종교의식이다. 꿈사람이 꿈꾸기 과정을 통제하고 주도할 수 있으면 깨어 있는 낮시간에 불가능해 보이는 신비스러운 행동을 할 수 있다고 생각한다. 동양 종교에서는 자각몽이 비밀스러운 전통으로 이어져 왔다.

　한편, 자각몽을 염려하는 입장도 있다. 프로이트의 심리학적 입장에서 보면, 꿈은 잠을 자는 동안 무의식적인 요소가 의식으로 뚫고 들어오는 것이라고 할 수 있는데, 이때 무의식의 활동, 곧 꿈꾸기 과정은 비록 의식의 통제와 감시를 받을지라도 자발적인 것이다. 그런 자발적인 무의식의 활동에는 중요한 의미가 있다. 소원성취와 보상의 기능이 있으며 또한 의식과 무의식의 균형을 유지하는 데 도움이 된다. 그런데 자각몽처럼 꿈속에서 의식이 무의식에 개입하고 통제를 하는 것은 그런 꿈의 자발적이고 긍정적인 기능을 차단하는 결과가 될 수 있다는 것이다. 그 결과 자각몽에 대한 장려와 탐구를 꺼리는 사람들도 있다(Taylor, 1983). 그러나 자각몽은 오히려 의식과 무의식의 상호작용과 소통에 도움이 되며 전체 정신을 통합하는 효과가 있다는 입장도 있다. 또한 꿈사람은 의식을 통해 꿈을 제어할 수 있는 능력을 향상시킴으로써 한층 더 심오한 자기인식 상태에 도달할 수 있다고 생각하기도 한다. 이렇게 서로 상충되는 입장이 있다는 것은 자각몽에 대한 이해와 연구가 더 필요하다는 것을 의미한다.

예지몽

예지몽(precognitive dream)은 앞으로 있을 미래의 사건이나 경험을 미리 알게 해 주는 꿈을 말한다. 전통적으로 사람들은 꿈에 예시, 예지적인 기능이 있다고 믿었다. 불쾌하거나 불안한 꿈을 꾼 날에는 행동가짐에 조심하며, 황금이나 돼지 꿈처럼 신나고 복된 꿈을 꾼 날에는 복권을 사기도 한다. 이런 전통은 오래된 것으로서 고대 사회에서는 더욱 꿈에 예언적인 기능이 있다고 믿었다. 고대인들은 꿈이 임박한 홍수, 적국의 침략, 유행병의 창궐, 왕조의 몰락, 구세주의 탄생 등을 알려 준다고 믿었다(Fontana, 1994). 이런 꿈이해의 전통은 현대의 과학적인 합리주의적 사고에 의해 희석되기도 했지만, 아직도 그 전통은 남아 있다. 많은 꿈 사례는 꿈에 예시적 기능이 있다는 것을 말해 준다.

꿈을 연구하는 일부 학자들의 이해에 따르면, 꿈속에는 미래에 있을 일이나 완전히 새로운 것을 알게 해 주는 예지적이며 창의적인 지혜가 담겨 있다. 인류가 태어날 때부터 가지고 있는 창의적인 지혜가 꿈에 반영되기 때문이다. 창의성은 인류가 타고난 능력으로서 무의식 깊은 곳에 그 근원을 두고 있다. 다수의 예술가들과 과학자들이 꿈에서 영감을 받아 훌륭한 작품 또는 발명품을 남긴 사례들이 있다. 로버트 스티븐슨(Robert L. Stevenson)은 꿈에서 영감을 받아 『지킬박사와 하이드』라는 문학작품을 남겼으며, 모차르트와 베토벤 같은 음악가도 밤에 잠을 자면서 꿈속에서 들리는 선율을 근거로 훌륭한 곡을 창작했다는 이야기가 있다. 멘델레예프(D. Mendeleev)는 꿈에서 우주의 모든 원소가 실내악의 형상으로 등장하는 것을 보고 원소의 주기율표를 만들었다. 재봉틀을 발명한 일라이어스 하우(Elias Howe)의 꿈은 유명하다. 꿈에서 그는 아프리카 원주민들에게 잡혀 물이 펄펄 끓고 있는 가마솥에 갇혀서 허우적거리며 빠져나오려고 안간힘을 쓰고 있었다. 그러나 원주민들은 그가 기어오를 때마다 날카로운 창으로 그의 몸을 찔렀다. 악몽에서 깨어난 하우는 원주민들이 자기를 찌르던 그 창끝에 구멍이 뚫려 있었다는 것을 기억해 냈다. 그것에 영감을 받아 재봉틀 바늘에 구멍을 뚫으면 되겠다는 생각을 하게 되었다. 아인슈타인은 청소년기에 꾸었던 특별한 꿈에 영감을 받아 상대성 이론을 발견하게 되었다.

그때 아인슈타인은 썰매를 타고 있었는데 어느 순간 썰매가 갑자기 빨라지더니 빛의 속도로 미끄러지는 꿈을 꾸었다.

훗날 아인슈타인은 이렇게 말했다. "과학자로 살아온 나의 삶의 전부는 그 꿈에 대한 명상이라고 할 수 있다."(Taylor, 1993)

영국의 항공기술자 던(Dun)은 1902년에 꿈에서 화산이 폭발하는 것을 보았다. 그 산은 마르티니크에 있는 펠레산 같았다. 얼마 후 그는 그 화산이 실제로 폭발했다는 신문기사를 보았다. 타이타닉호의 침몰 사고 이후, 꿈을 연구하는 학자들이 사고 이전에 그 사고를 미리 예시해 주는 꿈들이 있었는지를 조사했다. 여러 사람이 그런 꿈을 꾸었다고 응답했다. 영국의 애버펜에서 탄광이 무너져 140명이 생매장되는 끔찍한 사고가 발생했을 때, 언론에서 사고 이전에 그 참사와 관련이 있는 꿈 사례들을 수집했다. 많은 사례가 나왔다. 에이브러햄 링컨은 꿈에서 자기 자신이 죽는 꿈을 꾸었는데, 그 꿈을 꾼 다음 며칠 뒤 암살당했다. 꿈에서 링컨은 자신이 머물고 있는 백악관 주위를 거닐고 있었는데, 어디선가 구슬피 우는 소리가 들렸다. 이곳저곳을 거닐다가 이스트룸의 문을 열었는데, 그곳에서 몸에 수의를 두른 채 누워 있는 시신을 보았다. 울고 있는 조문객들에게 누가 죽었느냐고 묻자 그들은 "대통령이 암살됐어요."라고 말했다(Fontana, 1994). 이와 유사한 꿈 사례들은 지금도 있다. 2001년 비행기 충돌 참사로 미국 뉴욕에 있는 월드 트레이드 센터 쌍둥이 빌딩이 무너졌을 때, 참사 이전에 그와 관련이 있는 꿈을 꾼 사람들이 많았다. 수집된 꿈 사례에 따르면, 꿈에서 비행기가 건물에 부딪히는 장면을 보았다고 말하는 사람들이 다수였다. 이처럼 많은 사람이 앞으로 발생할 사건에 대한 예시적인 꿈을 꾸었다는 보고가 있었다. 그러나 많은 사람이 꾼 꿈이 실제로 참사를 예측하고 예시한 것인지를 밝혀내는 것은 논란의 여지가 남아 있다.

예지몽에 대한 인식과정에서 한 가지 유념해야 할 것이 있다. 어떤 꿈이 예지몽인가 아닌가를 명명하고 단정할 수 있는 시점은 꿈에서 깨어난 순간이 아니라 그 꿈과 관련한 사건이 실제로 발생한 이후이다. 즉, 우리가 꾼 꿈이 예지몽이었다고 말하려면 그 꿈과 관련된 사건이 발생한 것을 확인한 다음이어야 한다는 것이다. 예지몽에 대한 언급은 신중해야 한다. 특히 다른 사람의 운명이나 사회 집단적인 미래에 관련된 예지몽일 경우에는 더욱 신중할 필요가 있다.

제4장
정신의 영역과
꿈의 단계

────── 정신의 영역

우리의 정신세계는 몇 가지의 영역으로 구성되어 있다. 그 영역들은 꿈을 꾸게 하는 꿈의 산실이다. 따라서 꿈의 의미를 파악하기 위해서는 꿈이 어느 정신의 영역에서 비롯되었는지를 이해할 필요가 있다. 프로이트와 융의 이론을 종합하면, 우리의 정신세계는 의식, 전의식, 개인무의식, 집단무의식 등의 4영역으로 구성되어 있다는 것을 알 수 있다(Fontana, 1994). 프로이트는 정신을 의식과 전의식과 무의식으로 구분했으며, 융은 프로이트가 말한 무의식을 다시 개인무의식과 집단무의식으로 나누었다. 융이 말한 개인무의식은 프로이트가 말한 무의식에 해당된다고 볼 수 있다.

의식(consciousness)은 나, 곧 자아(ego)가 지배하는 정신의 영역이다. 의식은 자아와 연결되어 있는 정신의 내용물들이 축적되어 있는 영역으로서 그 내용물들은 자아에 의해 항상 포착되고 의식될 수 있는 것이다. 자아는 깨어 있는 낮시간 때에 활동하는 정신의 주체로서, 생각하고 기억하고 판단하고 결정하는 의지를 가지고 있다. 자아와 의식의 영역은 합리적인 것을 추구하며 자아는 자신의 상태를 알아차리고 반추하는 힘을 가지고 있다.

전의식(preconsciousness)은 의식과 무의식 사이에 있는 영역으로서 의식과 자아의 입장에서 필요할 때마다 언제든지 쉽게 꺼내어 사용할 수 있는 내용물들이 저장되어 있는 정신의 공간이다. 자아는 전의식 속에 들어 있는 내용물들을 어렵지 않게 인식하고 기억해 낼 수 있다. 그 내용물들은 최근에 또는 과거에 경험한 일과 사건, 배워서 알고 있는 정보와 지식, 자신이 만난 사람들에 대한 인상과 이야기, 여행 중에 본 아름다운 경치, TV에서 보고 들은 것 등 다양하다. 예를 들어, 내가 어제저녁에 배우자의 생일을 축하해 주기 위해서 근사한 레스토랑에 가서 맛있는 음식을 먹었다는 것을 기억하고 있다면 그 기억은 전의식 속에 들어 있는 것이다. 또한 작년에 해외여행을 갔었는데, 그때 보고 경험한 것을 친구에게 말하고 있다면 그 경험 역시 전의식 속에 들어 있는 것이다.

개인무의식(personal unconscious)은 절반쯤 지워진 기억으로서 개인이 태어나서 경험한 모든 경험이 저장되어 있는 공간이다. 그 안에는 긍정적인 경험과 부정적인 경험이 모두 들어 있다. 어린 시절에 부모와 함께 지내던 행복한 기억, 친구들과 재미있게 놀던 기억, 학교에서 상을 탔던 기억 등 긍정적인 기억들이 있으며, 부모와 헤어지던 슬픈 기억, 매를 맞았던 아픈 기억, 시험에 떨어졌던 실패의 기억 등 부정적인 기억들도 있다. 그러나 프로이트가 무의식이라고 말했을 때, 무의식 속에는 의식적인 자아가 받아들이지 않고 부정하거나 억압한 것들이 저장되어 있다고 보았다. 즉, 무의식 속에는 억압된 감정, 욕구, 성적인 충동, 공격성, 외상경험, 상처 등이 들어 있다는 것이다. 이런 무의식 속에 들어 있는 가장 중요한 구조물은 원본능(id)으로서 그것은 성욕과 공격욕 같은 인간의 원시적이고 본능적인 특성이다. 한편, 융은 개인무의식 속에 들어 있는 내용물들을 콤플렉스라고 말했는데, 콤플렉스는 원형과 함께 개인의 성격을 형성하는 배경이 된다고 했다.

집단무의식(collective unconscious)은 인류가 조상 대대로 유전을 통해서 물려받은 정신의 내용물들이 들어 있는 공간이다. 융에 따르면, 집단무의식 속에는 모든 인류가 공통적으로 지니고 있는 방대한 경험과 역사가 들어 있다. 즉, 신화, 민담, 전설 그리고 종교와 관련된 개념과 의식 등 수많은 상징이 저장되어 있다. 융은 집단무의식 속에 있는 내용물을 한마디로 원형(archetype)이라고 했는데, 원형이란 인간이 인간되게 하는 기본적인 골격으로서 누구나 지니고 있는 공통적인 내용물이다. 콤플렉스와 원형에 대한 자세한 설명은 '부록 1 칼 융의 정신구조와 꿈의 상징' 부분을 참고하기 바란다.

꿈의 단계

　　앞에서 언급한 것처럼, 인간의 정신세계는 의식, 전의식, 개인무의식, 집단무의식의 네 영역으로 되어 있다. 이런 정신의 영역들은 꿈과 어떤 관련성이 있을까? 의식의 영역은 꿈의 출처가 되지 않는다. 왜냐하면 의식에 있는 내용물들은 자아가 이미 알고 있는 것들이기 때문이다. 꿈은 무의식이 의식으로 보내는 편지로서 의식이 알지 못하는 것들이다. 꿈의 출처로서 꿈과 관계가 있는 것은 전의식, 개인무의식, 집단무의식이라는 세 영역 속에 들어 있는 내용물들이다.

　　꿈에는 3단계의 꿈이 있다고 할 수 있다.『꿈의 비밀 언어(The Secret Language of Dreams)』라는 책을 쓴 데이비드 폰태너(David Fontana)는 꿈을 3단계로 구분했다(Fontana, 1994).

　　첫째, 전의식에서 나오는 1단계의 꿈이다. 이것은 의식의 표면에 가장 가까운 층, 즉 전의식 속에 있는 내용물들이 의식으로 출현하는 꿈이다. 폰태너에 따르면, 1단계의 꿈에 등장하는 심상들은 겉으로 드러난 의미를 그대로 해석해도 무리가 없다. 왜냐하면 꿈에 드러난 의미와 숨겨진 의미가 거의 동일하기 때문이다. 예를 들어, 1단계의 꿈에서 엄마가 나타났다면 그것은 실제로 보고 싶은 엄마에 대한 꿈일 수 있다. 또한 꿈에서 친구가 나타났다면 그것은 며칠 전에 만난 친구에 대한 꿈일 수 있다. 1단계의 꿈은 전날에 있었던 장면, 사건, 경험들이 그대로 반영되는 경우가 많다. 따라서 1단계의 꿈은 그 의미를 파악하기가 비교적 용이하다.

　　둘째, 개인무의식에서 나오는 2단계의 꿈이다. 이것은 개인의 독특한 삶의 역사와 경험들이 출현하는 꿈이다. 개인이 경험한 모든 경험이 꿈으로 나타날 수 있는데, 특히 개인의 삶의 태도와 감정, 억압된 욕구, 성욕과 공격성, 외상과 상처, 콤플렉스 등이 2단계의 꿈에 나타난다. 2단계의 꿈에 등장하는 꿈 심상들은 모두 상징으로 되어 있는데, 그 상징은 꿈사람에게 특별한 연상과 의미를 부여하는 개인적인 상징이다. 즉, 그것은 꿈사람에게만 통용되는 고유한 의미를 지닌 경우가 많다. 왜냐하면 개인의 경험이 상징과 결합된 것이기 때문이다. 예를 들어, 몇 사람의 꿈에서 동일하게 자동차가 등장했다고 하자. 그러나 개인에 따라 자동차가 상징하는 의미는 다를 수 있다. 만약 자동차 사고에 대한 경험이 있는 사람의 꿈에 자동차가 나타났다면 그것은 사고와 관련된 두렵고 충격적인 마음을 상징하는 것일 수 있다. 그러나 어린 시절에 아버지와 함께 자동차를 타고 신나게 달리던 경험과 기억이 있는 사람이 자동차 꿈을 꾸었다면 그것은 즐겁고 신나는 마음을 상징하는 것이 될 수 있다.

셋째, 집단무의식에서 나오는 3단계의 꿈이다. 이것은 인류의 보편적이고 공통적인 의미를 지닌 원형들과 신화적인 요소들이 출현하는 꿈이다. 융은 3단계의 꿈을 웅장한 꿈이라고 말했다. 3단계의 꿈은 2단계의 꿈과 달리 모든 사람에게 보편적인 의미를 지니는 상징으로 표현된다. 즉, 상징의 의미가 누구에게나 적용될 수 있는 공통성을 지닌다는 것이다. 그러나 상징이 보편적인 의미를 지닌다고 해서 하나의 의미만을 가지고 있다는 것은 결코 아니다. 융에 따르면, 상징은 그것이 표현하는 개념 이상의 의미를 지닌 것으로서 그 의미의 폭이 넓고 다양하다. 이러한 점에 있어서 융은 프로이트의 입장과 다르다. 프로이트는 꿈 상징에 고정된 의미를 부여했다. 칼, 총, 뾰족한 탑 등은 남자의 성기를 의미하고 동굴, 우물, 터널, 문 등은 여자의 질 또는 자궁을 의미한다고 보았다. 그러나 융의 입장에서 보면 이런 해석은 꿈의 심상을 상징이 아니라 기호로 보는 것이다. 융에 따르면, 총이나 칼은 남자의 성기만이 아니라 공격성, 파괴, 위험, 군대, 죽음 그리고 호기심, 놀이 등 다양한 의미를 지니는 상징이다.

이상과 같이 꿈에는 3단계의 꿈이 있다고 할 수 있다. 그러나 필자는 4단계의 꿈이 있다고 생각한다. 4단계의 꿈은 영적인 꿈으로서 자아보다 큰 신적인 존재로부터 오는 꿈이다. 그리스도교의 관점에서 말한다면 하나님이 보내 주는 꿈이다. 초반부에 언급한 것처럼, 꿈은 무의식과 자아보다 큰 신적인 존재가 우리의 의식으로 보내는 편지이다. 따라서 꿈의 출처는 우리의 무의식만이 아니라 신적인 존재가 될 수 있다. 물론 신적인 존재, 곧 하나님으로부터 오는 4단계의 꿈은 그렇게 많지 않다. 그러나 성경에 보면 그런 4단계의 꿈들이 있다는 것을 알 수 있다. 그리고 신앙의 선조들이나 영성가들, 또한 믿음의 사람들은 이런 4단계의 꿈을 꾸었다고 보고한다. 4단계의 꿈에는 다음과 같은 특징이 있다.

- 앞으로 있을 일을 미리 보여 주는 예시적이고 예언적인 꿈이다.
- 삶에 대한 태도를 바꾸도록 권유하거나 회개하지 않으면 어려움 또는 형벌이 있을 것임을 알려 주는 경고의 꿈이다.

- 지금은 고난이나 어려움 중에 있으나 나중에는 성취와 행복이 있을 것임을 보여 주는 희망적인 꿈이다.

참고   유대 그리스도교적인 꿈이해의 역사

유대 그리스도교의 전통에 따르면, 꿈은 하나님의 메시지를 받는 중요한 통로였다는 것을 알 수 있다. 유대인 중에는 꿈해석에 탁월한 사람들이 있었는데, 그들은 꿈이 하나님으로부터 왔으며 따라서 하나님께 기도하면 그 꿈의 의미를 알려 준다고 믿었다. 예를 들어, 이스라엘의 선지자였던 다니엘은 바벨론의 느부갓네살 왕의 꿈을 해석해 주었는데, 그 왕이 7년 동안 광기에 시달리게 될 것임을 정확하게 예언했다(다니엘서 4장). 형제들의 시기와 질투심 때문에 이집트에 노예로 팔려 간 요셉은 이집트의 파라오 왕의 꿈을 해석해 주었는데, 그 해석대로 고대 이집트에 7년 동안의 풍년과 7년 동안의 흉년이 들었다. 이런 꿈해석 덕분에 요셉은 이집트에서 총리대신이 되는 높은 권좌에 오르기도 했다(창세기 41장). 한편, 고대 유대인들은 꿈의 의미를 찾는 과정에서 꿈사람이 낮시간에 어떻게 살고 있는지 그 사람의 생활 환경을 꿈의 내용 못지않게 중요하게 생각했다. 이런 이해는 현대적인 꿈의 이론, 특히 꿈은 낮시간의 경험을 반영한다는 프로이트의 이론과 유사한 면모를 지닌다(Fontana, 1994). 이런 고대 유대교적인 꿈이해는 신약성경에 그대로 반영되어 꿈은 사도 및 초대 교회 신자들에게 하나님의 뜻을 알리는 신성한 수단으로 받아들여졌다. 꿈에 대한 이런 전통은 성 아우구스티누스(St. Augustine)와 성 제롬(St. Jerome) 같은 교부들의 가르침에도 포함되었다.

그러나 중세에 이르러 교권을 중심으로 꿈에 대한 이해가 변하기 시작했는데, 왜냐하면 하나님의 계시는 오로지 교회에서 교회를 통해 부여되는 것이지 개인이 꿈에서 그 계시와 메시지를 받는 것이 아니라는 가르침이 우세했기 때문이다. 그 결과 정통 그리스도교에서는 꿈과 꿈해석에 대한 관심이 점차 줄어들었다. 13세기의 유력한 신학자인 토마스 아퀴나스(Thomas Aquinas)는 꿈을 완전히 무시하라고 충고했으며, 16세기의 종교개혁자인 마틴 루터(Martin Luther)는 말하기를, 꿈은 기껏해야 꿈사람에게 자신이 지은 죄와 잘못을 보여 줄 뿐이라고 가르쳤다(Fontana, 1994). 한편, 신학자들이 교회에서 꿈을 무시하고 멀리하라고 말한 것은 이유가 있었기 때문이라는 입장도 있다. 왜냐하면 교인들이 꿈을 꾼 다음 자신의 꿈을 지나치게 절대화함으로써 다른 교우들을 정죄하고 비판하는 문제가 발생했기 때문이다. 꿈에 다른 교우들이 이상하거나 흉측한 모습으로 등장하면 그것이 그들의 죄성이나 악행을 의미한다고 문자적으로 해석했다. 더욱이 그 꿈을 하나님이 자기에게 보여 준 계시라고 생각함으로써 절대시한 것이다. 이에 교회가 혼란에 빠지게 되었다. 그래서 일부 신학자들은 교회에서 꿈을 말하지 말라고 충고한 것이다.

그러나 그럼에도 그리스도교의 일반 신자들 사이에 꿈과 꿈해석에 대한 관심은 쉽게 사라질 수 없었다. 신자들 사이에 꿈에 대한 관심과 해석이 계속되었다. 그리고 현대에 이르러 프로이트와 융의 심리학에 영향을 받은 그리스도교의 꿈 학자들, 곧 존 샌포드(John Sanford)와 몰튼 켈시(Morton Kelsey) 등에 의해서 꿈에 대한 영적인 이해가 심화되었다. 꿈은 하나님의 계시의 수단이 될 수 있다는 것이다(Savary et al., 정태기 역, 1993). 『꿈과 영적인 성장(Dream and Spiritual Growth)』이라는 저서를 남긴 루이스 새버리(Louis M. Savary) 외 두 명의 저자는 그 책에서 이렇게 기록했다. "영적인 차원에서 꿈은 우리와 하나님의 관계를 그대로 투영하는 거울이다. 꿈은 영적인 성화를 목표로 하는 그리스도 교인들의 순례의 길에 많은 도움이 된다……. 꿈해석은 나와 나의 영혼, 나와 신앙의 공동체 그리고 나와 하나님의 관계를 더욱 친밀하게 해 주는 도구이다."(Savary et al., 정태기 역, 1993)

제 5 장

지그문트 프로이트의
심리학과 꿈이해

꿈의 내용과 의미

지그문트 프로이트(Sigmund Freud)는 꿈을 학문적·분석적으로 연구한 꿈 연구의 대학자이다. 이전에도 꿈에 관심을 갖고 꿈을 연구한 사람들은 많았다. 그러나 프로이트처럼 체계적이며 학문적으로 연구한 사람은 없었다. 프로이트는 꿈을 체계적으로 연구함으로써 꿈에 대한 자신의 이론과 학문을 확립했다.

프로이트는 그의 고전적인 저서, 『꿈의 해석(Die Traumdeutung)』에서 이렇게 기록했다. "꿈을 해석하는 것이야말로 마음속 무의식의 활동을 알아보는 가장 좋은 방법이다.", "[꿈은] 무의식에 이르는 왕도이다."(Freud, 1900). 무의식의 활동을 알아보는 방법에는 다음과 같은 것들이 있다. 최면술에 의힌 최면작업, 말이나 행동 또는 실수니 농담 등에 대한 분석작업, 억압 회피 투사 등의 방어기제에 대한 분석작업, 내담자와 상담자 사이에 발생하는 전이와 역전이에 대한 분석작업 등이다. 그러나 이런 모든 방법보다 더 효과적인 방법은 꿈을 다루고 해석하는 것이다. 물론 모든 심리학자가 그런 프로이트의 이해에 동의하는 것은 아니다. 그러나 오늘날 꿈에 대한 이해와 무의식에 대해 많은 통찰을 얻게 된 것은 프로이트의 공헌이라는 데 이견이 없다.

프로이트의 『꿈의 해석』은 정신분석학의 매우 중요한 기초가 되었다. 정신분석가인 찰스 브레너(Charles Brenner)는 프로이트의 『꿈의 해석』을 다윈의 『종의 기원』에 비교할 만큼 심리학의 발전에 기념비적으로 공헌한 저술이라고 말했다(Brenner, 1973). 이런 이해는 프로이트 자신에 의해서도 알려진 바 있다. 프로이트는『꿈의 해석』3판 서문에서 이렇게 기록했다. "현재 나의 판단에 따를지라도 이 책은 나의 행운으로서 그동안의 모든 발견 가운데 가장 가치 있는 것이다. 이런 통찰은 일생에 단 한 번밖에 없는 행운에 속하는 것이다."(Freud, 1911)

꿈은 무의식적인 정신과정을 알 수 있는 자료가 될 뿐만 아니라 신경증과 정신증의 이해에도 도움이 된다. 왜냐하면 꿈에 대한 이해는 자아의 방어기제, 특히 억압에 의해 무의식에 갇혀 있는 원본능을 이해하고 적절하게 대처할 수 있는 계기를 만들어 주기 때문이다. 프로이트에 따르면, 일방적으로 억압된 원본능은 신경증과 정신증의 원인이 될 수 있다(Brenner, 1973). 프로이트는 꿈을 하나의 증상으로 이해했다. 즉, 꿈은 정신에서 발생하는 본능적인 욕동, 충동, 억압, 갈등, 혼란, 좌절 등의 신경증적인 문제가 시각적인 형상으로 표현된 것이라고 보았다.

정신분석학자인 앙드레 트리동(André Tridon)은 프로이트의 저술인『꿈 심리학(Dream Psychology-Psychoanalysis for Beginners)』의 영문 번역판 서문에서 프로이트의 꿈이해의 특징을 다음과 같이 다섯 가지로 요약했다(Freud, 정명진 역, 2017).

- 꿈은 꿈을 꾸기 전 깨어 있을 때의 삶과 경험을 반영한다. 즉, 꿈과 삶의 경험 사이에는 일정한 연관성이 있다.
- 꿈에는 의식적이거나 무의식적이거나 어떤 소원이 실현되는 기능이 있다.
- 꿈에 나타나는 시각적인 형상과 장면들 중 많은 것은 상징적인 것이다.
- 인간의 본성적인 욕구인 성욕은 무의식과 꿈에서 많은 역할을 한다.
- 꿈은 하나의 증상으로서 꿈과 신경증 사이에 직접적인 관계가 있다.

두 가지 기본 가설

『정신분석 기본 교과서(An Elementary Textbook of Psychoanalysis)』의 저자인 찰스 브레너(Charles Brenner)에 따르면, 프로이트가 정신분석 이론을 정립하게 된 배경에는 두 가지의 기본적인 가설과 특징이 있다. 하나는 인과론적인 결정론이고, 다른 하나는 무의식적인 정신과정을 강조한 것이다(Brenner, 1973). 그러나 이 두 가지의 가설은 서로 밀접하게 연결되어 있기 때문에 완전히 분리해서 말할 수 없다.

인과론적 결정론이란 무엇인가? 우리의 정신세계는 외부의 물질세계와 마찬가지로 우연히 된 것은 하나도 없으며 현재의 정신적 상태는 과거에 있었던 사건 또는 경험의 결과이다. 즉, 현재의 모든 정신현상에는 과거라는 원인이 있다는 것이다. 그런 관점에서 본다면, 인간의 정신현상에 불연속성은 존재하지 않는다. 프로이트는 오래전에 미국의 신경과학자인 제임스 퍼트남에게 이렇게 말한 적이 있다. '우리가 지금 이런 모습을 하고 있는 것은 지금까지 이런 모습으로 살아왔기 때문이다.'(Brenner, 1973)

그러나 인과론적 결정론은 과거와 현재라는 시간적인 전후의 문제만을 의미하는 것이 아니다. 외적으로 드러난 우리의 행동은 마음속에 있는 의식적 또는 무의식적인 욕동과 동기의 결과라는 의미가 있다. 프로이트는 무의식적인 욕동과 동기에 주목했다. 왜냐하면 무의식의 세계는 의식에 비교될 수 없을 만큼 크고 넓은 세계이며 또한 대부분의 정신활동은 무의식적인 것이라고 생각했기 때문이다. 실수나 망각 등 우연하게 발생한 것처럼 보이는 일들도 결코 우연한 것이 아니며 그것은 무의식적인 소망이나 의도에 따른 결과라고 이해한다. 이런 인과론적 결정론은 꿈의 현상에도 적용되는데, 꿈에서 보는 시각적인 심상들은 드러난 내용, 곧 결과로서 그것은 무의식 속에 있는 드러나지 않는 내용으로부터 나온 것이다. 이런 프로이트의 견해는 프로이트 이전 심리학자들의 이해와 완전히 다른 것이었다. 왜냐하면 그들은 꿈이란 잠자는 동안 진행되는 신체적인 뇌의 활동으로서 그것은 아무런 의미도 없고 목적도 없는 현상으로 보았기 때문이다.

이런 인과론적 결정론으로부터 정신분석의 중요한 치유의 원리가 나온다. 신경증의 증상과 그 원인에 대해서 알고 그 원인에 대해서 말하면 증상이 사라진다는 것이다. 이런 치유의 원리를 자기통찰(self-insight), 재구성 작업(reconstructional work) 그리고 말하기 치료(talking cure)라고 한다. 자기통찰은 자기에 대한 이해와 '아하'의 경험으로서 나에게 '이런 증상이 나타나는 것은 과거에 그런 일이 있었기 때문이다.'라는 것을 자각하고 이해하는 것을 의미한다. 이런 통찰의 원리 속에는 인과론적 결정론이 전제되어 있다고 할 수 있다.

프로이트의 가장 큰 업적은 무의식의 세계가 있다는 것을 발견한 것이다. 프로이트 이

전의 사람들은 의식의 세계만을 인간의 정신으로 생각했다. 의식의 세계 밖에 정신의 다른 영역이 있다는 것을 알지 못했다. 그런데 프로이트가 의식의 세계 밖에 있는 무의식의 세계를 찾아낸 것이다. 정신분석을 초심리학(meta-psychology) 또는 심층 심리학(depth psychology)이라고 말하기도 하는데, 이것은 의식의 세계를 넘어 무의식의 깊은 세계가 있다는 것을 암시하는 말이다. 프로이트에 따르면, 우리의 정신현상 대부분은 무의식적인 것이다. 다만, 우리는 그것을 모르고 있을 뿐이다. 우리에게 어떤 생각, 감정, 기억, 환상, 실수, 망각 등의 현상이 발생할 때, 그것은 우연한 것도 아니고 비인과적인 것도 아니다. 우리 안에 떠오른 어떤 생각이나 기억이 무의식과 관련이 없는 비인과적인 현상으로 보이는 경우가 있다. 그러나 그렇게 보이는 것은 그런 과정이 무의식적으로 진행되고 있기 때문이지 그 현상 자체가 비인과적인 것은 아니다(Brenner, 1973). 그런 의미에서 불연속적인 정신현상은 없는 것이다.

프로이트는 무의식의 세계와 무의식적인 정신과정을 밝혀내기 위한 노력을 계속했다. 그는 최면술과 자유연상 기법을 사용했는데, 그 과정에서 환자들은 자기에게 떠오르는 모든 생각과 기억을 프로이트에게 보고했다. 최면술과 자유연상에 대한 논의는 나중에 계속될 것이다. 그런 과정 중에서 발견된 것이 있었다. 환자들은 평소에 자기가 의식하고 있지 못했던 이야기를 하는 것이었다. 그 이야기는 그들의 무의식 속에 있었지만 그 사실을 모르고 있었던 내용들이었다. 프로이트는 제1차 세계대전에 참전한 군인들 중에 신체마비로 고통을 호소하는 병사들을 치료한 경험이 있다. 그들은 몸에 총상이나 상흔이 전혀 없었음에도 불구하고 팔이나 다리가 마비되어 다시 전투에 나갈 수 없었다. 프로이트는 그들의 저항이 있었지만 최면술을 사용해서 그 원인을 찾아냈는데, 그것은 바로 심리적인 것이었다. 즉, 죽음의 공포가 극에 달하는 전투에서 벗어나고 싶은 욕구 때문이었다는 것을 알아냈다. 그 욕구는 무의식적인 것으로서 의식에서는 알아채지 못하는 욕구였다. 즉, 그들의 신체적인 마비현상은 전투에 대한 극심한 공포와 두려움을 느낀 나머지 그 전투에서 벗어나고 싶은 무의식적인 욕구에서 비롯된 하나의 증상이었던 것이다.

무의식적인 정신과정은 꿈의 현상에서 더욱 분명해진다. 프로이트에 따르면, 모든 꿈의 이면에는 무의식적인 사고와 욕구가 있으며, 꿈은 꿈을 꾸는 사람에게 의식되지 아니한 무의식적인 정신활동의 표현이라고 했다. 따라서 꿈의 의미를 발견하기 위해서는 무의식에 이를 수 있는 정신분석적인 기법이 필요하다(Freud, 1900). 무의식적인 정신현상은 꿈에만 국한되지 않는다. 언급한 것처럼, 실수, 망각, 억압, 투사 등의 정신활동도 대부분 무의식적인 것이다. 만약 어떤 사람이 누군가와 약속을 해 놓고 그 약속을 잊어버리거나 약속 시간에 늦는다면 그것은 단순히 우연하게 발생한 일이 아니다. 정신분석적인 이해에 따르면, 그것은 그 사람이 누군가를 만나는 것에 대한 두려움이나 불안 등으로 만나는 것을 주저하거나 회피하고 있다는 해석이 가능하다. 이처럼 프로이트의 정신분석적 이해에 따르면, 우리의 정신활동과 행동을 규정할 수 있는 더 결정적인 요인은 무의식이라고 할 수 있다.

정신의 구조

프로이트는 인간 정신의 구조와 기능에 대한 연구를 했다. 인간의 정신은 어떤 메커니즘(mechanism)과 구조로 되어 있을까? 정신의 구조와 기능에 대한 프로이트의 연구는 그의 연구 시기에 따라 차이가 있다. 연구의 초기에 프로이트가 만든 이론을 정신의 '지형학적 이론(topographic theory)'이라고 한다. 프로이트는 자신의 초기 연구인 기억 이론과 연상 이론 사이에 지형학적인 이론을 삽입했다. 지형학적인 이론은 정신이 의식적인가 의식적이지 않은가에 따라 분류한 것으로서 정신을 세 부분의 영역, 즉 의식의 영역, 전의식의 영역, 무의식의 영역으로 나눈 것을 말한다(Brenner, 1973). 정신을 영역별로 구분했기 때문에 지형학서 이론이라고 불린다. 그러나 영역의 의미는 해부학직인 것도 물리학적인 것도 아니다. 그것은 의식의 표면으로부터 수직적으로 정신의 더 깊은 곳으로 들어가는 단계를 은유적으로 나타낸 것이다(Burness & Bernard, 1990).

의식의 영역에는 어떤 내용물들이 있을까? 프로이트에 따르면, 의식은 정신의 표면에 위치하며 외부 세계와 신체 및 정신 모든 영역으로부터 정보를 받아들인다. 의식 안에는 생각, 정보, 감정, 기억, 동기, 환상 등의 내용물들이 들어 있다. 의식은 낮시간에 자아(ego)가 활동하는 공간이기도 하다. 의식은 단순히 지각하는 것보다 높은 수준의 정신기능을 가지고 있다. 의식은 내적 자극과 외적 자극을 자각하고 통합하며 현실 및 외부 환경을 고려하여 반응한다. 의식은 개인의 과거사와 현재 상황에 의해 영향을 받는다. 따라서 의식은 매 순간 변화한다. 의식의 활동은 잠을 자거나 해리 상태가 아닌 한 계속된다. 한편, 의식과 전의식의 구분은 의식과 무의식의 구분보다 덜 엄격하다. 프로이트는 때때로 의식과 전의식을 하나의 체계로 이해하기도 했다. 프로이트에 따르면, 에너지의 주의집중(attention cathexis) 현상이 의식과 전의식의 두 체계 사이를 자유롭게 왕래함으로써 의식적인 것을 전의식적인 것으로 만들기도 하고, 반대로 전의식적인 것을 의식적인 것으로 만들기도 한다고 말했다(Burness & Bernard 1990). 의식과 전의식의 정신기능은 이차과정을 따르기 때문에 주로 언어적인 형태의 논리적인 사고를 사용한다. 이것은 무의식이 원시적인 형태의 일차과정을 따르는 것과 비교된다. 의식은 무의식에 비해 매우 협소하고 좁은 공간이다. 의식의 크기는 빙산의 일각에 비유되기도 한다.

프로이트는 연구를 통해서 인간의 정신 안에는 의식 세계와 구분되는 무의식 세계가 있다는 것을 발견했다. 그리고 그 무의식의 세계는 다시 두 영역, 곧 전의식(preconscious)과 무의식(unconscious)으로 나뉠 수 있다는 것을 알게 되었다. 전의식은 주의를 집중하면 쉽게 의식될 수 있는 생각이나 기억 등으로 구성되어 있다. 예를 들면, 이야기 중에 쉽게 떠오르는 정보와 지식 그리고 과거의 경험이나 기억 등은 모두 전의식적인 내용물이라 할 수 있다. 전의식의 내용물들은 쉽게 의식에 떠오를 수 있기 때문에 단지 일시적으로만 무의식적이다.

무의식은 상당한 노력과 주의집중을 통해서 의식되기도 하지만, 대부분 의식되지 않는 내용물들이 들어 있는 영역이다. 이 내용물들은 대개 억압이라는 방어기제에 의해 의식과 전의식으로부터 제외된 것으로서 그 내용물들이 의식되기 위해서는 억압의 방어기제가 풀려야 한다(Freud, 윤희기, 박찬부 공역, 2014; Brenner, 1973). 의식에서 배제된 정신의 내용물들은 전의식 또는 무의식에 있게 되는데, 전의식에 있는 내용물들은 주의를 기울임으로써 불러낼 수 있지만, 무의식 속에 있는 내용물들은 불러낼 수 없다. 그 이유는 의식적인 자아와 전의식의 억압과 검열 때문이다. 프로이트에 따르면, 무의식의 세계 안에는 본능적인 충동들이 존재하며, 그 파생물들 가운데 일부는 대체물을 형성하거나 증상 또는 꿈을 통해서 의식에 도달되지만, 다른 것들은 자아와 전의식의 검열을 통과하지 못하고 무의식 안에 억압되어 있다고 했다. 무의식은 일차과정, 곧 쾌락원리라는 원시적인 정신과정을 따르기 때문에 논리적인 사고와 언어가 무시된다. 따라서 무의식의 기능은 프로이트가 후기 연구에서 제안한 구조이론에 나오는 원본능의 개념과 유사하다고 할 수 있다. 한편, 자아의 방어기제 활동과 초자아의 도덕추구 활동은 대부분 무의식 안에서 이뤄진다(Burness & Bernard, 1990). 즉, 개인은 자기의 정신세계에서 발생하고 있는 방어적인 반응 행동이나 윤리적인 억압 등을 스스로 인지할 수 없는 경우가 대부분이다.

무의식에 대한 연구를 계속하면서 프로이트는 전의식과 무의식이라는 지형학적인 이해만으로는 무의식을 이해하는 데 한계가 있다고 생각했다. 새로운 이해와 기준이 필요하였다. 그 결과 새로운 이론을 내어놓았는데, 그것을 정신의 '구조적 가설(structural hypothesis)' 또는 '구조이론(structural theory)'이라고 한다. 구조이론은 정신의 기능에 주목한 이론으로서 정신을 세 종류의 기능적 대상으로 묶어서 구분한 것이다. 세 종류의 대상이란 원본능(id), 자아(ego), 초자아(superego)이다. 원본능은 무의식 속에 있는 욕동들을 자극하고 유발하는 근원적인 구조물이고, 자아는 의식 세계의 중심으로서 외부환경과 관계를 맺는 기능을 지닌 구조물이며, 초자아는 도덕적이며 이상적인 원칙과 태도를 추구하는 구조물이다(Brenner, 1973).

─────── 정신의 구조와 욕동

프로이트의 구조이론에 따르면, 인간의 정신세계는 언급한 것처럼 원본능(id), 초자아(superego), 자아(ego)라는 세 가지 체계로 구성되어 있다(Freud, 윤희기, 박찬부 공역, 2014). 원본능은 사람이 가지고 있는 기본적이며 원초적인 정신 에너지로서 여기에서 자아와 초자아가 분화된다. 원본능 속에는 태어날 때부터 유전적으로 존재하는 모든 것, 즉 행동의 동기가 되는 원초적인 본능, 특히 생존본능과 종족보존 본능이 담겨 있다(Fontana, 1994). 원본능은 인간의 생존에 필요한 생물학적인 반사행동과 본능적인 욕구를 관장한다. 원본능은 본능적인 욕구와 충동들, 즉 성욕과 공격성을 지니고 있다. 프로이트의 이해에 따르면, 원본능은 무의식의 활동을 지배하며 많은 꿈의 원재료가 된다. 원본능에서 발생되는 리비도(libido)는 충족되어야만 하는 강력한 욕구의 형태를 띠는데, 욕구의 충족은 쾌감으로, 욕구의 방치는 고통으로 경험된다. 따라서 원본능은 쾌감을 최대로 경험하고 고통을 최소화하려는 '쾌락원리'에 따라 움직인다고 할 수 있다. 원본능의 주된 활동무대는 무의식이며 원본능은 자신의 욕구와 욕동을 원색적으로 있는 그대로 의식세계에 드러내려고 한다.

초자아는 사회의 전통적인 가치와 이상에 대한 인간의 내적 기준이라고 할 수 있다. 프로이트에 따르면 초자아는 양심(conscience)과 자아이상(ego ideal)으로 되어 있다. 양심은 '~을 해서는 안 된다'는 구조를 가지고 있으며, 자기의 잘못된 행동에 대해 처벌하고 비난함으로써 죄책감을 유발한다. 자아이상은 '~을 해야만 한다'는 구조로 되어 있으며, 자기가 잘한 행동에 대해 긍정적인 보상을 줌으로써 즐거움을 만든다. 사람은 자기의 행동이 양심과 자아이상에 맞는가의 여부에 따라 선의 감정 또는 악의 감정을 가지게 된다. 초자아는 부모가 어린아이들에게 하는 말이나 행동, 특히 부모가 주는 보상이나 처벌에 대한 반응으로 발달된다. 즉, 초자아는 부모나 주변 사람들로부터 아이들에게 투사되는 도덕적인 가치가 내면화되어 형성된 것이라 할 수 있다. 부모나 다른 사람들의 외부통제가 아이들의 내부통제로 바뀐 것이다. 초자아는 '도덕원리'에 따라 움직임으로써 자기 행동이 도덕적으로 정당한지 아닌지를 판단하며 그런 기준으로 완벽한 상태에 이르고자 한다. 따라서 초자아는 원본능과 항상 충돌하며 갈등을 유발한다. 초자아와 원본능이 추구하는 목표가 상충되기 때문이다. 초자아는 의식은 물론 무의식 차원에서 작용한다. 따라서 초자아는 잠을 자는 동안에도 원본능의 욕동이 의식세계로 드러나는 것을 막고 통제하려는 자신의 임무를 여전히 수행한다. 꿈에서 초자아는 자아와 손을 잡고 원본능이 의식으로 보내는 욕동의 메시지를 방해하고 검열한다(Ackroyd, 1993).

그럼 자아는 어떤 모습을 지니고 있을까? 우리는 자신을 타인으로부터 구별하고 항상 자기를 의식하면서 살아가는데, 이처럼 자기를 구별하고 항상 동일한 자기를 유지할 수 있는 것은 자아의 역할 때문이다. 자아는 개인이 과거의 사건과 현재의 행위 그리고 미래의 일 등을 해석하고 처리할 수 있는 기본적인 근거를 제공함으로써 개인의 행동에 지속성과 항상성을 부여한다. 자아는 낮시간에 활동하는 의식적인 주체로서 원본능의 욕구를 현실적으로 처리하는 과정에서 발달한다. 자아의 기능은 현실적인 사고를 바탕으로 하는 이차과정으로서 현실을 고려하여 원본능의 욕구를 적절하게 충족하는 데 있다. 즉, 자아의 과제는 초자아 및 외부 세계와 좋은 관계를 유지하면서 원본능의 욕구와 충동을 현실적으로 적절한 수준에서 만족스럽게 해결하는 것이다(Burness & Bernard, 1990). 자아는 항상 '현실원리'를 따라 활동한다. 원본능과 초자아는 서로 추구하는 목표가 다르기 때문에 항상 둘 사이에 충돌과 긴장과 갈등이 발생한다. 이때 자아는 둘 사이의 긴장을 풀고 충돌을 막아 주는 조정자의 역할을 한다. 프로이트는 자아의 핵심 기능이 자기방어에 있다고 보았다. 즉, 자아는 위험하고 불안하고 불쾌한 정동으로부터 자신을 보호하기 위해 다양한 방어기제를 사용한다. 원본능과 초자아의 갈등 관계 그리고 그 조정자로서의 자아의 역할을 도식으로 보면 [그림 5-1]과 같다.

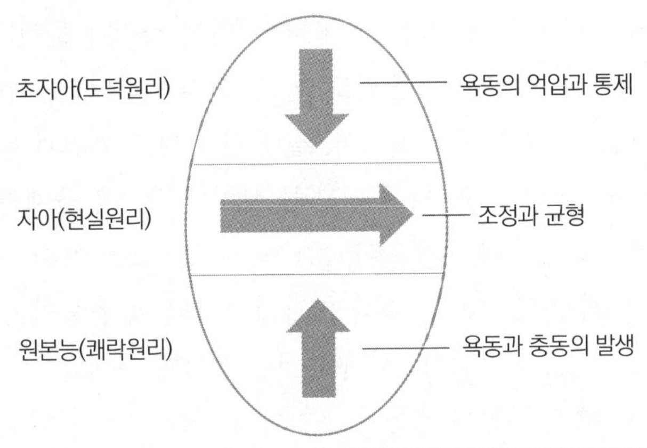

그림 5-1 원본능과 초자아의 갈등 관계, 조정자로서의 자아의 역할

사람은 자아가 견고해야 한다. 견고한 자아는 내부의 욕동과 외부 환경의 요구를 적절하고 균형 있게 처리할 수 있는 능력이 발달된 자아라 할 수 있다. 자아가 견고하지 않으면 원본능과 초자아 사이에서 발생한 갈등과 불안으로 혼란에 빠진다. 원본능의 지배를 받아 비난받을 만한 비도덕적인 행동을 하기도 하고, 초자아의 지배를 받아 자신의 욕구를 지나치게 억압하기도 한다. 이런 현상은 모두 자아의 강도가 약하기 때문에 발생하는 것으로 신경증의 원인이 될 수 있다. 견고한 자아의 기능적인 특징은 다음과 같다. 원본능과 초자아의 상충된 요구를 균형 있게 조절할 수 있는 능력, 현실을 객관적이고 합리적으로 검증하고 판단할 수 있는 능력, 자기와 외부 대상의 상태를 객관적으로 인식할 수 있

는 능력, 효과적인 사회활동과 업무처리 능력, 스트레스를 건설적으로 처리할 수 있는 능력, 불안 상황을 견뎌 낼 수 있는 능력, 실패와 좌절을 극복할 수 있는 내성 능력, 개념화하고 추상적으로 생각할 수 있는 사고능력, 적절하게 방어기제를 사용할 수 있는 능력, 자기의 취미와 관심 사항을 즐겁게 추구할 수 있는 능력, 유머를 즐길 수 있는 능력 등이다(Burness & Bernard, 1990).

원본능과 초자아 그리고 자아라는 세 가지 체계의 관계를 다음과 같이 예를 들어 설명하면 쉽게 이해할 수 있다. 내가 차를 운전하고 가는데 옆 차선에 있던 차가 깜빡이도 켜지 않고 갑자기 내 차 앞으로 끼어들었다고 하자. 이런 상황에서 원본능은 어떻게 반응할까? 극단적인 예가 될지는 모르지만 원본능은 이렇게 반응할 것이다. "(강한 분노를 느끼며) 쫓아가서 받아 버려라. 괘씸한 놈. 박살을 내 버려!"라는 소리가 들린다. 그러나 그 순간 초자아는 이렇게 반응한다. "안 돼! 그건 말도 안 돼. 그렇게 한다면 너를 선량한 시민이라고 할 수 있겠느냐? 너는 분명히 후회할 거야. 절대 안 된다." 그 결과 원본능과 초자아 사이에 충돌과 갈등이 발생한다. 이때 자아는 그 둘 사이에 갈등을 중재하고 조정하면서 다음과 같은 정도로 반응하게 된다. "(클랙슨을 몇 번 울리며 혼잣말로) 아잇! 저걸 그냥! 엿이나 먹어라." 또는 "짜증 나게 운전하네." 그러나 만약에 옆 좌석에 동승인이 있다면 자아의 반응은 달라질 것이다. "아잇! 깜짝이야! 운전을 너무 심하게 하네요. ㅎㅎ" 이처럼 자아는 자신의 행동을 결정할 때 원본능의 충동과 초자아의 간섭 그리고 외부세계의 상황 등을 모두 고려해야만 한다.

상담과 치유의 목표 중의 하나는 자아가 건강하고 그 강도가 강화되는 것이다. 즉, 자아가 원본능 또는 초자아가 지배하는 유아적인 행동에서 벗어나 오히려 자아가 유아적인 행동을 통제하고 조절할 수 있는 상태가 되는 것이다. 레온 사울(Leon J. Saul)은 "정신분석가는 환자의 이성적, 의식적인 자아와 함께 동맹을 맺고 작업을 한다. 그러므로 분석의 가장 큰 무기는 통찰과 이해에 있다."라고 말했다(Saul, 1972). 사울은 이렇게 말했다. "환자의 원본능과 초자아의 아동기 양식이 누그러지고 완화되면 환자의 자아가 확대되고 자유로워진다." 프로이트는 일찍이 이렇게 말한 적이 있다. "[치료를 받아 건강해지면] 원본능과 초자아가 있었던 곳에 자아가 있게 될 것이다."(Freud, cited in Saul, 1972)

그러나 자아의 강도가 강화되는 것이 무의식 안에 있는 원본능의 욕구와 욕동을 억압하는 것을 의미하는 것은 아니다. 억압된 욕구와 욕동은 오히려 문제를 유발한다. 자아가 건강하다는 것은 무의식의 욕구와 욕동을 억압하는 것이 아니라 자기의 무의식 안에 그런 욕구와 욕동이 있다는 것을 알아차리고 인정하게 되는 것이다. 이것은 무의식 속에 있는 욕구와 욕동을 적절하게 처리할 수 있는 의식의 세계로 가져오는 것을 의미한다. 일반적으로 자아와 초자아는 무의식적인 원본능의 욕동을 지나치게 억압하고 통제하려는 경향을 가지고 있다. 그러나 그것은 해결책이 아니다. 왜냐하면 지나친 억압은 더 큰 문제를 유발할 수 있기 때문이다. 액크로이드(Ackroyd)는 이렇게 말했다. "금지된 욕구들을 [만나는 것을] 두려워하지 말라. 그것은 계속 억압될 때에만 두려운 것이 된다."(Ackroyd, 1993) 꿈을 해석한다는 것은 자신의 무의식 속에 있는 원본능의 욕동(성적 욕동과 공격 욕동)에 대한 억압을 풀고 자기 안에 그런 욕동이 있다는 것을 인식하고 이해하는 과정이 된다.

─────── 일차과정과 이차과정

꿈에 대한 연구를 계속하면서 프로이트는 우리의 정신활동에는 일차과정(primary process)과 이차과정(secondary process)이 있다는 것을 알게 되었다. 이것은 자아와 원본능 사이의 관계와 분화의 정도에 따른 정신의 기능방식에 대한 개념이다. 일차과정은 정신기능이 미성숙한 상태로서 자아가 아직 미발달되었거나 원본능의 지배 아래 있는 것을 말한다. 일차과정은 유아적인 사고방식과 행동상의 특징을 나타낸다. 그러나 원본능의 지배는 일생 동안 계속되기 때문에 성인의 사고와 행동에도 일차과정적인 태도와 모습이 종종 나타난다. 일차과정의 특징 중의 하나는 무의식 속에 있는 충동과 욕구 그리고 불안과 두려움 등의 정동을 상징, 곧 꿈이라는 시각적인 형태로 바꾸는 것이다. 상징들은 시간과 공간, 선과 악의 윤리적인 경계를 무시하는 경향이 있다(Fontana, 1994). 이것은 무의식의 논리가 의식의 논리와 다르기 때문이다. 꿈작업, 곧 꿈을 꾸게 하는 정신작용은 일차과정에 속한다. 찰스 브레너에 따르면, 일차과정의 기능적인 특징을 다음과 같이 정리해 볼 수 있다(Brenner, 1973).

- 자아가 미발달되었거나 미성숙한 상태로서 현실적이며 합리적인 사고를 못한다.
- 자아가 원본능의 지배를 받으며 원본능의 욕구와 욕동을 통제하고 조절할 수 있는 능력이 부족하다. 성적이거나 공격적인 에너지를 통제 없이 방출한다.
- 확실한 증거나 객관적인 자료가 없이 암시적이고 추정적인 사고와 말을 한다.
- 시각적인 감각이나 이미지가 논리적인 언어를 대신한다.
- 시간에 대한 지각, 곧 전과 후, 그때와 지금, 첫 번째와 두 번째 같은 시간적 구별에 대한 인지가 명료하지 않다.
- 일차과정 사고는 성인들이 술에 취하거나 그들의 놀이, 농담, 실수, 오락 활동 등에 종종 등장한다.
- 꿈을 꾸는 꿈작업(시각적인 이미지 형상화)과 낮 동안의 공상이나 백일몽은 일차과정 사고에 속한다. 일차사고는 무의식과 꿈의 세계에서 활성화된다.
- 프로이트의 견해에 따르면, 일차과정 사고의 두 가지 특징은 응축(condensation)과 치환(displacement)이다(Freud, cited in Brenner, 1973). 응축과 치환은 잠재몽이 외현몽으로 드러나는 꿈작업 과정에서 잠재몽의 내용을 위장하기 위해서 자주 사용되는 정신 기제이다.
- 일차과정 사고는 흔히 상징적 표상으로 나타난다. 프로이트가 말하는 상징은 융이 말하는 상징과 차이가 있다. 프로이트가 말하는 상징은 무의식적으로 사용하는 비밀 언어와 같은 것으로서 바로 그것만을 나타내는 제한적인 개념과 위장적인 요소가 있다. 융이 말하는 상징은 바로 그것만을 나타내는 제한적인 개념보다 넓고 큰 의미로서 직접적으로 나타내는 개념 이상의 의미가 있다.
- 일차과정 사고는 정신장애가 있는 환자들에게서 많이 보이지만, 그 자체가 병리적인 것은 아니다. 이 경우 문제가 되는 것은 일차과정 사고를 한다는 것이 아니라 이차과정 사고가 상대적으로 결여되어 있다는 점에 있다.

찰스 브레너는 일차과정의 현저한 두 가지 특징을 다음과 같이 제시했다. 첫째, 일차과정은 원본능과 자기 욕구의 즉각적인 충족과 만족, 곧 욕동 에너지의 즉각적인 방출을 추구한다. 즉, 그 욕구와 욕동을 유보하고 기다릴 수 있는 능력이 부족하다. 둘째, 일차과정은 자기 욕구의 충족, 곧 욕동 에너지의 방출을 도와줄 것이라고 기대했던 대상에게 실망했을 경우, 그 대상에게 향했던 카섹시스(cathexis), 즉 성애적인 에너지 집중을 철회하여 다른 대상에게 쉽게 치환한다. 예를 들면, 유아가 엄마의 젖가슴을 빨 수 없을 때 자기 손가락을 빠는 것으로 대치한다. 또는 유아가 자기 대변을 가지고 노는 것이 금지되면 그 놀이의 욕구를 방출하기 위해서 진흙을 가지고 노는 것으로 대치한다(Brenner, 1973).

이차과정은 정신기능이 성숙한 상태의 활동으로서 자아가 발달되어 원본능의 욕구와 욕동을 적절하게 통제하고 조절할 수 있는 사고활동을 말한다. 유아의 자아는 생애 초기부터 점진적으로 발달하며 성인이 되어 감에 따라 원본능의 욕동을 통제할 수 있을 만큼 발달한다. 이차과정의 사고활동은 합리적이고 논리적이며 언어적이다. 이차과정의 기능적인 특징들은 다음과 같이 정리할 수 있다(Brenner, 1973).

- 자아의 발달과 성숙한 사고 활동으로 합리적이고 현실적인 사고를 한다.
- 자아는 원본능의 욕구와 욕동을 적절하게 통제하고 조절할 수 있는 능력을 가지고 있다. 따라서 성적이거나 공격적인 에너지를 현실에 맞추어 방출한다.
- 확실한 증거에 따라 생각하고 말하며 시각적인 이미지보다 언어적인 표현이 많다. 이차과정 사고의 특징은 의식적이며 언어적인 논리성을 기반으로 한다.
- 시간에 대한 지각, 곧 전과 후, 그때와 지금, 첫 번째와 두 번째 같은 구별이 명료하다.
- 프로이트에 따르면, 외현몽의 원인이 되는 잠재몽(꿈사고)은 이차과정에 속한다. 잠재몽은 이해할 수 있는 내용으로 되어 있기 때문이다. 잠재몽 속에 있는 꿈사고는 장황하고 복잡하기는 하지만 외현몽에 비해 이해 가능한 내용으로 되어 있다. 그런데 잠재몽(꿈사고)이 외현몽(시각적 형상화)이 되는 꿈작업 과정에서 일차과정 사고가 개입한다.

찰스 브레너는 이차과정의 현저한 두 가지 특징을 다음과 같이 제시했다. 첫째, 이차과정에는 원본능의 욕구충족, 곧 욕동 에너지의 방출을 연기하고 유보할 수 있는 능력이 있다. 환경적인 상황이 적절해질 때까지 그 욕구의 충족과 만족을 유보하고 기다릴 수 있다. 이것이 이차과정 기능의 본질적인 특성이다. 둘째, 이차과정은 자신의 욕구와 욕동을 충족해 줄 것이라고 기대했던 대상에게 실망했을지라도 그 대상을 쉽게 바꾸거나 포기하지 않고 그 대상에 대한 관심과 카섹시스를 계속한다(Brenner, 1973). 그러나 이러한 이차과정의 특징은 일차과정에 비교할 때 질적인 차이라기보다는 양적인 차이라 할 수 있다. 즉, 일차과정에도 그런 요소가 전혀 없는 것은 아니지만 매우 부족한 상태에 있다고 할 수 있다.

──── 상징과 성욕동

프로이트에 따르면, 일차과정 사고의 특징 중 하나는 그 사고가 상징으로 표현되는 것이다. 프로이트는 꿈과 신경증의 증상에 대한 연구를 계속하면서 꿈에 등장한 어떤 이미지가 일반적으로 생각할 수 있는 의미와 달리 특별한 의미가 있으며, 그 특별한 의미가 여러 환자에게 공통적으로 일정하게 해당된다는 것을 알게 되었다(Freud, 1920). 환자들은 대부분 그 이미지의 특별한 의미를 알지 못한다. 예를 들어, 꿈속에 등장한 황제와 황후 또는 왕과 왕비는 부모를 상징하고, 씨앗은 생식을 의미하며, 두 여자 형제들은 여성의 젖가슴을 나타낸다. 그리고 꿈에서 멀리 여행을 떠나거나 출타하는 것은 죽음을 상징하며, 꿈에 본 돈은 대변을 의미한다는 것이다. 이런 상징적인 의미들은 의식으로는 이해할 수 없는 것으로서 무의식에서 통용되는 비밀의 언어와 같은 것이다. 프로이트는 이 비밀의 언어를 상징(symbol)이라고 말했다(Brenner, 1973).

프로이트에 따르면, 일반적으로 언어와 문화가 같은 사람들의 꿈속에 나타나는 상징에는 공통적인 의미가 있지만, 개인에 따라 그 상징의 의미가 특별하며 다를 수 있다는 것도 알아야 한다. 왜냐하면 상징의 형성과정은 개인이 과거에 무엇을 어떻게 경험했는가 하는 것과 관계가 있기 때문이다. 이런 상징체계에 대한 지식은 꿈을 해석하고 그 의미를 찾는 데 도움이 된다. 그러나 그것이 꿈사람에게 꿈에 대한 자기의 인상과 연상을 묻지 않아도 된다는 것은 아니다. 프로이트는 이렇게 말했다. "[분석가가] 꿈의 상징체계에 대한 지식을 깊이 쌓으면 꿈을 꾼 사람에게 꿈에 대한 인상을 묻지 않아도 된다고 짐작하는 것은 잘못이다."(Freud, 1920) 프로이트는 꿈의 전체 내용이 모두 상징적으로 해석되어서는 안 된다는 말을 덧붙였다.

프로이트는 융에 비해 상징의 의미를 많이 강조하지 않았다. 상징에 대한 이해에도 차이가 있다. 프로이트에 따르면, 꿈 심상은 상징임에는 틀림없으나 그 목적은 숨겨진 내용, 즉 무의식적인 욕구를 위장하기 위해 사용된 도구이다(Freud, 1920). 그러나 융은 상징이 결코 무의식적인 욕구에 대한 위장이 아니고 무의식 상태를 있는 그대로 표현한 것이라고 생각했다. 프로이트에 따르면, 꿈 심상의 상징은 주로 성욕동과 공격욕동(살해욕구)에 대한 위장표현이다. 따라서 프로이트는 꿈해석에 있어서 지나칠 정도로 성욕과 공격욕 등의 무의식적인 욕동와 충동에 초점을 두었다. 그런 프로이트의 이해는 많은 논쟁을 불러일으켰다.

프로이트에 따르면, 꿈에 상징으로 자주 표현되는 것들은 다음과 같다. 즉, 신체와 신체 부위들, 성적인 기관들(젖가슴, 엉덩이, 생식기, 항문 등), 가족(어머니, 아버지, 여자 형제, 남자 형제 등), 신체적 행위(음식 섭취, 성교, 배뇨, 배변, 울음 등), 감정(성적 흥분, 분노, 공포, 슬픔 등), 그리고 출생과 죽음 등이다. 그러나 상징의 가장 대표적인 것은 성욕동에 대한 것으로서 그것은 성욕동을 위장표현한 것이라고 보았다.

프로이트는 꿈에 나타난 심상들 중에서 그릇, 항아리, 상자, 서랍, 방, 동굴, 우물, 등과 같이 움푹 들어간 형태들은 여성의 질 또는 자궁을 상징하고, 언덕이나 동산처럼 불룩하게 솟아 나온 것들은 여성의 유방을 상징한다고 보았다. 넥타이, 막대기, 뱀, 칼, 화살, 총, 망치 등 뾰족하며 길게 튀어나온 것은 남성의 생식기를 상징하며, 또한 말을 타는 행위, 계단이나 벽을 오르는 행위, 자동차나 기차를 타고 터널을 통과하는 것 그리고 차에 치이거나 충돌하는 것 등은 남녀 사이의 성교를 상징하는 것으로 해석했다. 여성이 꿈에서 해중으로 괴롭힘을 당하는 것은 임신을 상징하며, 남성이 꿈에서 쭉 늘어선 방들 사이를 설이 다니는 것은 사창가나 규방에 관한 상징이라고 보았다. 한편, 꿈에서 사람이 죽거나 해골의 모습이 나타났다면 그것은 공격욕동과 살해 욕구를 나타내며, 기물을 부수거나 파괴하는 꿈을 꾸었다면 그것은 어떤 대상에 대한 증오심과 공격성을 상징한다고 보았다(Freud, 1900; Ackroyd, 1993). 다음은 프로이트의 책『꿈 심리학(Dream Psychology)』에 나오는 사례이다.

| 성욕동 상징의 꿈 사례 | 

어떤 사람이 이런 꿈을 꾸었다. 아주 아름다운 두 개의 궁전 사이에 자그마한 집이 한 채 서 있다. 그 집은 다소 뒤로 물러서 있는 것 같고 그 집의 문들은 굳게 닫혀 있다.

내 아내가 좁은 길을 따라 나를 그 자그마한 집으로 안내한 후에 그 안으로 밀어 넣는
다. 그러자 나도 재빠르게 미끄러지듯 안마당으로 들어간다. 안마당은 위로 약간 경사
져 있다.

이 꿈의 상징에 대한 해석에서 프로이트는 이렇게 기록했다. "꿈을 해석해 본 경험이 많
은 사람이라면 꿈에서 좁은 공간을 뚫고 들어가며 닫힌 문을 여는 장면은 흔히 성적 상징
에 속한다는 것을 금방 알아차릴 수 있을 것이다."(Freud, 1920) 프로이트에 따르면, 두 개의
궁전은 여체의 아름다운 엉덩이를 의미하며, 약간 경사진 좁은 길은 당연히 여성의 질을
의미하는 것이라고 했다.

그러나 프로이트는 모든 꿈이 상징으로 위장되는 것은 아니라고 했다. 즉, 꿈 중에는 위
장되지 않는 것이 있다는 것이다. 그런 꿈을 전형적인 꿈이라 했다. 전형적인 꿈은 위장되
지 않는 꿈으로서 숨겨진 내용과 드러난 내용이 거의 일치한다.

──────── 잠재몽과 외현몽

꿈이란 어떤 것일까? 대부분의 일반적인 사람은 이렇게 생각한다. 꿈은 잠
자는 동안에 마음속에 나타난 감정과 스토리를 동반한 공상적인 이미지(심상)이다. 그러나
프로이트의 생각은 달랐다. 꿈을 그렇게 이해하는 것은 꿈의 한 부분만을 의미하는 것이기
때문이다. 프로이트에 따르면, 꿈은 세 가지 요소, 곧 잠재몽(latent dream)과 외현몽(manifest
dream)과 꿈작업(dream work)으로 구성된다. 잠재몽은 꿈을 만드는 무의식적인 원인이며
숨겨진 내용으로서 잠재몽은 꿈의 원인인 동시에 또한 꿈의 의미이기도 하다. 프로이트
는 잠재몽이 꿈을 만드는 요소이기 때문에 꿈사고라고 부르기도 했다(Freud, 윤희기, 박찬부
공역, 2014). 꿈사고는 꿈을 만드는 꿈의 요인이며 동시에 꿈해석 결과 알게 되는 꿈의 의미
이기도 하다. 잠재몽은 우리말로 내재몽으로 번역되기도 한다.

외현몽은 일반적으로 꿈이라고 말해지는 것으로서 꿈에서 명백하게 드러난 내용이다.
외현몽은 주로 꿈에 보는 시각적인 형상과 이미지로 되어 있다. 외현몽은 외재몽 또는 현

재몽으로 번역되기도 한다. 한편, 꿈작업이란 잠재몽(숨겨진 내용 또는 꿈사고)을 외현몽(드러난 내용 또는 시각적 이미지)으로 바꾸는 작업을 말한다. 즉, 꿈작업은 잠을 자면서 꿈을 꾸고 꿈을 만드는 정신의 기능적인 과정을 의미한다. 이런 꿈작업 과정과 정반대의 방향을 취하는 것이 꿈의 분석 또는 꿈의 해석작업이다(Freud, 1920). 프로이트는 자유연상이라는 방법을 사용함으로써 꿈의 해석, 즉 꿈의 의미를 발견할 수 있는 길을 찾아냈다. 프로이트가 꿈의 요소를 세 가지로 구분한 것은 꿈의 연구와 그 해석에 있어서 획기적인 발견이었다. 꿈의 의미를 파악하기 위해서는 이런 세 가지의 구분에 대한 이해가 필요하다. 프로이트 이전의 꿈 연구자들은 꿈해석에 대해 많은 혼란과 어려움을 겪었는데, 그 이유는 이런 구분을 하지 못했기 때문이다. 그들은 외현몽(시각적 이미지)만을 꿈으로 생각했기 때문에 꿈을 해석하는 데 어려움이 있었다(Brenner, 1973).

꿈의 잠재몽과 외현몽은 어떻게 다른가? 다음은 프로이트의 책과 찰스 브레너의 자료를 참고해서 정리한 것이다(Freud, 1920; Brenner, 1973).

- 잠재몽은 무의식적이며, 외현몽은 의식적이다. 잠재몽은 무의식 속에 있으며 외현몽을 만드는 꿈의 원재료이다. 외현몽은 그 원재료가 형상화되어 의식세계로 드러난 꿈이다. 즉, 외현몽은 잠에서 깬 후에 생각나는 형상적인 이미지를 말한다. 물론 생각이 날 수도 있고 잊어버릴 수도 있다.
- 잠재몽은 무의식 속에 숨겨진 내용이라 할 수 있고, 외현몽은 의식으로 드러난 내용이라 할 수 있다. 이처럼 꿈에는 숨겨신 내용과 드러난 내용이 있다. 드러난 내용은 꿈속에 실제로 등장하는 심상들로서 꿈의 장면을 구성하고 있는 소재들이다. 이런 심상들의 대부분은 무의식적인 충동과 욕구와 소망을 숨기기 위해 위장(응축과 치환) 표현된 것이다. 숨겨진 내용은 원본능이 의식으로 보내기 원하는 무의식적인 충동과 욕구와 소망으로서 자아와 초자아에 의해 억압된 것들이다.
- 잠재몽은 사고와 감정과 감각 등으로 되어 있으며, 외현몽은 주로 형태를 갖춘 시각적인 이미지로 되어 있다. 따라서 잠재몽은 '꿈사고'라고 불리기도 한다. 그 속에 많은 생각과 감정이 섞여 있기 때문이다. 외현몽은 드러난 내용으로서 언급한 것처럼, 꿈속에 등장하는 심상과 장면을 구성하는 시각적인 소재들이다. 예를 들면, 꿈속에

나타나는 사람, 동물, 산, 바다, 집, 동굴, 길, 기차, 도구, 음식, 배설물 등은 외현몽에 해당된다. 외현몽은 '꿈내용'이라고 지칭되기도 한다.

- 잠재몽의 내용은 외현몽에 비해 매우 길고 장황하며 복잡하다. 그 속에 많은 생각과 경험들이 얽히고 섞여 있기 때문이다. 그러나 외현몽의 내용은 훨씬 짧고 간단하다. 길고 장황한 꿈사고가 축약되고 응축되어 있기 때문이다. 그러나 짧고 간단하다는 것이 꿈의 의미를 파악하기가 쉽다는 것은 결코 아니다. 오히려 더 어렵게 만든다. 여러 가지의 꿈 사고가 하나의 이미지 속에 응축되어 있기 때문에 그 의미를 파악하기가 더 어렵다.

- 잠재몽은 무의식 속에 있는 원본능의 욕동과 강력한 소원으로 되어 있으며, 외현몽은 그 욕동과 소원이 심상적인 형상화 과정을 통해서 충족 또는 성취되는 것이다. 외현몽에는 프로이트가 꿈의 기능으로 강조한 소원성취의 기능이 있다. 찰스 브레너는 말하기를, 시각적으로 표현되는 외현몽에서 무의식의 잠재적인 소원이 성취된다고 했다(Brenner, 1973).

꿈의 의미를 파악하기 위해서는 외현몽이 아니라 잠재몽에 주목해야 한다. 왜냐하면 외현몽을 형성하는 무의식적인 자료는 잠재몽이기 때문이다. 외현몽은 대부분 그 의미를 알 수 없는 난해하고 이상한 그림들로 되어 있다. 반면, 잠재몽인 꿈사고는 비록 복잡하기는 하지만 이해할 수 있는 내용, 곧 이차과정과 이차사고로 되어 있다(Freud, 1900). 찰스 브레너는 꿈의 의미는 잠재몽의 내용과 같은 것이라고 말했다(Brenner, 1973). 프로이트에 따르면, 잠재몽(꿈사고)과 외현몽(꿈내용)은 하나의 내용을 두 개의 다른 언어로 묘사한 것과 같다. 즉, 외현몽(꿈내용)은 잠재몽(꿈사고)을 다른 표현방식, 예를 들면 고대 이집트의 상형문자와 같은 시각적 이미지로 옮겨 놓은 것이라 할 수 있다. 이처럼 외현몽은 마치 상형문자로 쓰인 것과 같은 것이기 때문에 그 자체로서는 의미를 파악하기가 쉽지 않다. 상형문자의 기호들을 꿈사고의 언어로 바꿔야 한다(Freud, 1900). 그것은 마치 그림 퀴즈를 푸는 것과 같다. 프로이트는 이런 예를 든다. 지붕 위에 보트 한 척이 놓여 있고 알파벳 글자와 함께 머리가 잘려 나간 사람이 뛰어가는 그림이 있다고 할 때, 이런 그림은 있을 수 없다고 부정하거나 비난할 수 있다는 것이다. 이치에 맞지 않기 때문이다. 그러나 이 형상을 음절이나 낱말에 의해 보충하고 연상 작업에 의해 그 그림을 그린 화가의 내적 사고에 도달하면 그 의미를 알 수 있게 된다. 이처럼 꿈을 해석하는 것은 이상한 그림의 수수께끼를 푸는 것과 같다. 프로이트가 꿈에는 잠재몽과 외현몽이 있다는 것을 말하기 전에는 사람들이 단지 외현몽에만 주목함으로써 꿈을 이상한 그림으로 판단하거나 쓸데없는 것으로 생각했다.

잠재몽(꿈사고)에 대한 논의에서 생각해야 할 것이 있다. 잠재몽에는 두 가지의 의미가 있다. 하나는 인과적 관계의 원인으로서 외현몽을 만드는 원재료가 된다는 것이다. 잠재몽은 꿈을 꾸게 하고 심상적인 꿈을 만드는 무의식적인 근거가 된다. 다른 하나는 인과관계의 결과로서 잠재몽은 외현몽을 분석하고 해석함으로써 도달하는 꿈의 의미가 되기도 한다. 언급한 것처럼, 꿈의 의미를 파악하기 위해서는 잠재몽 속에 들어 있는 꿈사고를 알아야 한다. 꿈을 분석하고 해석한다는 것은 외현몽(시각적 이미지)을 소재로 연상되는 것을 따라감으로써 결국 잠재몽의 꿈사고에 도달하게 되는 것을 의미한다. 이처럼 잠재몽에는 두 가지의 의미, 즉 원인론적인 의미와 결과론적인 의미가 있다고 할 수 있다. 그러나 이런 두 가지의 의미는 동일한 내용을 다른 각도에서 바라본 것에 불과하다. 전자는 원인론적인 입장에서, 후자는 결과론적인 입장에서 본 것이다. 잠재몽의 꿈사고는 외현몽을 만드는 원인인 동시에 외현몽에 대한 해석의 결과라는 두 가지의 의미가 있다.

한편, 프로이트는 외현몽을 타협 형성의 산물이라고 말했다. 타협이란 서로 다른 두 세력 사이의 절충적 결과라는 의미가 있는 말이다. 즉, 외현몽은 잠재몽(원본능적인 꿈사고)과 자아의 방어 세력 사이에 이뤄진 타협과 절충의 결과라는 것이다. 같은 맥락에서 프로이트는 신경증의 증상이 억압된 내용물(원본능과 부정적 정동)과 자아의 방어 세력 사이에 형성된 절충적 결과라고 생각했다(Brenner, 1973).

꿈작업-시각적 형상화, 응축, 치환

프로이트는 외현몽과 잠재몽을 구분함으로써 꿈을 꾸는 메커니즘과 꿈의 의미를 찾는 해석 방법을 알아냈다. 꿈을 꾸는 메커니즘은 잠재몽을 외현몽으로 바꾸는 작업으로서 프로이트는 그것을 꿈작업(dream work)이라고 말했다. 꿈작업은 길고 복잡한 꿈사고를 시각적인 외현몽으로 바꾸고 변형하는 정신과정을 의미한다. 프로이트가 말한 꿈작업이라는 용어는 이후에 다루게 될 '투사적 꿈작업'에서 말하는 꿈작업의 의미와 구분될 필요가 있다. 투사적 꿈작업의 경우, 꿈작업은 꿈을 만드는 것이 아니라 꿈의 의미를 찾아가는 해석의 과정으로서 투사를 그 방법으로 사용하고 있다. 프로이트가 말한 꿈을 만드는 꿈작업에는 시각적 형상화 그리고 응축(condensation)과 치환(displacement) 등의 방법이 있다. [그림 5-2]는 꿈작업 과정을 도형으로 표현한 것이다.

시각적인 형상화는 꿈사고를 시각적인 이미지 형태로 바꾸는 것이다. 사람들은 이미지, 곧 시각적인 형태로 꿈을 꾼다. 응축은 잠재몽 속에 있는 꿈사고의 여러 요소와 이미지들을 하나의 이미지로 합성하는 것이고, 치환은 잠재몽 속에 있는 꿈사고와 충동 등이 자아의 검열을 통과할 수 있도록 그것을 덜 자극적인 이미지로 바꾸는 것이다(Brenner, 1973). 이것은 무의식적인 충동과 욕구와 소원이 자아의 검열을 통과하기 위해서 취하는 위장의 방법이다. 꿈(외현몽)의 의미를 파악하기 어려운 이유는 이런 시각적인 형상화와 응축과 치환 때문이다.

무의식 속에 있는 꿈사고(잠재몽)는 꿈작업(시각적 형상화, 응축, 치환 등)을 통해서 꿈내용(외현몽)으로 자신을 드러낸다. 그 과정에서 시각적 형상화라는 작업이 이뤄진다. 시각적 형상화라는 개념 속에는 변형이라는 의미가 들어 있다. 즉, 시각적 형상화는 꿈사고를 시각적인 이미지로 바꾸는 것을 말한다. 무의식 속에 있는 생각, 감정, 욕동 등이 시각적인 이미지로 전환되는 것이다. 따라서 외현몽(시각적 형상화)은 꿈사고로 되어 있는 잠재몽을 시각적인 언어로 바꾼 것이라 할 수 있다. 프로이트는 이렇게 말했다. "꿈사고와 꿈내용은 하나의 내용을 두 개의 다른 언어로 묘사한 것과 같다."(Freud, 1900) 다른 말로 하면, 꿈내용(외현몽)은 꿈사고(잠재몽)를 다른 방식으로 표현한 것이다. 다른 방식이란 시각적 형상화

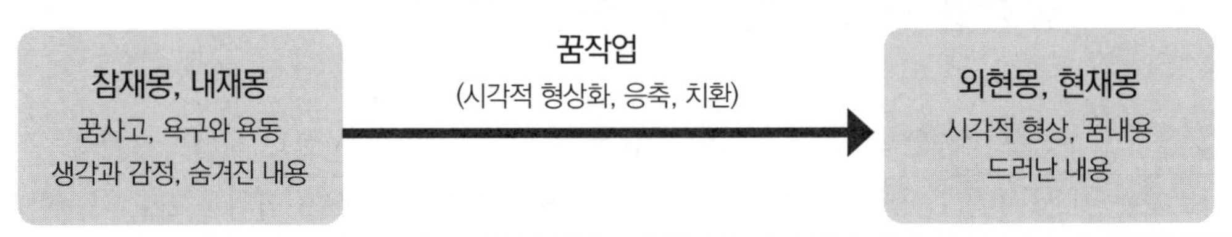

그림 5-2 꿈작업 과정

를 말한다.

꿈의 시각적 형상화에 잘 부합될 수 있는 예가 있다. 고대 이집트의 상형문자이다. 상형문자는 의미를 전달하기 위해서 다양한 그림(동물, 나무, 도형 등)을 도구로 사용한다. 그러나 전달하고자 하는 의미는 그 그림들이 가지고 있는 본래의 의미와는 전혀 다른 것이다. 왜냐하면 그 그림들은 중국의 한자(뜻글자)와 달리 단지 소리값에 해당되는 발음기호에 불과하기 때문이다. 따라서 상형문자의 그림을 보면서 그 그림의 본래 의미에만 주목하면 문자의 의미를 찾을 수가 없다. 마찬가지로 외현몽의 시각적 형상에만 주목하면 꿈의 의미를 찾을 수 없다. 번역과 해석의 과정이 필요하다. 꿈해석은 상형문자처럼 되어 있는 시각적인 언어를 평상시에 이해할 수 있는 합리적인 언어로 바꾸는 것이다.

응축은 어떤 것일까? 응축은 둘 이상의 꿈 이미지를 합성해서 하나의 상징 이미지를 만드는 것을 말한다. 한 예로서 프로이트는 자기 환자의 꿈에 나타난 나이 많은 남자의 이미지에 대한 분석에서 그 이미지는 두 대상, 곧 환자의 아버지와 심리치료를 하고 있는 자기 자신의 모습이 합성되어 있는 것이라고 해석했다. 꿈은 이 사람에게서 이 특징을, 저 사람에게서 저 특징을 가져옴으로써 새로운 인물을 만들기도 한다. 그러나 응축이 무조건 아무런 관계가 없는 이미지나 꿈 사고들 사이에 이뤄지는 것은 아니다. 이미지나 꿈 사고들 간에 어떤 유사성이나 동일성이 있어야 한다. 프로이트에 따르면, 응축이 시작되는 출발점은 꿈 이미지들 사이에 유사성, 동일성, 일치성, 또는 관계성 등이 있어야 한다고 했다. 즉, 유사성이나 일치성이 있는 이미지들을 모아서 하나의 새로운 통일체로 엮어 내는 것이다(Freud, 1920).

응축의 목적은 자아의 검열을 피하고 의식세계에 보다 강력한 영향을 주기 위한 것이다. 이것은 마치 화살촉이 표적을 뚫고 통과하는 것과 같은 효과가 있다. 꿈은 응축의 방법을 사용하여 자아의 감시를 피함으로써 자신을 의식 세계에 나타낸다. 응축의 방법에는 여러 가지가 있다. 긴 이야기나 내용을 간략하게 줄이는 것, 두 가지의 이야기를 하나의 이야기로 만드는 것, 여러 사건을 모아서 하나의 사건으로 표현하는 것, 두 인물의 특징을 뽑아서 하나의 인물로 합성하는 것, 두 개 이상의 이름이나 용어를 하나의 합성어로 만드는 것 등이다. 예를 들면, 꿈에 보인 블레이크슨(Blakeson)이라는 글자는 현실 세계에 존재하는 두 사람의 이름, 곧 블레이크(Blake)와 윌슨(Wilson)의 합성어로 볼 수 있다

(Ackroyd, 1993). 어떤 사람은 꿈에서 '고향머니'라는 말을 들었는데, 이 말은 '고향'이라는 말과 '어머니'라는 말의 합성어라는 것을 쉽게 알 수 있다.

치환이란 무엇일까? 치환은 잠재몽의 내용을 외현몽으로 바꾸는 과정에서 자아의 방어적인 검열을 통과하기 위해 꿈사고와 그 이미지를 덜 위협적이고 안전하게 느껴지는 것으로 대치하는 것을 말한다. 즉, 자아를 자극하지 않기 위해서 꿈사고(잠재몽)를 위협적이지 않은 시각적 이미지(외현몽)로 바꾸는 작업이다. 예를 들면, 잠재몽에서는 크고 중요한 사건을 외현몽에서는 적고 사소해 보이는 내용(희미한 이미지, 스치고 지나간 대상 등)으로 바꿔서 표현한다. 반대로 잠재몽에서는 사소한 내용을 외현몽에서는 크고 중요한 것처럼 보이도록 치환하기도 한다. 그러나 분석을 통해서 밝혀지는 의미는 전혀 다르다.

프로이트는 이렇게 말했다. "나의 느낌과 경험으로 보면, 아주 중요하게 여겨지는 꿈사고들은 정작 꿈의 내용에 들어 있지 않거나 꿈 장면의 흐릿한 부분에서 희미하게 암시적으로 표현되는 것 같다.", "꿈에서 유독 두드러져 보이는 근본적인 내용이 있다. 그러나 분석을 거치고 나면, 그런 내용은 꿈사고들 중에서 아주 부차적인 역할에 만족하고 있는 것으로 드러난다."(Freud, 1920) 즉, 꿈사고(잠재몽)에서는 정신적인 강도가 높거나 충격적인 것을 꿈내용(외현몽)에서는 그 강도가 낮은 것으로 나타내며, 그 반대의 경우도 있다는 것이다. 이처럼 치환은 잠재몽과 외현몽 간에 그 정서적인 본질의 선명도가 서로 바뀌는 것을 의미한다고 할 수 있다. 꿈사고와 꿈내용 사이에 본질적인 것과 비본질적인 것이 서로 뒤바뀌는 것이다. 꿈이 애매하고 복잡한 경우에는 그런 치환적인 요소가 더 많다(Freud, 1920). 물론 꿈에는 이런 치환이 일어나지 않는 꿈도 있다.

많은 사람이 꿈에서 불안을 경험한다. 꿈에서 두려움이나 공포 같은 강렬한 감정을 느낀다. 프로이트에 따르면, 불안의 원인 중의 하나는 성욕동과 공격욕동 같은 본성적인 욕구를 억압하기 때문이다. 불안은 꿈을 통해서 성욕동과 공격욕동을 성취하려는 것에 대한 위장된 감정이다. 즉, 불안은 자아의 방어에 의한 것으로서 성욕동과 공격욕동이 불안으로 치환된 것이다. 꿈에서 사나운 개가 날뛰는 꿈을 꿀 수 있다. 개가 나를 물려고 공격하기도 하고 나는 공포에 질려서 도망을 치기도 한다. 이 경우 꿈에서 날뛰는 개는 우리 안에 있는 억압된 동물적인 욕구(성욕동과 공격욕동)를 나타낸다. 이런 꿈을 꿀 때 대부분 강렬한 불안과 공포를 느낀다. 꿈에서 경험하는 불안과 공포는 개에게 물리는 것에 대한 신체적인 위협에 대한 반응이다. 그러나 프로이트의 치환과 위장이론에 따르면, 이 신체적인 불안은 정신적인 불안에 대한 치환이다. 본래 이 불안은 성욕동과 공격욕동이 자아와 초자아의 억압과 감시로 인하여 발생한 도덕적인 불안이다. 즉, 도덕적인 불안이 신체적인 불안으로 치환된 것이다. 이것은 성욕동과 공격욕동을 억압하는 것이 실패할지도 모른다는 데서 발생하는 불안이다. 이 경우 우리가 두려워하는 것(성욕동과 공격욕동)은 바로 우리의 원본능이 원하는 것이다(Ackroyd, 1993).

치환 작업(위장)의 예

다음은 브레너의 책 『정신분석 기본 교과서(An Elementary Textbook of Psychoanalysis)』에 나오는 가상적인 사례로서 꿈의 치환 작업을 이해하는 데 도움이 된다. 만약 어느 여성의 잠재몽(꿈사고: 무의식적인 욕동)이 엘렉트라 콤플렉스(오이디푸스 콤플렉스의 여성 버전)에 관한 것으로서 이것은 아버지를 소유함으로써 아버지와 성적 관계를 갖고 싶은 소망이라고 가정할 때, 그녀의 잠재몽이 외현몽에서 어떻게 치환되고 위장된 형태로 나타날 수 있을까? 브레너에 따르면, 다음과 같이 다양한 형태가 가능하다. 다음에 예시된 꿈들은 외현몽(시각적 이미지)이 잠재몽(무의식적 욕동)과 얼마나 가깝게 또는 멀게 거리를 두고 위장이 되었는가를 알려 준다. 이런 치환과 위장의 정도를 결정하는 것은 자아가 가지고 있는 방어적인 세력과 잠재몽(꿈사고와 원본능)이 가지고 있는 본능적인 힘의 차이에 따른 결과이다(Brenner, 1973).

- **별로 치환/위장되지 않는 경우**: 오이디푸스 시기에 발생했던 무의식적인 공상에 따라 성적인 흥분감을 느끼면서 성적 대상이 되는 아버지와 몸을 잡고 엎치락뒤치락 싸우는 이미지의 꿈을 꾼다.
- **자아의 방어적 개입으로 치환/위장된 경우**: 성적인 흥분감은 의식으로부터 차단되고 단지 아버지의 몸을 잡고 싸우는 이미지의 꿈을 꾼다.
- **자아의 방어가 강화되어 불안과 죄의식이 느껴지는 경우**: 아버지가 아닌 다른 사람, 예를 들면 낯선 남자의 몸을 잡고 싸우는 이미지의 꿈을 꾼다.
- **자아의 방어가 더 강화되어 싸우는 꿈 이미지 자체가 성적 행동으로 생각되어 불안과 죄책감

이 느껴지는 경우: 낯선 남자와 몸을 잡고 싸우는 대신에 둘이 손을 잡고 단순히 춤을 추는 이미지의 꿈을 꿀 수 있다.

- **자아의 방어가 매우 강화되어 춤추는 이미지마저 죄책감으로 견뎌 낼 수 없는 경우:** 아예 자기가 아닌 다른 두 사람, 예를 들면 한 소년과 어떤 낯선 여인이 깨끗한 마룻바닥 위에 함께 서 있는 꿈을 꿀 수 있다.

이처럼 잠재몽은 자아의 방어 정도에 따라 다양한 이미지(외현몽)로 의식세계에 자기를 드러낸다. 만약 자아의 방어가 강화되어 외현몽이 잠재몽으로부터 멀리 떨어진 이미지로 나타난다면 그 의미, 곧 잠재몽의 꿈사고를 찾는 꿈의 해석 과정은 매우 어려운 것이 될 수 있다. 더구나 앞에 제시된 다양한 외현몽은 단계적인 과정, 즉 첫 번째 이미지가 허용되지 않으면 두 번째 이미지로 대치되는 것이 아니라 처음부터 자아의 방어 정도에 따라 하나의 이미지로 결정되어 꿈의 장면으로 등장하는 것이기 때문에 꿈의 의미를 찾은 해석 과정은 더욱 어려워질 수 있다(Brenner, 1973).

│ **치환의 꿈 사례** │

다음의 꿈은 프로이트에게 심리치료를 받고 있는 한 여성 환자가 꾼 꿈이다. 이 꿈 내용(외현몽) 중의 여러 군데에서 치환의 상태를 볼 수 있다.

꿈에서 여인은 바구니를 든 요리사와 함께 시장으로 가고 있다. 그녀가 정육점 주인에게 자신이 원하는 고기가 있느냐고 묻자 주인은 "다 팔렸어요."라고 말한다. 정육점 주인은 다른 고기를 권하며 "이 고기도 육질이 아주 좋아요."라고 말한다. 그녀는 정육점 주인이 권하는 고기를 거절하고 식료품 가게로 간다. 식료품 가게의 주인은 그녀에게 다발로 묶은 검은색의 이상한 채소를 팔려고 한다. 그러자 그녀는 "내가 모르는 것이군요. 안 살 거예요."라고 말한다.

프로이트의 설명에 따르면, 여인의 꿈에는 다음과 같은 치환이 있다. 정육점 주인이 "다 팔렸어요."라고 말한 것은 그녀가 프로이트에게 정신치료를 받고 있는 상황에서 비롯된 말이다. 며칠 전 프로이트는 그녀에게 이렇게 말한 적이 있다. "어린 시절의 초기 기억은

다 사라지고 그 자리를 전이와 꿈들이 대신했어요." 즉, '다 팔렸다'는 말은 그녀의 초기 기억이 '다 사라졌다'는 말에 대한 치환이다. 그렇다면 정육점 주인은 바로 프로이트 자신을 의미한다. 즉, 꿈은 프로이트를 정육점 주인으로 치환한 것이다(Freud, 1900).

꿈에서 여인이 식료품 가게 주인에게 한 말, 곧 "내가 모르는 것이군요."라고 한 것에는 그녀가 하루 전날 그녀의 요리사에게 큰 소리로 꾸짖었던 말이 그 배경이 되었다. 그때 여인은 요리사에게 "제발 처신 좀 잘해요. 나는 모르는 거예요."라고 말했다. 즉, 여인이 꿈에서 "내가 모르는 것이군요."라고 말한 것은 전날 그녀가 요리사에게 "나는 모르는 거예요."라고 말한 낮시간의 경험을 반영한다. 여기에 치환이 있다. 그녀가 요리사에게 했던 두 마디의 말, 즉 "제발 처신 좀 잘해요."와 "나는 모르는 거예요." 중에서 그녀는 강도가 낮은 말(나는 모르는 거예요.)을 꿈에서 사용한 것이다. 왜 그랬을까? 꿈에 나오는 식료품 가게 주인 역시 프로이트를 치환한 대상으로 볼 수 있다. 여인은 프로이트의 환자로서 그의 정신치료에 불만이 있었다. 그녀의 불만은 꿈에서 식료품 가게 주인이 검고 이상한 채소를 팔려고 한다는 것으로 치환되어 묘사되고 있다. 프로이트는 실제로 자기가 그 환자에게 부적절하게 처신하고 있었다고 말했다. 그러나 그녀가 프로이트에게 자신의 불만을 강하게 표현하는 것은 자아에게 위험으로 느껴지는 일이다. 따라서 덜 위협적인 언어가 필요하다. 그것은 "나는 모르는 거예요."라는 말이다. 하지만 프로이트의 해석에 따르면, 그녀의 꿈사고에 더 부합되는 것은 "제발 처신 좀 잘해요."라는 강한 말에 있다고 했다(Freud, 1900). 그것이 그녀가 정작 하고 싶은 말이다. 자아의 억압으로 말하지 못했을 뿐이다. 이처럼 꿈에서는 강도가 강한 말을 약한 말로 치환하기도 한다.

| 응축과 치환의 꿈 사례 | 

다음은 프로이트의 꿈으로서 하나의 꿈 속에 세 가지 사건의 내용이 응축되어 있는데, 그 과정에서 치환작업이 동시에 이뤄지고 있는 사례이다. 프로이트는 이런 꿈을 꾸었다.

나는 미스터 M이 괴테로부터 에세이 글을 통해 언어 폭력적인 공격을 받았다는 것을 안다. M은 상처를 받았지만 괴테에 대한 존경심은 무너지지 않았다. 그런데 괴테와 M은 연대기적으로 완전히 다른 시대에 살았기 때문에 두 사람에게 그런 관계가 발생한 것은 불가능하게 느껴진다. 나는 괴테가 1832년에 죽었으며 괴테가 살아 있을 때 M은 18세로 어린 나이였다는 걸 알아차린다. 나는 두 사람의 출생연도를 계산한다. 그러나 지금 우리가 살고 있는 연도가 몇 년인지 잘 모른다. 연도 계산이 엉망이 된다. M에 대한 괴테의 공격적인 글은 그가 '자연(nature)'에 관해 쓴 유명한 에세이에 실려 있다는 것을 안다.

이 꿈(외현몽) 속에는 낮시간에 있었던 세 가지의 사건이 집약 응축되어 있다. 첫째는 만찬장에서 소개받은 사업가 M이 프로이트에게 정신이상의 문제가 있어 보이는 자기 형을 검사해 달라는 부탁이다. 그런데 그는 형의 이야기를 하다가 갑자기 동생의 이야기를 불쑥 털어놓았다. 오래전에 자기 동생이 이상한 탈선 행동을 했다는 것이다. 프로이트는 그 사람 M의 기억력을 알아볼 겸 동생의 출생연도를 물으며 그 연도를 계산해 보라고 했다. 둘째는 잡지의 표지가 프로이트의 이름으로 되어 있는 어느 의학 잡지사에서 베를린에 사는 프로이트의 친구 F가 집필한 서적에 대한 서평을 실었는데, 그 서평이 식견이 없는 애송이 평론가가 쓴 것으로 매우 부적절했다. 프로이트는 편집장에게 연락을 했고 편집장은 유감을 표시했으나 수정을 약속하지는 않았다. 프로이트는 그 잡지사와 관계를 끊었다. 그러나 잡지사의 편집장과 개인적인 관계는 타격을 입지 않으면 좋겠다고 말했다. 셋째는 어떤 여성 환자가 프로이트에게 자기 남동생의 병에 대해 말을 한 것이다. 그녀의 남동생은 정신이 나간 상태로 '자연, 자연(nature, nature)'이라고 소리를 지른다고 했다. 그녀의 말을 함께 듣고 있던 의사들은 그가 그렇게 소리를 지르는 것이 괴테의 아름다운 에세이 '자연(nature)'에 대한 그의 관심을 반영한 것이라고 추론했다. 프로이트도 의견을 제시했다. 그가 '자연'이라고 외쳤을 때, 자연이라는 그 말은 교육 수준이 낮은 사람들에게 알려져 있는 것처럼, 성적 의미를 담고 있다고 이해하는 것이 더 바람직해 보인다고 말했다. 그 후 그녀의 동생이 자기의 성기를 잘라 버렸다는 말을 들었다.

프로이트 꿈(외현몽)에는 앞에서 제시된 것과 같이 세 가지의 사건에 대한 경험이 합성 응축되어 있다. 즉, 응축에는 하나의 꿈 심상(이미지)에 둘 이상의 주제가 합성되어 표현되는 것만이 아니라 전체의 꿈 이야기 속에 낮의 잔재들과 무의식적인 충동들이 함께 섞일 수도 있다는 것을 알 수 있다. 응축은 여러 사건의 이야기를 묶어서 하나의 이야기로 만드는 것을 포함한다. 동시에 앞에 소개된 꿈에는 응축과 함께 치환작업의 기능도 나타나 있다. 치환된 두 심상 소재는 겉으로 보기에는 전혀 관계가 없는 것처럼 보이지만 그 내면을 살펴보면 사고, 감정, 욕구 등에서 서로 연결되는 공통점이 있다. 이런 연결과 공통점은 자유연상이라는 꿈해석 방법이 나오게 된 배경이 되었다(Freud, 1900).

다음은 앞의 꿈(외현몽)에 나타난 치환작업의 내용들이다. 프로이트가 낮에 경험한 첫 번째 사건, 곧 M이 자기 동생의 탈선 행동을 불쑥 말한 것은 꿈에서 괴테가 에세이로 미스터 M을 공격한 것으로 치환된다. 또한 낮에 M에게 동생의 출생연도를 계산해 보라고 한 것은 꿈에서 괴테와 M이 살던 시대를 계산하는 것으로 치환된다. M의 기억력을 알아보려는 의도는 꿈에서 프로이트의 연도 계산이 엉망이 되는 것으로 치환된다.

프로이트가 낮에 경험한 두 번째 사건, 곧 의학 잡지에 적절하지 못한 서평을 실은 편집장은 꿈에서 괴테로 치환된다. 그 의학 잡지는 꿈에서 괴테의 에세이로 치환된다. 잡지에 친구 F에 대한 형편없는 서평을 게재한 것은 꿈에서 괴테가 에세이로 M을 공격하는 것으로 치환된다. 프로이트가 잡지사와의 관계를 끊었지만 편집장과의 개인적 관계는 유지하고 싶다고 말한 것은 꿈에서 M이 괴테의 공격으로 상처를 받았지만 괴테에 대한 존경심은 무너지지 않은 것으로 치환된다.

프로이트가 낮에 경험한 사건, 곧 어느 여성 환자가 자기 동생의 병적인 증상을 말하면서 동생이 '자연(natute)'이라고 소리 지른다는 이야기를 들은 것은 꿈에서 M에 대한 괴테의 공격이 괴테가 쓴 '자연(nature)'이라는 에세이에 들어 있다는 것으로 치환된다. 한편, 의사들과의 대화 중에 프로이트가 말한 것, 곧 여성 환자의 남동생이 '자연'이라고 외친 것이 성적 의미를 나타낸다고 말한 것은 프로이트 자신의 추론에 의한 해석으로 볼 수 있다.

앞에 소개된 프로이트의 꿈은 처음에 꿈을 꾸었을 때에는 그 의미가 무엇인지 알 수 없었을 것이다. 꿈에 괴테가 등장하고, 괴테가 자기와 전혀 관계도 없는 미스터 M을 공격하고, 두 사람이 살던 연대를 계산하고, 괴테가 기록한 '자연'에 관한 에세이가 나온다. 이해할 수 없는 혼란스러운 꿈이다. 그런데 프로이트는 스스로 자유연상의 과정을 통해서 이 외현몽의 근거가 낮에 경험한 세 가지의 사건에 있다는 것을 알게 된 것이다. 즉, 세 가지의 사건 경험은 전의식과 무의식 속에 남아서 잠재몽(꿈사고)을 형성했고 그것이 꿈작업, 즉 응축과 치환 작업을 통해서 외현몽으로 나타난 것이다.

따라서 우리는 이렇게 말할 수 있다. 꿈꾸기 이전에 있었던 세 가지의 사건 경험은 꿈(잠재몽과 외현몽)의 원인이며, 동시에 자유연상과 분석 작업을 통해서 발견하게 된 꿈의 의미, 곧 결과이다. 그런데 주목하고 싶은 것이 있다. 낮시간에 있었던 세 가지의 사건 경험이 꿈(잠재몽과 외현몽)을 꾸도록 만든 원인이지만 그 경험들이 꿈의 원인이 되었다는 것을 알게 된 것은 자유연상 작업과 꿈해석을 통해서 꿈의 의미를 파악하게 된 이후이다. 즉, 꿈해석의 결과로서 꿈의 의미는 꿈을 꾸게 만든 원인과 맞닿아 있다는 것을 알 수 있다.

언급한 것처럼, 꿈작업(꿈꾸기)은 잠재몽(꿈사고)를 외현몽(시각적 형상)으로 바꾸는 정신과정이다. 그 과정에서 응축과 치환이라는 작업이 이뤄진다. 이와 함께 꿈해석의 과정에서 한 가지 더 생각해 볼 것이 있다. 이차수정(secondary revision) 또는 이차개작이다. 이차수정은 꿈을 꾼 사람이 자기의 꿈내용(이미지, 사건, 전개 과정 등)을 혼자서 기억하고 회상할 때 또는 그 내용을 다른 사람들에게 설명할 때, 꿈내용에 변화가 생기는 것을 의미한다. 사람들은 자기가 꾼 꿈의 내용이 꿈에서 경험한 것 이상으로 내적인 일치성과 통일성을 지니고 있는 것처럼 말하곤 하는데, 이 과정에서 꿈내용의 이차수정이 이뤄진다. 이것은 난해한 외현몽을 이해하려는 의식적인 시도로 볼 수 있다. 오늘날 정신분석학자들은 내담자가 자기의 꿈을 그런 식으로 수정하는 과정에 꿈을 해석할 수 있는 단서가 들어 있다고 생각한다(Fontana, 1994).

──── 소원성취 기능

프로이트는 체계적인 연구를 통해 꿈에 대해서 많은 것을 알게 되었다. 잠재몽과 외현몽을 구분할 필요가 있다는 것을 알게 되었고, 꿈은 꿈작업(꿈꾸기) 과정에서 응축과 치환 등의 위장 방법을 사용한다는 것을 알게 되었으며, 꿈해석의 방법으로서 자유연상 작업이 많은 도움이 된다는 것을 알았다. 그러나 아직도 질문이 필요하다. 우리는 왜 꿈을 꾸게 되는 것일까? 꿈은 무엇을 말하려고 하는 것일까? 꿈에는 어떤 목적과 기능이 있는 것일까? 프로이트는 연구를 통해서 꿈의 기능을 알아냈다. 꿈에는 소원성취(achievement of wishes)의 기능이 있다는 것을 알게 된 것이다. 우리가 꿈을 꾸는 목적은 현실적으로 이뤄지지 못한, 또는 이룰 수 없는, 소원과 욕망을 꿈(외현몽)을 통해서 성취하는 경험을 하려는데 있다. 우리는 간혹 현실적인 삶에서 기대 이상으로 좋은 일이 있을 때 '이런 일은 꿈에도 생각하지 못했다'고 말하는데, 이것은 꿈에 소원성취 기능이 있다는 것을 간접적으로 암시하는 것으로 보인다.

꿈에는 소원성취의 기능이 있다고 말할 때, 그 소원에는 낮시간에 현실적으로 성취될 수 없는 것들, 즉 무의식의 본능적인 욕구와 욕동들을 빼놓을 수가 없다. 그 욕구들은 왜 현실적으로 성취될 수 없는 것일까? 왜냐하면 사회적·도덕적으로 용납될 수 없기 때문이다. 이런 욕구들 중에 대표적인 것은 성욕동(sexual desire)과 공격욕동(aggressive desire)이다. 성욕동은 도덕적으로 용납될 수 없는 대상을 향한 성적인 욕망이며, 공격욕동은 누군가를 제거하고 싶은 살해적인 공격성을 포함한다. 이런 욕구와 욕동들은 도덕적으로 용납될 수 없기 때문에 의식으로부터 부정되고 억압되어 무의식 속에 갇혀 있게 된다. 이렇게 억압된 욕구와 욕동이 꿈에 나타나는 것이다.

꿈은 이런 욕구들을 치환과 위장과 왜곡된 이미지로 표출함으로써 그 욕구들을 성취하는 과정이 된다. 이때 치환과 위장(disguise)이란 꿈에서 성욕동과 공격욕동을 그대로 드러내는 것이 아니라 꿈을 꾸는 사람의 자아가 알아차리지 못하도록 숨기기 위해 변형된 형태를 취하는 것을 말한다. 꿈은 무의식의 욕구들이 의식세계에 전달되는 내용이다. 무의식 속에는 의식적인 자아(ego)가 모르거나 억압한 욕구들이 들어 있는데, 꿈은 그 욕구들을 자아가 활동하는 의식세계에 알리는 형식이라 할 수 있다. 그러나 꿈은 그 욕구들을 있는 그대로 원색적으로 전달될 수가 없다. 왜냐하면 자아(ego)와 초자아(superego)가 검열을 하기 때문이고, 또한 그 욕구들을 그대로 전달한 경우 자아가 놀라서 외상을 입게 되며, 수면을 유지할 수가 없기 때문이다. 따라서 자아와 초자아의 검열을 통과하고, 자아가 외상을 입지 않도록 하며, 수면을 보호하기 위해서 꿈은 본래의 욕구와 욕동들을 치환하고 위장하여 표현한다(Fontana, 1994). 꿈작업(꿈꾸기) 과정에서 발생하는 원본능과 자아 그리고 초자아의 관계는 다음과 같이 정리할 수 있다.

- 원본능은 자신이 가지고 있는 본능적인 욕구와 욕동들을 꿈을 통해서 의식세계로 보내기를 원한다. 자신의 욕구가 성취되기를 원하기 때문이다. 즉, 꿈에는 소원성취의

기능이 있다.

- 그러나 자아와 초자아는 그런 원본능의 욕구와 욕동들이 꿈을 통해 의식세계에 드러나지 못하도록 방어하고 감시하고 검열한다.
- 그 결과 원본능과 자아(또는 초자아) 사이에 긴장과 갈등과 충돌이 발생한다.
- 원본능의 무의식적인 욕구와 욕동들이 의식세계에 직접 표출되면 자아가 놀라서 외상을 입을 뿐만 아니라 수면을 유지할 수 없다.
- 원본능의 무의식적인 욕구와 욕동들이 꿈으로 드러날 때 자아와 초자아의 검열을 통과하고 자아가 외상을 입지 않도록 하기 위해 위장(응축과 치환)을 사용한다.
- 따라서 자아가 만나는 꿈의 이미지는 원본능의 욕동 그 자체가 아니라 그 욕동이 위장된 형태이다.
- 이런 치환과 위장의 과정을 [그림 5-3]과 같이 도표화할 수 있다. 잠재몽(성욕동과 공격욕동)은 자아와 초자아의 검열을 통과하기 위해 자기의 모습을 치환하고 위장한다.

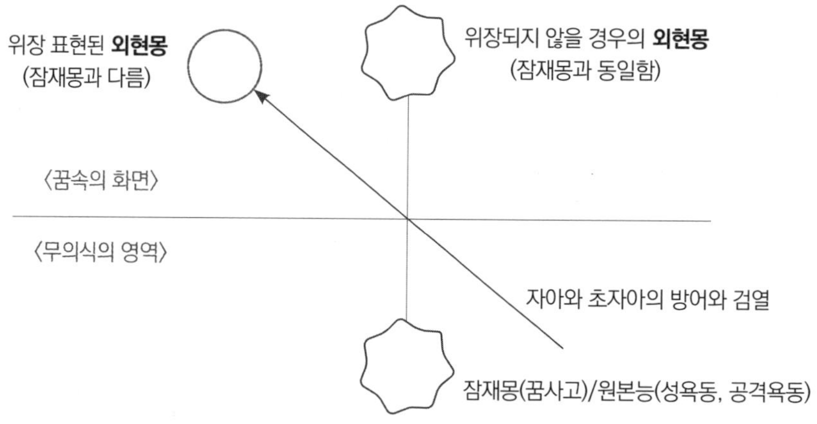

그림 5-3 치환과 위장의 과정

찰스 브레너가 제시한 다음의 사례는 꿈에 소원성취의 기능이 있다는 것을 이해하기에 적절하다. 두 살쯤 된 어린아이가 있는데, 이 아이의 엄마가 병원에서 방금 출산한 신생아 동생을 품에 안고 집에 왔다. 엄마는 매일 동생을 안고 젖을 먹였다.

그러던 어느 날 두 살 된 아이가 꿈을 꾸었다. 아이는 꿈에서 동생이 멀리 사라지는 것을 보았다.

이 꿈이 의미하는 것은 무엇일까? 아이 스스로는 그 의미를 찾아낼 수 없을 것이다. 그러나 꿈에는 소원성취의 기능이 있다는 것을 아는 사람에게는 그 의미를 파악하는 것이 어렵지 않다. 이것은 동생에게만 관심을 두는 엄마에 대한 질투심에서 비롯된 꿈이다. 그 질투심이 동생에 대한 적대감으로 바뀜에 따라 동생이 없었으면 하고 바라는 무의식적인 소원이 성취된 꿈이다(Brenner, 1973).

이처럼 꿈의 목적은 꿈사람이 낮시간에 현실적으로 성취할 수 없었던 소원을 꿈이라는 환상의 세계에서 성취하는 경험을 하는 데 있다. 소원성취라는 관점에서 볼 때, 꿈은 두 부류로 나누어 생각해 볼 수 있다. 하나는 소원성취의 의미가 왜곡되지 않고 명백하게 드러나는 꿈이고, 다른 하나는 소원성취의 의미를 알아볼 수 없도록 그 내용이 위장 또는 은폐된 꿈이다. 왜곡되지 않은 소원성취의 꿈은 주로 어린아이들에게서 볼 수 있지만 어른들도 종종 그런 꿈을 꾼다. 특히 신체적인 욕구의 성취과정이 꿈(외현몽)으로 나타날 때는 그 내용이 대부분 직접적이고 명료하게 표출된다. 위장을 해야 할 만큼 위협적이지 않기 때문이다(Freud, 1900).

다음은 프로이트의 『꿈의 해석』에 나오는 사례들이다.

몸이 아파서 아무것도 먹지 못한 어린 소녀가 꿈에서 자기 이름을 부르는 소리와 함께 '딸기, 계란, 빵'이라는 말을 들었다. 이어서 소녀는 음식을 먹는 꿈을 꾸었다.

낮에 배를 타고 바다 여행을 하던 소녀는 이제 그만 배에서 내려야 한다는 말에 울음을 터트렸다. 배를 더 타고 싶었기 때문이다. 다음 날 밤 소녀는 밤 중에도 배를 타고 바다 여행을 하는 꿈을 꾸었다.

여덟 살이 된 소년은 그리스 신화 속에 나오는 아킬레우스 영웅과 함께 전차를 타고 달리는 꿈을 꾸었다. 신나는 꿈이었다. 전날 소년은 그리스 신화에 관한 책을 보면서 자기도 그 영웅처럼 되고 싶었다.

아이들의 이런 꿈에 나타난 공통적인 특징은 낮시간에 이루지 못한 소원이 꿈에서 이뤄졌다는 것이다. 이런 종류의 꿈은 어른들에게서도 종종 발견된다. 낮에 짠 음식을 먹은 사람이 꿈에서 물을 마시는 꿈을 꾸기도 하고, 여행을 떠나기 전날 밤에 이미 여행지에 도착해 있는 꿈을 꾸기도 하며, 놀이나 파티 장소에 가기도 전에 즐겁게 파티를 즐기고 있는 꿈을 꾸기도 한다. 보고된 바에 따르면, 추운 극지방을 탐험하는 대원들은 맛있는 음식과 담배가 잔뜩 쌓여 있는 꿈을 꾸기도 하며 또한 가족이 있는 고향집에 대한 꿈을 규칙적으로 꾸기도 한다는 것이다(Freud, 1920). 이런 꿈들은 소원성취의 의미가 위장되지 않고 그대로 드러난 꿈이다. 이렇게 위장되지 아니한 신체적인 소원성취의 꿈들은 수면을 방해하는 것이 아니라 오히려 수면을 보호하고 유지하는 데 도움이 된다. 예를 들어, 목이 마른 상태에서 잠을 자고 있을 때, 꿈에서 물을 마시는 것은 물을 마시고 싶은 신체적인 욕구를 충족함으로써 실제로 잠에서 깨어 물을 마시는 행동을 대신하는 효과가 있기 때문이다.

다음은 소원성취의 의미를 쉽게 알아볼 수 없도록 치환, 위장, 왜곡된 꿈들이다. 어른들은 그런 꿈들을 많이 꾸는데, 그런 꿈들은 신체적인 것보다 정신적인 소원이 성취되는 경우가 대부분이다. 정신적인 소원이 성취되는 꿈들은 직접적이지도 않고 선명하지도 않다. 어느 남자가 프로이트에게 자기 아내가 꾼 짧은 꿈을 말했다.

그의 아내는 꿈에서 월경을 하는 꿈을 꾸었다.

이 꿈도 소원성취의 꿈일까? 프로이트는 이 꿈의 의미가 아직 임신을 하고 싶지 않다는 아내의 소원이 위장 성취된 꿈이라고 해석했다. 다음은 꿈에서 정신적인 소원들이 성취되는 꿈의 사례들이다.

| 소원성취의 꿈 사례 1 |

한 여인이 꿈에는 소원성취의 기능이 있다는 프로이트의 이론을 반박하기 위한 목적으로 자기의 꿈을 제시했다.

여인은 간밤에 언니의 아들, 곧 자기의 조카인 찰스가 죽는 꿈을 꾸었다. 그 아이가 죽어서 작은 관 속에 두 손을 모으고 누워 있는 것을 보았다. 주위에 촛불이 켜져 있었다. 여인은 덧붙이기를 그 모습이 마치 그의 형(첫 조카)인 오토가 죽었을 때의 모습과 같았다고 말했다.

여인은 프로이트에게 이렇게 질문했다. "이게 무슨 꿈일까요? 내가 언니의 하나밖에 남지 않은 둘째 아이까지 죽기를 바라는 그렇게 나쁜 인간인가요? 아니면 죽은 오토 대신에 동생 찰리가 죽기를 바라는 소원이 성취된 꿈인가요?"

프로이트는 언니의 첫째 아이가 죽었을 때 무슨 일이 있었는지 기억나는 대로 말해 보라고 요청했다. 자유연상 작업을 한 것이다. 그러자 그녀가 말했다. "그때 한동안 볼 수 없었던 남자가 나타났어요. 그는 교수였는데, 나는 오토의 주검 앞에서 그 교수를 볼 수 있었어요." 그 교수는 이 여인이 좋아했고 결혼까지 생각했던 사람인데, 언니의 반대로 둘의 관계가 결렬되었다. 하지만 여인은 그 남자를 잊을 수가 없었다. 한 번이라도 더 만나 보고 싶었다. 그런데 그 교수가 언니의 첫째 아들인 오토가 죽었을 때 장례식장에 나타난 것이다. 그때 여인은 그 교수를 만날 수 있는 기쁨과 즐거움을 누릴 수 있었다. 그러나 두 사람의 관계는 그것으로 끝났다. 여인은 그 교수가 더 보고 싶었지만 기회가 없었다. 그 교수의 전공은 문학이었는데, 여인은 그 교수가 어딘가에서 문학 강의를 한다는 소식을 들었다. 그리고 그 장소에 가 보려고 계획하던 중이었는데, 그때 이 꿈을 꾼 것이다.

꿈의 의미가 드러났다. 프로이트는 그녀의 꿈을 이렇게 해석했다. 꿈에서 언니의 둘째 조카인 찰리가 죽은 것은 그 조카가 죽기를 바라는 마음 때문이 아니다. 둘째 조카인 찰리가 죽으면 첫째 조카인 오토가 죽었을 때처럼, 그 교수가 장례식장에 올 것이고, 그러면 그 교수를 다시 만날 수 있는 기회가 생길 것이다. 여인이 원하는 것은 바로 그것이다. 이 꿈은 그 교수를 보고 싶은 이 여인의 소원이 위장 성취된 꿈이다(Freud, 1900).

그러나 꿈에 소원성취의 기능이 있다는 것이 우리 앞에 놓인 삶의 과제나 일상적인 문제의 해결책을 알려 준다는 것과는 차이가 있다. 프로이트에 따르면, 꿈이 우리에게 해결책을 제시한다는 생각에 초점을 맞추는 것은 우리가 어떤 사람에게 정확한 정보를 제공해 주려는 것만큼이나 부적절한 것이다. 그것은 꿈의 의미로부터 동떨어진 생각이다. 즉, 꿈에는 소원성취 기능이 있다고 할 때, 그것은 물리적이며 합리적인 성취가 아니라 심리적인 성취라고 해야 한다. 프로이트는 이렇게 말했다. 꿈에서 현실적인 문제가 다뤄질 때 꿈은 비합리적인 방식으로 소원을 성취한다(Freud, 1925).

| 소원성취의 꿈 사례 2 |

또 하나의 꿈 사례를 소개한다. 한 여성 환자가 꿈을 꾸었는데 그 꿈이 소원성취 기능에 위배된다는 생각이 들었다. 그녀는 프로이트에게 항의하듯이 그 꿈을 소개했다.

꿈에서 그녀는 사람들을 초대해서 음식을 대접하는 만찬을 열려고 한다. 그런데 집에는 훈제 연어 몇 조각 외에는 아무것도 없다. 시장을 보러 가야겠다고 생각을 하는데 마침 그날이 일요일 오후라서 가게 문이 모두 닫혀 있다는 것을 알게 된다. 할 수 없이 연회용 요리를 배달해 주는 사람한테 전화를 걸려고 수화기를 들었다. 그런데 전화기가 고장 나서 통화를 못한다. 결국 만찬을 열려던 생각을 포기하고 말았다.

여인은 이 꿈이 어떻게 소원성취의 꿈이 될 수 있느냐고 물었다. 오히려 만찬을 열려고 했던 자기의 소원이 취소된 꿈이 아니냐고 반문했다.

프로이트는 자유연상을 위한 질문을 했다. 그 의미가 쉽게 발견되지는 않았다. 그러나 계속된 질문과 자유연상 과정 중에 이 꿈이 소원성취의 꿈이라는 것이 밝혀졌다. 프로이트의 질문에 잠시 저항이 있었지만 여인은 꿈을 꾸기 하루 전 질투심을 느꼈던 어느 친구에 대한 이야기를 털어놓았다. 여인은 그날 친구를 만났는데 자기 남편도 아는 친구이다. 남편은 언제나 그 친구를 좋아했고 그녀에 대한 칭찬을 아끼지 않았다. 그런 남편의 모습을 볼 때마다 질투심이 느껴졌다. 남편은 풍만한 몸매의 여성을 좋아하는데 다행히도 그 친구는 비쩍 말라 있었다. 그런데 그 친구를 만났을 때 친구는 꿈을 꾼 이 여인에게 이렇게 말했다. "언제 또 우리를 너희 집 식사에 초대할 거니? 네가 만든 음식은 언제 먹어도 아주 맛있더라."

그녀의 이야기를 들었을 때 프로이트는 이 꿈이 소원성취의 꿈이라는 확신이 들었다. 프로이트는 그녀에게 이렇게 말해 주었다. "당신은 친구가 식사에 초대해 달라는 말을 들었을 때 이렇게 생각했을 것입니다. '내가 너를 우리 집 식사에 초대하면 너는 맛있는 음식을 많이 먹고 살이 쪄서 네 몸이 풍만해지겠지. 그러면 내 남편이 너를 더 좋아하겠지. 그럴 바에는 차라리 만찬을 열지 않는 것이 좋겠구나.' 그래서 당신은 만찬을 열지 않는 꿈을 꾼 것입니다. 즉, 당신의 꿈은 친구가 음식을 먹고 몸매가 풍만해지는 것을 도와주고 싶지 않은 당신의 소원이 성취된 꿈입니다."(Freud, 1900) 프로이트는 이 꿈이 여인의 그런 소원이 위장 성취된 꿈이라고 해석했다.

| **소원성취의 꿈 사례 3** |

다음도 프로이트의 글에 나오는 꿈 사례이다. 어느 여인이 꿈을 꾸었다.

꿈에서 그녀는 촛대에 초를 꽂고 있다. 그러나 초가 부러져 제대로 세워지지 않는다. 동료 학우들은 그녀의 행동이 서투르다고 말한다. 하지만 그녀는 그것이 자기 잘못이 아니라고 대꾸한다.

이 꿈에 대한 프로이트의 해석에 따르면, 여인이 촛대에 꽂고 있는 초는 여성의 성욕을 자극하는 남성의 성기를 상징한다. 남성의 성기가 초로 위장 치환된 것이다. 그것이 부러져 제대로 서지 않는다는 것은 남성의 발기 부전을 의미한다. 이 꿈은 억압된 성욕의 표현으로서 그 책임이 자기가 아니라 성적 파트너인 남성 또는 남편에게 있다는 것을 전하고 싶은 그녀의 소원이 성취되는 꿈이다. 그런 이유로 여인은 꿈에서 그것이 자기 잘못이 아니라고 말하고 있다.

프로이트에 따르면, 성인들의 꿈과 아동들의 꿈을 비교할 때 다른 점이 있다. 아동들의 꿈의 경우, 낮에 충족되지 못한 소원이 꿈을 만드는 자극 인자가 된다고 할 수 있지만, 성인들의 경우 반드시 그런 것은 아니다. 성인은 낮에 충족되지 못한 소원이 있을지라도 그것이 꿈을 형성하기에 필요한 힘을 충분하게 갖고 있지는 않기 때문이다. 낮시간에 의식에서 비롯된 소원 충동이 꿈작업의 한 몫을 담당하는 것은 사실이지만, 그 이상은 아니다. 그 소원이 다른 곳으로부터 에너지의 지원을 받지 못하면 꿈작업(꿈꾸기)은 이뤄지지 않는다. 다른 곳이란 무의식 또는 원본능으로부터의 지원이다. 프로이트는 이렇게 생각했다. 의식적인 소원은 그 취지가 같은 무의식적인 소원을 일깨워서 에너지를 받아 강화될 수 있을 때에만 꿈을 꾸게 만드는 꿈의 자극 인자가 된다. 대개 낮시간에 성취되지 않은 소원은 전의식 속에 남아 있게 되는데, 그 소원이 무의식 속에 있는 원본능의 욕동과 충동의 지원을 받아 꿈꾸기의 세력을 강화함으로써 꿈작업이 가능해지는 것이다. 무의식적인 원본능의 욕동과 충동은 유아기부터 억압된 것으로서 꿈작업을 자극하는 재료가 된다(Freud, 1900). 그러나 꿈에는 소원성취의 기능이 있다는 프로이트의 이론이 당시의 모든 사람에게 쉽게 받아들여진 것은 아니다. 그런 프로이트의 주장은 꿈을 꿀 때 불안, 근심, 걱정 등의 정서를 느끼게 되는 꿈의 경우에 더욱 거부되고 반박을 받기도 했다.

──────── 꿈의 해석

꿈을 해석한다는 것은 꿈이 지니고 있는 의미 또는 메시지를 찾는 일이다. 꿈속에는 메시지가 있다. 무의식이 의식으로 보내는 메시지이다. 그것은 의식이 알지 못하는 메시지이다. 그럼 어떻게 그 의미와 메시지를 찾을 수 있을까? 프로이트에 따르면, 꿈의 의미를 찾기 위해서는 꿈을 잠재몽과 외현몽으로 구분하고 잠재몽에 주목하는 것이 필요하다. 왜냐하면 외현몽은 잠재몽에서 비롯된 결과(시각적인 이미지)로서 꿈의 의미는 외현몽의 원인이 되는 잠재몽 안에 있기 때문이다. 따라서 꿈을 해석한다는 것은 외현몽(꿈내용, 시각적 이미지, 상형문자 같은 것)을 잠재몽(꿈사고, 욕구와 욕동, 생각과 감정 등)으로 바꾸는 작업이라 할 수 있다.

프로이트는 잠재몽이 외현몽으로 바뀌는 정신과정을 꿈작업(꿈꾸기)이라고 말했다. 그리고 그런 꿈작업 과정에서 동원되는 중요한 방식 또는 정신기제가 시각적 형상화, 응축, 치환, 위장 등이라고 했다. 그런 이해에 근거한다면, 꿈을 해석하는 것은 꿈작업의 방향과 정반대의 방향으로 가는 과정이어야 한다는 것을 알 수 있다. 즉, 꿈해석은 외현몽에서 잠재몽으로 가는 작업으로서 그것은 상형문자 같은 시각적 형상을 우리가 이해할 수 있는 문자로 바꾸는 것이며 또한 응축과 치환으로 위장되어 있는 외현몽의 위장을 벗겨서 본래의 모습(잠재몽, 꿈사고)을 찾고 드러내는 것이라 할 수 있다. 정신분석가인 사라 플랜더스(Sara Planders)는 『오늘날 정신분석의 꿈 담론(The Dream Discourse Today)』이라는 책의 서론에서 이렇게 기록했다. "꿈해석은 본질적으로 불안감을 주는 활동으로서 꿈작업의 과정을 되돌려서 위장의 본래 모습을 드러내는 것이다. 즉, 꿈 환상의 외현적 내용의 뒤에 있는 사고, 곧 잠재되어 있는 사고들로 되돌리는 것이다."(Flanders, 이세형 역, 2022) [그림 5-4]는 꿈작업(꿈꾸기)과 꿈해석의 방향과 과정을 도표화한 것이다. 꿈작업과 꿈해석의 과정은 정반대 방향이다.

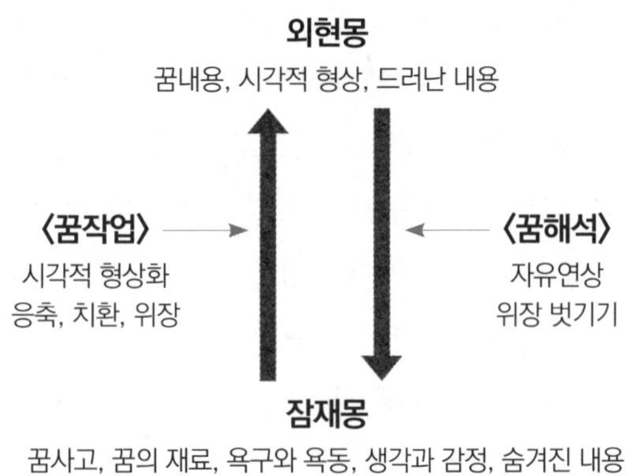

그림 5-4 꿈작업(꿈꾸기)과 꿈해석의 방향과 과정

자유연상

자유연상(free association)은 정신분석 치료에서 사용되는 핵심적인 방법이다. 이것은 꿈의 해석만이 아니라 환자들의 내면세계, 즉 외적 행동의 무의식적인 동기와 원인 등을 분석하고 탐색하기 위한 방법으로 사용되었다. 자유연상은 환자들이 자신의 핵심문제와 관련된 사건이나 자료를 의식적으로 기억해 내지 못하고 좌절하고 있을 때, 그 자료를 찾도록 돕기 위해 사용한 하나의 대안적인 방법이다. 프로이트는 기억 장벽에 부딪힌 환자들에게 아무것도 생략하지 말고 생각나는 대로 그리고 원하는 대로 모두 말해 보라고 요청했다(Saul, 1972). 즉, 자유연상은 환자가 자아의 감시나 외부의 어떤 통제를 받지 않고 무의식에서 떠오르는 기억과 경험 그리고 생각과 감정 등을 자유롭게 회상하고 진술하는 것이다. 그렇게 함으로써 환자는 자신의 무의식적 기억 속에 있는 과거의 사건과 경험을 의식화할 수 있게 된다. 따라서 자유연상은 정신분석의 보편적 치유의 원리인

'무의식의 의식화' 과정에 부합되는 작업이라고 할 수 있다. 이것은 환자가 가지고 있는 핵심문제의 원인이 되는 발생기원을 찾는 자기통찰의 과정이기도 하다.

정신분석 치료에서는 주로 분석과 해석의 기법이 사용된다. 분석과 해석의 주체는 치료자로서 환자의 이야기를 듣고 환자의 행동에 대한 의미를 발견하거나 환자가 지니고 있는 핵심문제가 무엇이며 그 원인은 어디에 있는지를 찾아내는 것이라 할 수 있다. 그런 과정에서 치료자는 자신의 이해와 발견을 환자에게 알려 줌으로써 환자의 자기통찰을 돕는 것이다. 이 경우, 분석은 치료자와 환자의 협력으로 이뤄지지만 그 분석과정의 주도적인 역할은 치료자가 맡게 된다. 그런데 자유연상의 경우에는 다소 차이가 있다. 왜냐하면 자유연상을 유도하는 것은 치료자이지만 자유연상을 하는 주체는 환자이기 때문이다. 따라서 자유연상에서는 환자의 역할이 강조된다고 볼 수 있다.

프로이트가 자유연상 방법을 창안하게 된 배경이 있다. 그것은 최면치료의 한계와 문제점 때문이었다. 프로이트의 동료이며 정신과 의사였던 조셉 브로이어(Joseph Breuer)는 일찍이 신경중 환자의 치료에 최면치료 방법을 사용함으로써 괄목할 만한 업적을 남겼다. 그의 치유 사례 중에 나오는 안나 오(Anna O) 양의 이야기는 유명하다. 안나 O 양은 신체의 오른쪽이 부분적으로 마비되어 있었으며, 특히 공수병, 곧 몸이 물을 거부함으로써 물을 마실 수 없는 상태에 있었다. 그녀는 치료를 위해 정신과 의사가 아닌 다른 의사들을 찾아갔었을 것이다. 그러나 효험이 없었기 때문에 브로이어에게 왔을 것이다. 브로이어는 최면을 걸었다. 그리고 마음속에 떠오르는 기억과 경험들을 모두 말하도록 했다. 그녀의 의식에서 한동안 잊고 있었던 과거의 충격적인 경험이 떠올랐다. 얼마 전, 그녀는 파티에 초대를 받았는데, 파티장에 도착했을 때 한 마리의 더러운 개가 컵 속에 담겨 있는 물을 혓바닥으로 핥고 있는 것을 보았다. 그것은 사람이 마셔야 할 물이었다. 충격이었다. 그녀는 혐오감과 역겨움 그리고 분노를 느꼈다. 그것은 너무 충격적이었기 때문에 그녀의 무의식 속에 억압되었다. 그러나 이제 그녀는 최면상태에 있었기 때문에 그 장면을 떠올릴 수 있었고 그 이야기를 브로이어에게 털어놓을 수 있었다(Freud, 1905).

최면은 자아의 활동을 약화시킴으로써 무의식의 내용물들이 의식의 세계로 쉽게 출현할 수 있도록 만든다. 최면치료는 몸과 마음이 이완되어 의식이 변형된 상태, 즉 약간의 해리 또는 트랜스(trance) 상태에서 무의식의 억압된 내용물들을 의식으로 끌어내어 말로 진술하게 하는 치료기법이다. 안나 O 양의 이야기가 끝나자 브로이어는 최면을 풀었다. 그리고 주전자에서 물을 한 컵 따라 주었다. 어떻게 되었을까? 안나 O 양은 그 물컵을 받아 꿀꺽꿀꺽 마셨다. 그녀의 몸은 더 이상 물 마시기를 거부하지 않았다(Brenner, 1973; Pennebaker, 1977). 프로이트는 그런 브로이어의 연구사례에 매혹되었다. 그리고 최면치료 방법을 적극적으로 도입해서 신경증 환자들과 히스테리성 기억상실증 환자들을 치료하였다.

그런데 프로이트는 최면치료의 방법에 몇 가지의 한계와 문제점이 있다는 것을 알게 되었다. 첫째, 환자들 중에는 최면유도가 잘 안 되거나 최면유도에 불편감을 느끼고 저항하며 비협조적이 되는 경우가 있었다. 둘째, 최면치료의 효과가 오래 지속되지 않았다. 처음에는 환자의 증상이 사라지는 것 같았으나 시간이 지나면서 그 증상이 다시 나타났다. 셋째, 환자들이 최면상태에서 치료자에게 공격적 또는 유혹적이 되는 등의 부적절한 행동을 하는 경우가 있었다. 프로이트는 최면치료를 대신 할 수 있는 다른 방법을 찾고 있었다. 이때 프랑스의 최면치료사였던 베른하임(Bernheim)이 실험연구를 통해 밝혀낸 것이 알려졌다. 즉, 환자가 최면상태에 있지 않을지라도 치료자가 환자를 충분하게 격려하고 지지를 해 주면 환자는 잊었던 기억을 회상해 낼 수 있다는 것이었다. 즉, 치료자가 환자에게 신체적으로나 정신적으로 충분히 이완될 수 있도록 안전하고 편안한 분위기를 제공하며, 지시, 명령, 교훈 등이 아닌 따뜻하고 지지적인 언어로 말을 한다면 환자는 억압했던 기억을 떠올릴 수 있다는 것이다(Brenner, 1973). 프로이트는 베른하임의 견해를 받아들였다. 그리고 베른하임의 견해에 기조해서 조셉 브로이어와 함께 최면을 사용하지 않고도 히스테리성 기억상실증을 치료할 수 있는 방법을 찾아냈다. 이렇게 찾아낸 새로운 치료방법을 프로이트는 '자유연상'이라고 불렀다(Brenner, 1973).

자유연상의 치료적 과정은 다음과 같다. 환자가 마음속에 떠오르는 모든 생각과 감정과 욕동과 기억들을 초자아나 자아의 통제를 받지 않고 환경의 제약에서 벗어나 자유롭게 진술한다. 그 결과 무의식 속에 억압되어 있는 내용들, 즉 내면의 역동적인 힘, 동기, 욕동, 트라우마의 경험 등을 의식으로 가져오는 것이다. 마음속에 떠오르는 것이 무엇이든지 그것을 의식적으로 검열하거나 평가하지 않고 있는 그대로 떠올리는 것이 중요하다. 이런 자유연상을 통해 정신병리와 그 증상의 원인을 알 수 있는 자기통찰이 가능해진다.

자기통찰은 재구성 작업 그리고 감정정화와 함께 정신분석의 중요한 치유 원리이다.

자유연상의 치료과정에서 유념해야 할 것이 있다. 자유연상의 과정에서 주목해야 할 것은 연상 중에 떠오른 과거의 많은 경험이나 사건들의 내용 그 자체가 아니다. 자유연상 중에는 다양한 기억과 경험이 등장하는데, 이때 주목해야 하는 것은 그 연상들 사이에 연결되어 있는 공통적인 주제와 정서 그리고 내적인 역동을 발견하는 것이다. 프로이트는 일찍이 환자들의 자유연상 과정에서 그들에게 떠오르는 다양한 연상 사이에 내적인 연결과 공통되는 주제가 있다는 것을 알게 되었다. 연상은 인접성 또는 근접성에 의한 연결점을 찾는 과정에서 활성화된다. 하나의 연상은 그 연상에 인접한 다른 연상으로 이끈다. 인접성에 의해 모여 있는 연상들 속에는 공통적인 주제가 있다. 그것이 자유연상에 의해 발견된다. 프로이트에 따르면, 아직 노출되지 않은 연상들 사이의 연결된 주제는 인접성을 찾는 자유연상 작업에 의해 드러날 것이라고 말했다(Freud, 1905).

『정신역동적 정신치료(Psychodynamically Based Psychotherapy)』를 저술한 레온 사울(Leon J. Saul)은 그런 공통적인 주제를 '근본 줄거리(red thread)'라고 말했다(Saul, 1972). 사울이 제시한 사례는 자유연상에서 연상들의 연결과 그 공통된 주제를 찾는 것이 왜 중요한지를 이해하는 데 도움이 된다. 다음은 그 사례이다.

한 여인은 자유연상 중에 다음과 같은 일련의 기억들을 떠올렸다. ① 환자의 상태에 대해 정확하게 진단을 내리지 못했던 어떤 의사에 대한 기억, ② 자신이 복용하고 있는 약을 중단해야 하는데 그렇게 말하는 것을 잊어버린 또 다른 의사에 대한 기억, ③ 어린 시절, 자기를 학교에서 집으로 데리고 가는 것을 잊어버렸던 아버지에 대한 기억, ④ 결혼기념일을 잊어버린 남편에게 그것을 알려 주어야 했던 기억, ⑤ 어린아이가 방치되고 소홀하게 취급되었던 영화의 한 장면에 대한 기억, 그리고 ⑥ 꿈에서 보았던 페인트칠을 하지 않은 채 버려진 작은 배의 이미지에 대한 기억 등이다. 치료자는 여인이 진술하는 다양한 이야기를 들으면서 그 내용들보다는 내용들 사이에 연결되어 있는 공통적인 요소가 무엇인가에 집중했다. 치료자는 여인의 처음 두 가지의 연상 내용에 귀를 기울이면서 여인의 문제는 방임 또는 학대로 인한 상처에 있을 것이라는 진단을 하지만 결론을 내리지는 않았다. 그러나 여인에게 계속해서 떠오른 연상의 이야기들을 들으면서 확인할 수 있었다. 여인의 핵심문제는 방임과 무시당함에 의한 상처이며, 그 상처에는 어린 시절 자신을 방임

했던 아버지에 대한 부정적인 이미지와 분노가 담겨 있었다. 이 사례에서 치료자가 주목한 것은 여인이 진술한 다양한 연상의 내용들이 아니다. 그 연상들을 이어 주고 있는 연결요소, 즉 공통적인 정서와 주제가 무엇인가 하는 데 있었다(Saul, 1972).

자유연상 과정에서 생각해야 할 것이 또 하나 있다. 자아의 억압과 검열이다. 억압과 검열은 꿈작업 과정에서만 발생하는 것이 아니다. 꿈의 의미를 찾는 해석 과정, 즉 자유연상 중에도 나타난다. 프로이트에 따르면, 꿈을 꾸고 꿈을 망각하게 되는 이유도 억압과 저항이라는 자아의 영향 때문이다. 자아의 저항은 낮과 밤에 모두 발생한다. 그러나 밤, 곧 수면 중에는 그 저항의 힘이 약화된다. 프로이트는 자아의 저항이 밤에도 낮과 같은 정도로 지배적이라면 꿈은 아예 형성되지 않을 것이라고 말했다(Freud, 1900). 꿈을 꾸는 동안 그 저항의 힘이 약화되기 때문에 꿈작업이 가능하다는 것이다. 그러나 잠에서 깨어나는 즉시 자아는 저항의 힘을 되찾아서 자신의 힘이 약해졌을 때 허용했던 것을 다시 통제한다. 그것이 잠에서 깨어난 이후 꿈을 기억하지 못하게 되는 이유이다. 자유연상 과정에서 꿈사람은 종종 자아의 저항과 방어에 부딪힌다. 그 결과 꿈사람은 연상 작업을 거부하거나 연상에 대한 진술을 하지 않을 수 있는데, 그러면 그럴수록 그 연상에 더욱 직면할 필요가 있다. 왜냐하면 그것은 꿈을 꾸게 한 꿈사고와 무의식적 충동에 근접한 내용이기 때문이다.

자아의 저항이 있을 때 나타나는 현상들이 있다. 하나는 떠오르는 연상들 사이에 서로 연결되는 공통점이 없다는 것이다. 꿈사람은 떠오르는 기억과 경험들을 진술하지만 그 내용들이 서로 관계가 없이 분열되어 있고 혼란스럽다. 단편적인 경험들을 나열할 뿐이다. 또 하나는 자기의 기억과 경험들을 끝없이 세세한 부분까지 길게 말함으로써 근본 줄거리에서 빗나가게 하는 것이다(Saul, 1972). 예를 들어, 한 내담자가 어린 시절 아버지에 대한 연상을 진술할 때, 아버지의 고향과 직업과 행적에 대해 자세하고 길게 말했지만 아버지와의 관계에서 비롯된 자기의 핵심적인 문제와 감정은 드러내지 못하는 경우가 있다. 이런 경우 그 사람은 세부 사항에 집착함으로써 정서적으로 중요한 핵심문제를 회피하고 있는 것이다.

프로이트는 자유연상 작업이 효과적으로 진행될 수 있는 치료적인 환경으로서 다음과 같은 것들을 고려했다. 환자가 자신의 상체를 뒤로 반쯤 누울 수 있는 소파를 준비하는 것과 눈을 자극하지 않을 정도로 희미한 불빛이 비추게 하는 것 등이다. 자유연상의 방법을 사용할 때 치료자가 유념해야 할 역할과 주의사항이 있다. 환자의 진술을 주의 깊게 경청해야 한다. 그러나 환자가 침묵할 때는 조용히 기다려 줌으로써 연상을 방해하지 않아야 한다(Saul, 1972). 침묵은 환자에게 중요하거나 의미 있는 연상 또는 심리적 경험이 일어나고 있는 상태로 볼 수 있기 때문이다. 프로이트에 따르면, 자유연상 중에 환자가 말을 하다가 멈추거나 머뭇거릴 때에 더욱 주의를 기울여야 한다고 했다. 왜냐하면 그것은 환자에게 갈등과 방어 또는 치료자의 치료개입에 대한 저항이 발생했다는 것을 의미할 수 있기 때문이다. 또한 치료자는 환자의 진술에 담겨 있는 심리적인 문제 또는 억압되어 있는 기억이 무엇인지에 관심을 가지고 자유연상이 원활하고 충분하게 이뤄지도록 환자의 파트너가 되어 주어야 한다. 이때 치료자는 환자에게 적절한 질문을 하거나 대화를 나누는 상대가 되어 준다. 자유연상을 마무리한 후에는 환자가 자유연상 중에 경험한 것을 말하도록 격려하고 경청한다. 필요할 경우 환자에게 분석 또는 해석을 제공해서 자기통찰이 일어나도록 돕는다.

그럼, 꿈의 상징심상을 대상으로 하는 자유연상은 어떻게 진행될까? 연상이라는 점에 있어서는 앞에서 언급한 자유연상의 과정과 크게 다르지 않다. 그러나 꿈해석 방법으로 자유연상 작업이 진행될 때, 꿈(외현몽)은 자아의 저항과 검열을 통과하기 위해서 응축, 치환 등의 위장 방법을 사용한다는 것을 고려하는 것이 중요하다. 따라서 프로이트가 자유연상을 꿈해석 방법으로 사용했을 때, 그 특징은 위장을 벗겨 내고 본래의 숨겨진 의미를 찾는 데 있었다고 할 수 있다. 언급한 것처럼, 꿈에는 '드러난 내용'과 '숨겨진 내용'이 있다. 드러난 내용은 꿈에 실제로 등장하는 상징심상(시각적 이미지)으로서 이것은 무의식 속에 있는 꿈사고 또는 욕구와 충동들을 숨기기 위해 만들어진 위장표현이다. 반면에 숨겨진 내용은 무의식 속에 있는 원본능과 관련이 있는 욕구와 충동들이다. 우리는 전자를 외현몽이라고 하고 후자를 잠재몽이라고 한다는 것을 알고 있다. 프로이트의 꿈해석 방법의 특징은 드러난 내용, 즉 외현몽의 위장을 벗겨 냄으로써 본래의 숨겨진 내용을 찾는 데 있다. 자유연상 기법은 그 위장을 벗겨 내는 데 효과적인 방법이다. 폰태너에 따르면, 자유연상은 외현몽의 위장을 벗겨 냄으로써 그 원천인 이드(id) 속에 있는 본능과 충동과 욕망에 이르게 하는 효과적인 과정이라는 것을 알 수 있다(Fontana, 1994).

꿈해석을 위한 자유연상 작업의 구체적인 과정을 알아본다. 자유연상을 하기 위해서는 우선 외현몽의 내용(시각적 이미지)을 그 구성 요소별로 분해해야 한다. 즉, 꿈에 나오는 다양한 이미지를 하나하나 구성 요소별로 나누는 것이다. 왜냐하면 외현몽은 전의식과 무의식 속에 있는 많은 내용물이 섞여 있는 혼합물이기 때문이다. 따라서 꿈해석을 위해서는 혼합되기 이전의 상태로 분해하는 것이 필요하다. 그런 다음 각 구성 요소에 집중하면서 떠오르는 연상 내용(생각, 감정, 기억, 경험 등)을 말하거나 기록한다. 이때 중요한 것은 자신의 연상 내용을 판단하거나 평가하지 않고 있는 그대로 진술하는 것이다. 비록 엉뚱하거나 하찮게 보이는 것일지라도 또한 예상 밖의 충격적인 내용이 떠오를지라도 그대로 말하는 것이다. 떠오르는 내용들을 판단하지 않고 단지 바라보기만 하면 더 많은 연상이 가능해진다. 자유연상과 꿈해석의 가장 큰 방해 요인은 자기 판단이다. 판단은 연상을 차단하고 무의식의 요소들이 드러나는 것을 방해하기 때문이다.

외현몽의 구성 요소들을 분해한다는 것은 단지 시각적인 이미지들을 하나씩 구분하는 것만이 아니다. 하나의 이미지 속에 있는 내용들을 구체적으로 세분하는 것을 포함한다. 예를 들어, 한 편의 꿈 중에 다양한 이미지가 등장했는데, 그 구성 요소들을 분해해서 자동차라는 이미지 하나를 대상으로 자유연상을 한다고 가정해 보자. 이때 자유연상은 자동차의 형태(승용차, 승합차, 대형 버스 등)와 색깔(빨강, 파랑, 검정, 흰색 등)과 년수(새차, 낡은 차), 상태(멈춤, 질주, 브레이크 작동 등), 운전자, 동승자, 탑승자의 숫자 등으로 세분해서 그 각각에 대해 떠오르는 것을 판단 없이 진술하는 것이다. 꿈에서 본 자동차가 질주하는 낡고 오래된 승용차라고 한다면, 질주와 낡았다는 것에 대해 각각 자유연상을 할 수 있다. 질주라는 이미지를 대상으로 자유연상을 한다면 성공만을 위해 달려온 자신의 삶이 떠오를 수 있고, 현재 당면해 있는 문제 때문에 불안해하고 있는 자기 자신이 생각날 수도 있다. 자동차가 낡았다는 것을 대상으로 자유연상을 한다면 신체적인 노화가 떠오를 수 있고, 자신의 의식과 사고가 시대의 변화에 뒤떨어져 있다는 생각이 들 수도 있다. 이처럼 자유연상은 꿈을 구성하고 있는 요소들을 분해해서 각 요소별로 연상되는 것을 통제하거나 판단하지 않고 계속 진술하는 것이다.

꿈의 상징적 의미들을 체계적으로 연구한 에릭 액크로이드(Eric Ackroyd)에 따르면, 프로이트의 자유연상 작업의 특징은 연상에서 연상으로 이어지는 선형적(linear)인 연상이라는 데 있다(Ackroyd, 1993). 선형적 연상이란 하나의 연상에서 다른 연상으로 계속 이어지는 사슬연상을 말한다. 칼 융(Carl G. Jung)은 프로이트의 자유연상 과정을 지그재그 선의 형태에 비유했는데, 이것은 그 연상과정이 연상에서 연상으로 계속된다는 것을 의미하는 표현이다. 그 결과 자유연상은 꿈사람이 본래의 꿈 소재로부터 멀어지도록 하는 문제점을 가지고 있다고 말했다(Jung, 1964). 자유연상에 의한 꿈해석의 과정을 단순화하면 다음과 같이 진행된다고 할 수 있다.

- 꿈에 나타난 상징심상(시각적 이미지)을 구성 요소별로 분해해서 하나씩 차례로 취한다. 상징심상이란 꿈에 나오는 사람, 동물, 사물, 장소, 장면, 사건, 모양, 이름, 움직임 등이다.

- 앞에서 취한 상징심상(시각적 이미지)들을 하나씩 선택해서 그 상징심상을 구성 요소, 즉 종류, 모양, 크기, 색깔, 동작, 숫자, 이동, 시간 등으로 더 세분하고 그 각각에 의식을 집중하면서 연상되는 것, 곧 무의식에서 떠오르는 것을 자유롭게 말한다. 떠오르는 것은 생각, 기억, 감정, 단어, 이미지 또는 과거의 경험 등이다.

- 연상은 한 번으로 그치지 않고 연상에서 연상으로 계속 이어진다. 이어지는 새로운 연상, 즉 새롭게 떠오르는 것을 말한다. 그 과정은 마치 본래의 상징심상에서 1차 연상으로, 1차 연상에서 2차 연상으로, 2차 연상에서 3차 연상으로 계속 순차적으로 이어지는 '사슬연상' 또는 '꼬리연상'과도 같다. 이때 꿈의 해석자는 꿈사람이 말하는 하나의 꿈의 심상이나 연상 내용에 현혹되거나 매이지 않고 계속되는 꿈사람의 연상을 따라가며 꿈사람이 그 잠재적인 꿈사고(꿈의 의미)를 찾아내도록 도와주어야 한다 (Flanders, 이세형 역, 2022).

- 이렇게 계속해서 선형적으로 연상되는 것을 말하다 보면 '땡그랑' 하고 종이 울리듯이 의미가 드러나는 순간이 있다. 프로이트는 연상을 이어 가면 어느 순간 종을 건드리는 무엇에 이르게 된다고 말했다. 그것은 대개 꿈사람이 스스로 만나 보기를 두려워해서 무의식에 억압한 것들이다. 그것은 대개 성욕과 공격욕 또는 트라우마의 경험 등과 관련이 있다.

- 이런 과정 중에 꿈의 해석자가 주목해야 하는 것은 꿈사람의 연상 중에 떠오른 많은 사건이나 경험들 자체가 아니다. 그 사건과 경험들 사이에 연결되어 있는 공통적인

주제와 정서 그리고 내적인 역동을 발견하는 것이다. 레온 사울이 말한 것처럼, 사건과 경험들의 공통적인 주제인 '근본 줄거리(red thread)'를 찾는 것이다.

이처럼 꿈해석을 위한 자유연상은 한 번으로 그치는 것이 아니라 '연상에서 연상으로' 계속 이어지는 '사슬연상'를 말한다. 이런 자유연상을 통해 꿈사람은 자기행동의 동기 또는 신경증의 증상과 원인을 알게 되는 자기통찰이 가능해진다. 프로이트는 신경증을 앓고 있는 환자의 꿈(외현몽)은 그 사람의 정신병리를 나타내는 하나의 증상이라고 생각했다. 자유연상은 최면치료를 대신하는 치료방법으로서 신경증의 치유는 물론 꿈해석의 주된 방법으로 사용된다.

다음의 사례는 프로이트가 꾼 자기 꿈에 대한 자유연상 작업이다. 프로이트는 꿈해석 과정으로서 자유연상에 대한 설명을 하기 위해 스스로 작업했던 자신의 경험을 하나의 사례로 제시했다(Freud, 1900). 프로이트는 다음과 같은 꿈을 꾸었다.

| **자유연상의 사례** |

꿈에서 나는 회사에 있다. 식사로 잘 차려진 정식을 먹는 자리이다. 시금치가 나온다. 내 옆에 앉아 있는 E.L.부인이 계속 나에게 눈길을 준다. 내 무릎 위에 다정하게 손을 얹는다. 나는 방어적으로 그녀의 손을 밀어낸다. 그러자 그녀가 말한다. "당신의 눈은 언제나 너무 아름다워요." …… 이어서 두 개의 눈처럼 생긴 무엇인가가 보인다. 눈을 그려 놓은 것 같기도 하고 안경알 같기도 하다.

이 꿈을 꾼 다음에 프로이트는 꿈의 내용(상징심상)을 요소별로 분해해서 각각에 대해 하나씩 연상 작업을 했다. 첫 번째 요소는 '회사에 있다. 식사로 잘 차려진 정식을 먹는 자리이다.'라는 것이다. 이 상징심상에 대한 연상에서 프로이트는 전날 밤에 친구의 회사에서 열린 파티에 갔었는데 그 파티가 끝났을 때 있었던 일이 생각났다. 그때 친구가 택시를 불러서 프로이트를 태워 주었다. 둘이 택시를 타자 운전기사가 요금 미터기를 껐었는데 기본요금으로 60헬레르가 나왔다. 프로이트는 농담이 섞인 말로 "타자마자 60헬레르를 내야 하는군……. 나는 미터기의 요금이 올라갈 때마다 가슴이 철렁하며 겁이 나네……."라고 말했다(헬레르는 오스트리아의 옛 화폐 단위이다).

'정식'의 상징심상에 대해 이어지는 연상이 있었다. 얼마 전 다른 만찬자리에서 프로이트의 아내가 몇 사람들과 거리낌 없이 이야기를 나누고 있었는데, 그들은 프로이트가 접촉하기를 싫어하는 사람들이었다. 프로이트는 그들과 이야기를 하는 자기 아내의 행동에 기분이 상했다. 프로이트는 아내에게 그들을 그냥 놔두고 자신에게 관심을 가져 달라고 말했을 정도이다. 아내의 그런 행동은 꿈에서 보인 E.L. 부인의 행동과 완전히 대조가 된다. 프로이트는 연상 중에 놀라움을 느낀다. 왜냐하면 꿈에서 E.L. 부인은 자기에게만 관심이 있었기 때문이다. 프로이트의 연상은 계속된다. 프로이트는 결혼하기 전 아내에게 열정적인 편지를 보냈는데, 그 편지에 대한 아내의 반응이 떠올랐다. 그때 아내는 마주 앉아 있던 식탁보 밑으로 손을 뻗어서 프로이트를 어루만졌다. 꿈에 등장한 E.L.부인은 그런 자기 아내에 대한 치환이다. 그러나 현실적으로 E.L.부인은 프로이트와 친한 관계가 아니다.

'당신의 눈은 언제나 너무 아름다워요.'라는 E.L. 부인의 말에 대한 연상이 계속되었다. E.L. 부인은 프로이트가 빚을 지고 있는 사람의 딸이다. 프로이트는 E.L. 부인의 그 말에서 언젠가 그 부인이 했던 말, 곧 "사람들은 당신의 사랑을 얻기 위해서 무엇이든 하려고 하고 있어요. 그래서 당신은 모든 것을 공짜로 누리고 있지요."라고 말했던 것이 떠올랐다. 그러나 현실생활에서 프로이트는 사람들이 자기에게 베푸는 친절에 대해 언제나 상응하는 대가를 지불했다는 생각을 한다. 프로이트의 연상은 꼬리를 물고 이어진다. 어제 자기를 회사의 파티에 초대하고 택시를 태워 주었던 그 친구는 자신을 빚쟁이로 만들었다는 생각이 들었다. 그는 종종 그런 친절을 베풀었다. 한편, 최근에 그 친구의 친절에 대한 보답으로 그 친구에게 선물을 보낸 기억이 났다.

식사 자리에 음식으로 제공된 '시금치'에 대한 연상도 있었다. 프로이트의 아들이 시금치를 먹지 않겠다고 저항했던 모습이 떠올랐다. 프로이트도 어렸을 때 그랬다. 아내가 아들에게 했던 말도 기억이 났다. "너는 시금치를 먹을 수 있다는 사실에 대해 감사해야 돼." 그때 프로이트는 자녀양육에 대한 부모의 의무를 생각하며 괴테가 남긴 말을 상기했다. "삶으로, 이 지루한 삶으로, 우리 인간들을 인도하는 그대들이여, 이 가난한 사람을 죄인으로 만드네." 그 이상의 연상이 있었지만 프로이트는 더 이상 기록하지는 않았다. 앞의 내용만으로도 자유연상이 무엇이며 자유연상을 어떻게 해야 하는지를 이해하는 데 충분할 것이라고 생각한 것 같다.

이런 프로이트의 연상과정에서 알 수 있는 것이 있다. 꿈(외현몽)의 요소 하나하나와 연결되어 있는 일련의 생각과 기억들을 계속 추적함으로써 꿈의 배경이 되는 꿈사고에 이르게 된다는 것이다. 또한 자유연상에 의해 생각나는 꿈사고들은 꿈의 내용(외현몽)에 비해 훨씬 길고 많다는 것을 알 수 있다. 이것은 응축과 치환 등의 방법에 의해서 잠재몽의 길고 복잡한 내용이 간략하게 외현몽으로 축소 표현되었기 때문이다. 꿈이 사용하는 언어는 소설의 장문이 아니라 짧게 농축된 '시어'에 해당된다고 할 수 있다.

이르마의 꿈-꿈꾸기 작업과 해석 사례

다음은 프로이트 자신의 꿈으로서 프로이트의 꿈이론과 해석 과정의 특징을 종합적으로 살펴볼 수 있는 사례이다. 이르마는 프로이트에게 치료를 받고 있던 여성 환자였는데, 그 환자가 꿈에 등장한 것이다. 프로이트는 이 꿈을 해석하는 과정에서 자신의 꿈이론의 기초를 정립할 수 있었으며, 그런 이해를 근거로『꿈의 해석』이라는 책을 저술하게 되었다. 이것은 꿈에 소원성취 기능이 있다는 것을 증명하기 위한 사례로 제시되었지만, 그 외에도 꿈의 재료로서의 낮의 잔재, 꿈작업의 특징인 응축과 치환 그리고 자유연상의 실제 과정 등을 명료하게 이해할 수 있는 사례이기도 하다.

이르마의 꿈 내용

프로이트는 다음과 같은 꿈을 꾸었다. 프로이트의 책,『꿈의 해석』2장에 기록되어 있는 꿈의 내용을 거의 그대로 옮겨 놓는다. 프로이트가 기록한 형식 그대로 일인칭을 사용한다.

우리는 넓은 홀에서 많은 손님을 접대하고 있다. 손님들 가운데 이르마가 눈에 뜨인다. 나는 그녀를 한쪽 구석으로 데리고 가서 그녀가 나에게 보낸 편지에 답변을 하면서 내가 그녀에게 제시한 해결책을 아직도 받아들이지 않은 것을 비난한다. 나는 이렇게 말한다. "당신이 아직도 통증을 느끼고 있다면 그것은 순전히 당신 자신의 잘못 때문입니다." 그러자 그녀가 말한다. "내가 지금 목과 위와 배가 얼마나 아픈지 알기나 하세요? 짓누르는 것처럼 아파요." 나는 깜짝 놀라서 그녀를 바라본다. 그녀의 얼굴이 창백하고 퉁퉁 부어 있다. 순간 내가 그녀의 신체 기관에 질병이 있는데 그것을 모르고 지나쳐 버린 것은 아닐까 하는 생각이 스치고 지나간다. 나는 그녀를 창가로 데리고 가서 목 안을 들여다본다. 그녀는 틀니를 한 여자처럼 입을 벌리지 않으려고 저항한다. 나는 그럴 필요가 없다고 생각한다. 마침내 그녀가 입을 크게 벌린다. 나는 그녀의 입 속 우측에서 커다란 반점을 발견한다. 다른 쪽에서는 주름진 모양을 한 회백색의 커다란 딱지가 보인다.

나는 급히 의사 M을 부른다. 그는 이르마를 진찰하며 감염된 것이 틀림없다고 말한다. 의사 M의 모습이 평소와는 다르게 얼굴이 몹시 창백하고 다리를 절고 있으며 얼굴에 있어야 할 턱수염도 없다. 그런데 어느 순간 이르마의 옆에 나의 또 다른 의사 친구인 오토와 레오폴트가 와 있다. 레오폴트는 이르마의 몸을 타진한 후 좌측 하반부에서 탁한 소리가 들린다고 말한다. 그리고 좌측 어깨의 피부 부위가 침윤되어 있는 것을 가리킨다. 이르마는 옷을 입고 있었지만 나도 그것을 감지한다……. 의사 M이 말한다. "감염된 것이 틀림없네. 그러나 별일은 아닐세. 이질 증상이 나타나면서 병독이 배출될 것이네." 우리는 즉시 어디에서 감염이 되었는지를 알아낸다. 의사 친구 오토가 얼마 전에 이르마에게 트리메틸아민 물질(프로필 약제, 프로필렌, 프로피온산 등의 명칭으로 연결됨)을 주사한 것 때문이다. 순간 트리메틸아민 물질의 화학 방정식이 굵은 활자로 쓰여 있는 것이 보인다. 나는 그런 물질은 그렇게 경솔하게 주사하는 것이 아니라고 생각한다. 필경 주사기가 청결하지도 않았을 것이다(Freud, 1900).

이르마의 꿈, 자유연상과 꿈해석

잠재몽, 곧 무의식 속에 있는 꿈사고(생각과 감정과 기억 등)는 이해할 수 있는 내용으로 되어 있지만 외현몽(꿈내용)에 비해 그 내용이 훨씬 길고 복잡하다. 프로이트의 꿈해석 과정에 따르면, 이르마 꿈의 외현몽 내용은 앞에서 본 것과 같이 1쪽 정도의 분량인데, 자유연상 과정에서 떠오른 잠재몽, 곧 꿈사고는 13쪽이나 된다. 이처럼 자유연상에서 접촉된 내용이 길고 많은 것은 외현몽의 구성 요소들을 이미지별로 분해해서 그 각각에 대해 떠오른 연상의 내용을 자세하게 기록했기 때문이다(Freud, 1900). 여기서는 원문에 기록되어 있는 많은 꿈사고와 연상 내용들을 체계적으로 정리해서 간소화했다.

1) 프로이트의 꿈은 이렇게 시작된다. '우리는 넓은 홀에서 많은 손님을 접대하고 있다. 손님들 가운데 이르마가 눈에 뜨인다.' 이르마의 꿈이 전개된다. 프로이트는 어떻게 이르마의 꿈을 꾸게 되었을까? 프로이트의 견해에 따르면, 대부분 낮의 활동이나 꿈을 꾸기 수일 전에 있었던 낮의 잔재, 곧 낮시간의 사건과 경험이 꿈의 재료가 되는 경우가 많다고 했다. 그러나 조건이 있다. 낮의 잔재는 무의식적 소원과 욕동의 선택과 지원을 받아야 한다. 꿈을 꾸게 만드는 근원적인 에너지는 무의식적인 소원과 욕동에서 비롯되는 것이기 때문이다. 그러므로 대부분의 많은 꿈은 낮의 잔재와 무의식적인 소원의 결합물이라고 할 수 있다. 프로이트의 이르마 꿈에도 낮의 잔재와 무의식적인 소원이 결합되어 있다. 낮의 잔재는 무엇일까? 프로이트는 꿈을 꾸기 전 어느 날 친구 의사인 오토를 만났는데, 그때 오토가 이르마의 치료상태에 대해서 부정적으로 말하는 것을 들었다. 당시 프로이트는 이르마를 치료하다가 중단 상태에 있었는데, 그 시기에 오토가 이르마를 만난 것이다. 프로이트는 오토의 말에 불쾌했지만 그 느낌을 표현하지는 못했다. 낮의 잔재가 이어진다. 그날 서녁 프로이트는 지도적 인물이었던 의사 M에게 사신의 치료과정을 변명 삼아 알려 주기 위해 이르마의 병력을 기록했다. 바로 그날 밤 이루마의 꿈을 꾼 것이다. 이르마의 꿈의 재료가 된 낮의 잔재는 오토가 부정적으로 말한 이르마의 소식과 의사 M에게 건네주기 위해서 이르마의 병력을 기록한 것이다.

2) 꿈의 초반부에서 프로이트는 이르마에게 자신이 제시한 해결책을 받아들이지 않은 것을 비난하며 그녀가 아직도 통증을 느끼고 있다면 그것은 순전히 그녀의 잘못 때문이라고 말한다. 이것은 이르마의 질병이 아직도 치료되지 않은 것에 대한 의사로

서의 자기 자신의 책임을 벗어나고 싶은 프로이트의 소원이 성취된 것이라 할 수 있다. 그것은 자신이 제시한 해결책을 받아들이지 아니한 이르마의 책임 때문이지 프로이트 자신의 책임 때문이 아니다.

3) 꿈에서 프로이트는 이르마의 신체 기관에 질병이 발생한 것을 자신이 모르고 지나친 것은 아닐까 생각한다. 프로이트의 자기 연상에 따르면, 이 대목에는 두 가지의 의미가 있다. 하나는 의사로서 자기가 진료를 잘못한 것에 대한 두려움과 죄책감이다. 비록 프로이트가 신경증 환자들을 진료하는 정신과 의사이지만 혹시 이르마의 신체적인 증상을 파악하지 못한 실수를 한 것은 아닐까 하는 두려움을 느낀다. 다른 하나는 책임회피와 관계가 있다. 이르마의 질병과 통증의 원인이 신체 기관에 있는 것이라면, 그 통증이 제거되지 않은 책임은 자기 자신에게 있지 않다는 생각이다. 왜냐하면 프로이트는 히스테리성 통증을 치료하는 정신과 의사이기 때문이다. 따라서 이 장면의 꿈은 비록 이르마의 치료에 실패를 할지라도 자신은 비난을 면할 수 있을 것이라는 프로이트의 소망이 반영된 것이다.

4) 꿈 내용 중에 프로이트가 이르마를 창가로 데리고 가서 목 안을 들여다보는 장면이 나온다. 이르마가 틀니를 한 여자들처럼 입 벌리기를 거부하자 프로이트는 그럴 필요가 없다고 생각한다. 그러나 실제로 프로이트가 이르마의 입과 목 안을 검사한 적은 없었다. 이 장면에 대한 자유연상에서 떠오른 것이 있다. 프로이트는 얼마 전에 어느 여성 가정교사를 진료한 적이 있었는데 그녀는 젊고 아름다웠다. 그녀에게 입을 벌려보라고 했을 때 그녀는 의치를 숨기려고 입을 벌리지 않았다. 꿈에서 이르마가 입을 벌리지 않은 것은 프로이트가 진료했던 그 가정교사가 입을 벌리지 않은 것이 배경이 된 것이다. 한편, 꿈에서 프로이트가 이르마에게 그럴 필요가 없다고 말한 것은 이르마를 위로하기 위한 말이었다.

그러나 그것은 또 다른 의미가 있는 말이다. 꿈에서 창가에 서 있는 이르마의 모습을 생각할 때 연상되는 기억이 있었다. 이르마에게는 프로이트가 훌륭하게 생각하는 그녀의 친한 친구 여성이 있었다. 어떤 연고인지는 밝히지 않았지만, 어느 날 저녁 프로이트가 그녀 친구의 집을 방문하게 되었는데, 그때 그녀는 꿈속의 이르마의 모습처럼 창가에 서 있었다. 그때 그 집에는 의사 M도 함께 있었는데, M은 그녀의 입 속에 디프테리아 성 설태가 끼어 있다고 말했다. 그런데 프로이트의 진술에 따르면, 그녀는 이르마보다 지성적이고 매력적이었다. 프로이트는 그녀를 이르마와 비교하면서 그녀에게 호감을 느꼈던 것 같다. 이르마는 프로이트가 제안한 해결책을 받아들이지 않는 어리석은 행동을 했기 때문이다. 프로이트의 자유연상과 자기 해석에 따르면, 꿈에서 이르마를 창가로 데리고 가서 그녀의 입을 들여다본 것은 자신의 환자 이르마를 그녀의 친구로 교체하고 싶은 소원이 담겨 있는 장면이다. 즉, 이 장면은 이르마보다 더 아름답고 자신의 제안을 잘 받아들일 것 같은 현명한 여인을 자신의 환자로 갖고 싶은 프로이트의 소원이 성취되는 꿈이다.

5) 꿈에서 프로이트는 급히 의사 M을 부른다. 프로이트는 '급히'라는 말에 주목했는데, 그것은 자신의 실수로 문제가 되었던 과거의 환자를 떠올리게 했기 때문이다. 프로이트는 그 환자에게 해가 되지 않을 것으로 생각되었던 설포날이라는 약제를 계속 처방했는데, 그 결과 그 환자에게 심한 중독 현상이 나타났다. 그때 경험 많은 동료 의사에게 급히 도움을 요청한 적이 있었다. 그러나 그 환자는 결국 사망하고 말았는데, 환자의 이름이 우연하게도 프로이트의 큰딸 이름과 동일했다. 그런 사실을 인지하지 못했는데 이 꿈을 꾸고 자유연상을 하는 과정에서 '급히'라는 말에 집중했을 때 그 기억이 떠오른 것이다. 이 대목에서 프로이트는 죄책감을 느낀다. 프로이드는 이렇게 기록했다. "내가 의사로서 성실하지 못했다고 지책할 수 있는 기회들을 모두 찾아내고 있는 것 같다."

6) 꿈에서 프로이트는 의사 M을 보았는데 의사 M이 평소와는 달리 얼굴이 창백하고 다리를 절고 있으며 얼굴에 턱수염이 없었다. 즉, 현실에서 의사 M은 다리를 절지 않으며 얼굴에 턱수염을 가지고 있었다. 그런데 꿈에서는 다른 모습으로 나타난 것이다. 프로이트의 자기분석에 따르면, 이것은 꿈작업 과정의 하나인 응축으로서 의사 M의 모습과 외국에 살고 있는 자기 형의 모습이 하나의 이미지로 합성된 것이다. 프로이

트의 형은 관절염으로 다리를 절고 있으며 턱수염은 깨끗하게 밀어 버린 외모를 가지고 있다. 그런데 꿈에서 그 두 인물이 한 사람으로 합성되었다. 이처럼 응축과 합성이 가능했던 것은 두 인물 사이에 공통점, 곧 근본 줄거리(red thread)가 있었기 때문이다. 공통점이란 프로이트가 그 두 사람에게 모두 마음이 상해 있었다는 것이다. 최근 프로이트는 두 사람에게 어떤 제안을 했는데 모두 거절을 당했다.

7) 꿈에서 어느 순간 이르마 옆에 친구 의사들인 오토와 레오폴트가 와 있다. 레오폴트는 이르마의 몸을 타진한 후 좌측 하부에서 탁음이 들린다고 말하며 좌측 어깨의 침윤된 부위를 가리킨다. 프로이트의 자유연상에 따르면, 이것은 의사로서 적절하고 과학적인 진단이다. 꿈에서 오토와 레오폴트가 동시에 등장하고 있는 것은 두 사람을 대비함으로써 레오폴트를 칭찬하기 위한 것이다. 이것은 의사의 말을 듣지 않는 어리석은 환자인 이르마와 아름답고 지성적인 그녀의 친구를 비교한 것과 유사한 내용이다. 꿈에서 레오폴트의 진단이 자세하게 소개되고 있는 장면은 그만큼 레오폴트의 철저함에 감탄하며 그를 칭찬하고 싶은 프로이트의 마음이 반영된 것이며, 동시에 오토를 레오폴트와 비교함으로써 이르마에 대한 자신의 진료를 부정적으로 말한 오토에 대한 불만이 표현된 것이다. 즉, 오토를 비난하고 싶은 욕구가 성취된 것이다.

8) 레오폴트가 이르마의 좌측 어깨의 침윤된 부위를 가리키는 꿈의 장면에 대한 연상에서 프로이트는 자기 자신의 질병인 어깨 류머티즘을 즉시 알아차린다. 프로이트는 밤늦은 시간까지 일을 할 때면 언제나 그 증세를 느끼곤 한다. 즉, 자신의 어깨 류머티즘이 꿈에서 이르마의 어깨 부위의 침윤으로 치환된 것이다.

9) 꿈에서 프로이트는 이르마가 옷을 입고 있는데도 그녀의 좌측 어깨 부위의 피부가 침윤되어 있다는 것을 감지한다. 이 대목에서 프로이트는 다음과 같은 생각들을 떠올린다. 소아과 병원에서는 어린아이들을 진찰할 때 당연히 옷을 벗긴 상태에서 진찰한다. 그러나 어른들을 진찰할 때에는 그렇게 하지 않는다. 어른들의 경우, 옷을 입은 상태에서 진찰을 잘하는 의사가 명의라는 말을 듣는다. 이 장면에 대한 자유연

상에서 프로이트는 그 이상의 생각과 이미지들이 더 떠오른 것 같다. 그러나 더 말하지는 않았다. 프로이트는 이렇게 기록했다. "솔직하게 말해서 이 문제에 더 이상 깊이 들어가고 싶지 않다."

10) 이어지는 꿈에서 프로이트는 의사 M이 이르마가 감염된 것은 틀림없지만 별일은 아니며 이질 증상이 나타나면 그 병독이 배출될 것이라고 말하는 것을 듣는다. 자유연상 과정에서 프로이트는 그런 의사 M의 말이 터무니없는 것이라고 생각한다. 그것은 의사로서 자격이 없는 말이다. 그러면 꿈에서 의사 M은 왜 그렇게 터무니없는 말을 하는 것으로 설정되어 있는 것일까? 이것은 프로이트가 경험한 낮의 잔재가 반영된 것이다. 낮시간에 프로이트는 의사 M에 대해 불편한 마음이 있었다. 왜냐하면 의사 M도 이르마처럼 자신이 제시한 해결책에 찬성하지 않았기 때문이다. 그러므로 꿈에서 의사 M이 터무니없는 말을 하도록 설정된 것은 그렇게 함으로써 의사 M과 이르마 두 사람을 모두 복수하고 싶은 프로이트의 소원이 성취된 것이다.

11) 꿈에서 프로필 약제, 프로필렌, 프로피온산 그리고 트리메틸아민 등으로 이어지는 용어들은 어떻게 등장하게 된 것일까? 프로이트의 자유연상에 따르면, 프로이트가 그 꿈을 꾸던 날 프로이트의 아내는 친구 오토가 선물한 '파인애플'이라고 써 있는 리큐어 술병을 땄는데 거기에서 프로이트가 싫어하는 퓨젤유의 냄새가 심하게 풍겼다. 그 퓨젤유의 냄새가 꿈에서 프로필 약제로 치환되었고 그것이 발음의 유사성을 지닌 프로필렌, 프로피온산 등으로 계속 치환된 것이나. 그러나 트리메틸아민으로 치환되는 것은 쉽게 이해가 되지 않는다. 발음의 유사성이 없기 때문이다. 이에 대하여 프로이트는 이렇게 말한다. 프로이트는 당시 뮌헨에 살고 있는 친구 학자인 빌헬름 플리스가 병중에 있다는 소식을 듣고 그를 방문한 적이 있었다. 그 친구는 트리메틸아민이라는 물질의 성분과 특성을 알아낸 친구이다. 그런데 프로필 약제, 프로필렌, 프로피온산 등의 용어가 그 유사성을 타고 그 친구의 이름인 플리스에 이르게 되었고, 그것은 결국 친구인 플리스가 연구했던 물질, 곧 트리메틸아민까지 도달하게 된 것이다. 트리메틸아민의 용어가 굵은 활자로 등장하는 부분에서 프로이

트는 그 친구 학자와 나눈 대화를 연상한다. 그 친구의 연구에 따르면, 프로메틸아민은 성적 신진대사의 산물인데, 프로이트의 생각에 이 물질은 성생활에 문제를 유발함으로써 신경증의 중요한 요인이 된다고 여겨졌다. 이르마는 미망인으로서 그런 문제가 있다는 생각이 들었다.

12) 꿈의 마지막 부분에서 프로이트는 이르마가 감염된 원인을 찾아낸다. 그것은 의사 친구 오토가 이르마에게 트리메틸아민 물질을 잘못 주사한 것 때문이다. 이것은 두 가지의 소원성취 의미가 담겨 있는 대목이다. 하나는 이르마의 질병이 치료되지 않은 것에 대한 책임이 프로이트 자신이 아니라 오토에게 있다고 생각하고 싶은 소원이 성취된 것이다. 다른 하나는 꿈을 꾸기 전날에 있었던 경험과 관계가 있다. 그때 오토는 이르마와 그녀의 가족을 만났던 경험을 프로이트에게 말해 주었다. 프로이트는 오토의 안부를 물었는데, 오토는 그 안부에는 아랑곳하지 않고 프로이트가 치료했던 이르마의 상태가 약간 좋아지기는 했지만 썩 좋지는 않다고 말했다. 그 말이 프로이트에게는 비난으로 들렸다. 오토의 말은 이렇게 들렸다. "네가 이르마에게 너무 많은 것을 기대하게 만든 것은 아니냐? …… 너는 의사로서 네 의무에 충실하지 못했다. 너는 성실하지 않았다. 너는 의사로서 네 약속을 지키지 않았다." 프로이트는 그런 오토의 말과 어조에 불쾌감과 함께 분노를 느꼈다. 그러나 그때 자신의 생각과 감정을 표현하지는 못했다. 이런 배경으로 볼 때 꿈에서 오토의 실수, 즉 이르마에게 주사를 잘못 놓은 것은 프로이트 자신을 불쾌하고 화나게 만든 오토에게 그 비난을 되돌려 줌으로써 그에게 복수하고 싶은 소원을 성취한 것이라고 볼 수 있다. 꿈에서 트리메틸아민이라는 물질의 화학 방정식이 굵은 활자로 나타난 것과 주사기가 청결하지도 않았을 것이라고 생각하는 것은 오토에게 복수하고 싶은 소원성취의 의미를 더욱 강화시킨다.

전형적인 꿈

언급한 것처럼, 대부분의 꿈(외현몽)은 응축 또는 치환 등의 방법을 사용함으로써 잠재몽 속에 있는 꿈사고를 위장한다. 그러나 모든 꿈이 위장되는 것은 아니다. 프로이트에 따르면, 꿈에는 전형적인 꿈이라는 것이 있다. 전형적인 꿈은 대부분의 사람이 일상적으로 경험하는 감정, 생각, 욕구 등이 꿈의 주제가 되는 꿈이다. 이런 꿈들은 심하게 치환 위장이 되지 않기 때문에 그 의미를 파악하기가 쉽다. 프로이트는 이렇게 말했다. "우리는 보통 그런 꿈(전형적인 꿈)들이 모든 사람에게 같은 의미를 갖는다고 가정한다. 이런 전형적인 꿈들은 누구에게나 같은 출처에서 유래된다고 추정할 수 있기 때문에 특별한 관심을 불러일으킨다."(Freud, 1900) 프로이트는 다음과 같은 꿈들을 전형적인 꿈이라고 말했다.

노출 꿈

노출 꿈(exhibition's dream)은 벌거벗는 꿈으로 낯선 사람들 앞에서 옷을 벗거나 속옷이 보이는 흐트러진 옷차림을 하고 있는 꿈이다. 노출 꿈은 꿈에서 수치감이나 당혹감을 느끼며 사람들의 시선을 피해 숨으려고 하지만 숨을 수가 없어서 난처한 상황에 처하게 만든다. 수치감과 당혹감이 노출 꿈의 주요 정서이다. 벌거벗었지만 수치감을 느끼지 않는다면 전형적인 꿈이 아니다. 그러나 꿈속에서 꿈을 꾸는 사람이 수치감을 느끼게 만드는 다른 사람들의 모습은 선명하지 않거나 낯선 사람들이다. 그들은 꿈사람의 꿈자아가 옷을 벗었다는 것에 대해서 관심이 없다. 그들은 눈앞에서 벌어지는 구경거리에 관심을 보이지 않으며 꿈사람을 비난하는 일은 거의 없다. 그럼에도 꿈사람의 꿈자아는 강한 수치감을 느낀다. 모순된 상황이다(Freud, 1900).

이런 모순 상황을 설명하기 위해 프로이트는 안데르센 동화에 나오는 '벌거벗은 임금님'의 이야기를 예로 든다. 그 동화는 임금님에게 보이지 않는 옷을 만들어 입히는 두 명의 사기꾼에 대한 이야기이다. 그들은 그 옷이 매우 특별해서 마음이 착하고 성실한 사람들의 눈에만 보인다고 말한다. 물론 그 옷은 실체가 없는 허상이다. 그런데 임금님은 보이지 않는 그 옷을 입고 성 밖으로 행차를 나간다. 백성들은 임금님의 벌거벗은 모습에 놀라지만 모른 척한다. 왜냐하면 자신이 놀란 모습을 보이면 선하고 착한 사람이 될 수 없다고 생각했기 때문이다. 프로이트의 설명에 따르면, 이 동화 속에는 인간의 금지된 소원, 곧 벌거벗고 싶은 노출의 욕구가 나타나 있다. 벌거벗은 임금님은 꿈사람의 노출 욕구를 상징한다. 인간에게 노출 욕구가 있다는 것은 어린아이들의 행동에서 찾아볼 수 있다. 어린아이들은 옷을 벗고 알몸으로 뛰어다니는 것을 좋아한다. 아이들은 벌거벗고도 수치심을 느끼지 않는다. 아담과 하와는 낙원, 곧 에덴동산에서 벌거벗고 있었지만 부끄러워하지 않았다. 그들은 오히려 자유를 느꼈다. 그러나 선악을 알게 하는 나무의 실과를 따 먹은 후에 수치감과 두려움에 눈을 떴고, 남녀의 성관계 속에 수치감이 들어오게 되었다. 그런데 꿈은 우리를 그런 낙원으로 데리고 간다(Freud, 1900). 잠재몽의 노출 욕구가 외재몽에서 소원성취 되는 것이다.

신경증 환자들은 어린 시절에 성별이 다른 아이들 앞에서 옷을 벗는 행동을 했던 과거력을 가지고 있는 경우가 있다. 편집증 환자의 경우, 자기가 옷을 벗는 것을 누군가가 엿보고 있다는 망상을 하기도 한다. 성도착증의 증상들 중의 하나는 억압된 노출 욕구를 통제하지 못하고 행동으로 드러내는 것이다. 그러나 대개의 경우, 노출 욕구는 억압된다. 지나친 억압은 장애의 원인이 된다. 병리적인 행동이 나타난다. 이처럼 억압된 노출 욕구가 꿈을 만든다. 그런 의미에서 노출 꿈 역시 낮에 행동으로 드러낼 수 없는 노출 욕구를 꿈에서 충족하는 소원성취에 해당된다고 볼 수 있다.

소중한 사람이 죽는 꿈

소중한 사람이 죽는 꿈은 전형적인 꿈에 해당된다. 부모, 형제자매, 부부, 자녀 그리고 친척 등이 죽는 꿈이다. 그러나 모든 죽는 꿈이 전형적인 꿈에 해당되지는 않는다. 죽는 꿈은 두 부류로 분류할 수 있다. 하나는 가족이나 친척이 죽었으나 전혀 슬퍼하지 않는 꿈이다. 이런 경우 꿈에서 깨어난 후, 자신의 그런 무정한 반응에 당혹감을 느끼기도 한다. 또 하나는 꿈에서 가족이나 친척의 죽음을 보고 매우 슬퍼하며 울음을 터트리는 꿈이다.

프로이트에 따르면, 첫 번째 꿈들은 전형적인 꿈에 해당되지 않는다. 전형적인 꿈은 대부분의 사람이 보편적으로 느끼고 반응하는 형태로 나타나기 때문이다. 가족이 죽었으나 슬픔이 느껴지지 않는 꿈에는 본질상 죽음과는 다른 의미의 소원이 내포되어 있다. 앞에서 언급한 꿈의 사례로서 어느 여인이 꿈을 꾸었는데, 꿈에서 이 여인은 언니의 외동아들(실제로는 둘째 아들)이 죽었으나 전혀 슬픔을 느끼지 않는다. 이 꿈(외현몽)은 어떤 의미를 지니고 있는 것일까? 이 여인이 언니의 아들, 곧 자기의 조카가 죽기를 바라는 것은 아니다. 이 여인은 오래전에 사랑했던 남자가 있었는데, 그 사람을 만나지 못해서 고통스러워했다. 그런데 그 남자가 언니의 첫째 아들이 죽었을 때 장례식에 왔었고 그때 이 여인은 그 남자를 만날 수 있었다. 이 여인이 언니의 둘째 외동아들이 죽는 꿈을 꾼 것은 그 장례식에 그 남자가 오기를 바라는 마음이 표현된 소원성취의 꿈이다. 이러한 욕구와 소원 때문에 여인은 꿈에서 슬퍼할 동기가 마련되지 않는다.

두 번째 꿈, 즉 소중한 사람들의 죽음 앞에서 비통해하며 눈물을 흘리는 꿈은 전형적인 꿈에 속한다. 이런 꿈이 지니고 있는 전형적인 의미는 관계된 사람들이 죽었으면 하는 소원이다. 의식은 이런 소원을 용납할 수 없기 때문에 소원은 부정되고 깊이 억압된다. 오직 꿈에서 드러날 수 있을 뿐이다. 프로이트는 많은 여성 환자를 만났는데, 치료과정에서 그들은 마음속의 적대감이 드러났을 때 대개 형제자매가 죽는 꿈을 꾸었다고 보고했다. 프로이트는 이런 자신의 이해와 꿈해석에 반대하고 반발하는 사람들이 있다는 것을 알고 있었다. 프로이트는 그리스 신화에 나오는 오디세우스의 그림자 이야기를 소환한다. 그 신화에 보면, 그림자는 스피릿이라고 불리는 죽지 않는 존재를 의미하는데, 스피릿은 영혼이나 그림자로 존재하며 피를 마시면 다시 살아나는 능력을 갖고 있다. 오디세우스는 스피릿의 도움을 받아 죽음을 극복하고 모험을 감행한다. 그러나 스피릿은 죽은 자의 영혼이기 때문에 그 존재는 항상 어둠과 불안에 싸여 있다. 가까운 사람들이 죽기를 바라는 소원은 죽은 것처럼 무의식 깊은 곳에 묻혀 있지만 스피릿처럼 어떤 계기에 의해 피를 마시는 것과 같은 자극을 받으면 고개를 들고 살아난다(Freud, 1900).

그러나 가까운 가족들이 죽기를 바라는 욕구와 꿈이 그렇게 잔인하거나 위협적인 것만은 아니다. 단지 미움과 시기와 질투 등의 감정이 그런 욕구와 꿈의 배경이 되는 경우가 많기 때문이다. 가까운 형제자매들이 죽기를 바라는 욕구는 어린아이들의 마음과 행동을 보면 쉽게 이해된다. 어린아이들은 원본능의 지배를 통제하는 능력이 약하기 때문에 매우 이기적이다. 자기의 욕구 충족에 우선권을 두며 형제들에 대한 배려 없이 시기와 질투를 느끼며 경쟁적이 된다. 다음은 프로이트의 환자였던 한 여인이 네 살 때 여러 번 반복해서 꾸었던 꿈이다.

> 한 무리의 어린아이들이 풀밭에서 뛰어놀고 있다. 모두 그녀의 언니, 오빠, 사촌 형제들이다. 그런데 갑자기 그들에게 날개가 달리면서 모두 하늘로 날아가 버린다.

이 꿈속에는 가족 형제들이 죽어서 사라지기를 바라는 네 살짜리 아이의 거리낌 없는 소원이 담겨 있다. 언니, 오빠, 사촌 형제들이 사라지면 자기가 부모의 사랑을 독차지하게 될 것이고 언니와 오빠에게 향했던 부모의 사랑에 질투를 느끼지 않아도 될 것이다. 물론 어른들도 이런 종류의 꿈을 꿀 수 있다. 가까운 사람이 사라지기를 원하는 무의식적인 욕구가 꿈에서 그 사람이 죽는 이미지로 나타난다. 그러나 모순되게 그 죽음 앞에서 몹시 슬퍼한다. 그러나 프로이트는 이런 꿈을 위장된 꿈이라고 하지 않고 전형적인 꿈이라고 말했다. 왜냐하면 이런 모순적인 꿈들 속에는 꿈을 꾼 사람들의 마음 안에 모두 그 대상을 미워하거나 그 대상이 사라지기를 원하는 공통된 소원이 있기 때문이다. 따라서 꿈의 의미를 파악하기가 쉽다.

꿈에는 형제자매만이 아니라 부모가 죽는 꿈도 많다. 이런 꿈에도 부모가 죽기를 바라는 소원이 성취되는 기능이 있는 것일까? 프로이트의 이해에 따르면, 남자는 주로 아버지가 죽는 꿈을 꾸고 여자는 엄마가 죽는 꿈을 꾼다고 했다. 이런 이해는 오이디푸스 콤플렉스 또는 엘렉트라 콤플렉스와 연관이 있다. 프로이트는 이렇게 말했다. 유아는 어려서부터 성적으로 어느 한쪽 부모를 좋아하는 경향이 있는데, 남자아이는 엄마를 좋아하며 아버지를 경쟁자로 여기고, 여자아이는 아버지를 좋아하며 엄마를 경쟁자로 생각한다. 그 결과 남자아이는 엄마의 사랑을 차지하기 위해 아버지가 죽기를 바라며, 여자아이는 아버지를 차지하기 위해 엄마가 죽기를 바라는 욕구가 있다. 그런 욕구 때문에 꿈에 같은 성을 가진 경쟁자 부모가 죽는 꿈을 꾸게 된다(Freud, 1900).

　　오이디푸스의 이야기는 그리스 신화에서 유래되었다. 이 이야기가 가장 잘 소개된 버전은 고대 그리스의 작가 소포클레스(Sophocles)의 희곡 <오이디푸스 왕>이라는 작품이다. 이 작품은 오이디푸스의 비극적인 운명과 그가 부지중에 자신의 아버지를 살해하고 어머니와 결혼을 하게 된 내용을 다룬다. 오이디푸스는 테베의 왕 라이오스와 왕비 요카스테의 아들로 태어났다. 그러나 태어나기도 전에 그는 아버지를 죽이고 어머니와 결혼을 하게 될 것이라는 신탁의 예언이 있었기 때문에 태어나자마자 부모의 돌봄을 받지 못하고 부모로부터 버려졌다. 다행히 목숨을 건진 오이디푸스는 다른 지역의 왕을 만나 그 나라의 왕자로 성장한다. 그러던 어느 날 자신에 대한 신탁 예언의 말을 듣게 된 오이디푸스는 위협을 느낀 나머지 멀리 방랑의 길을 떠난다. 방랑의 길을 가던 중에 우연히 라이오스 왕(자기의 아버지)을 만난다. 서로 부자 관계라는 것을 알지 못하는 둘 사이에 뜻하지 않게 싸움이 벌어졌고 오이디푸스는 라이오스 왕을 죽이게 된다. 그 후 그는 라이오스 왕이 다스리던 테베로 가는 길에 스핑크스의 수수께끼, 곧 "아침에는 네 발로 다니고, 점심에는 두 발로 다니며, 저녁에는 세 발로 다니는 것은 무엇인가?"라는 문제의 답을 알아맞힌다. 그 답은 사람이었다. 그 답을 알아맞힌 오이디푸스는 테베 시민들의 열렬한 환영을 받으며 테베의 왕이 된다. 왜냐하면 테베의 많은 시민이 스핑크스의 수수께끼에 답을 못해서 목숨을 잃거나 불안과 고통에 시달리고 있었기 때문이다. 테베의 왕이 된 오이디푸스는 죽은 라이오스 왕의 왕비인 요카스테(자신의 어머니)와 결혼한다. 죽은 라이오스 왕이 자신의 아버지인 줄 모르는 오이디푸스는 요카스테 사이에 이남 이녀의 지녀를 낳고 나라를 다스리며 행복하게 지낸다. 그러던 중에 테베에 페스트라는 병이 창궐하게 되있는데, 그때 데베의 시민들은 그 병을 퇴치하기 위해 신탁의 예언을 듣는다. 신탁의 내용은 라이오스 왕을 죽인 살해범이 테베에서 추방되면 페스트가 사라진다는 것이었다. 그 후 모든 사실, 곧 자신이 아버지를 죽이고 어머니와 결혼했다는 것을 알게 된 오이디푸스는 죄책감으로 괴로워하다가 스스로 자기의 눈을 빼 버리고 자기 자신을 어둠의 세계로 던져 버린다. 비극적인 결말이다.

　　소포클레스의 희곡은 오이디푸스가 아버지의 살해범이며, 어머니와 결혼을 한 패륜아라는 것을 한발 한발 점진적으로 서서히 폭로한다. 프로이트는 그런 점진적인 폭로의 과정을 정신분석의 작업에 비유했다. 정신분석은 연상과 분석과 통찰을 통해 점진적으로 무의식에 억압된 요소들을 벗겨 냄으로써 내담자의 핵심문제와 그 원인이 되는 발생 기원을 찾아낸다. 이처럼 그리스 신화에 배경을 두고 있는 오이디푸스 콤플렉스는 부모가 죽는 꿈을 꾸게 되는 근원적인 재료가 된다. 그러나 프로이트는 부모나 형제자매의 죽음을 보며 몹시 슬퍼하는 꿈을 꾸었다고 해서 꿈사람이 지금 그들이 죽기를 바라고 있다는 증거로 삼아서는 안 된다고 말한다. 다만, 꿈사람이 과거에 언젠가 그들과 경쟁하며 그들을 미워하며 죽기를 바란 적이 있었다고 생각하는 것으로 충분하다고 했다. 오이디푸스 콤플렉스의 관점에서 보면, 동성 부모가 죽는 꿈은 이성 부모와 성관계를 갖는 꿈과 연결된다. 많은 사람이 그런 꿈을 꾸고 흥분하기도 하고 놀라기도 한다. 그러나 이성 부모와 성관계를 맺는 꿈을 이해할 수 있는 열쇠는 동성 부모가 죽는 꿈의 의미를 파악하는 데 있다(Freud, 1900).

소중한 사람들이 죽는 전형적인 꿈의 특징은 억압된 소원, 즉 잠재몽의 꿈 사고가 자아의 검열을 통과해서 원래의 모습 그대로 꿈에 노출된다는 것이다. 즉, 위장되지 않는 것이다. 이처럼 전형적인 죽음의 꿈이 검열을 쉽게 통과하는 것은 다음과 같은 이유가 있기 때문이다. 첫째, 사람들은 가족이나 친척이 죽기를 바라는 것은 있을 수 없는 일이며 '꿈에도 생각해 본 적이 없다'는 의식을 가지고 있기 때문이다. 꿈에도 생각해 본 적이 없을 만큼 검열할 것이 없다면 검열은 당연히 필요하지 않은 것이 된다. 둘째, 의식과 낮시간에는 가족을 소중하게 생각하고 사랑하며 가족의 불행과 죽음을 염려하고 있다고 느껴지기 때문이다. 따라서 가족이 죽기를 바라는 소원은 그런 사랑과 염려 속에 그 모습을 감춘다. 그리고 꿈에서 가족이 죽는 것을 보았을 때 비통함으로 울기도 한다. 프로이트는 이렇게 말했다. 소중한 사람이 죽는 전형적인 꿈에서 꿈사람에게 반드시 수반되는 현상은 비통한 감정으로 슬픔을 경험하는 것이다(Freud, 1900).

시험 불안 꿈

많은 사람이 시험을 치르며 불안해하거나 시험에 실패해서 유급하는 꿈을 꾼다. 이런 꿈이 반복적으로 계속되는 경우도 있다. 전형적인 꿈이다. 이런 꿈을 꾸게 되는 배경 중의 하나는 어린 시절 무엇인가 잘못을 해서 처벌을 받았던 경험에 근거한다. 우리에게는 어린 시절 실수와 잘못으로 처벌받았던 경험들이 있다. 이 경험들이 학창 시절의 엄격한 시험과 평가라는 환경에 의해 강화된다. 프로이트에 따르면, 신경증 환자들은 시험에 대한 공포를 가지고 있으며 그것은 어린 시절에 처벌받은 경험에 근거한 두려움에서 비롯된다고 했다.

　따라서 시험 불안 꿈을 꾸게 되는 심리적인 요인은 내가 무엇인가를 잘못했거나 제대로 해내지 못해서 처벌을 받을 것이라고 예상되거나, 책임감으로 압박이 느껴질 때 등으로 볼 수 있다. 예를 들면, 다음 날 책임져야 할 일이 있거나 비난이나 비판이 예상될 때에 시험 불안 꿈을 많이 꾼다. 그러나 이런 시험 불안 꿈에 대해서도 모든 꿈은 꿈사람의 전인건강에 도움이 된다는 제레미 테일러의 말을 상기할 필요가 있다. 예를 들어, 시험 불안 꿈을 꾸면 다음 날 예상되는 책임감과 비난에 대한 불안의 정도가 감소한다. 따라서 시험 불안 꿈의 목적 중의 하나는 내일 또는 미래에 닥쳐올 불안에 대한 문제를 효과적으로 다루는 데 있다고 볼 수 있다.

　시험 불안 꿈에는 종종 과거의 문제를 소환하는 경우가 있다. 즉, 과거에 시험을 치르거나 어려운 과정을 통과한 것에 대한 꿈이다. 시험 불안 꿈이 과거의 문제를 소환할 때는 특이한 점이 있다. 왜냐하면 실패의 경험보다는 비록 고통스러웠지만 성공한 경험을 다뤄 주는 경우가 많기 때문이다. 프로이트는 빌헬름 슈테겔이 주장한 것처럼, 시험을 치르는 꿈은 대부분 이미 시험에 합격했거나 어려운 과정을 통과하고 졸업한 사람들이 꾼다는 견해를 받아들인다. 따라서 시험에 실패한 사람은 그런 꿈을 꾸지 않는다고 말했다. 이런 프로이트의 꿈이해에 동의가 안 되는 사람도 있을 것이다. 그러나 프로이트는 자신의 경험을 제시하면서 그런 입장을 고수한다. 대학 시절에 프로이트는 법의학 시험과목에 낙방했다. 그러나 그 과목에 대한 꿈을 꾼 적은 한 번도 없었다. 그런데 식물학과 동물학과 화학 과목의 시험은 합격했지만, 그 후 그 과목들에 대한 시험을 치르는 꿈을 여러 번 꾸었다. 물론 그 과목들의 시험에서 합격하기까지는 어려움과 불안이 있었다.

　그럼 꿈에서 과거에 성공한 경험이 등장하지만 그것이 시험 불안으로 느껴지도록 하는 이유는 무엇일까? 그것은 현재에 주어진 일 또는 미래에 닥쳐올 상황에 대한 불안을 감소시켜 주려는 목적이 있다고 보아야 한다. 즉, 하나의 꿈속에 이미 성공한 과거의 경험과 현재 또는 미래의 불안이라는 주제를 동시에 담고 있는 것이다. 프로이트는 이런 말을 남겼다. "시험 불안 꿈의 불안은 항의적인 요소로서 그것은 꿈이 주는 위로의 선물이다. 내일을 두려워하지 말라, 당신은 졸업시험을 보기 전에 그렇게 두려워했지만 당신은 그 시험을 통과하지 않았는가? 그러므로 당신에게는 아무 일도 일어나지 않을 것이다."(Freud, 1900)

비상 꿈과 추락 꿈

신나게 하늘을 날거나 그렇게 날다가 두려움을 느끼며 떨어지는 꿈들은 전형적인 꿈에 속한다. 특히 어린아이들은 이런 꿈들을 많이 꾼다. 그 이유 중의 하나는 놀이에 대한 어린아이들의 성향 때문이다. 어린아이들은 뛰어다니는 놀이, 그리고 위에서 뛰어내리며 새처럼 날아다니는 놀이를 좋아한다. 그런 놀이의 경험이 꿈에서 재현된다. 그런데 그런 놀이가 꿈에서 재현될 때 놀이의 즐거움이 불안과 공포로 뒤바뀐다. 이런 정서적인 전환은 어린아이들의 현실 놀이에서도 종종 발생한다. 재미와 즐거움이 불안과 공포로 바뀌는 것이다.

프로이트는 날거나 떨어지는 꿈이 전형적인 꿈에 속한다고 말했지만, 이 꿈에 대한 설명은 별로 하지 않았다. 프로이트는 이렇게 말했다. "나는 이런 전형적인 꿈들에 대해서 완전히 해명할 수 없다는 것을 결코 부인하지 않는다……. 이런 꿈들은 전형적인 꿈이지만 그 의미는 꿈사람마다 다르다. 나는 알지 못한다. 그러나 기회가 되면 적절한 사례들을 분석해서 그 모르는 부분을 채우고 싶다." 프로이트는 비상 꿈과 추락 꿈에 대한 동료 의사의 경험과 견해를 수용했는데, 그것은 그런 꿈이 성적인 감각을 일깨우는 경우가 많다는 것이다. 프로이트는 남성 환자들로부터 소년 시절에 어딘가를 올라갈 때에 최초의 발기 경험을 했다는 말을 자주 들었다고 했다(Freud, 1900).

비상 또는 추락 꿈에 대한 필자의 생각을 덧붙인다. 대개 하늘을 나는 꿈들은 꿈사람의 상태에 따라 두 가지의 의미가 있다고 볼 수 있다. 하나는 어린 시절에 신나게 놀던 자유에 대한 욕구를 나타낸다. 이것은 현재 자신이 겪고 있는 스트레스 또는 제약된 환경에서 벗어나고 싶다는 욕구를 나타낸다. 특히 과도한 일이나 업무 또는 불편하고 무거운 짐으로 느껴지는 가족관계와 기타 인간관계로부터 해방되기를 원하는 마음의 표현이기도 하다. 다른 하나는 꿈사람이 지나치게 이상적인 생각과 환상적인 세계를 추구하고 있다는 것을 보여 주는 꿈이다. 꿈에서 하늘을 날고 있는 이미지는 역설적으로 두 발이 땅을 짚어야 한다는 것을 강조한다. 현실감각이 부족하거나 현실생활에 초연하고 무관심한 사람들이 이런 꿈을 꿀 수 있다. 건강하지 않은 종교의 영향으로 비현실감을 지닌 사람들에게 나타나는 현상이기도 하다. 건강한 영성은 신성을 상징하는 산으로 올라가는 거룩한 여정과 함께 사람들이 어울려 사는 평지의 땅으로 내려오는 두 가지의 태도를 통합하는 것이다.

높은 곳에서 떨어지는 꿈에는 어떤 의미가 있을까? 우리 한국의 꿈해석 전통에 보면, 어린아이가 높은 곳에서 떨어지는 꿈은 키가 크는 신체적인 상태를 의미한다는 입장이 있다. 이런 꿈해석이 얼마나 적절할 수 있을까? 꿈해석은 문화나 개인의 경험에 따라 다양할 수 있기 때문에 절대적인 해석법은 존재하지 않는다. 그런 의미에서 상대방의 꿈을 내 꿈으로 가져와서 "그 꿈이 내 꿈이라면~"이라고 말하는 투사적인 꿈작업은 매우 적절한 방법이 될 수 있다. 따라서 추락 꿈은 키가 크는 것과 관계가 있다는 전통적인 해석을 무시할 이유는 없다고 생각된다. 프로이트의 꿈 연구 사례에 보면 이런 꿈이 소개되어 있다. 어린아이가 친척 집에서 잠을 자게 되었는데 누워 있는 침대가 아이의 신체에 비해 너무나 크게 느껴졌다. 그날 밤에 아이는 이런 꿈을 꾸었다.

침대는 작고 자신의 키는 너무 커서 침대에 눕지 못하는 꿈이다.

이 꿈은 소원성취의 꿈으로서 아이가 키가 자라서 어른이 되고 싶다는 욕구가 꿈에서 이뤄진 것이다(Freud, 1900). 이런 프로이트의 꿈해석과 한국의 전통적인 꿈해석을 통합한다면 다음과 같은 해석이 가능하다. 어린아이가 높은 곳에서 떨어지는 꿈은 빨리 키가 자라서 어른이 되고 싶다는 욕구 또는 빨리 자라서 긴 다리로 바닥을 짚을 수 있게 되기를 바라는 욕구의 표현이다.

그러나 추락 꿈에는 또 다른 의미가 있을 수 있다. 또 다른 의미로 두 가지를 생각해 볼 수 있다. 하나는 지금 꿈사람이 심리적으로 안정을 찾지 못해서 몹시 불안하다는 것을 나타낸다. 꿈은 현재 자신이 처해 있는 상황이나 삶을 스스로 통제하거나 제어할 수 없는 상태에 있다는 것을 알려 준다. 그 불안의 정도는 꿈에서 떨어지는 높이에 비례한다. 다른 하나는 꿈사람에게 주는 교훈적이고 경고적인 의미가 담겨 있는 꿈이다. 이때 꿈사람은 의식세계와 깨어 있는 낮시간에 지나치게 자신만만하거나 오만한 상태에 있는 경우가 많다. 나는 뭐든지 다 할 수 있고 잘할 수 있다고 자신감이 지나칠 때 무의식은 꿈사람의 안전과 균형 잡힌 삶을 위해 그런 꿈을 꾸게 하는 것이다. 이런 꿈이 주는 메시지는 분명하다. 그렇게 자신만만하고 오만할 경우 높은 곳에서 떨어지는 실패를 경험할 수 있다는 것을 보여 줌으로써 지나친 자신감을 적절하게 조절하라는 것이다.

꿈의 출처와 재료

프로이트가 창안한 정신분석의 특징 중의 하나는 인과론적 이론이라는 점이다. 즉, 인간은 역사적인 존재로서 현재의 성격특성과 행동양식 그리고 병리적인 증상들은 모두 한 개인이 경험한 과거의 사건들과 관계가 있다. 과거의 사건 경험은 원인이 되고 현재의 행동양식과 증상들은 그 경험에 대한 결과이다. 이런 인과론적 사고는 꿈 이론에도 그대로 적용된다. 꿈은 하나의 결과로서 꿈에는 꿈을 꾸도록 만드는 원인이 있다. 꿈의 원인은 꿈의 출처와 재료를 말한다. 꿈을 꾸도록 만드는 꿈의 출처와 재료에는 어떤 것들이 있을까? 프로이트는 그것을 신체 자극의 경험, 낮의 잔재와 최근 경험, 아동기와 과거의 경험 등 세 가지로 분류했다(Freud, 1900).

첫째는 신체적인 자극과 감각 경험이다. 신체와 감각 기관에서 발생하는 자극과 인상들이 꿈을 만든다. 이런 감각자극에는 다양한 경험이 포함된다. 목마름, 배고픔, 소변이나 대변의 배설을 위한 긴장감, 소화불량이나 상처와 질병 등에 의한 통증, 잠을 자는 동안의 불편한 자세, 추위나 더위, 눈에 비치는 불빛, 귀에 들리는 소음 등 다양하다. 이런 모든 감각과 인상들이 꿈의 재료가 된다(Brenner, 1973).

신체적인 감각 경험이 꿈의 재료가 된다는 것은 오래전부터 제기되었던 문제이다. 프로이트 이전에 꿈을 연구하는 학자들은 신체감각 자극이 꿈을 형성하는 유일한 요인이라고 생각하는 경향이 있었다. 슈트림펠(A. Strümpell)과 분트(W. Wundt)는 그 분야의 대표적인 학자들이다. 슈트림펠은 꿈이 심리적인 동기에서 비롯된 현상이 아니라 생리적인 자극의 결과라고 말했다. 분트에 따르면, 꿈은 신체의 감각자극에서 출발하며 그런 까닭에 대부분의 꿈들은 환상에 의한 착각이고 그 일부만 고조된 순수 기억의 표상이라고 말했다(Freud, 1900). 당시 꿈을 연구하는 학자들은 꿈의 형성 요인으로 신체감각 자극에 주목한 나머지 그것을 세 가지로 분류하기도 했다. 세 가지의 분류는 외부 대상으로부터 신체에 가해지는 객관적인 외부 감각자극, 내적 흥분 상태처럼 자기 자신만이 느낄 수 있는 자기

감각자극, 그리고 신체 내부의 기관에서 발생하는 주관적인 내부 감각자극 등이다.

　프로이트는 당시 꿈 연구자들의 그런 이론을 모두 수용할 수 없었다. 다만 부분적으로 받아들였다. 왜냐하면 꿈을 형성하는 꿈의 배경으로 꿈꾸기 전날의 경험과 심리적인 요인들이 더 중요하다고 생각했기 때문이다. 프로이트는 신체적인 꿈 자극 이론이 대중적인 지지를 받으며 매력적으로 보이지만 이 이론에는 약점이 있다고 했다. 프로이트는 부르다흐와 립스(K. F. Burdach & Th. Lipps)의 견해를 도입하여 신체적 꿈 자극 이론의 한계를 지적했다. 우리는 잠을 자는 동안에 신체에 가해지는 외부의 자극과 압력, 예를 들면 무거운 이불에 눌리는 것, 이불이 벗겨져서 다리가 노출되는 것, 베개로 인한 불편한 자세, 침대 한쪽으로 몸이 치우쳐 있는 상태 등에 대한 반응이 다양한 형태로 나타날 수 있다. 그 자극을 무시하고 잠을 잘 수도 있고, 그 자극을 감지하고 약간의 고통을 느끼면서 계속 잠을 잘 수도 있으며, 그 자극으로 잠에서 깨어날 수도 있고, 그 자극을 받아 꿈을 꿀 수도 있다. 이 모든 가능성들은 꿈을 형성하는 가능성만큼 빈번하게 발생하는 것이다. 신체감각 자극이 꿈을 만드는 유일한 요인이라면 이런 여러 가지 반응은 일어나지 않을 것이다(Freud, 1900). 왜냐하면 그렇게 다양한 반응이 나타난다는 것은 신체감각 자극이 모두 언제나 꿈으로 연결되는 것은 아니라는 것을 의미하기 때문이다. 연구된 바에 의하면, 신체감각 자극이 꿈을 형성하는 요인이기는 하지만 그 비중이 매우 적다는 것이 알려졌다. 캘킨스(G. N. Calkins)라는 연구자가 자기의 꿈과 다른 사람들의 꿈을 6주간에 걸쳐 조사를 했는데, 그 꿈들 중에 신체감각에서 비롯되었다고 할 수 있는 것은 자기 꿈의 경우 13.2% 그리고 다른 사람들의 꿈의 경우 6.7%에 불과했다(Freud, 1900).

　신체적인 꿈 자극 이론의 한계를 느낀 연구자들, 특히 셰르너(K. A. Scherner)는 꿈의 본질이 정신적이며 심리적 상태에 있다고 생각했다. 셰르너는 꿈을 신체감각 자극과 심리적 상태의 결합, 곧 낮의 속박에서 벗어나 꿈이라는 공상의 세계에서 경험하는 자유로운 활동으로 보고자 했다. 그 결과 꿈(외현몽)의 시각적 형상들로부터 신체, 기관, 자극 경험 등을 추론할 수 있도록 돕는 일종의 꿈해석 입문서가 나오게 되었다. 이 입문서에 따르면, 꿈에 나오는 집은 신체와 몸을 상징하고, 집 안의 작은 공간은 신체의 기관을 나타내며, 구워 낸 밝은색의 쿠키는 벌거벗은 몸을 표현한다. 천장이 둥근 현관은 구강 기관을 의미하고, 층계는 목구멍에서 식도로 이어지는 부분에 해당하며, 부엌은 음식을 흡입하는 기관을 나타내고, 화장실은 신체의 배설기관을 의미한다. 불에 타오르는 난로는 숨을 쉬는 폐를 의미하고, 비어 있는 상자와 바구니는 심장을 말하며, 옷 주머니나 속이 텅 빈 둥근 물건은 방광을 나타낸다. 셰르너 꿈해석의 특징은 신체의 구조와 감각에 집중하면서 그것을 집의 구조에 비교한 것이다. 이런 꿈의 해석 방법은 고대인들이 사용했던 상징에 의한 해석 방법을 더욱 구체화한 것이다. 다만, 셰르너의 경우 해석의 범위가 신체적인 것에 집중되어 있다는 것이 다르다(Freud, 1900). 프로이트는 이런 셰르너의 해석 방법에 대해 학문적인 요소가 결여되어 있기 때문에 활용하기에 제한이 있다고 말했다. 그러나 프로이트는 셰르너의 방법을 어느 정도 수용한 것으로 보인다. 왜냐하면 꿈에는 신체기관과 그 기능이 상징적으로 표현되어 있다고 말하고 있기 때문이다.

프로이트는 꿈을 형성하는 꿈의 재료로서 낮의 경험과 심리적인 요인에 비중을 두었지만 신체자극의 경험을 무시한 것은 아니다. 프로이트는 꿈의 출처에 신체감각 자극을 포함해도 꿈에는 소원성취 기능이 있다는 꿈의 본질에는 아무 변화가 없다고 말했다. 다음은 프로이트의 꿈으로서 신체감각 자극이 꿈의 출처와 재료가 된다는 것을 입증하기 위해 제시한 사례이다. 꿈 내용이 길게 되어 있기 때문에 본 논의와 관계가 있는 부분만을 발췌한다. 프로이트는 자신의 꿈을 이렇게 기록했다.

> 나는 회색 말을 타고 있다. 처음에는 서투르고 겁에 질려서 그냥 말에 기대고 있는 듯이 보인다……. 나는 차츰 말 등에 제대로 앉는 방법을 터득한다. 말 등 위가 편안하다고 느낀다. 기분이 좋다. 내가 앉아 있는 안장은 일종의 방석인데, 말의 목에서부터 엉덩이까지 완전히 덮고 있다. (이하 생략)

프로이트는 이 꿈이 자신의 신체감각에서 비롯된 꿈이라는 것을 명확하게 밝혔다. 그는 꿈꾸기 전날 조금만 움직여도 통증을 느끼는 부스럼 종기로 고생을 하고 있었다. 가랑이 회음부 근처에 종기가 하나 생겼는데 사과만하게 부풀어 오른 것이다. 걸을 때마다 견딜 수 없는 통증을 느꼈다. 음식도 제대로 먹지 못하고 극심한 피로감에 지쳐 있었다. 그런데 그날 밤 말을 타는 꿈을 꾼 것이다. 실제 상황이라면 도저히 있을 수 없는 일이다. 가랑이를 벌려서 말 안장에 앉는 것은 그 종기를 심하게 자극하는 것이 되기 때문이다. 그럼

이 꿈이 의미하는 것은 무엇일까? 꿈에서 말을 타는 것은 현실적인 신체적 고통에 대한 부정으로 볼 수 있다. 왜냐하면 회음부 근처에 전혀 종기가 나지 않은 것처럼 말을 타고 있기 때문이다. 이런 자기 꿈에 대한 해석에서 프로이트는 두 가지의 의미를 찾아냈다. 하나는 소원성취의 의미이다. 회음부에 난 종기는 극심한 고통을 유발했는데, 그때 프로이트의 소원은 그 고통에서 벗어나는 것이었다. 꿈에서 말을 타고 있는 것은 그 소원이 성취된 것이라 할 수 있다. 다른 하나는 수면의 보호와 유지라는 의미이다. 프로이트는 회음부에 생긴 종기로 고통을 느끼고 있었지만 말을 타는 꿈을 꾸면서 수면을 유지할 수 있었다. 그때 꿈은 프로이트에게 이렇게 말하는 것과 같은 의미가 있었다. "그대로 잠을 계속 자세요. 깨어날 필요가 없습니다. 당신은 부스럼 종기가 나지 않았습니다. 그래서 말을 타고 있는 것입니다."(Freud, 1900) 물론 이 꿈에는 그 이상의 의미가 있지만 여기에서는 신체감각 자극이 꿈의 출처가 된다는 한 사례로서 제시한다.

둘째, 꿈의 출처와 재료는 낮의 잔재와 최근의 경험이다. 프로이트에 따르면, 꿈은 꿈을 꾸기 전날 또는 최근에 있었던 경험과 관계가 있다. 물론 꿈을 꾸기 바로 전날의 경험만이 아니라 수일 또는 상당히 오래전의 경험도 포함된다. 그러나 전날 또는 최근의 경험이 더 영향력이 있다. 프로이트는 이렇게 말한다. "나는 꿈꾸기 전날에 전적으로 우선권이 있다고 생각한다……. 나는 모든 꿈은 하룻밤을 채 넘기지 않은 체험으로부터 자극 인자를 갖게 된다고 생각한다."(Freud, 1900) "꿈꾸기 전날의 사건과 직접 연결되어 있다는 것을 분명하게 보여 주는 꿈도 있고, 그런 연결의 흔적을 전혀 보여 주지 않는 꿈도 있다. 그러나 분석을 하면, 모든 꿈은 예외 없이 그날의 인상과 연결되어 있다는 것이 드러난다."(Freud, 1920) 따라서 꿈의 의미를 찾기 위한 해석 과정에서 꿈을 꾸기 전날이나 최근에 무슨 일이 있었는지를 기억해 내는 것은 도움이 된다.

다음은 낮의 잔재와 최근 경험이 꿈의 출처와 재료가 된다는 것을 입증하기 위해 프로이트가 제시한 몇 편의 사례들이다.

1) 꿈꾸기 전날 저녁, 프로이트는 한 여자 친구와 대화를 나눈 적이 있었다. 그때 그녀는 무엇인가 받고 싶은 물건이 있다고 했는데, 프로이트는 그 물건을 받으려면 기다려야 한다고 말했다. 그날 밤 프로이트는 이런 꿈을 꾸었다.

꿈에서 프로이트는 어떤 집을 방문했는데, 많은 어려움을 겪은 후에 간신히 주인을 만난다. 꿈의 장면이 바뀌면서 이번에는 어떤 여인이 프로이트를 만나기 위해 찾아온다. 프로이트는 그렇게 찾아온 여인을 기다리게 한다.

2) 프로이트는 치료 중에 있는 어떤 여성 환자로부터 이런 말을 들었다. 자신의 어머니가 치료를 계속할 수 없도록 치료를 반대한다는 이야기이다. 그날 밤 프로이트는 이런 꿈을 꾸었다.

거리에서 두 여인들을 보고 있다. 어머니와 딸의 관계로 보인다. 딸은 프로이트가 치료했던 과거의 환자이다.

3) 꿈꾸기 전날 프로이트는 자기의 아내가 20굴덴의 산후 조리비를 지불하지 못했다고 말하는 것을 들었다. 그날 밤 이런 꿈을 꾸었다.

프로이트가 한 서점에 가서 정기 간행물을 구독 신청한다. 그 비용이 1년에 20굴덴이다.

이상의 꿈들은 낮의 잔재가 꿈을 만드는 꿈의 출처가 되고 있다는 것을 나타낸다. 또 한 편의 꿈을 소개한다. 프로이트에게 분석을 받고 있던 한 여인이 이런 꿈을 꾸었다.

꿈에서 남편이 그녀에게 묻는다. "피아노를 조율해야 하지 않을까요?" 그녀는 "그럴 필요 없어요. 어쨌든 가죽을 새로 씌워야 해요."라고 말한다.

이 꿈을 꾸기 전날 여인에게는 어떤 일이 있었을까? 두 가지의 경험이 있었다. 하나는 실제로 남편이 피아노를 조율하자고 말하는 것을 들은 것이다. 그 피아노는 남편이 결혼 전부터 가지고 있던 물건이다. 또 하나는 꿈꾸기 전날 그녀가 친구의 집을 방문했을 때의 경험이다. 그때 친구는 그녀에게 외투를 벗으라고 말했는데, 그녀는 고맙지만 곧 가야 하니까 그럴 필요가 없다고 말했다. 그런데 이 꿈에는 꿈의 출처와 재료를 밝히기 위한 사례 그 이상의 의미가 있다. 그것은 자유연상에 의해 알게 된 것이다. 그녀는 하루 전 프로이트에게 분석을 받는 동안에 있었던 자기 경험을 떠올렸다. 그때 그녀는 단추 하나가 풀려 있는 자기의 외투를 움켜쥐었던 생각이 떠올랐다. 그것은 마치 "보지 마세요. 그럴 필요가 없어요."라고 말하는 것 같았다. 그때 자기의 신체부위가 연상되면서 피아노가 하나의 상자(Kasten)로 생각되었다. 그리고 상자에 대한 사슬연상 중에 가슴상자, 곧 흉곽(Brustkasten)이 떠올랐다. 계속되는 자유연상과 꿈해석 과정에서 여인은 자신의 신체 발육이 저조함으로써 불만스러웠던 시기가 있었다는 것을 기억했다. 그것은 자신의 유방이 작은 것에 대한 불만이었는데, 그것이 꿈에서 가슴상자와 피아노라는 이미지로 치환되어 나타난 것이다. 꿈에서 피아노에 새 가죽을 씌워야 한다고 말한 것은 자신의 유방이 작다는 수치감에 대한 상징일 수 있다.

꿈은 꿈꾸기 전날, 또는 최근의 경험을 그 재료로 선택한다. 그러나 오래전의 경험이 꿈의 재료가 되지 않는 것은 아니다. 전날의 경험과 오래전의 경험이 어떤 심리적인 유사성에 의해 연결이 되면 삶의 모든 경험이 꿈의 재료가 될 수 있다. 프로이트는 이렇게 기록했다. "꿈사고의 흐름이 꿈꾸기 전날의 체험과 인상에서 지난 과거의 사건에 이르기만 하면 인생의 어떤 시기의 체험이든 상관없이 꿈의 재료로 선택될 수 있다."(Freud, 1900) 낮의 잔재가 꿈의 출처가 되는 경우, 그 인상이 별로 강렬하지 않고 사소한 경험이 꿈의 재료로 선택되는 경우가 많다. 그러나 분석해 보면 그 의미는 결코 사소한 것이 아니다. 만약 꿈의 외현적인 내용에만 주목한다면 낮의 인상에 주의를 기울이게 됨으로써 그 의미가 사소해 보일 수 있다. 그러나 외관상 단순해 보이는 꿈(외현몽)도 해석하다 보면 깊고 교묘한 의미가 있다는 것을 알게 된다. 프로이트는 말하기를, 꿈에는 제1의 출처와 제2의 출처가 있다고 했다. 제1의 출처는 꿈을 꾸기 전에 있었던 낮의 잔재로서 대개 사소한 경험들이다. 그러나 꿈의 제2의 출처는 심리적으로 높은 가치를 지니고 있는 정신적인 문제들이다. 심리적으로 가치가 높은 문제들은 꿈꾸기 오래전에 있었던 경험들을 포함한다. 그 문제들이 바로 전날의 사소한 경험에 의해 자극을 받아 꿈으로 등장하는 것이다(Freud, 1900). 그러므로 꿈의 출처는 낮의 잔재, 곧 최근에 경험한 깃과 심리적으로 중요하고 가치 있는 것이라는 두 가지 요소를 포함한다고 할 수 있다.

프로이트는 자신의 꿈 한 편을 소개한다. 프로이트는 이 꿈을 낮의 잔재가 꿈의 출처가 된다는 사례로 제시했다. 그는 이런 꿈을 꾸었다.

> 나는 어떤 식물에 대한 연구논문을 작성했다. 그 논문이 내 앞에 놓여 있다. 장면이 바뀌면서 나는 원색으로 되어 있는 삽화를 뒤적인다. 식물 표본 집에서 볼 수 있는 것처럼 그렇게 말린 식물 표본이 그림마다 부착되어 있다.

이 꿈을 꾸기 전날에 프로이트는 다음과 같은 몇 가지의 경험을 했다. ① 그날 오전에 그는 한 서점에 갔었는데 그 서점의 진열장에서 '시클라멘 속'이라는 제목이 쓰여 있는 신간 서적을 보았다. 그것은 그 식물에 관한 연구논문 같았다. ② 꿈을 꾸기 전날 프로이트는 친구로부터 편지를 받았는데, 그 내용이 자신이 쓴 책에 대한 칭찬이었다. 편지에는 "나는 지금 자네가 기록한 꿈 서적에 푹 빠져 있네."라고 쓰여 있었다. ③ 그날 저녁 프로이트는 안과의사인 친구 쾨니히슈타인 박사를 그의 집까지 바래다주었는데, 그때 그 친구와 한 시간가량 진지하게 이야기를 나누었다.

물론 이 꿈에는 심리학적으로 중요하고 가치 있는 의미들도 담겨 있다. 예를 들면, 프로이트는 코카나무에 관한 연구논문과 같은 글을 쓴 적이 있는데, 그런 자신의 글을 배경으로 카를 콜러라는 학자가 코카인 물질에 마취 성분이 있다는 것을 알아냈다. 즉, 이 꿈에는 프로이트가 코카인의 마취 성분을 찾아내는 데 기여했다는 것을 인정받고 싶은 소원이 나타나 있는 것이다. 그 외에도 어린 시절과 젊은 날 김나지움 시절의 경험들이 담겨 있다.

언급한 것처럼, 낮의 잔재, 곧 최근에 경험한 것이 꿈이 되기 위해서는 그것이 심리적으로 중요하고 가치 있는 것이어야 한다. 프로이트는 낮의 잔재로서의 최근 경험이 꿈을 만드는 꿈의 출처가 되는 경우를 이렇게 정리해 놓았다. 비록 낮의 사건이 사소한 경험일지라도 그것이 심리적으로 중요하고 가치 있는 내면의 문제들을 자극할 수 있는 최근의 경험, 낮의 경험 자체가 심리적으로 중요하고 가치 있는 경험, 그리고 내용상 하나의 꿈으로 통합될 수 있는 여러 가지의 최근 경험 등이다.

셋째, 꿈의 출처와 재료는 아동기와 과거의 경험이다. 아동기의 경험은 사라지지 않고 무의식 속에 저장되어 있다가 종종 꿈에 등장한다. 아동기에 내면화된 인상과 경험은 꿈을 만드는 꿈의 재료가 된다. 다음은 아동기의 경험이 꿈을 만든다는 것을 설명하기 위해 프로이트가 제시한 사례들이다(Freud, 1900).

1) 어느 날 한 남자가 20년 만에 고향에 가려고 생각을 하는 중에 이런 꿈을 꾸었다.

　꿈에서 그는 생소한 마을의 한 거리에 있었는데, 거기서 낯선 남자를 만나 이야기를 하고 있다.

그런데 얼마 후 그가 실제로 고향 마을에 갔을 때 다음과 같은 사실을 알게 되었다. 꿈에 보았던 그 생소한 거리가 실제로 고향 마을 근처에 존재한다는 사실과 꿈에 본 그 낯선 남자는 오래전 세상을 떠난 아버지의 친구로서 아직 그곳에 살고 있다는 것이다. 즉, 그의 꿈은 그가 어린 시절에 그 마을에 살았으며 낯선 남자를 만나 본 경험에서 비롯된 것임을 알 수 있다.

2) 30대의 한 의사는 어린 시절부터 반복적으로 꾸는 꿈이 있었다. 그것은 누르스름한 색깔의 사자 꿈이다. 그런데 어느 날 그 꿈의 출처를 알게 되었다. 우연히 오래된 장난감을 발견했는데, 그것은 사기로 만든 장난감 사자였다. 그때 그의 어머니가 말해 주었다. 그 장난감 사자는 그가 어렸을 때 가장 좋아했던 장난감이었다는 것이다. 그러나 그에게는 기억나지 않는 이야기였다.

3) 꾸는 꿈마다 모두 쫓기는 꿈을 꾸는 어인이 있었다. 그녀는 어떤 모임에 늦지 않기 위해 시간에 쫓기는 꿈을 꾸기도 했고, 기차를 놓치지 않기 위해 급히 서두르는 꿈을 꾸기도 했다. 한번은 꿈에서 친구를 만나러 가는데, 막 뛰어가다가 넘어지는 꿈을 꾸기도 했다. 꿈을 분석하는 과정에서 어린 시절의 경험이 그런 꿈의 출처와 재료가 되고 있다는 것이 밝혀졌다. 그녀는 어린 시절에 무엇인가를 빠르게 재촉하는 놀이를 많이 하였다. 예를 들면, 긴 문장을 한 단어인 것처럼 빠르게 밀하는 장난이있다. 어린 시절에 재촉하는 놀이의 경험이 그녀의 꿈을 형성하는 출처가 된 것이다.

다음은 프로이트 자신의 꿈이다. 프로이트는 로마에 가는 꿈을 여러 번 꾸었다. 기차를 타고 로마를 여행하면서 창밖으로 내다보는 꿈을 꾸기도 했고, 누군가가 자기를 언덕 위로 데리고 가서 안개로 반쯤 덮여 있는 로마 시내를 보여 주는 꿈을 꾸기도 했다. 프로이트가 이런 꿈을 꾸게 된 것은 어린 시절에 받은 인상과 경험 때문이다(Freud, 1900). 소년 시절에 프로이트는 카르타고의 한니발 장군을 영웅으로 숭상했다. 한니발 장군은 제2차 포에니 전쟁에서 적은 군대로 알프스를 넘어 로마로 진격하는 용맹을 보여 주었다. 한니발의 소원은 로마의 도시로 진입하는 것이었다. 그러나 로마의 막강한 군사력에 부딪혀 패배하고 말았다. 당시 반유대 운동이 확산되고 있는 중에 프로이트는 가톨릭의 교권에 대한 유대인의 저항을 옛 로마제국에 대항한 한니발에 비교하였다. 그런 이유로 프로이트는 로마에 가기를 원했다. 즉, 프로이트가 경험하고 싶었던 것은 한니발이 로마에 입성하기를 원했던 것처럼 반유대주의에 대한 승리의 느낌을 갖는 것이었다. 로마 입성과 연상되는 또 하나의 기억이 있었다. 열한 두 살 때 아버지한테 들은 이야기이다. 그때 아버지는 어느 기독교인으로부터 치욕적인 행동을 당했는데, 그는 아버지의 모자를 벗겨서 진흙탕에 내던지며 "이 유대인아, 여기 사람 다니는 인도에서 내려가!"라고 말했다. 그래서 어떻게 했느냐고 묻자 아버지는 차도로 내려가서 모자를 주워 들었다고 태연하게 대답했다. 그런 아버지의 말과 행동이 프로이트에게는 용맹스러워 보이지 않았다. 그런 일이 있게 된 이후로 프로이트는 그가 평소에 좋아했던 한니발 장군을 환상적인 인물로 더욱 숭상하게 되었다. 이런 어린 시절의 경험들이 프로이트가 로마로 가는 꿈을 여러 번 꾸게 되는 꿈의 출처가 된 것이다.

또 하나의 꿈 사례이다. 프로이트의 꿈인데 그의 긴 꿈 중에서 마지막 부분을 소개한다. 이 꿈 역시 그 출처와 재료는 어린 시절의 경험에 있다(Freud, 1900). 프로이트의 꿈 기록이다.

다시 나는 역 앞에 서 있다. 이번에는 어떤 중년의 신사와 함께 서 있다. 나는 뭔가 발각되지 않도록 계획을 세운다. 그런데 계획하고 있는 것이 벌써 실행에 옮겨졌다. 마치 생각하는 것과 경험하는 것이 하나인 것 같다. 그 중년의 신사는 자기 눈이 안 보이는 척한다. 적어도 한쪽 눈은 보이지 않는 것 같다. 나는 남성용 소변 통을 그에게 내민다. 그 통은 돈을 주고 산 것이다. 나는 간병인이 되어서 그렇게 앞을 보지 못하는 맹인에게 소변 통을 건네준다. 만약 역무원이 그렇게 하고 있는 우리를 본다면 의심 없이 그냥 지나칠 것이다. 맹인 신사가 소변을 보고 있는 그의 성기가 선명하게 보인다.

이 꿈의 장면은 프로이트가 어린 시절에 경험한 두 가지의 사건을 배경으로 하고 있다. 하나는 기억하지는 못하지만 들은 이야기이다. 프로이트가 두 살 때 종종 침대에 오줌을 쌌던 일로 꾸지람을 들었는데, 그때 누군가가 붉은색의 새 침대를 사 주겠다는 말로 아버지를 위로했다는 것이다. 꿈에서 돈을 주고 소변 통을 샀다는 것은 그런 배경에서 비롯된 것이다.

다른 하나는 프로이트가 일곱 또는 여덟 살 무렵에 있었던 일이다. 그때 금기 사항 같은 것이 하나 있었는데, 그것은 부모가 집에 있을 때 부모의 침실에서 용변을 보아서는 안 된다는 것이었다. 그런데 프로이트가 그 금기 사항을 위반했다. 아버지는 심하게 꾸중을 하면서 그런 녀석은 장차 아무 인물도 되지 못할 것이라고 말했다. 당시 아버지의 말은 프로이트의 공명심에 대한 심각한 모욕이었다. 그 경험이 두고두고 꿈에서 반복되었다. 프로이트는 아버지의 꾸중과 모욕에 대한 보복으로서 "자, 보세요. 나도 이만하면 성공했잖아요."라고 말하고 싶었다. 그런데 꿈에서 반전이 일어난다. 아버지와 역할이 뒤바뀐 것이다. 꿈에 나오는 한쪽 눈을 실명한 중년의 남자는 아버지가 분명하다. 아버지는 실제로 녹내장에 걸려서 한쪽 눈의 시력을 잃었기 때문이다. 프로이트가 어렸을 때에는 자기가 아버지 앞에서 소변을 보았는데, 꿈에서는 아버지가 프로이트 앞에서 소변을 보고 있다. 프로이드는 아버지를 편잔하기라도 하는 것처럼 아버지에게 소변 통을 받쳐 준다. 아버지의 성기가 보이는 것은 어린 시절 자신에게 수치감을 느끼게 했던 아버지에 대한 복수이다.

아동기의 경험이 꿈을 만드는 꿈의 출처가 된다고 할 때 그 경험은 대개 인상에 남을 만큼 자극적이거나 심리학적으로 중요한 경험들이다. 공포와 불안, 분노와 슬픔 또는 수치감 등의 감정을 유발한 사건들이 많다. 또한 현실적으로 충족될 수 없어서 억압된 욕구와 충동들 그리고 트라우마와 같이 아직도 미해결된 충격적인 사건들에 대한 기억이 꿈을 형성한다. 찰스 브레너는 어린 시절에 억압된 원본능의 욕구와 충동이 꿈을 만든다고 말했다(Brenner, 1973). 왜 어린 시절에 원본능의 충동이 억압되는 것일까? 왜냐하면 자아의 초기 방어가 오이디푸스 시기에 집중되기 때문이다. 이때 아동에게는 양쪽 부모에 대한 원본능적인 충동, 즉 성적 욕동과 공격욕동이 발생하는데, 자아는 이 충동을 적절하게 방어함으로써 오이디푸스 콤플렉스를 극복하게 된다. 따라서 아동기의 경험이 꿈의 출처가 된다고 할 때 그것은 주로 억압된 원본능을 의미한다고 할 수 있다.

꿈의 출처와 재료에 대한 논의를 마무리하면서 강조해야 할 중요한 사항이 있다. 언급한 것처럼, 신체 자극의 경험, 낮의 잔재와 최근 경험, 아동기와 과거의 경험 등은 꿈을 만드는 꿈의 재료이다. 그러나 그 경험 자체만으로는 꿈이 형성되지 않는다. 왜냐하면 꿈을 형성하기 위해서는 경험 이상의 에너지가 필요하기 때문이다. 언급한 것처럼, 그 에너지는 무의식 속에 있는 원본능으로부터 나온다. 프로이트는 심리학적으로 꿈을 만드는 핵심적인 요소는 억압되어 있는 원본능의 에너지라고 말했다(Freud, 1920). 그러므로 원본능의 개입이 없이는 꿈이 꾸어지지 않는다. 신체적인 자극과 낮에 잔재가 우리의 관심을 끌 만큼 아무리 크고 강한 것이라 할지라도 그것이 꿈으로 나타나기 위해서는 원본능에서 비롯되는 소망적인 욕동(에너지)의 지원을 받아야 한다.

─────── 정리와 평가

프로이트는 꿈을 학문적으로 연구했다. 이전에도 꿈을 연구한 사람들은 많았지만 프로이트처럼 체계적이며 학문적으로 깊이 연구한 사람은 없었다. 프로이트는 꿈에 대한 자신의 연구를 『꿈의 해석』이라는 책으로 집대성했는데, 이 책은 꿈에 관한 고전적인 명저이다. 이 책에서 프로이트는 꿈을 해석하는 것이 무의식에 이르는 지름길이며, 꿈을 해석할 수 있는 심리학적인 방법이 있다는 것을 입증해 보이고자 했다.

프로이트는 꿈의 근원적인 출처가 억압된 원본능에 있다고 하였다. 모든 꿈은 원본능의 욕동과 혼란에서 비롯된다는 것이다. 그러나 이런 프로이트의 이론은 강한 저항에 부딪쳤다. 저항의 원인 중 하나는 꿈의 동기가 억압된 원본능에 있는 것이 아니라 낮시간에 발생한 사건과 경험에 대한 정신적인 반응의 연장이라는 생각 때문이었다. 물론 프로이트도 낮시간의 경험이 꿈에 영향을 준다는 것을 알고 있었지만 그것이 꿈 형성의 근본적인 동기가 될 수는 없다고 생각했다. 왜냐하면 전의식 속에 남아 있는 낮시간의 경험은 무의식 속에 있는 원본능의 지원을 받지 못하면 꿈으로 전환될 수 없다고 보았기 때문이다. 한편, 프로이트의 꿈이해와 꿈해석은 지나칠 만큼 성욕동과 섹스에 초점을 맞추고 있다는 지적을 받았다. 프로이트는 성인 꿈의 과반수는 성적인 내용을 다루거나 성적인 욕망을 나타내는 꿈이라고 말했으며, 꿈의 해석에서 성적 콤플렉스의 중요성을 망각하면 절대로 안 된다고 말했다. 그러나 그렇다고 해서 꿈을 해석할 때 전적으로 성적 콤플렉스만을 고집하는 것은 과장된 태도라고 말하기도 했다(Freud, 1920). 프로이트가 제시한 꿈해석을 위한 자유연상의 방법에도 문제가 제기되었는데, 왜냐하면 그것은 모든 꿈의 동기와 근원을 성욕동 아니면 공격욕동으로 귀결시킨다고 생각되었기 때문이다.

자신의 이론이 저항에 부딪히자 프로이트는 꿈을 두 종류로 구분함으로써 자신의 꿈 이론을 일부 수정하였다. 두 종류의 꿈이란 '밑으로부터의 꿈'과 '위로부터의 꿈'이다. 밑으로부터의 꿈은 프로이트가 주장해 온 기존의 꿈 이론에 따른 것으로서 이것은 무의식으로부터 생겨나며 원본능처럼 무의식 안에 억압되어 있던 것이 꿈을 통해 의식세계로 드러나는 것을 의미한다. 반면에 위로부터의 꿈은 낮시간의 사건과 경험에서 비롯된 꿈으로서 이것은 자아에게 환영받지 못해서 의식되지 못한 것이 꿈으로 표현된 것이다(Fontana, 1994).

프로이트가 꿈에 대한 자신의 이론을 일부 수정했지만 심리학의 발전과 꿈이해에 남긴 그의 공헌과 업적은 매우 크다. 프로이트는 꿈을 단순히 하나의 이해할 수 없는 이미지로 생각하지 않았다. 꿈은 세 가지의 구성 요소, 즉 잠재몽과 외현몽과 꿈작업으로 구성되어 있다는 것을 알아냈다. 꿈을 이해할 수 없는 이상한 형태라고 생각한 것은 이런 구분을 하지 못했기 때문이다. 프로이트는 잠재몽을 외현몽으로 바꾸는 꿈작업 과정에서 시각적 형상화와 응축과 치환이라는 정신기제가 작동한다는 것을 알아냈다. 이런 이해에 따르면, 꿈의 의미를 발견하기 위한 꿈해석은 꿈작업(꿈꾸기) 과정과 정반대의 방향을 취하는 것으로서 잠재몽 속에 있는 꿈사고를 알아내는 것이 된다. 프로이트가 꿈해석의 방법으로 사용한 자유연상은 꿈의 속성인 위장(드러난 내용)을 벗겨서 본래의 의미(숨겨진 내용)를 찾아내는 데 도움이 된다. 연상은 무의식의 활동을 최대한 자극함으로써 의식으로부터 숨겨진 내용을 전진적으로 알게 되는 효과적인 방법이다. 한편, 프로이트가 성욕동과 공격욕동을 강조한 것은 비록 논란의 대상이 되었지만 그것은 역설적으로 인간의 가장 근원적인 문제를 명료하게 돌출시켰다는 점에서 의미가 있다. 왜냐하면 그것은 인간이 가장 원하는 것이지만 동시에 가장 두려워하고 금기시하는 문제를 직면하도록 했기 때문이다.

프로이트는 꿈의 기능이 '억압된 소원의 성취'에 있다고 했는데, 이것은 꿈을 이해하고 그 의미를 찾는 데 핵심이 되는 이론이다. 앙드레 트리동(André Tridon)에 따르면, 꿈이 억압된 소원을 성취하는 정신과정이라는 프로이트의 꿈 이론이 없었다면 칼 융(Carl G. Jung)의 정신 에너지에 관한 이론과 알프레드 아들러(Alfred Adler)의 '열등과 보상' 이론 등은 빛을 보지 못했을 것이라고 말했다(Freud, 1920).

제6장

칼 융의 심리학과 꿈이해

심리학적 전제

스위스 바젤에서 태어난 칼 융(Carl G. Jung)은 정신의학자로서 프로이트의 뒤를 이어 무의식과 꿈 연구에 있어서 새로운 지평을 열어 준 대학자이다. 융은 프로이트의 제자이면서 동료였으나 시간이 지나면서 프로이트의 가르침과 이론에 동의할 수 없었다. 결국 융은 자신의 독자적인 심리학을 구축하기 위하여 프로이트와 결별을 하게 된다. 융은 자신의 심리학을 '분석심리학(analytical psychology)'이라고 명명했는데, 그것은 프로이트의 '정신분석학(psychoanalysis)'과 구별하기 위함이었다. 그러나 융은 꿈에 대한 이해에서 프로이트와 공통된 견해를 가지고 있었는데, 꿈은 무의식이 의식으로 보내는 메시지이며 또한 꿈작업은 무의식을 알 수 있는 가장 좋은 방법이라는 것이었나.

융의 분석심리학을 이해하기 위한 몇 가지의 전제가 있다. 첫째, 융의 심리학은 개인적인 상황과 체험에서 비롯된 경험적이고 현상학적인 심리학이다. 둘째, 융의 심리학은 인간의 정신현상과 무의식을 강조한 영혼의 심리학이다. 셋째, 융의 심리학은 의식과 무의식을 포함한 인간의 모든 인격을 종합하는 통합적인 심리학이다.

경험적이고 현상학적인 심리학이란 무엇을 말하는 것일까? 융은 자기 자신을 비롯해서 많은 사람이 경험하고 있는 마음의 움직임과 정신현상을 근거로 자신의 이론을 정립했다. 융의 심리학은 사고와 논리의 창조물이 아니며, 양적 조사에 의한 통계의 결과물도 아니다. 물론 종교의 신앙고백적인 교리도 아니다. 그런 의미에서 융은 경험론자이며 현상학적인 심리학자라 할 수 있다(이부영, 1998). 현상학의 특징은 어떤 현상이 사실인지 아닌지 그 여부를 따지는 데 있지 않다. 그 원인과 결과를 밝히는 데 있는 것도 아니다. 그것은 그냥 거기에 있으며 거기에서 일어난 일이기 때문에 중요한 것이다. 융은 이런 말을 남겼다. "코끼리는 거기 존재하기 때문에 진실인 것이다. 코끼리는 논리적인 추리의 결과도 아니고, 하나의 주장도 아니며, 창조적이고 주관적인 판단의 결과도 아니다. 그것은 다만 하나의 현상이다."(Jung, 이부영, 1998, 재인용) 융은 인간의 정신현상을 그렇게 이해했다.

융은 다양한 내용으로 방대한 분량의 책을 저술했다. 융의 저술에는 이성적이고 합리적인 사고만으로는 이해할 수 없는 무의식적이고, 종교적이며, 신비하고 난해한 내용들이 많다. 그가 관심을 기울인 집단무의식의 영역, 특히 원형과 신화에 대한 이야기는 과학적인 사고와 대치된다. 융이 주목한 것은 어떤 이야기나 내용이 얼마나 합리적이고 과학적인가에 있지 않았다. 그것이 개인에게 심리적으로 어떤 의미가 있으며 또한 어떻게 영향을 주고 있는가 하는 경험과 효과에 있었다. 신화나 민담 속에 나오는 이야기들은 비과학적인 것들이 대부분이다. 그런데 사람들은 그렇게 비과학적인 이야기들을 마음속에 가지고 살고 있으며, 그 이야기들의 영향을 받고 있다. 융의 관심은 어떤 현상이 사실인가 아닌가에 있지 않았을 뿐만 아니라 또한 그것이 윤리적으로 옳고 그른가에 있지도 않았다. 왜냐하면 그런 것은 현상학적인 태도가 아니기 때문이다. 융의 관심은 선과 악을 구분하는 데 있지 않았으며, 그런 선과 악이 인간의 마음속에서 어떻게 작동되고 충돌하며, 그 결과 인간은 어떤 감정과 욕구를 느끼고 행동하게 되는가에 있었다. 그런 사고는 융이 경험론적이며 현상학적인 심리학을 이루는 배경이 되었다. 이런 관점에서 융은 프로이트가 환상과 실제 사이를 너무 엄격하게 구분했다고 비평했다(Samuels et al., 1993).

융 심리학의 또 하나의 전제는 인간의 심리현상을 심리 자체의 현상으로 보아야 하며 다른 관점에서 해석하지 않아야 한다는 데 있다. 즉, 심리현상은 심리적 관점에서 해석해야 한다는 것이다. 이것은 당연한 말처럼 들리지만, 당시의 상황에서 본다면 매우 의미 있는 말이었다. 왜냐하면 그때 심리학계를 주도했던 것은 프로이트의 정신분석으로서 그것은 인간의 정신보다 본능과 육체성을 강조하는 경향이 있었기 때문이다. 융은 인간의 정신적이고 심리적인 현상을 생물학적이고 본능적인 관점에서 이해하려는 접근방식을 따르고 싶지 않았던 것이다.

융은 자신의 심리학을 '영혼의 심리학(psychology of soul)'이라고 부르기도 했는데, 이것은 두 가지의 의미가 있는 말이다. 첫째, 영혼의 심리학은 영혼과 정신의 중요성, 곧 그 독자성과 객체성을 강조한 것으로서 인간의 심리현상을 뇌 기능과 신체활동 그리고 본능의 결과만으로 생각하는 심리학적인 입장을 경계하고 있다는 것을 의미한다(Jung, 이부영, 1998, 재인용). 융은 마음에서 발생되는 심리현상을 바르게 파악하려면 그 기원과 과정과 결과를 모두 심리적인 관점에서 바라보아야 한다고 생각했다. 둘째, 영혼의 심리학이라는 말은 종교와 신화와 꿈과 환상 등 인간의 무의식적인 정신활동을 강조한 말이다. 융은 종교와 신화가 인간의 무의식 세계에 깊이 연결되어 있으며, 종교와 신화가 인간에게 미치는 영향과 의미가 매우 크다는 것을 알고 있었다.

융은 프로이트의 무의식 이론을 더욱 확장했는데, 융이 말하는 무의식은 영혼이 머물고 활동하는 장소로 이해할 수 있다. 따라서 영혼의 심리학은 무의식의 독자성과 객체성을 강조하는 의미가 있는 말이다. 무의식의 독자성과 객체성이란 무엇을 의미하는 것일까? 융에 따르면, 무의식에서 출현하는 내용물들, 곧 꿈이나 환상 등은 우리의 의식적인 노력으로 만들어 낼 수 있는 것이 아니다. 또한 그것들은 의지적으로 변경하거나 차단할 수도 없다. 융은 이렇게 말했다. "우리는 꿈을 창조하지 못한다. 어떤 대상을 생각하며 그 대상에 대해 꿈을 꾸려고 노력해 보라. 꿈을 창조하는 일은 불가능하다는 사실이 확인될 것이다."(Jung, cited in Jacobi, 1973) 융 심리학자인 욜란드 야코비(Jolande Jacobi)는 융의 말을 이렇게 옮겨 놓았다. "사람이 꿈을 꾸는 것이 아니다. 꿈은 오직 꾸어지는 것이다."(Jung, cited in Jacobi, 1973) 우리는 유쾌한 심성이나 불쾌한 감정을 지닌 생각이나 환상이 우리의 의식 안으로 뚫고 들어오는 경험을 한다. 그것은 우리의 의식으로 통제기 되지 않는다. 왜냐하면 무의식 곧 영혼의 독자성 때문이다. 융은 이런 정신적인 상태를 영혼의 '객체정신(objective psyche)'이라고 말했다.

융은 많은 현대인이 무의식으로부터 단절되어 있으며, 그 결과 의미의 상실과 공허감 그리고 자기가 파편화된 느낌과 신경증으로 고통을 받고 있다고 생각했다. 무의식과 단절되었다는 것은 영적인 세계와 차단이 되었다는 것을 의미한다. 왜냐하면 무의식은 신적인 존재를 만나고 영적인 체험을 할 수 있는 마음의 장소이기 때문이다. 따라서 무의식과의 단절은 자기 영혼으로부터 고립되어 영혼을 잃어버린 상태가 되었다는 것을 뜻한다

(Johnson, 1986). 한마디로 현대인은 종교성을 잃어버렸다는 것이다. 융은 잃어버린 종교성을 다시 찾아야 한다는 생각을 가지고 있었다. 왜냐하면 종교성은 인간의 정신건강과 성장에 많은 도움이 되기 때문이다. 이런 융의 생각은 당시 프로이트의 생각과 달랐다. 프로이트는 인간의 종교성을 심리적인 불안과 공포로부터 회피하기 위해 인간이 만들어 낸 신경증적인 현상으로 보았기 때문이다. 그러나 융은 프로이트와 달리 종교에는 영적이며 긍정적인 기능이 있다고 생각했다.

융 심리학에는 또 하나의 전제가 있다. 인간의 모든 정신활동을 통합적인 관점에서 바라보는 것이다. 통합(integration)은 정신건강의 지표가 된다. 융의 심리학을 분석심리학이라고 하는데, 그 용어 속에는 인간의 심리를 잘게 쪼개고 세분화시킨다는 의미가 담겨 있는 것으로 보인다. 그러나 융이 의도한 분석의 의미는 그렇게 인간정신을 쪼개고 나누는 데 있지 않았다. 오히려 통합하는 데 있었다. 즉, 분석의 최종 목적은 분석에 있는 것이 아니라 통합에 있는 것이다. 분석은 더 건강하고 온전한 통합을 이루기 위한 과정이 되는 셈이다. 통합은 현대의 거의 모든 심리학에서 사용하고 있는 말로서 치유와 건강의 지표를 나타내는 개념이다. 프로이트의 정신분석에도 통합의 개념이 담겨 있다. 그러나 통합의 개념을 가장 깊고 의미 있고 폭넓게 설명한 사람은 융이라고 할 수 있다.

융에게 있어서 통합의 개념은 그 폭이 넓고 다양하다. 그것은 정신과 신체적 본능 사이의 통합, 이성적인 사고와 종교적이고 신비적인 경험 사이의 통합, 의식과 무의식의 통합 그리고 수많은 콤플렉스와 원형을 만나고 수용하는 치유와 성장과 자기실현으로서의 통합까지 확장된다. 융은 치유와 성장의 최종적인 목적이 자기실현(self-realization), 곧 개성화(individuation)를 이루는 데 있다고 했는데, 개성화는 진정한 자기로서 본래의 온전한 인간이 되어 가는 일생 동안의 과정을 말한다. 개성화는 개인의 전 인격이 깨어나는 것으로서 개인무의식과 집단무의식 속에 있는 모든 내용물을 만나고 의식으로 받아들이는 통합의 과정을 통해서 성취된다(Johnson, 1986). 개성화 과정에서 중요한 작업은 긍정적인 것이든 부정적인 것이든 자기의 전 인격을 통합하는 것이다.

융의 대표적인 저술로는 다음과 같은 책들이 있다. 자신의 심리학적인 전제와 입장이 프로이트와 다르다는 것을 선언한 『무의식의 심리학(The Psychology of the Unconscious)』, 내면의 무의식적이고 신비한 경험을 그림과 함께 기록한 『레드북(Red Book)』, 그가 꿈분석 세

미나에서 여러 차례 발표한 내용을 정리한『꿈분석(Dream Analysis)』, 그의 동료들과 함께 집필한『인간과 무의식의 상징(Men and His Symbols)』그리고『융의 저작집(Collected Works)』(영문판, 전 20권)과 한국어 번역인『융 기본 저작집』(한글판 전 9권) 등이 있다. 한편, 아니엘라 야훼(Aniella Jaffé)가 대담을 통해 융의 진술을 그대로 옮겨서 기록한 융의 자서전적 저서인 『칼 융의 회상, 꿈 그리고 사상(Memories, Dreams, Reflections)』이 있으며, 그 외에 융학파의 심리학자들이 융 심리학에 대해서 저술한 다양한 책과 논문들이 있다.

프로이트 심리학과 융 심리학의 차이

융은 프로이트 못지않게 꿈에 관심을 기울이고 꿈을 중요하게 생각했다. 꿈은 무의식으로 통하는 길이라고 말했으며, 꿈에는 정신의 불균형 상태를 안정적으로 통합하는 조정기능이 있다고 보았다(Jacobi, 1973). 그러나 융의 분석심리학은 프로이트의 정신분석학과 비교할 때, 접근방법과 내용에 있어서 근본적인 차이가 있다. 융은 프로이트의 몇 가지 이론에 반대함으로써 자신의 이론을 확립하였다.

융은 프로이트가 인간 행동의 동기를 오직 성적인 요인으로 해석하는 것에 동의할 수 없었다. 특히 신경증과 정신장애의 원인은 원본능(id)의 욕구와 충동, 즉 성욕와 공격욕을 억압하는 데 있으며, 꿈의 모든 상징심상(드러난 내용)은 억압된 원본능의 욕구를 나타낸다는 것에 반대하였다. 즉, 성욕과 공격욕이 꿈의 의미를 발견하는 유일한 열쇠가 된다고 생각하는 프로이트의 이론에 동의할 수 없었다. 융의 건해에 따르면, 성욕이니 공격욕은 꿈을 만드는 여러 가지 동기와 원인 중의 하나에 불과하다. 프로이트의 전기 작가인 어네스트 존스(Ernest Johns)에 따르면, 융이 프로이트와 결별한 근본 이유는 삶의 기본적인 에너지가 성(sex)으로부터 나온다는 프로이트의 주장에 동의할 수 없었기 때문이라고 했다 (Fontana, 1994). 이런 견해상의 불일치는 꿈해석에 있어서 극명한 차이를 나타낸다. 꿈에 등장하는 성적인 상징심상에 대한 해석에서 프로이트는 성적으로 억압된 욕구가 그대로 드러나는 전형적인 꿈으로 보았지만, 융은 그것을 성적 욕구와 무관하게 한층 더 심오한 의미, 곧 영적인 친밀감 등을 나타내는 상징으로 해석할 수 있다고 생각했다.

융은 꿈의 출처가 무의식이라는 점에 있어서 프로이트의 생각과 일치한다. 그러나 무의식에 대한 이해에는 차이가 있다. 융은 프로이트와 달리 무의식을 개인무의식과 집단무의식으로 구분했으며, 무의식 속에 들어 있는 내용물들에 대한 이해도 프로이트의 생각과 달랐다. 융은 '웅대한 꿈(magnificent dream)'이라는 용어를 사용하기도 했는데, 이것은 집단무의식에서 비롯된 것으로서 성적 욕동과 관계가 없는 것이라고 말했다.

프로이트는 인간의 무의식을 의식으로부터 버려지고 억압된 본능과 욕구와 기억과 감정들의 저장창고와 같은 것이라고 생각했다. 무의식의 내용물들이 의식에서 버려진 부정적인 것들의 집합이라고 보았으며, 그것은 모든 신경증과 정신병리의 원인이 된다고 생각했다. 이런 프로이트의 이해는 오늘날까지도 상당히 인정되고 있다. 심리치료사들은 정신장애를 치유하는 과정에서 억압된 욕구와 감정 그리고 외상 등에 대한 기억을 다루게 되는데, 그 과정은 무의식 속에 있는 부정적인 내용물들과의 접촉과 그 내용물들을 의식화하는 자기통찰의 경험으로 이어진다. 그러나 융의 생각은 달랐다. 융은 프로이트처럼 무의식의 내용물들을 부정적인 것으로만 생각하지 않았다. 무의식 속에는 부정적인 요소들도 있지만 또한 인격의 성장과 자기실현에 도움이 되는 긍정적이며 창조적인 에너지가 들어 있다고 보았다. 융에 따르면, 무의식은 개인이 온전한 인격으로 진화하고 성장해 가는 데 필요한 창의적인 원천이 되며, 또한 그런 무의식으로부터 의식이 발달했다고 생각했다(Johnson, 1986). 이런 융의 생각은 무의식이 의식으로부터 버려지고 억압된 것들이 쌓여 있는 장소라는 프로이트의 생각과 대치된다.

융은 프로이트가 꿈을 무의식의 욕구와 충동에 대한 위장표현이라고 한 것에 반대한다. 프로이트에 따르면, 꿈의 상징심상, 곧 드러난 내용은 숨겨진 내용, 곧 성욕과 공격욕이 위장 표현된 것이라고 하였다. 그 이유는 자아와 초자아의 감시와 검열을 통과하고, 자아가 외상을 입지 않도록 하며, 꿈사람이 잠에서 깨지 않도록 수면을 보호하기 위한 조치 때문이라고 하였다. 그러나 융은 '꿈은 결코 위장표현 되지 않는다.'고 주장하였다. 꿈은 자연의 현상과 같이 위장 없이 있는 그대로 자신을 드러낸다고 생각했다. 자연 속에는 숨김이나 위장이 없는 것처럼 꿈에도 숨김이나 위장이 없다는 것이다. 달리 말하면, 꿈의 드러난 내용과 숨겨진 내용은 서로 일치한다는 것이다. 융은 그의 자서전적 저서인 『회상, 꿈 그리고 사상(Menories, Dreams, Reflections)』에서 이렇게 말했다. "나는 [꿈에 드러난 것과 숨겨진 것이 있다는 프로이트의 이론에] 동의할 수 없다……. 나에게 꿈은 자연의 일부이다. 꿈에는 속이려는 의도가 없다. 마치 식물이 최선을 다해 성장하는 것처럼 그리고 동물이 최선을 다해 먹이를 찾는 것처럼 꿈은 최선을 다해 뭔가를 표현하는 것이다. 동식물의 상태에는 우리의 눈을 속이려는 의도가 전혀 없는 것처럼 꿈은 우리를 속이지 않는다.”(Jaffé, 1973) 그러므로 융의 이론에 따르면, 꿈의 의미를 찾기 위해서 위장을 벗겨 내야 할 이유가 없다. 융은 우리가 꿈을 이해하지 못하는 것은 꿈의 위장 때문이 아니라 꿈이 사용하는 상징의 언어를 모르기 때문이라고 말했다.

융은 프로이트가 심리학적인 연구의 방법으로 오직 과학적인 인과관계의 법칙만을 강조하는 것에 동의할 수 없었다. 왜냐하면 그것은 자연과학에서 사용되는 법칙으로서 심리학과 정신분야에는 그대로 적용될 수 없다고 생각했기 때문이다. 융은 그의 책,『분석심리에 관한 논문집(Collected Papers on Analytical Psychology)』의 서문에서 다음과 같이 기록했다. “인과관계는 다만 하나의 원칙이다. 그러나 심리학은 원인과 결과를 찾는 방법만으로는 충분하게 연구될 수 없다. 왜냐하면 인간의 마음은 여러 가지의 목적에 따라 활동하는 것으로서 그것은 우리의 합리적인 의식만으로는 이해하기 어려운 무의식의 법칙에 따라 움직이며 반응하는 것이기 때문이다.”(Jung, cited in Jacobi, 1973) 융에게 꿈해석은 원인을 찾는 그 이상의 의미가 있었다. 융은 꿈을 목적론적인 관점으로 바라보았다. 우리는 무엇 때문에 꿈을 꾸는 것인가? 꿈은 무엇을 실현하려고 하는 것일까? 꿈에 대한 융의 기본적인 질문은 ‘무슨 까닭에?’가 아닌 ‘무슨 목적으로?’ 하는 데 있었다. 즉, 꿈해석에서 중요한 것은 꿈의 원인을 알아내는 것이 아니라 꿈이 꿈사람에게 무엇을 말해 주고 있는가를 발견하는 것이다(이부영, 1998; 이유경, 2008). 이런 융의 생각은 인과론적인 접근을 강조했던 프로이트의 방법론과 대조가 된다.

융은 두 사건 사이에 물리학적으로는 인과관계가 없어 보이지만 의미상으로는 관계가 있는 특별한 현상에 관심을 기울였으며, 그것을 연구해서 몇 편의 논문으로 발표했다. 그런 연구를 통해서 융은 비인과적 관계의 원리를 인과적 관계의 원칙에 대한 하나의 대안으로 제시했다. 융은 이렇게 말했다. “엄격히 말한다면, 심리학은 자연과학의 범주에 속한 것이 아니다. 비록 심리학이 관찰과 경험적인 타당성의 방법을 사용하지만 그것이 아르키메데스의 원리와 같은 과학적이고 객관적인 방법을 사용하는 것은 아니다. 인간의 마음은 그 표면적인 상태를 정확하게 측정할 수 없는 것이기 때문에 마음을 객관적으로 설명하는 것은 어려운 일이다."(Jung, cited in Jacobi, 1973)

융은 '동시성 이론(synchronicity theory)'이라는 개념을 제시했는데, 이것은 우연처럼 보이는 두 사건이 의미 있는 관계로 서로 연결되어 있는 현상을 설명하는 이론이다. 내적 또는 의미상으로 연결되어 있는 두 사건이 완전히 다른 장소에서 동시간적으로 발생하는 경우가 있다. 인간의 정신세계와 삶에는 그런 일들이 발생한다. 예를 들면, 꿈과 환상 등의 내적 사건과 현실에서 발생하는 외적 사건 사이에 의미 있는 일치 또는 상응하는 현상이 발생할 수 있다. 또는 두 사람이 같은 시간에 유사하거나 동일한 생각을 하기도 하고 유사한 꿈을 꿀 수도 있다(Jaffé, 1995). 이것은 아무런 인과관계가 없어 보이는 두 현상, 곧 내적인 주관적 심리상태와 외적인 객관적 상황 사이에 의미 있는 관계가 있다는 것을 뜻한다. 이것은 단지 우연의 일치가 아니라 동시성적인 현상이다. 미래의 사건이나 상황을 미리 알려 주는 꿈, 곧 예지몽은 동시성적 현상에 해당된다. 이런 현상은 프로이트의 인과론적 사고만으로는 설명이 되지 않는다. 인과론적 사고 이상의 다른 사고가 필요하다. 융은 동시성적 현상이 집단무의식의 표현이라고 보았다. 동시성적 현상의 근거는 무의식적인 동기화에 있으며, 그것은 집단무의식 안에 있는 원형들과의 상호작용 결과라고 보았다. 이처럼 융은 인간의 정신과 심리현상을 이해하기 위해서는 인과론적 사고를 초월하는 동시성 이론이 필요하다고 생각했다.

─────── 콤플렉스와 원형

융은 프로이트와 달리 무의식을 개인무의식(personal unconscious)과 집단무의식(collective unconscious)으로 구분했다. 집단무의식은 융이 발견한 대표적인 업적이라 할 수 있다. 개인무의식은 태어나면서부터 한 개인이 경험한 모든 경험이 축적되어 있는 공간이다. 융은 개인무의식을 이루고 있는 구조물을 콤플렉스(complex)라고 하였다. 개인무의식 속에는 수없이 많은 콤플렉스가 들어 있는데, 이런 콤플렉스들이 모여 한 개인의 독특한 성격을 만든다고 보았다. 한편, 콤플렉스는 신경증을 유발하는 주요 원인이 된다고 생각했다. 일반적으로 콤플렉스는 트라우마와 같은 충격적인 사건 또는 성적이고 도덕적인 갈등을 경험할 때 정신의 일부가 쪼개지고 떨어져 나가는 해리로 인해 발생되는 것으로 볼 수 있다. 그러나 융의 이해에 따르면, 콤플렉스는 부정적인 요소로만 구성되는 것은 아니다. 콤플렉스는 핵(core)과 응집물(aggregate)로 되어 있는데, 응집물은 과거에 경험한 모든 경험, 즉 긍정적인 경험들과 부정적인 경험들의 집합이다. 그 경험들이 주제별로 콤플렉스의 핵 주위에 응집되어 하나의 콤플렉스를 형성한다(Samuels et al., 1993). 예를 들어, 외모 콤플렉스는 외모 콤플렉스의 핵 주위에 외모와 관련된 과거의 모든 경험이 달라붙듯이 모여서 외모 콤플렉스를 형성하는 것이다. 그런데 외모 콤플렉스 속에는 '얼굴이 예쁘다'는 말을 들었던 긍정적인 경험도 포함되어 있고, 반대로 '얼굴이 왜 그 모양이냐?'는 부정적인 말을 들었던 경험도 함께 들어 있다.

우리의 마음(개인 무의식) 속에는 수없이 많고 다양한 종류의 콤플렉스가 들어 있다. 그 종류는 열거할 수 없을 만큼 많다. 이런 콤플렉스들이 모여서 개인의 독특한 성격을 형성한다. 융에 따르면, 콤플렉스는 꿈을 꾸게 하는 주요 동기가 된다. 융은 콤플렉스가 꿈을 꾸게 만드는 '꿈의 건축가'라고 말했다. 따라서 자신의 콤플렉스를 알려면 꿈을 만나 볼 필요가 있다. 콤플렉스에 대한 좀 더 자세한 설명과 이해를 원한다면 '부록 1 칼 융의 정신구조와 꿈의 상징'을 참고하기 바란다.

집단무의식은 지역과 인종을 넘어서 남녀노소의 모든 인류가 공통적으로 지니고 있는 정신의 기본 구조물 또는 개념이 축적되어 있는 공간이다. 융은 집단무의식이 인간의 정신을 이루는 근원이 된다고 생각했다. 집단무의식 속에는 인간을 인간 되게 하는 핵심적인 요소가 들어 있는데, 융은 그것을 원형(archetype)이라고 말했다(Jung, 1970). 원형은 인간이 인간 되게 만드는 정신의 기본골격이다. 융에 따르면, 원형은 집단무의식에서 생겨나며 콤플렉스와 함께 꿈을 만드는 중요한 심리적인 자료이다. 원형은 신화, 민담, 동화 등에 자주 등장하는 공통된 주제이다. 융은 원형에 대한 설명에서 '신화소(mythologeme)'라는 개념을 제시했는데, 신화소는 신화를 만들어 내는 무의식적인 근원을 의미한다(Jung, 이유경, 2008, 재인용). 즉, 원형은 신화와 민담 등이 태어날 수 있는 모태적인 집과 같은 것이다. 인간은 모두 신화소를 가지고 있기 때문에 시대와 지역과 종족에 관계없이 유사한 신화를 만들어 내는 것이 가능하다. 신화소와 신화는 종족 간에 문화적으로 전파되어 생기는 것이 아니다. 개인적으로 처음부터 가지고 태어나는 원형적인 것이다.

융에 따르면, 꿈에는 큰 꿈이라고 불리기도 하는 원형적인 꿈이 있는데, 원형적인 꿈은 집단무의식 속에서 비롯된 것이다. 원형적인 꿈에는 특징이 있는데, 현실적인 삶으로부터 동떨어진 비합리적이며 비이성적인 모습으로 나타난다. 즉, 신화적이고 마술적인 요소들을 가지고 있다. 예를 들면, 동물들이 말을 하는 꿈, 잠겨 있는 문이나 벽을 그대로 통과하는 꿈, 바다나 동굴 등 신비한 여행을 하는 꿈, 위험한 탐험이나 생명을 구조하는 꿈, 치명적인 상처에도 불구하고 피도 나지 않고 아프지도 않은 꿈, 하나의 동물이 변하여 다른 동물이 되는 꿈, 무한대의 시간과 공간이 펼쳐지는 꿈, 빛의 속도로 이동하는 꿈, 삶과 죽음의 경계를 넘나드는 꿈 등은 원형적인 꿈이라 할 수 있다(Fontana, 1994).

원형에도 수없이 많은 원형이 있는데, 꿈작업과 관련해서 알아 둘 필요가 있는 몇 가지 원형들이 있다. 페르소나(persona) 원형, 그림자(shadow) 원형, 아니마와 아니무스(anima/animus) 원형, 마성인격(mana personality) 원형, 부성과 모성(father/mother) 원형, 신성한 아이(divine child) 원형, 트릭스터(trickster) 원형 그리고 개인의 진정한 모습인 자기(Self) 원형 등이 있다. 이런 원형들이 꿈에 종종 등장한다. 원형에 대한 좀 더 자세한 설명과 이해를 원한다면 '부록 1 칼 융의 정신구조와 꿈의 상징'을 참고하기 바란다.

꿈의 구조와 전개 과정

융은 꿈을 어떻게 이해했을까? 몇 가지의 특징이 있다. 융은 대부분의 꿈이 유사한 구조로 되어 있다는 것을 발견했다. 그 구조는 꿈이 전개되는 과정을 말하는데, 그것은 고대 그리스의 잘 짜인 연극처럼 되어 있다고 말했다. 융은 그 과정을 다음과 같이 4단계로 구분했다(Jacobi, 이부영, 1998, 재인용).

1) **제시부**(exposition): 꿈의 시작 부분으로서 장소와 시간 또는 시대 그리고 등장인물과 배경과 상황 등이 제시된다. 이 단계는 꿈의 맥락을 설정하고 이후 꿈이 어떻게 전개되는지를 암시하는 정보를 제공한다. 꿈사람이 가지고 있는 현실적인 문제나 심리적

인 문제를 드러내기 위한 준비과정이다.

- 꿈 사례 a) 꿈에서 나는 어린 시절에 살던 고향집 툇마루에 앉아 있다. 추운 겨울날이다. 나 혼자뿐이다.
- 꿈 사례 b) 꿈에서 나는 낯선 도시의 거리를 배회하며 걷고 있다. 주변은 어둡고 많은 사람이 분주하게 지나간다.

2) **전개부**(development): 꿈이 본격적으로 진행되며 문제가 노출된다. 사건이 펼쳐지고 줄거리가 얽히면서 꿈속 인물 또는 요소들 간에 갈등이나 충돌이 발생한다. 꿈사람이 겪고 있는 심리적인 갈등, 억압된 감정 또는 낮시간에 미해결된 문제가 구체적으로 그러나 상징적으로 드러난다.

- 꿈 사례 a) 툇마루에 앉아 있는 내 앞으로 누군가가 갑자기 대문을 열고 들어온다. 무섭고 험상궂게 생긴 남자이다. 섬뜩하다.
- 꿈 사례 b) 날은 더 어둡고 캄캄해진다. 나는 길을 잃고 불안해한다. 순간 큰 개 한 마리가 나를 발견하고 나를 쫓아온다.

3) **절정부 또는 반전부**(crisis or climax): 꿈에서 갈등이나 문제가 극적으로 고조되는 순간이다. 충격적이거나 위협적인 사건으로 꿈이 절정에 달하거나 꿈의 내용이 급격하게 바뀌는 반전이 발생하기도 한다. 이 단계에서 꿈은 핵심 메시지를 전달하며 갈등의 해결을 위한 통찰의 단서를 제공하기도 한다.

- 꿈 사례 a) 험상궂게 생긴 남자가 시커먼 괴물로 변한다. 나를 공격한다. 쇠길퀴 같은 손으로 나를 할퀴려고 덤벼든다. 나는 공포를 느끼며 도망을 치려고 하지만 발이 얼어붙어서 떨어지지 않는다.
- 꿈 사례 b) 나는 개에게 쫓겨 도망을 치다가 순간 멈춰서서 뒤를 돌아본다. 나의 눈과 개의 눈이 마주친다. 그런데 놀랍게도 개가 나를 공격하지 않고 나를 지켜주는 보호자로 바뀐다. 내 앞으로 와서 나를 지켜 준다.

4) **해소부**(lysis/resolution): 꿈의 사건에 결정적인 변화가 생겨서 문제가 해결된다. 정서적

인 안정과 성취감을 느낀다. 그러나 문제나 갈등이 해결되지 않은 채로 꿈이 끝날 수도 있다. 이 단계에서 꿈은 꿈사람이 가지고 있는 핵심문제와 무의식적인 태도를 보여 준다. 그것은 꿈분석의 중요한 단서가 된다.

- 꿈 사례 a) 순간 어디에선가 "불이야!" 하는 소리가 들리면서 그 괴물이 사라진다. 나는 불 속에 있지만 타지 않는다. 뜨겁지도 않다.
- 꿈 사례 b) 개가 사라진다. 내가 가야 할 방향과 길이 보인다. 마음이 평온해지며 앞을 바라보고 걷는다. 앞에서 환한 빛이 비친다.

그러나 모든 꿈이 반드시 이와 같은 구조로 전개되는 것은 아니다. 언급한 것처럼 해소부가 없이 문제가 해결되지 않은 상태로 끝나는 꿈도 많다. 해소부가 없는 꿈은 현재 꿈사람에게 어떤 난국이나 비극이 일어나고 있다는 것을 암시하기도 한다.

──────── 상징의 언어

융에 따르면, 상징(symbol)은 꿈이 사용하는 유일한 언어이다. 상징에 대한 융의 생각을 알면, 융이 꿈을 어떻게 이해하고 있는지를 알 수 있다. 상징은 무의식에서 생겨나는 것으로서 개념, 기억, 욕구, 감정, 태도, 인식 등을 나타낸다. 무의식은 상징을 만들어 내는 기능을 가지고 있다. 상징을 알기 위해서는 기호와 비교해 보아야 한다. '제1장 꿈작업 개요'에서 다뤘던 것처럼, 융은 상징을 기호로부터 구분했다.

기호(sign)는 표현하고자 하는 개념 또는 대상을 직접적이고 명백하게 나타낸다. 예를 들면, 직접적으로 말해진 단어, 정의된 개념 그리고 방향이나 장소를 나타내는 표지, 특정한 제품을 암시하는 상표와 배지 등은 기호에 해당된다. 이런 것들은 계획된 의도와 약속에 따라 하나의 특별한 의미를 갖는다. 따라서 기호는 분명하고 명확하게 정의될 수 있다. 왜냐하면 기호는 표현하고자 하는 바로 그것만을 나타내기 때문이다. 그러나 기호 속에는 직접적으로 표현된 개념 그 이상의 의미는 없다. 융은 이렇게 말했다. "기호는 그것과 결부된 대상을 표시하는 것, 그 이상의 것은 될 수 없다."(Jung et al., 1964) 따라서 기호는 고정된 의미만을 지닌다.

　그러나 상징(symbol)은 기호와 다르다. 상징은 직접적으로 표현된 개념, 그 이상의 것을 나타낸다. 융은 이렇게 말했다. "어떤 말이나 이미지가 그것이 내포하고 있는 직접적이고 명백한 의미, 그 이상을 나타낸다면, 그것은 상징으로 볼 수 있다."(Jung et al., 1964) 예를 들어, 예수가 천국에 대한 설명을 하면서 부자 또는 낙타라는 우화적인 언어를 사용했는데, 이 언어는 상징이다. 왜냐하면 그것은 부자와 낙타 바로 그것만을 가리키는 것이 아니라 그 이상의 의미를 담고 있는 표현이기 때문이다. 따라서 상징은 정확하게 정의될 수 없으며 그 의미가 분명하거나 명백하지 않다. 상징은 무의식에서 나오는 것으로서 의식이 알지 못하거나 아직 표현되지 아니한 의미를 내포하고 있다. 따라서 상징의 의미를 남김없이 모두 설명하는 것은 불가능하다. 만약 우리가 상징의 의미를 모두 알게 되거나 상징 속에 숨겨져 있는 의미가 완전히 드러나게 된다면 그것은 더 이상 상징이라고 할 수 없다. 왜냐하면 그것은 상징의 함축성을 잃고 벌거벗겨진 상태가 되기 때문이다. 그것은 '죽은 상징'이다(Jacobi, 1973). 상징은 직접적으로 표현된 것, 그 이상을 나타내는 것이기 때문에 그 의미의 폭과 깊이가 기호에 비교할 수 없이 확장된다. 상징의 세계는 기호의 세계보다 크고 넓다. 상징은 표현하고자 하는 내용과 표현된 형태 사이에 차이가 있기 때문에 의식의 입장에서는 그 의미를 알아내기가 쉽지 않다.

　우리가 일상에서 만나는 어떤 대상이 기호인가 아니면 상징인가를 결정하는 것이 애매할 때가 있다. 이때 중요한 것은 그 대상을 바라보고 해석하는 나 자신의 입장과 태도를 살펴보는 것이다. 융은 어떤 것이 상징인지 아닌지를 판단할 수 있는 것은 그 대상을 바라보는 나 자신의 의식적인 태도에 달려 있다고 말했다. 예를 들어, 우리가 한 그루의 나무를 보고 있을 때, 우리는 그것을 단순히 하나의 나무, 곧 기호로 볼 수도 있고, 아니면 그것이 자신이 살아오면서 경험한 희로애락의 모든 인생 여정을 나타내는 상징으로 볼 수도 있다. 즉, 동일한 대상일지라도 그것이 어떤 사람에게는 기호로 보이고, 다른 사람에게는 상징으로 보일 수 있다는 것이다(Jung, cited in Jacobi, 1973). 융에 따르면, 꿈으로 표현되는 시각적인 형상들은 기호가 아니라 상징이다. 따라서 꿈을 기호로 보지 않아야 한다.

　인간은 왜 이런 상징의 언어를 사용하는 것일까? 우리가 살고 있는 세상과 정신세계에는 우리의 의식과 이성으로는 이해할 수 없는 이성 너머에 있는 현상과 사건들이 많다. 그

현상과 사건들은 명백하게 정의되거나 설명되지 않는다. 그러나 우리는 그런 것들을 정의하고 설명하고 싶어 한다. 그래서 상징을 사용한다. 모든 종교가 상징적인 언어와 이미지를 사용하고 있는 것은 그런 이유 때문이다(Jung et al., 1964).

프로이트도 꿈이 상징의 형태로 자신을 드러낸다고 말했다. 그러나 프로이트가 말하는 상징은 융이 말하는 상징과 차이가 있다. 프로이트가 말한 상징은 그 의미가 매우 협소하다. 프로이트는 꿈 상징에 대해서 말할 때 상징을 단지 꿈의 위장표현의 수단으로서만 보았다. 프로이트는 꿈 상징에 고정된 의미를 부여함으로써 상징의 의미를 협소하게 축소시켰다. 융이 보기에 그런 프로이트의 입장은 꿈을 상징이 아니라 기호로 보는 것에 불과했다. 융에 따르면, 개인의 꿈에 나타난 상징은 꿈사람의 삶의 경험과 내적 또는 외적인 상태에 따라 다양하고 다르게 해석되어야 한다고 했다. 무의식의 내용은 언제나 다의적이기 때문이다(Jung, cited in Jacobi, 1973). 꿈에 등장하는 상징은 심상적으로 동일한 것일지라도 그 의미는 꿈을 꾼 사람에 따라 다르며, 동일한 사람이라 할지라도 그 사람의 상황이나 삶의 단계에 따라 다를 수 있다. 즉, 상징의 의미는 고정적이지 않으며 다양하다는 것이다. 어떤 사람의 꿈은 한 개인의 문제를 넘어서 인류가 공통적으로 가지고 있는 신화의 주제를 드러내기도 하고, 어떤 사람의 꿈은 사회의 집단적인 문제를 나타내기도 한다. 또한 꿈은 가끔 예시적이며 경고적이기도 하다(Jung, cited in Jacobi, 1973). 따라서 하나의 꿈 심상에 하나의 고정된 의미를 부여하지 않도록 주의해야 한다. 그것은 꿈의 심상을 상징이 아니라 기호로 보는 것이 되기 때문이다.

그러나 집단무의식에서 나온 원형적인 꿈은 공통된 의미를 가질 수 있다는 것을 이해하는 것도 필요하다. 집단무의식에서 비롯된 원형적인 꿈은 개인무의식에서 비롯된 꿈과 달리 모든 사람에게 해당될 수 있는 보편적인 의미를 담고 있다.

보상 기능

프로이트가 꿈의 기능을 소원성취라고 한 것에 비해서 융은 꿈의 기능이 보상(compensation)에 있다고 보았다. 보상이란 정신세계, 즉 의식과 무의식의 균형을 유지하기 위한 기능이다. 융은 이렇게 말했다. "만약 꿈꾸기의 행동을 어떤 공식으로 나타낸다면 보상이라는 개념이 가장 적합할 것이다. 왜냐하면 그것만이 꿈의 행동방식을 가장 잘 요약해 주기 때문이다."(Jung, cited in Jacobi, 1973) 그러나 보상과 보충의 개념은 구분되어야 한다. 보충은 그 의미가 좁고 제한적이어서 꿈의 기능을 제대로 설명하기에는 부족하다. 보충은 단지 모자라는 것을 채운다는 기계적인 의미가 있을 뿐이다. 그러나 보상은 두 영역의 불균형을 조정하기 위해 서로 다른 데이터나 자료를 비교함으로써 통합하는 것을 의미한다(Jacobi, 1973).

융에 따르면, 보상은 무의식이 지니고 있는 중요한 기능 중의 하나이다. 무의식 속에는 창조성과 온전성 그리고 통합을 추구하는 긍정적인 기능이 있다. 융에 따르면, 보상은 서로 다른 두 대상 또는 관점을 대조한 결과로서 그 균형을 유지하기 위해 조절하고 수정하는 것을 의미한다. 예를 들어, 일상에서 의식의 태도가 한쪽으로 지나치게 치우쳐 있으면 무의식은 전체 정신의 균형을 유지하기 위해 그 반대쪽을 지향한다(Jung, 2001). 만약 어떤 사람의 의식이 지나치게 외향적이라면 그 사람의 무의식은 내향적이 되며, 반대로 의식이 지나치게 내향적이라면 무의식은 외향적이 된다. 또한 의식이 지나치게 사고형이라면 무의식은 감정형이 되며, 의식이 지나치게 감정형이라면 무의식은 사고형이 된다고 할 수 있다(Ackroyd, 1993). 이런 보상기능의 목적은 성격의 온전성과 통합을 이루려는 데 있다. 융은 꿈이 지닌 주요 기능이 그런 보상작용에 있다고 보았다.

꿈은 무의식이 의식으로 보내는 메시지이기 때문에 꿈속에는 종종 의식과 상반된 무의식적인 요소가 담겨 있다. 이런 꿈의 현상은 언급한 것처럼, 정신세계의 안정과 통합을 유지하기 위한 것이나. 우리가 깨어 있는 의식 상태에서 너무 한쪽으로 기울어진 태도를 지니고 있는 경우, 예를 들면 너무 이성적이거나, 금욕적이고 자기통제적이거나, 너무 완전무결하려고 하거나, 혹은 너무 돈에 집착하거나, 나태하거나 게으르면, 꿈은 그 반대쪽의 상태를 그만큼 가중치를 두어 나타냄으로써 보상한다(Boa, 1988). 이것은 의식의 부족한 부분을 보충함으로써 의식이 너무 한 방향으로 치우치는 것을 바꿔 주려는 무의식적인 보상기능의 표현이다. 한 예로서 어떤 사람의 의식적인 자아가 지나치게 자신만만하고 오만할 경우, 꿈에서 넘어지거나 높은 곳에서 떨어지는 꿈을 꿀 수 있다. 이것은 경고의 의미를 지닌 꿈이다. 즉, 그렇게 자신만만하고 오만하게 살면 오히려 곤경에 처할 수 있다는 것을 보여 줌으로써 오만하게 살지 않도록 정신의 균형을 잡아 주는 꿈이라고 할 수 있다. 융 심리학자인 폰 프란츠는 떨어지는 꿈에 대하여 이렇게 말했다. 꿈사람이 평소에 너무 이상적이거나 비현실적인 생각을 가지고 있을 때, 또는 꿈사람의 자아가 현실과 닿지 않는 어딘가에 있을 때 떨어지는 꿈을 꿀 수 있다(Boa, 1988). 대조적으로, 어떤 사람의 의식적인 자아가 자신을 너무 열등하게 여기고 자신 없어 할 경우, 꿈에서 칭기즈칸이나 나폴레옹 또는 임금이나 대통령과 같은 권위 있는 사람들과 악수를 하거나 나란히 걸으며 이야기를 나누는 꿈을 꿀 수 있다. 이것은 그 사람의 의식적인 자아가 생각하는 것처럼 자신이 그렇게 열등한 존재가 아니라는 것을 알려 주는 꿈이다. 또한 어떤 사람이 깨어 있는 낮시간에 사랑하던 사람의 죽음으로 큰 슬픔과 우울감에 빠져 있을 경우, 꿈에서 고인이 환하게 웃고 있는 모습을 보거나 고인과 함께 즐거운 모습으로 초원을 걷는 꿈을 꿀 수 있다. 이것은 지나치게 슬픔에 빠져 있는 낮시간대의 의식적인 자아를 위로함으로써 정신적인 균형을 찾게 하려는 무의식의 의도가 담겨 있는 꿈이라 할 수 있다. 이부영 교수는 이런 꿈의 보상기능을 '꿈은 항상 현실의 반대'라고 말하는 우리나라의 전통적인 꿈해석 방식에 비교하기도 했다(이부영, 1998).

다음은 폰 프란츠가 제시하는 보상적인 꿈의 사례이다. 13세가 된 어느 소년이 이런 꿈을 꾸었다.

꿈에 그는 커다란 독수리가 되어서 마을 위를 날고 있었는데, 그의 친구인 크리스와 마이크가 학교에 가고 있는 것이 보인다. 독수리가 되어 하늘을 날던 소년은 아래로 급습하여 크리스의 정수리에 똥을 쌌고, 똥을 뒤집어쓴 크리스는 머리를 감으려고 집으로 들어간다. 독수리가 된 소년은 크리스의 집 지붕 위에 앉아 있고, 크리스는 점심때가 되어서 다시 학교로 가고 있다. 독수리가 된 소년은 크리스에게 내려 덮쳐서 다시 똥을 싼다. 크리스는 울면서 집 안에 있는 엄마에게 달려간다. 소년은 여태까지 자기가 해 본 일 중에 가장 재미있는 일이라고 생각한다.

이 꿈에는 어떤 의미가 있는 것일까? 꿈을 꾼 소년은 내향적이며 친구 크리스에게 항상 열등감을 느끼고 있었다. 그는 크리스의 적극적이고 외향적인 성격을 부러워했다. 폰 프란츠의 해석에 따르면, 그 소년이 독수리가 되어 크리스의 머리에 똥을 싼 것은 그의 무의식이 그의 열등감을 보상하는 것이다. 이 꿈은 소년에게 이렇게 말하고 있다.

> 이봐, 너는 독수리야. 새들의 왕이지. 크리스를 부러워할 이유가 없어. 너는 크리스의 머리통에 똥을 싸고도 멀쩡하잖아. 그러니 너는 크리스에게 열등감을 느낄 필요가 없단 말이야(von Franz, cited in Boa, 1988).

다음은 헨리 나웬(Henri Nouwen)의 글에 나오는 꿈 사례이다. 헨리 나웬이 속해 있었던 라르쉬 공동체에는 아담이라는 청년이 있었는데, 그는 말도 못하고 스스로 먹지도 못하며 혼자 걷지도 못하는 중증장애인이었다. 공동체의 가족들은 아담을 사랑으로 돌봐 주었다. 아담이 세상을 떠났을 때 헨리 나웬은 물론 그를 돌보던 공동체의 가족들은 몹시 슬퍼하였다. 그때 공동체의 가족들 중에 엘리자베스라는 여인이 꿈을 꾸었다.

> 그녀는 꿈에서 아담을 보았는데, 아담은 혼자 달려가며 춤을 추기도 하고 위아래로 뛰며 날아가는 새처럼 자유로운 모습이었다. 아담은 웃기도 하고 말하기도 했으며, 훌륭한 운동선수처럼 머리와 팔다리를 움직였다. 또한 너무 즐거워하며 기뻐하였다. 아담은 생전에는 결코 할 수 없었던 행동을 하고 있었다.

엘리자베스는 이 꿈을 꾸고 나서 너무나 감격스러워서 가슴이 두근거렸다고 말했다. 이 꿈은 아담을 잃어버린 후, 슬픔에 잠겨 있었던 엘리자베스를 포함한 공동체의 모든 가족을 위로해 주는 보상의 의미를 지닌 꿈이라고 할 수 있다.

확충 기법

융은 프로이트의 자유연상 방법을 사용하지 않았다. 왜냐하면 연상에서 연상으로 계속 이어지는 자유연상을 하다 보면, 나중에는 원래의 꿈 상징과 전혀 관계가 없는 다른 지점에 도달하게 된다고 생각했기 때문이다. 프로이트의 자유연상은 꿈 상징의 의미를 항상 성욕과 공격욕으로 귀결시키는 문제가 있다. 융에 따르면, 프로이트의 자유연상은 지나치게 환원적이고 인과론적인 해석이다. 융은 프로이트의 자유연상 방법이 우리를 항상 그리고 결국 콤플렉스로 인도한다고 말했다. 융은 프로이트의 신경증을 콤플렉스라는 말로 바꾸어 표현했다. 융의 비판적인 견해에 따르면, 프로이트의 자유연상은 모든 꿈을 성욕과 공격욕에 귀착시키는 환원적이고 제한적인 해석 방법이다(Ackroyd, 1993).

융에 의하면, 프로이트의 자유연상 방법에 따라 꿈을 해석할 경우, 어떤 꿈을 꾸느냐 하는 것은 전혀 중요하지 않다. 왜냐하면 어떤 꿈을 가지고 연상 작업을 할지라도 그 꿈의 의미는 결국 성욕이나 공격욕에 귀결되기 때문이다. 융은 말하기를, 꿈 심상이 아니라 심지어 어떤 간판이나 경고판 또는 신문에 쓰인 용어를 가지고 연상 작업을 할지라도 같은 결론에 도달할 수 있다고 말했다. 즉, 프로이트의 자유연상 방법이 콤플렉스를 만나는 데 도움이 되지만, 그것이 꿈의 의미를 찾기 위한 적절한 방법은 아니라는 것이다. 융의 입장에 따르면, 꿈의 의미를 알기 위해서는 할 수 있는 만큼 본래의 꿈 심상에 가까이 머물러 있어야 한다.

융이 사용한 꿈해석 방법은 어떤 것일까? 융은 꿈에 나타난 본래의 상징심상에 집중했다. 꿈작업을 하는 동안 그 심상을 연상의 중심에 두고 그 심상을 떠나지 않았다. 융도 연상이라는 방법을 사용했지만, 프로이트와 달리 꿈에 나타난 본래의 상징심상 주위에 머물면서 그 의미를 찾으려고 하였다. 이런 융의 꿈해석 방법을 '확충(amplification)'이라고 한다(Jung, 1967). 융의 확충 방법은 다음과 같이 요약·정리해 볼 수 있다.

- 꿈에 나타난 상징심상(시각적 이미지)들을 하나씩 차례로 취한다. 상징심상이란 꿈에 나오는 사람, 동물, 사물, 장소, 장면, 사건, 모양, 이름, 숫자, 색깔, 움직임 등이다. 이것은 프로이트의 자유연상 방법과 동일하다.
- 앞에서 취한 상징심상(소재)들 하나하나에 의식을 집중하고 그 심상을 중심으로 연상되는 것을 모두 말한다. 이 점에 있어서 프로이트의 자유연상과 차이가 있다. 프로이트의 자유연상 방법은 1차 연상에서 2차 연상으로, 2차 연상에서 3차 연상으로 계속 이어지는 사슬연상이지만, 융의 확충기법은 꿈에 나타난 본래의 상징심상을 중심으

로 그 주위를 맴돌면서 떠오르는 다른 연상들을 계속 말하는 것이다. 꿈의 본래의 상징심상을 시야에서 놓치지 않는 것이 중요하다.

- 이렇게 다른 여러 연상을 찾고 말하다 보면 '아하' 하고 그 의미가 명료해지는 것이 있다. 그것이 꿈 상징심상의 의미가 되는 것이다.

융은 확충이라는 기법을 사용함으로써 꿈사람의 개인적인 상황을 모든 사람이 공통적으로 가지고 있는 원형적인 이미지와 연결시켰다. 즉, 확충 기법을 사용함으로써 꿈의 상징적이고 은유적인 의미의 영역을 확장했는데, 그것은 신화적이며 고태적인 이미지에 이르는 것이다(Samuels et al., 1993). 융에 따르면, 확충의 목적은 꿈사람의 무의식으로부터 나온 꿈의 상징심상들의 의미를 신화의 층에 이르기까지 깊고 폭넓게 밝혀내는 데 있다. 꿈에 등장하는 상징심상들은 개인무의식의 산물일 뿐만 아니라 집단무의식의 산물이기 때문에 개인적인 과거의 경험을 추적하는 환원적인 방법만으로는 그 의미를 충분히 알아낼 수 없다. 그런 이유에서 융은 원형상, 곧 신화적인 주제와 심상에 접근하는 확충의 방법이 필요하다고 생각했다. 원형상에 접근하기 위해서는 신화와 민담은 물론 종교적인 현상까지 그 범위를 확충할 필요가 있다.

융은 연금술사들의 작업과정을 살펴보면서 확충 기법을 생각해 내게 되었다. 연금술사들은 흙이나 돌처럼 흔한 물질로부터 청금석같은 귀한 물질을 추출해 내기 위하여 많은 실험과 시행착오를 계속하였다. 그런 중에 그들은 연금술의 선배들이 기록한 문헌을 탐구하고 그들이 남긴 기술들을 전승했다. 즉, 그들은 개인적인 자신의 생각이나 연상들보다 선배들이 남긴 역사적인 자료에 의존했다. 그 자료는 많은 선배의 경험이 담겨 있는 종합적이며 공통적인 자료들이다. 융은 연금술사들이 전통적인 자료를 활용한 것으로부터 영감을 받아 개인무의식 너머 집단무의식 속에 있는 인류 공통의 원형과 신화적 심상에 접근할 필요가 있다고 생각했고, 그 결과 확충이라는 방법을 찾아낸 것이다(이유경, 2008).

한편, 융은 확충 기법을 사용할 때 주의할 것이 있다고 했다. 왜냐하면 확충 과정에서 지나치게 지성적이 되거나, 의미의 증식으로 인하여 자아팽창이 나타날 수도 있기 때문이다. 중요한 것은 신중한 숙고와 선택에 의해서 자신의 원형, 곧 신화적인 심상과 신뢰할 수 있는 의미관계를 수립하고 개성화의 과정을 촉진하기 위한 태도를 잊지 않는 것이다.

확충 연상의 사례

다음은 융의 확충 연상 기법에 의한 꿈분석의 예시적인 사례이다. 어떤 사람이 꿈에 뱀이 나오는 꿈을 꾸었다고 가정해 보자. 이때 꿈에 등장한 상징심상이 개나 소가 아니고 바로 뱀이라는 사실에 주목하는 것이 중요하다. 뱀은 무의식이 선택한 것이다. 무의식은 뱀이 가지고 있는 독특하고 다양하고 풍부한 암시를 통해서 자신이 의도하는 바를 꿈사람에게 전달하고자 한다. 융에 의하면, 꿈에 등장한 뱀이 암시하는 의미를 알기 위해서는 자유연상 방법보다 확충의 방법이 더 적절하다. 왜냐하면 확충은 기본적으로 뱀이 가지고 있는 자체적인 이미지를 시야에서 놓치지 않고 그 의미에 유념하는 것이기 때문이다. 즉, 확충은 본래의 상징심상인 뱀을 떠나지 않고 그 주위를 맴돌면서 연상되는 것을 계속 찾아내는 것이다. 이것이 프로이트의 자유연상 방법과 명백하게 다른 점이다. 프로이트의 자유연상 방법에 따르면, 뱀 상징의 의미를 찾으려면 뱀으로 치환된 위장을 벗겨 내야 하는데, 그렇게 하기 위해서는 연상에서 연상으로 계속 이어지는 선형적인 연상(1차 연상 → 2차 연상 → 3차 연상 → 4차 연상 → ……)을 해야 한다. 그러나 이렇게 사슬연상이 계속되면 나중에는 본래의 꿈 상징인 뱀을 떠나게 됨으로써 뱀과 전혀 관계없는 결론에 도달하게 된다. 이것은 인과관계에 의한 환원적인 방법으로서 꿈상징이 의도하는 본래의 의미를 찾는 데 도움이 되지 않는다(Jacobi, 1973).

그러나 확충은 꿈에 나온 본래의 상징심상에 집중하고 그 주위를 맴돌면서 다양한 연상을 하는 것이다. 즉, 꿈에 나온 상징심상에 주목해서 하나의 연상 내용을 찾으면 사슬적인 2차 연상으로 넘어가지 않고, 다시 동일한 상징심상을 주목하며 다른 연상 내용을 찾아내는 방법을 여러 번 반복하는 것이다. 이렇게 동일한 상징심상에 대해서 계속 연상되는 내용들을 찾고 말하게 되면 그 내용들 중에서 '아하' 하고 그 의미가 명료해지는 것이 있다. 그것이 꿈 상징심상의 의미가 되는 것이다. 꿈에 뱀이 등장했을 경우, 뱀이라는 상징심상에 대한 확충기법에 의한 연상은 다음과 같이 진행될 수 있다. 상담장면에서 확충은 분석가와 꿈사람 사이에 주고받는 질문과 대답을 통해서 이뤄진다.

분석가   꿈에 뱀이 나왔군요. 뱀 하면 무엇이 연상되는지요? 무엇이 떠오르는지 말해 보세요.

꿈사람 뱀독이 떠올라요. 뱀한테 물리면 큰일이죠. 뱀독으로 죽을 거예요.

분석가 뱀독이 연상되는군요. 또 뱀 하면 뱀독 말고 다른 무엇이 연상되는지요?

꿈사람 갈라진 두 개의 혓바닥이 생각나요. 뱀 혓바닥이요.

분석가 갈라진 뱀 혓바닥이 생각나는군요. 조금 더 생각해 볼까요? 뱀 하면 또 무엇이 연상되는지요?

꿈사람 사단이 연상됩니다. 속이고 악한 자라는 생각이 들어요.

분석가 네~ 사단이 떠올랐군요. 한 번 더 해 볼까요? 뱀 하면 또 무엇이 생각나는지요?

꿈사람 음~ 뱀은 허물을 벗는다는 생각이 납니다. 허물을 벗고 새 비늘을 만드는 것이지요.

꿈사람 아~ 한 가지 더 생각나는 게 있어요. 어린 시절에 친구와 숲속에 갔는데, 그때 친구가 뱀한테 물려서 너무 고통스러워하는 것을 봤어요.

이런 과정 중에 분석가는 꿈사람에게 물어볼 수 있다. "뱀 하면 다양한 내용이 연상되었습니다. 뱀독, 갈라진 두 개의 혓바닥, 사단, 허물이 벗어지는 것, 친구가 뱀한테 물린 것 등…… . 그 연상들 중에서 자신의 꿈과 연결할 때 가장 의미 있게 생각되는 것은 무엇인지요? '아하' 하며 알아차려지는 것이 있는지요?" 만약 꿈사람이 하나의 연상 내용을 선택한다면 그것을 선택하게 된 이유와 배경에 대해서 생각나는 대로 진술하도록 한다. 그런 과정 중에 꿈의 진정한 의미를 발견할 수 있게 된다. 어떤 경우에는 꿈사람이 계속되는 연상 내용을 찾고 말하는 도중에 스스로 꿈의 의미를 알아차리는 '아하'의 경험이 나타나기도 한다. 이런 확충작업의 과정 중에 뱀에 대한 원형적이고 신화적인 의미에 접근할 수도 있다. 뱀에 대한 원형적인 의미에는 긍정성과 부정성이 포함된다. 긍정성은 뱀이 치유와 회복 그리고 새로운 삶의 시작을 상징한다는 것이다. 고대 신화에서 뱀은 허물을 벗고 새 피부가 생기는 능력 때문에 치유와 회복을 상징하는 동물로 여겨졌다. 그리스와 로마 시대에 뱀은 의술과 의약의 신을 의미하기도 했다. 입으로 자기 꼬리를 물고 있는 뱀의 형상은 출생, 죽음, 재생이라는 불멸적인 순환을 나타내는 것으로 생각되었다. 부정성은 뱀이 인간을 파멸시키는 악의 원천을 상징한다는 것이다. 유대교와 그리스도교적인 이해, 특히 창세기의 기록에 따르면, 뱀은 인간의 약점을 파고들며 인간을 유혹하고 속이고 넘어트리는 악한 존재로 나타나 있다(Ackroyd, 1988).

확충은 꿈의 상징심상에서 눈을 떼지 않을 뿐만 아니라 그 연상의 폭과 방향에 제한을 두지 않는다. 확충 연상의 폭을 넓히기 위해서는 질문이 필요하다. 예를 들어, 꿈에 흰 털로 덮인 강아지 한 마리가 꿈사람을 따라오고 있다면 다음과 같은 질문을 해 보는 것이 필요하다. ① 나에게 강아지는 무엇을 의미하는가? ② 강아지에 대한 어떤 기억이 있는가? ③ 강아지의 흰 털을 보면 무엇이 생각나는가? ④ 꿈에서 강아지가 꼬리를 흔들고 있는 것은 나에게 어떤 느낌이 들게 하는가? ⑤ 꿈에서 강아지가 계속 나를 따라오고 있는 것은 무엇을 연상하게 하는가? 이렇게 질문을 하면 연상의 폭을 확충할 수 있다.

———— 객관적 해석과 주관적 해석

융은 꿈을 해석할 때 항상 두 가지의 측면을 고려했다. 하나는 꿈에 나온 상징심상들을 외부의 현실적인 대상 또는 실제의 상황에 대입해서 바라보는 것이고, 다른 하나는 그 상징심상들이 꿈사람의 내적인 성격과 행동의 특성을 나타내는 상징 표현으로 이해하는 것이다. 융은 전자를 객관적 해석(objective interpretation)이라고 했고, 후자를 주관적 해석(subjective interpretation)이라고 했다. 즉, 객관적인 해석이란 꿈속의 심상과 사건들이 꿈사람의 상징이 아니라 외부의 실제 인물에 대한 문제와 이야기를 직접 들려주고 있다고 보는 것이고, 주관적인 해석은 그 심상과 사건들이 하나의 상징으로서 꿈사람 자신에 관한 심리 문제와 감정과 태도 등을 나타낸다고 보는 것이다(Jung, 정명진 역, 2018; Jacobi, 1973).

그럼 꿈에 나오는 상징심상을 객관적으로 해석할 것인가, 아니면 주관적으로 해석할 것인가를 어떻게 판단할 수 있을까? 융은 일반적인 기준을 몇 가지 제시했다. 꿈속에 등장하는 어떤 사람이 익히 알고 있고 지금도 자신의 삶에 어떤 역할을 하고 있으며 가까이 지내고 있다면, 그때는 객관적인 해석이 필요하다. 왜냐하면 그 사람은 지금도 자신에게 중요한 대상이기 때문이다. 이 점에 있어서 융은 프로이트와 차이가 있다. 왜냐하면 프로이트의 이론에서 본다면, 꿈에 나오는 사람은 바로 그 사람 자체를 나타내는 것이 아니라 꿈사람 또는 다른 사람을 위장표현한 것이라고 생각하기 때문이다. 융은 객관적인 해석의 사례로서 다음과 같은 예를 든다. 융에게 꿈분석을 받고 있는 어떤 환자가 꿈을 꾸었는데, 꿈에 가족의 주치의인 존스 박사가 등장했다. 프로이트의 이론에 따른다면, 그 존스 박사는 바로 융 자신에 대한 위장표현이다. 환자가 그런 꿈을 꾼 것은 환자가 융에 대한 어떤 환상을 가지고 있기 때문이다. 그러나 융은 프로이트의 그런 해석에 반대한다. 융은 이 경우에 환자의 무의식이 융 자신을 직접 표현하지 않고 굳이 존스 박사를 가리켜서 간접 표현하는 수고를 왜 해야 하는가라고 반문한다. 자연은 결코 정치적이거나 외교적이지 않은 것처럼, 꿈도 그렇다고 말한다. 무의식은 자신을 위장표현하지 않는다는 것이다. 따라서 꿈에 존스 박사가 나왔다면 그것은 존스 박사의 이야기, 즉 존스 박사의 문제 또는 존스 박사에 대한 환자의 생각이나 태도 등을 나타내는 것으로 보아야 한다. 이것이 객관적인 해석이다. 따라서 환자는 꿈분석 과정에서 존스 박사에 대해 이야기하는 것이 필요할 뿐, 융 자신에 대한 이야기는 굳이 할 이유가 없다고 했다(Jung, 정명진 역, 2018).

그럼 어느 경우에 주관적인 해석이 필요할까? 꿈에 어떤 사람이 등장했는데, 전혀 모르는 사람이거나 아는 사람일지라도 한동안 연락을 하지 않아서 현재 자기의 삶에 아무런 역할을 하고 있지 않다면 그 사람은 꿈사람 자신의 성격과 행동 또는 내면의 숨겨진 특성을 드러내는 상징으로 볼 수 있다. 이 경우 주관적인 해석이 필요하다. 융은 이런 예를 들어 설명한다. 만약 내가 나와 전혀 교류가 없던 사람이 나에게 거짓말을 하는 꿈을 꾸었다면, 그 사람을 거짓말쟁이로 해석하는 것은 적절하지 않다. 오히려 내가 거짓말을 하고 있는 것은 아닌지를 생각해 보는 것이 필요하다. 꿈은 송송 나의 내면에 내가 인식하지 못하는 것을 노출하는데, 이때 꿈은 내가 모르거나 가깝게 지내지 않는 다른 사람을 꿈의 신상으로 등장시킨다. 융은 이렇게 말했다. 내가 검은 양에 대한 꿈을 꾼다면 검은 양 자체는 그리 중요하지 않다. 내가 자신을 검은 양이 아닌가 생각해 보는 것이 중요하다.

한편, 융은 객관적인 해석이 바람직해 보일 때에도 주관적인 해석의 가능성을 열어 놓는 것이 필요하다고 했다. 왜냐하면 꿈에 어떤 사람이 등장하는 것은 종종 그 사람이 지닌 문제나 특성이 꿈사람에게도 있다는 것을 말해 주는 상징이 될 수 있기 때문이다. 융은 주관적 해석에 더 비중을 두었다. 융 심리학의 뛰어난 학자인 마리 루이제 폰 프란츠(Marie-Louise von Franz)는 일반적으로 모든 꿈의 85%는 주관적인 해석이 필요하다고 말했다. 즉, 꿈작업을 할 때 우리는 꿈을 다른 사람에게 주는 메시지나 경고의 의미보다는 우리 자신에게 주는 메시지로 보아야 한다는 것이다(Boa, 1988). 가령, 어떤 남편이 꿈에 자기 아내가 자기의 차를 훔쳐 타고 달아나는 꿈을 꾸었다면, 꿈해석을 할 때 주의가 필요하다. 왜냐하면 실제로 차를 훔친 것은 아내가 아니라 남편의 내면에 있는 여성성, 곧 건강하지 못한 아니마일 수 있기 때문이다. 즉, 꿈사람은 꿈에서 자신의 아니마를 아내에게 투사한 것이다. 이 경우 차를 훔친 것은 아내가 아니라 바로 남편인 것이다. 남편의 여성성이 자신으로부터 차를 훔쳐 달아난 것이다. 꿈은 자신의 내면 속에 있지만 모르고 있던 콤플렉스와 그림자 또는 아니마 등과 같은 원형적인 요소들의 상태를 알려 줌으로써 이제 그런 문제를 스스로 인식할 필요가 있다는 것을 깨우쳐 준다. 주관적인 해석의 주안점은 자기의 무의식적인 요소들을 외부의 다른 사람들에게 투사했었다는 것을 인식하고, 그 투사를 거두어들임으로써 자기이해의 폭과 깊이를 확장할 수 있도록 돕는 데 있다(이부영, 1998).

적극적 상상

적극적 상상(active imagination)이란 무엇일까? 우리는 눈을 뜬 상태에서 꿈을 꾸는 경우가 있는데, 이때 우리는 무의식에서 올라오는 환상(fantasy)을 보게 된다. 융은 그런 상태를 설명하기 위해서 적극적 상상이라는 용어를 사용했다(Jung, 1971). 환상은 낮에 꾸는 꿈이고 꿈은 수면 중에 보는 환상이라는 말이 있다. 국제적으로 유명한 정신분석가인 로버트 존슨(Robert A. Johnson)은 적극적 상상을 꿈작업과 함께 무의식 세계를 이해하는 데 유익한 '내면작업(inner work)'이라고 말했다. 왜냐하면 적극적 상상은 꿈작업과 같이 의식과 무의식의 만남과 대화를 촉구하는 효과적인 방법이기 때문이다(Johnson, 1986). 적극적 상상은 본질적으로 무의식에 살고 있는 자기의 다른 부분들과 대화를 하는 것이다. 그러나 꿈을 꾸는 것과 유사하지만 차이가 있다. 왜냐하면 적극적 상상은 꿈과 달리 작업을 하는 동안에 의식이 깨어 있기 때문이다. 융은 적극적 상상에 대해 깨어 있는 상태에서 무의식적인 내용이 의식으로 노출됨으로써 새로운 상황이 만들어지는 과정이라고 말했다. 적극적 상상은 어느 정도 개인의 창작이지만, 의식적인 창작은 아니다. 이것은 의식이 깨어 있는 상태에서 내면에 있는 콤플렉스, 억압된 욕구와 감정, 외상적 상처, 신화적 요소 그리고 원형 등의 무의식적인 요소들을 드러나게 하고 만나는 것이다. 그런 무의식적인 요소는 상징의 형태로 드러나는데, 상상력을 발휘해서 그 상징과 대화를 시도한다. 그리고 그 상징이 무엇을 의미하는지 그리고 어떻게 변화해 가는지를 바라봄으로써 의식과 무의식의 균형과 통합을 이루도록 돕기 위한 기법이다. 적극적 상상을 시작하는 처음 단계에서는 무의식으로부터 어떤 이미지들이 떠오르는데, 그것은 꿈을 꾸는 동안 꿈의 시각적인 형상들이 등장하는 것과 유사하다.

융은 꿈의 의미를 찾기 위한 꿈작업 과정을 중요하게 생각했지만, 무의식에 이르는 또 하나의 효과적인 방법은 적극적 상상이라고 말했다. 꿈을 꿀 때에는 의식이 무의식에서 나오는 이미지들을 단지 받아들이는 수동적인 상태에 있지만, 적극적 상상은 의식이 능동적인 상태에서 무의식의 이미지들과 상호작용이 가능하다. 꿈에서 일어나는 일들은 완전히 무의식적이다. 그러나 적극적 상상은 의식과 무의식의 합작으로서 적극적 상상이 이뤄지는 영역은 의식과 무의식이 만나는 통합의 공간이다(Johnson, 1986). 존슨에 따르면, 흥미롭게도 적극적 상상을 효과적으로 하면 꿈이 줄어든다고 했다. 왜냐하면 꿈을 통해서 무의식이 의식으로 보내는 메시지가 적극적 상상을 통해서 이미 전달되었기 때문이다.

존슨은 이렇게 말했다. 적극적 상상은 마음속에 어떤 소원을 품고 상상을 통해서 그것을 심상화(visualization)하는 의도적인 명상과는 다르다. 적극적 상상에는 의식적으로 무엇을 상상해야 한다는 주제나 각본이 없다. 무의식의 실체와 힘에 의해 드러나는 심상을 바탕으로 의식이 무의식과 관계를 맺는 것이다. 즉, 의식이 무의식의 세계에 문을 열고 무의식 속에 있는 대상이 의식에 무엇을 전하고 말하고 있는지를 듣고 배우는 것이다. 그런 무의식적인 대상은 의식이 자신의 의도에 맞도록 조작할 수 없다. 이때 무의식은 의식과 동등한 파트너로서 만남과 대화에 참여한다(Johnson, 1986).

융에 따르면, 환상에는 두 종류의 환상이 있다. 하나는 적극적 환상(positive fantasy)이고 다른 하나는 수동적 환상(passive fantasy)이다(Jung, 1971). 적극적 환상은 직관, 즉 인식이 명료한 상태에서 무의식의 요소를 알아차리는 작업이다. 이때 의식은 무의식에서 올라오는 모든 요소를 즉시 인식하며, 그 요소들을 분명하게 알아차린다. 적극적 상상(positive imagination)은 적극적 환상에 근거한 상상이다. 즉, 적극적 상상은 의식이 명료한 상태에서 무의식적인 요소가 드러나도록 하는 것이다. 이렇게 함으로써 의식과 무의식 사이에 만남, 대화, 통합, 균형 등을 이루도록 한다. 이것은 심리적인 치유와 성장을 위해 사용되는 방법이다. 일반적으로 적극적 상상에는 감정과 정서가 수반된다. 예를 들면, 무의식에서 올라온 이미지나 환상을 가지고 적극적 상상을 할 때 재미가 있거나 행복한 느낌이 들기도 하고 기쁨, 슬픔, 두려움, 분노 등의 감정을 느끼기도 한다. 적극적 상상을 하면 파편화되어 있거나 서로 갈등을 일으키던 무의식적인 요소들이 서로를 끌어당겨서 통합을 이룬다.

다른 하나는 수동적인 환상(passive fantasy)이다. 이것은 의식이 명료하지 않은 상태에서 무의식적인 환상을 경험하는 것이다. 이때 정신이 멍해지고 의식이 몸을 떠나거나 현실감을 상실하는 등의 해리 상태가 되기도 한다. 이런 수동적 상상은 백일몽의 현상과 유사하다. 즉, 의식적인 참여가 없기 때문에 무슨 일이 일어나고 있는지 생각하거나 반추해 볼 수 없고, 또한 옳고 그름의 윤리적인 자세를 가질 수도 없다. 우리가 하는 근심과 걱정 등은 수동적인 환상에 해당된다. 걱정이 시작되면 수동적인 환상에 사로잡혀서 그 환상을 멈출 수가 없다. 그 결과 근심과 걱정이 꼬리를 물고 계속되거나 더 확산된다. 이런 수동적 환상에 근거한 상상을 수동적 상상(passive imagination) 또는 소극적 상상이라고 한다. 수동적 상상은 의식이 명료하지 않은 상태, 즉 의식이 몽롱하거나 수동적인 상태에서 무의식적인 요소가 드러나는 것이다. 즉, 의식적인 자아의 알아차림이나 인식적인 태도가 결핍된 상태에서 무의식적인 요소가 의식의 세계로 침투 또는 범람하는 것이라 할 수 있다. 이것은 병리적인 현상으로서 신경증이나 정신장애의 상태에서 나타나는 하나의 현상으로 볼 수 있다.

그러나 적극적 상상을 하면 떠오르는 환상과 직면해서 대화를 할 수 있고, 그 환상 속에 내포되어 있는 메시지와 그 의미를 알 수 있게 된다. 그 결과 병리적인 현상이 줄어들거나 사라지게 된다. 융은 분석을 종료하는 마지막 단계에서 종종 적극적 상상 기법을 사용했는데, 융에 따르면 적극적 상상은 분석의 최종 과정에서 매우 유용한 기법이 된다고 말했다(Johnson, 1986). 그러나 융은 적극적 상상이 아무 때나 분별없이 사용되는 것을 경계했다. 특히 전문가의 도움 없이 혼자 적극적 상상을 할 경우에 너무 깊이 빠져듦으로써 현실로 돌아오는 데 어려움을 겪을 수도 있다는 것을 기억할 필요가 있다.

적극적 상상은 주로 말과 대화로 이뤄지지만, 그림을 그리는 시각적인 그림 작업, 춤과 움직임으로 이뤄지는 춤동작 작업 등 다양한 방법이 가능하다. 그림 작업은 꿈 심상이나 어떤 환상 또는 강박적인 생각이나 감정 등을 그림으로 표현하는 것인데, 이때 의식이 지나치게 의도적으로 간섭하지 않는 것이 중요하다. 또한 미적으로 아름다운 그림을 그리려고 의도하지 않아야 한다. 왜냐하면 그런 의도성은 무의식의 내용들이 있는 그대로 자신을 드러내는 것을 방해할 수 있기 때문이다. 이런 의식의 의도적인 간섭의 문제는 그림 작업만이 아니라 말로 하는 대화 작업 그리고 춤동작 작업에도 동일하게 적용된다. 특히 너무 성급하게 의도적으로 또는 지성적으로 무의식의 의미를 밝혀내려고 해서는 안 된다. 중요한 것은 무의식에 대한 의식의 태도인데, 의식의 지나친 개입이나 통제적인 태도가 아니라 적절한 관심으로 의식과 무의식을 통합하는 협력적인 태도가 필요하다(Samuels et al., 1993).

적극적 상상은 무의식과 의식의 협력으로 이뤄지는 작업으로서 그 특징을 다음과 같이 정리할 수 있다.

- 의식과 무의식의 협력과 협조적인 자세가 필요하다. 둘 사이에 대립, 억압, 저항, 훼방이 없어야 한다. 특히 의식의 수용적이고 포용적인 자세가 요구된다.
- 의식이 명료하게 깨어 있어야 한다. 즉, 의식이 애매모호하거나 해리된 상태가 아니라 무의식에서 올라오는 환상과 요소들을 인지적으로 분명하게 알아차릴 수 있는 상태이다. 이것은 의식적인 자아가 무의식의 콤플렉스나 신경증적인 환상에 사로잡히거나 삼킴을 당하지 않는 상태이어야 한다는 것을 의미한다.
- 의식적인 자아가 무의식에서 올라오는 요소들을 의도적으로 조정하거나 바꾸거나 통제하려고 하지 않아야 한다. 다만, 대등한 상태에서 바라보고 알아차리며 수평적인 대화를 시도해야 한다. 이런 태도를 우리말로 표현한다면 의식의 관조 상태라고 할 수 있을 것이다.
- 요컨대, 적극적 상상은 의식적인 자아가 무의식의 비합리적인 요소들의 등장을 방해하거나 또한 그 등장에 휘말리지 않으면서 그 추이를 관조적으로 바라보고 알아차리며 상호작용하는 것이라 할 수 있다(이부영, 1998).

말과 대화로 이뤄진 적극적 상상의 사례

다음은 로버트 존슨의 책, 『내면작업(Inner Work)』에 게재된 어느 여성이 했던 적극적 상상의 사례이다. 이것은 상상의 주체인 자아(E: ego)와 내면의 목소리, 곧 일본인 예술가(Ja)로 밝혀진 내면의 다른 인격 사이에 주고받는 말과 대화로 이루어진 적극적 상상이다. 처음에는 내면의 목소리라고 생각했던 대상이 일본인 예술가로 밝혀진 것이다. 이 여성은 집을 수리하고 있었는데, 집안 구조를 어떻게 디자인해야 할지, 어떤 색을 칠해야 할지, 가구는 어떻게 배치해야 할지 온갖 생각들이 꼬리에 꼬리를 물고 일어나서 잠을 잘 수가 없었다. 여성은 그렇게 계속되는 생각을 억압하거나 지우려고 애쓰지 않고 그 생각을 의인화해서 적극적 상상을 시도했다(Johnson, 1986).

E   무슨 일이 벌어지고 있는 거지? 내가 전혀 모르는 어떤 힘에 사로잡혀 있구나. 색채들이 눈에 어른거려서 통 잠을 잘 수가 없네. 잠을 잘 수 없게 하는 너는 도대체 누구냐? 너는 지금 뭐 하고 있는 거니? 원하는 게 뭐야?

목소리   (여자 목소리 같음) 색깔이 너무 예쁘지 않니? 색깔이 서로 어우러지는 걸 봐……. 이 색깔은 책장의 나무색과 아주 잘 어울리잖아.

E   잠깐만. 그래. 정말 예쁘기는 한데~ 난 지금 너무 피곤하거든. 신경을 써야 할 일들이 얼마나 많은지 몰라. 이 일만 있는 게 아니야. 다른 일도 해야 하는데~ 네가 나를 완전히 사로잡고 있어.

목소리   나는 여기에 뭐를 만들어 놓으면 좋을지 분명하게 알고 있어. 그래서 여기에 어울리는 것들을 찾고 있는 거야. 그런 것을 실제로 만들려면 여기에 맞는 재질을 찾아서 디자인을 하고 색칠을 해야 해.

E   그래. 다 좋은데~ 그걸 꼭 밤새도록 해야 하겠니?

목소리   아~ 무슨 말인지 알겠다.

목소리의 인격이 누구인지 점점 명료해진다. 처음에는 여자 같았는데, 대화 중에 여성이 알게 된 것은 남자도 여자도 아닌 양성을 지닌 일본 사람으로서 예술가이다……. 이 내면의 인격은 매우 섬세하고 자연을 찬찬히 감상하는 모습을 지니고 있다. 여성의 자아는 이 인격에 흥미를 느끼며 그 존재를 놓치고 싶지 않아서 계속 추적한다. 그러자 분노와 짜증이 사라진다.

E　제발 달아나지 마. 난 화가 난 게 아니야. 우리 둘 다 성장할 수 있도록 뭔가 합의를 할 수 있을 거야. 그런데 넌 왜 그렇게 나를 사로잡고 심하게 몰아치고 있는 거니?

Ja　난 두려워.

E　뭐가 두려운데?

Ja　다시 갇히게 될까 봐 두려워.

E　갇힌다고? 그게 무슨 말이야?

Ja　그동안 나를 표현할 기회가 없었잖아. 문이 열려 있는 동안 빨리 집중해서 일을 해야 할 것 같아. 곧 끝이 날 텐데. 그러면 나는 다시 갇히게 될 거잖아.

E　무슨 말인지 알 것 같다. 내 삶에는 너를 위한 배출구가 전혀 없었지. 난 네가 내 속에 있는지조차 몰랐으니까. 내가 살고 있는 문화환경에는 너를 위한 장소가 거의 없었어. 그렇게 너를 위한 자리를 마련해 주지 못한 것은 나의 문제이기도 해.

Ja　그래. 오랫동안 배가 고팠던 느낌이야. 이번이 내가 누릴 수 있는 유일한 기회인지도 모르겠어.

E　꼭 그렇지는 않을 거야. 내가 너를 위해 다른 수단, 곧 네가 너를 표현할 수 있는 다른 길을 마련해 주면 되지 않을까? 그러면 네가 지금처럼 절박하게 느끼지 않을 수 있을 거야. 지금 니의 그 열징을 조절할 수 있지 않을까?

Ja　응. 알았어.

(이하 생략)

앞의 사례는 말과 대화로 이뤄진 적극적 상상의 단편적인 예라고 할 수 있다. 한 가지 주목할 사항이 있다. 직극적 상상을 시직할 때 여성은 스스로 통제히기 어려운 생각들, 즉 꼬리를 물고 일어나는 생각들에게 사로잡히는 수동적 상상의 상태에 있었지만, 의식이 그 상상에 개입함(묻고 대화하기 등)으로써 수동적 상상을 적극적 상상의 상태로 전환시켰다는 것이다. 처음에 여성의 의식은 떠오르는 환상들과 관계없이 환상의 세계 바깥에 존재하고 있었지만 의식적인 자아가 활발하게 활동함으로써 적극적 상상으로 바뀐 것이다. 사례에 나오는 여성은 적극적 상상을 통해서 다음과 같은 내용들을 깨닫게 되었다(Johnson, 1986).

- 이 여성이 살고 있는 사회와 문화에는 미와 아름다움을 추구하는 태도를 형성하는 데 장애가 되는 요소가 있다. 그 사회의 주류적인 문화가 추구하는 가치는 생산성과 결과물이다. 실용성에 가치를 두고 있기 때문에 아름다움을 추구하는 가치는 퇴색되었다.
- 이 여성은 사회 집단이 요구하는 것과 자기의 본성이 요구하는 것 사이의 차이를 구별할 수 있게 되었다. 자기의 본성이 요구하는 것은 미와 아름다움을 추구하는 것이다. (이처럼 본성적인 추구에 응답하는 것은 개성화 과정에 도움이 된다.)

꿈작업을 할 때에도 적극적 상상 기법의 사용이 가능하다. 그것은 다음과 같은 몇 가지 방법을 사용할 수 있다.

- 꿈의 상징심상을 그림으로 그린다. 꿈에 나타난 심상과 종이에 그린 그림 사이에는 차이가 있지만 그것은 크게 문제 되지 않는다.
- 자신을 꿈의 상징심상과 동일시하여 그 대상이 되어 본다. 그 대상이 되어 떠오르는 생각 욕구, 느낌 등을 말한다.
- 꿈의 상징심상을 하나씩 의식 속에 떠올리면서 그 상징심상과 대화를 한다. 이것은 의식과 무의식 사이의 대화이다. 이때 의식이 무의식에서 올라온 상징심상에게 말을 걸고 그 상징심상이 대답하는 것을 듣는다. 그 대화를 글로 기록한다.
- 꿈의 상징심상이 어떻게 변화되는지를 바라본다. 그 상징심상이 움직이고 변화되는 것을 그대로 바라보며 따라간다.
- 자신이 꿈의 상징심상이 되어 춤을 춘다. 상징심상이 되었을 때 떠오르는 생각, 욕구, 상처, 콤플렉스, 느낌, 기대, 희망 등을 춤동작으로 표현한다.

꿈 상징심상에 대한 적극적 상상의 사례

다음은 필자가 개설한 집단투사 꿈작업 과정에 참석한 어떤 여성의 꿈 내용과 그 꿈을 가지고 했던 적극적 상상의 사례이다. 그 여성은 다음과 같은 꿈을 꾸었다.

꿈에서 두 나라 사이에 전쟁이 벌어진다. 여기저기에서 총소리가 들리고 폭탄이 터진다. 수많은 군인이 피를 흘리며 쓰러진다. 죽은 시체들이 즐비하다. 그때 두 나라의 왕자와 공주가 죽음을 각오하며 서로 반대 방향에서 산 정상을 향해 기어오른다. 결사적이다. 겨우 산 정상에 도착한 왕자와 공주가 손을 잡는다. 순간 전쟁이 끝난다.

이 꿈의 의미는 무엇일까? 꿈을 꾼 여성은 집단투사 꿈작업의 과정 중에 '아하' 체험을 통해서 꿈의 의미를 알게 되었다. 꿈의 장면인 전쟁과 꿈에 등장한 죽은 병사들은 꿈사람인 여성이 어린 시절에 경험한 것, 즉 부모의 격렬한 부부싸움으로 고통과 공포 속에 살았던 형제들의 상태를 상징한다. 그때 여성은 마치 몸과 마음이 죽은 것처럼 얼어붙어 버리는 긴장성 부동화 상태에 있었다. 꿈에 등장한 왕자는 자신을 전쟁터와 같은 집에서 구출해 준 남편이다. 산 정상에 올라서 왕자의 손을 잡은 여인은 바로 꿈사람 자신이다. 그녀에게 결혼은 불행한 과거를 청산하고 행복한 내일을 시작하는 변화의 사건이었다.

꿈사람인 이 여성은 자기 꿈의 의미를 파악한 이후에 그 꿈을 가지고 적극적 상상을 했다. 그녀는 의식이 명료하게 깨어 있는 관조의 상태에서 그 꿈을 바라보았다. 상징으로 되어 있는 그 꿈의 장면이 어떻게 바뀌고 변형되는지를 따라가며 바라보았다. 그러나 외식적으로 그 장면을 바꾸려고 통제하지 않았다. 다음은 적극적 상상의 결과 변형된 꿈의 장면이다.

총소리는 그쳤고 전쟁은 끝났다. 피를 흘리던 전쟁의 장소가 결혼예식의 장소로 바뀐다. 왕자(남편)와 공주(자기)가 결혼을 한다. 죽은 병사들이 살아나서 결혼을 축하하는 하객이 된다. 웨딩드레스를 입은 공주가 왕자와 팔짱을 끼고 행진한다. 살아난 병사들이 양쪽으로 길게 서서 축하한다. 왕자와 공주는 병사들이 환호하는 길 가운데로 걷는다. 총탄과 포탄은 결혼을 축하하는 불꽃놀이로 바뀐다.

인생의 전반기와 후반기

꿈작업을 할 때 꿈을 꾼 사람이 삶의 어느 발달단계에 있는가 하는 것을 고려할 필요가 있다. 특히 인생의 전반기와 후반기 중 어느 시기에 있는가를 아는 것은 도움이 된다. 융은 인생의 전반기와 후반기를 구분했다. 그것은 나이 35~40세를 전후해서 구분된다고 보았는데, 두 시기 사이에는 발달상의 많은 변화와 차이가 있다. 융 분석가인 욜란드 야코비(Jolande Jacobi)는 이렇게 말했다. "같은 꿈을 꿀지라도 어린아이가 꾸는 것과 나이 50세가 된 사람이 꾸는 것은 그 의미가 명백하게 다르다."(Jacobi, 1973)

인생의 전반기에는 외부의 현실 또는 대상과의 관계를 잘 형성하는 것이 중요하다. 이때 성취해야 할 과제는 자아를 강하게 하고, 살아가는 데 필요한 적극적인 태도와 능력을 습득하며, 개인의 특성을 개발해서 환경에 적응할 수 있게 하는 것이다. 만약 이때 현실적인 생활 속으로 뛰어드는 것을 두려워하면 신경증이 발생할 수 있다. 후반기의 발달 과제는 인격 내부의 상태에 주목함으로써 자기 자신과 인간성에 대한 이해를 강화하고 지금까지 무의식 상태에 있던 특성들을 의식으로 끌어올려서 전 인격을 통합하는 것이다. 융은 중년기 이후의 삶에 비중을 두었는데, 왜냐하면 인생의 후반기는 죽음과 같은 주제에 직면하는 시간이며 또한 그가 강조한 개성화의 과정을 이뤄 가는 시기이기 때문이다. 만약 이때 다가오는 죽음의 문제를 회피하거나 외면하려고 하면 정신적인 장애가 발생할 수 있다(Jacobi, 1973).

인생의 전반기는 의식적인 마음이 외적인 것에 관심을 갖게 되는 시기이다. 외적인 것에 가치를 두고 외적인 것을 추구하며 그것을 소유하기 위해 노력한다. 거기에 에너지를 많이 사용한다. 외적인 것에는 성공, 출세, 학위, 지위, 돈, 결혼, 평판, 인기, 사회적인 파워 등이 있다. 이런 외적인 것을 추구하고 활동하고 성취함으로써 삶의 가치와 보람과 희망을 느끼는 것이다. 융은 이렇게 말했다. "인생의 전반기에 속한 대부분의 사람은 외적인 것들, 즉 직업에서의 성공, 만족스러운 성생활, 집을 빌리고 구입하는 것, 가구를 들여놓는 것, 그리고 그런 것들을 통해 얻게 되는 세상에서의 자기평판 등에 마음이 사로잡혀 있다."(Jung, 1970)

그러나 인생의 후반기에는 자기 자신, 곧 내적인 것에 대한 관심이 증대된다. 내적인 것을 생각하고 추구하게 된다. 내적인 것을 추구하는 데 에너지를 사용한다. 즉, 인생의 후반기에 이르면 추구하는 삶의 방향이 바뀌는 것이다. 외적인 것으로부터 내적인 것으로 전환된다. 그리고 내적인 추구에 대한 응답과 성취가 있을 때 삶의 가치와 의미를 느끼게 된다. 내적인 것들이란 인생의 가치와 의미, 삶의 목적, 영적인 것, 종교적인 것, 삶과 죽음의 문제, 이타적인 삶, 남을 돕는 삶, 나누는 삶, 봉사와 헌신 등을 말한다. 따라서 인생의 후반기에 이르면 이런 질문을 하게 되며 또한 해야 할 필요가 있다. "인생이란 무엇인가? 어떻게 사는 것이 잘 사는 것인가? 내 삶의 의미는 어디에 있는가? 지금 이대로의 삶을 계속할 것인가? 나는 나의 죽음을 어떻게 맞이할 것인가? 죽음 이후에도 다른 세상이 있는 것인가? 종교란 무엇이며, 나에게도 종교가 필요한 것이 아닐까?"

융의 주장에 의하면, 인생의 전반기에는 외적인 삶의 과제들을 처리하느라고 자신의 내면에서 들리는 내적인 목소리에 별로 관심을 기울이지 못한다. 하지만 인생의 후반기에는 노화가 시작되고 삶의 과중한 업무로 인하여 육체적 또는 정신적인 한계를 느끼게 된다. 따라서 인생의 후반기에는 자신의 내면에서 들려오는 신호들에 귀를 기울여 응답함으로써 인격을 통합시켜야 한다고 말했다. 그런 과정을 통해서 점진적으로 개성화, 곧 자기실현이 이루어지는 것이다.

이런 중년기의 방향 전환은 의식과 무의식의 세계에 있어서 차이가 있다. 대개 무의식의 방향 전환이 먼저 일어나며 그 후에 의식이 그 방향 전환을 따라가거나 또는 따라가지 않거나 하는 것이다. 이런 과정에 따라 인생의 후반기는 행복할 수도 있고 행복하지 않을 수도 있다. 그 과정은 대개 다음과 같이 세 가지의 형태로 나타난다.

- 무의식의 방향 전환과 거의 같은 시기에 의식의 방향 전환이 이루어진다. 그러면 정신적으로 건강하고 행복해지며 자기실현의 과정으로 나아갈 수 있게 된다.
- 무의식의 방향 전환 이후 오랜 시간이 지난 다음에 의식의 방향 전환이 이루어진다. 그러면 삶에 일시적인 혼란과 갈등이 나타날 수 있다. 이 시기에 직업을 바꾸거나 새로운 일을 시작하는 등 갑작스러운 변화가 나타나기도 한다.
- 무의식의 방향 전환에도 불구하고 의식의 방향 전환이 없다. 즉, 의식은 계속해서 외적인 것을 추구한다. 그러면 삶은 공허해지고 혼란스러우며 신경증이나 정신장애가

발생할 수 있다.

    융은 삶의 방향이 전환되는 인생의 전반기와 후반기를 해가 뜨고 지는 하루의 시간적인 변화를 예로 들어서 설명했다. 아침에 해가 떠서 정오에 이르는 오전 시간은 인생의 전반기(유아기, 아동기, 청년기)에 해당된다. 이때는 외적인 삶의 과제들을 처리하는 시기이다. 외적인 것을 추구하고 성취하는 데 에너지를 사용한다. 해가 정오를 지나 서쪽으로 지는 오후 시간은 인생의 후반기(중년기, 노년기)에 해당된다. 이때는 내적인 목소리에 귀를 기울이고 응답해야 하는 인생의 후반기로서 내적인 것들을 추구하는 데 에너지를 사용해야 하는 시기이다. 이런 상태를 그림으로 표현하면 [그림 6-1]과 같다(Brewi & Brennan, 정태기, 2010b, 재인용).

    융이 만났던 환자들 중에는 신경증, 우울증 그리고 삶의 공허감과 의미의 상실 등으로 어려움을 겪고 있는 중년의 여성들이 많았다. 그들은 대개 상류층에 속하는 부유한 여성들이었다. 그들에 대한 융의 진단과 치료는 의외로 단순했다. 융은 그들이 삶의 방향 전환이 이루어져야 하는 인생의 후반기에 돌입했지만, 그런 방향 전환이 이루어지지 않았기 때문에 문제가 생긴 것이라고 진단했다. 즉, 그들의 영과 무의식은 내적인 것과 영적인 것을 추구하고 싶어 했지만, 그들의 의식적인 삶은 여전히 외적인 것과 물질적인 것을 추구하고 있었기 때문에 정신적인 장애가 나타난 것이라고 보았다. 융은 인생의 후반기에 있는 환자들 대부분이 겪고 있는 고통의 원인은 종교의 부재에 있었다고 말했다. 치료는 그들의 의식이 영과 무의식을 따라 방향 전환을 하도록 돕는 데 초점을 두었다. 즉, 의식이 외적인 것과 물질적인 것을 추구하는 것에서부터 방향을 바꾸어 내적인 것과 영적인 것을

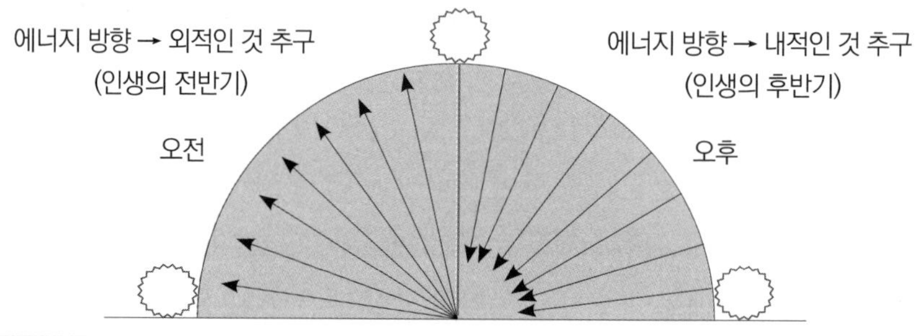

그림 6-1 인생의 전반기와 후반기

추구하도록 돕는 것이었다. 그렇게 함으로써 의식과 무의식이 추구하는 방향이 일치되도록 하는 것이다. 융에게 종교는 정신장애를 치료할 수 있는 중요한 자원이 되었다고 할 수 있다. 융은 40세, 곧 중년기를 지난 환자의 치료과정에서 반드시 필요한 것이 삶에 대한 종교적인 이해와 태도라고 말했다(Jung, cited in Edinger, 1972).

이처럼 인생의 전반기와 후반기에는 많은 변화가 나타난다. 이런 변화는 꿈의 상징심상을 이해하고 꿈작업을 할 때 참고할 필요가 있다. 즉, 동일한 꿈이라 할지라도 그것이 인생의 전반기에 꾼 꿈인가 아니면 후반기에 꾼 꿈인가에 따라서 그 의미가 달라질 수 있다는 것이다. 예를 들어, 꿈에 태양을 보았을 때, 꿈을 꾼 사람이 인생의 전반기를 살고 있다면 그 태양은 이성, 지성, 정열, 목표, 아버지 등을 의미할 수 있지만, 인생의 후반기를 살고 있다면 그 태양은 자기, 하나님 등을 의미할 수 있다. 또한 꿈에서 남녀가 성교하는 장면을 보았을 때, 인생의 전반기를 살고 있는 사람의 꿈이라면 그것은 성적인 욕구, 부부의 문제 등을 의미할 수 있지만, 인생의 후반기를 살고 있는 사람의 꿈이라면 그것은 두 사람 사이의 결합 또는 친밀감 등의 의미를 넘어서 한 인격 내부의 완전한 통합 또는 인간과 신, 물질과 영혼의 결합을 나타낼 수 있다(Fontana, 1994). 그러나 꿈의 해석과 의미발견에 있어서 인생의 발달단계를 고려하는 것은 도움이 되지만 이런 해석을 너무 공식적으로 적용하는 것은 의미발견을 제한할 수 있다는 점도 기억해 둘 필요가 있다.

융의 꿈해석 사례

꿈에 대한 융의 심리학적인 분석과정을 알아보려면 융이 실제로 꿈을 어떻게 다루고 해석했는지 그 사례를 살펴보는 것이 유익하다. 다음은 융이 개인 심리치료 시간에 작업한 한 환자의 꿈해석 사례이다. 융은 한 남성 환자를 지속적으로 만났는데, 그때 그가 꾼 일련의 꿈들을 분석했다. 그 분석 사례들을 스위스 취리히에서 열린 세미나에서 정기적으로 발표했다. 그리고 그 사례들을 함께 모아서 『꿈분석(Dream Analysis)』이리는 책으로 출간했다.

꿈분석을 받은 융의 환자는 45세의 남성 사업가로서 지적이고 교양 있고 돈도 잘 벌고

점잖고 사교적인 사람이었다. 매너도 좋고 말도 공손하며 옷도 잘 차려입었다. 겉으로 보기에 행동이 단정하고 윤리적으로 흠잡을 데가 없어 보였다. 그러나 종종 신경질적으로 짜증을 냈으며, 아내와 성생활에 문제가 있었다. 부부 사이에 서로 관심이 없었고 불감증의 상태에 있었다. 그는 다른 여성들에게 끌리기 시작했고 가끔 매춘부를 찾아가기도 했다. 그러나 그런 일이 있은 다음에는 죄책감에 대한 보상 심리로서 더욱 바르게 살려고 노력했다. 그러나 그런 결심은 그때 뿐이었다.

그는 융이 자기의 문제를 해결해 줄 수 있을 거라고 기대했다. 그러나 융은 자기도 그 해결책을 모른다고 하면서 이렇게 말해 주었다. "내가 당신의 문제에 대한 해결책은 모르지만, 당신에게는 객관적 사실인 꿈이 있습니다. 꿈이 문제 해결에 필요한 정보를 제시할지 모릅니다. 앞으로 당신의 꿈이 무슨 이야기를 들려주는지 함께 보도록 하지요." 그래서 둘 사이에 꿈분석이 시작되었다.

여기에 소개하는 꿈은 그 환자가 가져온 첫 번째 꿈이다. 그는 꿈분석을 받기로 동의한 다음에 이 꿈을 꾸었다. 융에 따르면, 상담이나 심리치료를 받는 내담자가 처음으로 꾸는 꿈은 매우 중요한데, 왜냐하면 그 꿈은 그 내담자가 가지고 있는 문제의 윤곽을 보여 줄 뿐만 아니라 그 해결책까지 암시하고 있는 경우가 많기 때문이다(Jung, cited in Jacobi, 1973).

남성 환자의 꿈 내용

다음은 융의 환자가 말한 꿈의 내용이다. 그는 다음과 같은 꿈을 꾸었다.

꿈에서 여동생의 아이가 아프다는 소리가 들린다. 그런데 매제(여동생의 남편)가 나에게 와서 함께 극장 공연을 보고 식사를 하자고 제안한다. 나는 이미 식사를 했지만 그와 함께 외출하는 것도 괜찮다고 생각한다.

우리 둘이 도착한 곳은 넓은 방이다. 한가운데에 식탁이 길게 놓여 있다. 넓은 방의 네 귀퉁이에 벤치 또는 의자 같은 것들이 몇 줄 놓여 있다. 그런데 벤치와 의자의 등받이가 모두 식탁 쪽을 향해서 거꾸로 놓여 있다. 나는 의자에 앉아서 매제에게 왜 아내(환자의 여동생)는 오지 않았느냐고 묻는다. 순간 나는 아이가 아파서 오지 못했구나라는 생각을 하면서 매제에게 아이의 병이 어떤지를 묻는다. 매제는 아이가 많이 좋아졌으며, 지금은 미열이 조금 남아 있다고 말한다.

　장면이 바뀌어 나는 매제의 집에 있다. 나는 아픈 아이를 보고 있다. 한두 살 된 작은 여자아이이다. (이때 환자는 실제로 그런 아이는 없다고 말했다. 그의 여동생에게는 두 살 된 아들이 있었지만 그 아이는 2년 전에 이질로 사망했다.) 여자아이는 아직 아파 보인다. 이때 누군가가 나에게 이 여자아이가 내 아내의 이름인 '마리아'를 제대로 발음하지 못한다고 귀뜸해 준다. 나는 '마리아 숙모'라고 말하면서 그 아이에게 따라 해 보라고 말한다. 그런데 나의 발음이 이상하다. 나는 '마리~ 숙모'라고 말하면서 '아' 발음을 하지 못한다. '아'라고 말해야 하는 순간에 마치 하품을 하듯이 입을 벌린다. 주변에 있던 사람들이 내가 아내의 이름을 그렇게 발음하는 것을 보며 나를 꾸짖는다(Jung, 정명진 역, 2018).

융의 꿈해석

　이 꿈에 대해 융이 해석하고 설명한 분량은 매우 많다. 백여 페이지에 이른다. 꿈의 해석만이 아니라 여러 가지 심리학적 개념들에 대한 융의 이론과 설명들이 포함되어 있기 때문이다. 그러나 여기에서는 그 특징적인 내용을 중심으로 간략하게 몇 가지로 요약해 보려고 한다. 다만, 요약과정에서 생략된 부분의 이해를 돕기 위해 본래의 의미를 훼손하지 않는 범위 내에서 필자의 설명을 덧붙인다.

1) 꿈에 나오는 여자아이가 아픈 것은 2년 전에 이질로 앓다가 죽은 여동생의 어린 아들을 떠올리게 한다. 환자(꿈사람)는 상실에 대한 기억을 가지고 있으며 이것이 자신을 여동생과 연결 지어 주고 있다는 것을 아는 것이 중요하다. 그는 지금 아내와의 관계에서 애정의 상실로 정서적인 혼란을 겪고 있는 것으로 보인다. 따라서 아픈 여자아이(소녀)는 그런 상실과 정서적인 혼란을 나타내는 상징이라고 할 수 있다. 그 소녀가 상징이라는 것은 현실적으로 그렇게 아픈 아이가 없다는 점에서 분명해진다. 뿐만 아니라 꿈에 등장한 그의 여동생도 상징성을 지닌다. 왜냐하면 여동생은 지금 먼 외국에 살고 있으며 그와 여동생 사이에는 거의 연락이 없는 상태에 있기 때문이다.

> **참고 꿈속 인물의 상징성**
>
> 융에 따르면, 꿈에 등장하는 사람들에 대한 해석에서 유의해야 할 것이 있다. 꿈에 등장한 인물이 현재 실제로 가깝고 소통하고 있는 중요한 대상이라면, 그 인물은 명백하게 실제의 인물로 간주해야 한다. 예를 들어, 아내의 꿈에 남편이 현실의 모습으로 등장한다면 꿈속의 남편을 상징으로 해석해서는 안 된다. 실제하는 남편으로 보아야 한다. 이것은 꿈해석의 객관적 접근이다. 그러나 꿈에 등장한 인물이 자신이 모르는 미지의 사람이거나 알고 있을지라도 멀리 떨어져 지내며 한동안 연락이나 관계를 맺고 있지 않다면, 그 인물은 꿈사람의 내면에 있는 자기의 인격이나 성향을 나타내는 상징으로 보아야 한다. 이것은 꿈해석의 주관적 접근에 해당한다.
>
> 따라서 앞의 꿈 사례에 나오는 여동생과 아픈 여자아이는 꿈사람의 내적 상태를 나타내는 상징으로 보는 것이 적절하다. 융은 말하기를, 프로이트의 이론에 따르면 꿈에 나온 여동생은 꿈사람의 아내에 대한 대체물, 곧 치환으로 설명할 수 있겠지만 그렇게 생각할 근거나 단서는 전혀 없다고 했다(Jung, 정명진 역, 2018).

2) 그럼 꿈속의 여동생은 무엇을 상징하는 것일까? 여동생은 첫째 아이가 죽은 뒤에 두 번째로 태어난 아들도 잃게 될까 봐 노심초사했는데, 그때 그녀는 영적치유를 강조하는 크리스천 사이언스라는 종교를 갖게 되었다. 융은 꿈사람이 분석과정에서 동생의 종교에 대해 이야기를 한 것은 그의 마음속에 여성성이 작동되고 있다는 증거라고 말했다. 아니마의 출현이라고 해도 무방할 것이다. 또한 꿈에 나오는 여자아이도 꿈사람의 내면에 있는 여성적인 요소를 상징한다고 보았다. 융은 2년 전 여동생의 아들이 죽었을 때 무슨 일이 있었느냐고 물었다. 그때 이후 그는 2, 3년 동안 철학, 신비주의, 신지학 등에 관심을 갖고 그와 관련된 책들을 읽었다고 말했다. 융에 따르면, 신비주의와 신지학에 대한 관심은 여성적인 성향, 곧 아니마를 나타낸다. 그러나 꿈에 나온 여자아이가 아프다고 하는 것은 신비주의와 신지학에 대한 그의 관심과 공부가 병적이며 잘못되었다는 것을 암시한다.

융에 따르면, 꿈에서 명확한 시간이 언급된다면 그 시간과 관련된 꿈사람의 삶의 역사를 알아볼 필요가 있다고 했다. 예를 들어, 융의 환자인 한 여성이 꿈을 꾸었는데, 꿈에서 다섯 살 난 아이가 자기를 얼마나 고통스럽게 하는지 몸서리를 치다가 꿈에서 깨어났다고 했다. 융은 그 여성에게 5년 전 같은 달에 무슨 일이 있었느냐고 물었다. 잠시 후 여성은 당황하는 모습을 보이며 이렇게 말했다. 그녀는 5년 전에 한 남자를 사랑했는데, 그때 그런 자기감정을 철저히 속이고 무시하며 살았다. 자기는 평범한 가정의 딸이었고 그 남자는 귀족 집안의 아들이었기 때문에 사랑이 이뤄질 수 없다고 생각한 것이다. 그 후 그녀는 다른 남자와 결혼을 했는데, 결혼생활이 지옥 같았으며 이대로 살다가는 미칠 것 같다는 생각이 들었다. 그런 중에 3년 전 자기가 사랑했던 그 남자의 친구를 만났는데, 그때 그 친구로부터 이런 말을 들었다. 그녀의 첫 남자가 그녀를 몹시 사랑했으며, 그녀가 결혼했다는 소식을 듣고 그 충격 때문에 결혼을 하지 못하고 혼자 살았다는 것이다.

그녀는 결혼해서 두 자녀를 두었는데, 다음은 그녀가 집에서 두 자녀, 곧 서너 살 된 큰딸아이와 둘째인 남자아이를 목욕시킬 때 있었던 일이다. 큰딸아이는 눈의 생김새가 그녀가 사랑했던 첫 남자의 눈을 쏙 빼닮아서 마치 그 남자의 아이로 생각하고 있던 딸이다. 그런데 그때 두 아이가 욕조에 입을 대고 더러운 목욕물을 마시고 있었다. 그녀는 아이들이 그 물을 마시는 것을 바라보면서 막지 않고 그냥 두었다. 두 아이는 장티푸스에 걸렸고 결국 큰 여자아이가 죽고 말았다. 그 후 여성은 우울증과 조현병 증세로 입원을 했고, 융이 그녀의 치료를 맡았다. 그녀의 사연을 알게 된 융은 다소 잔인하지만 진실을 말해 주어야 치료가 될 수 있다고 생각했다. 융은 이렇게 말해 주었다. "당신은 결혼생활을 죽이기(끝내기) 위해서 큰아이를 죽인 것입니다." 그러나 그녀가 융의 말을 인정하고 받아들이기는 어려웠다. 왜냐하면 그녀는 첫 남자를 부정했고 존재하지 않는 사람으로 생각하고 있었기 때문이다. 그 남자를 향한 자기의 사랑을 의식적으로 억압하고 부정한 것이다. 윤리적으로 허용될 수 없었기 때문이다. 그러나 그 결과 그녀는 자기 내부에서 악마를 키웠고, 결국 그 악마가 첫 남자의 딸처럼 생각했던 큰딸아이를 죽이도록 유혹한 것이다. 융에 따르면, 그 악마는 그녀의 무의식 속에 있는 부정적인 아니무스이다(Jung, 정명진 역, 2018).

3) 다시 융에게 꿈분석을 받고 있던 남성 환자의 이야기로 돌아간다. 환자의 꿈에 등장한 매제는 꿈에 나온 두 번째의 인물이다. 분석과정에서 그는 매제와 오랫동안 친구 관계에 있었지만, 지금은 외국에 멀리 떨어져 있기 때문에 그 매제와 연락을 하지 않고 지낸다고 말했다. 따라서 꿈에 나온 매제를 현실적인 인물로 보는 것은 여동생의 경우와 같이 무모한 일이다. 즉, 매제 역시 꿈사람의 내적 상태를 나타내는 상징으로 보아야 한다. 그럼 매제는 무엇을 상징하는 것일까? 꿈사람은 현실 세계에서 대단히 지적이고 합리적이며 규범을 지키면서 살아가는 모범생으로서 항상 자신의 감정은 드러내지 않고 통제해야 한다고 생각했다. 그는 가끔 음악 콘서트장에 갔지만, 콘서트 자체가 좋아서가 아니라 자신이 고상해 보이기 위해서 그곳에 가곤 했다. 그는 페르소나를 매우 중시하는 사람이다. 따라서 그의 삶은 무미건조하고 재미가 없었다. 반면에 그의 매제는 예술적이며 음악적인 소질이 있었다. 음악에 대한 이해가 풍부했다. 따라서 꿈에 등장한 매제는 또 하나의 상징으로 꿈사람의 비효율적인 측면, 즉 미개발된 그의 정서적이고 예술적인 성향이 발현되고 개발되어야 할 필요가 있다는 것을 강조하고 있다. 그런 의미에서 매제는 꿈사람의 한 부분으로 볼 수 있다. 자신의 정서와 예술적인 부분이 개발되지 않고 억압되어 있다는 것을 역설적으로 깨우쳐 주는 그의 그림자이다. 그는 자신의 예술적인 부분을 억압했고 그 부분과 연결이 되어 있지 않았기 때문에 그 부분이 매제에게 투사된 것이다.

그런데 꿈에서 꿈사람이 매제, 곧 자기의 그림자의 초대를 받아 함께 공연을 보러 간다는 것은 그가 자신의 그림자를 받아들이고 있다는 것을 의미한다. 이 대목에서 융은 이렇게 말한다. 꿈에서 매제가 꿈사람의 그림자를 상징한다면, 그 매제의 아내는 그 그림자와 결혼한 그의 여성성인 아니마이다. 즉, 꿈사람의 그림자와 아니마가 결합되어 있다. 이런 경우 아니마는 놀라운 결과를 낳는다. 아니마는 현실 속의 여자가 할 수 없는 것을 할 수 있기 때문이다. 한 남자를 세상 어디로든 보낼 수 있다. 그 이유는 그림자가 아니마에게 매여 통제를 받기 때문이다. 꿈사람의 꿈에 등장한 매제, 곧 그의 그림자는 그의 아니마인 여성성의 지배를 받고 있다.

4) 융의 환자는 꿈에서 매제와 극장에 가서 공연을 보고 함께 식사를 하기로 한다. 그러

나 그는 실제로 매제와 함께 식사를 한 기억은 없다. 따라서 이 꿈의 장면도 실제 상황에 대한 묘사가 아니라 상징성을 지닌 창작이라고 할 수 있다. 꿈에서 그의 매제는 그에게 공연을 보러 극장에 함께 가자고 제안한다. 융에 따르면, 극장은 비현실적인 삶이 전개되는 곳이다. 극장에서의 공연이나 연극은 무엇인가를 투사적으로 표현하는 이미지로 이뤄진다. 말하자면 꿈의 배경이 되고 있는 극장은 개인의 콤플렉스들이 무대에 올려지는 심리치료의 현장을 나타낸다고 볼 수 있다. 극장의 무대를 지켜보면서 사람들은 세상이 어떻게 돌아가는지를 알게 된다. 영화는 연극보다 더 효과적이다. 영화는 제약이 훨씬 적으며 표현도 다양하기 때문에 개인무의식과 콤플렉스들만이 아니라 집단무의식과 그 원형들을 보여 줄 수 있는 상징적인 장소가 된다. 꿈에서 그의 매제가 그를 극장으로 초대하는 것은 그의 콤플렉스들을 무대에 올려놓자고 제안하고 있는 셈이다.

매제는 그에게 공연을 본 뒤에 함께 식사를 하자고 했는데, 융에 따르면 그것은 곧 자신의 콤플렉스를 먹는다는 의미가 있는 말이다. 콤플렉스를 먹는다는 것은 그것을 만나고 받아들여서 자기의 인격에 통합한다는 것을 의미한다. 이런 통합의 과정을 융은 '심리적 동화(psychological assimilation)'라고 말했다. 즉, 자신의 콤플렉스를 무대에 올려놓고 그것을 바라보면서 자기의 콤플렉스를 부정하지 않고 자신의 것으로 인정하며 받아들이는 것이다. 그러면 콤플렉스가 나의 전 인격에 통합된다. 이것은 심리치료 과정에서 이뤄지는 중요한 작업이다. 융은 이렇게 말했다. "사람들은 자기가 신성으로 어떤 존재인지 모른다. 그런 이유 때문에 자신의 무의식을 만나는 것을 무서워한다."

융은 심리적 동화의 필요성을 이렇게 강조했다. 신경증을 앓고 있는 환자의 무의식은 서로 동화되지 않고 찢기고 분열되어 있는 이상한 내용물들로 채워져 있다. 환자가 치료되어 정상을 찾으려면 이렇게 분열된 내용물들이 통합(integration)을 이룰 수 있어야 한다. 융은 이런 예를 들고 있다. 만약 자신이 거짓말을 했다면, 그 거짓말은 자신이 거짓말을 했다는 사실을 인성하는시의 여부와 관계없이 의식 또는 무의식에 자리를 잡고 앉아 있을 것이다. 자신이 그 사실을 인정하지 않으면,

즉 그것을 동화 또는 통합시키지 않으면, 그 거짓말은 자신의 내부에 이질적인 요소가 되어 부스럼과 같은 종기를 발생시킬 것이다. 그것은 신체에 생긴 종기와 같이 곪기 시작한다. 그런 상황이 된다면 꿈을 꿀 것이다. 자신을 범죄자로 느끼는 꿈을 꿀 수도 있다. 꿈은 우리가 부정하거나 소화시키지 아니한 것을 소화하도록 하는 시도이다. 말하자면, 꿈은 꿈사람을 치료하기 위한 내적인 노력이라 할 수 있다(Jung, 정명진 역, 2018).

5) 꿈에는 매우 흥미로운 장면이 나타나 있다. 방 안에 여러 개의 의자가 있는데, 그 등받이가 모두 식탁 쪽으로 거꾸로 놓여 있다. 이것은 무엇을 상징하고 있는 것일까? 융은 두 가지 사항에 주목했다. 첫째, 방 안에 식탁이 있는 것으로 보아 이 방은 식사를 하기 위한 방으로 보인다. 그러나 식사를 할 수가 없다. 왜냐하면 의자가 거꾸로 놓여 있기 때문이다. 식사를 할 수 없다는 것은 자신의 콤플렉스와 내적인 이미지들을 자신의 것으로 동화하고 있지 않다는 것을 의미한다. 둘째, 방 안에 여러 개의 의자가 놓여 있다는 것은 집단성을 강조하는 이미지이다. 즉, 그것은 여러 사람 사이에 만남과 상호작용 그리고 자기의 비밀을 털어놓는 자기 개방과 고백이라는 소통의 필요성을 의미한다. 그러나 그런 자기 개방과 고백과 소통은 불가능하다. 왜냐하면 의자가 거꾸로 놓여 있기 때문이다. 사람들은 각자 벽을 향해 앉아야 한다. 융은 가톨릭 종교에서 행하는 고해성사를 언급한다. 심리분석은 고백과 유사하며 고백은 언제나 집단적이어야 한다고 말한다. 고백은 고백하는 개인뿐만 아니라 집단을 위한 것이기도 하다. 우리가 자신의 죄와 잘못을 고백하지 않으면 우리는 집단으로부터 소외되지만, 고백하면 다시 집단의 품속에 안길 수 있게 된다. 집단이 살아나는 것이다. 원시 종족의 삶의 특징 중 하나는 무엇이든 서로 털어놓음으로써 비밀로 인한 분열과 배척이 없다는 것이다. 융은 꿈에 나오는 식탁은 심리적인 성만찬을 위한 테이블이라고 했다. 그리고 성만찬을 하기 전에 필요한 것은 성찬에 참여할 수 있을 만큼 가치 있는 존재가 되는 것인데, 그것은 서로 자기의 죄와 비밀을 털어놓는 고백이다. 꿈에서 의자가 거꾸로 놓여 있는 것은 꿈사람이 그런 성찬이 행해지는 방으로 들어가는 것을 거부하고 있다는 것을 의미한다. 융은 이런 해석이 그

의 환자에게 정곡을 찌르는 말로 들렸을 거라고 했다. 왜냐하면 그는 자기 아내에게 고백하지 않은 비밀을 가지고 있기 때문이다. 지금 꿈사람과 그의 아내는 서로 마주 보고 있는 것이 아니라 한 방향으로 벽을 보고 앉아 있으며 서로 영적으로 그리고 정서적으로 소통이 부재한 상태에 있다(Jung, 정명진 역, 2018).

참고 집단적인 꿈

언급한 것처럼, 융은 이 꿈에 집단적인 의미가 있다고 말했다. 의자들이 거꾸로 놓여 있는 것은 무엇인가 집단적으로 비정상적이고 부조리한 것이 있다는 것을 말한다. 이 꿈은 결혼생활의 문제, 곧 아내에 대한 남편의 권태와 싫증의 문제가 꿈사람 개인의 문제만이 아니라 세계 곳곳에 살고 있는 많은 부부의 공통된 문제라는 것을 보여 준다. 따라서 이 꿈은 꿈사람 개인에게만이 아니라 많은 부부에게 의미가 있는 집단적인 꿈이라 할 수 있다. 한편, 이 꿈은 지금 우리가 살고 있는 세상과 사회가 소외와 분열로 갈등을 겪고 있다는 것을 알려 준다. 세상은 이념, 종교, 종족, 성별 그리고 부의 분배 문제 등으로 분열되어 있다. 사람들은 모두 한쪽 방향으로 벽을 바라보며 자기의 비밀을 간직한 채 외롭게 격리되어 살아간다. 이처럼 이 꿈은 꿈사람의 개인적인 문제만이 아니라 그가 속한 공동체나 사회의 문제를 노출하고 있는 집단적인 꿈이다.

집단적인 꿈이라고 할 때의 집단은 집단무의식에서 말하는 집단의 의미와는 다른 것이다. 전자에서의 집단은 한 공동체나 사회 또는 세계라는 집단을 말하는 것으로서 이때 집단적인 꿈은 그런 집단의 많은 사람이 공통적으로 느끼거나 가지고 있는 문제가 꿈으로 드러나는 것을 말한다. 후자의 집단은 인간의 정신세계를 지칭하는 개념으로서 신화와 원형적 특성들이 들어 있는 내면의 깊은 공간을 의미한다. 신화와 원형은 모든 인류가 공통적으로 가지고 있다는 점에서 전자의 집단과 유사해 보이지만, 전자의 집단은 가시적인 사회집단을 의미하며 후자의 집단은 비가시적인 무의식적 집단을 나타낸다는 점에서 차이가 있다.

6) 꿈의 중반에서 꿈사람은 매제의 집에 있다. 융에 따르면, 꿈에서 장소가 바뀐다는 것은 심리적 배경과 그 주제의 변화를 나타낸다. 공적인 장소에서 사적인 공간으로 바뀐 것이다. 꿈에서 집은 하나의 상징이다. 집은 꿈사람이 습관적으로 물려받은 태도

와 삶의 방식을 의미한다. 그의 태도와 삶의 방식은 재미없고 모호하다. 이제 그는 자신의 태도에 밝은색을 입히고 싶어 한다. 꿈에 나타난 아픈 여자아이는 현실에 없는 아이이다. 현실에는 병을 앓다가 죽은 두 살짜리 남자아이가 있었을 뿐이다. 이것은 시사하는 바가 크다. 꿈사람은 확충연상 과정에서 자신은 소년들보다 소녀들을 좋아한다고 말했다. 소녀들은 귀엽기도 하고 자기표현도 잘한다고 말했다. 이런 사실은 꿈속의 여자아이가 소녀들을 닮은 그의 아니마를 상징한다고 볼 수 있다. 그런데 꿈속의 여자아이는 아플 뿐만 아니라 2년 전에 죽은 남자아이와 연결되어 있기 때문에 그의 아니마의 건강 상태를 의심해 봐야 한다. 어쩌면 그는 지금 신비주의와 신지학에 물려서 싫증을 느끼고 있는지 모른다.

7) 꿈의 마지막 부분에서 누군가가 꿈사람에게 두 살짜리의 아픈 그 여자아이가 그의 아내의 이름을 제대로 발음하지 못한다고 귀띔해 준다. 그는 그 아이에게 발음을 바르게 하도록 가르쳐 주려고 '마리아 숙모'라고 말을 하는데, 제대로 소리가 나지 않는다. '마리~' 하며 '아'를 붙여서 발음해야 하는데, 그때 하품이 나왔다. 하품은 무엇을 나타내는 상징일까? 융에 따르면, 그것은 지루함을 나타낸다. 그는 결혼생활, 즉 아내와의 관계가 지루하다고 느끼고 있는 것이다. 그러나 의식에서는 그런 사실을 인정하지 않을 것이다. 또한 그 지루함 때문에 자기의 삶이 다른 방향으로 잘못 가고 있다는 것도 모르고 있을 것이다.

꿈사람은 그의 아내에 대한 확충연상에서 아내는 어린아이와 같고 아이들은 모두 아내를 좋아하며 아내는 아이들의 친구라고 말했다. 그런데 꿈속의 병든 여자아이는 아내의 이름인 마리아를 제대로 발음하지 못한다. 즉, 이 여자아이는 그의 아내를 좋아하지 않는 것이다. 모순되어 보이는 이 장면은 무엇을 의미하는 것일까? 융의 해석에 따르면, 여자아이는 신비주의에 빠져 있는 꿈사람의 아니마라고 할 수 있다. 즉, 꿈사람의 아니마 또는 내면의 인격은 그의 아내를 좋아하지 않는다는 것을 나타낸다. 그럼 무의식이 그에게 이런 꿈을 꾸게 한 목적은 무엇일까? 꿈은 그에게 자신이 아내를 좋아하지 않으며 권태를 느끼고 있다는 사실을 받아들이라고 요구한다. 왜냐하면 그 사실을 인정하고 받아들이는 것이 그가 지닌 문제를 풀 수 있는 실마리가 되기 때문이다. 그는 자신의 외적 인격인 페르소나를 잘 보존하기를 원하기 때문에 아내에게 권태와 싫증을 느끼고 있다는 사실을 용납할 수 없다. 그러나 그런 태도는 그가 가지고 있는 문제를 해결하는 데 도움이 되지 않는다(Jung, 정명진 역, 2018).

융에 따르면, 꿈의 마지막 부분은 무엇인가를 가르쳐 주는 경우가 종종 있다. 대개 꿈의 끝부분에서 의미 있는 일이 발생한다. 융은 이 꿈의 마지막 부분, 곧 꿈사람이 자기 아내의 이름인 마리아를 발음하면서 하품을 하고 있다는 것에 주목했다. 이것은 하나의 상징으로서 꿈사람이 가지고 있는 핵심문제가 무엇이며 그 문제를 어떻게 해결해야 할지를 보여 주고 있다. 언급한 것처럼, 그는 자기 아내에게 권태와 싫증을 느끼고 있다. 그러나 그는 그런 사실을 모르거나 부정한다. 왜냐하면 그는 성실하고 좋은 남편이라는 페르소나 가면을 쓰고 있기 때문이다. 그는 자기에게 그런 마음과 태도가 있다는 사실을 인정할 수가 없다. 그 결과 그는 자신의 성애적인 에너지인 리비도를 투자할 수 있는 외적인 다른 대상을 찾는다. 이것이 그의 핵심문제라고 할 수 있다.

꿈은 꿈사람에게 그런 사실을 인정하고 받아들이라고 말한다. 따라서 그에게 필요한 것은 자신이 아내에게 지루함과 권태를 느끼고 있다는 사실을 인정하는 것과 그런 사실을 아내에게 솔직하게 말함으로써 부부간에 서로 소통하고 이해할 수 있는 시간을 마련하는 것이다. 융은 이렇게 말한다. "환자는 망상을 버려야 한다. 자신은 존경받을 만한 존재가 아니며 때로는 나쁜 행동을 할 수 있는 인간으로서 아내에게 권태와 싫증을 느끼고 있다는 사실을 인정해야 한다. 그는 지금 자기가 죽을 만큼 아내를 지겨워하고 있다는 것과 그런 상황에서 벗어나기 위한 승화적인 행동을 해 보았지만 실패로 끝나고 말았다는 것을 아내에게 털어놓아야 한다. 그가 자기 아내를 제대로 알게 된다면 그의 문제는 훨씬 더 쉽게 풀릴 것이다."(Jung, 정명진 역, 2018)

8) 융의 환자는 꿈분석 과정이 끝나 갈 때 다음과 같은 꿈을 꾸었다.

꿈에서 그는 아내와 함께 여객선을 타고 여행을 하고 있다. 갑자기 여객선이 정지한다. 그는 객실에서 둥근 창으로 밖을 내다본다. 해안이 보이며 그 언덕 위에 있는 폐허의 장소가 보인다. 그는 배 갑판 위에서 내린다. 그런데 그가 타고 있던 배가 원양 여객선이 아니라 강물을 따라 오르내리는 작은 증기선이다. 순간 그 장소가 강물이 아니고 오리가 헤엄치고 다니는 마을의 작은 연못으로 변한다. 배는 연못에 갇혀서 꼼짝 못한다. 연못 바닥에 처박혀 있다. 마을 사람들이 배 위로 올라온다. 그것은 더 이상 배가 아니다. 그는 이런 생각을 한다. "우리가 왜 배 위에서 살고 있지?"

이 꿈은 무엇을 말하고 있는 것일까? 융은 이 꿈에 대한 해석을 기록해 놓지 않았다. 그러나 그 의미를 추정하는 것은 어렵지 않다. 그동안 꿈사람과 그의 아내는 작은 배, 그것도 연못에 갇힌 작은 배 안에서 살고 있었다는 것을 깨우쳐 준다. 문제는 그런 사실을 모르고 있었다는 것이다. 그가 마음속에서 아내에게 지루함과 권태를 느끼고 있었다는 것을 모르거나 부정하고 있었던 것처럼 말이다. 꿈사람은 그런 자기의 내적 진실을 알게 되는 것만큼 변화되고 치유될 것이다. 꿈분석의 도움이다.

정리와 평가

융은 프로이트의 꿈 연구에 버금갈 만한 업적을 남겼다. 융의 연구 업적을 더 높게 평가하는 학자들도 있다. 융은 무의식의 억압된 내용물들이 신경증과 정신병의 배경이 된다는 프로이트의 이론을 일정 부분 받아들였다. 그리고 치유를 위해서는 신경증을 유발한 무의식 속에 있는 원인을 밝혀내기 위해서 꿈분석이 필요하다고 생각했다. 그러나 융은 프로이트와 결별했는데, 그 이유는 삶의 에너지와 꿈을 만드는 근원적인 요인이 성적 욕구와 공격성에 있다는 프로이트의 주장에 동의할 수 없었기 때문이다. 융의 이해에 따르면, 꿈을 만드는 것은 성적 욕구와 공격성 외에 그 이상의 다른 요인들이 있다. 융은 개인무의식 속에 있는 수많은 콤플렉스와 집단무의식 속에 있는 원형들이 꿈을 만드는 꿈의 원천으로 생각했다. 융은 콤플렉스가 꿈을 만드는 꿈의 건축가라고 말했으며, 신화와 민담을 포함하는 원형이 꿈속에서 상징의 형태로 거듭 되풀이된다고 말했다.

융에 따르면, 꿈은 상징으로 되어 있다. 융은 상징을 기호와 구별했다. 기호는 표현하는 대상 또는 개념 바로 그것만을 나타내기 때문에 그 의미가 직접적이고 명백하다. 기호는 의식과 합리적인 세계에서 사용되는 언어라 할 수 있다. 그러나 상징은 기호와 다르다. 상징은 표현하는 대상 또는 개념 그 이상의 것을 나타낸다. 따라서 그 의미가 직접적이거나 명백하지 않다. 정확하게 정의되거나 설명될 수 없다. 그러나 상징의 의미는 기호와 비교될 수 없이 크고 넓은 것이다. 상징은 기호로서는 담아낼 수 없는 특별하거나 더 큰 의미를 포함한다. 상징은 무의식, 꿈, 종교, 신화 그리고 예술의 세계에서 많이 사용된다. 프로이트도 꿈이 상징으로 되어 있다고 말했다. 그러나 프로이트는 상징의 의미를 성욕동 또는 공격욕동에 국한함으로써 그 의미의 폭을 제한했다.

융은 꿈을 해석할 때 프로이트의 자유연상의 방법 대신에 확충이라는 직접연상 방법을 사용했다. 왜냐하면 자유연상은 꿈에 등장한 본래의 상징심상에서 멀어지게 하며, 어떤 꿈 상징을 가지고 연상을 할지라도 항상 성적 욕구에 귀결시키는 문제가 있다고 보았기 때문이다. 확충 방법은 본래의 꿈 상징심상을 떠나지 않고 그 주위를 맴돌면서 연상되는 것을 말하는 것이다. 그런 연상 중에 '아하'의 반응이 발생하는 것을 꿈의 의미로 받아들인다. 확충 기법에서 융이 의도하는 것은 집단무의식 속에 있는 신화와 민담과 종교적인 상징과 같은 원형적인 요소에 접근하는 데 있다. 왜냐하면 꿈에 등장하는 상징심상은 개인무의식의 소산일 뿐만 아니라 더욱이 집단무의식의 소산이라고 생각했기 때문이다.

융은 자신의 심리학을 프로이트의 정신분석과 구별해서 분석심리라고 했는데, 분석심리학에서 분석의 주된 목적은 과거의 충격적인 외상 경험이나 숨겨진 비밀을 밝혀내는 데 있지 않다. 콤플렉스는 물론 집단무의식 속에 있는 원형과 신화적인 수제와 접촉하고 동합함으로써 온전한 자기가 되는 사기실현(self-realization), 곧 개성화(individuation)에 그 목적이 있다. 융에 따르면, 심리분석 과정에서 요구되는 것은 '무엇 때문인가, 무엇 때문에 그런 심리현상이 발생했는가'라는 환원적인 질문이 아니라 '무슨 목적 때문인가, 무슨 목적 때문에 그런 심리현상이 발생했는가'라는 목적 지향적인 질문이라고 생각했다. 정신의 통합과 자기실현은 그런 목적 지향적인 질문과 접근에 대한 결과적인 지향점이다. 융은 연금술에서 인간정신의 통합과 발달에 도움이 되는 상징적인 동력을 발견했다. 즉, 연금술의 제조 과정에서 유황과 수은, 흑과 백, 빛과 어둠, 태양과 달, 열기와 냉기, 삶과 죽음, 의식적인 자아와 그림자, 여성성과 남성성 등 서로 대극이 되는 두 요소가 하나로 만나는 통합의 중요성을 인식할 수 있었다. 융에 따르면, 꿈을 해석하는 목적은 의식적인 자아에게 개인무의식과 집단무의식에 이르는 문과 길을 열어 줌으로써 개인의 내적 상태, 곧 콤플렉스와 원형을 만나고 통합할 수 있는 계기를 마련해 주는 데 있다.

융은 종교가 인간 정신에 미치는 영향이 성적 본능이나 공격 본능에 비해 결코 부족하지 않다고 생각했다. 그러나 융이 말하는 종교는 교리나 신조와 같은 형식이나 규범이 아니다. 마음을 감동시켜서 마음이 움직이게 하는 정신, 곧 사랑과 자비와 용서와 희생과 같은 영적인 것이다.

융 심리학과 융의 꿈이해는 인간의 심리에 대한 많은 통찰을 제공해 주었으며, 특히 그의 상징에 관한 논의와 확충 기법은 꿈해석에 새로운 지평을 열어 주었다. 그러나 그런 장점에도 불구하고 융 심리학은 다음과 같은 몇 가지의 한계와 약점이 있다. 첫째, 융 심리학은 실험과 경험에 근거한 과학적인 접근이 부족하다. 즉, 융 심리학의 이론적인 개념들은 실험적인 검증과 경험적인 증거로 입증하기가 쉽지 않다. 비평가들은 융 심리학이 너무 이상적이며 비과학적이라고 비판한다. 둘째, 융 심리학은 프로이트의 정신분석 및 다른 심리학에 비해 치료적인 접근과 임상적인 응용과정에 제한이 있다. 즉, 융 심리학은 트라우마와 같은 주제를 다룰 수 있는 치료기법이 충분하게 개발되어 있지 않다. 셋째, 융 심리학적인 꿈해석은 상징에 대한 개인의 주관적인 접근에 의존함으로써 해석과 의미발견의 다양성을 열어 주었지만, 동시에 해석의 객관성이 부족할 수 있다. 넷째, 융 심리학은 다른 심리학에 비해 접근법이 복잡하고 이해하기 어려운 측면이 있다. 비전공자들이 융 심리학에 접근하기가 쉽지 않다.

이와 같은 한계와 제한에도 불구하고 융 심리학은 프로이트의 심리학 및 다른 심리학에서 제시하지 못하는 심리학적인 통찰력을 제공한다. 특히 집단무의식의 발견과 원형에 대한 융의 견해는 꿈해석은 물론 인간의 정신세계를 깊고 폭넓게 이해할 수 있는 계기를 마련해 주었다. 현대의 많은 원형 심리학과 신화학의 학자들은 융의 연구에 힘입은 바가 크다.

제 7 장

프리츠 펄스의
심리학과 꿈이해

게슈탈트 심리치료

미국의 정신과 의사인 프리츠 펄스(Pritz Perls)는 게슈탈트 치료(Gestalt Therapy)라는 정신치료의 한 분야를 창안했다. 게슈탈트 치료는 실존주의 심리치료의 한 형태로서 실존주의의 철학에 배경을 두고 있다(Corey, 조현춘 외 공역, 2004). 실존주의 심리치료에서는 '참인간이 된다는 것은 무엇을 의미하는가'와 같은 철학적인 질문을 던진다. 실존주의 심리치료에서 생각하는 인간이해는 정신분석 또는 행동주의 심리치료와 차이가 있다. 실존주의 심리치료에서는 정신분석의 인과론적이며 결정론적인 이론에 반대한다. 특히 의식은 무의식의 힘에 지배를 받음으로써 자유를 잃고 비이성적인 추동에 이끌린다는 정신분석의 입장에 동의하지 않는다. 대신 인간은 자기인식 능력을 지닌 존재로서 스스로 선택하고 결정할 수 있는 자유가 있다는 입장을 견지한다. 실존주의 심리치료에 의하면, 사유와 선택에는 책임이 따르며, 그 책임을 회피할 때 신경증적인 불안이 찾아오는 것이라고 말한다. 한편, 인간으로 존재한다는 것은 인간의 한계와 제약, 곧 죽음과 비존재에서 오는 불안을 피할 수 없는데, 이런 불안은 신경증적인 불안과 달리 실존적인 불안이라고 했다(Corey, 오성춘 역, 1990). 또한 실존주의 심리치료에서 보는 인간은 행동주의 심리치료에서 보는 인간이해와 다르다. 행동주의 심리치료에서는 인간의 자유와 성격이 사회문화적인 환경에 의해서 통제되고 결정된다는 이해를 가지고 있는데, 실존주의의 입장은 그렇지 않다. 인간은 환경의 영향을 받지 않을 수 없지만, 그럼에도 환경을 선택하고 결정할 수 있는 자유와 능력을 지닌 존재라는 철학을 가지고 있다(Corey, 조현춘 외 공역, 2004).

실존주의 심리치료의 영향을 받은 게슈탈트 심리치료는 어떤 특징을 가지고 있을까? 게슈탈트 심리치료에서는 우리가 어떤 대상을 지각하고 인식할 때 그 대상을 단순히 개별적인 요소의 집합으로 이해하는 것이 아니라 유기적인 맥락 속에서 하나의 전체적인 구조로 이해한다고 보고 있다. 즉, 외부 자극을 개별적인 자극으로 인식하지 않고 자극과 자극 사이에 존재하는 관계와 조직적인 패턴에 따라 의미 있는 전체, 곧 게슈탈트로 인식한다는 것이다(Corey, 조현춘 외 공역, 2004). 예를 들어, 우리는 하나의 그림을 볼 때 선, 모양, 색상 등의 개별적인 요소로 쪼개서 보지 않고 전체적인 한 폭의 그림으로 바라보며 의미를 부여한다. 이처럼, 게슈탈트 심리치료는 전체성의 원리를 강조한다. 전체는 단지 부분의 합보다 크다는 철학을 가지고 있다. 따라서 게슈탈트 된 어떤 형태는 개별적인 구성 요소들의 조합으로는 이해할 수 없는 고유한 특성을 지닌다. 게슈탈트, 곧 외부 대상에 대한 인식의 과정은 대상의 정보들을 단순히 받아들이는 수동적인 태도가 아니라 정보들의 맥락 속에서 어떤 패턴을 찾고 의미 있는 전체로 조직하려는 능동적인 태도로 이뤄진다.

게슈탈트 심리치료에서는 항상 '지금-여기(here & Now)'라는 현재성의 경험을 강조한다. 과거의 문제를 다루지 않는 것은 아니다. 그러나 과거의 문제를 과거에 두지 않고 현재로 가져와서 그 문제가 마치 지금 발생하고 있는 것처럼 현재 상황에서 다룬다. 만약 지금 상담 중에 있다면 과거의 문제와 경험을 상담과 치유의 현장에서 재연하고 경험하도록 한다. 접근방법이 정신분석과 다르다. 내담자는 분석이나 인지적인 통찰이 아니라 현재의 심리정서적인 경험과 그 경험을 알아차림으로써 자기인식과 자기이해의 수준이 향상된다고 보는 것이다. 그 결과 자신으로부터 거부되고 분열되었던 인격의 부분들을 직면하고 인정하고 수용하여 전체 정신에 통합한다. 통합은 게슈탈트 심리치료에서 강조하는 개념 중의 하나이다. 프로이트는 꿈을 '무의식에 이르는 왕도'라고 말했는데, 펄스는 꿈을 '통합에 이르는 왕도'라고 말했다(Perls, 1969).

게슈탈트 심리치료는 정신분석과 달리 상담자가 분석이나 해석을 해 주지 않는다. 왜냐하면 해석은 인지적인 작업으로서 그 순간에 내담자가 직면해야 할 자기 경험을 놓치게 하기 때문이다. 해석은 내담자가 경험을 통해서 스스로 알아차리게 되는 과정에 포함된다. 게슈탈트 심리치료에서는 내담자가 자신의 삶의 환경과 사건들을 어떻게 지각하고 반응하며 그에 따라 자신의 행동을 어떻게 구성해 나가는지를 인식하도록 돕는 데 초점을 맞춘다. 치료방법으로는 내담자가 자신의 감정을 충분히 경험하고 표출하는 데 도움이 되는 행동 지향적인 기법들이 사용된다(Corey, 조현춘 외 공역, 2004). 펄스도 프로이트나 융처럼 꿈과 꿈에 등장하는 상징심상에 대한 관심이 많았다. 펄스에 따르면, 꿈에 나오는 모든 상징심상은 꿈사람이 지닌 자기의 정신적인 특성, 특히 의식에서 소외되고 거부당한 측면을 나타낸다고 보았다. 펄스의 꿈이해와 꿈해석 방법은 프로이트나 융의 꿈해석 방법과 차이가 있다. 펄스의 꿈해석 방법을 이해하면 꿈작업과 꿈해석 과정의 폭이 확장될 수 있다.

치료 목표

게슈탈트 심리치료의 기본적인 목표는 개인으로 하여금 자기의 경험을 자각하고 자기 책임감을 강화함으로써 다른 사람들로부터 받는 외적 지지보다 자기 안에서 솟아오르는 내적 지지를 강화하도록 돕는 데 있다(Corsini, 김정희, 이장호 공역, 1995). 이것은 자기 존재와 생존에 대한 외부 대상 의존도를 낮추고 자율적인 인간이 되어야 한다는 것을 의미한다. 자율적인 인간이 되는 데 필요한 것은 현재의 경험과 기능을 방해하는 과거의 영향을 확인하고 그 문제를 현재의 상황에서 다루는 것이다. 이런 과정에서 중요한 것은 자각과 알아차림의 인식 능력을 향상시키는 것이다. 자기인식 능력이 없이는 성격의 변화와 치료를 기대할 수 없기 때문이나. 사기인식 능력이 향상되면 현재 겪고 있는 고통과 신경증의 원인을 현재적인 관점에서 이해할 수 있게 되고 그런 사기 문세를 해결할 수 있는 자원을 자기 내부에서 찾을 수 있게 된다. 그 결과 자기통합이라는 건강한 상태에 이를 수 있다.

게슈탈트 심리치료의 임상적인 발전에 공헌한 징커(Zinker)는 게슈탈트 심리치료의 특징과 목표를 다음과 같이 제시했다(Zinker, cited in Corey, 조현춘 외 공역, 2004). 징커의 설명과 의도를 왜곡하지 않는 범위 내에서 필자의 생각을 다소 추가한다.

- 지금—여기에서 자신이 지각하고, 느끼고, 생각하고, 상상하고, 행동하는 것을 알아

차린다.

- 자기 내부와 외부 대상과의 관계에서 발생한 게슈탈트를 적절한 접촉경험을 통해서 해소한다.
- 자기 내부의 양극단에 있는 갈등을 통합한다. 내부에서 발생한 두 세력 간의 충돌을 완화하고 특히 내부의 강자에 대한 약자의 소외를 무시하지 않고 통합한다.
- 외부 사람의 지지를 구하는 의존성을 낮추고 자율적이며 능동적인 자기지지의 능력을 강화한다.
- 자기 자신이 할 수 있는 것과 할 수 없는 것의 한계를 분명하게 인식한다.
- 창조적인 실험정신을 향상시킨다. 적극적으로 실험행동에 참여함으로써 자기 자신에 대한 새로운 이해와 배움의 영역을 확장한다.
- 자기가 이해하고 통찰한 것을 행동으로 실천한다.

실험은 게슈탈트 심리치료에서 중요하게 여기는 치유적인 태도이다. 실험은 이전에 해 보지 않았거나 익숙하지 아니한 행동을 자발적이며 의식적으로 의도적으로 해 보는 것이다. 그렇게 함으로써 미개발된 자기의 능력을 발견할 수 있으며 또한 이전의 자기행동을 수정할 수 있게 된다. 폴스터(Polster)에 따르면, 실험은 내담자가 행동 가능한 것을 실제 행동으로 실현해 보는 것으로서 이것은 삶을 저해하는 장애물 가운데서 힘과 에너지를 되찾을 수 있도록 도움을 주는 기법이다. 내담자는 문제가 되는 자기 행동과 관계들을 안전한 치유장면에서 실험적으로 노출함으로써 자신이 처해 있는 삶의 위기에 직면해 보고 그 위기를 견디고 극복해 낼 수 있는 힘을 얻게 된다(Corey, 조현춘 외 공역, 2004). 게슈탈트 심리치료는 개인상담만이 아니라 집단상담에 유익하다. 집단상담의 특징과 목표는 징커가 말한 것 외에 다음과 같은 요소들이 더 포함된다. 코리에 따르면, 게슈탈트 집단상담을 위한 추가적인 특징과 목표들은 다음과 같다(Corey, 조현춘 외 공역, 2004).

- 자신이 원하는 것을 분명하게 직접적으로 표현하고 요구하는 방법을 배운다.
- 집단원들 사이에 서로 지지하고 격려하며 에너지를 주고받는 방법을 배운다.
- 집단원들 사이에 믿고 신뢰할 수 있는 안전한 기초 공동체를 만든다.

- 진정한 자기노출, 곧 숨김없이 있는 그대로 자신의 내면을 드러낸다.
- 집단원들 사이에 갈등이 발생했을 때, 회피하지 않고 그 갈등에 적절하게 대처하고 다루는 방법을 배운다.
- 집단의 안전감을 유지하되 그것 때문에 서로 직면을 못하는 경우가 없도록 한다. 집단원들에 대한 돌봄과 직면을 균형 있게 한다.
- 집단 상담자에 대한 의존을 최소화하고 집단원들이 지닌 자기 자원을 최대한 사용하는 방법을 배운다.

게슈탈트의 의미와 알아차리기

게슈탈트(Gestalt)라는 말은 독일어로서 그 어원적인 뜻은 전체, 형태, 패턴, 양식 등을 의미한다. 이것은 하나의 의미 있는 전체를 구성하는 형태나 구조를 나타내는 용어이다. 즉, 개별적인 요소들이 결합되어 전체를 만든다는 의미를 지닌 말이다. 게슈탈트 심리치료에 따르면, 인간은 외부 대상만이 아니라 자기의 행동이나 경험을 세부적으로 쪼개지 않고 하나의 '의미 있는 전체'로 인식하고 표현하는 경향이 있는데, 이처럼 어떤 경험이나 상황을 전체로 묶어서 인식한 상태를 '게슈탈트'라고 말한다(김정규, 1998). 예를 들어, 우리는 해야 할 일들이 쌓여 있어 분주하게 일을 하고 있을 때, '나는 지금 바쁘다.'고 말할 수 있는데, 이때 '바쁘다'는 표현은 게슈탈트로서 그것은 지금 자신이 많은 일로 분주하게 일하고 있는 상태를 묶어서 통합적으로 표현한 말이다. 그 말은 지금 일이 많고, 분주하고, 시간이 부족하고, 힘들고, 마음에 여유가 없다는 등의 요소들이 전체적으로 게슈탈트 된 표현이다. 또한 게슈탈트는 어느 한순간에 자기의 마음속에서 발생하는 감정과 욕구가 명료해짐으로써 그 해소와 충족이 가능해지는 상태가 되는 것을 의미한다. 게슈탈트가 형성되는 것은 목적이 있기 때문인데, 그것은 마음속에 생긴 감정이나 욕구를 적절한 행동을 통해서 처리함으로써 그 상황을 완결 짓기 위한 것이다(김정규, 1998).

게슈탈트는 자기의 감정 또는 욕구의 자각, 곧 알아차림의 상태를 의미하는 말로서 그것을 시각적으로 표현한 용어라 할 수 있다. 알아차림(awareness)은 의식적인 자아가 매 순간마다 자신의 감정과 욕구 등을 얼마나 잘 체험적으로 자각하고 있는가를 나타내는 말이다. 감정과 욕구는 명료하게 지각되기 전에 희미한 형태로 마음속에 흩어져 있다고 할 수 있다. 그런 중에 무엇인가에 의해 자극을 받아서 촉발되면 하나의 뚜렷한 형태로 분명해진다. 예를 들어, 점심때가 되어 가면 무엇인가를 먹고 싶은 욕구가 희미한 형태로 나타날 수 있다. 그러나 아직 무엇을 먹을지 결정하지 못한 상태이다. 그때 골목길을 지나가다가 한 식당을 발견하고 안으로 들어간다. 종업원이 건네주는 메뉴판을 넘기면서 하나의 메뉴를 선택한다. 무엇을 먹을지 그 욕구가 명료해진 것이다. 이처럼 내가 무엇을 먹고 싶은지 무엇을 하고 싶은지 등의 욕구가 뚜렷하고 명료하게 잘 지각될 때 게슈탈트가 형성되었다고 말한다.

게슈탈트 심리치료에서 바라보는 인간은 감정과 욕구를 지닌 존재로서 그 감정과 욕구는 개인이 처하는 환경에 따라 자연스럽게 생기고 사라지기를 반복한다. 욕구의 경우, 지배적인 욕구, 즉 우선적으로 충족될 필요가 있는 욕구와 그렇지 않은 욕구로 나누어지는데, 건강한 사람은 그 두 가지의 욕구를 잘 식별함으로써 지배적인 욕구의 충족과 해소가 가능하다. 그러나 정신적인 장애가 있는 사람은 그 식별이 어렵다. 그 결과 욕구가 해소되지 않음으로써 미해결된 욕구(unfinished desire)가 쌓이게 되는데, 이것이 여러 가지의 신경증과 정신장애의 원인이 된다고 보고 있다. 감정의 경우에도 동일한 현상이 나타난다.

언급한 것처럼, 개인의 감정과 욕구는 구체적인 상황에서 더 긴급하고 더 중요한 지배적인 것과 덜 긴급하고 덜 중요한 부차적인 것으로 구분될 수 있다. 게슈탈트 심리치료에서는 전자를 감정과 욕구의 전경(foreground)이라고 말하고, 후자를 그 배경(background)이라고 말한다. 즉, 전경은 우선적으로 처리되고 충족되어야 할 지배적인 감정과 욕구를 말하며, 배경은 덜 지배적인 것으로서 천천히 해소되어도 괜찮은 감정과 욕구를 의미한다(김정규, 1998). 그런데 더 우선적이고 지배적인 감정과 욕구가 충족되고 해소되면 전경으로 있던 감정과 욕구가 사라지고, 그 아래 배경으로 있던 감정과 욕구가 전경으로 떠오르게 된다. 예를 들면, 점심때가 되어 설렁탕을 먹고 싶은 욕구가 생겼다고 하자. 설렁탕을 먹고 나면 그 욕구는 사라진다. 그러면 배경으로 있던 두 번째의 욕구가 전경으로 등장한다. 커피가 생각날 수 있다. 커피를 마시고 싶은 욕구가 전경으로 떠오른 것이다. 커피를 마시고 나면 그 욕구가 사라지고 또 다른 세 번째 욕구가 전경으로 등장한다. 잠시 눈을 붙이고 잠을 자고 싶은 욕구가 생길 수 있다. 또는 건강을 위해 잠시 걷고 싶은 욕구가 생길 수 있다. 펄스는 이런 현상을 게슈탈트의 '형성과 해소의 반복순환'이라고 말했다(Perls, 1969). 이것은 게슈탈트의 전경과 배경이 교체되는 것을 말한다. 그러나 잠을 자고 싶은 세 번째 욕구는 경우에 따라 해소되지 못할 수도 있다. 해야 할 일이 밀려 있기 때문이다.

감정과 욕구의 형성과 해소 과정에는 순위와 위계가 있다. 건강한 사람의 경우, 그 형성과 해소가 위계에 따라 순차적으로 순조롭게 진행되어 게슈탈트 된 감정과 욕구를 적절하게 해소하고 충족시킬 수 있다. 그러나 심리적으로 건강하지 않은 사람은 게슈탈트의 형성이 잘 안 될 뿐만 아니라 그 해소의 위계에 혼란이 발생함으로써 미해결된 감정과 욕구가 쌓이게 되는데, 이것은 신경증 같은 장애의 원인이 된다. 감정 그리고 욕구의 특성 중의 하나는 시간과 환경이 바뀜에 따라 새로운 감정과 욕구가 만들어지는 것이다. 새롭게 만들어진 감정과 욕구는 그때마다 해소되고 충족되어야 정신세계가 안정과 평형을 유지한다. 그러나 이전의 감정과 욕구가 미해결 상태로 쌓여 있게 되면 새로운 감정과 욕구가 형성될지라도 그것을 알아차리고 해소하는 데 어려움이 있다. 왜냐하면 정신은 미해결된 욕구를 먼저 해소하려는 경향, 즉 먼저 형성된 게슈탈트를 먼저 완결하려는 경향이 있기 때문이다. 그 결과 새로운 환경에서 발생한 새로운 감정과 욕구를 자각하지 못하거나, 그것을 먼저 형성된 감정과 욕구로 혼동할 수 있다. 게슈탈트의 전경과 배경을 혼동하는 것이다.

게슈탈트 심리치료에서는 정신건강과 정신병리의 차이를 어떻게 구별하고 있을까? 정신적으로 건강한 사람은 매 순간 자신의 감정과 욕구를 방치하거나 억압하지 않고 명료하게 자각하고 알아차린다. 그리고 그것을 직질한 방법으로 해소하고 충족함으로써 정신적인 안정과 평형상태를 유지한다. 그러나 신경증이나 장애를 지닌 사람은 자신의 감정과 욕구를 알아차리지 못하고 방치하기 때문에 그 해소와 충족이 불가능하다. 알아차리기(awareness)는 게슈탈트 심리치료의 핵심 개념 중의 하나이다. 게슈탈트 심리치료의 목표 중의 하나는 내담자로 하여금 '지금-여기'에서 생기는 자기의 신체적인 감각, 감정, 욕구 등을 뚜렷하고 명료하게 알아차리고 자각하도록 돕는 것이다. 알아차려야 할 지각의 대상은 신체, 감정, 욕구, 언어, 환경, 힘 등이다. ① 신체자각은 지금 자기가 어떤 얼굴표정을 짓고 있으며, 어떤 자세로 앉아 있는지, 어떤 동작과 움직임을 하고 있는지, 그리고 몸의 어느 부위에서 어떤 감각이 느껴지는지, 예를 들면 심장이 뛰고 있는지, 호흡이 빨라지고 있는지 등을 알아차리는 것이다. ② 감정자각은 자기 내면에서 주관적으로 느껴지는 정서 상태를 알아차리는 것이다. 게슈탈트 심리치료에서는 체험을 중요하게 생각하는데, 체험은 주로 현재 자기 내부에서 발생하는 감정 또는 외부의 자극에 의해서 생기는 감정을 알아차리고 경험하는 것이다. ③ 욕구자각은 자신이 하고 있는 말과 행동 그리고 생각과 주장과 질문 등의 배후에 어떤 욕구나 동기가 있는지를 알아차리는 것이다. ④ 언어자각은 자신이 말을 할 때 어떤 용어를 사용하는지를 알아차리는 것이다. 자신이 사용하는 용어에 담겨 있는 감정과 의도 등을 알아차리는 것이 필요하다. ⑤ 환경자각은 지금 자신이 어떤 환경에 처해 있으며 그 환경에서 무엇을 경험하고 있는지를 알아차리는 것이다. ⑥ 힘의 자각은 자신에게 무엇을 할 수 있는 힘이 있는지 그 여부를 알아차리는 것이다. 지금 자기를 스스로 돌보고 지지할 수 있는 힘이 있는지, 또는 상대방이 자기에게 말한 부정적인 언어를 견뎌 내고 자신의 생각이나 감정을 표현하고 주장할 수 있는 힘이 있는지를 알아차리는 것이다(김정규, 1998).

접촉과 접촉경계

접촉은 자기 안에 형성된 게슈탈트를 적절한 행동을 통해서 해소하는 것을 말한다. 접촉은 알아차리기의 다음 과정이라 할 수 있다. 알아차리기가 자기 안에서 게슈탈트된 감정과 욕구 등을 자각하는 것이라면, 접촉은 자각한 그 감정과 욕구 등을 행동 또는 환경과의 상호작용을 통해서 해소하고 충족하는 것이다. 예를 들어, 무더운 여름날 하루 종일 작은 실내 공간에 있었다면 목마름으로 시원한 물과 공기에 대한 욕구가 생길 수 있다. 게슈탈트가 형성된 것이다. 즉, 시원한 물을 마시고 실내를 신선한 공기로 환기하고 싶다는 욕구가 명료해진 것이다. 그러나 아직 그 게슈탈트가 해소된 것은 아니다. 냉장고에 가서 시원한 물을 꺼내서 컵에 따라 그 물을 마시는 행동과 에어컨을 틀어서 공기를 바꾸는 행동을 해야만 그 게슈탈트가 해소된다. 접촉은 게슈탈트를 완결하는 최종 단계의 행동이다. 알아차리기와 접촉은 게슈탈트를 해소하고 완결하는 데 없어서는 안 되는 필수적인 두 요소이다. 알아차리기와 접촉은 분리될 수 없는 불가분리의 관계에 있다. 두 과정은 연속해서 이어진다. 만약 그 연결과정이 단절된다면 비록 게슈탈트 된 감정과 욕구를 알아차린다고 해도 그것이 해소되지 않음으로써 심리적인 장애가 발생할 수 있다.

형성된 게슈탈트를 알아차리고 접촉 행동을 통해서 그 게슈탈트를 해소하면 또 다른 게슈탈트가 형성되어 그 알아차림과 접촉의 과정이 순환적으로 반복된다. 이런 반복과정을 '알아차림과 접촉의 주기'라고 한다. 그 주기는 좀 더 세분화될 수 있다. 징커(Zinker)는 알아차림과 접촉의 주기를 다음과 같이 6단계로 세분화했다(Zinker, 김정규, 1998, 재인용).

1) **배경 단계:** 이것은 게슈탈트가 형성되기 전 단계로서 이때 게슈탈트는 배경으로 존재한다.

2) **감각 단계:** 감정 또는 욕구가 감각적으로 게슈탈트 되고 있는 단계이다.

3) **알아차림 단계:** 전경으로 떠오른 게슈탈트를 알아차리는 단계이다.

4) **에너지동원 단계:** 게슈탈트를 해소하고 완결하기 위한 행동에 필요한 흥분상태의 에너지를 동원하는 단계이다.

5) **행동 단계:** 동원된 에너지를 사용해서 표현, 접근, 시도 등의 행동을 하는 단계이다.

6) **접촉 단계:** 환경 또는 대상과의 직접적인 접촉과 대면을 통해서 게슈탈트를 해소하는 단계이다.

게슈탈트 심리치료에서 말하는 접촉에는 누 가지의 의미가 있다. 하나는 언급한 것처럼, 형성된 게슈달트를 해소하기 위해 취하는 실천적인 행동이며, 다른 하나는 대인관계적인 접촉으로서 외부 대상 또는 환경과 만나서 상호작용을 하는 행동을 말한다. 외부 대상과의 접촉은 두 대상 사이에 이뤄지는 전인적인 만남이라 할 수 있다. 전인적인 만남은 신체적, 정서적, 정신적인 모든 것을 포함한다. 그러나 게슈탈트 심리치료에서 말하는 접촉은 만남이라는 말 이상의 의미가 있다. 왜냐하면 그것은 형성된 게슈탈트를 해소하고 완결짓는 과정을 포함하기 때문이다. 예를 들어, 내가 누군가에 대한 그리움이 있다고 했을 때, 그리움의 정서적인 게슈탈트가 해소되고 완결되려면 그 사람을 단순히 만나는 것만이 아니라 어떤 방식과 어떤 형태로 만나는가 하는 것이 중요하다. 만나는 시간의 양과

질이 그리움의 게슈탈트가 해소되는 데 영향을 줄 수 있기 때문이다. 접촉 대상은 사람 외의 모든 환경, 곧 자연, 건물, 음식, 예술, 소리, 지식 등 생물과 무생물을 모두 포함한다. 환경에는 자신이 지금 처해 있는 상황, 곧 대인관계적인 환경도 해당된다. 한편, 접촉에서 빼놓을 수 없는 것이 있는데, 그것은 자기 자신과의 접촉이다. 자기 자신에 대한 접촉은 신체적인 것은 물론 감정, 욕구, 사고, 태도, 가치관 등의 정신적인 것을 포함한다. 자기 자신과의 접촉은 지금 자기 마음속에서 게슈탈트 되고 있는 감정 또는 욕구 등을 알아차리고 그것을 해소하는 과정이라 할 수 있다.

접촉의 주제를 언급할 때 함께 논의되는 것이 있다. 접촉경계 또는 접촉경계의 혼란 등이다. 접촉경계는 개인이 게슈탈트를 해소하기 위해서 환경과 접촉을 시도할 때 두 대상 사이에 존재하는 근접거리라고 할 수 있다. 이것은 고정된 물리적 거리가 아니다. 마음과 마음이 만나고 소통하며 상호작용이 가능한 심리적인 거리이다. 인간관계를 비롯해서 모든 심리 정서적인 사건들은 접촉경계라는 그 지점과 공간 안에서 발생한다. 외부 대상과의 상호작용 없이는 삶을 위한 인간관계가 유지될 수 없다. 따라서 인간은 접촉경계라는 그 지점과 공간으로부터 분리될 수 없다(Perls, 김정규, 1998, 재인용). 개인은 접촉경계에서 발생하는 사건의 영향을 받는다. 이것은 접촉경계에서 하나의 체험이 형성되었다는 것을 의미한다. 그 결과 외부 대상에 대한 긍정적인 감정 또는 부정적인 감정이 생긴다. 체험은 주로 접촉경계 안에서 발생되는 것으로서 주관적이며 정서적인 반응이 수반된다. 펄스는 체험만이 심리적으로 실재하는 모든 것이라고 말했는데, 이것은 게슈탈트 심리치료의 핵심적인 가치를 알 수 있는 말이다. 접촉경계에서 발생한 체험은 외부 대상에 대한 접근, 애착, 회피, 거절, 분리 등의 행동에 영향을 준다.

대인관계적인 접촉에 있어서 온전한 접촉이 이뤄지려면 두 사람이 독립된 인격으로 존재해야 한다. 접촉은 독립된 개인이 독립된 다른 개인을 만나는 것이기 때문이다. 두 사람의 관계가 무차별적인 융합 상태에서는 진정한 접촉이 불가능하다. 건강한 접촉을 위해서는 두 사람 사이에 접촉경계가 필요하다. 따라서 접촉경계라는 개념에는 두 가지의 의미가 있다고 할 수 있다. 하나는 앞에서 살펴본 것처럼, 두 사람이 만나서 상호작용하는 심리적인 공간이며, 다른 하나는 독립된 자기를 다른 사람으로부터 구분하고 분리하는 자기경계(self-boundary)이다. 자기경계가 지켜질 때 진정한 만남과 접촉이 가능한 것이다.

그러나 자기경계가 필요하지만 그 경계가 경직되고 폐쇄적인 상태가 되면 안 된다. 상호작용과 공감적인 공유공간이 형성될 수 있을 만큼 투과성이 있어야 한다. 진정한 접촉에는 두 가지의 요소, 곧 자기경계와 공유된 공간이 필수적이다.

접촉에 자기경계와 공유된 공간이 있어야 한다는 입장은 최근 정신분석에 도입된 '상호주관성 이론(intersubjectivity theory)'과 유사한 측면이 있다. 상호주관성 이론은 독립되고 구별된 두 인격의 주관성과 주관성 사이에 이루어지는 신체적, 정서적, 언어적인 상호작용과 두 인격의 공유된 공간에 주목하는 이론으로서 다음과 같은 특징이 있다. ① 두 인격의 주관성은 평등하고 동등한 권위와 위치를 갖는다. 이런 이해는 유아와 주 양육자 또는 내담자와 상담자 모두에게 해당된다. ② 두 인격의 주관성은 독립되어 있지만 상호작용을 통해 서로 함께 영향을 주고받는 관계에 있다. 즉, 두 인격의 개인적 정체성을 유지하면서 상호작용을 한다. ③ 두 주관성 사이에는 상호작용을 통해 형성되는 공유적인 경험(공감, 공명, 연결, 의사소통, 정서조율, 관계형성, 협력 등)이 발생한다. ④ 한 인격이 건강하게 성장 발달하기 위해서는 상호작용의 파트너가 되는 상대 인격이 필요하다. ⑤ 상호주관성 이론에 따르면, 상호주관성이 현저한 관계는 유아와 엄마의 관계, 연인과 연인의 관계, 내담자와 상담자의 관계 등이다(Wallin, 김진숙 외 공역, 2010). 이처럼 게슈탈트 심리치료에서 말하는 접촉은 상호주관성 이론의 개념과 관계가 있다고 할 수 있다.

정신적으로 건강한 사람은 접촉경계가 안정되어 있기 때문에 자기의 주관적인 정체성을 잘 유지하며 동시에 그 경계를 열어 외부 대상과 원활한 교류와 소통이 가능하다. 그러나 접촉경계에 문제가 있으면 정체성의 혼란이 나타날 수 있고 대상과의 유기적인 소통이 차단될 수도 있다. 이런 현상을 '접촉경계 혼란'이라고 한다. 접촉경계 혼란은 그 경계가 불분명하거나 유실되었을 때, 또는 지나치게 경직되고 차단될 때 발생한다. 펄스에 따르면, 접촉경계에 혼란이 발생하는 원인은 내사, 투사, 융합, 반전, 편향 등의 방어기제들 때문이다(Perls, cited in Corey, 조현춘 외 공역, 2004).

1) 내사(introjection)는 다른 사람의 신념, 가치관 또는 삶의 기준 등을 무비판적으로 받아들여서 자기 것으로 삼는 것이다. 특히 어린아이는 부모의 부정적인 말이나 평가를 그대로 받아들여서 자기 자신을 그 말처럼 생각하기도 한다. 펄스는 내사를 마치 음

식물을 제대로 씹지 않고 삼켜서 소화불량에 걸리게 하는 것과 같다고 말했다(Perls, cited in Corey, 조현춘 외 공역, 2004). 내사에는 긍정적인 내사와 부정적인 내사가 있다. 예를 들면, 긍정적인 내사는 어린아이가 성장하면서 민주시민으로서 지켜야 할 윤리와 질서를 받아들여서 자기의 것으로 삼는 것이며, 부정적인 내사는 자기의 생각이나 욕구를 무시하고 무조건 다른 사람의 생각이나 가치관을 따르는 것이다. 펄스에 따르면, 신경증의 주된 원인 중 하나는 어린 시절에 부모의 강요로 부모의 왜곡된 신념이나 태도들을 받아들여서 자신을 그 신념과 동일시하려고 하기 때문이라고 말했다.

2) 투사(projection)는 내사의 반대로서 자기의 생각, 감정, 욕구, 태도 등을 다른 사람들의 것이라고 그들에게 떠넘기는 것이다. 그 결과 자기 자신은 물론 상대방을 속이게 된다. 이것은 자기 자신에 대한 부정이며 회피이다. 사람들이 투사의 방어기제를 사용하는 것은 몇 가지의 이유가 있기 때문이다. 하나는 투사함으로써 자신의 결핍된 욕구가 다른 사람을 통해서 치환적으로 충족되는 대리만족의 효과 때문이며, 다른 하나는 자신의 욕구가 좌절될 때 그것을 다른 사람의 욕구로 인식함으로써 자기 욕구가 좌절되는 고통을 줄이는 효과가 있기 때문이다(Clarkson, cited in Homney, 황인숙, 오윤선, 2022). 사람들은 긍정적인 투사보다 부정적인 투사를 하는 경향이 많은데, 그것은 심리적인 이득이 있기 때문이다. 예를 들어, 자기 마음 안에 분노가 일어날 경우 오히려 상대방에게 화내지 말라고 말할 수 있는데, 이것은 그렇게 말함으로써 자신은 화내지 않는 고상한 사람이라는 자기인식이 생길 수 있다. 그러나 그것은 자기를 속이는 거짓 인식이다.

3) 융합(confluence)은 자기의 내적 경험과 외부의 다른 사람의 경험이 뒤죽박죽 함께 섞여서 구분이 안 되는 상태를 말한다. 이것은 두 사람 사이에 생각, 감정, 가치, 태도 등이 동일화된 상태로서 자기 자신의 접촉경계가 형성되지 않았거나 혼란이 발생했다는 것을 의미한다. 이때 개인은 자기의 주체성 또는 정체성의 유지를 포기한 상태가 된다. 융합의 상태는 부모와 자녀, 부부 또는 친구 사이에 많이 발생한다.

4) 반전(retroflection)은 자기가 다른 사람에게 해 주고 싶은 말이나 행동을 되돌려서 자기
   자신에게 하는 것, 또는 다른 사람이 자기에게 해 줬으면 하는 말이나 행동을 스스로
   자기에게 하는 것을 의미한다. 반전의 전형적인 사례는 자기가 다른 사람을 공격하
   고 비난하고 싶지만 두렵기 때문에 그 대신 자기 자신을 공격하고 비난하는 것이다.
   반전을 사용하면 개인의 인격이 분열되어 외부 대상이나 환경과의 접촉이 이뤄지지
   않는다.

5) 편향(deflection)은 접촉경험이 빗나간 상태로서 외부 대상과의 접촉을 회피하거나 자
   신의 감각을 둔감하게 만들어서 대상과의 접촉경험 수준을 약화시키는 것을 말한다.
   이것은 불안을 줄이기 위한 방어기제로서 접촉경험에 필요한 흥분 에너지의 발생을
   스스로 미리 차단하는 것이다. 편향의 대표적인 사례는 장황하고 길게 말하는 것, 말
   의 초점을 흐리는 것, 상대방을 바라보지 않고 말하는 것, 난처한 상황에서 웃어 버
   리는 것, 추상적으로 말하는 것, 직접 말하지 않고 돌려서 말하는 것 등이다(Poster &
   Poster, 황인숙, 오윤선, 2022, 재인용). 그 외에 편향을 사용하는 사람은 질문과 유머가 지
   나치게 많고, 서로 말을 주고받는 상호작용이 부족하며, 다른 사람이 할 말을 대신해
   주는 경향이 있다(Perls, cited in Corey, 조현춘 외 공역, 2004).

───── 지금-여기의 경험

  게슈탈트 심리치료의 중요한 특징 중 하나는 '지금-여기'라는 현재에 대한
의식을 강화하는 것이다. 펄스에 따르면, 게슈탈트 심리치료는 체험적인 치료로서 그 목
표는 내담자가 지금 이 순간에 발생하는 신체감각, 감정, 욕구 등의 자기경험을 즉각적
으로 명료하게 알아차리고 접촉하도록 도와주는 데 있다(Perls, cited in Corey, 조현춘 외 공역,
2004). 이런 강조점은 정신분석적인 입장과 대조된다. 왜냐하면 정신분석은 인과론적인
사고에 근거한 이론으로서 현재의 문제는 과거에 그 원인이 있기 때문에 현재의 상황이
바뀌려면 과거의 문제를 다뤄 주어야 한다는 입장을 가지고 있기 때문이다. 게슈탈트 심

리치료에서는 "왜?"라는 질문을 선호하지 않는다. "무엇을?", "어떻게?"라는 질문을 선호한다(Corey, 조현춘 외 공역, 2004). 펄스는 "왜?"라는 질문이 합리적이기는 하지만 이해할 수 없는 설명만을 늘어놓게 함으로써 심리치료를 혼탁하게 만든다고 말했다. 펄스에 따르면, 심리치료는 즉각적인 상황에서 내담자가 무엇을 어떻게 느끼고 경험하는지에 초점을 둠으로써 현재에 대한 자기 자각과 인식을 증가시킬 수 있도록 도와주어야 한다고 주장했다.

집단심리상담의 전문가인 제럴드 코리는 말하기를, 펄스의 가장 큰 공헌 중 하나는 내담자가 현재를 올바르게 인식하고 충분히 경험하도록 돕는 데 초점을 둔 것이라고 평가했다(Corey, 조현춘 외 공역, 2004). 게슈탈트 심리치료에 따르면, 우리는 현재, 곧 지금-여기만을 살 수 있다. 과거는 지나간 시간으로 기억 속에 있을 뿐이며, 미래는 아직 오지 않은 시간으로 예상과 기대 속에 있을 뿐이다. 과거나 미래는 체험할 수 있는 시간이 아니다. 우리는 지금이라는 시간만을 살 수 있고 체험할 수 있다. 게슈탈트 심리치료의 시제는 항상 현재이다. 그러나 사람들은 현재를 살기보다 과거나 미래를 살고 있다. 과거를 생각하며 후회와 미움과 슬픔 등의 과거 감정에 사로잡히고, 미래를 생각하며 근심과 걱정과 불안 등의 미래 감정 속에 매몰된다. 그 결과 현재를 살아갈 수 있는 에너지를 상실한다.

게슈탈트 심리치료에서 강조하는 지금-여기의 특징은 실존주의 심리치료의 영향을 받은 것이다. 실존주의 심리치료는 현상학과 연결되어 있는데, 현상학적인 관점에 따르면, 우리는 심리적으로 그리고 의식적으로 오직 현재의 시간 속에서만 살아 있다는 느낌을 가질 수 있다고 말한다(Spinelli, 이상훈 외 공역, 2023). 과거나 미래는 오직 현재라는 관점에서 의미가 있을 뿐이며, 심리치료에서 주목해야 할 관점은 지금-여기라는 치료의 현장에서 이뤄지는 내담자와 상담자의 관계 경험이다. 실존주의 심리치료에서 말하는 현재라는 개념 속에는 다음과 같은 특징적인 의미가 있다.

- 첫째, 현재의 의미는 상담의 현장에서 내담자와 상담자가 만나고 있는 지금 이 순간에 초점을 두는 것이다. 그렇게 함으로써 두 사람의 상호관계가 생동감 있고 역동적이 되도록 한다.
- 둘째, 현재라는 개념 속에는 상담자가 확신에 넘치는 자기노출을 통해서 내담자가

자기노출을 할 수 있도록 도와야 한다는 의미가 담겨 있다(Jourad, cited in Corey, 오성춘 역, 1990). 자기노출은 가장 현재적인 경험이며 지금-여기라는 시간과 공간 속에서 가능하다.

- 실존적 현상학에서는 지금 존재하는 개인, 즉 현 존재의 경험을 강조한다. 현 존재의 주관적인 경험은 객관적인 사실보다 중요하다. 시간의 진정한 의미는 그냥 흘러가는 순간들의 집합이 아니라 순간에 존재하는 개인이 그 순간을 어떻게 경험하는가 하는 데 있다.

게슈탈트 심리치료에서는 지금 이 순간에 발생하는 자기의 경험을 충분히 알아차리고 체감하는 것을 중요하게 생각한다. 자기 경험이란 자신의 몸과 마음에서 발생하는 신체감각과 감정에 주목하는 것을 말한다. 자기의 몸에서 발생하는 신체감각에 대한 자각과 마음에서 일어나는 감정에 대한 자각은 심리치료의 중요한 대상이 된다. 펄스는 관념의 세계를 버리고 감각의 세계로 돌아오라고 말했다(Perls, 김정규, 1998, 재인용). 감각과 감정은 매우 현재적인 경험으로서 그것은 우리가 지금-여기에 존재할 때 가능한 것이다.

마음의 상처가 치유되고 건강해지면 삶에 많은 변화가 나타난다. 삶의 변화 가운데 중요한 것이 하나 있는데, 그것은 현재, 곧 지금-여기를 사는 능력이 향상되는 것이다. 지금-여기를 산다는 것은 무엇을 말하는 것일까? 내가 지금 접촉하는 모든 대상 또는 환경과의 만남이 분명하고 생생한 상태, 곧 살아 있는 경험이 되는 것을 말한다. 이것은 자신의 신체감각과 감정과 의식이 깨어 있는 상태로서 매 순간을 놓지지 않고 충민하게 사는 것을 의미한다. 지금 내가 맑게 갠 하늘을 보고 있다면, 지금-여기를 사는 사람은 그 하늘을 보고 그냥 지나치지 않는다. 자신의 시선이 푸른색의 하늘과 마주치는 순간 "우아~" 하며 감탄이 나올 수 있고, 상쾌한 기분이 온몸을 감쌀 수도 있다. 순간 행복해진다. 지금 내가 토스트 한 쪽을 씹으며 커피 한 잔을 마시고 있다. 지금-여기를 사는 사람은 단지 먹기만 하지 않는다. 토스트의 맛과 커피의 향을 즐긴다. 버터와 잼을 바른 토스트를 한 입 깨물고 씹을 때 고소함과 달콤함을 느끼며, 따끈한 커피를 한 모금 마실 때 향과 맛을 충분히 알아차린다. 커피가 입속에 있는 토스트와 섞이면서 나타내는 부드러운 감촉과 혼합된 맛을 즐긴다. 지금-여기를 사는 사람은 아침 식탁에 놓인 토스트 한 쪽과 커피 한 잔에도 행복할 수 있다.

삶에 대한 분명하고 생생한 느낌의 정도를 '생동감 지수(aliveness quotient)'라고 한다. 이것은 감각과 지각과 정서적 기능이 건강하게 깨어 있는 상태에서 매 순간을 놓치지 않고 충분하게 접촉할 때 발생하는 살아 있는 느낌의 정도를 나타내는 말이다. 생동감 지수는 음식을 먹을 때 나타나는 반응에 비유될 수 있다. 건강할 때 음식을 먹으면 그 음식이 지닌 맛과 향을 충분히 즐길 수 있다. 나는 간장게장을 맛있게 먹었던 경험이 있다. 한번은 간장게장 전문식당에서 종업원의 조언대로 게장을 밥에 비벼 먹은 적이 있었다. 게 다리 속에 있는 흰 살과 게딱지 양쪽에 붙어 있는 노란색의 알을 모두 파서 따끈한 쌀밥 위에 올려놓았다. 그리고 얇게 썬 쪽파와 잘게 부순 김을 그 위에 뿌리고 게장 속에 있는 간장을 섞어서 비볐다. 한 숟가락 떠서 입안에 넣는 순간 그 맛이 환상적이었다. 고소하고 달콤하고 비린 듯하며 짭짤한 맛! 꿀꺽 삼켰다. 목구멍을 통과하여 식도 아래로 내려가는 그 느낌이 너무 좋았다. 행복했다. 그때 그 맛을 잊을 수가 없다. 그러나 독감에 걸리거나 병이 나면 아무리 맛있는 음식이라 할지라도 그 맛을 즐길 수가 없다. 입맛을 잃었기 때문이다. 생동감 지수가 높은 사람은 매 순간의 삶을 건강할 때 음식을 먹는 것처럼 그렇게 살아간다. 하지만 지금-여기를 살지 못하는 사람은 생동감 지수가 낮기 때문에 마치 독감의 상태에서 음식을 먹는 것처럼 삶을 생생하게 살아가지 못한다.

오래전에 방영되었던 영화 중에 〈죽은 시인의 사회〉라는 것이 있다. 그 영화를 본 사람들은 기억할 것이다. 영화의 주인공인 키딩 선생이 학생들에게 했던 말, '카르페 디엠(carpe diem)'이 생각난다. 이것은 라틴어로서 그 의미는 본래 '이 날을 잡아라(seize the day)'라는 뜻을 지닌 말이다. 영화에서 키딩 선생은 "지금 이 순간에 충실하라, 현재를 즐기라."라고 말한다. 카르페 디엠은 지금-여기를 사는 사람들의 슬로건이라 할 수 있다.

게슈탈트 심리치료의 치료적인 접근과 기법은 내담자가 현재에 초점을 두고 자신의 즉각적인 신체감각과 느낌과 욕구를 분명하고 충분하게 경험하고 표현하도록 돕는 데 맞추어져 있다. 그것은 내담자로 하여금 현재 자신의 경험에 대한 자각을 돕기 위한 것이다. 현재의 경험에는 움직임, 동작, 표정, 말, 목소리, 억양 그리고 느낌과 감정과 욕구 등이 있다. 그런 목적 때문에 게슈탈트 심리치료사는 내담자에게 종종 다음과 같은 질문을 한다(Perls, 1992; Corey, 조현춘 외 공역, 2004).

- 지금 무엇을 경험하고 있습니까? 자신의 몸과 마음에 주목해 보세요.
- 지금 그 이야기를 하려고 하니까 무엇이 느껴집니까? 자신의 몸과 마음에서 어떤 일이 일어나고 있습니까?
- 자신의 몸에 주목해 보세요. 지금 자신의 몸 어디에서 어떤 신체감각을 느끼고 있습니까? 머리, 어깨, 팔, 가슴, 배 그리고 맥박, 호흡 등을 살펴보세요.
- 지금 이야기를 하면서 주먹을 쥐고 있군요. 그 주먹으로 무엇을 하고 싶습니까?
- 지금 왼손으로 오른손을 만지고 있군요. 왼손이 오른손에게 뭐라고 말하고 있는지요? 또 오른손은 왼손의 말에 뭐라고 답하고 있는지요? 두 손 사이에 대화를 만들어 보세요.
- 자신의 마음에 집중해 보세요. 지금 어떤 감정이 느껴지고 있습니까?
- 지금 원하는 것이 있는지요? 무엇을 하고 싶은 욕구가 있습니까?
- 지금 마음속에 있는 불쾌한 감정을 어떻게 처리하고 싶습니까?
- 지금 마음속에 생긴 감정들 중에 만나고 싶지 않아서 회피하고 있는 감정이 있습니까?
- 잠시 자신의 목소리에 주목해 보세요. 지금 말하고 있는 중에 목소리가 커지고 있는 것을 알아차릴 수 있는지요?
- 지금 아버지에 관한 이야기를 할 때 자신의 목소리가 어떻게 달라지고 있는지를 알아차릴 수 있습니까?

　펄스에 따르면, 우리가 자신의 감정이나 욕구 등의 표현을 차단하고 억압하면 억압된 감정과 욕구는 우리의 목소리, 얼굴표정, 자세, 몸짓, 손동작 등과 같은 형태로 스스로를 표현할 다른 방법을 찾는다(Perls, cited in Corey, 조현춘 외 공역, 2004). 우리의 몸은 말보다 정직하다. 몸은 말로 숨기고 위장한 것을 노출한다. 따라서 게슈탈트 심리치료사는 내담자의 언어적인 메시지만이 아니라 음색, 음조, 음량, 말하는 속도 및 얼굴과 신체의 자세와 움직임으로 전달하는 비언어적인 메시지에 귀를 기울인다. 비언어적인 메시지에 주목하는 것은 내담자의 언어적인 말과 비언어적인 단서가 불일치할 때 유용하다. 예를 들어, 한 내담자가 입으로는 화가 난다고 말하면서 얼굴로는 웃고 있다면, 그의 말과 웃음은 서로 불일치한다. 이처럼 불일치와 모순적인 행동이 있을 때 비언어적인 메시지에 주목하는 것이 필요하다. 이때 상담자는 내담자에게 웃음이 되어 보라고 요청할 수 있다. "잠시만요. 입으로는 화가 난다고 말하면서 얼굴로는 웃고 있네요. 잠시 웃음이 되어 보세요. 웃음이 되어 지금 자신의 마음상태를 표현해 보세요. 당신의 웃음은 뭐라고 말하고 있는지요?" 이런 상담자의 요청에 내담자는 이렇게 말할 수 있다. "방금 선생님이 내 말에 공감을 하지 않는 것 같아서 화가 났는데, 내가 화를 내면 선생님이 나를 싫어하고 비난할까 봐 두려웠어요."

신체의 감각과 자세 등에 주의를 기울이는 것은 지금-여기에서의 경험을 충분히 하도록 하는 데 도움이 된다. 그러나 지금-여기에 초점을 두는 것이 과거나 미래에 대한 무관심을 의미하는 것은 결코 아니다. 과거나 미래는 현재의 상황과 연결되어 있으며, 현재와 연결된 상태에서 과거나 미래의 문제를 다뤄야만 효과적인 심리치료가 가능하다. 게슈탈트 심리치료를 받고 있는 내담자는 과거의 문제와 사건이 마치 지금 발생하고 있는 것처럼 재연함으로써 그 상황을 지금-여기로 가져온다(Corey, 조현춘 외 공역, 2004). 예를 들어, 어느 내담자가 어린 시절에 부모의 이혼으로 엄마와 헤어져야만 했던 슬프고 아픈 이야기를 한다면, 치료자는 지금-여기에 그 엄마가 있다고 생각하며 그 엄마에게 하고 싶은 말을 직접 하도록 돕는다. 과거의 상황을 지금-여기에서 다루는 기법은 미래의 상황에 대해서도 그대로 적용할 수 있다. 만약 어떤 내담자가 취업을 위한 입사 면접시험을 앞두고 불안과 두려움을 느끼고 있다고 말한다면, 치료자는 지금 앞에 놓인 빈 의자에 시험관이 앉아 있다고 상상하며 자기소개를 해 보라고 권할 수 있다. 그런 과정에서 내담자는 자신의 불안을 알아차리고, 그 불안이 비현실적인 감정이라는 것을 알 수 있게 된다. 지금-여기와 현재를 강조하는 게슈탈트 심리치료의 특성은 꿈작업에도 적용된다. 내담자가 자신의 꿈을 기록하거나 진술할 때 과거나 미래형이 아니라 현재형으로 기록하고 말하도록 권한다. 이것은 꿈의 이미지가 지금 이 순간에 생생하게 살아 있게 하며 꿈과 관련된 신체감각과 감정을 충분히 느끼고 드러내도록 하는 데 도움이 되기 때문이다.

꿈의 이해

게슈탈트 심리치료를 창안한 펄스는 꿈을 어떻게 보고 있을까? 펄스는 꿈에 나오는 모든 상징심상이 꿈을 꾼 꿈사람 자신의 모습을 나타낸다고 보았다. 즉, 그 사람의 정신 일부 또는 성격의 한 측면을 표현한 것이라고 생각했다(Ackroyd, 1993). 펄스에 따르면, 꿈에 나오는 상징심상들은 개인의 정신과 심리적 갈등, 미해결 문제, 성격에서 소외되고 부정되고 억압된 것 그리고 개인의 정신과 삶에서 부족하고 결핍된 것 등을 나타낸다.

- 꿈에 나오는 모든 사람, 즉 아는 사람이든 모르는 사람이든 심지어 가족까지도 꿈을 꾼 꿈사람의 정신 또는 성격의 일부를 나타낸다.
- 꿈에 나오는 개, 뱀, 고양이, 새, 물고기 등과 같은 동물들과 나무, 꽃, 숲, 과일 등과 같은 식물들도 꿈을 꾼 꿈사람의 정신 또는 성격의 일부를 나타낸다.
- 꿈에 나오는 집, 자동차, 산, 바위, 동굴, 강, 바다, 하늘 등과 같은 무생물과 자연도 꿈을 꾼 꿈사람의 정신 또는 성격의 일부를 나타낸다.

다음은 게슈탈트 심리치료자인 하르만(Harman)에게 찾아온 한 여성의 꿈작업 사례이다.

| **꿈작업 사례** | 

'꿈에서 그녀는 침대에 누워 있는 자기의 어린아이를 칼로 살해하는 꿈을 꾸었다.' 충격적인 꿈이다. 그녀는 그 꿈이 자기가 아이를 몹시 증오하고 있다는 것을 보여 주는 상징이라고 말하면서 죄책감으로 괴로워했다. 자기의 무의식 속에 그런 증오심이 있다는 것에 고통스러워했다. 그녀의 말을 들은 하르만은 "그래요? 그 아이를 죽인 기분이 어떻습니까? 당신의 내면에 있는 바로 당신 자신의 어린아이를 죽인 기분 말입니다." 하고 질문했다. 하르만이 말한 어린아이는 꿈사람의 자녀가 아니라 바로 꿈사람의 자기 자신을 의미하는 것이었다. 이 질문에 놀란 여인은 잠시 후 눈물을 흘리며 "맞아요. 맞아요."라고 응수하면서 자신은 지금까지 자기 자신을 억압하며 죽여 온 삶을 살았다고 말했다. 그녀는 수년 동안 발레, 춤 등 자신이 하고 싶은 것이 있었지만 자기가 원하는 것은 전혀 하지 못하고 일만 했다고 말했다. 즉, 꿈에서 칼로 어린아이를 죽인 것은 자기가 자기를 죽인 것이라는 깨달음을 얻게 된 것이다. 그녀의 꿈에 등장한 두 상징, 곧 칼로 어린아이를 죽인 사람도 자기 자신이었으며, 그 칼에 찔려 죽은 어린아이도 바로 자기 자신이라는 것을 알게 된 것이다. 이처럼 게슈탈트 꿈작업에서는 꿈

에 등장하는 모든 상징심상을 꿈사람 자신의 일부로 보고 그 의미를 찾도록 돕는다(Harman, 김정규, 1998, 재인용).

이처럼 게슈탈트 심리치료에서는 모든 꿈이 꿈사람의 정신적인 문제 또는 성격을 드러내는 것이라고 보고 있다. 따라서 게슈탈트 심리치료에서 바라보는 꿈의 기능은 '자기노출(self-disclosure)' 기능이라고 할 수 있다. 자기노출이란 꿈의 모든 심상이 꿈사람의 내적 상태, 즉 정신 또는 성격의 일부 또는 문제를 그대로 드러내어 보여 준다는 의미를 지닌 말이다. 이것은 펄스의 꿈 이론을 쉽게 이해하고 기억하기에 용이하도록 필자가 명명한 용어라는 것을 밝혀 둔다.

이러한 꿈의 상징심상들은 꿈을 꾼 사람의 정신세계와 현재의 삶에서 억압되거나 결핍되어 있는 것, 따라서 충족되어야 할 필요가 있다는 것을 나타낸다. 게슈탈트 심리치료에서는 이렇게 말한다. "꿈의 어떤 부분도 다른 대상에게 투사되어서는 안 된다." 즉, 꿈에 어떤 상징심상이 보일지라도 그것은 꿈을 꾼 꿈사람 자신의 모습이기 때문에 다른 사람으로 생각해서는 안 된다는 것이다. 펄스는 "투사하고 싶은 유혹을 물리치라."라고 말했다.

꿈에 늑대가 나타났다. 그러면 꿈을 꾼 꿈사람은 흔히 '그 늑대가 누구일까? 그 남자인가, 그 여자인가, 아니면 남편인가, 옆집 주인인가, 직장 동료인가?' 하고 생각할 수 있다. 이렇게 생각하면 꿈의 상징심상을 투사하는 것이다. 게슈탈트 심리치료에 따르면, 그 늑대는 다른 사람이 아니라 바로 꿈을 꾼 꿈사람의 마음속에 있는 것이다. 늑대는 그 사람의 정신이나 성격의 한 측면을 보여 주고 있다. 꿈에 뱀이 나타났다. 이것도 역시 꿈을 꾼 꿈사람의 마음속에 있는 자신의 모습이다. 그 사람의 마음속에 뱀의 상징으로 나타난 모습이 들어 있다는 것을 알려 주는 꿈이다. 꿈에 어머니나 아버지가 등장했다. 이것도 역시 꿈을 꾼 꿈사람의 마음속에 있는 정신의 한 부분이다. 어머니 또는 아버지와 관련된 태도와 감정과 욕구, 특히 미해결된 감정을 나타내는 꿈으로 볼 수 있다.

꿈에 등장한 모든 상징심상은 꿈사람 자신의 일부를 나타낸다. 이 말은 꿈사람 자신이 가지고 있는 자기의 것, 곧 정신이나 성격의 한 측면을 꿈(상징심상)이라는 도구를 통해 투사적으로 표현했다는 것을 의미한다. 펄스는 꿈의 모든 상징이 꿈사람 자신의 내적 상태에 대한 투사물이라고 생각했다(Perls et al., 김정규, 1998, 재인용). 꿈의 모든 상징심상은 투사적으로 표현된 꿈사람 자신의 일부, 곧 억압된 정신이나 성격을 나타낸다.

참고 투사의 의미

꿈작업 과정에서 말하는 '투사'에는 몇 가지의 의미가 중복되어 있다. 그 차이는 다음과 같다.

① 방어기제로서의 투사: 이것은 자신의 불안과 두려움을 낮추기 위한 방어적인 정신기제로서 자기의 것을 자기의 것이 아니라 다른 사람의 것이라고 떠넘기는 것을 말한다. 사람은 자기가 가지고 있지만 그 사실을 모르거나 그 사실을 부정하고 억압할 때 투사한다.

② 꿈 상징심상으로서의 투사: 이것은 게슈탈트의 꿈이해에 근거한 투사로서 꿈에 등장하는 모든 상징심상은 꿈사람의 정신 또는 성격의 일부를 나타낸다는 것을 의미한다. 즉, 꿈에 나오는 모든 시각적인 형상들은 꿈사람의 정신적인 내적 상태의 투사물이다.

③ 꿈작업 과정으로서의 투사: 이것은 최근에 확산되고 있는 '투사 꿈작업' 과정에서 사용되고 있는 방법으로서 우리가 다른 사람의 꿈에 대해서 말할 때 가장 적절한 방법은 투사적으로 말하는 것이라는 의미가 있는 말이다. 투사적 꿈작업에 대한 자세한 설명은 '제8장 집단투사 꿈작업의 이해와 과정'을 참고하기 바란다.

꿈의 의미를 찾기 위해 꿈작업을 하는 것은 우리가 다른 대상에게 투사한 우리 자신의 것을 스스로 되찾아오는 좋은 방법이다. 우리는 대개 우리가 가지고 있지만 그 사실을 알지 못하거나 억압한 것을 외부 대상에게 투사히는데, 꿈작업은 우리가 그렇게 투사하고 있다는 것을 알아차릴 수 있는 기회를 마련해 준다. 자기 억압과 외부 투사의 문제를 알아차리기 위해 펄스가 제안한 방법은 꿈사람이 꿈에 등장한 꿈의 소재, 곧 상징심상들과 동일시해 보는 것이다. 꿈의 상징심상들과 동일시할 수 있는 효과적인 방법은 게슈탈트 심리치료에서 많이 사용하고 있는 '되어 보기 역할연기' 기법이다.

꿈작업 기법-되어 보기 역할연기

펄스의 꿈해석 방법은 프로이트의 정신분석이나 융의 분석심리와 차이가 있다. 펄스는 꿈의 내용을 분석하거나 해석하려고 하지 않았다. 분석이나 해석은 꿈의 의미를 너무 개념적이고 인지적인 상태에 머물게 하면서 그 의미의 생동감을 놓치게 만든다고 생각했다. 펄스는 꿈을 항상 현재 시제로 기록하고 말하도록 했다. 특히 꿈작업을 할 때 꿈사람은 꿈의 내용이 마치 지금-여기에서 일어나는 것처럼 꿈을 재현하고 자신이 꿈의 일부분이 되어 감정을 담아 직접적인 대화로 표현하도록 했다. 자신의 꿈을 생생하게 다시 살아보는 것이다(Corey, 조현춘 외 공역, 2004). 게슈탈트 심리치료의 시제는 항상 현재이다. 펄스에 따르면, 마음의 상처와 불안의 원인은 과거에 있을 수 있지만 그 상처와 불안을 해결하고 치료하기 위해서는 그 문제를 지금-여기에서 다루어야 한다. 펄스는 모든 꿈에는 꿈사람의 현재적인 의미, 곧 꿈사람의 현재 상황과 현재의 삶의 문제와 마음상태가 담겨 있다고 믿었다(Ackroyd, 1993). 현재적인 의미가 없다면 꿈을 꾸지 않았을 것이다. 물론 꿈에 과거에 미해결된 문제가 등장할 수 있다. 그러나 그 문제를 해결하기 위해서 과거의 상태로 돌아가는 것은 도움이 되지 않는다. 꿈사람이 지금 겪고 있는 심리상태와 인간관계의 문제를 다뤄야 한다. 왜냐하면 과거의 문제가 지금 꿈에 등장한 것은 그것이 지금 문제가 되고 있기 때문이다. 따라서 게슈탈트 심리치료는 신경증의 원인을 찾기 위해서 과거를 탐색하는 프로이트의 정신분석과 대조가 된다고 할 수 있다. 펄스도 프로이트나 융처럼 꿈의 상징성에 주목했다. 그러나 그 상징은 꿈사람의 내면, 곧 자아의 상태와 성격의 일부를 나타내는 자아의 투사라고 보았다. 꿈에 등장하는 모든 상징심상은 꿈사람의 마음속에 있는 미해결된 감정적인 문제 또는 인간관계적인 문제들을 나타낸다.

펄스가 사용한 꿈해석 방법은 게슈탈트 심리치료에서 많이 사용하는 역할연기(role play) 기법과 유사하다. 이것은 꿈사람에게 꿈에 등장한 심상들을 하나씩 차례로 취해서 연기해 보도록 하는 방법이다. 역할연기 꿈작업은 꿈을 꾼 사람이 꿈에 나오는 상징심상들, 즉 사람, 동물, 식물, 집, 자동차 등이 되어 봄으로써 그때 떠오르고 느껴지는 생각과 감정과 욕구 등을 말하도록 돕는 것이다. 역할연기에서 중요한 것은 꿈의 각 부분이 '되어 보는' 것이다. 자신을 꿈의 각 부분과 동일시하는 것이다. 되어 보기는 자기의 심리정서적인 상태를 통합적으로 이해하고 수용하는 데 많은 도움이 된다. 즉, 꿈에 등장한 어떤 부분이 비록 부정적으로 보일지라도 그 부분이 되어 역할연기를 해 봄으로써 지금까지는 자신의 것이 아니라고 부정했거나 모르고 있었던 자신의 성격, 행동 그리고 자신이 처한 상황 등을 이해하고 받아들일 수 있게 된다(Corey, 조현춘 외 공역, 2004). 따라서 게슈탈트 꿈작업에서 사용하는 기법을 '되어 보기 역할연기' 또는 '동일시 역할연기'라고 명명할 수 있다.

게슈탈트 심리치료사인 마티 매튜스(Marti Matthews)는 이렇게 말했다. "게슈탈트 꿈작업 기법은 매우 간단하다. 당신의 현재 문제에 초점을 맞추라. 그리고 당신의 꿈에 나오는 여러 부분이 되어 보라. 만약 꿈에서 자신의 등이 아팠다면 등이 되어 그 상태와 느낌을 말해보라." 이런 역할연기 꿈작업에서 중요한 것은 꿈의 상징심상이 되어 보는 체험인데, 이것은 그 상징심상을 의인화한다는 의미가 있다. 꿈속에 등장한 모든 심상, 심지어 무생물에도 감정과 목소리를 부여하고 형태와 모양과 움직임까지 역할연기를 함으로써 그 상태를 구체적으로 체현하는 것이다. 그러면 의식에서는 알 수 없었던 내면의 깊은 자기 상태를 발견할 수 있다. 펄스에 의하면, 되어 보기 역할연기 기법은 프로이트의 자유연상이나 융의 확충(직접연상) 기법만큼 정확하고 효과가 있는 꿈해석 방법이다(Fontana, 1994).

역할연기란 본래 사이코드라마에서 가져온 치유기법으로서 내담자로 하여금 무엇에 대해서 말하는 대신에 직접 그 무엇이 되어 봄으로써 보다 더 직접적이고 구체적인 체험을 하도록 돕는 기법이다. 게슈탈트 심리치료에 따르면, 직접적인 체험은 간접적인 체험보다 인식과 행동의 변화에 훨씬 더 효과가 있다. 이런 역할연기를 위해 게슈탈트 심리치료에서 많이 사용하는 기법이 있다. 빈 의자(empty chair) 기법이다. 이것은 내담자로 하여금 자신과 관계가 있는 대상이 빈 의자에 앉아 있다고 상상하고 그 대상과 대화함으로써 이 과정에서 경험되는 감정과 욕구와 태도의 변화 등을 알아차리고 자각하도록 돕는 기법이다. 때로는 내담자로 하여금 빈 의자에 앉게 하고 대상이 되어 말하게 함으로써 그 대상을 이해할 수 있도록 돕기도 한다.

개인상담의 경우, 상담자는 내담자의 되어 보기 역할연기를 어떻게 도울 수 있을까? 상담자는 내담자로 하여금 꿈에 나온 상징심상들을 하나씩 차례로 취하고 그 심상의 인물 또는 사물이 되어 연기를 함으로써 떠오르는 생각과 감정과 욕구 등을 말하도록 한다. 그런 중에 자신의 정신이나 성격 중 어떤 부분이 억압되거나 결핍되어 있는지를 자각하도록 돕는다. 다음은 게슈탈트 심리치료사인 실라 에른스트(Sheila Ernst)의 꿈작업 사례이다.

한 여인이 짧은 꿈을 꾸었다. 자신이 기차역 승강장에 서 있는 꿈이다.

에른스트는 그녀를 빈 의자에 앉게 한 다음 그녀에게 이렇게 말했다. "그 승강장이 되어 보십시오. 승강장이 되어 떠오르는 생각이나 느낌을 말해 보세요." 여인은 눈을 감고 잠시 머뭇거리다가 이렇게 말했다. "나는 지금 차갑고 딱딱합니다. 사람들이 내 위로 나를 밟고 걸어 다니고 있습니다." 그렇게 말하는 순간 그 여인은 울음을 터뜨렸다. 왜냐하면 그 느낌은 그녀가 지금 처해 있는 자신의 상황을 너무도 강렬하게 연상시켰기 때문이다. 그녀는 지금 많은 사람으로부터 곤혹을 당하고 있는 자신의 상황을 알아차린 것이다.

다음은 펄스의 책『게슈탈트 치료 축어록(Gestalt Therapy Verbatim)』에 나오는 노라라는 한 여인의 꿈작업 사례이다.

그녀는 꿈에서 허름한 집을 보았는데 그 집이 황량하고 불안하며 난간이 없어서 매우 위험해 보였다.

펄스는 그녀를 빈 의자에 앉도록 한 후에 그 집이 되어 보라고 했다. 그리고 떠오르는 생각과 느낌을 말하도록 했다. 노라는 집이 되어 이렇게 말했다. "나는 열려 있고 보호받지 못하며 거센 바람이 안으로 들이치고 있어요. (목소리가 작아지며) 나는 너무나 약하고 위험한 상태이기 때문에 만약 당신이 내 위로 올라선다면 나는 당신과 함께 쓰러질 것입니다. 만약 당신이 나를 책망한다면 나는 완전히 쓰러지고 말 거예요." 펄스는 그녀에게 어떻게 하면 따뜻해질 수 있겠냐고 물었다. 노라는 "글쎄요. 무엇인가로 덮고, 문을 닫고, 창문을 끼우고, 벽을 만들고……. 그리고 아름답고 예쁜 색을 칠하면 되겠지요."라고 말했다. 펄스는 노라에게 차례로 그런 대상들이 되어 자신의 생각과 감정을 표현해 보라고 했다. 그 집과 대화하도록 한 것이다(Perls, 1992). 이런 펄스의 꿈작업 방식은 게슈탈트 심리치료에서 많이 사용하는 되어 보기 역할연기 기법을 적용한 것이다.

되어 보기 역할연기 꿈작업 사례

개인상담 중에 '되어 보기 역할연기'의 방법으로 꿈작업을 할 경우, 그 과정은 꿈의 재현, 되어 보기(동일시), 감정과 의미 탐색, 자각과 통합 등 4단계로 진행할 수 있다. 하나의 꿈 사례를 예로 들어 설명하면 다음과 같다. 어떤 여인이 다음과 같은 꿈을 꾸었다.

나는 오래된 한옥 재래식 부엌 안에 앉아 있다. 아궁이가 두 개 있는데, 한 아궁이에 불을 때고 있다. 불의 열기가 느껴진다. 그때 옆에 있는 다른 아궁이에서 뱀 한 마리가 기어 나온다. 나는 깜짝 놀라며 몸을 움찔한다. 순간 내 오른손에 부지깽이가 들려 있다는 것을 알아차린다. 나는 부지깽이로 뱀 머리를 내려친다. 그러자 뱀이 도망가듯이 부엌 밖으로 기어 나간다.

이 꿈을 게슈탈트 방식, 곧 되어 보기 역할연기 방식으로 꿈작업을 하면 다음과 같다.

1) **꿈의 재현**–상담자는 내담자, 곧 꿈사람에게 꿈의 장면을 언어와 신체감각과 감정적으로 재현해 보도록 요청한다.

〈**꿈사람의 재현**〉: "나는 지금 재래식 부엌의 아궁이 앞에서 불을 때고 있어요. 불길이 뜨거워요. 그런데 옆에 있는 다른 아궁이에서 뱀 한 마리가 기어 나오고 있어요. 깜짝 놀라서 몸이 움츠러들어요. 마침, 내 오른손에 부지깽이가 있네요. 뱀 머리를 한 내 때렸어요. 뱀이 부엌 밖으로 도밍가고 있어요."

2) **되어 보기**(동일시)–상담자는 꿈사람에게 꿈속의 각 부분이 되어 보라고 요청한다. 하나씩 각 부분이 되어서 떠오르는 생각, 기억, 감정 등을 말하도록 한다.

〈**꿈사람의 되어 보기**〉: (불이 되어 보기) "나는 아궁이 속에 있는 불이에요. 뜨거워요. 화가 치밀어요. 내 속에 분노가 가득해요." (뱀이 되어 보기) "내 속에 뱀이 있어요. 불 꺼진 아궁이 속에 뱀이 있어요. 무섭고 두려워요. 나는 남편과 시집 식구들이 두려워요. 그들이 나를 공격해요." (부지깽이 되어 보기) "나는 부지깽이예요. 내가 가진 것은 이것뿐이에요. 나는 집에서 존재감이 없어요. 나는 부엌데기처럼 일만 해요. 억울해요. 하지만 이젠 내 목소리를 낼 거예요. 부지깽이로 뱀 머리를 한 대 때리니까 속이 시원해요. 뱀이 도망가잖아요.”

3) **감정과 의미 탐색**—상담자는 꿈사람에게 꿈의 각 부분이 되어 보면서 자신이 느낀 감정을 탐색해 보라고 말한다.

〈**꿈사람의 감정과 의미 탐색**〉: “아궁이의 불이 되었을 때 화가 났어요. 내 속에 분노가 꽉 차 있는 것을 알았어요.”, “부지깽이로 뱀 머리를 때릴 때 두려움이 사라졌어요. 이젠 남편과 시집 식구들을 그렇게 두려워할 필요가 없다는 것을 알았어요.”

4) **자각과 통합**—상담자는 꿈사람이 현재 상황이나 관계에서 겪고 있는 스트레스, 감정 또는 욕구 등을 어떻게 다루고 표현하며 살아갈지를 말하도록 한다. 이것은 내면의 통합을 이루도록 돕는 과정이다.

〈**꿈사람의 자각과 통합**〉: “이제는 분노를 억지로 참거나 억압하지 않고 표현할 거예요. 아프면 아프다고 말할 거예요. 참으면 나만 손해잖아요. 아파서 병이 날 것 같아요: 좋은 소리를 듣는 것도 아니고요. 이젠 남편이나 시집 식구들을 두려워하지 않을 거예요. 그들도 나와 똑같은 사람이잖아요.”

양극성의 통합

게슈탈트 심리치료의 목표 중의 하나는 내면에 가지고 있는 양극성, 곧 인격의 분열된 상태를 통합하도록 돕는 데 있다. 우리는 심리적으로 건강하고 성숙해질수록 자기 내면에 서로 다른 사고와 감정들이 있다는 것을 인식하고 수용할 수 있게 된다. 자기 자신에게 관대해짐에 따라 이전에는 자신이 부정하고 받아들이고 싶지 않았던 자기의 성격과 행동을 인정하고 받아들인다. 분열된 인격의 양극성은 대개 강자와 약자의 대립으로 나타나는데, 펄스는 그것을 재치 있게 ‘누르는 자(top-dog)’와 ‘눌리는 자(under-dog)’라는 용어로 표현했다(Perls, 1992). 누르는 자는 자기 인격 안에 있는 강자로서 도덕적이고 지배적이고 통제적이고 강압적이며 요구하고 요청하는 인격이다. 누르는 자가 하는 말에는 특징이 있는데, 그것은 '반드시 해야 한다. 하지 않으면 안 된다.'는 등의 당위성을 지닌 말이다. 눌리는 자는 인격의 약자로서 방어적이고 저항적이며 회피하고 변명을 늘어놓고 약삭빠르게 꾀를 내어 도망치려 하는 인격이다. 이 두 인격의 갈등은 마치 두 마리의 개가 엎치락뒤치락하며 싸우듯이 계속된다. 이런 인격의 양극성을 통합하기 위해서는 눌리는 자의 권리에 주목할 필요가 있다. 즉, 눌리는 자가 목소리를 내어 자기의 생각과 감정을 표현하고 주장함으로써 전체 인격에서 자기의 정당한 권리와 지위를 찾을 수 있도록 도와야 한다(Ackroyd, 1993). 빈 의자를 사용하는 역할연기 기법은 양극성을 통합하는 데 도움이 된다. 이때 상담자는 두 개의 빈 의자를 방 한가운데 놓는다. 그리고 내담자에게 한쪽 의자에 앉아서 강자, 곧 누르는 자가 되어 보라고 말한다. 강자가 되어 맞은편 빈 의자에 앉아 있는 약자, 곧 눌리는 자에게 하고 싶은 말을 하게 한다. 그런 다음 다른 의자, 곧 눌리는 자가 앉아 있었던 의자로 옮겨 앉도록 한다. 그리고 이번에는 약자, 곧 눌리는 자가 되어서 맞은편에 있는 누르는 자에게 하고 싶은 말을 충분히 하게 한다. 이렇게 함으로써 내담자의 양극성 사이에 솔직한 대화가 계속된다. 이때 요구되는 것은 누르는 자와 눌리는 자가 자신의 생각과 감정을 마음껏 쏟아놓고 표현하는 것이다. 그러면 내담자는 스스로 억압하고 부정했던 자신의 감정 또는 욕구와 접촉할 수 있게 되고 자기 자신에 대한 이해의 폭을 확장할 수 있게 된다. 양극성의 통합이 이뤄지는 것이다.

빈 의자 역할연기 기법은 게슈탈트 꿈작업에서 종종 사용된다. 특히 꿈에서 무서운 대상으로부터 쫓기는 꿈을 꾸었을 때 빈 의자 역할연기 기법은 꿈의 의미를 찾는 데 효과적이다. 예를 들어, 내담자인 한 소녀가 꿈을 꾸었는데 뱀에게 쫓기는 꿈이나. 뱀이 빠른 속도로 소녀의 뒤를 쫓았으며 소녀는 공포에 질려 도망을 치다가 깨어난 꿈이다. 이런 꿈의 상징심상을 가지고 역할연기 기법을 사용할 경우, 두 개의 빈 의자가 필요하다. 두 개의 의자를 마주 놓고 한 의자에 소녀가 앉도록 한다. 그리고 맞은편 의자에는 뱀이 앉아 있다고 가정하고 그 뱀에게 자신의 감정과 생각 그리고 하고 싶은 말을 모두 하도록 한다. 그런 다음 자리를 비꾸어 소녀가 뱀이 있던 의자로 가서 앉도록 하고 뱀이 되어 소녀에게 떠오르는 생각과 하고 싶은 말을 하도록 한다. 뱀의 역할을 하면서 소녀는 맞은편 자기 자신에게 뱀이 된 자기가 그렇게 무섭고 악한 존재가 아니며, 오히려 소녀의 삶을 풍성하게 해

줄 수 있는 치유와 변형의 에너지를 가지고 있다고 말할 수 있다. 그러니 도망치지 말고 자기를 만나 달라고 말한다. 그러나 그 맞은편에 앉은 소녀는 뱀을 향하여 공포를 느끼며 자기를 쫓아오지 말고 떨어지라고 소리칠 수 있다. 그런 중에 소녀는 그 뱀이 남자의 성기를 상징하며 자기가 두려워하는 것은 성적인 불안이라는 것을 발견할 수 있다. 즉, 자신의 핵심문제를 알아차린 것이다. 이런 작업의 과정에서 소녀는 자기 내면 속에 있는 뱀으로 상징된 자신의 모습과의 만남과 통합이 이루어진다. 펄스는 꿈과 꿈작업이 통합에 이르는 왕도라고 말했다(Perls et al., 김정규, 1998, 재인용).

되어 보기 역할연기 기법은 꿈사람이 알지 못하는 것, 특히 의식적인 자아가 스스로 억압한 감정이나 욕구를 파악하는 데 도움이 된다. 예를 들어, 어떤 사람이 숲속 길에서 무서운 괴물에게 쫓기는 꿈을 꾸었다고 하자. 꿈에서 꿈사람은 괴물에게 쫓기다가 헛간 속으로 들어가 숨었는데, 그 괴물이 쇠갈퀴 같은 발톱으로 닫힌 문을 할퀴어서 발톱이 드러나는 것을 보는 꿈이다. 공포가 느껴지는 꿈이다. 이 꿈을 가지고 역할연기를 한다면 어떻게 할 수 있을까? 먼저, 꿈사람으로 하여금 '숲'이 되어 보라고 할 수 있다. 숲이 되니까 어떤 생각과 느낌이 생기는지 물어본다. 꿈사람은 무섭다고 말할 수 있고, 세상 동료들과 단절되어 있다고 말할 수도 있으며, 지금 어디로 가야 할지 길을 잃었다고 말을 할 수도 있다. 다음으로 자신을 쫓아온 '무서운 괴물'이 되어 보라고 한다. 그 괴물이 되어 보니까 어떤 느낌이 드는지 말해 보라고 요청한다. 특히 괴물이 된 자신은 누구이며 왜 도망가는 그 사람(의식적인 자아)을 쫓아가고 있는지를 물어본다. 괴물이 된 꿈사람은 자신이 그 사람을 해치려고 쫓아가는 것이 아니라고 말한다. 해 주고 싶은 말이 있어서 쫓아가는 것이라고 말한다. 그러면 해 주고 싶은 말이 무엇이냐고 물어본다. 괴물이 된 꿈사람은 말하기를, 나는 지금 너무 억울해서 분노로 가득 차 있는데, 당신(의식적인 자아)은 그런 자신의 분노를 외면하고 그냥 참고 지내라고 말하는 것이 너무 고통스럽다고 할 수 있다. 쇠갈퀴 같은 발톱은 지금 마음속에 쌓여 있는 분노의 표시라고 말한다. 이런 식의 역할연기는 꿈의 의미를 꿈사람의 손에 구체적으로 명료하게 쥐어 주는 효과가 있다. 이렇게 해서 찾게 된 꿈의 의미는 상담자나 분석가가 말로 설명해 주는 의미보다 더 명료하고 확실하게 느껴진다.

메아리 기법

　　꿈작업 과정에서 역할연기의 기법을 사용할 때 메아리(echoing) 기법을 사용하면 효과적이다. 메아리 기법은 꿈사람이 자기 꿈의 심상으로 역할연기를 할 때 상담자가 그 사람의 말을 그대로 따라 하는 것이다. 꿈사람이 한마디씩 말을 할 때마다 똑같이 따라서 말하면 된다. 이것은 꿈사람이 자기 스스로 한 말을 상담자의 말을 통해서 다시 듣게 됨으로써 자신이 한 말을 뚜렷하게 자각하도록 돕는 효과가 있다(게슈탈트 심리치료사의 강의). 필자는 미국 캘리포니아에 있는 이살렌 연구소(Esalen Institute)에서 게슈탈트 집단 심리치료 과정에 참여한 적이 있다. 거기서 꿈을 다루는 시간이 있었는데, 두 사람이 짝이 되어 한 사람은 내담자가 되고 다른 한 사람은 상담자가 되어 역할연기 기법에 따라 꿈작업을 하였다. 나는 한 참가자와 짝이 되어 그의 꿈을 가지고 꿈작업을 하였다.

　　그는 책이 가득히 꽂혀 있는 책장에 대한 꿈을 꾸었다. 그 책장이 쓰러져 자기를 덮어 버리는 꿈이었다.

　　나는 상담자의 역할을 하면서 집단 상담자가 가르쳐 준 대로 그에게 꿈에서 본 상징심상이 되어 떠오르는 생각과 감정을 말하도록 했다. 그리고 메아리 기법을 사용하여 다음과 같이 그 사람이 하는 말을 그대로 따라서 말했다.

꿈사람　(꿈사람이 책장이 되어) 나는 책이 가득히 꽂혀 있는 책장입니다.

나(상담자)　나는 책이 가득히 꽂혀 있는 책장입니다.

꿈사람　너무 무거워서 견딜 수가 없습니다. 쓰러질 것 같아요.

나(상담자)　너무 무거워서 견딜 수가 없습니다. 쓰러질 것 같아요.

꿈사람　아~! 지금 책장이 쓰러지고 있습니다.

나(상담자)　아~! 지금 책장이 쓰러지고 있습니다.

꿈사람　(역할연기의 대상이 책장에서 자기 자신으로 바뀌며) 나는 지금 쓰러진 책과 책장에 눌려 있어요. 너무나 무거워요. 숨을 쉴 수가 없어요.

나(상담자)   나는 지금 쓰러진 책과 책장에 눌려 있어요. 너무나 무거워요. 숨을 쉴 수
가 없어요.

이렇게 하는 동안 나의 짝은 현재 자신의 삶이 얼마나 힘들고 무거운 것인지를 체험적
으로 알아차리게 되었다. 그는 꿈에 나타난 책장이 되어 보고, 그 무거운 책과 책장에 깔
리는 자기 자신이 되어 봄으로써 그 상징심상이 주는 의미를 자각하게 된 것이다. 그 무거
운 책과 책장은 현재 자기가 하지 않으면 안 된다고 강요받고 있는 일과 업무라는 것 그리
고 그 업무 때문에 자신이 받고 있는 스트레스라는 것을 알아차리게 된 것이다.

이처럼 게슈탈트의 꿈작업 방법인 되어 보기 역할연기는 다양하게 진행될 수 있는데,
그 과정을 다음과 같이 정리해 볼 수 있다.

- 꿈사람이 자기 꿈에 나타난 상징심상을 하나씩 차례로 취한다. 이것은 프로이트의
  자유연상 방법과 동일하다.
- 꿈사람으로 하여금 앞에서 취한 상징심상이 되어 떠오르는 생각, 감정, 욕구 등을 말
  하도록 한다. 이때 중요한 것은 꿈에 등장한 모든 상징심상이 바로 꿈사람 자신, 곧
  자기의 성격의 일부 또는 미해결된 감정과 욕구의 투사라는 것을 기억하는 것이다.
- 이때 빈 의자를 사용해서 꿈사람이 그 의자에 앉게 하는 것은 도움이 된다. 그것은 꿈
  사람이 자신의 꿈에 등장한 상징심상이 되어 보는 데 효과적이다.
- 상담자가 꿈사람의 말을 따라 하는 메아리(echoing) 기법은 도움이 된다. 언급한 것처
  럼, 메아리 기법은 꿈사람이 자기가 한 말을 상담자를 통해서 다시 듣게 됨으로써 자
  신이 무슨 말을 하고 있는지를 자각하게 할 뿐만 아니라 그 말 속에 담겨 있는 자신의
  감정을 더 깊이 느낄 수 있도록 돕는다.
- 꿈사람이 역할연기를 하는 과정에서 무엇을 알아차리고 발견했는지를 말하도록 한
  다. 이때 상담자는 이렇게 물어볼 수 있다. "이 꿈의 상징심상은 자신의 정신 또는 성
  격의 어떤 측면을 보여 주고 있습니까? 그것은 자신의 어떤 것을 노출하고 있습니까?
  그것은 지금 마음속에 무엇이 억압되고 결핍되어 있다고 말하고 있습니까? 그 상징
  심상이 되어 떠오르는 생각이나 느낌을 말해 보세요."

집단 꿈작업-게슈탈트 꿈극장

　　게슈탈트 꿈작업은 개인적으로 할 수도 있고 집단적으로 할 수도 있다. 집단적으로 할 때, 다른 집단원들이 한 사람의 꿈에 나타난 상징심상이 되어서 그 역할연기를 대신할 수 있는데, 이런 집단 꿈작업을 '꿈극장(dream theater)' 또는 '꿈작업 극장(dream work theater)'이라고 한다. 꿈작업 극장은 꿈을 꾼 사람만이 아니라 다른 집단원들도 꿈사람의 꿈에 나타난 상징심상이 되어 보게 함으로써 꿈에 대한 체험과 꿈의 의미를 발견할 수 있는 폭을 확장한다는 장점이 있다.

　징커(Zinker)는 내담자와 상담자 둘 사이에서 이뤄지는 개인적인 꿈작업을 집단원들이 함께하는 집단 꿈작업으로 발전시켰는데, 그것을 꿈작업 극장이라고 말했다(Zinker, 1977). 꿈작업 극장이 열리면 꿈사람은 자기의 꿈을 집단원들에게 말하고 집단원들은 꿈사람의 보조자아가 되어 꿈작업에 적극적으로 참여한다. 이것은 사이코드라마의 기법을 도입한 것으로서 보조자아의 역할을 맡은 집단원들은 꿈사람의 꿈 이야기를 듣고 꿈속에 등장하는 인물 또는 상징적인 심상이 되어 그 역할을 연기한다. 필자는 오래전 미국에 있는 헤이든 꿈 연구소에서 꿈작업 리더과정에 참여한 적이 있는데, 그때 한 사람의 꿈 이야기로 꿈작업 극장을 열었던 기억이 있다. 당시 50여 명의 참가자들이 있었는데, 그중에서 몇 사람이 한 명의 꿈사람의 꿈속에 나오는 심상들의 역할을 맡아서 연기를 했다. 꿈사람의 꿈에는 손에 창을 들고 있는 원시인과 고릴라와 사자 등의 동물들이 등장했는데, 집단원들은 그런 인물과 동물이 되어 소리를 지르고 쫓고 도망가면서 연기를 했다. 그들은 동물의 본능적인 공격성을 행동으로 표현하는 연기를 했다. 그들의 연기를 바라본 꿈사람은 자기 안에 억압된 분노와 공격성이 있으며 동시에 그 공격성을 표현하는 것에 대한 두려움이 있다는 것을 알게 되었다. 이런 알아차림은 꿈사람이 자기의 꿈을 가지고 개인적으로 역할연기를 할 때보다 더 강력하고 명료하다. 집단원들의 역할연기는 꿈사람이 자기 스스로 역할연기를 했다면 알아차릴 수 없는 자기의 문제를 알아차릴 수 있는 기회가 된다.

　사이코드라마의 경우, 의뢰자가 자신의 호소문제를 진술하면 집단원들은 호소문제를 무대에 올리기 위해 그 드라마에 나오는 주인공(protagonist), 디렉터(director), 보조자아(auxiliary ego) 그리고 관객(audience) 등의 역할을 맡는다. 주인공은 드라마의 중심인물로서 자신의 이야기 또는 경험을 무대에 올려놓는 의뢰인이다. 주인공은 디렉터와 함께 자신이 공연할 이야기와 무대 장면과 역할들을 확인하고 보조자아를 맡을 집단원들을 선택해서 그 역할을 배분한다. 디렉터는 상담자 또는 치료자가 그 역할을 맡는다. 디렉터는 주인공이 어떤 내용을 어떻게 무대에 올려놓기를 원하는지 살펴보고 대화를 나눔으로써 연극과 치유과정에 대한 소유권이 주인공에게 있도록 돕는다. 보조자아를 맡은 집단원들은 주인공의 이야기 속에 나오는 인물 또는 대상이 되어 역할연기를 함으로써 주인공이 겪은 사건과 경험을 지금-여기라는 집단 무대에서 재현한다. 그렇게 함으로써 주인공을 현재 상황으로 불러들인다(Moreno, cited in Dayton, 김세준 역, 2012).

꿈작업 극장은 꿈사람의 꿈을 무대에 올려놓는 것이다. 꿈사람은 꿈작업 극장의 주인공으로서 자신의 꿈이 무대에서 실현되도록 보조자아들을 선택하고 그 역할을 배분한다. 보조자아를 맡은 집단원들은 꿈속에 나오는 인물 또는 대상이 되어 그 역할을 연기한다. 집단원들의 역할연기가 꿈사람이 기대하는 역할과 반드시 일치할 필요는 없다. 꿈사람이 생각하지 못한 역할연기와 언어 표현은 꿈사람에게 자신의 의식에서 소외되고 분열되어 있는 부분을 직면하고 통합할 수 있는 기회가 될 수 있기 때문이다. 그러나 꿈작업 드라마의 주인공은 꿈사람이라는 것과 그 드라마의 주도권은 꿈사람에게 있다는 것을 기억해야 한다. 꿈사람은 집단원들의 역할연기가 도움이 되지 않는다고 느껴지면 다른 집단원으로 바꾸는 것을 요청할 수 있다. 꿈작업 극장은 꿈사람에게만 도움이 되는 것이 아니다. 징커에 따르면, 꿈작업 극장은 집단 실험의 장으로서 꿈사람만이 아니라 모든 집단원이 자기를 인식하고 이해하고 치유받는 데 도움이 된다고 했다. 특히 꿈사람의 꿈이 원형적인 주제를 담고 있을 경우, 집단원들은 그 주제를 공유함으로써 자기를 심층적으로 이해하고 수용할 수 있는 경험이 된다(Zinker, 1977). 다음은 제럴드 코리의 책에 나오는 한 여인의 가상적인 꿈에 대한 꿈작업 극장의 사례이다.

| **꿈작업 극장의 사례 1** |

조앤이라는 한 여성이 꿈을 꾸었다. 꿈에서 조앤은 여러 사람과 함께 고장난 차 안에 타고 있다. 그때 한 남자가 나타나 마구 총을 쏘기 시작한다. 승객들은 모두 공포에 떨고 있다. 순간 한 여성이 등장해서 총격으로부터 승객들을 구하려고 위험을 무릅쓰

고 헌신적으로 구출작업을 한다.

조앤의 꿈을 꿈작업 실험극장에 올려놓는다면 어떻게 될까? 조앤은 한 집단원을 선택해서 총을 쏘는 남자의 역할을 맡기고, 다른 한 집단원을 선택해서 고장난 자동차의 역할을 맡게 한다. 그리고 한 집단원에게 승객들을 구하려고 헌신적으로 행동하는 여인의 역할을 맡기고, 나머지 모든 집단원으로 하여금 총격으로 두려움에 떨고 있는 승객들의 역할을 하도록 하게 한다(Corey, 조현춘 외 공역, 2004). 꿈사람의 보조자아가 된 집단원들은 자신이 맡은 부분을 연기하고 꿈사람은 그들의 연기를 바라본다. 집단원들의 역할연기가 반드시 꿈사람의 기대와 일치할 필요는 없다. 그러나 그들의 연기에 얼마나 생동감이 있는가 하는 것은 꿈사람이 자기의 꿈에 담겨 있는 의미를 찾는 데 도움이 된다. 꿈사람은 그들의 연기를 바라보면서 극적이고 강렬한 감정을 경험할 수 있으며, 특히 자기가 모르던 것을 알게 되는 이해와 통찰이 가능해진다. 그 결과 자기인식과 불일치했던 자신의 소외된 부분을 수용하고 통합할 수 있게 된다. 그런 경험과 자기통찰은 예상하지 못한 것으로서 한순간에 꿈사람의 내면으로 밀려 들어온 것이다.

한편, 조앤이 현재 진행 중에 있는 집단상담에 참여하고 있을 때 그런 꿈을 꾸었다면 그것은 조앤이 집단에서 무엇을 어떻게 느끼고 생각하는지를 나타내는 꿈일 수 있다. 이런 경우, 꿈작업은 두 가지 형식이 모두 가능한데, 하나는 개인작업으로서 조앤이 자신의 꿈에 등장하는 인물들이 되어 집단이라는 현재 상황에서 역할연기를 하는 것이며, 다른 하나는 집단작업으로서 꿈 이야기를 꿈작업 극장의 무대에 올려놓는 것이다. 이런 꿈작업 과정을 통해서 조앤은 다음과 같은 인식과 이해에 도달할 수 있다. 조앤은 지금 집단상담이 이뤄지고 있는 집단이 안전하지 않다는 생각을 가지고 있다. 꿈에 나오는 승객들은 집단원들을 상징하며 그들이 타고 있는 고장난 자동차는 조앤이 느끼기에 집단이 안전하지 않다는 것을 의미한다. 집단에는 공격적인 남자가 있는데, 그는 종종 불만과 분노를 표출함으로써 조앤 자신과 집단원들을 불안하고 두렵게 만든다. 꿈에서 총을 쏘는 사람은 바로 그 공격적인 남자를 나타낸다. 동시에 조앤은 그 사람의 공격으로 겁을 먹고 도망가려고 하지만 도망을 갈 수가 없다. 고장 난 차를 타고 있다는 것은 도망갈 수 없다는 것을 나타낸다(Corey, 조현춘 외 공역, 2004). 이런 꿈작업이 이뤄진 다음에 상담자는 조앤이 원한다면 조앤을 도와서 치료적인 시간을 더 가질 수 있다. 예를 들어, 집단원들 중에서 자신을 공격하고 있다고 느껴지는 사람을 선택하거나, 반대로 자신을 가장 잘 이해하고 지지해 주는 사람을 선택해서 그 사람과 직접 직면하고 대화함으로써 꿈의 내용을 집단의 현재 상황에서 재현하는 것이다. 한편, 조앤이 그렇게 상반되는 두 집단원이 되어 봄으로써 그들을 이해하고 수용할 수 있는 능력을 향상시킬 수도 있다.

| **꿈작업 극장의 사례 2** |

50대의 한 남성이 꿈을 꾸었다. 꿈에서 손위의 나이 많은 형을 만났는데, 돌멩이로 그 형의 이마를 내려치려는 꿈이다. 그 형은 진흙 바닥 위에 뒤로 쓰러져 있는데, 얼굴 뒤쪽 뒤통수와 몸 아래 등쪽 부분이 진흙 속에 빠져 있다. 꿈사람은 자기 두 손을 합친 것보다 서너 배는 큰 삼각형의 돌멩이를 두 손으로 들어 올려서 진흙 바닥에 쓰러져 있는 형의 이마를 내려찍으려 한다. 그러나 내려찍지는 않는다.

게슈탈트 방법으로 꿈작업을 할 경우, 역시 두 가지의 형식이 모두 가능하다. 하나는 개인작업이다. 꿈사람은 자기 꿈에 나오는 상징심상이 되어 그 역할을 차례로 연기하는 것이다. 첫째는 자기 두 손에 들려 있는 삼각형의 돌멩이가 되어 그 돌멩이가 무엇을 나타내는지 연기와 체험을 통해서 알아차린다. 그것은 엄청난 분노와 공격성을 의미할 수 있다. 그의 무의식 속에는 형에 대한 살인적인 분노가 억압되어 있다는 것을 알 수 있다. 둘째는 진흙 바닥에 쓰러져 있는 형이 되어 보는 것이다. 그 형은 나이 들고 노쇠하여 일어날 수도 없는 병약한 상태에 있으며 꿈사람의 손에 들린 돌멩이를 보고 두려워하며 겨우 작은 목소리로 살려 달라고 애원하고 있는 것을 느낄 수 있다. 꿈사람은 형이 되어 연기함으로써 그런 형의 상태와 감정을 경험하고 이해한다.

다른 하나는 집단작업으로서 꿈작업 실험극장을 여는 것이다. 꿈사람은 집단원을 한 사람씩 선택해서 자기 자신, 돌멩이, 형, 진흙 바닥이 되어 그 역할을 연기하게 한다. 집단원들은 연기를 하면서 각자 자신이 경험하고 있는 감정과 생각들을 표현한다. 꿈사람은 그런 과정을 지켜보면서 억압된 분노가 해소되는 카타르시스를 경험할 수 있고 형의 마음과 상태에 대해서 자신이 미처 모르던 것을 알게 될 수도 있다. 형을 돌로 내려치려는 꿈사람의 역할을 연기하는 집단원은 진흙 바닥에 쓰러져 있는 자기 형에게 분노를 느끼며 조롱과 경멸의 말을 할 수도 있고, 반대로 연민을 느끼며 동정의 말을 할 수도 있다. 돌멩이의 역할을 맡은 집단원은 소리를 지르며 분노를 표출할 수 있다. 이때 꿈사람은 그런 역할연기를 보면서 자기 안에 형을 죽이고 싶은 살인적인 분노가 있다는 것을 알아차린다. 그동안 형으로부터 받은 상처와 배신감이 느껴질 수도 있다. 한편, 형이 되어 형의 역할을 연기하는 집단원은 이제는 자기가 나이 많아 늙었고 자신의 삶이 수렁에 빠진 것처럼 고통스럽고 죽고 싶다고 말한다. 자신이 동생에게 상처를 주고 괴롭게 해서 미안하다고 말한다. 이때 집단원의 연기와 말에는 그 사람의 개인적인 경험이 투사될 수 있는데, 그것은 연기를 더욱 진정성 있게 만들어 주는 배경이 된다. 진흙 바닥이 되어 그 역할을 연기하는 집단원은 이렇게 말할 수 있다. "모든 것은 흙이 되어 흙으로 돌아간다. 젊음도 사랑도 미움도 상처도 배신도 모두 흙이 되어 흙 속에 묻힌다." 꿈사람은 그런 연기자의 말을 들으며 형에 대한 분노가 녹아내릴 수 있다.

———— 정리와 평가

펄스는 꿈의 이해와 꿈작업 방식에 새로운 장을 열었다. 펄스는 꿈의 내용을 분석하거나 해석하려고 하지 않았다. 그것은 꿈의 의미를 인지적인 상태에 머물게 함으로써 꿈의 진정한 의미와 생동감을 놓치게 만든다고 보았다. 펄스는 인지적인 머리 작업보다 체험적인 신체 정서 작업에 비중을 두었다. 펄스는 꿈을 현재 시제로 기록하고 말하도록 했는데, 그것은 꿈작업 과정과 꿈의 의미를 생동감 있게 체험하고 알아차리는 데 도움이 되기 때문이다. 게슈탈트 심리치료의 시제는 항상 현재이다. 펄스는 정신적인 장애와 병리는 과거에 발생한 것이지만 치료를 위해서는 그 문제를 지금-여기에서 체험적으로 다루어야 한다고 생각했다. 펄스도 프로이트나 융처럼 꿈의 상징성에 주목했다. 그러나 그 상징은 꿈사람의 내면, 곧 자아의 상태와 성격의 일부를 나타내는 자아의 투사라고 보았다. 꿈에 등장하는 모든 상징심상은 꿈사람 성격의 일부, 즉 정신에서 억압되고 소외되고 결핍된 것들을 나타내는 것이다. 따라서 어떤 꿈도 다른 사람의 것이라고 다른 사람에게 투사해서는 안 된다.

꿈의 의미를 찾는 꿈해석에 있어서 펄스는 프로이트 또는 융의 방식과 차이가 있다. 펄스는 '되어 보기 역할연기'의 기법을 사용했다. 이것은 꿈사람이 꿈에 등장한 상징심상들을 차례로 취해서 그 상징심상이 되어 떠오르는 생각과 감정과 욕구 등을 자각하고 말하는 것이다. 이것은 꿈작업을 인지적 상태에 머물게 하는 것이 아니라 체험적 상태에 있도록 만든다. 이런 역할연기에서 중요한 것은 자신을 꿈의 각 부분과 동일시하는 것이다. 되어 보기 역할연기 기법은 꿈사람이 자신의 정신에서 억압되고 결핍된 것이 무엇인지를 알게 됨으로써 자기의 심리내적인 상태를 통합하는 데 도움이 된다. 한편, 되어 보기 역할연기라는 게슈탈트식의 꿈작업은 집단적으로 진행하는 꿈작업 극장이 열릴 때 흥미롭다. 꿈작업 극장은 꿈사람만이 아니라 집 단원들이 꿈사람의 꿈에 나오는 상징심상이 되어 연기를 함으로써 꿈의 의미를 찾는 과정과 경험을 강화하고 확장하는 것이다.

그러나 펄스의 꿈작업 방법인 되어 보기 역할연기 기법에는 한계와 문제점도 있다. 꿈사람이 역할연기를 할 때 제대로 몰입을 못하고 피상적으로 연기를 할 가능성이 있으며, 반대로 자신의 연기에 지나치게 매료되거나 매몰되어 꿈의 의미와 제대로 접촉되지 못할 수 있다. 역할연기 기법은 꿈의 상징심상이 낮시간의 문제 또는 개인무의식의 문제를 드러내는 경우에는 유용한 접근법이 될 수 있으나, 집단무의식에 근거한 원형이나 신화적인 주제를 다룰 때는 비효과적일 수 있다(Fontana, 1994). 왜냐하면 역할연기는 개인의 상태에 몰입하는 작업으로서 모든 인류가 공유하고 있는 원형적인 주제를 연기하는 경우에는 집중과 몰입에 제약이 있기 때문이다.

한편, 펄스 자신의 주장과 달리, 펄스의 꿈이해와 꿈작업 방법이 프로이트 또는 융의 접근법과 크게 모순되지는 않는다. 펄스 역시 프로이트나 융처럼 꿈이 사용하는 언어를 상징으로 보았으며, 꿈이해의 뿌리에는 프로이트의 이론, 곧 원본능과 자아와 초자아 등이 연극의 등장인물처럼 상호작용하고 있다고 보았기 때문이다. 프로이트와 융도 펄스의 꿈작업 역할연기 기법이 자유연상과 확충(직접연상) 기법에 도움이 된다고 생각했다(Fontana, 1994).

제 8 장

집단투사 꿈작업의
이해와 과정

꿈의 이해

집단투사 꿈작업은 꿈의 의미를 보다 효율적으로 찾기 위해 개발된 최근의 꿈작업 방법으로서 세계꿈연구협회 회장을 지낸 제레미 테일러(Jeremy Taylor)가 창안했고 미국 노스캐롤라이나주 카누가(Kanuga)에 있는 헤이든 꿈 연구소(Haden Dream Institute)에서 사용하는 방법이다. 헤이든 꿈 연구소는 성공회의 후원을 받아 설립된 기관으로 영성 지도자와 꿈작업 지도자를 양성하기 위해 세워졌는데, 꿈작업 지도자의 훈련과정으로 집단투사 꿈작업 방법을 도입했다.

꿈에 대한 제레미 테일러의 기본적인 이해는 통합적이다. 테일러는 꿈에 대한 프로이트와 융 그리고 그 외의 다양한 이론과 입장을 대부분 수용히고 있다. 그는 한 학파의 이론과 주장을 지나치게 강조한 나머지 다른 학파의 주장을 배제하는 것은 옳지 않다고 말했다. 테일러의 견해에 따르면, 여러 중요한 심리학파가 내놓은 꿈의 이론은 본질적으로 다 긍정적으로 보아야 하는데, 문제는 다른 학파의 견해를 배제하려고 하는 것이라고 했다. 정당한 심리학이라면 다양한 이해와 새로운 가능성을 배제하지 않고 그 연결점을 찾아보기 위해 논의의 문을 열어 두어야 한다는 것이다(Taylor, 이정규 역, 2007). 물론 테일러의 입장은 프로이트 또는 융의 입장과 다른 점도 있다. 특히 꿈의 의미를 찾기 위한 꿈작업의 방법에서 차이가 나타난다.

프로이트와 칼 융은 꿈의 심리학과 그 해석 방법을 연구한 두 거장이다. 많은 상담자와 심리치료사들이 프로이트와 융의 방법을 사용한다. 이미 언급한 것처럼, 프로이트의 꿈 해석 방법의 특징은 위장을 벗겨 내고 본래의 숨겨진 의미를 찾는 데 있다. 위장을 벗겨 내기 위해 그가 찾아낸 방법은 자유연상(free association)이다. 프로이트에 따르면, 꿈에는 '드러난 내용'과 '숨겨진 내용'이 있다. 드러난 내용은 꿈에 실제로 등장하는 상징심상으로 서 이것은 무의식 속에 있는 원본능(id)의 욕구와 충동들을 숨기기 위해 만들어진 위장표 현이다. 자유연상 기법의 목적은 드러난 내용, 즉 위장을 벗겨 냄으로써 본래의 숨겨진 내 용을 찾는 데 있다. 그렇게 하려면 꿈사람은 자신의 꿈 심상을 바라보며 연상에서 연상으 로 꼬리를 물고 계속 이어지는 사슬연상을 해야 한다. 그런 중에 땡그랑하는 종소리가 들 리는 것처럼 꿈의 의미를 알게 되는 순간이 있다. 그것은 대개 자아의식이 억압한 것으로 서 성욕과 공격욕 또는 트라우마의 경험 등이다. 자유연상에서 중요한 것은 스스로 통제 나 검열이 없이 떠오르는 것을 모두 말하는 것이다(Saul, 이근후 외 공역, 1992).

융은 프로이트의 자유연상 방법을 사용하지 않았다. 왜냐하면 그것은 꿈 상징의 의미 를 항상 성욕과 공격욕으로 귀결시킨다고 생각했기 때문이다. 융에 따르면, 프로이트의 자유연상은 꼬리를 물고 계속 이어지는 연상으로서 그것은 결국 꿈이 지니고 있는 본래 의 상징심상과 그 의미에서 멀어지게 만든다고 생각했다. 융은 프로이트와 달리 꿈에 나 타난 본래의 상징심상에 집중했다. 꿈작업을 하는 동안 그 상징심상을 연상의 중심에 두 고 그 심상을 떠나지 않도록 하는 것이다. 융도 연상이라는 방법을 사용했지만 프로이트 의 자유연상과 달리 꿈에 나타난 본래의 상징심상을 떠나지 않고 그 주위를 맴돌면서 그 의미를 찾는 것이다. 이런 융의 꿈해석 방법을 '확충(amplification)'이라고 한다. 융은 확충 방법을 사용하면 개인무의식만이 아니라 집단무의식 안에 있는 원형과 신화적인 요소에 까지 이를 수 있다고 생각했다. 융에 따르면, 꿈에는 집단무의식 안에 있는 원형과 신화가 종종 등장하는데, 확충은 그 원형을 만나고 그 의미를 찾는 데 도움이 되는 꿈작업 방법이 다(이부영, 1998).

그런데 최근에 꿈의 의미를 찾기 위한 새로운 방법이 나왔다. '투사 꿈작업(projective dream work)'이라는 것이다. 앞에서 밝힌 것처럼, 이것은 제레미 테일러가 창안했고 헤이든 꿈 연구소에서 사용하는 방법이다. 테일러는 40년 넘게 꿈작업을 하면서 7만 개 이상의 수없이 많은 꿈을 다뤘는데, 그런 경험을 바탕으로 꿈작업에 대한 새로운 기법을 개발하였다. 테일러가 개발한 방법은 꿈에 대한 심리학적인 지식을 활용하는 것 외에 순간적인 직관을 사용하는 '아하' 경험과 '투사' 경험이다. 다음은 그가 자신의 꿈작업 경험을 통해서 알아낸 '꿈이해의 10가지 기본 전제'이다(Taylor, 이정규 역, 2007).

1) 모든 꿈은 꿈사람의 건강과 온전성/전일성(wholeness)에 이바지한다. 꿈사람에게 해가 되는 나쁜 꿈은 없다.
2) 모든 꿈에는 새로운 정보와 에너지가 담겨 있다. 꿈사람이 이미 알고 있는 사실만을 전하는 꿈은 없다.
3) 꿈의 의미가 무엇인지를 분명하게 알 수 있는 사람은 꿈사람뿐이다. 꿈사람만이 자기 꿈의 진정한 의미를 알 수 있다.
4) 꿈의 의미를 알아차리게 되었을 때 나타나는 반응은 '아하' 경험이다. 이것은 기억작용으로서 무의식에서 알고 있는 것이 의식에 접촉됨으로써 의식이 알아차리는 것이다.
5) 하나의 의미만을 가진 꿈은 없다. 꿈의 의미는 다원적이고 다층적이다.
6) 꿈은 은유와 상징이라는 보편적인 언어를 사용한다. 모든 사람은 상징으로 꿈을 꾼다. 따라서 세계의 모든 사람과 꿈작업이 가능하다.
7) 꿈은 꿈사람이 겪고 있는 삶의 문제를 해결할 수 있는 창의적인 지혜와 능력을 반영한다.
8) 꿈은 개인적인 문제만이 아니라 사회 전반의 문제 그리고 개인이 그 사회와 맺고 있는 관계를 반영한다. 개인의 꿈속에 사회 전반의 문제가 드러날 수 있는데, 이런 꿈을 사회 집단적인 꿈이라고 한다.
9) 꿈작업은 부부관계, 부모자녀관계, 친구동료관계 등 인간관계의 긍정적인 변화에 도움이 된다.
10) 꿈작업을 집단적으로 하면 친밀한 공동체의 형성이 가능하며, 그 과정에서 경험한 존중과 지지의 태도가 사회 전체로 확산된다.

——— 꿈사람의 '아하' 체험

투사적 꿈작업에서 강조하는 것이 있다. 꿈의 진정한 의미는 꿈을 꾼 꿈사람(dreamer)만이 알 수 있다는 것이다(Taylor, 1983). 꿈사람이란 꿈을 꾸고 자신의 꿈을 말하는 사람이다. 이처럼 꿈을 꾼 꿈사람만이 자신이 꾼 꿈의 진정한 의미를 알 수 있다. 왜냐하면 꿈은 개인의 무의식으로부터 나오는 매우 사적인 경험이며 편지이기 때문이다. 꿈에 등장하는 모든 이미지와 장면은 우리 각자가 가지고 있는 내적 세계의 은유적이며 상징적인 표현이다(Taylor, 1983). 그것은 무의식 세계의 개인적인 투사물이다. 우리는 각자 꿈을 꾸면서 자신의 생각과 감정과 욕구와 삶의 경험 등을 꿈이라는 이미지로 투사한다. 그러므로 아무리 심리학과 꿈 공부를 많이 한 사람일지라도 다른 사람의 꿈의 의미를 정확하게 알아낼 수는 없다. 다만, 꿈사람이 스스로 자신의 꿈의 의미를 찾을 수 있도록 도와줄 수 있을 뿐이다.

칼 융은 그의 책, 『꿈분석(Dream Analysis)』에서 이런 말을 남겼다. "분석치료를 할 때 의사는 자신이 환자에 대해 모든 것을 다 알고 있다거나 환자를 고통에서 끌어낼 수 있는 길을 알고 있다는 식으로 생각하지 않도록 조심해야 한다. 의사가 환자의 문제에 대해서 말할 경우에 자신도 모르는 것이 있다는 사실을 솔직하게 인정하는 것이 아주 중요하다."(Jung, 정명진 역, 2018) 융은 특히 분석가가 환자의 꿈을 해석할 때 주의해야 할 것이 있다고 말했다. 분석가는 환자의 수긍이 있기 전에는 어떤 꿈해석이 맞는지 틀리는지 그 타당성의 여부를 말하지 않아야 한다는 것이다. 즉, 분석가는 환자가 스스로 꿈의 의미를 찾는 과정에서 분석가의 영향을 받게 해서는 안 된다는 것이다. 이런 융의 권고는 중요하다. 왜냐하면 꿈사람이 자기 꿈에 대한 주도권을 포기하고 단지 꿈해석 전문가의 견해를 따르는 것은 둘의 관계가 종속적이고 의존적이 되게 함으로써 자율적인 인간이 되는 데 오히려 방해가 되기 때문이다. 이것은 결과적으로 양쪽 모두에게 해가 된다(Taylor, 1983).

그럼 꿈사람이 자신의 꿈의 의미를 발견할 수 있는 길은 무엇일까? 꿈사람이 꿈의 의미를 발견했을 때 나타나는 반응이 있다. '아하(aha)' 반응이다. 아하 반응은 어느 한순간에 번쩍하며 섬광처럼 찾아드는 깨달음으로서 그 순간에 '그래, 바로 그거야!'라는 자발적인 인식의 상태가 되는 것이다. 이것은 새로운 사실이나 의미의 진실을 발견했을 때 나타나는 인지, 정서, 신체, 영성이 종합된 전인적인 반응이다. 이것은 과학과 예술과 종교 등 모든 영역에서 받아들여지고 있는 진리 터득의 방식이다. 그런 의미에서 우리의 삶에는 아하가 많아야 한다고 할 수 있다. 제레미 테일러는 이렇게 말했다. "꿈을 꾼 사람만이 자기의 꿈이 어떤 의미를 지니는지에 대하여 확실하게 말할 수 있다. 이런 확신은 보통 아하 느낌이 드는 인지의 형태로 다가온다. 아하의 체험은 기억작용이며 꿈작업에 있어서 유일하게 믿을 만한 시금석이다."(Taylor, 이정규 역, 2007) 이런 아하 반응은 무의식에서는 이미 알고 있던 것이 한순간에 의식으로 떠오를 때 나타나는 현상이다. 아하 경험과 관련해서 지금까지 말한 것을 다음과 같이 정리해 볼 수 있다.

- 꿈을 꾼 꿈사람만이 꿈의 진정한 의미를 알 수 있다.
- 꿈의 진정한 의미는 '아하' 경험을 통해서 발견된다.
- 다른 사람들은 꿈사람이 아하 경험을 하도록 도울 수 있을 뿐이다. 따라서 당신의 꿈의 의미는 "이것입니다."라고 단정적으로 말해 주는 것은 적절한 방법이 아니다.

꿈사람의 아하 경험은 꿈의 의미를 알 수 있는 유일한 길이지만, 집단 꿈작업 과정에서 그런 아하 경험이 없는 경우도 있다. 그것은 이유가 있기 때문인데, 그것은 부분적으로 내면에 강한 억압이나 회피의 기제가 작동하고 있을 때이다. 그러나 보다 더 큰 이유는 꿈사람이 자기의 지적 권위나 우월감을 유지하려고 하는 경우이다. 이때 꿈사람은 꿈에 대해 자신이 가지고 있는 선이해를 놓지 않으려 함으로써 다른 사람들이 하는 말을 부정한다. 그러나 그 사람이 아하 경험을 하는 기회가 오기도 하는데, 시간이 지난 후에 자기 꿈과 유사한 다른 사람의 꿈을 다룰 때 이전에 닫혀 있었던 아하의 문이 열리기도 한다. 따라서 꿈사람에게 즉각적인 아하 경험이 없다고 해서 상담이나 꿈작업 과정이 잘못되었다고 할 수는 없다(Taylor, 1983).

한편, 꿈의 진정한 의미는 꿈사람만이 알 수 있으며 그것은 아하 체험을 통해서 발생한다는 것은 초월영성적인 의미를 내포하고 있다고 할 수 있다. 왜냐하면 아하 체험은 합리적이고 이성적인 활동에 국한되지 않으며 그 이상의 초자아적인 현상이기 때문이다. 아하 체험은 종교인들의 기도와 수행과정에서 깨달음과 함께 나타난다. 아하 체험과 종교의 영적 체험은 서로 공유되는 측면이 있다. 따라서 투사적 꿈작업에서 강조하는 아하 체험은 초월영성적인 현상과 연결된 상태라고 할 수 있다.

——— 투사 꿈작업

투사 꿈작업은 꿈의 의미를 찾는 과정에서 상담자나 집단원들이 꿈사람에게 말을 하는 방법에 대한 것이다. 이것은 프로이트나 융이 사용했던 전통적인 해석이나 분석의 방법과 차이가 있다. 투사 꿈작업 방식에 따르면, 꿈의 진정한 의미는 꿈사람만이 알 수 있기 때문에 상담자나 집단원들이 다른 사람의 꿈에 대해서 말할 때는 투사적으로 말하는 것이 적절하다. 투사적으로 말한다는 것은 내가 다른 사람의 꿈에 대해서 말할 때, 그것은 나의 개인적인 생각이라는 것을 전제하고 말하는 것이다. 왜냐하면 나의 말은 모두가 공감할 수 있는 객관적이거나 합리적인 꿈해석이 될 수 없기 때문이다. 다른 사람의 꿈에 대해서 투사적으로 말하려면 어떻게 해야 할까? 제레미 테일러를 포함하여 꿈을 연구한 최근의 전문가들에 따르면, 말을 할 때 "그 꿈이 내 꿈이라면~(If it were my dream~)"이라는 말로 시작하는 것이다(Taylor, 1983). 즉, 다른 사람의 꿈 이야기를 듣고 그 꿈의 의미에 대해서 말을 할 때, 그 꿈을 나의 꿈으로 생각하고 말해야 한다. 시작하는 말이 중요하다. "그 꿈이 내 꿈이라면~"이라는 말로 시작하면 그 이후의 모든 말은 투사적으로 말하는 것이 된다. 이것을 '투사 꿈작업(projective dream work)'이라고 한다. 그리고 집단적으로 이런 작업을 할 때 '집단투사 꿈작업(group projective dream work)'이라고 한다.

따라서 투사 꿈작업을 할 때 주의해야 할 점이 있다. 다른 사람의 꿈에 대해서 말할 때, "그 꿈의 의미는 ~입니다."라는 식으로 콕 집어서 말해서는 안 된다는 것이다. 즉, 꿈의 해몽가처럼 단정적으로 말하지 않도록 주의해야 한다. 융은 이런 말을 한 적이 있다. 다른 사람의 꿈 이야기를 듣고 우리가 할 수 있는 유일한 반응은 그 꿈과 관련이 있는 자기의 꿈을 나누는 것이라고 말했다(Taylor, 1983). 그런 의미에서 꿈의 해석자나 분석가라는 말보다 꿈의 투사자라는 말이 더 적절해 보인다.

정신분석적인 입장에서 보면, 투사(projection)란 방어기제 중의 하나이다. 투사는 자기의 모습을 외부 대상에게 귀인시킴으로써 자기와 외부 대상을 혼동하는 것이다. 투사에는 긍정적이며 건강한 투사와 부정적이며 병리적인 투사가 있다. 건강한 투사의 예로서 예술적 표현을 생각해 볼 수 있다. 예술가는 자신의 심미적 상상이나 내적 상태를 예술로 표현한다. 예술작품 속에는 작가의 심혼과 경험과 상상이 투사적으로 담겨 있다. 병리적인 투사는 자기 억압에 근거한 것으로서 자기의 것을 다른 사람에게 떠넘기고 있지만 자신이 그렇게 투사하고 있다는 것을 모르는 상태이다. 특히 자신이 지닌 것 중에서 스스로 인정하거나 받아들이기 싫은 것, 또는 스스로 부정하거나 억압한 것을 다른 사람에게 전가하고 투사한다. 감정이나 욕구를 전가할 수도 있고, 태도나 생각을 전가할 수도 있다(Brenner, 이근후, 박영숙 공역, 1987). 즉, 내가 화가 났지만 상대방이 화났다고 말함으로써 자신의 분노를 상대방에게 떠넘길 수 있고, 내 마음속에 탐욕이 있지만 상대방이 탐욕적이라고 말함으로써 탐욕을 상대방에게 떠넘길 수도 있다. 병리적인 투사는 상대방만이 아니라 자기 자신을 기만하는 것이다. 억압과 투사는 비례하기 때문에 억압이 강할수록 투사가 강해진다. 꿈작업의 가장 큰 유익 중의 하나는 자신이 무엇을 투사하고 있는지를 알게 됨으로써 투사를 철회할 수 있는 기회를 얻는 것이다. 제레미 테일러에 따르면, 우리는 꿈작업을 통해서 자신의 오류나 잘못을 받아들이고 투사를 그만둘 수 있는 계기가 마련된다고 말했다(Taylor, 1983).

그러나 넓은 의미에서 본다면, 우리의 모든 말과 행동 속에는 투사적 의미가 있다. 왜냐하면 나의 말과 행동은 나의 내적 경험이나 상태를 외부세계에 던져서 내어놓는 것이기 때문이다. 투사는 영화 필름 속에 담겨 있는 영상이 스크린에 투영되어 나타나듯이, 내 마음속에 있는 것이 말과 행동 등으로 밖으로 나타나는 것이라 할 수 있다. 제레미 테일러는 "우리는 투사의 바다에 살고 있다."라고 말했다(Taylor, 강의 중 진술). 따라서 모든 사람의 말에는 투사적인 요소가 있다고 보아야 한다. 지식인의 말에도 전문가의 말에도 투사적인 요소가 있다. 왜냐하면 그들의 말은 그들이 가지고 있는 지식과 경험과 가치관 등이 반영된 그들의 것이기 때문이다. 그러므로 아무리 전문가의 말이라 하더라도 객관적인 진리가 될 수는 없다. 다만, 그들은 보다 많은 지식이나 정보를 전해 줄 수 있을 뿐이다. 그런 까닭에 어떤 사람의 말을 너무 절대시해서는 안 된다. 너무 믿어서도 안 된다. 믿어야 할 것은 그들의 말이 아니라 자신의 '아하' 경험이다.

투사적인 꿈작업이란 우리가 서로 다른 사람의 꿈에 대해서 말할 때, 처음부터 나의 말은 객관적인 해석이 아니라 내가 가지고 있는 나의 개인적인 생각이라는 것을 인정하고 말하자는 것이다. 즉, 나의 말은 나의 투사이므로 객관적이거나 정확한 해석이 될 수 없다는 것을 전제하고 말하는 것이다. 나의 말은 나의 투사인데, 투사가 아닌 것처럼 하면서 투사하지 말아야 한다. 이것이 꿈작업을 하는 투사자가 지녀야 할 태도이다. 이처럼 다른 사람의 꿈에 대해서 투사적으로 말할 때 얻게 되는 유익이 있다. 그것은 자신의 마음속에 떠오르는 생각들을 마음껏 말할 수 있는 자유를 얻는 것이다. 꿈의 정확한 의미를 말해야 한다고 생각한다면 매우 조심하게 되며 부담이 되어 말하기가 어렵다. 그러나 투사적으로 말할 때 우리는 자신의 생각을 있는 그대로 표현하는 것이기 때문에 그렇게 조심할 필요가 없다. 우리가 자유롭게 말하면 꿈사람은 그 말을 들으면서 '아하' 한 것만을 취하면 되는 것이다. 그리고 우리가 자유롭게 말할 때 꿈사람이 '아하' 할 수 있는 범위가 그만큼 넓어지는 것이라 할 수 있다.

한편, 투사자가 "그 꿈이 내 꿈이라면~" 하고 말할 때, 투사자가 하는 말은 꿈사람의 꿈을 자기의 꿈으로 가져왔을 때 자기 안에서 일어나는 아하의 경험과 내용을 투사하는 것이다. 투사자는 자기의 아하를 투사하고, 꿈사람은 투사자의 투사를 들으면서 자기 안에서 발생하는 아하를 취하는 것이다. 투사자의 아하는 어떻게 일어나는 것일까? 투사자의 아하는 자신이 잉태한 꿈사람의 꿈과 자기 내면에 있는 내적 자료(경험, 기억, 지식, 상상, 생각, 감정, 욕구 등)가 접촉할 때 발생한다. 이때 꿈사람의 꿈은 투사자의 내적 자료를 자극해서 반응을 유도하는 '연상하게 하는 것(associator)'이며, 투사자의 아하 경험은 그 자극에 의해서 떠오른 '연상된 것(associated)'이다. 이것은 꿈사람과 투사자 사이에 발생하는 연상 작업이다.

투사 꿈작업을 하기 위해서 투사자가 해야 할 것이 있다. 꿈사람의 꿈을 내 꿈으로 가져와야 한다. 그것을 내 마음속에 잉태하고 내 꿈으로 만드는 것이다. 꿈사람의 꿈 심상과 꿈 이야기를 내 마음속에 담는 것이다. 칼 융은 다음과 같은 의미의 말을 남긴 적이 있다. 꿈을 다룰 때 우리의 한계는 상대방의 꿈을 얼마나 내 방식으로 꿈꾸어 볼 수 있는 상상력이 있는가와 그렇게 해서 얻은 영감을 얼마나 진솔하게 나눌 수 있는가 하는 것이다(Taylor, 이정규 역, 2007). 즉, 융에 따르면, 꿈해석 과정에서 중요한 것은 꿈사람의 꿈을 얼마나 자기의 꿈처럼 생동감 있게 상상할 수 있는가 하는 점이다. 그런데 꿈사람의 꿈을 내 꿈으로 가져오는 데 필요한 것이 있다. 꿈사람이 꿈에 대해 말할 때 경청해야 한다. 주의 깊게 들어야 한다. 경청은 상담은 물론 모든 집단작업에 기본이 된다.

이처럼 꿈사람의 꿈이 내 꿈으로 잉태되고 내 꿈으로 마음에 품어지면 투사자의 언어가 달라질 수도 있다. 투사자인 내가 나에게 말하는 고백적인 표현이 된다. 즉, 투사자는 꿈을 투사하면서 상대방의 꿈을 자기 꿈으로 체험하는 것이다. 이때 투사자의 고백은 누구보다도 자기 자신에게 진실이다. 투사자는 꿈사람의 꿈을 통해서 자기 자신을 만나는 것이다. 제레미 테일러는 이렇게 말했다. "모든 꿈작업은 궁극적으로 자기 고백적일 수밖에 없다. 투사자는 꿈사람이 말하는 꿈속의 이미지들과 감정들을 나름대로 상상하고 살아 보지 않으면 그 꿈에 담겨 있는 의미에 대해 말할 수 없다."(Taylor, 이정규 역, 2007) 투사 꿈작업을 집단적으로 할 경우에 다음과 같은 사항들을 기억하면 유익하다. 앞에서 언급한 것을 종합적으로 정리한 것이다.

- 투사자, 곧 집단원은 꿈사람의 꿈을 내 꿈으로 잉태한다. 그렇게 하기 위해서는 꿈사람의 꿈 이야기를 경청해야 한다.
- 집단원이 꿈사람의 꿈에 대해서 말할 때는 투사적으로 말한다. 즉, "그 꿈이 내 꿈이라면~"이라는 말로 시작한다.
- 집단원이 꿈사람의 꿈에 대해서 말할 때 꿈사람을 쳐다보거나 의식하지 않는다. 내가 나에게 말하는 것처럼 자기 고백적으로 말한다.
- 집단원의 투사적인 말을 듣고 있는 꿈사람은 집단원들의 말과 투사를 자기에게 직접 말하는 것으로 듣지 않는다. 그들이 스스로 자기 자신에게 하고 있는 말로 듣는다. 다만, 듣는 중에 '아하'가 있을 때 자신의 것으로 취한다.
- 만약 어떤 집단원이 "그 꿈이 내 꿈이라면~"이라는 말로 시작하지 않거나, 마치 꿈사람에게 직접 분석해 주듯이 말하고 있다면, 누구든지 그것을 먼저 발견한 사람이 자신의 손바닥을 가슴에 얹는 행동으로 그 집단원에게 사인을 보냄으로써 말하는 방식을 바꾸어 투사적으로 말하도록 도와준다.

꿈은 상징으로 되어 있기 때문에 하나의 꿈속에는 여러 가지의 의미가 중복적으로 나타날 수 있다. 이것을 다원 결정적(overdetermined) 또는 중복 결정적이라고 한다. 제레미 테일러는 말하기를 한 가지 의미만을 지닌 꿈은 없다고 했다. 왜냐하면 꿈은 다원 결정적인 특징을 가지고 있기 때문이다(Taylor, 1983). 따라서 꿈사람이 자기 꿈의 의미를 발견하기 위해서는 투사자들의 다양한 투사가 필요하다. 꿈작업을 집단적으로 하면 다양한 투사가 가능하다. 왜냐하면 집단에는 다양한 경험과 생각이 있는 사람들이 존재하기 때문이다. 이처럼 꿈에는 다층적인 의미가 있기 때문에 꿈작업을 집단적으로 하는 것은 도움이 된다. 이것이 집단투사 꿈작업의 장점이다.

'아하' 경험과 '투사' 경험을 사용하는 집단투사 꿈작업 방법은 전통적인 해석 또는 분석의 방법과 다르다. 그런 의미에서 집단투사 꿈작업 방식은 초월적인 접근이라고 할 수 있다. 아하와 투사의 방법은 단지 심리학적인 지식만이 아니라 직관, 영성, 종교 등의 세계에 문을 열어 놓기 때문이다. 전통적인 꿈의 해석 또는 분석 과정에서는 분석가와 꿈사람 사이에 일방적으로 의존적인 관계가 형성된다. 분석가는 분석을 해 주고 꿈사람은 그것을 받아들여야 하기 때문이다. 그러나 투사 꿈작업에서는 투사자와 꿈사람이 동등한 위치에 있다. 투사자의 투사는 객관적이고 정확한 말이 아니라는 것이 전제되어 있으며, 꿈의 진정한 의미를 발견하는 것은 꿈사람의 아하 경험이기 때문이다. 이것은 꿈사람이 꿈작업의 주체가 되는 것이다.

한편, 꿈을 투사할 때 투사자는 꿈사람의 꿈을 자기의 꿈으로 품고 잉태해야 하는데, 그 잉태하는 정도가 얼마나 되느냐에 따라 투사의 깊이와 범위가 달라진다. 꿈사람의 꿈을 어젯밤에 내가 꾼 나의 꿈으로 온전히 잉태할 수 있다면 나의 투사가 달라진다. 자기 고백적인 언어가 된다. 이 경우 그 꿈은 본래 나의 꿈, 즉 투사자의 꿈이 아니었지만 내가 경험하는 나의 아하 경험은 꿈사람의 아하 경험에 버금가는 가치가 있는 것이다. 왜냐하면 나의 아하 경험은 나에게 깊은 감동과 의미를 주기 때문이다. 이런 현상은 집단투사 꿈작업 중에 자주 발생한다. 집단투사 꿈작업이 지닌 또 하나의 장점이다. 그런데 다른 사람의 꿈을 내 꿈으로 잉태한다는 것은 합리적인 세계에서는 경험하기 어려운 초월영성적인 의미가 있는 행동이다. 특히 투사라는 방어기제를 꿈작업의 적절한 방법으로 채용한 것은 기존의 심리학적 개념과 이해를 초월하는 새롭고 혁신적인 방법이다.

꿈 투사 자료의 다양성

꿈 투사를 할 때 중심적으로 활동하는 것은 투사자의 자아(ego)이다. 이때 투사자의 자아는 여러 가지의 내용과 정보를 참고하게 되는데, 그 모든 것은 투사를 위한 자료로 사용된다. 투사자의 자아가 취하는 자료는 단지 꿈사람의 꿈 이야기뿐만이 아니다. 꿈사람의 개인정보와 투사자 자신의 경험을 투사의 자료로 취할 수 있다. 투사자가 꿈 투사를 하기 위해 취할 수 있는 자료와 정보는 다양하다. 이것을 도표로 표시하면 [그림 8-1]과 같다.

[그림 8-1]에서 보는 바와 같이 투사자의 자아는 여러 대상의 내용과 정보를 투사의 자료로 취할 수 있다. 그러나 그 모든 내용과 정보를 취해야만 하는 것은 아니다. 꿈사람의 꿈은 반드시 취해야 하지만 다른 것들은 취할 수도 있고 취하지 않을 수도 있다. 따라서 꿈사람이 꿈 투사를 위하여 취할 수 있는 정보에 대한 경우의 수는 다음 기록과 같이 다양하다.

- 꿈사람의 꿈
- 꿈사람의 꿈 + 꿈사람의 개인정보
- 꿈사람의 꿈 + 꿈사람의 개인정보 + 꿈사람의 꿈연상

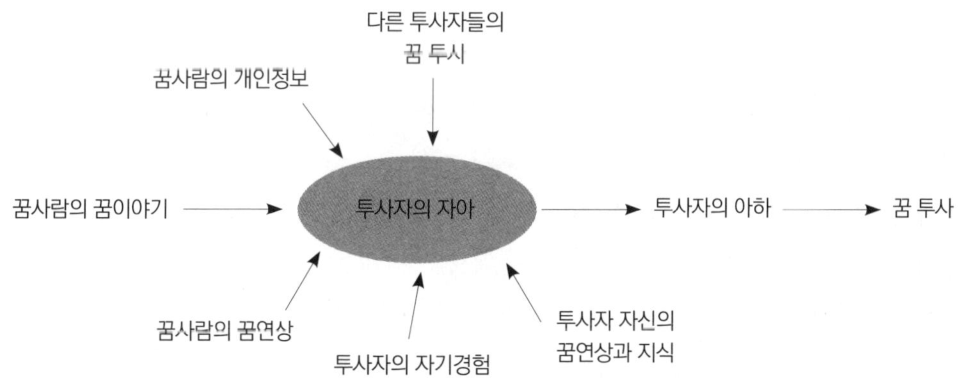

그림 8-1 꿈 투사를 하기 위해 취할 수 있는 자료와 정보

- 꿈사람의 꿈 + 꿈사람의 개인정보 + 투사자의 자기경험 + 투사자의 꿈연상
- 꿈사람의 꿈 + 꿈사람의 꿈연상 + 다른 투사자의 꿈 투사 + 투사자의 지식
- 꿈사람의 꿈 + 꿈사람의 꿈연상 + 꿈사람의 개인정보 + 다른 투사자의 꿈 투사 + 투사자의 자기경험 + 투사자의 꿈연상 + 투사자의 지식

그런데 유의해야 할 것이 있다. 투사자가 자신의 삶의 경험을 취해서 꿈 투사의 자료로 사용할 경우, 자신의 삶의 이야기를 길게 늘어놓지 않도록 해야 한다. 꿈사람의 꿈과 자신의 삶의 경험이 접촉될 때 알아차린 '아하'의 경험을 말하는 데 초점을 두어야 한다.

집단투사 꿈작업의 순서와 과정

집단투사 꿈작업은 투사라고 하는 방법을 사용하여 서로 꿈의 의미를 찾도록 돕는 집단상담 형식의 작업이다. 우리는 다른 사람의 꿈에 대하여 자신의 생각이나 느낌을 투사할 수 있을 뿐 그 의미를 분명하게 찾아 줄 수는 없다. 왜냐하면 꿈을 꾼 사람만이 그 꿈의 진정한 의미를 알 수 있기 때문이다. 그러므로 집단투사 꿈작업에서는 꿈에 대한 해몽, 분석, 해석이라는 용어보다 투사라는 용어를 선호한다. 집단투사 꿈작업은 꿈에 나오는 상징심상의 의미를 파악할 수 있도록 돕는 효과적인 방법이다.

꿈작업을 집단적으로 하는 것은 몇 가지의 장점이 있다. 우선, 그것은 꿈의 의미를 발견하는 데 도움이 된다. 하나의 의미만을 지닌 꿈은 없기 때문이다. 모든 꿈은 다양한 의미를 담고 있기 때문에 집단에서 여러 사람으로부터 투사를 받는 것이 꿈작업 전문가와 일대일로 작업을 하는 것보다 효과적이다(Taylor, 이정규 역, 2007). 집단투사 꿈작업은 꿈의 의미를 발견할 수 있는 경우의 가짓수를 최대한 넓혀 준다. 꿈작업을 집단적으로 할 경우, 집단원들은 다른 사람의 꿈에 대해서 투사적으로 말하는 동안 자기 자신의 꿈을 가지고 작업을 할 때보다 자기 안에 있는 무의식의 상징 재료들을 더 선명하게 이해할 수도 있다(Taylor, 이정규 역, 2007). 왜냐하면 다른 사람의 꿈을 자기의 꿈으로 품을 때 우리의 의식이 작동하는 범위는 자기 꿈만을 들여다볼 때와는 비교할 수 없을 만큼 확장되기 때문이다.

또한 집단적인 꿈작업은 어떤 모임보다 집단원들의 응집력 향상과 친밀한 공동체의 형성에 도움이 된다.

다음은 집단투사 꿈작업을 할 때 리더가 참고할 필요가 있는 꿈작업에 관한 순서와 과정에 대한 설명이다. 이것은 제레미 테일러의 방법에 기초해서 헤이든 연구소(Haden Institute)에서 하는 꿈작업 과정을 참고로 작성한 것이다. 제시되는 '집단투사 꿈작업의 순서와 과정'은 매주 또는 격주에 한 번씩 정기적으로 모이는 집단에서 사용하기에 적합한 것이다. 며칠 동안 집중적으로 모이는 마라톤 집단에서는 그 순서와 과정이 다소 달라질 수 있다.

마음 나누기

집단원들은 각자 꿈작업 과정에 참석한 현재의 기분이나 느낌이 어떠한지, 지난 꿈작업 이후에 어떤 정서적인 경험이나 '아하'의 경험이 있었는지를 개인당 1~2분 정도 돌아가며 말한다. 그러나 마음 나누기 시간이 너무 길어지면 그만큼 꿈을 다룰 수 있는 시간이 줄어들기 때문에 꿈작업 리더의 적절한 개입이 필요하다. 집단의 구성은 6~8명 정도가 적절하다. 집단원이 너무 많으면 그만큼 개인적인 투사의 기회가 줄어들며 또한 너무 적으면 투사의 폭이 제한되기 때문이다.

마음 모으기

마음 모으기는 꿈작업을 하기 위한 개인적이며 집단적인 준비로서 이 과정에는 다음과 같은 목적이 있다.

- 마음을 고요하게 비움으로써 꿈작업을 할 수 있는 내면의 공간을 만든다.
- 의식이 일상적인 삶의 세계로부터 무의식이 활동히는 꿈의 세계 또는 상징의 세계로 이동한다.
- 집단원들이 하나로 연결됨으로써 꿈작업을 위한 공동체를 만든다.

마음 모으기를 위한 방법은 리더에 따라 다양하게 사용할 수 있다. 다음의 진행방법은 참고가 될 수 있을 것이다.

- 집단원들이 원형으로 둘러앉아 양손을 잡는다. 이때 손바닥과 손등이 서로 교차되도록 한다. 즉, 자신의 왼손바닥이 위로 가도록 펼쳐서 왼쪽 사람이 오른손바닥을 그 위에 올려놓게 하며, 자신의 오른손바닥은 오른쪽 사람의 왼손바닥 위에 올려놓는다.
- 집단원들이 서로 손을 잡고 있는 원형의 공간은 상징적인 의미를 지닌다. 그것은 집단원들이 꿈의 세계에 초대받았다는 것을 의미한다.
- 잠시 눈을 감고 침묵하면서 신체적인 피로와 심리적인 긴장감을 완화할 수 있도록 3~4번 긴 호흡을 한다.
- 이때 집단원들이 명상을 할 수 있도록 리더가 안내 멘트를 할 수 있다. 안내 멘트는 공동체적인 의식을 일깨우며 일상의 세계로부터 꿈의 세계로 이동할 수 있도록 돕는 데 초점을 둔다.
- 종교인들의 모임일 경우, 한 사람이 기도를 하도록 하거나 모두 함께 묵상으로 조용히 기도할 수 있다.

제레미 테일러는 이때 마음집중훈련(mind centering exercise)을 하는 것은 도움이 된다고 했다. 꿈작업 리더는 멘트를 통해서 집단원들의 마음집중을 도울 수 있다. 다음은 테일러가 제시한 리더의 안내 멘트를 다소 수정한 것이다.

집단원들이 둥글게 둘러서서 양손을 잡는다. 눈을 감고 편안하고 깊은 호흡을 한다. 내 신체 중에서 스트레스와 긴장감이 느껴지는 곳이 있는가? 호흡을 계속하면서 긴장된 신체 부위에 에너지를 공급한다. 스트레스와 긴장이 풀린다. 숨을 들이쉬면서 밝은 빛이 몸 안으로 들어오는 것을 상상한다. 숨을 내쉬면서 몸속에 있는 어둠이 밖으로 빠져나가는 것을 상상한다…… 혹시 집단원들 중에 지금 이 자리에 없는 사람이 있다면 우리가 손을 잡고 있는 이 원 안으로 그 사람을 초대한다. 그리고 알게 모르게 나에게 도움을 준 사람들을 원 안으로 초대한다. 내 주변의 모든 사람을, 그리고 마침내 우리가 살고 있는 행성의 모든 이를 원 안으로 초대해 본다. 과거와 현재와 미래를 모두 초대한다(Taylor, 1983).

꿈 제목 나누기

집단원들이 한 사람씩 돌아가며 그날 집단에서 다루고 싶은 자신의 꿈 이야기 제목을 나눈다. 집단원들의 숫자가 적으면 각자 자신이 가지고 온 꿈 이야기를 나누는 것도 좋다. 그러나 숫자가 많고 시간이 오래 걸릴 것 같으면 꿈 이야기 대신 꿈 제목만을 나눈다.

자신의 꿈 노트에 꿈 이야기를 기록할 때 간략하게 꿈 제목을 쓰는 것이 좋다. 그것은 나중에 자신의 많은 꿈을 주제별로 종합함으로써 꿈이 어떻게 변화하고 성장했는지를 이해하는 데 도움이 된다. 꿈 제목은 어떻게 정하는 것이 좋을까? 꿈 제목을 정하는 것은 하나의 단어로 할 수도 있고 문장으로 할 수도 있다. 그런데 주의할 것이 있다. 꿈 제목은 꿈의 이야기를 그대로 나타낼 뿐 꿈의 의미를 암시하는 것이 되어서는 안 된다는 것이다. 즉, 꿈 제목은 꿈에 담긴 의미에 대한 통찰이 아니라 꿈 내용 자체를 상기시킬 수 있는 것이 좋다(Taylor, 이정규 역, 2007). 예를 들어, 어떤 꿈을 꾼 다음, 그 꿈이 자신의 외상경험 또는 상처입은 내면아이를 나타내는 꿈이라는 생각이 들 수 있는데, 이때 꿈 제목을 '나의 외상경험' 또는 '상처입은 나의 내면아이' 등으로 기록해서는 안 된다는 것이다. 왜냐하면 그것은 집단원들이 꿈 투사를 할 때 이미 제목이 암시하는 의미에 영향을 받아 편향적으로 투사함으로써 투사의 폭을 제한할 수 있기 때문이다. 만약 꿈에 대한 자신의 통찰이나 의미발견을 기록하고 싶다면 부제목으로 달아 놓는 것이 좋다(Taylor, 이성규 역, 2007). 예를 들면, '언덕 위에서 구른 빨간색의 낡은 자동차―나의 외상경험' 또는 '고향집 툇마루 아래 있는 얼어붙은 나의 장화―상처입은 나의 내면아이' 등으로 기록하는 것이다. 그러나 의미발견에 대한 통찰은 집단원들에게 말하지 않는 것이 좋다. 그리고 가능하면 정체된 명사형의 꿈 제목보다는 역동적인 꿈 제목으로 기록하는 것이 좋다. 예를 들어, '지붕'보다는 '지붕 위를 날다'라는 제목으로, '자동차'보나는 '브레이크가 고장 나서 멈출 수 없는 자동차'라는 제목으로 기록하는 것이다.

꿈사람 정하기

꿈사람이란 주어진 시간에 자신의 꿈으로 꿈작업을 하는 사람을 말한다. 한 번의 집단 모임에서 집단원들의 모든 꿈을 다룰 수는 없다. 따라서 그날 꿈작업을 할 수 있는 꿈사람을 정해야 한다. 보통 한 사람의 꿈을 다루는 데는 50~60분 정도의 시간이 소요된다. 두 시간 정도의 모임이라면 두 사람의 꿈을 다루는 것이 적당하다.

꿈사람을 정하는 방법은 스스로 자원하기, 서로 추천하기, 다중 투표하기, 제비뽑기 등 다양하다. 다만, 다음의 사항들을 참고할 필요가 있다. 지금 꿈작업이 가장 필요하다고 느끼는 사람은 누구인가? 모든 집단원에게 골고루 균등한 기회가 주어지고 있는가? 마라톤 집단일 경우에는 정해진 기간 내에 모두 한 번씩 기회가 주어지도록 하는 것이 좋다. 꿈사람을 정하는 과정에서 기억해야 할 것이 있다. 모두 자신의 꿈이 존중받는 느낌이 들도록 해야 한다. 왜냐하면 그 시간에 자신의 꿈이 선택받지 못했을지라도 그 꿈은 꿈사람에게뿐만 아니라 집단원 모두에게 소중한 꿈이기 때문이다. 만약 그 꿈을 가지고 꿈작업을 한다면 예상외로 많은 아하의 경험이 나타날 수도 있다.

필자가 꿈작업 공부를 했었던 헤이든 연구소의 경험을 나눈다. 헤이든 연구소에서는 다음과 같은 방법으로 꿈사람을 정한다. 집단원들이 자신의 꿈 제목을 말할 때 리더는 그 제목들을 노트에 적는다. 그런 다음 집단원들이 눈을 감게 하고 꿈 제목을 하나씩 불러 준다. 그리고 집단원들로 하여금 지금 이 시간에 다루고 싶은 꿈 제목을 말할 때 손을 들게 한다. 다수의 동의를 받은 꿈 제목의 꿈을 하나씩 다룬다. 하루 이상 계속되는 마라톤 집단에서는 다수의 동의를 받은 순서에 따라 차례로 꿈작업을 계속한다.

꿈사람의 꿈 이야기 나누기

꿈사람이 정해지면 꿈사람은 자신의 꿈 이야기를 말하고 집단원들은 그 꿈 이야기를 듣는다. 꿈사람 정하기 단계에서 꿈사람이 이미 말했을지라도 다시 말하는 것이 필요하다. 왜냐하면 집단원들은 그 내용을 상세히 기억하지 못하기 때문이다. 꿈사람이 꿈 이야기를 나눌 때 집단원들이 해야 할 것이 있다. 그 이야기를 경청함으로써 자기의 꿈으로 가져오는 것이다. 자기의 꿈으로 품는 것이다. 적극적으로 말하면, 꿈사람의 꿈을 자신의 꿈으로 임신하고 잉태하는 것이다. 이처럼 꿈사람의 꿈을 자기의 꿈으로 가져와야 효과적인 투사를 할 수 있기 때문이다. 꿈사람이 자신의 꿈 이야기를 나눌 때 다음의 항목들을 참고하면 도움이 된다.

- 꿈사람은 자신의 꿈 이야기를 현재형으로 말한다. 꿈을 현재형으로 말하면 지금 꿈이 꾸어지고 있는 것처럼 역동적인 느낌을 갖게 된다. 꿈 이야기를 현재형으로 말하도록 한 것은 게슈탈트 꿈작업의 방식을 도입한 것으로 볼 수 있다.
- 꿈사람은 자신의 꿈 이야기를 글로 적어서 집단원들에게 나누어 주고 그것을 읽어 줄 수 있다.
- 꿈사람은 꿈에 나타난 상징심상을 그림으로 그릴 수 있다. 그림으로 그리는 것은 집단원들이 꿈을 이해하고 그것을 자기 꿈으로 가져오는 데 도움이 된다. 오래된 고대인들의 지혜에 따르면, 꿈은 꿈사람의 감정이 그려 낸 그림이라는 말이 있다(Taylor, 1983).

꿈작업 중에 꿈사람이 꿈 이야기를 현재형으로 말하다가 갑자기 과거형으로 말하는 경우가 있다. 이것은 꿈의 상징적이고 정서적인 에너지가 너무 강한 나머지 꿈사람이 자기를 보호하기 위해 꿈과 거리를 두려는 행동으로 볼 수 있다(Taylor, 1983). 꿈 이야기를 나눌 때 꿈사람이 할 수 있는 부주의한 실수는 그 자체로 의미 있는 행동이다. 그것은 그 순간 무의식이 개입한 행동으로서 그 속에는 꿈사람의 현 상태를 더 잘 알 수 있는 내적인 정서와 동기가 담겨 있다.

이처럼 꿈사람이 꿈 이야기를 나누는 것은 자신이 꾼 꿈을 기억하고 언어화함으로써 집단원들에게 전달하는 것이다. 따라서 꿈사람의 이야기가 본래의 꿈과 동일하다고 볼 수는 없다. 꿈작업 시간에 다루는 모든 꿈은 꿈에 대한 꿈사람의 기억이라 할 수 있다. 따라서 꿈을 꿀 당시의 꿈과 그 꿈을 이야기로 말을 할 때 차이가 있을 수 있다. 꿈을 그림으로 그리는 것도 실제의 꿈 장면과 차이가 있다. 그럼에도 꿈 이야기를 듣고 꿈 그림을 보며 꿈작업을 하는 것이 도움이 되는 것일까? 당연히 도움이 된다. 왜냐하면 꿈 이야기를 나누고 꿈 그림을 그리는 과정에도 꿈사람의 무의식이 개입하기 때문이다. 즉, 꿈사람의 꿈 이야기와 꿈 그림은 그 순간 그 사람의 꿈이라 할 수 있다. 꿈사람이 꿈 이야기를 나눌 때 집단원들이 해야 할 것이 있다. 경청해야 한다. 경청함으로써 자신의 꿈으로 가져온다.

집단 질문하기

집단원들은 꿈사람의 꿈 이야기를 들은 다음 꿈사람에게 질문을 한다. 질문의 내용은 꿈의 내용을 명료화하기, 꿈사람의 개인정보를 습득하기, 꿈에 대한 꿈사람의 연상을 알아보기 등 세 가지로 구분할 수 있다.

1) **명료화 질문:** 이것은 꿈의 내용을 명료화하고 잘 이해하기 위한 질문이다. 꿈사람은 집단원들의 질문에 대답하면서 미처 말하지 못한 것을 말할 수 있는 기회를 갖는다. 이때 집단원들은 단지 꿈의 내용에 관해서만 질문해야 한다. 만약 앞에서 꿈사람이 꿈의 상징심상을 그림으로 표현하지 않았다면 그것을 이 시간에 그림으로 표현하도록 요청할 수 있다. 다음은 꿈의 명료화를 위한 질문들의 다양한 예이다.

- 꿈에 나오는 꿈사람의 모습은 현재의 모습입니까? 과거의 모습입니까?
- 꿈에서 걸어가는 방향이 왼쪽입니까? 오른쪽입니까?
- 꿈에서 본 정원 안에는 나무가 심겨 있다고 했는데, 몇 그루가 있었습니까?
- 꿈에서 본 자동차는 무슨 색깔이었습니까? 그 자동차 안에는 누가 있었습니까?
- 꿈에서의 시간은 낮이었습니까? 밤이었습니까?
- 꿈에 뱀이 나타났다고 했는데, 뱀이 어떻게 했는지 좀 더 말해 줄 수 있을까요? 그리고 뱀을 보았을 때 어떤 느낌이 들었는지요?
- 꿈속에서 꿈자아(dream ego)는 어디에 있었습니까? 꿈에서 일어나고 있는 사건 속에 함께 있었습니까? 아니면 그 사건을 멀리서 바라보고 있었습니까? (꿈자아는 꿈에서 꿈을 경험하고 있는 주체를 말한다.)

● 꿈에서 본 장면을 그림으로 그려 볼 수 있을까요?

2) **개인정보 질문**: 이것은 꿈의 내용과 관계없이 꿈사람 개인의 정보를 알기 위한 질문이다. 즉, 꿈사람의 경험, 성격, 사생활, 가족관계, 상처 그리고 최근에 있었던 사건이나 과거에 경험한 사건들에 대해서 물어보는 것이다. 꿈사람은 이런 개인정보 질문에 모두 대답하지 않아도 된다. 집단원들의 질문에 대답을 하고 안 하고는 꿈사람의 선택이다. 집단원들은 꿈사람의 선택을 존중해야 한다. 다음은 개인정보를 알기 위한 질문들의 예이다.

● 결혼은 하셨습니까? 현재 부부 사이는 어떠하신지요?
● 원가족 관계에 대해서 말씀해 주시겠습니까? 부모님은 어떤 분이셨나요?
● 지금 무슨 일을 하고 있습니까? 어떤 분야의 일에 종사하고 있는지요?
● 꿈을 꾸기 전 최근에 어떤 일이 있었는지요? 특별히 기억나는 것이 있는지요?
● 혹시 꿈을 꾼 다음에 유아 시절이나 과거에 있었던 사건 가운데 특별히 기억나는 일이 있는지요?
● 살면서 자신이 하고 싶었지만 못한 것이 있었는지요? 지금도 그런 게 있는지요?
● 현재 자신의 삶에서 가장 불편하거나 결핍된 것은 무엇이라고 생각하시는지요?
● 꿈에서 깨어난 다음 어떤 느낌이 지속되고 있었는지요?

경우에 따라서 개인정보 질문의 시간을 생략하거나 제한할 수 있다. 집단원들이 꿈사람의 개인정보를 너무 많이 알게 되면 꿈 투사의 범위가 제한될 수 있기 때문이다. 즉, 꿈사람의 개인정보를 너무 자세하게 많이 알게 되면 집단원들의 투사가 그 정보에 의존하게 되어 새롭고 창의적인 투사가 부족할 수 있다.

3) **연상 질문**: 이것은 꿈의 상징심상에 대한 꿈사람의 연상을 알아보기 위한 질문이다. 연상 질문은 프로이트의 자유연상 기법에 근거할 수도 있고 융의 확충연상 기법에 근거할 수도 있다. 다음은 꿈사람의 연상을 알아보기 위한 질문들의 예이다.

- 꿈에 거미가 나왔는데, 거미를 생각하면 무엇이 연상되는지요?
- 팔뚝에 부스럼이 생긴 꿈을 꾸었는데, '부스럼' 하면 무엇이 생각나는지요?
- 꿈에 붉은색의 자동차를 타고 달렸는데, '붉은색' 하면 어떤 느낌이 들고, 자동차를 타고 달린다고 생각하면 무엇이 연상되는지요?
- 꿈에서 깨진 그릇을 보았는데, '깨진 그릇' 하면 무엇이 생각나는지요?
- 깨진 그릇 하면 상처가 생각난다고 했는데, '상처' 하면 또 무엇이 생각나는지요? (프로이트의 자유연상 기법에 의한 질문)
- 깨진 그릇 하면 상처가 생각난다고 했는데, 깨진 그릇 하면 상처 말고 또 무엇이 더 생각나는지요? (융의 확충연상 기법에 의한 질문)

집단 질문하기 시간에 집단원들이 해야 할 것이 있다. 그것은 꿈사람의 꿈 이야기를 경청하면서 그 꿈의 이야기와 상징심상을 명료하게 이해하는 것이다. 집단원들은 '꿈사람의 꿈 이야기 나누기' 시간에 꿈 이야기를 한 번 경청함으로써 그 꿈을 내 꿈으로 가져오고, '집단 질문하기' 시간에 또 한 번 경청함으로써 그 꿈을 더 명료하게 이해하고 내 꿈으로 가져오는 것이다.

꿈 잉태하기

이것은 집단원들이 꿈사람의 꿈 이야기를 한 번 더 들음으로써 그 꿈을 자기의 꿈으로 가져오는 것이다. 집단원들이 꿈사람의 꿈을 더 분명하게 자신의 꿈으로 잉태하고 품는 것이다. 꿈 투사가 깊어지려면 꿈사람의 꿈이 자신의 꿈으로 동일시되어야 한다.

이때 리더는 꿈사람으로 하여금 다시 한번 꿈 이야기를 말하도록 하고 집단원들은 눈을 감고 그 이야기를 경청하도록 한다. 집단원들은 꿈 이야기를 듣는 동안 상상 속에서 마치 지금 자신이 꿈을 꾸는 것처럼 꿈을 잉태하는 시간을 갖는다. 한 번 더 꿈을 잉태하는 것이다. 그러나 앞의 순서에서 집단원들이 꿈사람의 꿈을 충분하게 자기의 꿈으로 가져오고 품을 수 있었다고 생각되면 '꿈 잉태하기' 순서를 반드시 가질 필요는 없다.

집단투사하기

꿈 잉태하기가 끝나면 투사자들은 꿈 투사를 시작한다. '투사자'란 꿈사람의 꿈에 대해서 말을 하는 집단원을 나타내는 명칭으로서 집단원과 동일한 의미로 사용된다. 이때 투사자들의 관심이 질문으로부터 투사로 이동하는 현상이 나타난다. 즉, 집단원들의 마음속에는 '아하'가 발생함으로써 투사하고 싶은 욕구가 생긴다. 투사자들은 질문하기 시간과 꿈 잉태하기 시간에 이미 어느 정도의 '아하'를 경험하기도 한다. 꿈 투사를 한다는 것은 그런 '아하'의 자기 경험을 자기 고백적으로 말하는 것이다.

집단투사를 시작하기 전에 해야 할 것이 있다. 리더는 꿈사람으로 하여금 집단원들이 형성하고 있는 원둘레 밖으로 한걸음 물러나서 앉도록 한다. 만약 꿈작업을 줌(zoom)으로 할 경우에는 꿈사람으로 하여금 자기 화면은 끄고 집단원들의 투사를 듣도록 한다. 이것은 다음과 같은 의미를 지닌 상징적인 행동이다.

- 꿈사람은 집단에 없다. 이 꿈은 방금 내가 꾼 나의 꿈이다. 그러므로 집단원들은 꿈사람을 의식하지 말고 자유롭게 투사한다.
- 집단원들은 꿈사람을 쳐다보지 않음으로써 자신의 꿈 투사가 꿈사람에게 직접하는 말이 되지 않도록 한다.
- 꿈사람은 집단원들의 꿈 투사를 들을 때에 자신에게 직접하는 말로 듣지 않는다. 집단원들이 스스로 자기 자신에게 하는 고백적인 말로 듣는다. 그런 중에 '아하' 하며 접촉된 것만 자신의 것으로 취한다.

제레미 테일러는 집단투사 꿈작업을 할 때 헤이든 연구소의 방식과 달리 꿈사람을 뒤로 물러나게 하지 않는다. 또한 투사 중에 집단원들이 꿈사람에게 뭔가를 물어보거나 꿈사람이 대답하고 말하는 것을 허용한다. 그렇게 함으로써 꿈을 더 명료하게 이해하며 투사에 필요한 꿈사람의 정보를 더 습득할 수 있다. 또한 꿈사람은 집단원들에게 더 듣고 싶은 투사가 무엇인지를 요청할 수도 있다. 그러나 이런 장점에도 불구하고 테일러의 방식은 집단원들이 꿈사람을 의식하게 됨으로써 투사에 제한을 느끼게 되는 단점이 있다. 그 결과 정직한 투사가 어려워진다. 또한 투사자의 자기 아하보다 꿈사람의 아하를 유발할 수 있는 투사를 해야 한다는 부담감을 느낄 수 있다. 필자는 테일러의 방식과 헤이든 연구소의 방식 등, 두 가지의 방식을 접하면서 헤이든 연구소의 방식을 따르기로 했다. 헤이든 연구소의 방식에도 제한점이 있지만 투사자의 자유로움과 폭넓은 투사 그리고 무엇보다 진정성 있는 투사가 가능하다고 생각했기 때문이다.

투사자들이 꿈 투사를 할 때에 지켜야 할 것이 있다. 꿈 투사의 첫 마디를 "이 꿈이 내 꿈이라면……."이라고 말하는 것이다. 왜냐하면 이렇게 말할 때에만 투사적인 표현이 되기 때문이다. 이런 투사적인 표현이 왜 중요한지에 대해서는 이미 앞에서 언급한 바와 같다. 이처럼 투사자의 꿈 투사가 깊어지면 투사자의 언어적인 표현이 달라질 수 있는데, 예를 들면 투사자는 "나는 지금 꿈속에서 ~하고 있습니다.", "나는 지금 무섭고 몸이 떨리고 있어요."라는 등의 자기 체험적이며 고백적인 표현이 나타나기도 한다. 이런 표현이 가능해질 때 투사자는 그 꿈을 진정 자신의 꿈으로 깊이 체험하고 있는 것이다.

집단투사의 과정에서 모든 집단원이 기억해 둘 것이 있다. 만약 투사자가 투사를 할 때 꿈사람을 바라보거나 꿈사람에게 직접 말하는 것처럼 행동하면 누구든지 그것을 먼저 알아차린 집단원이 그 투사자를 바라보며 오른손으로 자신의 가슴을 몇 번 두드리는 것이다. 이것은 투사자에게 보내는 사인으로서 꿈사람에게 직접 말하듯 하지 말고 투사적으로 말하라는 뜻이다.

이렇게 집단적으로 꿈 투사를 하다 보면 "와~" 할 만큼 멋있고 감탄스러운 느낌이 들 때가 있다. 그것은 집단원들 사이에 나타나는 지속적인 '아하'의 경험이다. 이때 집단의 여기저기에서 '아하'의 경험이 팝콘처럼 터지는데, 필자는 이것을 '집단투사 꿈작업의 꽃'이라고 부른다. 예를 들어, 꿈사람의 꿈에 대하여 A라는 집단원이 "이 꿈이 내 꿈이라면……." 하고 투사를 할 때 그 투사를 경청하고 있던 B라는 집단원이 이렇게 말하는 것이다. "A의 투사에 '아하'가 있어요. 이 꿈이 내 꿈이라면……."이라고 말한다. 이때 다시 C 또는 D라는 집단원이 "B의 투사에 '아하'가 있어요. 이 꿈이 내 꿈이라면……."이라고 말한다. 이렇게 '아하'의 경험과 투사가 계속 이어진다. 이런 과정에서 나타나는 '아하' 경험은 매 순간 발생하는 것으로서 한 집단원이 투사를 하기 전까지는 그런 아하가 전혀 없었던 신비한 경험이다. 이것은 집단투사 꿈작업이 아니면 경험할 수 없는 예술적이고 감동적인 시간이다.

동시에 꿈사람만이 아니라 모든 집단원이 받게 되는 선물이다.

집단원들이 꿈 투사를 할 때 피해야 할 것이 있다. 꿈사람에 대한 공감, 지지, 돌봄 등의 말과 꿈사람에 대한 피드백이나 직면의 말을 피하는 것이다. 왜냐하면 공감이나 피드백 같은 말은 꿈사람에게 직접 전달하는 성격을 지닌 말이기 때문이다. 투사는 꿈사람을 의식하지 않고 꿈사람에게 직접 해 주는 말이 되지 않도록 해야 한다.

집단투사를 하는 동안 자신의 꿈을 내어놓은 꿈사람이 기억해야 할 것이 있다. 다음의 사항들을 참고하면 도움이 된다.

- 꿈사람은 집단원들이 투사하는 동안 침묵 속에서 투사의 말을 경청한다.
- 꿈사람은 투사자들의 꿈 투사를 자기에게 직접 하는 말로 듣지 않는다. 투사자들이 그들 자신에게 하는 자기 고백적인 말로 듣는다.
- 꿈사람은 '아하'의 문을 열어 놓고 투사자들의 꿈 투사를 개방적으로 경청한다. 이것은 자기의 꿈에 대해서 스스로 해석했거나 그 의미를 발견한 것이 있을지라도 그것을 내려놓고 새로운 의미의 발견을 위해 열린 마음으로 듣는 것을 말한다. 한 편의 꿈일지라도 여러 가지의 의미가 포함될 수 있다는 꿈의 다원 결정적인 특성을 기억할 필요가 있다.
- 그런 중에 '아하' 하고 자기 반응이 나타나거나 알아차린 것이 있을 때 그것을 자기의 것으로 취한다. 테일러는 집단투사 꿈작업을 할 때 집단원들이 꼭 기억해야 할 두 가지의 전제가 있다고 말했다. 하나는 꿈사람만이 꿈의 진정한 의미를 알 수 있다는 것이고, 다른 하나는 한 가지의 의미만 있는 꿈은 없다는 것이다(Taylor, 1983).

제레미 테일러의 말에 따르면, 꿈사람의 '아하' 반응에는 두 종류가 있다. 하나는 '긍정적인 아하(positive aha)'로서 집단원들의 꿈 투사 내용에 인지적으로, 정서적으로, 신체적으로 동의하는 것이다. 신체적인 동의란 미소, 무릎 치기, 소름 끼침, 눈물 등으로 나타나는 것이다. 다른 하나는 '부정적인 아하(negative aha)'로서 꿈 투사 내용에 인지적으로, 정서적으로, 신체적으로 동의하지 않는 것이다. 이런 '부정적인 아하'도 '아하'라고 하는 이유는 의식의 세계에서는 동의하지 않지만 무의식의 세계에서는 동의할 수도 있기 때문이다.

이런 경우 꿈사람은 꿈 투사작업이 진행되는 동안에는 긍정적인 반응이 나타나지 않지만 꿈 투사작업이 끝난 후 나중에 그런 반응이 나타나기도 한다.

집단투사 꿈작업 끝내기

이것은 한 사람의 꿈으로 진행한 집단투사 꿈작업을 종료하기 위한 과정이다. 이런 끝내기의 과정에서 고려해야 할 것이 있다. 집단원들에게 얼마나 '아하'의 경험이 있었는가 하는 것이다. 그들은 자신의 '아하' 경험을 충분히 표현했는가, 더 투사하기를 원하는 사람은 없는가를 고려해야 한다. 제레미 테일러는 매우 의미 있는 말을 했는데, 집단투사 꿈작업의 성공과 실패의 여부는 꿈사람의 '아하' 경험보다 투사자들의 '아하' 경험에 있다고 했다.

집단투사 꿈작업을 끝내기 전에 리더는 집단원들에게 다음과 같은 질문을 하는 것이 필요하다. "혹시 더 투사하기를 원하는 사람이 있는지요?", "지금까지의 투사와 달리 다른 각도와 입장에서 투사하고 싶은 것이 있는지요?" 다른 각도란 보편적이고 지극히 당연하다고 생각되는 것 외에 때로는 유치해 보일 수도 있고 엉뚱하다고 생각될 수도 있는 '아하'의 경험을 투사하는 것이다. 즉, 투사의 내용과 범위에는 제한이 없다. 만약 앞에서의 집단투사가 정신의 문제에 집중되었다면 신체와 일상적인 삶에 대한 투사가 필요할 수 있으며 또한 집단투사가 개인에게 집중되었다면 그 개인이 속한 공동체에 대한 투사가 필요할 수도 있다.

집단투사 꿈작업은 정해진 시간이 되면 마치는 것이 좋다. 리더는 시간을 보고 투사작업을 의도적으로 끝내야 한다. 그러므로 집단투사 꿈작업의 종료는 인위적일 수밖에 없다. 왜냐하면 투사라는 것은 무의식적인 연상과정으로서 그 연상 작업은 인위적으로 끝내지 않는 이상 계속될 수밖에 없기 때문이다. 한 편의 꿈에 대한 집단투사 꿈작업 시간은 상황에 따라 차이가 있을 수 있으나 언급한 것처럼 한 시간 이내로 하는 것이 좋다. 시간이 너무 길면 지루해질 수 있고 너무 짧으면 투사를 못하는 집단원들이 있거나 투사의 내용이 빈약해질 수 있다.

꿈작업 시간을 끝낼 때 필요한 몇 가지의 순서가 있다. 다음은 집단투사 꿈작업을 끝내려고 할 때 참고할 필요가 있는 순서들이다.

- 꿈사람을 집단원들이 둘러앉은 원형 안으로 들어오게 한다. 꿈작업을 줌(zoom)으로 했을 경우에는 꿈사람으로 하여금 자기 화면을 켜도록 한다.
- 꿈사람의 꿈을 꿈사람에게 되돌려준다. 이것은 집단원들이 꿈 투사를 하기 위해서 가져온 꿈사람의 꿈을 본래의 주인에게 돌려주는 것이다. 이때 집단원들은 손동작과 함께 다음과 같이 말한다. 두 손을 자기의 가슴에 얹었다가 꿈사람을 향해 펼치면서 "꿈을 돌려드립니다."라고 말하는 것이다.
- 꿈사람이 자기의 소감을 간략하게 말한다. 이것은 꿈사람이 집단원들의 꿈 투사를 들으면서 느낀 것을 말하는 것이다. 이때 주의할 것이 있다. 꿈사람은 누구의 투사가 맞고 누구의 투사는 맞지 않는다고 말하지 않아야 한다. 또한 자신의 꿈에 대한 자기 해석이나 꿈의 의미를 집단원들에게 설명함으로써 자기가 옳다는 것을 강조하지 않아야 한다. 따라서 바람직한 것은 집단원들이 시간을 할애하여 자신의 꿈을 가지고 꿈작업을 해 준 것에 대해서 감사하는 것이다. 물론 특별히 '아하'가 있었던 꿈 투사에 대해서 말하는 것은 유익하다.
- 한편, 꿈사람이 말하는 동안 집단원들이 기억해야 할 것이 있다. 자기의 투사가 맞았는지, 틀렸는지를 채점하는 것은 좋은 반응이 아니다. 많은 집단원이 종종 채점을 하곤 하는데, 그런 생각이 들 때 기억해야 할 말이 있다. 앞에서 언급한 제레미 테일러의 말이다. "집단투사 꿈작업의 성공과 실패의 여부는 꿈사람에게 아하 경험이 얼마나 있었는가 하는 데 있는 것이 아니라, 투사하는 집단원들 자기 자신에게 아하 경험이 얼마나 있었는가 하는 데 있는 것이다."
- 꿈사람이 자신의 소감을 말하고 나면 리더는 집단원들로 하여금 꿈사람이 꿈을 나누어 줌으로써 꿈작업을 할 수 있도록 한 것에 대하여 감사의 박수를 보내도록 한다. 그 꿈은 꿈사람이 집단원들에게 준 하나의 선물이기 때문이다. 그렇게 박수로 마친다.

다음은 제레미 테일러가 진행했던 집단투사 꿈작업에 참석한 집단원들의 투사와 아하 경험의 사례이다. 이 사례에서 테일러는 꿈사람의 아하 경험 못지않게 집단원들의 아하 경험이 중요한 가치를 지닌다는 것을 강조한다(Taylor, 이정규 역, 2007).

| **집단투사 꿈작업 사례** | ————————————————————— 

바바라는 여성으로서 다음과 같은 꿈을 꾸었다. 나는 주방에 혼자 앉아 있다. 지하실에서 시끄러운 소리가 들린다. 파티가 열리고 있는 것 같다. 지하실로 내려가 보니 낯선 사람들이 모여서 술을 마시며 얘기를 나눈다. 그런데 그들의 말소리가 전혀 들리지 않는다. 내 귀가 먹은 것 같다. 나는 사람들이 모여 있는 틈 사이로 지나간다. 그런데 그들은 내가 마치 유령인 것처럼 아무도 나를 쳐다보지 않는다. 순간 내 손에 핸드백이 들려 있는 것을 느낀다. 핸드백 속에서 썩은 고기 냄새가 난다. 사람들의 기분이 상할 것 같다. 나는 두려워서 핸드백을 열지 못한다. 나는 혼자 절망적인 마음으로 지하실을 돌아다니다가 잠에서 깨어난다. 몸에 땀이 배어 있다.

이 꿈에 대한 집단원들의 투사가 이어졌다. "이 꿈이 내 꿈이라면~"이라는 말로 시작된 집단원들의 투사는 다양했다. 다음은 그들의 투사 내용이다.

- 이 꿈이 내 꿈이라면, 꿈의 도입 부분에서 내가 주방에 혼자 앉아 있었다는 것과 나의 집 지하실에서 파티가 열리고 있었는데 그것을 모르고 있었다는 것에 아하가 있습니다. 나의 자녀들이 자라서 모두 집을 떠났다는 것, 그래서 나는 혼자 있게 되었다는 빈둥지 증후군이 연상됩니다.

- 이 꿈이 내 꿈이라면, 꿈에서 내가 지하실로 내려가고 있는 장면은 지하세계로의 하강, 곧 보편적이고 원형적인 신화의 세계를 떠올리게 합니다. 신화에 나오는 영웅은 깊은 지하세계로 내려가서 자기를 소생시킬 수 있는 지혜, 용기, 강인함, 창조성 등의 보물을 찾아오지요.

- 이 꿈이 내 꿈이라면, 지하실에 있는 사람들이 말하는 것을 내가 들을 수 없고 들리지도 않는다는 것은 이제 내가 엄마로서의 역할이 끝났으니 내가 중요하지도 않고 아무런 가치도 없는 존재가 된 것은 아닐까 하는 두려움을 상징적으로 보여 주는 것이라는 생각을 했습니다.

- 이 꿈이 내 꿈이라면, 지하실에 있는 사람들이 마치 내가 없는 것처럼 유령 취급을 한 것은 30년 넘게 헌신적으로 부모 역할을 했지만 이제는 그 역할을 끝냈으며, 그렇게 헌신적으로 에너지를 투자할 수 있는 새로운 관심의 대상을 찾지 못했다는 것을 의미합니다.
- 이 꿈이 내 꿈이라면, 나의 핸드백 속에서 고기가 썩고 있는 것은 방광 쪽에 어떤 질병, 곧 암이 발생한 것을 암시하는 것 같습니다.
- 이 꿈이 내 꿈이라면, 일반적으로 여성들은 자신의 신분증을 핸드백에 넣고 다니는데, 나의 핸드백 속에서 썩은 고기의 냄새가 난다는 것은 나의 정체성의 문제를 나타냅니다. 그것은 지금까지 나의 정체성이 엄마 혹은 양육자의 역할에서만 찾고 있었다는 문제를 보여 주는 것입니다.

다음의 몇 가지 사항들은 제레미 테일러의 해설로서 그가 직접 투사한 것은 아니지만 그의 저서에 기록된 내용이다. 만약 그가 투사를 했다면 포함될 수도 있었을 것이다.

- 핸드백 속에 있는 썩은 고기가 암을 상징하는 것이라면, 그것은 나의 삶에서 억압되고 살아내지 못한 가능성과 에너지로 볼 수 있다. 암은 신체의 성장을 촉진하는 것이 아니라 그와 무관하게 일부 세포가 제한 없이 자라나는 일종의 성장장애 현상이다.
- 꿈은 개인의 상황만이 아니라 사회 전체에 대한 집단적인 측면을 반영한다. 꿈 투사 과정에서 아하로 드러난 빈둥지 증후군이라는 말속에는 그런 사회 집단적인 의미가 있다. 그것은 성역할에 대한 고정관념, 곧 성차별적인 집단적인 분위기에 대한 것이다. 지하실에서 열리고 있는 침묵의 파티는 무의식 상태에서 여성들이 사회 전반에 대해서 느끼고 있는 감정을 나타낸다. 이 꿈은 우리가 속해 있는 사회는 겉으로 보기에는 정상적이고 예절 바른 모습이지만 실제로는 나이 든 여성의 진정한 인간성을 무시하기로 공모하고 있다는 것을 반영한다.
- 한편, 지하실에 있는 사람들이 말하는 것을 듣지 못하는 것은 가부장적인 사회에서 나이 든 여성들이 성차별로 상처를 받았지만 그것을 인정하는 것이 부담스러워서 억압하고 회피하고 있는 자신의 태도를 나타낸다(Taylor, 이정규 역, 2007).

이처럼 다양한 투사 중에서 바바라는 핸드백 속의 썩은 고기가 방광 쪽에 발생한 암일 가능성이 있다는 투사에 미묘한 아하를 느끼며 건강검진을 받게 되었는데, 그 결과 방광 내벽에서 악성 종양이 발견되었고 수술을 받아 건강을 되찾을 수 있었다. 또한 바바라는 빈둥지 증후군이라는 투사에도 아하를 느꼈다. 이런 바바라의 아하 경험은 기억작용으로 서 무의식에서는 이미 알고 있던 것인데 집단원들의 투사를 들으면서 의식으로 떠오른 것이라 할 수 있다. 즉, 바바라가 집단원의 투사에 아하가 있었던 것은 그녀의 무의식에서는 자신의 방광에 암이 생겼다는 것을 이미 알고 있었기 때문이다(Taylor, 이정규 역, 2007). 그러나 바바라에게 아하가 없었던 집단원들의 다른 투사도 중요한데, 왜냐하면 그것은 집단원들에게 진실이기 때문이다. 집단원들은 바바라의 꿈을 가지고 투사를 했지만 그 과정에서 자신의 깊은 내적 세계와 삶의 경험을 만났으며 그 경험을 진술한 것이다. 이 사례는 꿈을 꾼 꿈사람만이 자기 꿈의 진정한 의미를 알 수 있다는 것과 동시에 비록 꿈사람에게 아하가 없을지라도 집단원들의 아하와 투사는 그들에게 진실이라는 것을 보여 준다.

한편, 꿈은 무의식이 의식으로 보내는 편지 또는 자아보다 큰 신적인 존재가 인간에게 보내는 편지이기 때문에 꿈작업은 교육받은 소수의 사람들만이 할 수 있는 그들의 전유물이 아니다(Taylor, 이정규 역, 2007). 심리학이나 꿈 공부를 못한 사람일지라도 꿈작업을 할 수 있다. 꿈작업, 특히 집단투사 꿈작업을 할 때 발생하는 아하의 경험은 단지 지식에 의한 반응이 아니라 무의식 깊은 곳에 있는 지혜의 반응이기 때문이다. 물론 꿈을 이해하기 위한 기본적인 지식은 도움이 된다. 프로이트, 융 그리고 펄스의 이론을 공부하는 것은 유익하다. 그러나 꿈작업 과정에서 더 요구되는 것은 자신의 무의식에서 직관적으로 접촉되는 아하의 경험이다. 지식은 아하의 경험을 돕기 위한 배경이다. 필자는 집단투사 꿈작업을 하면서 종종 경험한다. 꿈 공부를 별로 하지 않았지만 깊이 있는 투사로 듣는 이들에게 아하와 감동을 불러일으키는 집단원들이 있다. 그들의 투사는 자신이 알고 있는 지식에 근거한 것이 아니라 무의식 속에 있는 지혜와 직관에 근거한 것이다.

─────── 요약과 정리

집단투사 꿈작업은 꿈의 의미를 파악할 수 있는 효과적인 방법으로서 그 특징을 다음과 같이 요약·정리해 볼 수 있다.

- 꿈의 진정한 의미는 꿈을 꾼 꿈사람만이 알 수 있다.
- 꿈사람의 '아하' 경험은 꿈의 의미를 발견할 수 있는 가장 믿을 만한 경험이다.
- 다른 사람들은 꿈사람의 아하 경험을 도울 수 있을 뿐, 그 꿈의 의미가 무엇인지를 단정적으로 말해 줄 수 없다.
- 꿈사람이 꿈의 의미를 발견하도록 도울 수 있는 안정적이고 제한되지 않은 방법은 투사적으로 말하는 것이다. 투사적으로 말하려면 처음에 "이 꿈이 내 꿈이라면~"이라는 말로 시작하는 것이다.
- 꿈의 의미는 중복결정적으로 다양하기 때문에 꿈작업을 집단적으로 하는 것은 그 의미를 찾는 데 유익하다. 집단적인 꿈작업은 아하와 투사의 범위를 확장하기 때문이다.

집단투사 꿈작업은 꿈사람만을 위한 과정이 아니다. 그것은 투사 꿈작업을 하는 모든 집단원에게 도움이 된다. 집단원들이 꿈사람의 꿈을 자기의 꿈으로 잉태하여 투사할 때, 그 투사는 누구보다도 투사자 자신에게 진실이다. 꿈 투사 과정에서 거짓을 투사하는 투사자는 없다. 투사자의 '아하'는 투사자 자신의 것으로서 투사자의 전인격적인 자기 동찰이라 할 수 있다. 즉, 투사자는 꿈사람의 꿈을 가지고 투사를 하지만 그 과정에서 자기의 진정한 내면을 만나고 자기의 상태를 이해하는 계기가 되는 것이다. 그런 의미에서 집단투사 꿈작업이 얼마나 잘되고 있는지를 가늠할 수 있는 기준은 투사자들의 '아하' 경험에 있다고 할 수 있다. 집단투사 꿈작업 과정에서 투사자들이 기억해야 할 사항들을 다음과 같이 요약·정리할 수 있다.

- 꿈사람의 꿈 이야기를 경청한다.
- 꿈사람의 꿈을 내 꿈으로 취하여 잉태한다. 마치 어젯밤에 자기가 꾼 자신의 꿈으로

받아들인다.

- 자신의 '아하' 경험이나 접촉된 꿈의 의미를 "이 꿈이 내 꿈이라면~"이라는 말로 시작하여 투사한다.
- 다른 투사자의 투사 내용을 경청하며 그 순간 발생하는 자신의 '아하' 경험을 투사한다. 즉, 꿈사람의 꿈 이야기만이 아니라 다른 투사자들의 투사 내용을 경청한다.
- 꿈 투사를 할 때 꿈사람을 쳐다보지 않으며, 꿈사람에게 직접 하는 말로 하지 않고 자기가 자기에게 말하듯이 자기 고백적으로 말한다.
- 꿈사람에게 '아하' 반응이 일어나도록 해야 한다는 의도나 의무감을 내려놓고 자신의 '아하' 경험을 자유롭게 투사한다. 그런 의도성이 있으면 투사의 진실성이 훼손되기 때문이다.
- 꿈사람에 대한 공감과 지지 또는 피드백과 직면의 말을 하지 않는다. 이런 말들은 꿈사람에게 직접 하는 말들이기 때문이다.

꿈작업의 과정에서 나타나는 '아하'의 경험은 어떤 의미가 있는 반응일까? '아하'의 경험에는 다음과 같은 의미가 있다.

- '아하' 경험은 앎과 깨달음을 위해 가장 믿을 만한 반응이다.
- '아하' 경험은 신체적, 인지적, 정서적, 영적인 접촉이 일어나는 전인적인 반응이다.
- '아하' 경험은 개인의 변화와 성장, 그리고 치유에 도움이 되는 반응이다.
- '아하' 경험은 무의식의 내용이 의식과 접촉되거나 의식으로 드러날 때 나타나는 반응이다. 즉, '아하' 경험은 자기와 전혀 무관한 것이 아니라 자기 무의식 안에 있던 것이 의식으로 드러나는 반응이다.
- '아하' 경험은 합리성을 포함하지만 동시에 합리성을 초월한 반응이다. 즉, '아하' 경험은 종종 이성의 범주를 뛰어넘는 영역에서 발생한다.
- 긍정적인 '아하'든 부정적인 '아하'든 그것은 의미가 있으며 개인의 진실한 반응이다.

언급한 것처럼, 꿈 투사는 누구보다도 투사자 자신에게 진실이다. 집단투사 꿈작업에서 중요하게 생각하는 핵심 단어들은 진실, 존중, 아하, 투사 등이다. 집단원들은 투사를 하면서 서로의 투사를 존중하며 비판 없이 경청한다. 다음은 집단투사 꿈작업에 참석한 집단원들이 기억하면 도움이 되는 내용들이다.

- 집단원들은 서로의 꿈 투사를 존중한다. 왜냐하면 그것은 투사자 자신에게 진실이기 때문이다. 존중은 집단투사 꿈작업 과정에서 강조되는 집단정신으로서 집단원들이 가져야 할 중요한 태도이다.
- 투사자의 '아하' 경험은 대개 투사를 하기 전에 발생하지만 투사 도중에 발생할 수도 있다. 즉, 투사를 하는 중에 갑자기 이전의 '아하'와 달리 새로운 '아하' 반응이 나타날 수 있다.
- 투사자가 투사하는 과정에서 횡설수설할 때가 있는데, 그 이유 중의 하나는 투사를 하는 중에 무의식으로부터 새로운 '아하'가 발생하기 때문이다. 이 경우 새로운 '아하'가 이전의 '아하'와 충돌하기도 한다.
- 집단적으로 투사를 할 때 여기저기에서 투사가 팝콘처럼 터지는 역동적인 상호작용이 발생하기도 한다. 이것은 신비로운 경험으로서 집단투사 꿈작업의 꽃이며 예술이다.
- 투사자가 꿈사람의 개인정보를 너무 많이 알게 되면 투사의 범위와 방향이 제한될 수 있다. 따라서 개인정보를 알기 위한 질문의 시간을 너무 길지 않게 조절할 필요가 있다.
- 투사자가 꿈사람을 의식하면 투사의 제약을 받는다. 왜냐하면 꿈사람의 '아하'를 유발하는 투사를 하려는 무의식적인 의도가 생기기 때문이다.
- 투사자의 '아하' 경험은 언어로 표현되기도 하고 표현되지 않기도 한다. 따라서 투사를 하지 않는 집단원들에게도 '아하' 경험은 있다는 것을 기억할 필요가 있다.
- 투사자의 '아하'와 투사 경험은 투사자가 꿈사람의 꿈으로부터 받은 선물이다. 투사자는 꿈사람의 꿈을 잉태하고 투사를 하면서 자기를 만나는 '아하' 경험이 가능한데, 그것은 꿈사람이 자신의 꿈을 투사자에게 나눠 주었기 때문에 가능한 것이다. 따라서 집단원들과 투사자는 꿈사람에게 감사의 마음을 전한다.

제9장

집단투사 꿈작업 사례

이 장에서는 두 편의 집단투사 꿈작업 사례를 소개한다. 이 꿈작업 과정에 참석한 집단원들은 꿈과 꿈작업에 관해 어느 정도의 이해와 경험이 있는 사람들이다. 예를 들어, 그들은 필자가 인도하는 집단투사 꿈작업 과정에 참석했거나, 꿈벗 드림 아카데미의 허정수 대표가 인도하는 꿈작업 이론 강의를 듣고 꿈작업 과정에 참석한 사람들이다. 이 사례를 제시하는 목적은 앞에서 언급한 '집단투사 꿈작업'의 실제적인 순서와 과정과 방법을 좀 더 잘 이해하도록 돕는 데 있다.

소개하는 두 편의 꿈작업 사례는 줌 영상과 대면으로 진행되었다. 사례 1은 줌 영상으로 진행된 꿈작업 사례이고, 사례 2는 대면으로 진행된 꿈작업 사례이다. 사례 1의 주인공인 꿈사람은 꿈작업이 시작되기 전에 자발적인 선택으로 결정되었으며 자신의 꿈 이야기를 글로 작성해서 그룹 카톡에 미리 올려놓았다. 따라서 집단원들은 집단투사 꿈작업이 시작되기 전에 이미 꿈사람의 꿈 이야기를 알고 있었을 뿐만 아니라 그 꿈을 마음에 품어봄으로써 어느 정도의 '아하' 경험을 할 수 있는 상태였다.

사례 1-줌 영상 집단투사 꿈작업 과정

마음 모으기

리더　꿈작업을 시작하기 전에 마음을 모으는 시간을 가지려고 합니다. 마음을 비움으로써 꿈작업을 할 수 있는 내면의 공간을 만드는 시간입니다. 지금 우리가 줌 영상으로 꿈작업을 하고 있기 때문에 물리적으로는 한 공간에 있지 않지만, 마음으로는 하나로 연결되어 있습니다. 상상 속에서 양손을 내밀어 서로의 손을 잡아 보겠습니다. 왼손과 오른손의 손바닥과 손등이 서로 교차되도록 손을 잡습니다. 잠시 눈을 감고 침묵하면서 호흡에 집중합니다. 숨을 들이쉬고 내쉬고~ 서너 번 반복합니다.

여기는 꿈이 펼쳐지고 꿈이 살아 움직이는 꿈의 공동체, 우리는 꿈의 세계에서 하나로 연결되어 있다는 것을 알아차립니다. 우리의 마음이 분주했던 일상의 세계로부터 꿈의 세계로 이동합니다. 우리는 꿈을 이야기하면서 꿈속에 있는 너와 나를 만나게 될 것입니다. 꿈이 우리에게 하고 있는 말소리를 듣게 될 것입니다. 그리고 무의식 깊은 곳에서 올라오는 '아하'를 경험하게 될 것입니다. 이제 천천히 눈을 뜨겠습니다.

꿈 제목 나누기와 꿈사람 정하기

꿈사람이 이미 정해졌고 또한 꿈사람의 꿈 제목과 꿈 이야기가 카톡으로 집단원들에게 전달되었기 때문에 이 순서는 생략한다.

꿈 이야기 나누기(꿈 제목: 미영이가 낳은 아기)

리더　이제 꿈사람의 꿈 이야기를 듣겠습니다. 꿈사람의 꿈 이야기를 들으면서 그 꿈을 내 꿈으로 가져오는 시간입니다.

꿈사람   꿈에서 미영이의 배가 만삭이다. 내가 임신했냐고 물으니 미영이가 자기의 임부복을 들추는데 아기의 머리가 벌써 나와 있다. 나는 깜짝 놀라며 어쩔 줄 모르고 있는데, 미영이는 내 앞에서 진통하며 출산을 한다. 나는 주변에 소리치며 도움을 요청하고 아이를 받아 낸다. 나는 '탯줄을 자를 도구도 없는데 어떻게 하지, 어느 부위를 잘라야 되는지도 모르는데 어쩌지.'라고 생각한다. 출산한 아이를 보니 머리와 몸통 사이에 연결된 고무 튜브 같은 줄 관이 3~4개가 있는데, 그중에 1줄만 이어져 있고 3개 정도가 끊어져 있다. 나는 빨리 병원에 가야 한다고 생각한다. 아기가 울지 않는다. 아기가 죽었나 싶어서 살펴보니 아직 살아 있다.

나는 주변에 있는 병휘를 시켜서 자동차의 시동을 켜고 자동차의 실내를 따뜻하게 해 놓으라고 말한다. 갓난아기를 감쌀 포대기도 없다. 누군가 주변에서 무릎 담요 같은 것을 가져다준다. 나의 첫아이 출산 때 준비했던 두꺼운 파란색의 아기 이불이 보이지만 그건 너무 두껍다. 하얀색 융으로 된 부드러운 속싸개가 있으면 좋겠다고 생각한다. 아기는 팔다리도 길고 지금 준비된 싸개로 감싸기엔 키가 너무 크다. 푹 감싸지지는 않았지만 대충 둘러안고 출발한다. 나는 한 줄 남은 그 줄 관이 끊어지지 않도록 머리를 잘 받쳐서 안고 간다.

자동차를 타려는데 차 안에 웬 아크릴 막이 있다. 아기를 안고 그 아크릴 막을 불편하게 지나 뒷자석에 앉는다. 두 명의 여자도 함께 가겠다고 하며 차 뒷좌석에 오른다. 병원에 도착해서 접수하는데 함께 온 여자에게 선화가 걸려온다. 의사의 전화였는데, 의사는 병원에 온 이유를 묻는다. 나는 전화를 넘겨받아 설명한다.

꿈 명료화 질문과 대답

리더   꿈사람의 꿈 이야기를 들었는데, 이제 꿈의 내용을 더 잘 이해하기 위해 꿈을 명료화하는 질문을 하겠습니다. 이 시간에는 꿈에 대해서만 질문합니다.

개인의 사적인 정보 또는 경험이나 문제에 대한 질문은 하지 않습니다.

질문 1　꿈을 꾸면서 꿈에서의 시간이 언제라고 생각되었나요? 오전 또는 오후, 아니면 밤중인가요?

꿈사람　오후 같아요.

질문 2　꿈에서 본 장소, 곧 미영이가 아기를 낳고 있는 장소는 어디인가요?

꿈사람　운동장 같았어요. 어딘지 정확하게 모르지만 바닥에 흙이 있었던 것 같아요.

질문 3　꿈사람이 아이를 받은 거네요. 그런가요?

꿈사람　그렇죠.

질문 4　미영이는 누구인가요?

꿈사람　내 막내 여동생이에요.

리더　그 질문은 개인정보 질문입니다. 그 질문은 조금 있다가 할까요? 지금은 꿈에 대한 명료화 질문만 먼저 하겠습니다.

질문 5　머리와 몸통을 이어 주는 고무줄 튜브가 있었다고 했는데, 어떻게 이어져 있었는지 설명해 주실 수 있나요?

꿈사람　머리에서 3~4개의 튜브가 밑으로 내려와 있는 게 보였는데, 그중 한 개의 튜브만 머리에서 몸으로 연결되어 있었어요. 예전에 아기 기저귀 채울 때 사용하던 노란 고무줄 같은 거였어요. 가운데가 통으로 비어 있는 고무줄처럼 생긴 관 말이에요.

질문 6　그 고무줄 관이 어디에 연결되어 있나요?

꿈사람　얼굴과 목인데……. 머리에서 나온 그 관이 몸과 연결되어 있었어요. 꿈에서 다른 뭐가 없는 것 같았고, 목이 있어야 되는데……. 목이 없었고, 얼굴 따로 몸 따로 분리가 된 것 같았어요. 그 노란 고무줄 관이 분리된 얼굴과 몸을 연결시키고 있었어요.

질문 7　그러니까 그 관이 탯줄은 아니고 애기 머리와 몸이 그 하나의 튜브로 연결되어 있다는 거죠?

꿈사람　그렇죠. 원래는 튜브가 3~4개 정도 있어야 되는데 하나만 연결되어 있고 3개는 끊어져 있는 상태였어요.

질문 8   탯줄은 자르셨나요?

꿈사람   탯줄을 자른 기억은 없어요.

질문 9   자동차를 타려고 하는데 자동차 안에 아크릴 막이 있었다고 했는데 그 부분을 자세히 설명해 주시겠어요?

꿈사람   제가 그림을 그렸는데 보시면 뒷자석에 노란 부분이 아크릴 막이에요. (꿈사람은 그림을 보여 준다.)

질문 10   사람이 뒷좌석에 타려면 그 자리로 들어가서 앉아야 하는데, 자리에 앉기 전에 그 막이 장애물처럼 있었다는 거네요.

꿈사람   그렇죠. 들어가는 입구에 아크릴 막이 있었어요. 원래 아크릴 막이 두껍고 튼튼해서 잘 구겨지지는 않잖아요? 그래서 나는 의자와 아크릴 막 사이에 있는 조그만 공간으로 간신히 들어가서 의자에 앉았어요.

질문 11   꿈사람이 아기를 안고 뒷좌석에 앉아 있고 두 명의 여자도 뒷좌석에 같이 앉아 있으니 모두 세 명이 앉아 있는 거네요.

꿈사람   그렇죠.

질문 12   자동차가 119나 앰뷸런스 차가 아니고 그냥 일반 자동차인가요?

꿈사람   네, 운동장 한쪽에 자동차가 있었어요. 지금 생각해 보면 저희 자동차 같기는 한데 하여튼 자가용이 있었어요.

질문 13   살펴보니 아기가 살아 있다고 하셨는데, 아기가 눈을 뜨고 있거나 살아 있다는 것을 알 수 있는 어떤 행동의 신호를 보셨나요? 아니면 눈을 감고 가만히 있었는데 살아 있다고 생각한 건가요?

꿈사람   눈을 감고 가만히 있었는데 제가 가까이 가서 살펴보니 숨을 쉬고 있었어요.

질문 14   산모는 차에 같이 안 탔나요?

꿈사람   네, 안 탔어요. 두 명의 여자가 같이 탔는데, 그게 산모라는 인식은 없었어요.

질문 15   병원에 도착하니까 의사가 같이 차에 탔던 여자에게 전화를 했다는 것이죠?

꿈사람   네.

질문 16   여자가 의사에게 전화를 한 것이 아니고 의사가 여자에게 전화를 했다는 거죠?

꿈사람   네, 의사가 여자에게 전화를 해서 상태를 묻길래 내가 꿈속에서 이렇게 생각했어요. '아니, 의사가 와서 환자를 진료하고 만나야지~ 왜 전화로 왜 왔냐고 물어봐?' 속으로 그렇게 생각했어요.

질문 17 그래서 전화를 넘겨받아 아기 상태를 설명할 때는 정확하게 설명을 했나요? 설명을 하고 마음이 시원하셨어요?

꿈사람 네, 내가 지금 아기가 이러이러해서~ 관이 하나로만 연결되어 있어서 위급한 상황이다. 관이 3개는 끊어져 있고 아기가 생명이 위급해서 병원에 왔다고 설명한 것 같아요. 내가 설명하고 있었어요.

질문 18 설명하고 잠이 깬 건가요?

꿈사람 네, 설명하면서 잠이 깬 것 같아요.

질문 19 아기가 팔다리가 길다고 하셨는데 얼마큼 길었을까요?

꿈사람 음~ 보통은 갓난아기니까 팔 품속에 안겨질 텐데 그 범위를 넘어갔어요. 지금 생각해 보면 키가 3~4세 정도의 크기……. 그 아기를 싸는 포대기로 폭 싸이는 게 아니라 포대기 밖으로 팔다리가 나올 정도로 길고 날씬했어요.

질문 20 앞 좌석에는 누가 타고 있었어요?

꿈사람 기억이 안 나요. 안 보였어요.

질문 21 앞 좌석은 비어 있었나요?

꿈사람 음~ 병휘에게 자동차 시동을 걸어 두라고 했으니까 지금 생각하면 병휘가 운전을 했을 것 같아요.

질문 22 운전석 옆자리는 비어 있었어요? 빈 자리로?

꿈사람 그렇죠. 지금 생각하면 비어 있었던 것 같아요. 그렇게 생각이 되네요.

질문 23 지금 제가 다시 한번 꿈 그림을 확인하고 싶어요. 아기가 목은 있고 노란 튜브관이 얼굴과 몸을 이어 주는 관이라고 생각했는데……. 아예 목 자체가 없다는 거죠? 목이 있고 관으로 연결되어 있는 것과 목이 없이 관으로만 연결되어 있는 것은 다른 거잖아요?

꿈사람 네, 맞아요. 목이 없었고 얼굴 두상과 몸을 이어 주는 관밖에 없었어요. 그래서 내가 아기를 잘못 들다가 그 하나의 연결된 관이 떨어져 나갈까 봐 아기를 굉장히 조심스럽게 안았어요. 관이 몸에서 떨어지지 않도록 잘 받쳐서 갔어요.

질문 24　아기가 엄마 뱃속에서 나올 때 주변에 소리치며 도움을 요청했다고 했는데 아무도 안 왔나요?

꿈사람　아니요. 왔어요. 제가 인식하지 못했지만 주변에 사람들이 몰려들었던 것 같아요. 그래서 그중에 있던 여자 두 명이 저랑 같이 차를 탄 거예요. 그 두 여자는 아기가 태어나는 그 장소에 저랑 같이 있었던 것 같아요. 그러니까 저를 도와주려고 저랑 같이 차를 탔던 것 같아요.

질문 25　옆에서 그 사람들이 포대기도 주고 팔다리를 감쌀 담요랑 무릎담요도 주고 ……. 그랬나요?

꿈사람　네, 근데 내가 우리 아기 출산 때 사용했던 파란 이불은 눈에 보이기는 했으나 '저건 너무 두껍다'라는 생각에 제가 받지 않았던 것 같고 다른 것들은 옆에서 다 준거죠. 누군가가 준 거예요.

질문 26　미영이가 만삭이었는데 꿈사람이 임신했냐고 물어볼 때까지는 산통이 없었나 봐요. 그때까지는 멀쩡했나요?

꿈사람　네, 그때 내가 "임신했니?" 하고 물으니까 미영이가 자기 치마를 들춰 올렸는데 그때 벌써 아이 머리가 나왔던 거죠.

질문 27　그럼 서 있는 자세로 아기가 밑으로 나온 건가요?

꿈사람　네, 서 있는 자세로 아기가 나온 거예요.

질문 28　음~ 놀라셨겠다.

꿈사람　네. 너무 놀라서 주위에 도움을 요청한 거죠.

질문 29　그때까지 미영이 산모는 소리도 안 지르고 산통도 없으신 거네요.

꿈사람　네, 전혀~

질문 30　아이를 낳고 산모도 함께 차를 탔나요? 차를 타고 가면서 산모가 건강한지 산모의 상태가 어떤지 산모를 쳐다보지 않았나요?

꿈사람　네, 눈에 전혀 안 들어왔어요. 그냥 이 아기가 죽을까 봐 아기에게 집중하느라고 산모는 제 눈에 안 들어왔어요.

개인정보 질문과 대답

리더　이제는 꿈사람의 개인정보를 알기 위해 질문하는 시간입니다. 꿈사람의 사적인 경험, 성격, 건강, 인간관계, 가족관계, 당면한 문제 등 무엇이나 물어볼 수 있습니다. 무엇이든 물어볼 수 있지만, 그 질문에 대답을 하거나 안 하는 것은 꿈사람의 선택입니다. 꿈사람의 선택을 존중해 주시기 바랍니다.

질문 1　미영이는 동생이라 하셨는데, 꿈사람한테 미영이는 어떤 동생일까요? 어떤 생각이나 마음을 투사하는 대상일까요?

꿈사람　막내 여동생이고 결혼 전까지 같이 지내다가 시집 보낸 동생이에요. 같은 교회에서 생활하고 있고 헌신적이고 사랑이 많고 오지랖이 넓다고 말할 만큼 주변을 잘 챙기는 동생이에요. 믿음도 있고 사랑도 많고 헌금도 열심히 하는 동생이에요.

질문 2　병휘는요?

꿈사람　시댁 조카이고 지금 37세 남자인데, 어릴 때 같이 신앙생활을 했어요. 지금은 신앙생활은 잘 하지 않고 운전하는 것을 좋아해요. 어려서는 가수가 꿈인 아이였어요. 찬양도 잘했어요. 요즘에는 신앙생활을 안 해서 제가 좀 아쉬워하고 있죠.

질문 3　지금도 병휘하고 관계는 좋으세요?

꿈사람　어~ 걔가 절 좋아하지는……. 서로 자주 연락하지는 않지만 만나면 서로 싫어하지는 않아요.

질문 4　이 꿈을 꾸기 전후에 일상생활 중에서 특별한 에피소드나 기억나는 일들이 있으신지요?

꿈사람　이 꿈을 꾸기 한 주 전에 교회에서 저의 전도사 수취식이 있었고, 이 꿈을 꾼 다음에 교회에서 아동부 교사들의 힘든 부분을 돕기 위해 제가 투입되어서 보조교사로 가기로 한 일이 있었어요. 그런 일들을 앞두고 찾아온 꿈이에요.

꿈 잉태하기

리더 자~ 더 이상 질문이 없으시면 꿈을 품어 볼까요? 이 시간은 꿈사람의 꿈을 내 꿈으로 잉태하는 시간입니다. 꿈사람은 다시 한번 꿈 내용을 천천히 말해 주시거나 읽어 주세요. 우리는 눈을 감고 꿈 내용을 상상하며 꿈사람의 꿈을 나의 꿈으로 잉태하는 시간을 갖겠습니다.

꿈사람이 자신의 꿈 기록 내용을 천천히 읽는다. 집단원들은 눈을 감은 채 꿈사람이 읽는 소리를 들으며 꿈사람의 꿈을 자신의 꿈으로 품는다.

참고

이런 꿈 잉태하기의 순서를 항상 가져야 하는 것은 아니다. 꿈 내용이 복잡하거나 길지 않아서 한 번 듣고 잘 이해할 수 있는 경우, 그리고 앞에서 꿈 명료화를 위한 질문 시간에 꿈사람의 말을 들으면서 꿈 내용을 충분히 파악했을 경우에는 이 순서를 생략할 수 있다.

집단투사하기

리더 집단투사 시간입니다. 투사를 시작하기 전에 꿈사람은 줌(Zoom)에서 자신의 화면을 끄고, 말소리만 들을 수 있도록 소리 기능은 열어 두시기 바랍니다. (대면으로 꿈작업을 할 경우에는 꿈사람이 원형으로 둘러앉아 있는 집단원들의 모임으로 부터 한 걸음 뒤로 물러나 앉도록 한다.)

이제 투사를 시작합니다. 꿈사람은 여기에 없습니다. 무엇이든 '아하'로 접촉된 것을 자유롭게 투사하면 됩니다. 앞서 우리는 꿈사람의 꿈과 개인정보에 대해서 많은 질문을 했는데, 그것은 어떤 의미에서 '아하'와 접촉되는 것이 있었기 때문에 질문이 가능했다고 볼 수 있습니다. 한 가지 기억해야 할 것이 있지요. 처음 말을 시작할 때에는 "이 꿈이 내 꿈이라면~"이라고 말하는 것을 잊지 마시기 바랍니다.

투사 1 이 꿈이 내 꿈이라면, 나는 우선 내가 새로 맡은 사역들에 대한 자신감보다는 부담감이 느껴져요. 마음·밑바닥에 부담감이 깔려 있어요. 꿈속의 미영이는 나의 또 다른 모습인데, 미영이가 잉태하고 있는 아기는 내가 사역자로서 앞으로 교회에서 맡아야 할 역할이나 임무 같아요. 미영이는 지금 만삭이지만 아직까지는 아기가 태어날 시기가 아니고 출산까지는 좀 더 시간이 필요한데……. 그런데 아기는 벌써 나와 버렸고 그것도 온전치 않은 모습으로……. 장소도 그냥 운동장이에요. 즉, 나는 아직 사역자로서 준비가 더 필요하다고 생각되는데, 현실은 내가 준비되지 않은 상태에서 역할이 주어진 거죠. 그것이 부담스럽고 염려와 걱정이 됩니다.

태어난 아기가 온전하지 못하고 나는 그 아기가 잘못될까 봐……. 힘들게 병원까지 갔는데 의사는 직접 찾아오지도 않고 전화로 그것도 다른 사람에게 말을 하고 있어요. 여기에 '아하'가 있어요. 나는 나 자신의 내면과 소통하는 데 문제가 있어요. 나는 나의 무의식이 나에게 말하는 것을 듣지 않고 살았어요. 나는 꿈작업을 하면서 그런 문제가 있다는 것을 알게 되었어요. 하지만 꿈에서 나는 전화기를 건네받아서 의사에게 지금의 상황을 설명합니다. 즉, 나는 그렇게 다급한 상황에서도 내가 할 수 있는 최선을 다한 거예요. 그런 나 자신의 모습을 보면서 스스로에게 격려와 용기를 주고 싶어요. "너 지금 잘하고 있는 거야. 교회에서 전도사 직책을 받자마자 곧바로 아동부 보조교사로 투입된 것이 부담스럽기는 하지만 너는 잘할 수 있을 거야. 네가 할 수 있는 만큼 최선을 다하면 돼." 이 꿈이 내 꿈이라면, 나는 나 자신에게 용기와 격려를 해 주고 싶어요.

투사 2 이 꿈이 내 꿈이라면, 불안과 염려라는 것에 '아하'가 있어요. 이 꿈에서 미영이는 또 다른 나인데, 나도 모르는 사이에 임신이 되어서 만삭이 되었는데도 정작 나는 그 사실을 모르고 있었어요. 또한 출산한 후의 아이의 모습 때문에 나는 극도로 불안과 두려움을 느끼고 있어요. 이 불안과 두려움은 내 무의식 속에 있는 것 같아요. 내가 임신했다는 사실을 어떻게 모를 수가 있을까? 그 사실을 모르고 있었다는 그 엇박자가 뭐지? 모른다는 것이 불안의 근원인 것 같아요. 이 질문에 대해서는 좀 더 품어 보고 싶어요.

이 꿈이 내 꿈이라면, 아기는 나에게 주어진 새로운 프로젝트일 수 있어요. 아기는 교회에서 새롭게 주어진 사역과 임무라는 앞사람의 투사에 '아하'가 있었어요. 그 사역이 아기의 출산처럼, 잉태되고 태어났으면 정말 감사하고 축하할 일인데, 나는 오히려 감사가 아니라 불안과 두려움을 느끼고 있어요. 아기, 곧 사역을 대하는 나의 태도에 미흡함이 있다고 해야 되나……. 그래서 나는 지금 목이 없고 머리와 몸이 분리되어 있는 것 같아요. 머리는 내 삶의 주체인데, 그 주체가 몸과 떨어져 있어요. 여기에 불안의 원인이 있는 것 같아요. 이 꿈을 좀 더 마음에 품고 생각해 보고 싶어요.

투사 3 나도 앞 사람의 투사에 '아하'가 있어요. 이 꿈이 내 꿈이라면, 새로운 일을 시작하면서 나의 자세에 대한 용기를 주는 것 같기도 하고, 아니면 불안함을 나 스스로 알게 되도록 꿈이 알려 주는 것 같아요. 그런데 이 꿈이 내 꿈이라면, 이 꿈이 나에게 주는 메시지는 그렇게 불안하고 두려워할 이유가 없다는 거예요. 사실 내가 지금 새로운 사역으로 받는 스트레스는 그렇게 불안을 느낄 문제가 아니라는 것이지요. 즉, 내가 의식에서는 불안을 느끼고 있지만 무의식 수준에서는 그럴 필요가 없다고 말하고 있는 것이죠. 아기를 임신해서 만삭이 되고 출산을 하기까지 아기를 가지고 있었다면, 그리고 전화기를 건네받아서 의사와 소통을 할 수 있었다면, 그것은 내가 가지고 있는 나의 능력인 거죠. 이제 나는 너무 불안해하고 걱정할 필요가 없다는 생각이 들어요.

투사 4 나는 산모에 대한 '아하'가 있어요. 이 꿈이 내 꿈이라면, 오랜 시간 동안 아기를 잉태하고, 품었고, 낳았는데, 정작 주위에 있는 사람들은 아기에게만 신경을 쓰고 산모에 대한 관심과 돌봄이 없어요. 아기를 낳은 산모도 분명 돌봄이 필요한데, 아무런 후속 조치가 없거든요. 꿈속에 미영이는 아기만 낳고 사라지는 느낌인데~ 미영이가 어떤 인물인가요? 사랑스럽고 믿음도 있고 다른 사람들을 너무나 잘 돕는 오지랖이 넓은 사람이잖아요. 이 꿈이 내 꿈이라면, 미영이는 바로 나 자신이에요. 그런데 내가 나 자신을 돌보지 않는 거예요. 나 자신에게 관심이 없고 나를 방치하는 거예요. 갑자기 내 자신에 대한 슬픔과 연민이 느껴지네요. 이 꿈이 내 꿈이라면, 이제는 나 자신에 대한 돌봄이 있어야 하지 않을까 하는 마음이 듭니다.

투사 5 이 꿈이 내 꿈이라면, 나는 내 안에 큰 당혹감과 절박함이 느껴져요. 아기의 목에 남아 있는 한 줄의 튜브, 이미 세 줄은 끊어졌고 지금 이 한 줄을 연결하지 못하면 아기의 생명이 위험하다는 절박함이 나에게 다가오네요. 그래서 차 안에 들어가기가 쉽지 않은데, 아크릴 막 사이 비좁은 공간으로 아기를 안고 타고 있어요. 차 안의 아크릴 막은 내가 처한 현실의 삶이 녹록하지 않음이 투사된 것 같아요.

또한 이 꿈이 내 꿈이라면, 내가 현실에 너무 집착하면서 매달리고 있는 것은 아닐까, 그것은 무엇일까를 생각해 보게 됩니다. 그리고 나는 준비되지 아니한 부족함과 미흡함이 많다는 것이 보여요. 아기를 출산하는 장소도 실내가 아니고 운동장이며, 아기가 태어날 때 탯줄을 자르는 도구도 없고, 태어난 아기는 온전하지 않고……. 이런 부족함은 내가 앞으로 보완해야 할 것들이라고 느껴요. 이처럼 나의 취약점과 보완해야 할 것들에 대해 생각해 보게 하는 꿈이라는 생각이 들어요. 그래서 오히려 반갑게 느껴집니다.

한편, 나는 아이의 머리와 몸을 잇는 한 개의 줄을 살리기 위해 병원으로 가는데, 나 혼자만이 아니라 다른 사람들이 함께 가고 있다는 것에 '아하'가 있어요. 나를 돕는 병휘, 옆자리에 앉은 두 여인 그리고 의사까지 나를 도와주고 있는데, 이 사람들은 내 안에 내가 가지고 있는 나의 자원이라는 생각이 들어요. 그래서 용기와 힘을 얻고 있어요.

투사 6 이 꿈이 내 꿈이라면, 나는 꿈에서 머리와 몸을 연결하고 있는 것이 고무 튜브라는 것에 '아하'가 있어요. 그것은 인공적이고 인위적인 것이지요. 이전에 나의 꿈으로 꿈작업을 할 때, 내가 목이 없는 꿈을 꾸었다고 말한 적이 있는데, 그 꿈에 대해서 어떤 분이 투사했던 것이 기억납니다. 그때 스스로 통제할 수 없는 무력감과 불안이 느껴진다는 투사에 '아하'가 있었어요. 이 꿈이 내 꿈이라면, 내가 목회자 또는 사역자로 어떤 삶을 살고자 하는 비전은 있는데, 그 비전을 감당하는 것에 대한 불안과 염려가 내 안에 있다는 생각이 들어요.

지금 나는 내가 그런 비전을 품고 있는 것이 왜 이렇게 불안하게 느껴지는 것일까 생각하고 있어요. '아하'가 있는데, 그 이유는 나의 머리가 갖고 있는 기준치가 너무 높기 때문인 것 같아요. 나는 스스로 완벽한 사역자가 되어야 한다는 생각을 가지고 있어요. 그런데 나의 마음 한쪽에서는 내가 그 기준치에 미달된다는 생각이 있어요. 나 자신에 대한 자기 신뢰가 없는 것이지요. 이렇게 서로 다른 두 마음이 충돌하고 있어요. 그래서 불안한 것 같아요. 이 꿈이 내 꿈이라면, 내가 나한테 하고 싶은 말이 있어요. 태어난 아이가 만삭인 상태로 태어날 정도라면 산모인 나와 아기에 대해 그렇게 염려할 필요가 없다는 것이에요. 그것은 정상적인 출산을 한 것이잖아요. 과도한 불안감에 대해 내려놓을 필요가 있다고 말해 주고 싶어요.

이런 '아하'도 있어요. 머리는 사고하는 영역이고 몸은 살아가야 하는 행동과 생활의 영역인데, 머리에서 발생하는 자기 기대치가 너무 높으면 몸이 그만큼 힘들 것 같아요. 그런데 머리와 몸이 인위적인 고무 튜브 줄로 연결되어 있다는 것에 '아하'가 있어요. 그것은 몸이 머리의 기준치에 맞게 행동하도록 몸에 강압적으로 요구하는 것처럼 보여요. 세 개의 튜브 줄이 끊어진 것은 머리가 몸에 요구하는 것이 너무 힘들기 때문이에요. 그것이 불안의 원인인 것 같아요. 이런 인위적인 고무 튜브 줄이 없어지면, 즉 머리의 기준치를 몸에 요구하지 않으면, 사라졌던 목이 사연스럽게 생거닐 것 같아요. 온전한 생명과 삶이 살아나는 것이죠. 이 꿈이 내 꿈이라면, 내가 그렇게 불안하고 두려워하는 것은 내 안의 높은 기준 때문이 아닐까 하는 생각이 들어요. 그런 관점에서 나의 생각과 태도와 자신에 대한 자기 신뢰를 반추해 보게 됩니다.

투사 7 이 꿈이 내 꿈이라면, 나는 과거에 미영이처럼 오지랖 넓게 살았던 나의 모습을 한번 생각해 보고 싶어요. 또한 출산할 때 어떻게 고통 없이 아이 머리가 나왔을까 하는 의문을 가져보게 됩니다. 보통 아기를 출산할 때 산도를 지나 아기 머리가 나올 때 가장 고통스럽고 통증을 많이 느낀다고 하는데,

이 꿈에서는 산모에게 전혀 통증 없이 아기 머리가 나와 버렸거든요. 그래서 생각해 보게 됩니다. 내가 살면서 고통이나 진통 없이 쉽게 거두고 성취한 열매들이 있었는가? 그게 좋은 줄로 알았는데~ 그렇게 생각하며 살았는데~ 그것은 오히려 목이 없는 장애 상태가 아니었나 하고 묵상하게 됩니다. 고통 없는 성취는 진정한 성취가 아니라는 깨달음이 있습니다.

투사 8   이 꿈이 내 꿈이라면, 목은 우리의 신체 중 굉장히 중요한 곳인데, 목이 없다는 것에 주목하고 싶어요. '목이 날아간다', '처단한다'라는 단어가 떠올라요. 목은 중추신경과 척수가 지나가고, 혈관과 경동맥이 지나가는 신체 부위인데, 그 연결 부위 4개 중 3개가 끊어졌다고 생각하면 뇌성마비가 될 수도 있을 거예요. 태어난 그 아이가 이런 상태로 살아가야 한다면 불행한 삶을 살 것 같아 마음이 너무 안타까워요.

근데 이 꿈이 나의 꿈이니까 혹시 현재 나의 삶 속에서 어떤 것들이 끊어지고 단절되고 소통 없이 잘려져 있는지를 한번 살펴보아야 할 것 같아요. 나에게 무엇인가를 경고해 주는 꿈 같아요. 겨우 간당간당 숨만 붙어 있는 나의 모습을 직시해야 할 것 같고 그것이 무엇인지 고민해 봐야 할 것 같아요. 그럼에도 다행인 것은 나에게 병휘와 같은 아니무스, 곧 남성성의 건강한 자원이 있어서 내 문제를 해결할 수 있도록 도와주고 있다는 거예요. 이 사실에 안도가 됩니다. 또 하나 추가하고 싶은 것이 있어요. 이 꿈이 내 꿈이라면, 비록 나에게는 아픔과 고통이 있지만 치료받을 수 있는 의사가 있다는 것입니다. 희망이 있어요.

투사 9   이 꿈이 내 꿈이라면, 나는 개인무의식과 집단무의식을 나누어 생각해 보았어요. 개인무의식 차원에서 본다면, 미영이가 출산한 아기는 실제 나의 아들입니다. 나는 아들에 대한 기대도 있지만 염려가 더 많아요. 나는 내 아들이 생각하고 행동하는 것을 믿어 주기보다는 불신과 걱정이 더 많아요. 그 점이 목이 없는 하나의 튜브로 연결된 아기의 모습이 아닐까 생각해요. 집단무의식의 층에서 생각해 볼 때, 생명의 탄생, 즉 아기의 탄생은 언제나 신비로운 영역입니다. 그러나 그 신비 속에는 기쁨과 평화만 있지 않아요. 신화를 통해서도 알 수 있듯이 아기의 탄생, 즉 세상을 구원할 아기의 탄생과 그 운명 속에는 평화로운 축복만 있는 게 아니고 남들이 겪지 않아도 되는 힘든 고난과 역경이 함께 있지요. 하지만 아기는 그 어떤 어려움 속에서도 굳건히 자라죠.

꿈속의 모든 심상이 내 안에 있는 것이라는 차원에서 나 스스로 방금 태어난 아기가 되어 보니 온 세상이 깜깜합니다. 나는 지금 정상이 아니에요. 목도 없고 머리와 몸이 단지 한 개의 튜브만으로 연결되어 있어서 그야말로 언제 죽어도 이상하지 않은 상태입니다. 엄마가 누구인지, 아빠가 누구인지, 그 누구도 축복해 주지 않고 환영해 주지도 않아요. 나는 그렇게 버림받은 아이 같은 느낌이 들었는데……. 그런데 이런 나를 포기하지 않는 손길들이 있다는 것을 알아차리게 됩니다. 누군가 내가 숨쉬고 있는가를 확인하고 나를 포대기에 싸고 한 개만 남은 튜브가 끊어질까 노심초사하며 병원으로 데려가서 의사 선생님께 내 상태를 보고합니다. 나는 그런 손길들을 느끼며 나도 모르는 사이에 나의 존재에 대해 특별한 희망을 갖게 됩니다. 생명은 위대한 것이라는 생각과 함께 누구든 이 세상에 태어날 때는 그만의 독특한 삶이 있듯이 나도 나만의 특별한 소명이 있을 거라는 생각을 하게 됩니다. 그리고 그 삶을 위해 도우시는 손길이 있다는 것을 느낍니다. 그런 생각이 드니까 마음이 울컥해지면서 가슴 밑바닥에서부터 감사한 마음이 올라옵니다. 그동안 내가 느끼지 못한 모든 순간에 내가 여기까지 올 수 있도록 도움을 준 많은 손길이 있었구나 하는 생각이 듭니다. 이 꿈은 그런 나를 나시 만나고 또 내가 도움을 받았던 모든 손길과 그 순간들에 대해서 감사하는 마음을 가지도록 인도하는 것 같아요.

투사 10　저도 방금 투사를 들으면서 같은 '아하'가 있었어요. 이 꿈이 내 꿈이라면, 나도 내가 방금 태어난 아기가 되어 보았어요. 나는 태어날 때 진통도 없이 머리가 먼저 나왔다고 모두 생각하는데, 나는 신통을 겪었거든요. 머리는 나의 이상인데, 나는 사역자로 가는 길을 늘 생각하며 믿음 안에서 올바르게 정도의 길을 걸으며 참된 사역자로서 살아갈 거라고 생각했어요. 그것이 저의 마지막 사명이고 또 이상이었거든요. 그런데 실제로 사역 현장에 가 보니 현실이 그렇게 녹록하지 않다는 것을 알게 되었어요. 그것이 꿈에서 아기의 머리와 몸이 떨어져 있는 상태와 같다고 느껴져요. 내가 생각하는 이상과 현실의 차이처럼요.

그렇지만 결국은 그 아기를 위해 누군가는 포대기를 가져오고, 누군가는 감싸주고, 누군가는 차를 대기시키고 운전하고, 병원까지 가면서 결국에는 의사를 만나도록 도와주고~ 이제 아기의 목과 몸이 정상으로 되돌아갈 거라는 기대가 들어요. 나의 사역도 이상과 현실의 벽을 넘어 조화롭게 아름다운 열매를 맺을 수 있다는 희망을 주는 꿈이라고 생각됩니다.

투사 11 이 꿈이 내 꿈이라면, 나는 미영이에게 마음이 많이 가요. 내가 미영이 같거든요. 그 아기를 임신하고 아이가 그렇게 크기까지 또 출산하기까지 굉장히 어렵고 힘든 일들이 많이 있었을 텐데, 그런 것들을 표현하지 않고 아이를 출산했어요. 그런데 아이는 비정상이에요. 이 비정상적인 아이는 바로 나 자신, 또는 나의 자녀가 아닐까라고 생각이 되면서 나는 지금 불안이 커요. 자녀들에 대한 불안입니다.

그런데 내 꿈에서 내가 못하는 일을 주위에 있는 언니와 조카와 다른 친구들과 의사가 함께 도와주네요. 그동안 나는 나 혼자 자녀를 키워야만 한다고 생각했기에 부담스럽고 때로는 그 짐이 무겁다고 느꼈어요. 그리고 나는 꿈 속의 미영이와 아기처럼 아파도 아프다는 소리도 못 내고 죽은 것처럼 숨만 쉬며 살았는데, 실상 내 주위에는 나를 도와주는 사람들이 많다는 것을 깨달았어요.

또 하나의 '아하'가 있어요. 이 꿈이 내 꿈이라면, 꿈에 나오는 모든 상징심상, 곧 언니, 조카, 두 명의 여자, 그리고 의사가 내 안에 있는 나의 인격적인 자원이라는데 '아하'가 있어요. 그 모든 사람은 내가 가지고 있는 나의 자원이기 때문에 내 안에는 모든 시련과 어려움을 이겨 낼 만한 힘이 있다는 생각이 들어요. 힘이 납니다. 그래서 이 꿈은 고민과 불안보다 어려움을 이겨 낼 수 있다는 희망을 주는 꿈으로 내 속에서 피어오릅니다.

투사 12 이 꿈이 내 꿈이라면, 이 꿈은 내가 모르고 있는 내면의 어떤 영역을 깨우쳐 주려고 그렇게 쇼킹하고 놀랍고 기절할 만큼의 과장된 상징심상으로 나의 의식을 사로잡고 있는 것 같아요. 나에게 실제로 그런 경험이 있었어요. 이 꿈이 내 꿈이라면, 나의 의식이 자꾸만 머무르는 부분이 있어요. 나는 머리도 있고 몸도 있어요. 나의 머리는 정상이에요. 그런데 머리와 몸을 연결하고 있는 것이 본래 자연상태의 목이 아니라 고무 튜브로 되어 있는 인위적인 도구예요. 인위적이고 인공적인 도구라는 것에 주목하게 됩니다. 계속되는 질문이 있어요. 나의 머리와 몸이 왜 이렇게 인위적인 도구로 연결되어 있을까? 이 질문에 대한 '아하'가 있어요. 이것은 내가 목회 사역자인 남편과 살면서 느낀 겁니다. 내 경험으로 보면, 모든 것을 머리로 가서 머리에 따라 머리로 하는 것은 아주 쉬운 것 같아요. 즉, 이성적이고 지적이며 학문적으로 생각하고 선택하고 처리하는 것은 쉬운 일이에요. 어려운 것은 머리가 아니라 몸으로 살아내는 것이지요. 몸으로 실천하는 삶은 머리의 사고보다 훨씬 어렵다는 것을 알았어요.

그런데 내가 깨달은 것이 있어요. 교회 또는 어떤 공동체의 인간관계 속에서 내가 행동했던 것은 진정한 의미에서 몸으로 산 게 아니라는 것을 알았어요. 왜냐하면 그것은 인위적이고 인공적이었거든요. 나의 머리는 다른 사람들의 시선과 평가를 의식하며 그렇게 행동해야 한다고 내 몸에게 명령한 것이죠. 그 결과 그때는 열심히 살았지만, 지금 생각해 보면 그것은 고무 튜브 같았어요. 나의 머리와 몸은 목이 아니라 인공적인 고무 튜브로 연결되어 있었던 것이지요. 그렇게 머리의 요구대로 내 몸이 움직이다 보니까, 즉 배운 지식에 따라 내 몸이 의무적으로 움직이며 살다 보니까 그나마 고무 튜브 세 개가 끊어지고 지금은 간신히 하나만 남아 있게 되었어요. 몸이 머리의 지시와 요구에 저항한 것이죠. 이 꿈은 이처럼 나에게 경각심을 주기 위해 찾아온 꿈이에요. 이 꿈속의 아기가 생생하게 살아 있게 하기 위해서는 깨달은 것이 있어요. 이제는 내 몸으로 자연스럽게 살아내고 또 내가 배운 것을 인위적이 아니라 자연스럽게 내 몸으로 흘러내리게 해서 머리와 몸이 연결되어 온몸이 정상적으로 움직이게 되어야 한다는 것입니다. 그래서 나는 다음 꿈을 기다려 보게 되네요. 어쩌면 다음 꿈에서 그렇게 될 수 있는 길을 만날 수 있지 않을까 기대가 됩니다.

이 꿈이 내 꿈이라면, 내가 아이들의 생명을 대하는 거나 내가 사역을 하는 것에 대해서 인위적인 고무끈에 매일 필요가 없을 것 같아요. 내가 갖고 있는 것, 지금 내가 봉사를 하든 뭘 하든, 그냥 한 생명으로 태어난 나로 온전히 존재하며 내가 가지고 있는 그것으로 일하면서 자연스럽게 나로 살아가는 것을 배우는 것이 중요한 것 같습니다. 생명을 귀하게 여길 수 있는 마음으로 나에게 주어진 새로운 사역을 머리만이 아니라 몸으로 살아 낼 수 있다면, 아이가 가지고 있던 본래의 목이 살아나고 목을 통해 머리와 몸이 연결되어 아기가 자기 힘으로 걸어갈 수 있을 겁니다. 이렇게 생각하니 비록 경각심을 주는 꿈이지만 꿈이 반갑고 감사하네요.

내가 머리로 신학을 공부하고 심리학을 배우고 하다가 뭔가 부족하고 연결이 안 된 것 같아서 그다음에 몸을 이해하려고 게슈탈트와 감각운동 심리치료를 배우러 다니고 그랬는데, 그 경험을 통해서 나는 머리와 몸이 따로 떨어져 있었다는 것을 알게 되었고, 그것이 연결되는 데 10년도 더 걸린 것 같아요. 그런데 이 꿈이 내 꿈이라면, 아직 풀리지 않은 하나의 숙제가 남아 있어요. 꿈에서 탄생한 아기가 왜 내 아이가 아니라 미영이의 아이로 태어났지 하는 거예요. 그러나 이런 숙제도 하나님 앞에서 제대로 살아보고자 하는 나에게 새로운 영역을 새로운 시각으로 볼 수 있게 알려 주는 것 같아서 감사합니다.

집단투사 꿈작업 끝내기

리더 혹시 더 투사하기를 원하는 사람이 있는지요? 지금까지의 투사와 다른 시각과 각도에서 투사하고 싶은 것이 있는지요? 특히 투사를 하고 싶었지만 기회가 없어서 투사를 못한 사람이 있다면 기회를 드리고 싶습니다.

투사 13　왜 미영이의 아이일까, 내 아이가 아닐까 하는 질문에 '아하'가 있어요. 이 꿈이 내 꿈이라면, 미영이는 내가 투사된 나의 모습입니다. 미영이는 내가 교회에서 쓰고 있는 나의 가면, 곧 교인 페르소나 같아요. 착하고 오지랖 넓게 남을 챙기고 봉사도 많이 하고 헌금도 많이 하는데, 정작 자신의 아기를 출산할 준비는 하지 않고 있죠. 남들이 보기에는 아주 괜찮은 모습인데, 그 너머에는 다른 모습이 있어요. 정작 돌보아야 할 자기 자신은 방치하고 있어요. 그런 나의 모습이 꿈에서 미영이로 투사된 것 같아요. 그런 연유로 미영이의 아기는 정작 내 아기인데, 나는 내 아기를 미영이 아기로 잘못 인지하고 있다고 느껴집니다.

리더　이제 집단투사 꿈작업을 끝내야 할 시간입니다. 집단투사 꿈작업은 시간이 되면 인위적으로 끝내야 합니다. 왜냐하면 '아하'와 투사는 무의식적인 연상 과정으로서 인위적으로 끝내지 않으면 계속될 수밖에 없기 때문입니다.

이제 꿈사람은 화면을 켜고 들어와 주실까요? (이번 꿈작업은 줌 화상으로 진행되었기 때문에 리더가 꿈사람에게 화면을 켜고 들어오도록 요청한다. 리더의 말에 따라 꿈사람이 화면을 켜고 들어 온다.)

꿈을 꿈사람에게 돌려주겠습니다. 두 손을 가슴에 얹었다가 꿈사람에게 펼쳐 보이면서 "꿈을 돌려드립니다."라고 말합니다. (모두 그렇게 말하며 꿈을 돌려준다.)

이제 꿈사람의 소감을 듣는 시간입니다. 꿈사람은 간략하게 자신의 소감을 말해 주시기 바랍니다. 집단원들의 투사를 들으면서 '아하'가 있었던 것이 있다면 그것을 간략히게 말해 수시기 바랍니다. 특별히 이 시간은 자신의 꿈을 가지고 집단원들이 다양하게 투사해 준 것에 대해 감사의 마음을 전하는 시간입니다.

꿈사람의 소감

꿈사람　이 꿈을 꾸고 도대체 무슨 내용인지를 몰라서 혼란스러웠습니다. 그런데 투사를 받으면서 나의 무의식이 꿈을 통해서 나의 상태를 다 말해 주고 있구나 하는 것을 또다시 느끼게 됩니다. 투사해 준 것처럼, 내가 머리로 알고 있는 나는 평신도로서 신앙생활을 잘하고 교회 활동을 마음껏 할 수 있는 나였는데, 사역에 대한 콜링을 받으면서 내가 사역을 감당하기에는 부족하다는 생각이 들었어요. 주님과의 교제도 부족하고 주님의 음성을 분별할 줄 아는 분별력도 부족하다는 것을 알게 되었어요. 앞서 개인정보 시간에 말할 기회가 없어서 말하지 못한 것이 있는데, 외부에서 나를 전도사로 와 달라고 요청한 교회가 있었어요. 그 교회는 알코올 중독자들과 노숙자들을 돌보는 사역을 하고 있는데, 한두 분의 정상적인 교인들을 제외하고 나면 모두 병자 같은 그런 분들인 거예요. 그런데 과연 내가 가서 그런 사역을 감당할 수 있을까, 이런 것 때문에 마음이 몹시 무겁고 자신도 없고 그랬는데……. 앞에서 말한 것처럼, 지금 다니고 있는 교회에서 또 사역을 맡게 된 거예요. 교회 아동부가 분열되고 청년들이 교사를 안 하겠다는 사태까지 벌어져서 나한테 아동부에 가서 어떻게 좀 잘해 보라고 나를 보낸 거예요. 하지만 나는 내가 뭐라고, 내가 가서 뭘 할 수 있을까, 왜 나를 그곳으로 보내지, 내가 가서 뭘 하지……. 이런 심적인 부담감이 있었어요.

나는 곧 사역지로 가야 하는데, 정말 머리로 아는 것과 몸으로 살아지는 것에 대한 괴리감이라고 해야 하나? 마음이 혼란스러웠는데, 투사를 받으면서 생각해 보니까 그 혼란이 머리와 몸의 차이에서 비롯되었던 것 같아요. 그리고 투사를 들으면서 눈물이 났어요. 어느 생명이든 태어나면 그 생명을 향한 하나님의 계획이 있기 때문에 잘 살아낼 것이라는 투사에 눈물이 났어요. 용기를 얻었어요. 또 다른 투사에서 내가 가지고 있는 그것으로 나의 모습 그대로 살아가야 한다는 말이 내 마음에 접촉되었어요. '그래, 내가 어디를 가든지 내가 나로서 산다면 그곳에서 하나님이 하실 일이 있을 거야. 뭐 내가 나 혼자 일하나?' 그런 생각이 들면서 위로도 받고 용기와 힘도 얻었습니다. 감사합니다. 그냥 주님이 저에게 주신 원래의 마음 가지고 어디로 가서 무엇을 하든지 그냥 잘살아 보려고 합니다.

리더 우리 모두 꿈사람에게 감사의 박수를 보낼까요? 꿈사람이 자신의 꿈을 우리에게 나눠 주었기 때문에 우리에게 '아하'와 함께 자기발견과 성찰이 가능했지요. 그것은 꿈사람이 우리에게 준 선물입니다. (모든 집단원이 꿈사람에게 박수를 보낸다.)

사례 2-대면 집단투사 꿈작업 과정

마음 모으기

리더　꿈작업을 시작하기 전에 마음을 모으는 시간을 가지려고 합니다. 마음을 비움으로써 꿈작업을 할 수 있는 내면의 공간을 만드는 시간입니다. 우리는 하나로 연결되어 있습니다. 양손을 내밀어 옆 사람과 손을 잡아 보겠습니다. 왼손과 오른손의 손바닥과 손등이 서로 교차되도록 손을 잡습니다. 상대방의 손에서 전달되는 촉감을 느껴 봅니다. 잠시 눈을 감고 침묵하면서 호흡에 집중합니다. 숨을 들이쉬고 내쉬고~ 서너 번 반복합니다.

여기는 꿈이 펼쳐지고 꿈이 살아 있는 꿈의 공동체, 우리는 꿈의 세계에서 하나로 연결되어 있다는 것을 알아차립니다. (이하 앞 사례의 내용과 동일함.)

꿈사람 정하기

리더　오늘은 누구의 꿈을 다룰 수 있을까요? 혹시 자신의 꿈을 내놓고 싶은 사람이 있는지요? 자원하는 사람에게 기회를 드리고 싶은데, 괜찮을까요?

집단원들　네~. (그때 한 집단원이 자원했다.)

꿈 이야기 나누기(꿈 제목: 하수구에서 건져 올린 맹인과 그랜드 피아노의 선율)

리더　오늘은 꿈사람이 자원해 주셨습니다. 감사합니다. 먼저 꿈의 제목은 무엇인지요?

꿈사람 '하수구에서 건져 올린 맹인과 그랜드 피아노의 선율'이에요.

리더 흥미로운 제목입니다. 그럼 이제, 꿈사람의 꿈 이야기를 듣겠습니다. 꿈사람은 자신의 꿈을 말하고 우리는 꿈 이야기를 들으면서 그 꿈을 내 꿈으로 품겠습니다. 꿈사람은 꿈 이야기를 시작해 주실까요?

꿈사람 꿈에서 나는 길을 걸어가고 있는데, 하수구처럼 보이는 곳에 여러 사람이 빠져 있는 것이 보인다. 나는 그곳으로 가까이 다가간다. 가까이 가 보니까 좁은 하수구 통로에 눈먼 남자 맹인과 피아노가 함께 빠져 있었고, 사람들이 피아노와 눈먼 남자를 건져 내고 있다. 모두 힘을 합쳐 눈먼 남자와 피아노를 건져 낸다. 건져 낸 피아노는 그랜드 피아노이다.

눈먼 남자의 아내도 그 자리에 함께 있는데, 아내는 자신의 남편이 그 하수구에 빠진 이유(원인)를 알고 있는 듯하다. 그때 눈먼 남자의 아내는 남편의 장애를 치료할 수 있다고 생각되는 어떤 여자 전문가에게 남편을 돕고 지도해 줄 것을 부탁하며 의뢰한다. 그러나 그 전문가는 자신이 아니면 아무도 남편의 문제를 해결해 줄 수 없을 거라는 태도를 보이면서 거만한 모습으로 그 자리를 떠나 버린다. 아내의 다급하고 안타까운 마음이 느껴진다.

나는 눈먼 남자에게 다가가 그 남자의 손을 피아노 위에 올려 준다. 그러자 눈먼 남자는 몇 마디(8마디 정도)의 멜로디를 연주하고 나는 그 가락에 맞추어 바닥을 두드리며 장단을 맞춘다. 주위에 있는 사람들이 관심을 보이기 시작한다. 그 순간 눈먼 남자의 얼굴이 환해지며 기뻐하는 모습이 보인다. 보기에 아주 좋다. 나는 다시 그 눈먼 남자에게 표현하고 싶은 것을 선율로 표현해 보라고 말하자 그 남자는 조금 더 복잡한 선율의 멜로디를 연주한다. 이번에는 내가 소리를 내어 그 선율에 화음을 넣었는데, 주위에 있는 다른 사람들도 함께 노래를 하는 바람에 제법 그럴듯한 노래가 탄생하였다. 눈먼 남자는 처음보다 더 만족하고 기뻐한다. 나는 그 남자에게 뒤에서 화음을 넣는 사람들이 누군지 아느냐고 물어본다. 눈먼 남자는 환하게 웃으며 자기와 같은 아파트에 사는 주민들이라며 기뻐한다. 눈먼 남자의 아내도 거기에 함께 어울리며 기뻐하고 있다.

맹인이 세 번째 연주를 시작할 때 내가 제안하기를, 피아노뿐만 아니라 모든 사람이 그게 무엇이든, 자기가 할 수 있는 것을 임의대로 표현하도록 하자고 말한다. 나는 서로의 마음을 살피면서 서두르거나 조급함이 없이 연주를 하자고 주문하면서 잠에서 깼다.

꿈 명료화 질문과 대답

리더　꿈사람의 꿈 이야기를 들었는데, 이제 꿈의 내용을 더 잘 이해하기 위해 꿈을 명료화하는 질문을 하겠습니다. 이 시간에는 꿈에 대해서만 질문합니다. 개인의 사적인 경험이나 문제에 대한 질문은 하지 않습니다.

질문 1　꿈에서 길을 가고 있다고 했는데, 그 길이 어떤 길인가요? 길의 상태가 어떠했나요?

꿈사람　도로포장이 된 아스팔트 길은 아니지만 그냥 길이 넓고 바닥이 거의 흰색에 가깝게 잘 정리된 길이었어요. 차들이 다니고 있지는 않았지만 2차선 도로 정도로 넓었던 것 같아요.

질문 2　하수구 통로가 좁았다고 했는데 거기에 어떻게 그랜드 피아노가 빠져 있었을까요?

꿈사람　내가 기억하기로는 그냥 길옆으로 여러 명의 사람이 보여 있었고, 내가 나가서 보니까 이미 맹인과 그랜드 피아노기 하수구에 빠져 있었어요. 그리고 몇 명의 남자들이 맹인과 그랜드 피아노를 꺼내려고 그 속에 있었고요. 내 눈에는 빠져 있는 맹인과 피아노와 사람들만 보였고 하수구가 어떻게 생겼는지는 인식하지 못했어요.

질문 3　하수구에 빠진 사람이 맹인이라는 것을 어떻게 알아차렸나요?

꿈사람　눈에 까만 안경을 쓰고 있었어요. 하수구에 빠져 있을 때는 못 느꼈는데 하수구에서 건져 올린 뒤에 보니까 키도 크고 눈에 까만 안경을 쓰고 있어서 맹인이라고 생각했어요.

질문 4 맹인의 아내는 어디에 있었나요?

꿈사람 처음에는 맹인의 아내인 줄 몰랐어요. 맹인이 하수구에서 올라온 후 그 사람의 옆에 서 있는 것을 보고 아내라고 직감했어요.

질문 5 맹인의 아내가 여자 전문가에게 남편을 돕고 지도해 줄 것을 부탁했다고 했는데 그것이 무엇에 관한 것이었을까요?

꿈사람 그게 나도 이상한데~ 부탁은 하는데 그것이 무엇인지는 모르겠어요. 그냥 남편이 하수구에 빠진 것과 관련이 있는 것 같았어요. 꿈에서 내가 느낀 것은 단지 그런 정도였어요. 즉, 아내는 그 전문가가 자신의 남편을 지도해 주면 남편이 굉장히 도움을 많이 받을 것이라는 생각을 하고 있었던 것 같아요.

질문 6 여자 전문가는 처음부터 그 장소에 있었나요? 있었다면 어떤 모습이었나요?

꿈사람 눈먼 남자와 피아노가 하수구에서 올려진 뒤에 맹인의 아내가 보일 때 그 여자 전문가도 함께 보였어요. 맹인의 아내가 여자 전문가와 이야기하는 장면은 보지 못했어요. 여자 전문가가 자신이 아니면 맹인의 문제를 해결할 수 없을 거라는 태도를 보인 것은 그냥 내가 알아차린 거예요. 내가 그렇게 짐작하고 알아차렸을 때 여자 전문가는 꿈속에서 사라지고 맹인의 아내의 다급한 마음이 느껴졌던 것 같아요. 그런데 그 여자 전문가는 굉장히 당당하고 자신만만해 보였지만, 그곳에 모인 사람들은 맹인의 아내를 제외하고는 그 전문가에 대해 특별히 신경을 쓰는 것 같지 않았어요.

질문 7 꿈사람이 눈먼 남자에게 다가가서 그 남자의 손을 피아노 위에 올려 주었다고 했는데, 그때 그 남자의 아내는 어디에 있었고 어떤 모습이었나요?

꿈사람 꿈에서 아내의 다급한 마음이 느껴지고 내가 다가가서 남자의 손을 피아노 위에 올려 준 뒤로는 맹인의 아내 모습에 대한 인식이 전혀 없었어요. 그때부터는 그 남자의 피아노 선율과 그 선율에 반응하는 나의 행동과 그 상황에 함께하는 사람들의 모습이 선명하게 느껴졌어요. 가장 명확한 것은 남자의 표정이 바뀌는 것과 주위 사람들이 함께 만드는 선율이었어요. 그 화음이 정말 좋다고 생각했거든요.

질문 8 혹시 그 선율을 아직도 기억하시나요?

꿈사람 아니요. 꿈속에서도 처음 듣는 선율이었고 화음이 굉장히 좋았는데 어떤 선율이었는지는 전혀 기억이 나지 않아요.

질문 9 맹인이 세 번째 연주를 시작할 때 꿈사람은 다른 사람들이 자기가 할 수 있는 것을 임의대로 표현하자고 제안했는데 그것이 구체적으로 어떤 것인지 생각나는 것이 있나요?

꿈사람 글쎄요. 지금 물어보니까 꿈을 꿀 당시에는 그게 어떤 것인지 구체적으로 생각한 것은 아니었던 것 같아요. 그런데 지금 생각하니 반주에 맞춰서 합창만 하는 것보다는 좀 더 다양한 형태, 예를 들면 몸을 움직인다거나 손뼉을 친다거나 하는 것들을 생각했던 것 같아요. 나중에 개인정보에서 말할 기회가 있을지 모르겠지만 저는 획일적인 것보다는 다양성을 시도해 보려는 경향이 있거든요.

질문 10 눈먼 남자의 아내는 자기 남편이 하수구에 빠진 이유를 알고 있는 듯하다고 말했는데 그렇게 생각하게 된 특별한 점이 있었나요?

꿈사람 아뇨. 특별히 그런 것은 없고 그냥 꿈속에서 저절로 그렇게 느껴졌어요.

질문 11 눈먼 남자가 하수구에 빠져 있었다고 했는데 그곳이 하수구라는 것을 어떻게 알았나요? 하수구는 사람들이 다니는 길옆에 있지는 않을 것 같은데……. 하수구라고 생각할 만한 특징이 있었나요? 냄새가 난다든지 뭐 그런 거요.

꿈사람 나도 그게 좀 이상하게 생각되었어요. 왜 하수구라고 생각했는지…….

질문 12 맹인이 하수구에서 건져 올려졌을 때 그의 상태는 어떠했나요? 혹시 옷이나 모습이 어떤 상태였는지 기억나는 것이 있나요?

꿈사람 하수구에서 건져 올려진 이후로 나는 맹인의 모습보다 그랜드 피아노에 시선이 쏠린 것 같아요. 맹인의 모습은 피아노를 치면서부터 내 시야에 들어왔어요.

개인정보 질문과 대답

리더 이제는 꿈사람의 개인정보를 알기 위해 질문하는 시간입니다. 꿈사람의 사적인 경험, 성격, 건강, 인간관계, 가족관계, 당면한 문제 등 무엇이나 물어볼 수 있습니다. 무엇이든 물어볼 수 있지만, 그 질문에 대답을 하거나 안 하는 것은 꿈사람의 선택입니다. 꿈사람의 선택을 존중해 주시기 바랍니다.

질문 1 그랜드 피아노 하면 어떤 단어나 감정들이 연상되나요?

꿈사람 나는 성악 전공자이기 때문에 굳이 그랜드 피아노가 필요 없어요. 오프라이트 피아노로 충분하다고 생각해요. 하지만 그랜드 피아노는 멋있잖아요. 환경이 허락된다면 가지고 싶기도 하죠. 그러나 현재 나의 상황으로는 설령 누가 선물로 준다고 해도 보관하는 데 자리를 많이 차지하기 때문에 부담스러울 것 같아요. 이야기를 하다 보니 양가감정이 느껴지네요. 갖고 싶기도 하고 부담스럽기도 하네요.

질문 2 시각장애인에 대한 특별한 경험이나 감정을 평소에 갖고 있는지요?

꿈사람 특별히 그런 것은 없고요. 장애인들을 보면 어떤 장애를 가졌는지에 상관없이 마음이 안타깝고 또 나 자신에 대해 겸허해지는 느낌이랄까? 그런 마음 한편으로 미안한 마음도 살짝 들어요. 그래서 도우며 열심히 살아야겠다고 다짐하죠.

질문 3 이 꿈은 최근에 꾼 꿈이라고 말했는데, 이 꿈을 꿀 때 즈음하여 특별한 사건이나 자신의 생활 속에 어떤 변화가 있었나요?

꿈사람 네, 그러네요. 변화가 있었어요. 요즘 내가 지금까지 공부한 전공과는 다른 새로운 분야의 공부를 하면서 나의 내면을 많이 살피게 된 것 같아요. 사실 나는 성악 전공으로 오랜 시간 그 전공과 관계되는 일에만 집중하며 살았는데, 요즘 심리학이라는 새로운 학문을 공부하면서 나름대로 유익하고 소중한 경험들로 활기 있고 즐거운 시간을 보내고 있어요. 나에게 이런 기회가 주어졌다는 것이 축복이라고 생각이 될 정도로 감사하고 있어요.

꿈 잉태하기

리더 자~ 더 이상 질문이 없으시면 꿈을 품어 볼까요? 이 시간은 꿈사람의 꿈을 내 꿈으로 잉태하는 시간입니다. 꿈사람은 다시 한번 꿈 내용을 천천히 말해 주시기 바랍니다. 우리는 눈을 감고 꿈 내용을 상상하며 꿈사람의 꿈을 나의 꿈으로 잉태하는 시간을 갖겠습니다.

(꿈사람과 집단원들) 꿈사람이 다시 한번 자신의 꿈 내용을 천천히 말한다. 집단원들은 눈을 감은 채 꿈사람이 말하는 소리를 들으며 상상 속에서 꿈사람의 꿈을 자신의 꿈으로 품는다.

집단투사하기

리더 이제 집단투사 시간입니다. 투사를 시작하기 전에 꿈사람은 한 걸음 뒤로 의자를 옮겨서 앉아 주시기 바랍니다……. 이제 꿈사람은 여기에 없습니다. 이 꿈은 내가 잉태한 나의 꿈입니다. 이제 투사를 시작합니다. 무엇이든 '아하'로 접촉된 것을 자유롭게 투사하면 됩니다. 한 가지 기억해야 할 것이 있지요. 처음 말을 시작할 때에는 "이 꿈이 내 꿈이라면~" 하고 말하는 것을 잊지 마시기 바랍니다.

투사 1 이 꿈이 내 꿈이라면, 맹인은 내 안의 콤플렉스이고 하수구는 나의 그림자 같아요. 나의 콤플렉스를 극복하기 위해서는 반드시 내 그림자를 만나야 하는데, 그것은 하수구 안으로 들어가는 고된 작업이라고 생각됩니다. 꿈에서 맹인이 하수구에 빠진 것은 이제 내가 나의 콤플렉스를 극복할 때가 되었기 때문입니다. 그래서 나는 이 꿈이 반갑고 기쁘게 느껴집니다.

하수구에는 그랜드 피아노가 같이 있었는데, 그것은 나의 귀한 자원이나 능력 같아요. 그림자는 어둡고 열등한 측면이기도 하지만 창조적인 자원도 있다고 생각되거든요. 그랜드 피아노가 바로 그 선물인 것 같아요. 내가 나의 콤플렉스를 극복하고 나의 그림자를 만나서 통합하면 그 그림자 안에 있는 긍정적인 에너지를 선물로 받게 될 것입니다. 그러면 꿈속의 맹인이 그랜드 피아노로 멋진 선율을 만들어 내듯이 이후의 나의 삶은 지금보다 훨씬 확장된 삶을 살아갈 수 있을 거라는 아주 희망적인 꿈으로 나에게 다가옵니다.

투사 2 지금 투사에 '아하'가 있어요. 하수구는 내가 지금 겪고 있는 슬럼프 같아요. 요즘 나는 꿈속의 맹인처럼 미래에 대한 확신이 없고 지금 대학원에서 공부하고 있지만 졸업 이후 어떤 삶을 살지 그림이 안 그려지고 있거든요. 당연히 학업에 대한 회의도 있구요. 그런데 이 꿈을 내 꿈으로 가져와 보니까 하수구에서 끌어 올린 피아노는 슬럼프를 극복할 때 나에게 주어지는 새로운 비전이라는 생각이 들어요.

누구나 크든 작든, 깊든 얕든, 슬럼프의 경험은 있는 것 같아요. 아, 네~ 갑자기 '아하'가 올라오네요. 슬럼프는 극복하기 위해 있는 것이라는 생각이 들었어요. 마음이 뭉클해지면서 용기가 생기네요. 나도 나에게 주어진 피아노로 새로운 선율을 만들 수 있겠다는 생각이 듭니다. 지금 내가 경험하고 있는 슬럼프에 대해서 실망과 좌절이라는 부정적인 마음에서 긍정적인 마음으로 임해 보려고 합니다.

투사 3 이 꿈은 방금 내가 꾼 나의 꿈입니다. 나는 이 꿈을 통해서 내 안에 있는 통합의 힘이 느껴집니다. 사람들이 힘을 합쳐서 맹인과 거대한 피아노를 끌어 올리고 또 나중에는 연주에 모두 동참하는 그림이 너무 멋지게 느껴지거든요. 강력한 에너지가 느껴집니다. 이 꿈이 내 꿈이라면, 꿈에 등장한 다양한 심상은 모두 나의 내면에 있는 자원들인데 나 자신은 그 사실을 미처 깨닫지 못한 것 같아요. 물론 시간이 필요하겠지요. 만약 내가 그 사실을 알아차린다면 앞으로 내가 어떤 일을 해내든 충분히 해낼 수 있을 것 같아요. 통합의 힘! 멋있고 힘이 느껴집니다. 그래서 이 꿈이 반갑고 참 좋으네요.

투사 4 통합의 힘이라는 말에 '아하'가 있어요. 이 꿈이 내 꿈이라면, 꿈속의 맹인은 나의 남성성인 아니무스이고, 맹인의 아내는 나의 여성성인 것 같아요. 나의 남성성과 여성성이 통합을 이루어 가는 과정인 것 같아요. 조화로운 모습이에요.

투사 5 '아하'가 있어요. 남성성과 여성성의 통합과 조화를 위해서는 단계가 필요한 것 같아요. 꿈속에서 맹인의 피아노 연주가 처음에는 8마디의 선율로 시작하고 또 다시 2단계, 3단계로 점차 확장되듯이 내 안의 조화로움을 이루는 일은 단시간에 이루어지는 것이 아니고 시간이 걸리는 일이라는 데 '아하'가 있어요.

투사 6 이 꿈이 내 꿈이라면, 나는 자기가 아니면 문제를 해결해 줄 수 없을 거라는 태도를 보이며 자리를 떠난 여자 전문가에게 시선이 가요. 그 거만한 여자 전문가가 바로 나의 모습인 것 같아요. 나는 집안에서 어려운 문제를 만나면 그것이 경제적인 문제든, 아이 양육의 문제든, 전부 내가 나서서 해결하려고 행동을 해 왔어요. 물론 남편의 성격이 소극적인 면도 있지만, 나에게 여장부의 기질이 있는 건지~ 나는 내가 원더우먼 같다고 생각했거든요. 그래서 남편도, 아이들도, 집안 사람들도, 무슨 문제가 있으면 나만 쳐다보는 것 같아요. 그런데 이 꿈에서 여자 전문가가 자리를 떠나도 전혀 어려움 없이 다른 사람들이 그 빈자리를 채우거나 문제를 해결하네요. 꿈에 나오는 맹인의 아내가 다급해하는 모습도 나 같아요. 항상 그런 다급함이 내 안에 있는데, 이 꿈을 만나고 보니까 내가 아니어도 문제를 해결할 많은 사람이 있다는 게 보여요. 다급한 아내의 마음이 무색할 정도로……. 그 부분이 나에게 '아하'로 크게 와 닿았어요. 나는 지금까지 교만했던 것 같아요. 꿈속 여자 전문가의 교만한 모습이 나의 모습 같아요. 내가 아니면 안 된다는 여자 전문가의 교만함과 나 자신을 비교해 보게 됩니다. 이 꿈을 내 꿈으로 만나고 나니까 집안일을 처리하면서 어쩌면 내가 그 여자 전문가처럼 식구들을 대하지 않았나 하는 마음이 들고, 그래서 식구들에게 상처를 주었겠다는 생각이 들어요. 반성하게 되네요.

투사 7 앞의 분들의 투사에 많은 '아하'가 있었어요. 이 꿈이 내 꿈이라면, 눈먼 맹인이 나의 아니무스라는 생각이 들어요. 나는 어떤 일을 결정하는 데 늘 두려움이 있거든요. 결정장애라고 하죠. 미래에 대해 불확실한 마음이 들어서 불안하고요. 맹인이 앞을 못 본다는 생각과 오버랩이 되었어요. 불안함 때문에 지금까지 나는 너무 움츠러드는 삶을 살고 있는 것 같아요. 나의 어린 시절 부모님과의 관계도 있지만……. 그런데 꿈에서 맹인은 앞을 보지 못하지만 그것과 상관없이 그가 만드는 아름다운 선율이 있다는 데 굉장히 큰 '아하'가 있었어요. 나의 아니무스가 비록 지금은 맹인이지만 언젠가는 아름다운 선율을 만들어 내는 능력 있는 존재로 바뀔 거예요. 그리고 내 주위에는 나를 도와주는 손길들이 있다는 것을 깨닫게 되었어요. 나를 하수구에서 건져 주는 손길, 내 손을 피아노 위에 올려 주는 손길, 내가 만드는 선율에 화음과 장단을 맞추어 주는 많은 손길……. 지금 투사를 하면서 위로와 용기를 얻습니다. 가슴이 뭉클하네요. 그리고 이런 '아하'도 있어요. 앞으로 꿈을 꾼다면, 꿈에서 나의 아니무스가 언젠가는 눈을 뜨게 될 거예요.

투사 8 나는 이 꿈을 내 꿈으로 품으면서 성경에 나오는 오네시모가 생각났어요. 오네시모는 돈을 훔쳐 달아난 불량한 사람이었지만 나중에는 바울의 가르침을 받아 쓸모 있는 사람이 되잖아요. 이 꿈에 나오는 맹인이 하수구에서 나오게 되었을 때 아름다운 선율을 만들어 내는 사람으로 변했지요. 마치 과거와 완전히 달라진 오네시모 같았어요.

하하! 이런 생각을 해 봅니다. 때로는 하수구에 빠질 필요도 있구나. 만약 맹인이 하수구에 빠지지 않고 아내와 같이 평범하게 길을 걷고 있었다면 아무도 그 맹인에게 다가가지 않았을 테고 관심을 두지도 않았을 거예요. 그가 하수구에 빠졌기 때문에 사람들의 시선이 그에게 머물렀고 마침내 도움의 손길을 받아 새로운 모습이 되었다고 생각합니다. 때로는 우리가 당하는 고난이 어쩌면 우리의 삶과 성장에 필요한 감춰진 축복이라는 생각이 듭니다.

투사 9 이 꿈이 내 꿈이라면, 나는 맹인이 연주한 멜로디에 관심이 가요. 아마 그 멜로디는 정상적인 사람, 즉 눈을 뜨고 있는 사람이 만든 멜로디와는 다르지 않을까 하는 생각이 들거든요. 그것은 영적인 깊이가 있고 듣는 사람들에게 큰 감동을 주는 멜로디일 것 같아요. 그런 의미에서 맹인은 나의 영적인 측면을 나타낸다고 생각됩니다. 그리고 내가 영적인 멜로디를 연주할 때 주위에 있는 사람들이 나와 함께 연주를 할 수 있을 것 같아요.

한편, 이런 '아하'도 있습니다. 요즘 내가 영적으로 너무 게을러졌다고 느끼고 있어요. 꿈에서 맹인이 하수구에 빠져 있는 것이 현재 나의 영적인 상태를 나타내는 것 같아요. 그런데 내가 하수구에서 나와야 아름다운 멜로디를 만들 수 있잖아요. 누구의 도움을 받든 거기서 나와야 하는 거죠. 이 꿈이 내 꿈이라면, 나의 영적 상태가 하수구에 빠진 모습과 같다는 것을 깨우쳐 주는 경고의 꿈 같아서 마음이 겸허해집니다.

집단투사 꿈작업 끝내기

리더 혹시 더 투사하기를 원하는 사람이 있는지요? 지금까지의 투사와 다른 시각과 각도에서 투사하고 싶은 것이 있는지요? 특히 투사를 하고 싶었지만 기회가 없어서 투사를 못한 사람이 있다면 기회를 드리고 싶습니다.

투사 10 이 꿈이 내 꿈이라면, 꿈의 배경이 길이라는 데 '아하'가 있어요. 길은 인생의 여정을 나타내는 것 같아요. 우리는 흔히 삶의 여정을 길에 투사하잖아요. 그렇다면 내 인생의 여정에서 하수구는 무엇이고 거기에 빠진 맹인은 나의 어떤 측면을 보여 주는 것일까? 나는 오래전에 큰 병을 앓은 적이 있는데, 그 당시에는 내가 죽을 수도 있겠구나 하는 생각으로 많이 두려웠어요. 그런데 그 병을 극복하고 나니까 내가 남들보다 죽음에 대해 조금은 더 담대해졌고, 지금 내가 살고 있는 것이 덤으로 사는 삶 같아서 감사한 마음이 들 때가 많아요. 앞으로도 나의 인생 여정 속에는 또 다른 하수구가 있을 것인데, 그것을 두려워하기보다는 담담하게 맞이할 수 있는 내가 되자라는 생각을 했어요. 한편, 이런 '아하'도 있습니다. 내가 하수구에 빠지지 않으려면 눈을 뜨고 살아야겠다는 생각을 했습니다. 꿈속의 맹인이 선천적인 장애였는지, 후천적인 장애였는지는 모르겠지만 현실적인 삶을 살아내려면 맹인이 되지 않아야 한다는 데 '아하'가 있습니다. 이 투사가 솔직한 나의 고백입니다.

투사 11 맹인이 되지 말아야 한다는 데 '아하'가 있어요. 이 꿈이 내 꿈이라면, 맹인이 되어 앞을 보지 못하는 것은 지금 나의 자아의식이 제 기능을 발휘하지 못하고 있다는 것을 나타내는 것 같아요. 자아의식은 시각적인 눈, 밖을 내다볼 수 있는 창문, 사진을 찍는 카메라 렌즈 등에 투사된다고 들었어요. 눈이 멀어서 앞을 볼 수 없는 것은 지금 나의 자아의식 상태가 건강하지 않다는 것을 말해 주고 있는 것 같아요. 보아야 할 것을 못 보고 알아차려야 할 것을 알아차리지 못하는 상태이지요. 특히 이 꿈이 내 꿈이라면, 내가 내 주위에 있는 사람들을 제대로 못 보고 인지왜곡하는 것은 아닌가 하는 생각을 하게 됩니다.

투사 12 이 꿈이 내 꿈이라면, 나는 꿈에 나오는 하수구가 누구나 지나갈 수 있는 길 옆에 있다는 것에 '아하'가 일어납니다. 즉, 그 길을 지나가는 사람은 누구나 맹인이 하수구에 빠져 있다는 것을 쉽게 발견할 수 있다는 생각을 했습니다. 길과 하수구는 열린 공간에 있는 것이지요. 만약 하수구가 후미진 장소나 사적인 공간에 있었다면, 맹인은 꿈에서처럼 사람들의 도움을 받을 수 없었을 것입니다. 특히 그랜드 피아노처럼 큰 물건을 꺼낼 수 없었을 것입니다.
앞서 누군가가 투사하기를, 하수구는 자기의 콤플렉스 또는 그림자라고 했는데, 그 말에 '아하'가 있습니다. 이 꿈이 내 꿈이라면, 내가 빠져 있는 하수구는 내가 극복하고 만나야 할 나의 콤플렉스이며 그림자입니다. 그러나 나는 그 콤플렉스와 그림자를 직면하고 통합할 수 있는 힘이 아직 부족합니다. 다른 사람들의 도움이 필요합니다. 만약 내가 가까운 친구들에게 나를 온전히 개방할 수 있다면, 그들은 나를 하수구에서 나올 수 있도록 도와줄 것입니다. 그랜드 피아노도 꺼내 줄 것 같습니다. 그런데 지금 나에게 정말 도움이 되고 힘이 되는 것은 꿈작업을 함께하고 있는 꿈 그룹입니다. 나는 이 꿈 그룹이 나를 찾고 나를 만나기 위해 작업할 수 있는 안전한 장소로 느껴집니다. 나는 나의 콤플렉스와 그림자를 만나고 통합해서 나의 자원으로 삼고 싶습니다. 그러면 그랜드 피아노와 같이 내가 오랫동안 사용하지 않았던 긍정적인 에너지, 곧 아름다운 선율을 만들 수 있는 에너지가 솟아오를 것입니다. 나의 콤플렉스와 그림자를 만나는 일이 기대됩니다.

리더 또 다른 투사가 없으면, 꿈작업을 끝내려고 합니다. 이제 꿈사람에게 꿈을 돌려주고 꿈사람의 소감을 들어 보겠습니다. 꿈사람은 한 걸음 앞으로 나와서 집단원들의 원 안으로 들어와 주시기 바랍니다. 꿈을 꿈사람에게 돌려주겠습니다. 두 손을 가슴에 얹었다가 꿈사람에게 펼쳐 보이면서 "꿈을 돌려드립니다"라고 말합니다. (모두 그렇게 말하며 꿈을 돌려준다.)

이제 꿈사람의 소감을 듣는 시간입니다. 꿈사람은 간략하게 자신의 소감을 말해 주시기 바랍니다. 집단원들의 투사를 들으면서 '아하'가 있었던 것이 있다면 그것을 간략하게 말해 주시기 바랍니다. 특별히 이 시간은 자신의 꿈을 가지고 투사해 준 것에 대해 감사의 마음을 전하는 시간입니다.

꿈사람의 소감

꿈사람 네, 너무 감사합니다. 이 꿈을 꾸고 나도 나 나름대로 이 꿈의 의미를 파악하려고 이것저것 생각을 많이 했습니다. 그런데 오늘 여러분의 투사를 듣고 나니까 내가 미처 생각지 못했던 부분까지 투사를 해 주셔서 많은 도움이 되었습니다. 먼저, 하수구가 나의 콤플렉스 또는 그림자라는 말에 '아하'가 있었습니다. 그리고 내가 나의 콤플렉스나 그림자를 회피하지 않고 대면할 때, 그래서 나의 전체 인격에 통합하게 되면 나에게는 그랜드 피아노가 주어진다고 생각했어요. 그러나 내가 그랜드 피아노로 연주하는 것은 처음부터 잘할 수 있는 것이 아니라 적어도 여러 단계를 거쳐야 한다는 데에도 '아하'가 있었어요. 꿈에서 맹인이 피아노를 칠 때 처음에는 단순한 멜로디에서 출발한 것처럼, 현실에서 지금 내가 시작하는 일은 단순한 일에서부터 주위 사람들의 조언을 구하면서 시작해야겠다고 생각했어요.

꿈에 나타난 세 명의 여자는 각기 다른 내 자신의 모습이라고 느꼈어요. 거만한 여자 전문가는 교만한 마음으로 잘난 체하는 나의 모습이고요. 말만 앞세우고 허풍만 떠는 내 안의 또 다른 부끄러운 모습이네요. 맹인의 아내는 내 속에 있는 또 다른 나인데, 나의 문제점을 알면서 말없이 지지하고 힘을 보내 주고 있다는 생각을 했어요. 또 한 명의 여자는 바로 꿈자아로서 나에게 용기를 주는 존재로 느껴집니다. 이렇게 꿈속에 나타난 내 모습을 다양하게 살펴보니 내가 지닌 장점과 단점을 쉽게 파악할 수 있구나 하는 생각이 들었습니다. 마지막에 꿈자아가 맹인에게 서두르거나 조급해하지 말라고 하였는데 이 말의 의미를 되새겨 봅니다.

또, 맹인이 나의 아니무스라면 지금 나는 장애를 가지고 있는데, 나는 왜 언제부터 장애를 가지게 되었는지 그리고 맹인이 나에게 의미하는 것은 무엇인지 생각해 보게 됩니다. 내게 주는 숙제인 것 같아요. 오늘 나의 꿈을 이렇게 다양한 각도로 투사해 주신 모든 분에게 감사드립니다.

제10장

신화와 민담

꿈과 신화

꿈은 신화와 민담 그리고 전설 등과 관련이 있다. 왜냐하면 신화와 민담은 꿈과 같이 인간의 무의식으로부터 만들어지는 것이기 때문이다. 신화와 민담에 대한 이해가 있으면 꿈의 의미를 탐색하는 데 도움이 된다.

꿈과 신화를 연구하는 학자들의 견해에 따르면, 신화와 꿈은 그 출처만이 아니라 내용에 있어서 매우 긴밀한 관계가 있다는 것을 알 수 있다. 오토 랑크(Otto Rank)는 신화를 하나의 민족이 지닌 집단적인 꿈이라고 말했고, 칼 아브라함(Karl Abraham)은 꿈을 개인이 지닌 신화로, 신화를 하나의 민족 드라마로 생각하였다. 『천의 얼굴을 가진 영웅(The Hero with a Thousand Faces)』이라는 저서를 남긴 신화학의 저명한 학자인 조지프 캠벨(Joseph Campbell) 역시 신화는 대중의 꿈이고 꿈은 개인의 신화라고 말했다(Campbell, cited in Taylor, 이정규 역, 2007). 신화는 인류 집단이 꾸는 집단적인 꿈이며, 꿈은 개인이 지닌 신화이다.

일찍이 프로이트는 그의 환자들의 꿈과 환상에 신화적인 모티브가 등장한다는 것을 알아내고 신화가 고태적인 꿈의 재료에서 비롯된 것이라고 말했다(Freud, 1929). 프로이트는 꿈과 신화와 예술 분야에서 공통적으로 다뤄지고 있는 주제가 있는데, 그것은 유아기의 성애적인 욕구에서 비롯된 근친상간적인 충동이라고 생각했다. 프로이트는 그런 근친상간적인 충동이 신경증의 주요 원인이 된다고 보았다. 그리고 그런 자신의 입장을 설명하기 위해서 그리스의 신화인 오이디푸스의 비극을 예시했는데, 그것은 그만큼 신화와 인간 정신이 상호 연결될 수 있는 접촉점이 있었기 때문이다.

꿈 연구의 대가인 융도 신화에 대한 연구를 많이 했다. 융은 인간의 사고를 정향적 사고(das gerichtete denken)와 신화적 사고(das mythologische denken)로 구분했다. 정향적 사고는 의식적인 활동에 근거한 사고로서 깨어 있는 낮시간대에 작동한다. 생각하고 말하고 결정하는 것은 정향적 사고에 해당된다. 정향적 사고의 특징은 외부 대상을 향한다는 데 있다. 즉, 외부의 타자를 향한 그리고 타자에 대한 사유에 초점을 맞춘다. 정향적 사고에서는 분석과 논리에 근거한 합리성이 사고의 기초가 된다(Jung, 1967).

그러나 신화적 사고는 다르다. 융은 신화적 사고를 프로이트와 마찬가지로 몽상적 사고라고 했는데, 신화적 사고는 꿈을 꾸는 것처럼 비합리적인 특성을 지니고 있기 때문이다. 신화적 사고는 외부의 대상을 향하지 않고 내부의 정신에서 자유롭게 전개된다. 신화적 사고는 언어가 아니라 심상과 상징을 만들어 내고 자유로운 연상 작업을 통해서 하나의 심상과 다른 심상들을 연결한다. 융은 이런 신화적 사고로부터 집단무의식 그리고 집단무의식을 구성하고 있는 원형과 신화적인 요소들이 형성된다고 보았다. 융은 원형이 신화적 심상을 만들어 내는 근원적 배경이 된다고 하였다(Jung, 1967). 원형은 모든 인류가 공통적으로 가지고 있는 정신의 골격으로서 인간은 그런 원형을 가지고 있기 때문에 인간이 되는 것이라 할 수 있다. 모든 인류 또는 민족이 원형을 가지고 있는 것처럼, 인류는 신화를 공통적으로 가지고 있다. 원형과 신화의 특징 중의 하나는 전 인류가 그것을 공유하고 있다는 것이다. 신화는 집단무의식 속에 있는 원형으로부터 나오는 것이다.

현대의 신화학자 미르시아 엘리아데(Mircea Eliade)는 하나의 동일한 주제가 여러 신화 속에서 반복적이며 주기적으로 등장하고 있는 것에 주목함으로써 신화가 지니고 있는 공통적인 요소들을 알아냈다. 조지프 캠벨은 신화가 인간의 삶과 경험의 전형을 나타내기 때문에 신화 속에는 가장 인간다운 모습이 담겨 있다고 말했다.

신화소

융은 원형을 신화소(mythologeme)라고 말했는데, 원형은 신화를 형성하는 근원이 되기 때문이다(Jung, 이부영, 2011, 재인용). 신화소는 신화의 이야기를 만들어 갈 수 있는 설화의 근간이 된다는 의미가 있는 말이다. 그것은 신화의 이야기가 싹트게 하는 씨앗과 같은 것이다. 이 씨앗은 모든 사람의 집단무의식 속에 이미 존재해 왔고 지금도 존재하고 있는 것이다(이부영, 2011). 민족마다 다양한 신화가 있고, 같은 민족이라 할지라도 지역마다 각양각색의 신화들이 있다. 이런 신화들은 등장하는 인물, 동물, 이야기의 전개 방식, 그리고 신화의 출처 등에 있어서 차이가 있어 보인다. 그러나 그 핵심적인 주제와 내용에 있어서는 유사하거나 공통적인 것들이 대부분이다. 왜 그런 것일까? 신화는 인류가 공통적으로 가지고 있는 원형, 곧 신화소에서 비롯되는 것이기 때문이다. 신화소는 신화의 핵심 내용을 담고 있으며 신화를 구성하는 공통적인 주제의 배경이 된다. 신화들의 외형은 달라도 그 주제는 동일한 것이 많은데, 이처럼 신화의 주제가 동일한 것은 신화소 때문이다.

우리의 삶에는 신화적인 요소가 많다. 우리의 무의식은 신화를 만들어 내며 또한 신화는 우리의 정신과 삶에 영향을 끼친다. 예를 들어, 강물에 빠진 사람을 구하기 위해 물속으로 뛰어드는 의로운 사람이 있는데, 이런 행동은 그 사람의 의식이 집단무의식 속에 있는 영웅 신화와 접촉된 결과라고 할 수 있다. 물에 빠진 사람을 목격하는 순간, 집단무의식 속에서 곤경에 처해 있는 대상을 구하기 위하여 자신을 던지는 영웅적인 신화의 인물이 등장함으로써 그런 희생적인 행동을 하도록 만든 것이다. 그러므로 신화는 단지 과거의 산물이 아니다. 우리의 무의식 속에서는 지금도 신화가 작동하고 있다. 그러므로 과학적인 사고에 편향된 일부의 사람들이 생각하는 것처럼, 신화는 고태석인 과거의 산물이기 때문에 현대인들에게는 아무런 의미가 없다고 간주하는 것은 매우 부적절한 생각이다. 왜냐하면 집단무의식 속에 있는 원형은 살아 있는 신화소로서 시대와 관계없이 모든 사람이 가지고 있는 선험적인 요소이기 때문이다(이유경, 2008). 신화의 세계에서는 과거와 현재라는 시간적인 구분이 무의미해진다. 우리는 시간과 관계없이 신화의 세계 속에 살고 있다.

신들의 이야기

　　인간은 이야기(narrative)를 통해서 세상을 이해하고 소통하며 의미를 구성하고 문화를 형성한다. '호모 나란(homo narran)'이라는 말이 있는데, 이 개념은 인간이 단순히 생물학적인 존재를 넘어 이야기를 만들고 전하며 이야기를 통해 의미를 구성하는 존재라는 것을 강조하는 말이다. 이야기는 인간의 정신과 삶을 구성한다. 우리의 마음속에 어떤 이야기가 있는가에 따라 우리의 삶은 달라질 수 있다. 신화는 우리의 마음속에 있는 이야기이다. 신화 속에는 어떤 이야기가 들어 있을까? 신화란 신들의 이야기이다. 신들이 사랑하고 질투하고 미워하고 싸우는 이야기, 속이고 배신하고 경쟁하고 감시하는 이야기, 장난치고 변신하고 폭로하는 이야기, 술에 취하고 바람피우고 형벌을 주고 고통을 당하는 이야기, 빼앗고 희생하고 불행에 처한 대상을 구출하는 영웅적인 이야기……. 이런 이야기들이 신화의 내용을 이룬다.

　　그러나 이 이야기들은 원래부터 존재했던 것이 아니라 사람들이 만들어 낸 것이다. 다른 말로 하면 사람들이 자신의 무의식적인 환상과 욕구 그리고 삶의 경험을 투사한 이야기이다. 자신의 환상과 삶의 경험을 재미있고 과장되게 투사하여 극적인 사건을 만든다. 인간은 신화라는 시나리오를 만들어 내는 위대한 작가이다. 언급한 것처럼, 융은 인간의 정신 속에 신화를 만들어 내는 요소가 있다고 했는데, 그것은 모든 인류가 공통적으로 가지고 있는 원형이라는 것이다.

　　신화가 사람들이 만들어 낸 이야기라면, 신화 속에 나오는 신들 역시 인간이 만든 투사된 신(projected god)이라 할 수 있다. 투사된 신이란 인간 자신의 삶의 경험과 소망으로부터 심상화된 신이다. 그리스도교적 이해에 따르면, 신화와 성경의 이야기는 다르며, 신화 속의 신들과 그리스도교의 하나님은 구별된다. 신화는 인간이 원형과 자신의 삶의 경험을 투사함으로써 만든 이야기이지만, 성경은 하나님이 인간에게 보낸 메시지로서 하나님으로부터 계시된 이야기이다. 또한 신화 속의 신들은 인간의 경험과 소망을 투사하여 만들어 낸 투사된 신이지만, 그리스도교의 하나님은 누구에 의해서도 창조되지 아니하고 스스로 존재하는 계시된 신(revealed god)이다. 구약성경 출애굽기에 보면, 하나님은 "스스로 있는 자(I am who I am)"라고 기록되어 있다(출애굽기 3:4).

신화는 인간이 지닌 원형과 삶의 경험을 투사하여 만든 이야기이기 때문에 그 속에는 인간의 삶의 모습이 있는 그대로 적나라하게 나타나 있다. 즉, 신화 속에서 우리는 포장되지 않고 벌거벗은 인간으로서의 너와 나를 만나게 된다. 그러므로 신화는 하나의 거울이다. 우리의 모습을 있는 그대로 비춰 볼 수 있는 거울이다. 여기에 우리가 신화를 다루고 만나 볼 이유가 있는 것이다.

그러나 신화 속에는 인간의 모든 삶의 이야기가 전부 담겨 있는 것은 아니다. 흥미와 관심의 대상이 되는 이야기, 그리고 누구에게나 해당될 수 있는 보편적이며 공통적인 이야기가 그 안에 있다. 그런 의미에서 신화 속에는 우리의 근원적이며 원형적인 이야기가 담겨 있다고 할 수 있다. 따라서 우리는 신화를 통해서 삶과 인생에 대한 교훈과 지혜를 얻을 수 있으며 인간을 이해할 수 있는 인식의 폭을 확장할 수 있다.

——— 제우스와 헤라

제우스와 헤라는 그리스 신화에 등장하는 부부의 이름이다. 제우스는 남신으로서 강력한 힘을 가지고 있는 신들의 제왕이다. 제우스는 하늘과 기후를 다스리며 왕권과 위계질서를 유지하고 보장하는 신이다. 천둥과 번개를 만들어 내고 모든 신을 제압함으로써 최고의 신으로 군림하였다. 그러나 제우스는 바람둥이로 유명하며 호색을 탐하다가 그의 아내 헤라와 끊임없이 갈등을 유발한다. 헤라는 가정과 출산을 나스리는 올림포스의 최고의 여신이다. 헤라는 현숙한 모습과 동시에 질투심이 많은 여신으로 묘사되기도 한다.

다음은 신화 속에 나오는 제우스와 헤라에 관한 이야기이다. 신화를 다루는 목적은 우리 자신을 신화라는 거울에 비춰 봄으로써 교훈과 지혜를 얻기 위한 것이다. 신화는 우리의 자화상이다. 그러나 또 하나의 중요한 목적이 있는데, 그것은 신화와 연상되어 떠오르는 '아하'의 경험과 그것을 말로 표현하는 투사의 경험을 하는 것이다. 신화 속에는 시대와 관계없이 인류가 경험하는 공통적인 주제와 문제들이 나타나 있다. 이 한 편의 신화 속에서 우리는 어떤 '아하'의 경험을 할 수 있을까? 이 신화 속에 담겨 있는 인간의 공통적이며 본성적인 특성은 무엇일까? 이 신화 속에는 우리의 어떤 모습과 삶의 그림자가 투사적으로 나타나 있을까? 이런 질문에 응답하는 것이 이 신화를 다루는 목적이다.

제우스와 헤라의 신화

어느 날, 헤라(Hera)는 갑자기 날이 어두워지는 것을 보고, 이것은 필시 남편 제우스(Zeus)가 또 바람을 피우고 그것을 감추기 위해 구름을 일으킨 것이라고 직감적으로 알아차렸다. 헤라가 그 구름을 헤치고 보니까 제우스는 유유자적한 모습으로 강가에 서 있었고, 그 곁에는 희고 아름다운 암송아지 한 마리가 있었다. 헤라는 이 암송아지 속에 인간의 모습을 한 아름다운 님프가 숨어 있을 것이라고 생각했다. 헤라의 직감은 정확했다. 그 암송아지는 강의 신 이나코스의 딸 이오(Io)였다. 이오는 헤라의 여사제로서 제우스도 알고 있는 대상이다. 제우스는 이오를 유혹하여 검은 구름으로 주위를 덮은 뒤 바람을 피우다가 헤라가 오는 것을 알고 헤라의 눈을 속이기 위해 급하게 이오를 암소로 둔갑시킨 것이다.

헤라는 제우스가 또 바람을 피운 것을 눈치챘으나 모른 척하고 이렇게 질문을 했다. "너무 예쁜 암송아지네요. 품종이 뭐예요? 주인은 어디 있나요? 혈통은 어떻게 되죠?" 헤라의 집요한 질문 공세에 당황한 제우스는 새로운 품종이라며 궁색하게 대답하였다. 그러자 헤라는 그 암송아지를 자기에게 선물로 달라고 요구하였다. 제우스는 헤라의 요구를 거절하면 더 의심을 살 것 같아서 하는 수 없이 그 암송아지를 건네주었다.

헤라는 내심 재미있어하며 자신의 부하인 아르고스(Argos)에게 그 암송아지를 맡겨서 감시하고 지키도록 하였다. 아르고스는 100개의 눈을 가지고 있는 괴물이었다. 아르고스는 잠을 잘 때도 2개의 눈만 감고 나머지 눈은 뜨고 있었으므로 아무도 그의 눈을 속일 수가 없었다. 암송아지가 된 이오는 팔을 내밀며 아르고스에게 결박을 풀어 달라고 애원하였으나 아르고스에게 들리는 것은 암송아지의 울음소리뿐이었다.

제우스는 자기의 귀여운 애인이 그렇게 고통받고 있는 것을 보고 마음이 괴로웠다. 그래서 그는 자기 부하인 용맹한 무사, 헤르메스(Hermes)를 불러 아르고스를 물리치고 이오를 구해 오라고 명령했다. 헤르메스는 칼을 옷 속에 숨기고 피리를 손에 든 채 양치기의 모습으로 변장했다. 그는 피리를 불면서 이리저리 양떼를 몰았다. 그것은 시링크스 또는 팬이라고 하는 피리였다. 이제까지 그런 악기를 본 적이 없는 아르고스는 그 피리 소리에 완전히 매료되고 말았다. 헤르메스는 아르고스에게 팬 피리의 유래에 관한 이야기를 들려주며 달콤한 선율의 음악을 연주하였고, 이 선율에 취한 아르고스는 마침내 백 개의 눈을 모두 감게 되었다. 순간 헤르메스는 칼을 꺼내 단숨에 아르고스의 목을 베었고, 암송아지로 변한 이오를 찾아 제우스에게 데려다주었다.

이오를 빼앗긴 헤라는 몹시 화가 났다. 아르고스의 죽음을 보고도 화가 풀리지 않았다. 자신의 심복인 아르고스가 헤르메스의 피리 소리에 눈을 감았다는 사실을 견딜 수가 없었다. 그래서 헤라는 죽은 아르고스의 눈을 빼내어 자신이 아끼는 공작새의 날개에 뿌렸다. 그때부터 공작새의 날개에는 눈처럼 생긴 문양이 만들어졌다는 전설이 전해진다(유재원, 2015).

———— '아하'와 투사

제우스와 헤라의 신화 속에서 우리는 무엇을 발견할 수 있을까? 이 신화 속에는 인간의 어떤 모습과 특성이 투사되어 있을까? 이 신화를 대할 때 고려할 점이 있다. 제우스와 헤르메스는 모두 한 존재로서의 남자 또는 남편으로 간주할 수 있으며, 헤라와 아르고스는 한 존재로서의 여자 또는 아내로 생각할 수 있다는 것이다. 따라서 이 신화는 남편 제우스와 아내 헤라 사이에 이오라는 한 여성이 등장함으로써 발생한 삼각관계의 전형적인 모습을 지니고 있다고 할 수 있다.

다음은 필자가 개설한 '집단투사 꿈작업' 과정에 참석한 참가자들이 제우스와 헤라의 신화 이야기를 듣고 연상된 각자의 '아하' 경험과 내용을 투사한 것이다.

- 남녀의 관계에는 종종 삼각관계가 발생한다. 삼각관계에는 항상 사랑과 증오라는 주제가 등장한다.
- 남편의 연인(내연녀)은 의외로 가까운 곳에 있다. 아내가 잘 아는 여인일 수 있다.
- 여자는 한 남자를 사랑하지만 남자는 세상 모든 여자를 원한다.

- 남자가 외도할 때는 양손에 칼과 피리를 들 수 있다. 칼은 자신의 외도를 숨기기 위해 오히려 분노하는 것이고 피리는 아내의 분노를 잠재우기 위해 연막을 치는 것이다.

- 남자는 둔갑을 잘하고 속임수를 잘 쓴다. 제우스가 이오를 암소로 둔갑시키고 헤르메스가 양치기로 둔갑한 것은 위기에 처한 남자가 많이 사용하는 방법이다.

- 여자는 남자의 머리 꼭대기 위에 있다. 남자가 아무리 둔갑을 잘하고 속임수를 쓸지라도 여자는 그것을 다 알고 있다. 여자의 촉수는 매우 발달되어 있다.

- 여자는 감시를 잘한다. 여자가 가진 감시의 눈은 백 개이다. 아무리 졸려도 눈을 다 감지 않는다. 남자는 여자가 가지고 있는 감시의 눈을 피할 수가 없다.

- 남자는 항상 여자의 눈치를 본다. 자신의 외도와 둔갑과 속임수가 탄로 날까 봐 두렵기 때문이다. 남자가 두려워하는 것은 여자의 눈이다.

- 여자의 가장 큰 고통은 남편의 사랑을 잃는 것이다. 여자가 사랑을 잃는 것은 모든 것을 다 잃는 것이다.

- 여자의 가장 견디기 힘든 감정은 질투심이다. 질투심은 분노의 원인이 된다.

- 여자의 적은 여자이다. 헤라는 남편이 외도를 했지만 남편에게 분노하기보다는 남편의 연인인 이오를 괴롭힌다. 남편에 대한 분노를 이오에게 치환했다.

- 남자의 무기 중의 하나는 듣기 좋은 말로 여자를 회유하는 것이다. 헤르메스가 팬 피리에 관한 이야기를 들려주며 피리를 불어 준 것은 유혹과 회유의 무기가 되어 아르고스를 잠들게 했다.

- 여자는 백 개의 눈으로 남자를 감시하지만 남자의 달콤한 이야기에 그 눈이 모두 감긴다. 남편의 달콤한 이야기는 아내로 하여금 남편의 부정한 행동을 잊어버리고 증오와 복수심을 사라지게 만든다.

- 여자가 남편의 사랑을 잃거나 질투심으로 화가 나면 뵈는 게 없다. 헤라가 아르고스의 눈을 뺀 것은 자기의 눈을 뺀 것이다.

- 여자의 관심은 사나 죽으나 아름다움과 미를 추구하는 데 있다. 헤라가 죽은 아르고스의 눈을 빼서 공작의 깃털에 뿌린 것은 아름다움에 대한 추구 때문이다.

- 여자는 남자의 권력을 보고 남자의 애인이 될 수 있다. 이오가 제우스의 애인이 된 것은 제우스를 사랑했기 때문이 아니라 신들의 제왕이었기 때문이다.

꿈과 민담

민담은 민간에 전승되는 민중의 이야기이다. 민담은 평범한 서민들의 입에서 회자되는 재미있고 단순한 이야기이다. 그러나 그 이야기 속에는 집단무의식 안에 있는 원형적인 요소가 있다. 그 원형적인 요소를 단순하고 간결한 이야기로 담아낸다. 민담도 신화처럼 꿈과 관련이 많다. 꿈, 신화, 민담, 전설 등은 모두 무의식과 관련이 있다는 공통점을 가지고 있다. 이부영 교수는 『한국민담의 심층분석』이라는 책에서 기록하기를, "민담은 인간의식 너머에 존재하는 무의식의 비합리적인 정신세계를 나타내고 있다."고 하였다(이부영, 2011). 물론 하나의 민담은 처음 시작되는 시점이 있었다는 것은 감안할 때, 민담에는 그 발생기원으로서의 사건이 있었을 것이다. 그러나 그것은 역사적인 사건이기보다는 상상이나 환상 체험 같은 정신적인 사건인 경우가 많다. 민담이 역사적인 사건에서 비롯된 경우라 할지라도 전승 과정에서 인간의 무의식적인 요소가 보태지고 융합되는 과정을 거쳤을 것이다. 융 심리학자인 폰 프란츠에 따르면, 민담은 인간이 경험한 여러 가지의 이상 체험(parapsychological experience) 또는 누미노제 체험(numinose experience)을 계기로 생겨난 것이라고 말했다. 누미노제는 인간의 이성과 논리를 넘어서는 초자연적이고 신비한 신성의 상태를 나타내는 말이다. 즉, 민담의 기원적인 형태는 역사적인 사건이 아니라 환상이나 기적 체험 같은 정신적인 경험이라는 것이다(von Franz, 이부영, 2011, 재인용). 융 심리학에서는 민담의 해석을 중요하게 생각한다. 그 이유는 민담이 꿈과 같이 무의식적인 기원을 갖기 때문이다. 민담을 이해하면, 융이 말하는 웅대한 꿈을 좀 더 깊고 폭넓게 이해할 수 있다. 민담을 이해하고 분석하는 것은 꿈을 이해하는 데 도움이 된다.

민담의 특성

하나의 이야기가 민담으로 자리매김을 하기 위해서는 민담이 민담이 되게 하는 몇 가지의 특성을 지녀야 한다. 민담에는 다음과 같은 특성들이 있다. 첫째, 민담은 구전된다. 민담은 오랜 역사를 가지고 있으며 오래전부터 전해지는 이야기이다. 시대가 바뀌고 유행이 달라져도 민담은 사라지지 않는다. 민담의 생명력은 그 이야기가 입에서 입으로 구전되는 데 있다. 민담은 계속 구전될 때에 생명력이 있으며 살아 있는 것이 된다. 구전되지 않는 민담은 죽은 민담이다. 민담이 글로 기록되면 생명력을 잃을 수도 있는데, 그 이유는 말하고 듣는 구전의 체험이 없어지기 때문이다(이부영, 2011).

둘째, 민담의 주인공은 대중적인 인물이다. 민담의 주인공은 신화의 주인공처럼 탁월한 능력을 지닌 비범한 인물이 아니다. 평범하게 일상적인 삶을 살고 있는 평민들이다. 민담은 평범한 인물이 자신에게 닥쳐온 삶의 위기와 난관을 극복해 나가는 이야기가 주류를 이룬다. 민담은 사람들이 만들어 낸 이야기라는 점에서 신화의 기원과 그 출처가 유사하다고 할 수 있다. 그러나 신화는 사람들이 무의식적인 환상과 삶의 경험을 가상적인 신에게 투사한 것이지만, 민담은 신이 아니라 사람(주인공)에게 투사한 것이라는 점에서 차이가 있다(von Franz, 이부영, 이광자 공역, 2018). 민담의 주인공이 신화의 주인공만큼 탁월한 능력을 가지고 있지 않은 이유가 여기에 있다. 민담의 주인공은 평범한 인간의 모습을 지닌다. 따라서 민담은 대중 사이에서 쉽게 회자된다.

셋째, 민담은 허구성을 가지고 있다. 민담에는 그 발생기원이 있지만, 대부분 사람이 꾸며 낸 허구적인 이야기라 할 수 있다. 민담은 사람들이 흥미 위주로 재미있게 만들어 낸 이야기이다. 따라서 민담에서는 사실성이나 진실성이 그렇게 문제가 되지 않는다(이부영, 2011). 그러나 민담이 허구성을 가지고 있다는 것은 역사적인 관점에서 바라보면 맞는 말이지만, 무의식이 민담의 기원이 된다는 관점에서 바라보면 반드시 맞는 말은 아니다. 민담은 인간의 정신과 내적 경험이 반영된 이야기이다.

민담은 신화와 마찬가지로 인간의 무의식, 특히 융이 말한 집단무의식과 그 원형이 반영된 이야기이다. 따라서 민담과 신화는 그 기원과 주제와 내용 면에서 공통점이 있다는 것을 알 수 있다. 그러나 민담과 신화 사이에는 차이점도 있다. 민담은 신화와 달리 대중적이고 보편적인 이야기로 되어 있다. 따라서 민담은 인류의 보편적인 집단정신을 이해하는 데 도움이 될 수 있는 적절한 사례와 상징들을 담고 있다. 그런 이유 때문에 민담의 이야기들은 지역과 문화에 따라 차이가 있지만 그 주제는 동일한 경우가 많다. 신화는 문화적이고 역사적인 복잡한 자료를 알아야 이해할 수 있는 부분이 있지만, 민담은 그런 자료가 없어도 쉽게 이해할 수 있다. 민담은 신화보다 덜 복잡하고 단순하기 때문이다. 그런 시각에서 보면, 민담은 신화보다 먼저 생겼다고 할 수 있다. 신화 속에는 그 신화가 생기게 된 민족적이며 문화적인 배경이 반영되어 있다. 신화는 문화에 의해 아름답게 또는 영웅적이고 초인적으로 각색된다. 폰 프란츠의 진술은 민담의 기원이 신화보다 앞선다는 것을 이해하는 데 도움이 된다. 폰 프란츠는 다음과 같이 말했다.

신화는 그 신화가 속한 문화가 소멸하면 신화적인 요소가 사라지고 민담의 기본 주제만 남는다. 민담은 바다와 같다. 신화와 전설은 그 파도이다. 하나의 민담이 높이 솟아오르면 신화가 되고, 그 신화가 아래로 내려앉으면 민담이 된다. 민담은 신화보다 단순하지만 신화보다 기본적인 구조를 가지고 있다. 민담은 정신을 구성하는 골격의 벌거숭이와 같은 것이다……. 민담은 정신의 가장 단순하고 기본적인 구조이며 파괴될 수 없는 핵이다(von Franz, 이부영, 이광자 공역, 2018).

나라와 민족마다 전해지는 민담들이 있고 한 나라에도 많은 민담이 있지만, 그 민담들 속에는 중복적으로 되풀이되는 주제들이 있다. 처음에는 가난하고 먹을 것이 없어서 어렵게 살았지만 나중에는 출세하여 행복하게 살았다는 이야기, 착한 일을 하면 복을 받고 악한 일을 하면 벌을 받는다는 권선징악의 이야기, 자신을 위기에서 구해 준 대상에게 은혜를 갚는 보은의 이야기, 영험한 자의 도움으로 질병을 고치는 치유의 이야기, 동물의 헌신적인 행동으로 악을 물리치는 이야기, 자신의 부모를 죽인 원수를 갚는 복수의 이야기, 지극한 정성으로 부모의 병을 고치는 효도의 이야기, 죽은 자의 한과 원령에 대한 이야기, 선녀와 결혼하는 꿈같은 이야기 등이 민담의 주제로 되풀이된다. 이처럼 공동된 주제가 여러 민담 속에서 반복되고 있는 것은 민담 발생의 민족적·문화적 기원은 다르지만 무의식이라는 정신적 기원은 동일하기 때문이다.

민담은 하나의 이야기로 전승되면서 이야기를 구성하는 형식을 가지게 된다. 구성 형식은 도입, 전개, 절정, 결말이라는 일반적인 틀과 유사하다. 민담의 도입 부분에서는 시간과 장소와 등장인물이 소개되는데, 그 첫마디는 대개 "옛날 옛적에……." 또는 "옛날 옛적 어느 곳에……."라는 말로 시작된다. 전개 부분에서는 사건이 발생하고 그 사건이 이야기를 끌고 간다. 이야기가 입에서 입으로 전승되면서 재미있게 각색되고 새로운 이야기가 첨가된다. 절정 부분에서는 이야기가 극적인 국면에 접어들고 갈등과 위기가 이야기의 꼭짓점으로 돌출된다. 결말 부분에서는 갈등과 위기가 해소됨으로써 안정을 찾게 되는데, 행복한 결말로 끝나는 것이 많다. 민담의 마지막은 대개 이런 말로 끝난다. "잘먹고 잘살았다.", "오래오래 행복하게 살다가 죽었다.", "이것은 내가 어렸을 때 할아버지한테 들은 이야기이다."

선녀와 나무꾼

언급한 것처럼, 민담은 입에서 입으로 회자될 때 생명력을 지닌다. 민담은 말해지고 들려질 때 민담으로서의 가치를 지니게 되는 것이다. 한 편의 민담을 만나 보려고 한다. 한국 사람들에게 널리 퍼져 있는 〈선녀와 나무꾼〉이라는 민담이다. 민담을 다루는 목적은 신화의 경우와 같이 그 민담으로부터 교훈과 지혜를 얻기 위한 것이며, 또한 그 민담의 이야기를 들으면서 연상되고 떠오른 '아하'의 경험을 투사하고 나누기 위한 것이다. 민담도 신화와 마찬가지로 그 속에 인간의 마음과 삶의 모습이 반영되어 있기 때문에 우리는 민담을 통해서 우리 자신의 본연의 모습을 발견할 수 있다.

선녀와 나무꾼의 민담

옛날 옛적, 어느 마을에 마음씨 착한 노총각 나무꾼이 있었는데, 그는 홀어머니를 모시고 살고 있었다. 그는 집안이 가난하여 장가를 못 갔다. 어느 봄날, 나무꾼은 산에서 나무를 하다가 사냥꾼에게 쫓기는 사슴을 만났다. 사슴이 나무꾼에게 살려 달라고 도움을 청하자 나무꾼은 사슴을 나무숲 덤불 속에 숨겨서 목숨을 구해 주었다. 사슴은 자신의 목숨을 구해 준 나무꾼에게 은혜를 갚기 위해서 하나의 비밀을 말해 주었는데, 그것은 고개 너머 연못에 하늘에서 선녀들이 내려와 목욕을 하는 장소가 있다는 것이었다. 사슴은 그 비밀을 알려 주면서 이렇게 말했다. 선녀들 중에 막내 선녀가 제일 예쁜데, 그 선녀가 목욕을 할 때 선녀의 날개옷을 감추면 선녀가 돌아가지 못하게 되고 그 선녀를 아내로 맞이할 수 있을 것이라고 일러 주었다. 그러나 한 가지 잊지 말아야 할 것이 있는데, 그 선녀와 결혼을 할지라도 아이를 셋 낳을 때까지는 날개옷을 돌려주면 안 된다는 것이었다. 사슴은 그 점을 단단히 말해 주었다. 나무꾼은 사슴이 알려 준 대로 그 장소로 가 보았다. 정말 여덟 명의 선녀들이 하늘에서 내려와 목욕을 하고 있었다. 나무꾼은 사슴이 일러 준 대로 막내 선녀의 날개옷을 감추었다. 목욕을 마친 선녀들은 모두 날개옷을 입고 하늘로 올라갔다. 그러나 날개옷을 찾지 못한 막내 선녀는 하늘로 올라가지 못했고 나무꾼을 만나 함께 살게 되었다. 사슴의 말대로 나무꾼은 막내 선녀를 아내로 맞이한 것이다.

나무꾼은 선녀와 결혼하여 행복하게 잘 살고 있었다. 그러나 선녀는 행복하지 않았다. 매일 밤마다 하늘을 바라보며 그리워했다. 그리고 남편인 나무꾼에게 울면서 한 번이라도 좋으니 자신의 날개옷을 입어 보고 싶다고 말했다. 나무꾼은 선녀의 청을 이기지 못해 아이를 둘 낳던 해에 사슴의 말을 잊어버리고 선녀의 날개옷을 보여 주었다. 그러자 선녀는 날개옷을 입고 양팔로 두 아이를 안은 채 순식간에 하늘로 올라가 버렸다. 그 후 나무꾼은 하늘로 올라간 선녀와 아이들이 보고 싶어 매일 눈물을 흘리며 하늘을 바라보았다. 그때 사슴이 나무꾼에게 다시 나타났다. 사슴은 이제 선녀들이 땅으로 내려오지 않고 두레박으로 물을 퍼 올려 하늘에서 목욕을 한다고 말하면서 두레박이 내려올 때 그것을 타고 하늘로 올라가라고 알려 주었다. 나무꾼은 사슴이 말해 준 대로 두레박이 내려올 때를 기다리다가 재빠르게 두레박을 타고 하늘로 올라갔다. 하늘에 올라간 나무꾼은 헤어졌던 선녀와 두 아이를 만나 행복하게 살았다.

나무꾼은 저 아래 땅에 홀로 계신 어머니가 걱정되고 보고 싶었다. 나무꾼의 간절한 마음을 알게 된 선녀는 천마를 나무꾼에게 내어 주면서 땅에 계신 어머니를 뵙고 오도록 하였다. 그러나 잊지 말아야 할 것이 있는데, 만일 말에서 내려 땅을 밟으면 다시는 하늘로 돌아올 수 없을 것이라고 경고하였다.

나무꾼은 천마를 타고 땅으로 내려와 어머니를 만났다. 아들을 만난 어머니는 너무나 반가워 아들에게 따뜻한 밥 한 끼라도 먹이려고 하였지만, 아들은 말의 등에서 내릴 수 없다며 거절하였다. 그러자 어머니는 밥 대신 뜨거운 죽이라도 한 사발 먹고 가라며 죽을 끓여 말 위에 있는 아들에게 주었다. 어머니의 청을 거절할 수가 없었던 아들은 말 등 위에 앉아서 뜨거운 죽을 후룩후룩 마시다가 그만 실수로 말 등에 뜨거운 죽을 쏟고 말았다. 순간 놀란 말이 땅을 박차고 펄쩍 뛰는 바람에 나무꾼은 말 등에서 떨어졌고, 그 사이 말은 순식간에 하늘로 올라가 버리고 말았다. 다시는 하늘로 올라갈 수 없게 된 나무꾼은 그리운 아내와 아이들이 있는 하늘을 쳐다보며 매일 목놓아 울었는데, 그렇게 울다가 결국 수탉이 되고 말았다. 수탉이 된 나무꾼은 지금까지도 매일 아침마다 지붕 위에 올라서서 하늘을 바라보며 큰 소리로 울고 있다.

────── '아하'와 투사

선녀와 나무꾼이라는 한국의 민담 속에는 어떤 지혜와 교훈이 담겨 있을까? 이 민담 속에는 인간의 어떤 모습이 투사되어 있을까? 그 속에서 우리는 우리 자신의 어떤 모습을 비춰 볼 수 있을까? 다음은 이 민담에 대한 이부영 교수의 분석(이부영, 2011)과 필자가 개설한 '집단투사 꿈작업' 과정에 참석한 참여자들의 '아하'와 '투사'의 내용을 정리한 것이다. 아하와 투사에는 다양한 내용이 담긴다. 서로 양립될 수 없는 것처럼 보이는 내용이 공존한다. 그러나 그 모든 내용은 투사자 각자에게 진실이다. 이부영 교수의 분석과 꿈작업에 참석한 집단원들의 아하와 투사의 내용은 다음과 같다.

- 이 민담은 가난하고 가진 것이 없어서 결혼을 하지 못한 남성이 선녀처럼 아름다운 여성과 결혼하고 싶은 욕구에서 나온 보상적인 이야기이다.
- 이 민담 속에는 남성이 지니고 있는 여성적 요소인 아니마가 의식화되는 과정이 나타나 있다. 선녀는 남자의 집단무의식 속에 있는 환상적인 여인의 심상, 곧 아니마의 원형상이다.
- 융 심리학으로 보면, 나무꾼이 선녀와 결혼한 것은 남성이 자신의 집단무의식 속에 있는 아니마와의 만남과 통합을 이룬 것이다.
- 남성은 자신의 아니마를 여성에게 투사함으로써 그 여성을 선녀 또는 여신으로 바라본다. 이때 남성은 그 여성에게 한눈에 반한다. 그러나 이것은 실상이 아니고 투사된 허상이기 때문에 불행으로 끝나는 경우가 많다. 민담에서 선녀는 나무꾼이 자신의

아니마를 투사한 것이다.

- 나무꾼이 선녀의 옷을 숨긴 것은 남성의 성애적인 동기에서 비롯된 강제행동 또는 폭력이라 할 수 있다. 남성의 폭력적인 행동은 여성의 사랑을 담보하지 못한다. 왜냐하면 사랑은 자발적인 것이기 때문이다. 선녀가 날개옷을 입고 하늘로 올라간 것은 사랑에 강제성이 없어야 한다는 것을 말해 준다.

- 나무꾼이 선녀의 옷을 감춘 것은 용기와 결단이 필요한 행동으로서 그만한 용기가 없이는 선녀와 같은 아름다운 여인을 아내로 맞이할 수가 없다.

- 이 민담 속에는 대부분의 다른 민담과 같이 지켜야 할 금기 사항이 있다. 사슴은 자신을 구해 준 나무꾼에게 선녀에 대한 이야기를 하면서 선녀와 결혼하면 아이 셋을 낳을 때까지 선녀에게 날개옷을 주어서는 안 된다고 말했다. 또한 나무꾼의 아내가 된 선녀는 하늘에 올라온 나무꾼에게 지상에 있는 어머니를 만나러 가도록 천마를 내어 주면서 절대로 말에서 내려 땅을 짚으면 안 된다고 경고해 주었다. 그러나 나무꾼은 그 금기사항을 지키지 못한 까닭에 선녀와 헤어지게 된다.

- 선녀가 아이 둘을 낳고도 하늘로 올라간 것은 시어머니와의 갈등 때문이다. 남편의 아내 사랑이 시어머니와의 갈등을 잠재울 수는 없다.

- 나무꾼이 금기 사항을 지키지 못하고 선녀에게 날개옷을 준 것은 선녀의 애절한 부탁과 눈물 때문이었다. 남성은 여성의 눈물에 약하다.

- 민담에 나오는 선녀, 나무꾼, 홀어머니는 한국인의 가정에서 발생할 수 있는 전형적인 삼각관계를 보여 준다. 남자는 자신의 어머니와의 밀착된 관계를 정리하는 것이 너무 어려운 일이며 또한 그런 연유로 남자는 아내와 어머니 사이에서 눈치를 보며 괴로워한다.

- 남편의 마음속에서는 선녀로 표상된 아내와 정과 혈육으로 표상된 어머니가 항상 대립하고 있다.

- 하늘과 땅 사이에는 서로 왕래할 수 없는 무한한 거리가 존재하지만 선녀의 날개옷, 두레박 그리고 천마는 그 사이를 왕래할 수 있는 특별한 도구가 되었다. 아무리 힘든 일일지라도 뜻이 있으면 반드시 길이 있다. 그리고 남편과 아내가 서로의 갈등으로 아무리 멀리 떨어져 있을지라도 두 사람이 다시 만나는 것은 결코 불가능한 일이

아니다.

- 하늘로 올라간 나무꾼이 어머니가 보고 싶어서 지상으로 내려온 것은 남성이 결혼하여 부모를 떠나기가 쉽지 않다는 것을 나타낸다.
- 선녀인 아내가 남편에게 천마를 타고 지상으로 가서 엄마를 만나되 절대로 말에서 내리지 말라고 경고한 것은 의미 있는 경고이다. 남편이 말에서 내려 발로 땅을 밟는 것은 남편이 아내가 아니라 어머니를 선택하는 행동을 상징하는 것이기 때문이다.
- 선녀는 남편에게 지상으로 가서 어머니를 만나도록 도와주지만, 어머니를 하늘로 데리고 오라고는 하지 않는다. 그것은 시어머니와 함께 살고 싶지 않다는 것을 의미한다.
- 어머니가 아들에게 밥 대신 죽이라도 먹이려는 것은 모자간의 밀착된 관계가 낳은 과도한 행동이다. 집착은 항상 문제의 원인이 된다.
- 어머니가 아들에게 뜨거운 죽을 준 것은 아들을 지상에 묶어 두려는 의도가 숨겨져 있는 행동으로 볼 수 있다. 어머니는 아들이 뜨거운 죽을 말의 등에 쏟을 수 있다는 것을 기대했을지도 모른다.
- 남자가 결혼을 한 후에도 어머니를 떠나지 못하면 결국 수탉이 되어 아내가 있는 하늘을 쳐다보며 울게 된다.

부록 1
칼 융의 정신구조와 꿈의 상징

정신의 영역

인간의 마음, 곧 정신은 어떤 모습을 지니고 있을까? 꿈이 무의식으로부터 의식으로 보내지는 편지라면 무의식과 의식을 포괄하는 정신에 대한 이해가 필요하다. 정신의 구조에 대한 이해는 심리학과 상담이론에 따라 차이가 있으며 이런 차이로부터 다양한 심리학과 상담이론이 나온다.

인간의 정신을 이해하기 위해서는 모든 심리학과 상담이론을 살펴보는 것이 도움이 될 것이다. 그러나 여기에서는 융의 분석심리학을 중심으로 알아보려고 한다. 인간의 마음에 대한 융의 이론, 즉 정신의 구조모델은 꿈을 공부하고 꿈작업을 하는 사람들에게 많은 도움이 된다. 그러나 단지 융이 제시한 정신의 구조모델이 무엇인지를 아는 것만으로는 부족하다. 그 구조모델과 꿈에 등장하는 소재(상성심상)들과의 관계를 이해하는 것이 필요하다. 꿈에 나타난 소재들이 정신을 이루고 있는 다양한 요소 중에 어떤 것과 관계가 있는 것인지를 파악해야 한다.

융은 인간 정신세계를 크게 세 가지의 영역으로 구분했다. 의식과 개인무의식과 집단무의식이다. 이것은 프로이트가 의식, 전의식, 무의식으로 구분한 것과 비교된다. 융은 프로이트가 말한 전의식을 따로 구분하지 않고 의식의 영역에 포함시킨 것으로 보이며, 대신 무의식을 개인무의식과 집단무의식으로 나누었다. 개인무의식은 프로이트가 지목한 무의식과 같은 영역으로 볼 수 있으며, 집단무의식은 융이 새롭게 발견한 영역이다.

융에 따르면, 정신은 의식과 개인무의식과 집단무의식으로 구성되어 있는데, 이 영역들은 2차원의 평면적 공간이 아니라 3차원의 입체적 공간으로서 정신을 이루고 있는 많은 구조물이 들어 있는 집 또는 창고와 같은 것이다. 3차원으로 구성되어 있는 정신의 영역 속에는 무엇이 들어 있을까? 그 속에는 다양한 요소와 내용을 지닌 심리적인 구조물들이 들어 있다. 그렇게 다양한 구조물이 모여서 한 개인의 정신과 성격을 형성한다. 융은 정신의 세 가지 영역 속에 들어 있는 심리적인 구조물들에 대한 연구를 했다. 융의 연구에 따르면, 의식의 영역에는 의식의 세계를 주관하는 자아(ego) 그리고 자아와 연결되어 있는 정보와 지식이 들어 있고, 개인무의식 안에는 개인적인 삶의 모든 경험과 사람마다 성격의 차이를 만드는 수많은 콤플렉스(complex)가 모여 있으며, 집단무의식 안에는 인간을 인간되게 하는 정신의 기본적인 골격인 원형(archetype)들과 신화적인 요소들이 자리를 잡고 있다(Johnson, 1986).

집단무의식을 형성하고 있는 원형들 중에서 대표적인 것들은 페르소나(persona), 그림자(shadow), 아니마(anima)와 아니무스(animus), 마성인격(mana personality), 부성 원형(father archetype)과 모성 원형(mother archetype), 신성한 아이(divine child), 트릭스터(trickster), 그리고 의식과 무의식을 포함하여 정신의 중심이 되는 자기(Self) 등이다(Fontana, 1994). 그러나 융은 인간 정신을 마치 과학적인 개념처럼 기계론적으로 설명하는 것을 좋아하지 않았다. 왜냐하면 그것은 상징과 원형이라는 비과학적인 세계의 개념을 과학의 울타리 안에 가두어 두는 일이 되기 때문이다.

융에 따르면, 앞에서 언급한 다양한 심리적 구조물이 모여서 한 사람의 성격 또는 인격을 형성한다고 볼 수 있다. 그리고 이런 구조물들은 우리의 꿈에서 상징의 형태로 자주 등장한다. 따라서 그 구조물들에 대한 이해가 있으면 꿈을 살펴보는 데 도움이 된다. 꿈 투사의 폭이 넓어지고 꿈과 상징의 의미를 발견하는 데 유익하다. 융이 제시한 세 영역의 정신 구조에 전의식의 영역을 포함하여 그 속에 있는 구조물들을 간략한 도표로 만들면 [그림 11-1]과 같다.

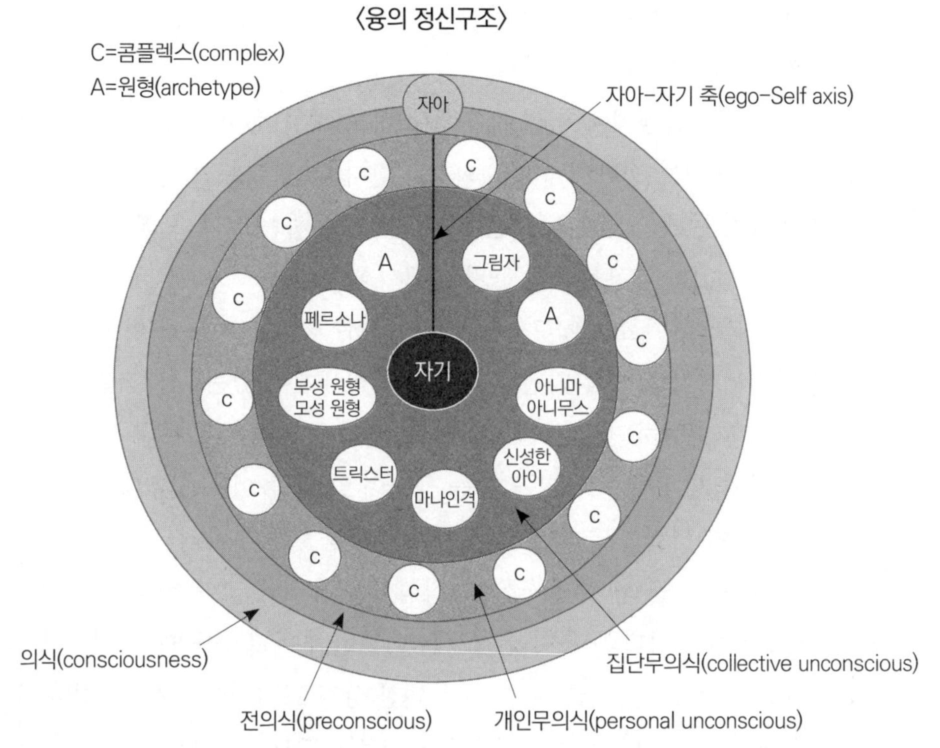

그림 11-1 융의 정신구조

의식

의식(consciousness)은 내가 알고 있는 나의 정신세계를 의미한다. 이때 '나'는 자아를 말한다. 즉, 의식은 자아와 연결되어 있는 정신의 세계라 할 수 있다. 인간의 정신 안에는 수많은 양의 내용물이 들어 있지만 자아는 그중에서 일부만을 알고 있다. 그것은 의식의 세계 속에 있는 내용물이다. 자아가 모르거나 자아와 연결되어 있지 않은 것들은 무의식 안에 있다.

의식은 자아가 알고 있는 내용물들이기 때문에 다음과 같이 표현되는 모든 것이다. 나의 생각, 나의 기억, 나의 감정, 나의 이해, 나의 지식, 나의 의지, 나의 선택, 나의 계획, 나의 통찰, 나의 깨달음, 나의 추측……. 이처럼 나와 연결 지어 표현되는 모든 것은 의식의 세계 속에 있는 것들이다(이부영, 1998).

의식의 영역은 무의식의 영역에 비해 매우 협소하고 제한적이다. 빙산의 일각에 비유되기도 하고, 바다에 떠 있는 병마개에 비유되기도 한다. 그럼에도 의식의 역할은 매우 중요하다. 왜냐하면 그것은 깨어 있는 낮시간에 자아가 활동하는 무대가 되기 때문이다. 자아는 의식의 세계 안에 있는 내용물들을 근거로 해서 활동한다.

의식의 세계는 꿈에서 어떤 소재(상징심상)로 등장할까? 꿈에는 가끔씩 의식의 세계가 나타난다. 그러나 의식세계가 꿈에 나타난다고 해서 의식세계에 있는 구체적인 내용물들이 나타나는 것은 아니다. 왜냐하면 꿈은 자아가 모르는 것을 의식으로 보내 주는 것이기 때문이다. 꿈은 의식적인 자아가 알고 있는 것을 구태여 알려 줄 이유가 없다. 그럼 꿈에 나타나는 의식세계는 어떤 것일까? 그것은 의식세계의 내용물들이 아니라 의식이라는 전체의 영역이다. 의식세계의 영역에 대한 꿈의 상징심상은 장소와 색깔 등 여러 모습으로 나타난다. 예를 들어, 꿈에서 바다와 육지의 경계선인 해변이 나타났을 때, 바다는 무의식에 대한 상징 표현이고 모래가 있는 해변은 의식에 대한 상징 표현이라고 볼 수 있다. 꿈에서 검은색과 흰색이 대비되고 있다면, 검은색은 무의식을 나타내고 흰색은 의식을 나타낸다고 할 수 있다. 흰색과 노란색처럼 밝은색들은 의식세계를 상징하는 경우가 많다. 또한 움직임이나 동작의 방향이 의식 또는 무의식을 나타낼 수가 있는데, 만약 꿈에서 층계를 오르거나 엘리베이터를 타고 올라가는 것 같은 상승의 움직임이 있다면 그것은 의식세계를 향한 이동이라고 할 수 있고, 반대로 아래로 내려가는 하강의 움직임이 있다면 그것은 무의식 세계를 향한 이동이라고 볼 수 있다.

자아

자아(ego)는 자아 콤플렉스(ego complex)라고도 한다. 왜냐하면 자아는 많은 콤플렉스 중의 하나이기 때문이다. 그러나 자아는 모든 콤플렉스 중에서 그 기능과 역할이 가장 크고 중요하다고 할 수 있다. 왜냐하면 사고, 기억, 선택, 결정, 반추 등 의식적으로 행하는 모든 것은 자아 콤플렉스의 활동이기 때문이다. 자아는 의식세계의 중심이며 의식세계를 관장한다(Samuels et al., 1993). 자아의 기능과 역할을 다음과 같이 몇 가지로 정리해 볼 수 있다.

- 자아는 깨어 있는 낮시간 동안에 정신활동을 주관한다. 물론 낮시간에도 무의식은 활동하지만 낮시간대의 자아는 잠자는 밤시간과 달리 개인의 의식적인 사고활동과 행동을 주관한다.
- 자아는 의식세계의 균형을 유지한다. 의식세계에 들어 있는 많은 정보의 질서와 균형을 유지하며 필요할 때마다 그 정보를 꺼내어 사용한다.
- 자아는 외부세계와 관계를 맺으며 외부세계로부터 들어오는 수많은 정보를 걸러서 받아들이기도 하고 받아들이지 않기도 하는 문지기(gate keeper)의 역할을 한다. 자아가 받아들인 정보들은 일단 의식의 영역 속에 머물게 된다.
- 자아는 의식의 영역 안에 있는 정보들을 무의식의 영역으로 보내기도 하고 보내지 않기도 한다. 그 결과 많은 양의 정보가 무의식 안에 저장된다. 특히 의식 속에 가지고 있기 싫거나 고통스러운 정보들을 무의식으로 보낸다. 무의식에 보내진 정보들은 무의식의 창고에 저장되거나 억압된다.
- 역으로 자아는 내부세계와도 관계를 맺으며 무의식의 영역 속에 저장되어 있는 정보를 의식의 영역으로 받아들이기도 하고 받아들이지 않기도 한다.
- 자아는 개인무의식이나 집단무의식 안에 있는 내용물들을 부정하고 억압하기도 하지만, 반대로 사신을 그 내용물들과 동일시하기도 한다. 이 두 가지는 모두 정신병리를 유발할 수 있다. 건강한 자아는 그 내용물들을 적절하게 수용하고 통합한다.

융의 초기 이론 가운데 심리학적 유형론(psychological type theory)이라는 것이 있다. 이것은 사람들을 심리적인 유형별로 구분함으로써 그 유형이 지니고 있는 특징들을 정리한 것이다. 융은 심리학적 유형을 크게 태도상의 유형과 기능상의 유형으로 구분했다. 태도상의 유형은 리비도의 운동 방향 또는 관심 방향에 따른 분류로서, 여기에는 외향적인 태도와 내향적인 태도가 있다. 기능상의 유형은 정신의 몇 가지 중요한 기능에 따른 분류로서,

그 유형에는 사고기능과 감정기능, 그리고 감각기능과 직관기능이 있다. 융의 주장에 따르면, 이런 기능상의 유형은 모두 자아의 기능에 따라 분류된 것이다. 즉, 사고와 감정, 감각과 직관은 모두 자아의 기능과 관련이 있다는 것이다. 사고기능은 객관적이고 원칙적인 것을 추구하며 개인적인 것보다 일반적인 것에 가치를 둔다. 감정기능은 주관적이고 개인적인 상황에 더 가치를 두며 감정이 판단과 결정에 동기가 된다. 감각기능은 오감을 통한 물리적인 자극을 알아차리는 기능으로서 이것은 의식적인 지각 활동에 속한다. 그러나 직관기능은 오감을 통하지 않고 본능적으로 알아차리게 되는 자아의 기능이다. 그 알아차림은 예상하지 않은 곳에서 갑자기 온다(Jung, 정명진 역, 2018).

그러나 자아의 기능에는 제한점이 있다. 자아는 한 번에 오직 한 가지의 내용만을 의식할 수 있기 때문이다. 이것은 마치 캄캄한 밤에 손전등을 비추면 그 불빛이 비추어지는 장소만 보이고 다른 장소는 보이지 않는 것에 비유할 수 있다. 즉, 자아가 한 가지의 내용에 집중하거나 그것을 생각하면 나머지의 내용들은 의식되지 않는다. 이때 다른 내용들은 의식의 영역에 있지만 의식되지 않은 채로 있거나 개인무의식 또는 집단무의식 세계에 있다고 볼 수 있다. 그럼에도 자아의 기능과 역할은 매우 중요하다. 만약 자아의 기능이 와해되면 일상적인 사고와 활동은 불가능할 뿐만 아니라 무의식의 내용물들이 화산처럼 분출되어 총체적인 신경증이나 정신병에 걸릴 수도 있기 때문이다.

융의 이론에 따르면, 의식은 무의식으로부터 발달되는 것이다. 갓 태어난 유아는 아직 의식이 발달되지 않은 상태에 있다. 따라서 유아의 행동과 삶은 모두 무의식적이라 할 수 있다. 발달은 시간을 요하는 일이다. 시간이 지남에 따라 유아의 무의식에서 자아가 솟아오른다. 마치 바다에서 태양이 떠오르는 것처럼 자아가 탄생하는 것이다. 그리고 그 자아와 함께 의식의 세계가 형성된다. 이것은 대단한 사건이다. 왜냐하면 또 한 번의 탄생이라 할 수 있기 때문이다. 이런 융의 이해는 프로이트의 초기 이론과 상충된다. 왜냐하면 프로이트는 무의식이 의식으로부터 나오는 것이라고 보았기 때문이다(이부영, 1998).

자아는 꿈과 어떤 관계가 있는 것일까? 꿈에서 자아는 어떤 상징심상으로 나타날까? 꿈은 무의식의 내용과 구조물들이 의식으로 드러나는 것이다. 꿈을 꿀 때 자아는 사고, 기억, 판단 등의 활동을 중지한다. 그럼에도 자아가 꿈에 전혀 등장하지 않는 것은 아니다. 거의 모든 꿈에 자아가 등장한다. 꿈에 등장하는 자아를 '꿈자아(dream ego)'라고 한다. 꿈

자아는 꿈에서 꿈을 바라보고 경험하는 주체이다. 우리가 꿈을 꿀 때에는 그 꿈을 바라보고 인식하고 경험하는 주체가 있다. 그 주체는 꿈속에서 일어나는 일들을 옆에서 바라보기도 하고 그 일들 속에 섞여서 직접 체험하기도 한다. 꿈자아는 꿈에 대한 사건을 인지하며 정서적으로 반응한다. 그러나 꿈자아는 낮시간의 자아와 다르다. 꿈자아는 꿈의 상황을 바라보고 경험할 뿐, 그것을 생각하고 분석하지는 못하기 때문이다. 꿈을 꾸고도 꿈에서 깨어나면 꿈을 잘 기억하지 못하는 이유가 여기에 있는 것으로 보인다.

꿈에서 자아는 어떤 모습으로 투사될까? 다양한 모습과 상징으로 투사되지만 그중 몇 가지는 다음과 같다. 즉, 꿈에서 자아는 사람의 눈, 창문, 렌즈, 카메라, 거울, 차량, 나침반, 문 또는 출입구, 빛 또는 불꽃 등의 상징으로 표현된다. 그러나 상징을 일대일의 사전적인 의미로 받아들이는 것은 부적절하다. 왜냐하면 상징은 개인에 따라 다른 의미를 나타낼 수 있기 때문이다. 따라서 다음에 제시되는 자아의 상징에 대한 의미 설명은 단지 참고로만 이해하는 것이 좋다.

- 꿈에서 눈은 자아의 관찰력과 인지 및 통찰기능을 상징한다.
- 꿈에서 창문은 외부세계를 내다보며 자기 내면과 외부세계를 연결짓는 자아의 기능을 상징한다.
- 꿈에서 보인 렌즈는 특정한 대상에 초점을 맞추고 집중해서 바라보는 자아의 현실적인 기능을 상징한다.
- 꿈에 보인 카메라는 외부세계를 관찰하고 기록하고 저장하는 자아의 기능을 상징한다.
- 꿈에 나타난 거울은 자아가 자기를 비춰 봄으로써 사기를 인식하고 반추하는 기능을 상징한다.
- 꿈에 나타난 차량은 삶의 방향이나 이동 또는 움직임 등을 가능하게 하는 자아의 역동적인 기능을 상징한다.
- 꿈에 등장한 나침반은 자아의 방향성과 의사결정 기능을 상징한다.
- 꿈에 나타난 문 또는 출입구는 자아가 새로운 경험에 실험적으로 도전하거나 무의식 세계로 들어가는 상태를 상징한다.
- 꿈에서 보이는 빛 또는 불꽃은 자아의 의식, 알아차림, 깨달음, '아하' 경험 등을 상징한다.

──── 개인무의식

개인무의식(personal unconscious)은 각 사람이 개인적으로 가지고 있는 무의식으로서 이것은 모든 사람이 공통적으로 지니고 있는 집단무의식과 비교된다. 개인무의식은 개인이 겪은 삶의 경험과 관련이 있다. 즉, 한 사람이 세상에 태어나서 경험한 모든 경험이 축적되어 있는 정신의 영역이다. 이것을 개인무의식이라고 하는 것은 그 경험이 개인마다 모두 다르고 차이가 있기 때문이다. 개인무의식 속에는 수없이 많은 콤플렉스가 들어 있다. 콤플렉스는 개인무의식의 세계를 구성하는 정신의 내용물이다.

과거의 경험은 사라지지 않는다. 그것은 희미해지고 망각될 수는 있으나 파괴되지는 않는다. 과거의 모든 경험이 저장되는 장소가 있다. 그곳이 개인무의식이다. 캐나다에 있는 맥길 대학교 교수인 와일더 펜필드(Wilder Penfield) 박사의 연구에 따르면, 과거의 모든 경험은 사라지지 않고 인간의 뇌 속에 저장된다. 그리고 뇌 속에 저장된 경험은 특정한 자극을 받으면 다시 재생된다(Harris, 이형득, 이성태 공역, 1995). 이 말을 융 심리학으로 바꾸어 표현한다면, 과거의 경험은 개인무의식에 저장된다고 할 수 있을 것이다. 개인무의식의 내용은 개인마다 독특하고 서로 다르다. 개인무의식이 있기 때문에 사람들은 개인마다 서로 다른 성격을 가지게 되는 것이다. 즉, 개인무의식은 모든 사람이 각자 고유한 성격을 지니도록 만드는 심리적인 요인이라 할 수 있다. 집단무의식이 모든 사람이 공통적으로 지니고 있는 성격의 골격이라면, 개인무의식은 사람들의 성격을 서로 다르게 만드는 경험적인 요인이다(Johnson, 1986).

이런 개인무의식은 상담과 심리치료 과정에서 먼저 살펴보는 것이 일반적이다. 즉, 내담자가 겪고 있는 정신적인 갈등의 원인과 배경을 파악하기 위해서는 먼저 개인적인 삶의 경험을 알아본 후에 인간 존재로서의 보편적인 문제로 나아가는 것이 필요하다. 융은 그런 과정을 다음과 같이 말했다. "집단무의식의 내용을 다루기 전에 먼저 개인무의식의 내용을 의식으로 떠올려서 다뤄야 한다. 그렇게 해야만 집단무의식을 밝혀낼 수 있는 길이 열리기 때문이다(Jung, cited in Jacobi, 1973). 이런 융의 말에 의하면, 집단무의식 안에 있는 원형의 문제를 다루기 전에 개인무의식 안에 있는 콤플렉스의 문제를 다루는 것이 순서적으로 적절하다고 할 수 있다.

───── 콤플렉스

콤플렉스(complex)는 개인무의식을 형성하고 있는 정신의 구조물이다. 개인 무의식 속에는 수없이 많은 콤플렉스가 들어 있는데, 이 콤플렉스들이 모여서 개인의 독특한 성격을 만든다. 융의 초기 연구는 콤플렉스에 집중되었는데, 콤플렉스는 프로이트가 말한 신경증과 유사한 개념으로 이해되었다. 융은 콤플렉스의 기능과 역할을 매우 중요하게 생각했다. 융은 자신의 심리학을 콤플렉스 심리학(complex psychology)이라고 명명하려고 했을 만큼 콤플렉스를 중요하게 생각했다(Samuels et al., 1993).

융에 따르면, 콤플렉스는 개인의 성격을 형성하는 구조물로서 꿈을 만드는 중요한 요인이 된다. 융은 콤플렉스를 무의식에 이르는 왕도요, 꿈을 만드는 꿈의 건축가라고 말했다. 꿈은 우리가 자신의 콤플렉스를 만나 볼 수 있는 확실한 통로가 된다는 것이다.

콤플렉스의 종류는 수없이 많다. 그 종류들을 열거할 수 없을 만큼 많다. 그 모든 콤플렉스가 모여서 한 사람의 성격을 규정한다. 예를 들어, 콤플렉스에는 어머니(모성) 콤플렉스, 아버지(부성) 콤플렉스, 아들 콤플렉스, 딸 콤플렉스, 외모 콤플렉스, 학력 콤플렉스, 돈 콤플렉스, 권력 콤플렉스, 사랑 콤플렉스, 섹스 콤플렉스, 결혼 콤플렉스, 노래 콤플렉스, 실수 콤플렉스, 나이 콤플렉스, 상실 콤플렉스, 거절 콤플렉스, 청결 콤플렉스, 조국 콤플렉스, 질서 콤플렉스, 죽음 콤플렉스, 착한아이 콤플렉스 등 수없이 많다. 그러나 콤플렉스들 중에는 개인에 따라 더 민감하게 반응하게 되는 콤플렉스가 있다. 어떤 사람은 외모 콤플렉스에 더 민감하게 반응하고, 또 어떤 사람은 학력 콤플렉스에 더 민감하게 반응하며, 또 다른 사람은 나이 콤플렉스에 더 민감하게 반응한다. 민감하게 반응한다는 것은 그 콤플렉스가 자극을 받으면 강렬한 감정에 휩싸이거나 특별한 생각에 사로잡히게 되는 것을 말한다. 어떤 콤플렉스가 민감하게 반응할 경우, 그것은 그 콤플렉스가 상처 입었다고 말할 수 있다. 그것은 그 콤플렉스와 관계가 있는 경험이 긍정적인 것보다 부정적인 것들이 많다는 것을 의미한다.

하나의 콤플렉스는 개인이 지닌 부분 성격 또는 부분 인격이라 할 수 있다. 왜냐하면 그런 콤플렉스들이 모여서 전체 인격이 되는 것이기 때문이다. 융은 "부분 인격과 콤플렉스 사이에는 원리상 아무런 차이가 없다. 콤플렉스는 분열된 인격들이다."라고 말했다(Jung,

1970). 사람은 한순간에 하나의 콤플렉스의 영향을 받는다. 하나의 콤플렉스가 작동을 하면 그 콤플렉스가 그때 그 사람의 인격 또는 성격이 되는 것이다. 우리는 간혹 "내 안에 내가 모르는 내가 있다."고 말하는 경우가 있는데, 융 심리학적인 입장에서 보면, 그 말은 내 안에 있는 많은 콤플렉스 중에 하나의 콤플렉스가 그 순간 주도적으로 작동하고 있다는 것을 의미한다.

콤플렉스는 자아의 간섭을 받지 않고 임의대로 행동한다. 즉, 자율성이 콤플렉스의 특성이다. 콤플렉스는 자아의 의지나 통제를 받지 않고 불쑥 튀어나오며 독자적으로 행동한다. 그 결과 자아와 콤플렉스 사이에 충돌과 갈등이 발생하기도 하며, 때로는 자아가 콤플렉스의 지배에 사로잡히게 되기도 한다(Jacobi, 1974). 자아가 콤플렉스의 지배에 사로잡히면 의식세계에서 균형을 잃고 하나의 생각이나 감정에 과도하게 몰두하게 된다. 예를 들어, 길을 가다가 어떤 사람과 어깨를 부딪쳤는데 그 사람이 인상을 쓰고 지나가면서 혼잣말로 "호박 같은 게~!"라고 말했다고 하자. 이때 만약 외모 콤플렉스가 있는 사람이 그 말을 들었다면, 그의 모든 의식과 생각이 '호박'이라는 단어에 사로잡히게 된다. 그 말에 과도하게 몰두하고 분노하면서 한동안 그 말에서 헤어나지를 못한다. 이것은 외모 콤플렉스가 그 사람의 자아 인격을 지배하거나 삼켜 버린 것이다. 이때 자아가 본래의 기능을 잃어버리고 인격의 분리 또는 해리가 나타나기도 한다. 융은 "콤플렉스는 독립된 존재처럼 행동한다."고 말했다(Jung, 1970). 또한 융은 이렇게 말했다. "사람들은 자기가 콤플렉스를 가지고 있다는 것은 알고 있지만, 콤플렉스가 자기를 가지고 있다는 것은 잘 모르고 있다."(Jung, 1970) 그러나 건강한 인격을 지닌 사람은 자아가 콤플렉스를 통제할 수 있는 힘을 어느 정도 가지고 있다고 보아야 한다. 이런 사람을 일컬어 자아의 강도가 높은 사람이라고 한다.

콤플렉스는 어떻게 형성·발달되는 것일까? 콤플렉스는 흔히 해리된 인격, 즉 자기가 감당할 수 없는 충격적인 외상 경험 또는 도덕적인 갈등으로 인해서 정신의 일부가 떨어져 나간 상태로 볼 수 있다. 그러나 발생학적인 이해가 필요하다. 융의 이해와 연구에 따르면, 콤플렉스는 하나의 핵(core)과 핵 주위에 모여 있는 많은 응집물(aggregate)과 군집으로 되어 있다. 콤플렉스의 핵은 강한 정감을 지닌 원형적인 요소로서 유아가 태어날 때부터 가지고 있는 것이다. 유아는 수없이 많은 종류의 콤플렉스 핵을 가지고 태어난다. 콤플렉스의 핵들은 각기 자기와 유사한 것들을 자석처럼 끌어당겨서 집결시키는 강력한 힘을 가지고 있다. 콤플렉스의 응집물들은 사람이 태어나서 경험한 삶의 모든 경험을 말한다. 그 응집물들은 종류별로 콤플렉스의 핵 주위에 자석에 끌리듯이 모여든다(Jacobi, by Manhiem, 1974). 예를 들면, 아버지와의 관계 경험에서 형성된 응집물들은 아버지 콤플렉스 핵 주위에 모이게 되고, 외모에 대한 경험으로 형성된 응집물들은 외모 콤플렉스 핵 주위에 모이게 된다. 아버지 콤플렉스의 응집물들은 아버지에 대한 모든 경험인데, 아버지의 말과 행동, 아버지의 얼굴표정, 아버지의 돌봄, 아버지의 칭찬, 아버지한테 매를 맞은 것, 아버지가 소리를 지르면서 엄마와 싸우던 모습 등 모든 것을 포함한다. 이처럼 응집물들이 모여서 충분한 힘을 지니게 되면 콤플렉스로 발달한다. 그러나 콤플렉스가 항상 활성화되어 힘을 가진 상태에 있는 것은 아니다. 왜냐하면 콤플렉스를 구성하고 있는 응집물들은 항상 하나로 뭉쳐 있는 것이 아니고 개인무의식의 공간 속에 여기저기 산만하게 흩어져 있기 때문이다. 그런 중에 어떤 자극을 받으면 한 콤플렉스의 핵 주위에 응집물들이 배열(constellation)되어 콤플렉스로 힘을 갖게 된다(Samuels et al., 1993).

이런 콤플렉스의 응집물들은 긍정적인 것과 부정적인 것을 모두 지니고 있다. 기쁘고 즐겁고 행복한 경험과 관련된 응집물들은 긍정적인 것이라 할 수 있고, 슬프고 아프고 고통스러운 경험과 관련된 응집물들은 부정적인 것이라 할 수 있다. 하나의 콤플렉스가 완전히 백 퍼센트의 긍정적인 응집물들로 되어 있는 경우는 거의 없으며, 마찬가지로 완전히 백 퍼센트의 부정적인 응집물들로 되어 있는 경우도 거의 없다. 다만, 그 정도의 차이가 있을 뿐이다. 사람들은 부정적인 응집물들이 많은 콤플렉스가 자극을 받을 때 더 민감하게 반응한다.

융의 연구에 따르면, 콤플렉스는 원형으로부터 파생된 것으로 그 핵심부 주변에 심상(imagery)과 개념(thought)이 표집되어 있으며, 특히 감정적인 색채로 물들어 있다고 할 수 있다(Samuels et al., 1993). 첫째, 콤플렉스는 심상으로 되어 있다. 심상은 마음속에 있는 그림으로서 과거에 경험한 것이 이미지 형태로 남아 있는 것이다. 어머니 콤플렉스는 어머니에 대한 심상적인 기억으로 되어 있다. 따라서 이머니 콤플렉스가 자극을 받으면 어머니의 모습이 그림처럼 떠오른다. 예를 들어, 어머니가 부엌에서 밥을 짓는 모습이 떠오를 수도 있고, 어머니가 어린 자기를 안아 주던 모습이 생각날 수도 있다. 이것은 어머니 콤플렉스 핵 주위에 모여 있는 응집물들이 자신의 모습을 심상으로 드러내는 것이라 할 수 있다. 둘째, 콤플렉스는 정서, 곧 감정으로 되어 있다. 감정은 콤플렉스를 이루고 있는 핵심적인 요소이다. 융은 그의 초기 연구에서 단지 콤플렉스라고 말하지 않고 '감정 톤의 콤플렉스(feeling-toned complex)'라고 말했는데, 이것은 융이 감정적인 요소를 그만큼 강조했던 것으로 보인다. 융은 나중에 그것을 줄여서 그냥 콤플렉스라고 명명했다(Jung, cited in Jacobi, 1973). 콤플렉스가 자극을 받으면 콤플렉스의 응집물들이 집결되면서 감정적인 반응이 나타난다. 슬프거나 불쾌한 감정을 느낄 수 있고 두려움이나 환희의 감정을 경험할 수도 있다. 때로는 눈물이 나기도 하고 몸이 움츠러드는 신체적인 반응이 나타나기도 한다. 예를 들어, TV드라마를 보다가 헤어졌던 어머니와 아들이 극적으로 만나는 장면을 보고 눈물을 흘렸다면, 그것은 어머니 콤플렉스가 자극을 받아 나타난 정서적인 반응이라 할 수 있다. 셋째, 콤플렉스는 개념 또는 생각으로 되어 있다. 따라서 콤플렉스가 자극을 받으면 그 콤플렉스의 응집물들이 집결되면서 어떤 생각이 떠오른다. 그리고 그 생각에 몰두하기도 한다. 만약 어머니 콤플렉스가 자극을 받으면 어머니에 대한 생각에 몰두할 수 있고, 외모 콤플렉스가 자극을 받으면 자신의 외모에 대한 생각에 사로잡힐 수 있다.

콤플렉스는 상처와도 관계가 있다. 융 심리학의 입장에서 본다면, 상처는 주로 부정적인 응집물들로 형성되어 있는 콤플렉스라 할 수 있다. 이런 콤플렉스를 일컬어 '상처받은 콤플렉스'라고 불러도 좋을 것이다. 상처받은 콤플렉스가 건드려지면 과거의 아픈 기억이 떠오르면서 슬픔, 두려움, 분노와 같은 부정적인 감정들이 발생한다.

상처받은 콤플렉스는 신경증과 정신증의 원인이 된다. 콤플렉스는 쓸데없는 생각으로 불쾌한 감정에 빠지게 하며 특히 신경증 환자의 증상인 환청과 환시를 유발하기도 한다. 그러나 콤플렉스 자체가 병리적인 것은 아니다. 콤플렉스는 창조와 영감과 열정의 배경이 되기도 하기 때문이다. 예를 들면, 사랑이라는 콤플렉스에 사로잡혀 있는 예술가는 사랑을 주제로 한 걸작을 만들어 낼 수 있고, 민족과 동포라는 콤플렉스에 심취되어 있는 정치가는 애국적인 정치활동을 할 수도 있다. 문제가 되는 것은 콤플렉스를 무의식 속에 가둬 두고 의식화하지 않을 때이다. 그러면 콤플렉스는 의식에 침투해서 그 질서를 교란시킨다. 의식적인 자아를 삼켜 버린다. 이런 경우, 무속에서는 신이 들렸다고 말하기도 한다. 융 심리학에 의하면, 그것은 자아에 대한 콤플렉스의 빙의(possession) 상태라 할 수 있다(이부영, 1998).

콤플렉스가 꿈으로 나타날 때는 어떤 모습을 지니게 될까? 물론 상징이라는 옷을 입는다. 따라서 콤플렉스의 표현방식에 있어서 낮시간대의 깨어 있을 때와 꿈으로 표현될 때의 차이가 있다. 우리는 깨어 있을 때 '나는 학력에 대한 콤플렉스가 있다.', '나는 외모에 대한 콤플렉스가 있다.', '나는 결혼에 대한 콤플렉스가 있다.' 등으로 말을 한다. 그러나 이러한 콤플렉스들이 꿈으로 등장할 때는 상징으로 나타나기 때문에 그 의미를 파악하기가 쉽지 않다. 꿈을 기록하고 꿈작업을 해야 하는 이유가 여기에 있는 것이다.

언급한 것처럼, 콤플렉스의 종류는 수없이 많다. 따라서 콤플렉스가 꿈에 자신을 드러내는 상징심상은 그 종류별로 수없이 많고 다양하다. 그 모든 상징심상을 체계적으로 열거하고 정리하는 것은 어려운 일이다. 즉, 콤플렉스가 꿈에 어떤 상징으로 투사되는지를 모두 알아볼 수는 없다. 다만, 몇 가지의 일반적인 경우를 생각해 볼 수 있을 뿐이다.

- 어떤 사람은 자기 방에 책들이 수북하게 쌓여 있는 꿈을 꾸었는데 이 꿈은 학력 콤플렉스를 나타내는 꿈이라는 것을 알게 되었다.
- 어떤 사람은 꿈에서 화폐를 손으로 찢어 버리는 꿈을 꾸었는데 이 꿈은 자기 자신에게 돈 콤플렉스가 있다는 것을 알려 주는 꿈이라는 것을 알게 되었다. 그러나 꿈의 상징을 단순히 특정 콤플렉스와 일대일의 관계로 대입시키는 것은 부적절할 수 있다. 예를 들어, 화폐를 찢는 꿈을 꾸었다면 돈 콤플렉스만이 아니라 권력, 성공, 자존감, 열등감, 분노 등의 의미를 탐색해 볼 필요가 있다.
- 어떤 사람은 꿈에서 한 어린아이가 엄마와 손을 잡고 길을 가다가 그 손을 놓쳐서 울고 있는 것을 보았는데, 이 꿈이 자신의 어머니 콤플렉스를 나타내는 꿈이라는 것을 알게 되었다. 꿈사람은 연상 작업 중에 어린 시절의 기억이 떠올랐는데, 그것은 어머니의 돌봄을 받지 못하고 방치되어 홀로 지내던 슬픈 기억이다.
- 어떤 사람은 꿈에 검은 옷을 입은 군인이 손에 총을 들고 자기를 죽이려고 쫓아오는 꿈을 꾸었는데, 꿈작업을 통해서 이 꿈이 자기 안에 있는 미해결된 죄책감 콤플렉스라는 것에 아하가 있었다. 해소되지 않은 죄책감은 종종 꿈에서 꿈사람을 해치려는 위협적인 존재로 등장한다. 이것은 죄책감을 해소해야 한다는 것을 알려 주는 꿈이다.

꿈에 등장하는 콤플렉스의 상징들은 꿈사람을 공격하거나 쫓아오는 검은 형체 또는 흉측한 괴물인 경우가 많다. 그러나 콤플렉스가 꿈사람을 해치려는 의도는 전혀 없다. 꿈에 콤플렉스가 공격적인 형체로 나타나는 것은 목적이 있기 때문인데, 그것은 꿈사람의 의식적인 자아가 자신을 만나서 둘 사이에 통합, 곧 가까워지기를 원하기 때문이다. 이것은 그동안 자아가 콤플렉스를 억압하고 방치한 것에 대한 역설적인 반응이다. 한편, 의식적인 자아가 콤플렉스를 만나려면 불쾌하고 불편한 느낌과 고통을 감수해야 한다. 콤플렉스는 종종 당사자의 약하거나 아픈 곳을 찌르는 특성을 가지고 있기 때문이다. 콤플렉스는 정신의 가장 취약하고 아픈 곳에 위치한다. 융은 말하기를, 콤플렉스는 의식적인 자아가 발을 들여놓을 수 없는 금지구역으로서 사람들은 콤플렉스 공포(complex fear)를 가지고 있다고 했다(Jung, 이부영, 1998, 재인용).

융이 말한 것처럼, 콤플렉스는 꿈을 이루는 꿈의 건축가이다. 꿈에는 다양한 콤플렉스가 등장한다. 꿈에 등장하는 인물들은 콤플렉스가 인격화된 것으로 볼 수 있다. 특히 깨어 있는 일상적인 삶의 상황 중에 자극을 받은 콤플렉스가 꿈으로 나타나는 경우가 많다. 따라서 꿈의 의미를 파악하기 위해서는 꿈을 꾸기 전에 어떤 일이 있었는지를 생각해 보는 것이 필요하다. 다음은 콤플렉스가 꿈으로 나타난 사례들이다.

| **콤플렉스 꿈 사례 1** |

한 여인이 초등학교 4학년 때부터 반복적으로 꾸는 꿈이 있었다. 꿈에서 학교에 있는 공중화장실에 갔는데 화장실마다 아이들이 있거나 화장실 바닥에 오물이 가득 차 있어서 대변을 보지 못한다. 그래서 안절부절못하고 있는데 수업 시작을 알리는 벨소리가 울려 그만 대변을 보지 못하는 꿈이다.

꿈작업을 통해서 이 여인은 이 꿈이 아버지 콤플렉스에 대한 꿈이라는 것을 알게 되었다. 그녀가 초등학교 4학년 때 너무나 좋아했던 아버지가 갑자기 돌아가셨다. 그녀는 상실감으로 깊은 슬픔과 우울한 시간을 보내야 했다. 그러나 그런 마음과 감정을 충분히 표현할 수 있는 기회는 없었다. 꿈에서의 대변은 하나의 상징심상으로서 그녀의 마음속에 배출해야 할 필요가 있는, 그러나 배출되지 못한, 감정을 의미한다. 그것은 아버지의 상실로 인한 두려움과 슬픔과 우울 등의 감정이다. 그녀는 아버지의 갑작스러운 죽음으로 극도의 두려움과 슬픔을 느꼈지만 그 감정을 정화시킬 수 있는 기회를 갖지 못했다. 투사적 꿈작업을 통해서 자신의 꿈이 아버지의 갑작스러운 죽음에 대한 꿈이라는 것을 알아차리게 되었을 때 그녀는 한참 동안 울었다. 이 꿈은 아버지 콤플렉스에 대한 꿈으로서 아버지의 상실로 인한 두려움과 슬픔과 그리움이 마음 깊은 곳에 오랫동안 그대로 남아 있었다는 것을 알려 준다. 그녀의 꿈에 아버지의 모습이 직접 나타나지는 않았다. 화장실과 배설이라는 상징심상을 통해서 간접적으로 나타나 있다. 그러나 초등학교 4학년 때부터 그 꿈이 시작되었다는 것은 그 꿈이 아버지의 상실과 관련이 있다는 것을 보여 주는 단서가 된다.

융 분석가이며 성공회 신부인 존 샌포드(John A. Sanford)의 글에 나오는 사례이다. 샌포드는 홀로 된 어머니와 함께 살고 있는 한 청년과 오랫동안 상담을 했다. 어느 날 그는 다음과 같은 꿈을 꾸었다.

| **콤플렉스 꿈 사례 2** | 

꿈에 커다란 컵을 보았는데 그 속에 수프가 가득 담겨 있다. 청년은 어머니와 함께 그 수프 속에 빠져 허우적거리고 있다. 그는 어머니의 손을 잡고 거기서 빠져나오려고 안간힘을 쓰지만 나올 수가 없다. 그때 밖에서 커다란 손이 나타나며 그 손을 잡으라는 말이 들린다. 그러나 청년은 어머니의 손을 잡고 있기 때문에 그 손을 잡을 수가 없다. 그 순간 어머니의 손을 놓고 큰 손을 잡으라는 소리가 다시 들린다. 그러나 그는 어머니의 손을 놓지 못하고 결국 수프 속에 빠져서 괴로워하나가 꿈에서 깨어닌다.

이 꿈은 어머니 콤플렉스에 대한 꿈으로 볼 수 있다. 이것은 다 큰 아들을 자기 곁에 붙잡아 두려는 어머니의 집착적인 태도와 그런 어머니의 행농으로부터 벗어나시 못하고 붙잡혀있는 자기 자신, 곧 꿈사람의 상태를 알려 주는 꿈이다. 그것은 결국 청년과 어머니를 모두 파멸에 이르게 만들 수 있다는 것을 알려 주는 경고의 꿈이다(Sanford, 정태기 역, 2018).

─────── 집단무의식

집단무의식(collective unconscious)은 융이 발견한 정신세계이다. 이것은 융의 연구 중 가장 괄목할 만한 업적으로 평가된다. 융은 프로이트와 달리 무의식을 개인무의식과 집단무의식으로 나누었다. 집단무의식이란 동서고금의 모든 인류가 공통적으로 지니고 있는 정신의 내용 또는 구조물들이 축적되어 있는 정신의 영역이다. 사람은 누구나 이런 정신의 구조물들을 지니고 있기 때문에 인류가 된다고 할 수 있다. 융은 이런 정신의 구조물들을 원형(archetype)이라고 말했다. 즉, 집단무의식은 인간이 인간 되게 하는 원형들이 들어 있는 정신세계의 공간이다.

꿈이 무의식으로부터 의식으로 전달되는 그 무엇이라고 한다면 꿈분석 또는 꿈작업은 그 무엇을 의식으로 동화하는 의식화의 작업이라고 할 수 있다. 이런 꿈작업의 초기 단계에서 드러나는 것은 주로 낮시간에 발생한 일에 대한 생각과 감정, 상호관계 속에 있는 인물 그리고 개인적으로 경험한 과거의 사건들에 대한 기억들이다. 즉, 개인무의식 안에 있는 콤플렉스와 경험들이 등장한다. 이런 내용들은 비교적 의식화되기 쉬운 것들이다. 그러나 꿈작업이 계속되면서 생소하고 이상하며 현실 생활로부터 동떨어진 신비로운 장면들이 등장하는데, 이것은 고태적이고 원시적인 형상으로서 집단무의식 속에 있는 원형들이 나타나기 시작한 것으로 이해할 수 있다.

─────── 원형

원형(archetype)은 인간이 인간 되게 하는 정신의 기본적인 특징과 골격으로서 조상 대대로 경험한 것이 축적되고 농축되어 유전된 것이다. 이것은 인류가 유사한 정신적인 내용을 반복적이고 지속적으로 경험함으로써 사라질 수 없는 기본적인 타입(type)으로 집단무의식 안에 자리 잡게 된 것이다. 원형은 삶의 필수적인 경험들, 곧 출생, 결혼, 출산, 이별, 죽음, 구원, 사랑, 미움, 권력, 전쟁, 부모, 자녀, 모성애, 부성애, 어린이, 노인, 여성, 남성, 영웅, 현자 등과 같은 행위와 주제들 안에서 인식될 수 있다. 그런 주제들은 인류의 삶에서 피할 수 없이 계속 반복되는 보편적인 경험이기 때문이다(Samuels et al., 1993). 그런 주제들은 신화와 민담에 자주 등장한다. 모든 민족과 문화마다 신화와 민담들이 있는데, 그 안에서 이와 같은 주제들이 공통되게 다루어지고 있는 것이 발견된다. 왜냐하면 그 주제들은 모든 인류가 가지고 있는 원형적 주제이기 때문이다. 융은 타 문화권 속에 있는 사람들의 꿈을 관찰했는데, 그들의 꿈에는 인종이나 문화적인 배경에 관계 없이 반복적으로 출현하는 신화적인 요소가 있다는 것을 알아냈다. 엘렌버거(Ellenberger)에 따르면, 프로이트와 융은 무의식에 대한 이해에 큰 차이를 보이는데, 그중 하나가 원형이론이라고 말했다. 원형 심리학의 창설자인 힐먼(Hillman)은 융 심리학에서 가장 본질적인 것은 그의 원형이론이라고 주장했다(Samuels et al., 1993).

융의 이론에 따르면, 인간이 정신적으로 인간이 되기 위해서는 기본적으로 두 가지의 요소, 곧 원형들과 콤플렉스들을 가지고 있어야 한다. 이 두 가지 요소는 인간이 인간 되게 하는 필수적인 요건이다. 원형은 인간이라면 누구나 공통적으로 가지고 있는 정신의 기본골격이며, 콤플렉스는 개인마다 서로 다른 성격을 지니게 하는 개인적인 요소이다(Johnson, 1986). 따라서 원형과 콤플렉스는 다른 것이다. 그 차이를 사람의 얼굴에 비유하여 설명하면 다음과 같다. 사람의 얼굴에는 반드시 있어야 할 것들이 있다. 즉, 동그란 얼굴, 2개의 눈, 1개의 코와 입, 그리고 2개의 귀 등이다. 눈과 입은 양옆으로 벌어져 있고 코는 수직으로 세워져 있다. 이것은 사람의 얼굴이 되기 위한 최소한의 필요조건이다. 아이들에게 사람의 얼굴을 그리라고 하면 모두 이와 같은 기본적인 조건을 그림으로 그린다. 이런 최소한의 조건이 바로 원형이다. 그런데 사람의 얼굴은 누구나 둥그란 얼굴에 눈, 코, 입, 귀 등의 공통적인 요소를 지니고 있지만 그 얼굴은 개인마다 다 다르다. 똑같은 얼굴은 없다. 정신세계도 이와 같다. 사람의 성격은 모두 공통된 기본적인 구조물들을 중심으로 개인마다 성격의 차이를 만드는 또 다른 구조물들의 복합으로 형성된다. 전자를 원형이라고 하고 후자를 콤플렉스라고 한다. 성격은 마음의 얼굴이라고 할 수 있다. 원형은 성격이라는 얼굴의 기본적인 골격이 되며, 콤플렉스는 그 얼굴이 개인마다 서로 달라지게 하는 요인이 되는 것이다.

원형은 인간의 본성적인 특성인 빛과 어두움, 양과 음, 창조와 파괴, 긍정성과 부정성을 모두 지니고 있다. 즉, 원형은 서로 다른 대극들을 함께 가지고 있다. 원형은 추상적인 허상이 아니다. 원형 속에는 강력한 에너지가 잠재되어 있다. 이 에너지는 아직 발현되지 아니한 가능성으로 내재되어 있다. 따라서 원형이 그대로 드러날 경우, 인격의 성장과 통합을 촉진하는 창조적인 것이 될 수도 있고, 반대로 인격과 정신을 파괴하는 두렵고 위험한 것이 될 수도 있다. 그 차이는 의식적인 자아의 상태와 태도에 달려 있다. 자아가 자신을 원형과 지나치게 동일시하거나, 원형을 억압하고 다른 대상에게 투사하지 않아야 한다. 원형을 만나고 대화와 수용을 통해서 의식으로 통합해야 한다. 원형적인 에너지가 방출되면 강렬한 정동 반응이 나타나고 평상시에는 생각할 수 없었던 특별한 행동, 예를 들어 영웅적이거나 희생적인 행동을 할 수도 있으며, 전쟁광과 같은 파괴자가 될 수도 있다. 원형의 세계는 초인적인 신과 신화의 특성을 가지고 있기 때문이다(이부영, 1998). 융은 원형의 특성이 그 지배적인 힘(dominant power)에 있다고 했다. 원형은 바뀌거나 변형되지 않는다. 다만, 의식적인 자아에 의해서 만나지고 의식화될 수 있을 뿐이다. 따라서 원형은 상처 입은 콤플렉스처럼 치유나 제거의 대상이 아니다. 만남과 인식과 통합의 대상이 될 뿐이다. 이것은 성형수술로 눈이나 코를 예쁘게 고칠 수는 있으나 눈이나 코 자체를 없애거나 그것을 다른 것으로 대체할 수는 없는 것과 같다.

꿈의 의미를 파악하기 위해서는 원형에 대한 이해가 필요하다. 왜냐하면 원형은 종종 꿈에 등장하기 때문이다. 원형은 인생의 중요한 시기 또는 의식과 삶의 전환이 필요한 시기에 나타난다. 특히 꿈사람의 자아가 위기에 처하거나 상처받았을 때 원형이 꿈에 등장한다(Samuels et al., 1993). 원형의 종류와 수는 많지만, 꿈속에 자주 등장하는 몇 가지의 중요한 원형들이 있다. 언급한 것처럼, 페르소나(persona), 그림자(shadow), 아니마(anima)와 아니무스(animus), 마성인격(mana personality), 부성(father)과 모성(mother), 신성한 아이(divine child), 트릭스터(trickster), 그리고 자기(Self) 등의 원형이다.

페르소나

페르소나(persona)는 개인이 외부세계와 관계를 맺으며 외부세계에 자신의 존재를 드러내는 외적 인격이다(Jung, 1967). 이것은 깨어 있는 낮시간대의 삶을 영위하기 위한 정신의 구조물로서 자아(ego)가 입는 옷(persona)이라 할 수 있다. 자아는 페르소나라는 옷을 착용한다. 페르소나는 개인에게 주어진 역할과 관계가 있다. 어떤 여인이 자녀와의 관계에서 엄마의 역할을 하고 있다면 그녀는 엄마 페르소나라는 옷을 입고 있으며, 어떤 남성이 자녀와의 관계에서 아빠의 역할을 하고 있다면 그는 아빠 페르소나라는 옷을 입고 있다고 할 수 있다. 개인이 취할 수 있는 역할 페르소나는 다양하다. 예를 들어, 남성 페르소나, 여성 페르소나, 남편 페르소나, 아내 페르소나, 엄마 페르소나, 자녀 페르소나, 학생 페르소나, 교수 페르소나, 사장 페르소나, 팀장 페르소나, 주민 페르소나, 군인 페르소나, 연예인 페르소나, 판매사원 페르소나 등은 모두 역할 페르소나들이다.

개인은 환경과 대상에 따라 다양한 페르소나 역할을 한다. 따라서 역할 페르소나는 자신이 만나는 환경과 대상에 따라 달라져야 한다. 즉, 페르소나라는 옷을 상황에 맞도록 적절하게 바꿔 입어야 한다. 이것을 '역할 페르소나의 융통성'이라고 할 수 있을 것이다. 예를 들면, 어느 남성이 학교에서는 교수 페르소나의 옷을 입고 있을지라도 집에 가면 재빠르게 그 옷을 바꿔 입어야 한다. 아내 앞에서는 남편 페르소나의 옷으로 갈아입어야 하고, 자녀 앞에서는 아빠 페르소나의 옷으로 갈아입어야 한다. 처갓집에 가면 사위 페르소나의 옷으로 바꿔 입어야 하고, 식당에 가면 손님 페르소나의 옷으로 바꿔 입어야 하며, 주민센터에 가면 주민 페르소나의 옷으로 바꿔 입어야 한다. 건강한 정신과 인격을 가진 사람은 상황에 맞도록 페르소나의 옷을 잘 갈아입을 수 있다. 그러나 인격이 미성숙하거나 스트레스를 받고 있는 경우에는 페르소나의 옷을 적절하게 갈아입지 못함으로써 인간관계에 갈등과 어려움이 발생할 수 있다. 페르소나의 역할 혼란이 생기는 것이다.

페르소나(persona)는 라틴어로서 그 원뜻은 연극배우가 무대에서 쓰는 가면(mask)을 의미한다. 즉, 페르소나는 하나의 가면을 뜻한다. 그러나 가면이라고 해서 페르소나가 거짓이나 위선이라는 의미로 사용되는 말은 아니다. 외부의 대상을 만날 때 자신을 표현하는 외적 인격이라는 의미로 사용된다. 배우는 자신의 성격이나 상태에 관계없이 하나의 가면을 쓰면 그 가면이 의도하는 인격이 되어야 한다. 그 가면에 맞는 역할을 해야 한다. 마찬가지로 우리는 우리가 처하는 사회적 환경에 따라 그 환경에 맞는 페르소나를 착용해야 한다. 즉, 적절하게 페르소나라는 가면을 쓰고 벗을 수 있어야 한다. 그래야만 원만하고 건강한 인간관계가 유지된다.

페르소나가 외부세계와 관계를 맺는 외적 인격이라면, 그것은 집단무의식 속에 있는 원형이기보다는 의식세계에 존재하는 인격으로 보아야 하지 않을까? 이것은 다소 논란의 여지가 있는 문제이다. 그러나 융은 페르소나가 원형의 형태로 되어 있다고 말했다(Jung, cited in Samuels et al., 1993). 그런 융의 말을 어떻게 이해할 수 있을까? 두 가지 측면에서 생각해 볼 수 있다. 첫째, 페르소나가 원형에 속한다는 것은 인류라면 누구나 페르소나를 가지고 있다는 그 불가피성과 편재성 때문이다. 페르소나는 어느 사회의 누구에게나 필요한 인간관계적인 교류의 중요한 수단이다. 그런 이유 때문에 페르소나가 '사회적 원형(social archetype)'이라고 말해지기도 한다(Samuels et al., 1993). 둘째, 페르소나의 개념에는 두 가지 측면이 있는데, 하나는 사회적으로 다양한 역할을 할 수 있게 만드는 페르소나의 기능, 곧 보이지 않는 능력이고, 다른 하나는 여성 페르소나, 딸 페르소나, 어머니 페르소나, 학생 페르소나처럼 개인이 사회적 활동을 할 때 구체적으로 드러나는 페르소나의 역할들이다. 이런 역할들은 외적 인격으로서 사회적인 의식세계에서 드러난다. 융이 페르소나를 원형에 속한다고 말한 것은 그런 페르소나의 구체적인 역할들이 아니라 기능적인 측면에 주목한 것이라고 볼 수 있다. 즉, 페르소나의 원형적 의미는 개인으로 하여금 여러 종류의 페르소나 역할들을 가능하게 하는 근원적인 기능, 곧 힘과 에너지라고 할 수 있다.

페르소나는 집단과 사회 그리고 전통이 개인에게 부과한 것으로서 다른 사람들에게 자신을 나타내 보이기 위한 수단이다. 따라서 페르소나는 내가 나로서 존재하기보다는 다른 사람들의 기대와 요구를 충족시키기 위한 태도와 관련이 있다. 페르소나라는 개념에 가까운 우리말은 체면이다. 체면(體面)이라는 말에 대한 일차적인 의미는 신체의 얼굴, 곧 겉으로 드러난 얼굴이다. 그러나 확장된 의미는 외부의 다른 사람들과 관계를 맺고 있는 사회적인 얼굴을 의미한다. 체면은 단순히 눈에 보이는 얼굴이 아니라 개인의 태도와 감정이 반영된 인격적인 얼굴이다. 우리말에 난처하고 부끄러운 일이 발생했을 때 "낯 뜨겁다", "얼굴을 들 수 없다", "고양이도 낯짝이 있다"라는 등의 말을 하는데, 이런 말들은 인격적으로, 도덕적으로 또는 능력상으로 문제가 있다고 생각될 때 하는 말로서 페르소나를 나타내는 말이다(이부영, 1998).

전통적으로 한국 사회는 유교 문화의 영향을 받아서 체면을 중요하게 생각해 왔다. 사람들은 명예와 명분 그리고 형식 등을 중요하게 생각했으며, 공식적인 자리에 갈 때에는 의복을 갖추어 입었다. 유교 문화에서는 관습, 예절, 규범, 도리, 이름, 명예, 명분, 형식, 가문 등을 중요한 가치로 여긴다. 이처럼 한국 사회가 유교에 바탕을 둔 체면 사회라고 말할 때 한국 사회는 페르소나가 발달한 사회라고 할 수 있다. 왜냐하면 페르소나와 체면은 서로 유사점이 많기 때문이다. 한국 사회에서 체면, 곧 페르소나의 문화가 발달하였다는 것은 비단 이조시대처럼 과거의 현상만은 아니다. 현재도 나타나고 있는 현상이다. 예를 들면, 유명 브랜드의 상품을 지나치게 선호하거나 부러워하는 것, 어느 지역에 살고 몇 평의 아파트에 살며 어떤 차를 타는가에 따라 신분이 달라지는 것, 실력이나 능력보다 학벌이나 가문이 더 우선시되는 것 등은 한국 사회에서 체면과 페르소나의 문화가 발달했다는 증거가 될 수 있다. 또한 사회적으로 상대방을 부를 때 웬만하면 사장님, 회장님, 대표님이라고 부르며 호칭을 인플레이션하는 것, 거리마다 상점 건물 앞에 경쟁적으로 큰 간판을 붙이는 것, 성형수술을 유행처럼 많이 하는 것 등은 한국 사회가 페르소나 문화에 깊게 연루되어 있는 현상으로 볼 수 있다.

그러나 페르소나의 발달이 부정적인 의미만 있는 것은 아니다. 왜냐하면 페르소나는 개인의 역할과 신분을 나타내는 개념으로서 예절, 책임, 본분, 도리, 사명 등의 의미도 지니고 있는 말이기 때문이다. 우리는 일상적으로 손아랫사람으로서의 예절, 민주시민으로서의 책임, 가장으로서의 역할, 엄마로서의 본분과 책임, 자녀로서의 도리, 선생으로서의 사명, 군인으로서의 애국심과 충성심이라는 등의 말을 하곤 하는데, 이 말들은 페르소나의 긍정적인 의미를 나타낸다.

페르소나는 낮시간대의 현실적인 삶과 인간관계를 유지하는 데 없어서는 안 되는 인격이다. 융에 따르면, 페르소나의 주된 기능은 관계기능으로서 외부 대상과의 관계를 형성하도록 돕는 데 있다. 이것은 심혼(아니마/아니무스)의 기능과 비교된다. 페르소나와 심혼은 대극적(opposite) 상태에 있다. 페르소나는 의식적이고 사회적인 적응과 관련이 있으나, 심혼은 무의식적이며 내적인 것에 관심을 갖는다. 심혼은 자아로 하여금 외부가 아니라 내부의 무의식 세계와 관계를 맺도록 안내하고 연결 지어 준다(Jung, 1971). 페르소나가 발달되지 못하면 부부관계를 비롯한 모든 인간관계가 어려워진다. 페르소나는 개인이 다른 사람들과 상호작용하며 사회생활을 영위해 나가는 데 꼭 필요한 인격이다. 융 심리학에서는 청소년기의 중요한 성장과제 중의 하나가 페르소나의 형성과 발달에 있다고 보고 있다. 청소년기에는 무엇보다 페르소나의 발달이 우선되어야 한다. 자아가 내부세계인 무의식으로부터 어느 정도 단절되는 희생을 치르더라도 페르소나의 건강한 발달이 필요하다는 것이다. 왜냐하면 페르소나가 발달되어야 책임 있는 사회적 일원으로서 살아갈 수 있기 때문이다. 페르소나의 미발달과 상실은 도덕적인 혼란과 범죄의 원인이 되기도 한다.

그러나 기억해 두어야 할 것이 있다. 페르소나는 내부에 있는 '본래의 나' 또는 '진정한 나'는 아니라는 점이다. 왜냐하면 페르소나는 외부의 대상과 관계를 맺는 외적 인격으로서 자신의 본성보다는 대 인간적인 사회적 역할에 응답하는 성향을 지닌 인격이기 때문이다. 페르소나는 대중적인 인류집단이 가지고 있는 집단정신의 한 단면이다. 융은 페르소나를 집단정신의 가면이라고 말했다. 그것은 한 사람의 개인이 가지고 있는 개인적인 인격으로 보이지만 실제로는 집단정신이 그 사람에게 부여한 역할을 수행하고 있을 뿐이다. 따라서 페르소나는 인격의 중심 또는 본질이 될 수 없다. 단지 인간관계와 사회활동을 위한 이차적인 인격에 불과하다(Jung, 1967). 따라서 자아가 자신을 지나치게 페르소나와 동일시하거나 반대로 페르소나를 무시하고 부정하면 문제가 생긴다.

자아가 자신을 페르소나와 지나치게 동일시하면 정신의 경직성과 석화 현상으로 정신이 부서지는 병리적인 위기가 발생한다(Samuels et al., 1993). 개인의 전 인격이 페르소나의 역할에만 치중하게 됨으로써 개인의 진정한 욕구와 감정을 표현하지 못하고 억압하게 된다. 그 결과 진정한 내가 없는 삶을 살게 된다. 삶은 나의 삶인데도 불구하고 내가 내 삶의 주인이 되지 못하고 외부의 영향력 있는 대상이 내 안에 들어와서 내 삶의 주인 노릇을 한다. 나에게는 하고 싶은 말이 있으나 내 목소리를 내지 못한다. 나에게는 나의 노래가 있지만 내 노래를 부르지 못하고, 나에게는 나의 춤이 있지만 내 춤을 추지 못한다. 나에게는 나의 색깔이 있지만 내 색깔로 나의 그림을 그릴 수가 없다. 그 결과 공허하고 빈껍데기 같은 삶을 살게 된다. 심할 경우, 우울증과 무의미감 등의 신경증이 나타날 수 있다. 이것은 페르소나의 과도한 역할로 억압된 무의식의 본성적인 욕구가 자아의 경직되고 일방적인 태도를 과보상한 결과라 할 수 있다. 신경증은 자아가 자신을 페르소나와 지나치게 동일시할 때, 무의식이 그런 자아의 일방적인 태도에 제동을 거는 과보상적인 증상이라 할 수 있다.

이부영 교수의 글에 따르면, 중년기 여성에게 많이 나타나는 갱년기 우울증은 자아가 자신의 전 인격을 페르소나와 동일시한 결과로 보고 있다. 그것은 자아가 자신을 페르소나와 동일시하는 일방적인 행동에 대한 무의식의 과잉 보상적인 결과라는 것이다. 무의식 속에는 보상기능이라는 것이 있는데, 이것은 의식이 한 방향으로 치우쳐 있을 때 무의식은 그 반대 방향으로 기울어짐으로써 전체 정신의 균형을 맞추려는 경향을 말한다. 중년기 여성의 갱년기 우울증은 자아가 자신을 아내 페르소나 또는 엄마 페르소나와 지나치게 동일시함으로써 남편과 자녀를 돌보고 그 관계를 유지하는 데 모든 에너지를 사용한 결과 나타난 현상일 수 있다. 그러나 우울증은 병리적인 의미만 있는 것이 아니다. 우울증은 이제 자기 돌봄과 가족 돌봄의 균형을 유지하도록 깨우침을 주기 위한 무의식적인 반응이다. 즉, 우울증은 그동안 남편 또는 자녀 등 외부 대상에게만 집중되어 있던 자아의 관심을 자기 내부로 향하도록 방향을 전환시키기 위한 무의식적인 조치라고 할 수 있다. 다만, 우울증은 그 조치가 과보상된 결과이다. 인격의 해리 현상도 자아가 자신을 외적 인격인 페르소나와 지나치게 동일시함으로써 무의식 또는 내적 인격과 관계를 맺지 않을 때 나타나는 현상으로 이해할 수 있다. 이때 개인이 지닌 콤플렉스와 원형 등의 내적 인격은 무의식 속에 억압되는데, 무의식 속에 억압되어 있던 내적 인격이 어느 순간 갑자기 의식으로 표출되어 자아를 지배하게 되면 인격의 해리 현상이 나타난다. 이것은 자아가 자신을 외적 인격인 페르소나와 지나치게 동일시하고 있는 것에 대한 무의식의 과보상적인 결과라고 할 수 있다(이부영, 1998).

자아가 페르소나를 무시하고 부정하면 어떤 현상이 나타날까? 자아가 페르소나를 무시하면 대인관계적인 인격이 발달되지 않는다. 즉, 다른 사람들과 상호작용하며 살아갈 수 있는 사회성이 형성되지 않는 것이다. 다른 사람들을 이해하고 배려하지 못하니 자신의 감정과 욕구를 무절제하게 표출함으로써 인간관계의 갈등과 충돌을 유발한다. 이런 사람의 삶의 특징은 자신의 본능적인 욕구에 초점을 맞추는 이기적이며 자기중심적인 삶이 되는 데 있다.

페르소나는 꿈에서 어떤 상징심상(모습)으로 자신을 드러낼까? 페르소나는 꿈에 자주 등장하는 원형적인 내용물이다. 페르소나는 외부 대상에게 보여지며 외부 대상들과 관계를 맺는 외적 인격이라는 점을 이해하면 페르소나가 어떤 상징심상으로 꿈에 투사되는지를 이해하는 데 도움이 된다.

- 꿈에서 가면이 보인다면 그것은 페르소나의 강력한 상징일 수 있다. 가면은 꿈사람의 진정한 내면을 숨기고 외부 상황에 맞춰 적응적으로 자신을 나타내는 페르소나의 상징이다.
- 꿈에서 사람의 얼굴이나 의복과 의상 등이 강조되면 페르소나와 관련된 꿈일 수 있다. 얼굴이나 의복은 페르소나가 자주 사용하는 자신에 대한 상징이다.
- 꿈에서 얼굴을 닦고 예쁘게 화장을 하는 것 또는 초췌한 얼굴을 하고 있거나 얼굴에 무엇이 묻어 있는 것 등은 페르소나와 관계가 있는 꿈이라고 생각해 볼 수 있다.
- 꿈에서 억지로 웃거나 특정한 표정을 짓는 것은 페르소나를 상징할 수 있다.
- 꿈에서 화려한 옷을 입고 있거나 남루하고 찢어진 옷을 입고 있는 것 등도 페르소나와 관계가 있는 꿈이다.
- 꿈에서 연극을 하거나 무대에 서 있는 모습은 페르소나와 관계가 있다. 이것은 자신의 본래의 모습이 아닌 역할연기를 수행하고 있다는 것을 보여 주는 상징이다.
- 꿈에서 거울에 비친 자신의 모습을 보고 있는 것은 자신의 외면이 내면과 다르다는 것을 나타내는 페르소나의 상징일 수 있다.
- 꿈에서 자신이 다른 사람으로 투사되어 나타나는 경우, 그것은 그 사람의 특성이 자신의 사회적인 페르소나가 되고 있다는 것을 반영한다.
- 집 또는 건물, 특히 외관이 화려하거나 훼손된 건물은 페르소나를 상징할 수 있다. 자아가 자신을 페르소나 역할에만 몰두하고 있다는 것을 보여 주거나 또는 자신의 페르소나, 곧 사회적인 체면이 손상되었다는 것을 나타낸다.
- 꿈에서 페르소나는 종종 간판, 광고, 명패, 큰 글씨 등으로 투사된다. 간판, 광고 등은 자신의 존재를 알리는 외적 얼굴이다.
- 꿈에서 페르소나는 엄마, 아빠, 사장, 회장, 반장, 대표, 교수, 목사 등과 같이 서로 부르는 호칭으로 투사된다. 직업이나 호칭은 개인의 사회적인 역할이나 기대를 상징한다.

한편, 자아가 자신을 페르소나와 지나치게 동일시하고 있을 때는 홍수로 물이 범람하는 꿈을 꿀 수 있다. 물과 홍수는 지표면에 있는 것들을 완전히 파괴한다. 꿈에서 물과 홍수는 무의식에서 나온 것으로서 의식의 지표면에 있는 적절하지 못한 페르소나를 파괴할 필요성을 나타낸다. 이것은 페르소나 역할의 새로운 전환을 촉구하는 꿈이다. 보다 온전한 자기가 나타날 때 오류를 지닌 부분적인 자기, 곧 페르소나는 스스로를 해체하여 길을 내주어야 한다(Ackroyd, 1993). 다음은 페르소나와 관련된 꿈의 사례이다.

| 페르소나 꿈 사례 1 | ──────────────────── 

　직업의식이 투철한 여성이 꿈을 꾸었다. 꿈에서 그녀는 음식을 만들고 있었는데 싱크대 바닥에서 무엇인가 꿈틀거리며 움직이고 있는 것을 발견했다. 고개를 숙이고 내려다보니까 큰 낙지 한 마리가 꿈틀거리고 있었다. 순간 낙지가 펄쩍 뛰어오르더니 자신의 얼굴에 달라붙었다. 그녀는 깜짝 놀라며 두 손으로 낙지를 떼어 내려고 했지만 떨어지지 않는 꿈이었다.

　집단투사 꿈작업의 과정을 통해서 그녀는 그 꿈이 자신의 직업 페르소나와 관련이 있는 꿈이라는 것을 알게 되었다. 낙지가 얼굴에 달라붙어서 떨어지지 않는 것은 자신의 모든 정신과 삶의 에너지를 자신의 직업에만 쏟고 있다는 것을 보여 준다. 그녀는 자신의 직업에서 많은 성취와 업적을 남김으로써 명예를 얻기 위해 애를 쓰고 있었는데, 그것은 스트레스를 받는 일이며 또한 자신의 삶에서 중요한 다른 측면들, 예를 들면 자기욕구의 충족, 자기성장과 자기실현, 가족관계, 친구와 동료관계 등의 중요한 과제들을 놓치는 일이었다. 꿈은 그녀의 자아가 자신을 직업, 곧 페르소나와 지나치게 동일시하고 있다는 문제점을 보여 줌으로써 이제 그 동일시에서 벗어나 전체적인 삶의 과제를 통합하는 것이 필요하다는 것을 말해 주고 있다. 다음은 오래전 필자가 꾼 꿈이다.

| 페르소나 꿈 사례 2 | ──────────────────── 

　며칠 동안 숙식을 함께하며 집단투사 꿈작업을 하고 있을 때 꾼 꿈이었다. 꿈에서 나는 넥타이를 매고 양복을 입고 있었는데, 갑자기 공중에서 큰 가위가 나타나더니 나의 넥타이 중간을 싹둑 잘라 버렸다. 나는 놀라며 꿈에서 깼다.

이 꿈이 나에게 주는 메시지는 무엇일까? 나는 두 가지 측면에서 '아하'가 있었다. 하나는 내가 교수와 목사로서 나의 역할 페르소나에 지나치게 치중한 나머지 스트레스를 받고 피곤해서 지쳐 있었다는 것을 알았다. 넥타이는 의복의 일종으로서 페르소나를 상징한다. 나는 오랫동안 교수와 목사로 인정받기 위해서 그리고 그 역할을 수행하는 데 나의 에너지를 모두 사용했다. 그 결과 나는 나의 본성적인 욕구와 감정을 억압했으며 또한 가족과의 관계도 소홀했다. 꿈에서 넥타이를 자른 것은 교수와 목사로서의 페르소나 역할에만 치중하지 말고 나 자신의 본성과 가족관계를 위해 에너지를 사용함으로써 균형 잡힌 삶의 필요성을 알려 준 것으로 생각되었다.

또 하나는 다른 각도에서 '아하'가 있었다. 이 꿈은 꿈을 꾸기 전 최근에 있었던 사건을 반영하고 있다는 것을 알게 되었다. 꿈을 꾸기 얼마 전에 나는 어떤 사람으로부터 존중받지 못하고 교수로서의 체면이 손상되는 일이 있었다. 그때 나는 아픔과 분노를 느꼈지만 그런 마음을 말하거나 표현할 수 있는 기회가 없었다. 분노를 꾹 참고 억압함으로써 나 스스로를 괴롭게 만들었다. 꿈에서 넥타이가 잘린 것은 바로 그때 나의 페르소나가 그만큼 손상되었다는 것을 나타낸다. 이 꿈은 보상적인 꿈으로서 그때 내가 얼마나 아프고 고통스러운 일을 당했는지, 나의 무의식이 나의 상처와 그 아픔을 알아줌으로써 나를 위로해 주는 보상적인 꿈이라는 생각이 들었다.

그림자

그림자(shadow)는 무의식 속에 있는 인격의 어둡고 열등한 측면으로서 아직 의식의 빛으로 가져오지 못한 자신의 일부라 할 수 있다. 융은 의식되지 않은 인격의 어두운 측면을 그림자라고 말했다(Jung, 1969). 그것은 원시적이며 미발달된 인격이다. 그림자는 동물적인 본능과 충동적인 욕구로 되어 있으며, 의식적인 자아에 비해 비도덕적인 요소들을 가지고 있다. 융은 그림자를 인간이 지닌 원초적이고 본능적인 측면으로 이해했다. 따라서 그림자는 프로이트가 말하는 원본능과 유사한 점이 있다. 융은 말하기를 인간 본성의 심연을 제대로 볼 수 있게 해 준 것은 프로이트의 공헌이라고 했다. 그러나 그림자

안에는 원시 상태에서 비롯되는 풍부한 자원과 창조적인 에너지가 있다. 원시 상태의 그림자는 어둡고 위험한 것이지만 동시에 그 속에는 풍부한 자원과 에너지가 잠재되어 있다. 그것은 자아에게 없는 자원이다. 그림자는 본래부터 그렇게 부정적이고 어두운 것이 아니다. 자아의 억압이라는 그늘에 눌려서 무의식 속에 갇히게 되어 분화할 기회를 잃었기 때문이다. 그림자를 의식화해서 전체 인격에 통합하면 그림자는 개인의 삶에서 창조적이며 긍정적인 자원으로 바뀔 것이다(이부영, 1998). 이처럼 그림자는 부정성만이 아니라 긍정성을 가지고 있는 정신의 자원이다.

칼 융(Carl G. Jung)에 따르면, 사람은 누구나 개성화(individuation)에 대한 삶의 과제가 있다는 것을 알 수 있다. 개성화란 자기실현(self-realization)과 동일한 말로서 전체 인격이 충만해지고 균형 있게 발달하는 것을 의미한다. 이것은 한 인간으로서 진정한 자기 자신이 되는 경험이다. 개성화는 의식과 무의식의 통합과정을 통해서 점진적으로 달성되는데, 의식적인 자아가 무의식의 다양한 요소를 만나고 통합함으로써 이뤄진다. 칼 융은 개성화를 향한 첫 단계에서 필요한 것은 의식적인 자아가 무의식 속에 있는 자신의 그림자(shadow) 원형을 만나는 것이라고 했다(Jung, cited in Ackroyd, 1993).

융이 그림자를 발견하게 된 것은 자신의 꿈을 통해서였다. 다음은 융의 자서전적 기록, 『기억 꿈 그리고 사상(Memories, Dreams and Reflections)』에 나오는 이야기이다. 어느 날 융은 이런 꿈을 꾸었다.

꿈에서 그는 매우 낯선 장소에 있었다. 바람이 세차게 불고 있었는데, 그 바람에 맞서서 앞으로 천천히 힘겹게 나아가고 있었다. 짙은 안개가 사방으로 흩날렸다. 융은 양손을 둥글게 모아 바람에 꺼질 듯한 아주 작은 불꽃이 꺼지지 않도록 감싸고 있었다. 융은 자신의 모든 것이 이 작은 불꽃을 꺼뜨리지 않는 데 달려 있다고 생각했다. 순간 등 뒤에서 무엇인가 자기에게 다가오는 느낌이 들었다. 뒤돌아보니까 거인 같은 검은 존재가 자신을 따라오고 있었다. 융은 두려웠지만 어떤 위험이 있을지라도 그 작은 불꽃을 꺼뜨리지 말아야 한다는 사실을 깨닫는다.

꿈에서 깨어났을 때 융은 그 검은 존재가 무엇인지를 알게 되었다. 그것은 짙은 안개 속을 걸으며 두 손으로 감싸안았던 불꽃의 빛 때문에 생긴 자신의 그림자였다. 그리고 그 작은 불꽃은 자신의 의식, 즉 자신이 가진 유일한 빛이라는 사실도 알게 되었다. 그것은 어둠에 비해 무한히 작고 연약했지만 여전히 빛을 발하고 있었다(Jaffé, 이부영 역, 2007).

그림자는 항상 자아와 대조를 이룬다. 자아가 도덕적이라면 그림자는 비도덕적이다. 자아가 창조적이라면 그림자는 파괴적이다. 자아가 선행을 강조한다면 그림자는 악한 모습을 지닌다. 자아의 빛이 밝고 환하다면 그림자의 빛은 어둡고 칙칙하다. 따라서 그림자는 자아에게 낯선 존재이며 자아는 그런 그림자를 경계하고 억압한다. 그러나 그림자 속에는 자아에게 없는 많은 양의 에너지가 있다. 원시 상태에서 비롯된 미개발된 에너지이다. 그림자는 아마존의 원시 밀림처럼 두렵고 무서운 존재이지만 동시에 많은 잠재력과 에너지를 가지고 있다.

문학작품 중에는 그림자의 인격을 소재로 다룬 것들이 있다. 로버트 스티븐슨(Robert Stevenson)의 작품, 『지킬박사와 하이드(Dr. Jekyll and Mr. Hyde)』는 가장 좋은 예가 된다. 이 작품은 선과 악의 이중성을 지니고 있는 인간의 본연의 모습을 그린 소설이다. 작품에 보면 낮에는 성실하고 친절하며 존경받는 의사인 지킬박사가 밤이 되면 자신이 개발한 약을 먹고 포악하고 살인적인 괴물 하이드로 변한다. 하이드는 지킬박사의 그림자라 할 수 있다. 한 인격 안에 선한 존재와 악한 존재가 함께 있는 것이다. 그림자는 성격의 의식적인 부분으로부터 분리되어 의식적인 삶과는 완전히 다른 모습을 나타낸다. 괴테의 작품인 『파우스트(Faust)』에도 그림자의 모습이 잘 나타나 있다. 창백한 얼굴과 왜소한 체구를 지닌 파우스트는 학자이며 선한 인간이다. 그러나 그는 내면의 갈등과 삶의 불만족, 곧 선과 악, 욕망과 도덕, 이성과 감정 사이에서 대립이 너무 심하여 삶을 지속할 수 없게 된다. 이때 파우스트는 악마 메피스토펠레스를 만난다. 파우스트는 메피스토펠레스의 유혹에 빠져 거래를 한다. 이 세상에서 자기의 이기적인 욕망, 곧 지혜와 향락적인 삶을 마음껏 즐길 수 있게 해 주는 대신에 죽을 때 자신의 영혼을 메피스토펠레스에게 넘겨주기로 한 것이다. 융 심리학자인 로버트 존슨(Robert Johnson)에 따르면, 메피스토펠레스는 파우스트의 그림자라 할 수 있다(Johnson, 1986). 자신의 자아가 그림자에게 사로잡혀 있는 사람은 마치 악한 영의 지배를 받고 있는 것처럼 행동한다. 자신의 행동이 비도덕적이고 잔인한 형태로 나타나지만 그것이 사회적으로 얼마나 큰 문제를 일으키고 있는지 모른다. 이것은 자아가 자신을 그림자와 동일시한 상태로서 심리발달을 저해할 뿐만 아니라 신경증의 원인이 된다(Jung, 1971).

그림자는 자아의 빛의 세기만큼 짙은 어둠을 지닌다. 예를 들어, 어떤 사람의 자아가 지나치게 도덕성을 강조한다면 그 사람의 그림자는 매우 비도덕적이며, 또 어떤 사람의 자아가 지나치게 청렴결백을 강조하면 그 사람의 그림자는 탐욕적이라 할 수 있다. 즉, 그 사람은 자신의 그림자가 탐욕적이기 때문에 자아가 그렇게 청렴결백을 강조한 것이라고 볼 수 있다. 이것은 등불의 빛이 밝으면 밝을수록 그 아래의 그림자는 더 어두운 것과 같은 이치이다.

그러나 우리는 자신 안에 그런 그림자가 있다는 것을 모르는 경우가 많다. 그 이유는 내가 나의 그림자를 억압하거나 부인하기 때문인데, 그림자를 억압하면 문제가 발생한다. 내가 알고 있는 의식적인 나를 나의 전부라고 착각한다. 그 결과 때로는 억압된 그림자가 의식세계로 느닷없이 튀어나오는 바람에 몹시 당황하기도 한다. 억압된 그림자가 의식의 영역으로 침투하여 자아를 지배하기도 한다. 예를 들어, 경제 정의를 부르짖던 정치인이나 시민운동가가 부당한 뇌물을 받은 것이 밝혀져서 투옥되는 경우가 있으며, 영적으로 존경받던 성직자가 성추행 문제로 곤경에 처하는 일이 발생하기도 하는데, 이런 사례들은 모두 자신의 그림자를 부정하거나 억압한 결과라 할 수 있다. 이런 현상은 의식의 일방적인 태도에 대한 무의식, 곧 그림자의 과보상적인 침투적 반응이다.

뿐만 아니라 그림자를 억압하면 이중인격 또는 인격의 분열 같은 정신장애를 초래할 수 있다. 성경에 나오는 바리새인이나 위선자들은 자신의 그림자를 지나치게 억압하거나 부인한 사람들이다. 그림자는 꿈이나 환상 속에서 주로 자아의식과 다른 흉측한 모습을 지닌 동성의 인물이나 자신을 공격하는 무서운 괴물 또는 사단의 이미지로 등장한다. 융은 그림자의 어두운 속성은 감정적이고 원시적 충동성을 드러내는 데 있다고 보았다. 개인이 그림자의 지배를 받으면 자신의 감정을 통제할 수 없는 원시인의 상태가 되어 감정의 희생자가 된다(Jung, 1969). 다음은 꿈에 그림자가 어떤 상징으로 투사될 수 있는지를 알 수 있는 예시적인 내용들이다.

- 꿈에서 그림자는 종종 낯선 사람, 공격적인 인물, 위협적인 대상으로 투사된다. 예를

들어, 폭력적인 사람, 살인자, 무기를 들고 자신을 죽이려고 쫓아오는 사람, 도둑, 사기 꾼 등으로 등장한다. 콤플렉스도 이와 유사한 형태의 상징으로 투사되는 경우가 있다.

- 꿈에서 그림자는 개, 늑대, 뱀, 호랑이 등 위협적인 동물로 투사된다. 동물은 인간의 원초적인 본능을 상징한다. 그 본능이 억압되어 있을 때 위협적인 동물로 투사되어 자신을 공격하는 행동으로 나타난다.
- 꿈에서 무서운 괴물이나 악마가 등장하거나 꿈사람 자신을 공격하고 있다면 그것은 그림자의 상징인 경우가 많다. 그것은 그림자를 억압하지 말고 만나달라는 강력한 요청이다.
- 꿈에서 빛과 대조가 되는 어둠은 그림자의 상징일 수 있다.
- 꿈에서 동성의 인물이 흉측한 모습으로 등장할 경우, 자기 그림자의 상징으로 볼 수 있다. 그림자가 사람에게 투사되는 경우 주로 동성의 인물로 나타난다.
- 꿈에서 어둡고 버려지고 폐허가 된 장소나 공간은 자신의 그림자를 상징할 수 있다. 그것은 의식적인 자아가 자신의 그림자를 만나지 않고 억압하거나 회피하고 있다는 것을 보여 주는 상징이다.
- 꿈에서 꿈사람 자신이 통제되지 않는 분노나 파괴적인 행동을 보이고 있다면 그것은 그림자가 투사된 행동으로 볼 수 있다.
- 꿈에서 검은 옷을 입고 있거나 얼굴이 보이지 않는 대상은 그림자의 상징일 수 있다. 그것은 꿈사람이 그림자를 가지고 있지만 그 사실을 모르기 때문에 그만큼 위험하다는 것을 나타낸다.
- 꿈에서 화산, 홍수, 화재, 폭발 등의 파괴적인 자연 현상은 꿈사람의 억압된 그림자를 나타내는 경우가 많다. 그것은 무의식 속에 억압되어 있는 그림자가 해소되지 않으면 그만큼 파괴적인 상태가 될 수 있다는 것을 나타낸다.

필자는 다음과 같은 꿈을 꾼 적이 있다.

| 그림자 꿈 사례 |

꿈에서 나는 층계를 지나 교회 종탑으로 올라간다. 종탑에 이르자 고개를 들어 종이 매달려 있는 꼭대기를 바라본다. 다시 층계를 내려온다. 나는 종탑 아래 있는 넓은 방을 지난다. 2층 방인데 전면이 투명한 유리창으로 되어 있다. 나는 유리창을 통해서 밖을 내다본다. 그런데 길 건너편에 누런색의 굶주린 개떼가 으르렁거리며 먹이를 찾고 있다. 십여 마리쯤 되어 보인다. 나는 위협을 느끼며 시선을 돌리려 하는데, 그만 개들의 눈과 마주친다. 순간 개들이 나를 향해 돌진한다. 내가 있는 2층 방 층계로 뛰어오른다. 나는 재빨리 방문을 닫으려 한다. 그러나 방문이 닫히지 않는다. 그 틈새로 개들이 몰려 들어온다. 나는 필사적으로 개들을 향해 주먹질을 하고 발길질을 한다. 그러나 모두 헛방이다. 그때 큰 놈의 개 한 마리가 정면으로 나를 덮친다. 나는 뒤로 넘어지며 놀라 비명을 지른다. 그리고 잠에서 깨어났다.

꿈작업을 통해서 나는 나를 공격한 개떼가 내 안에 있는 나의 억압된 그림자라는 것을 알게 되었다. 개떼는 그 당시 내 안에 억압된 나의 분노와 공격성을 상징한다. 굶주린 개들이 떼 지어 다니며 몹시 사나운 상태에 있는 것은 내 안에 억압된 분노와 공격성이 그만큼 강렬하다는 것을 나타낸다. 나는 꿈을 꿀 당시 내 마음속에 발생한 분노를 억압하며 그 사실을 부인하고 있었다. 교회 종탑은 분노와 공격성의 그림자를 억압하는 나의 페르소나를 나타낸다. 종탑의 꼭대기를 바라보고 있는 것은 나의 자아가 자신을 페르소나와 동일시하고 있다는 것을 상징한다. 나의 의식적인 자아는 자신을 페르소나, 곧 종교적인 선한 인물과 동일시함으로써 공격성의 그림자를 억압하였다.

자아의 외적 인격인 페르소나는 종종 그림자와 반대되는 성향을 갖는다. 페르소나는 사람들을 만날 때 작동하는 사회적인 인격이지만 그림자는 자신의 본성적인 욕구와 욕망의 지배를 받는 내적 인격이기 때문이다. 따라서 개인의 자아가 자신을 페르소나와 동일시하면 상대적으로 자아는 자신의 본성적인 욕구를 억압함으로써 사유를 잃게 된다. 뿐만 아니라 더 문제가 되는 것이 있는데, 그것은 자아가 오히려 그림자의 지배하에 있게 된다는 것이다. 왜냐하면 억압된 그림자가 갑자기 의식으로 침투함으로써 자유와 통제력을 상실한 자아를 삼켜 버리게 되기 때문이다. 이처럼 자아가 자신을 페르소나와 동일시하면 그림자와 갈등이 생기고 그 결과 신경증이 발생할 수 있다. 내가 나의 그림자를 억압하면 억압된 그림자는 꿈속에서 나를 공격하는 위협적인 존재로 나타난다. 억압이 심하면 그 위협의 정도가 강화된다. 이런 현상은 의식의 일방적인 태도에 대한 무의식의 보상적인 반응이다. 이 경우에 보상은 의식의 일방성에 대한 무의식의 저항과 반작용의 형태로 나타난다. 즉, 무의식의 저항은 의식과 적대적인 상태로 가기 위한 것이 아니라 자아의 일방적인 태도를 수정하여 균형을 유지하도록 돕기 위한 보완적인 반응이다(Jung, 1971). 억압된 그림자가 꿈속에서 나를 위협하는 존재로 나타나는 것은 이유가 있기 때문인데, 그것은 나의 의식적인 자아가 내 안에 있는 그림자를 만나 달라는 긴급한 요청이다. 내가 나의 그림자를 만나면 의식과 무의식이 통합되어 개성화를 향한 첫 단계의 과제가 이뤄진다(Ackroyd, 1993).

그림자를 억압하면 억압으로 끝나지 않는다. 그림자를 억압하면 그 그림자를 다른 사람에게 투사하게 된다. 투사란 하나의 방어기제로서 나의 의식적인 자아가 스스로 받아들일 수 없는 자신의 특성을 다른 사람에게 전가하는 것을 말한다. 융에 따르면, 투사는 개인이 가지고 있는 주체적인 내용을 주체로부터 분리시켜서 다른 객체 안에 구체화하는 것이다. 그렇게 함으로써 개인은 스스로 감당할 수 없는 고통스러운 내용을 제거한다(Jung, 1971). 투사에는 긍정적인 투사와 부정적인 투사가 있지만 대개 부정적인 투사가 많다. 부정적인 투사는 상대방을 탓하거나 비난하게 됨으로써 갈등과 싸움의 원인이 된다. 부부싸움을 포함하여 모든 인간관계의 갈등 속에는 이런 심리적인 투사의 문제가 있다. 예를 들어, 내 안에 분노가 있는 경우 나는 나의 배우자에게 왜 화를 내느냐고 비난할 수 있으며, 내 안에 시기심이나 질투심이 있는 경우 나는 내 친구에게 시기나 질투하지 말라고 지적할 수 있다. 그러므로 투사는 상대방은 물론 나 자신을 속이는 행동이며 나 자신을 인식하지 않으려는 방어적인 행동이라 할 수 있다. 결국 투사는 진정한 나 자신과의 만남을 방해한다. 내가 다른 사람에 대해서 '잘난 체한다, 열등감이 많다, 숨기는 게 많다, 인색하다, 탐욕스럽다, 고집이 세다, 화를 잘 낸다, 위선적이다, 이기적이다'와 같은 생각이나 말을 하고 있다면 내가 투사하고 있는 것은 아닌가 하고 반추해 볼 필요가 있다. 투사는 비슷한 유형의 사람들 사이에서 많이 발생한다(이부영, 1998).

성경에 보면 "어찌하여 형제의 눈 속에 있는 티는 보고 네 눈 속에 있는 들보는 깨닫지 못하느냐?"는 말씀이 있는데, 이것은 투사가 무엇인지를 설명할 수 있는 적절한 예가 된다. 우리말에 '똥 묻은 개가 겨 묻은 개를 나무란다'는 속담이 있는데, 이것도 좋은 예이다.

투사란 투사하고 있는 내용이 이미 내 안에 있기 때문에 가능하다. 내 눈에 들보가 있기 때문에 남의 눈에 티가 보이며, 내 몸에 똥이 묻어 있기 때문에 남의 몸에 겨가 묻어 있는 게 보이는 것이다. 그러므로 배고픈 사람이 달을 보면 달이 빵으로 보이고, 임을 그리워하는 사람이 달을 보면 달이 임의 얼굴로 보인다는 것은 맞는 말이다. 이처럼 나는 내 안에 있는 것을 투사할 수 있으며, 내 안에 없는 것을 투사할 수는 없다.

그럼, 우리는 왜 내 안에 있는 것을 남에게 투사하게 되는 것일까? 투사함으로써 얻게 되는 일시적인 자기만족과 자기위안 때문이다. "저 사람은 악한 사람이야!"라고 말할 때 나는 나 자신을 선한 사람의 범주에 두게 된다. "저 사람은 비겁해!"라고 말함으로써 나는 나 자신을 용기 있는 사람으로 인식한다. 그러나 이것은 진정한 자기 인식이 아니다.

그림자의 투사는 개인과 개인의 차원에서만 일어나지 않는다. 집단과 집단, 민족과 민족, 국가와 국가 사이에서도 발생한다. 이런 그림자의 집단적인 투사는 갈등과 분쟁과 전쟁의 원인이 되기도 한다. 한 개인의 정신 속에 의식의 빛과 그림자가 함께 있듯이 많은 사람이 모여 있는 집단 안에도 빛과 그림자가 함께 있다. 한국 사회는 '우리'라고 하는 집단정신이 발달된 사회이다. 그런 집단정신 속에는 긍정성도 있고 부정성도 있다. 마음으로 마음을 전하는 이심전심의 상호작용이나 힘들고 어려운 일을 서로 돕는 상부상조의 협동정신은 '우리' 의식의 긍정적인 측면이다. 그러나 한국인의 '우리' 의식은 '우리끼리'라는 결속력과 함께 우리 밖에 있는 외부 사람들을 소외시키는 배타적인 편 가르기의 행동을 가져왔다(최상진, 2003). 이런 편 가르기의 행동은 '우리' 의식의 그림자라 할 수 있다. 한국 사회에서 지연, 학연 등이 중요하게 여겨지는 이유가 여기에 있다고 볼 수 있다. '우리' 의식에 의한 집단의 결속은 집단과 집단 사이에 경쟁과 갈등과 반목 그리고 싸움의 원인이 되기도 한다. 그 갈등과 싸움의 배경에는 항상 집단 그림자의 투사라는 문제가 있다. 집단 그림자의 투사는 이조시대의 당파 싸움에서 오늘날 정치적 정당의 대립에 이르기까지 계속되고 있다. 여당과 야당의 정치인들이 서로 상대방을 향해서 쏟아내는 비판과 비난의 말들은 적절한 것들도 있지만 그중 상당 부분은 자기의 정당 속에 있는 집단적인 그림자를 투사하는 것으로 볼 수 있다.

투사는 나라와 나라 사이에 발생하는 전쟁의 원인이 되기도 한다. 수년 전 발발한 이라크 전쟁의 배경에는 미국의 전쟁 강경론자들과 이라크의 급진 회교도들 사이에 집단적인 투사가 있었다고 할 수 있다. 미국의 강경론자들은 이라크를 악의 축이라고 했는데 악은 이라크에만 있지 않다. 얼마나 많은 악이 미국에 있는지 모른다. 총기 난사에 의한 살인사건, 불법적인 마약 유포, 인종 차별에 의한 사회적 갈등 등은 세계에서 가장 선진국이라고 하는 미국 사회가 가지고 있는 악의 그림자이다. 한편, 이라크의 급진 회교도들은 미국을 사단의 나라라고 말했다. 그러나 사단은 그들의 집단과 사회 속에도 있다. 선량한 승객을 태운 비행기를 납치해서 미국의 쌍둥이 빌딩에 충돌하여 수천 명의 사람들을 죽게 한 사건은 그들이 지니고 있는 집단적인 악의 그림자를 투사한 결과이다. 러시아와 우크라이나의 전쟁 그리고 이스라엘과 하마스의 전쟁에도 그런 집단적인 그림자의 투사가 있다. 이처럼 그림자의 투사는 개인과 개인 사이만이 아니라 집단과 집단 그리고 국가와 국가 사이에서도 발생한다. 그것은 갈등과 분쟁과 싸움의 원인이 된다. 따라서 가정의 평화는 물론 지역과 나라와 세계의 평화를 위해서는 자기와 집단 속에 있는 그림자를 인정함으로써 그림자의 투사를 거두어들일 수 있어야 한다.

투사는 무의식적으로 이뤄지기 때문에 우리는 자신이 그림자를 투사하고 있다는 것을 알지 못한다. 다만, 반추와 자기성찰 그리고 다른 사람들이 우리에게 해 주는 피드백(feed-back)을 통해서 자신이 투사하고 있다는 것을 알 수 있을 뿐이다. 투사는 세상을 자기 자신이 알지 못하는 자기의 복제품으로 만든다. 투사는 세상을 자기의 생각과 동일시하는 것이기 때문이다. 그 결과 세상을 자기의 생각의 틀 속에 가둬 놓게 된다. 투사에는 환원적이며 병리적인 요소가 있다. 투사는 자기를 현실로부터 격리시키고 또한 자기를 자폐적이거나 자기 성애적인 상태로 만든다(Jung, 1969).

그림자를 투사할 때 꾸는 꿈이 있다. 내가 투사하고 있는 그림자가 내 안에 있다는 것을 알려 주는 꿈이다. 예를 들어, 내가 어떤 사람을 돈만 아는 인간미 없는 사람이라고 비난할 경우에, 나는 그 사람과 악수를 하거나 마주 앉아 음식을 먹는 꿈을 꿀 수 있다. 이 꿈의 의미는 분명하다. 자신의 그림자를 투사하지 말고 인정하고 만나라는 것이다. 즉, 돈만 아는 인간미 없는 모습은 내 속에도 있다는 것이다. 또한 내가 나의 친구를 비겁한 거짓말쟁이라고 생각하며 만나지 않으려고 할 때, 나는 꿈에서 다른 사람을 속이는 사기꾼이 되어 있거나 반대로 내가 사기를 당하는 꿈을 꿀 수 있다. 내가 사기를 당하는 것은 내가 나의 그림자를 보지 못하고 나 자신을 속이고 있기 때문이다.

　그림자는 무의식 속에 있는 인격의 어둡고 열등한 측면으로서 자아의식이 알지 못하는 자신의 일부라고 했는데, 여기서 말하는 무의식은 개인무의식과 집단무의식을 모두 포함한다. 즉, 그림자에는 개인무의식의 그림자와 집단무의식 안에 있는 원형의 그림자가 있다. 일상적인 삶에서 사람들은 개인무의식 안에 있는 그림자를 자주 투사한다. 개인무의식의 그림자를 투사할 때 사람들은 상대방에 대하여 분노, 미움, 불편감, 두려움, 거부감 등의 부정적인 감정을 느낀다. 상대방이 유치해 보이거나, 저속해 보이거나, 비굴해 보이거나, 이기적으로 보이거나, 무서워 보이거나, 교만해 보이거나, 거짓말을 하는 것처럼 보이기도 한다. 이처럼 개인무의식의 그림자를 투사할 경우에는 인간관계의 어려움과 갈등이 발생할 수 있지만, 그것이 상대방을 극단적으로 혐오하거나 제거하고 싶을 만큼 파괴적인 감정상태에 이르지는 않는다. 그러나 집단무의식에서 비롯되는 원형적인 그림자를 투사할 경우에는 상황이 달라진다. 상대방이 괴물이나 악마처럼 너무나 두렵고 무서울 수 있으며, 상대방을 죽이고 싶을 정도로 분노와 혐오감을 느낄 수 있다. 왜냐하면 원형적인 그림자 속에는 인간의 평범한 삶의 모습이 아닌 신화적인 요소가 있기 때문이다(이부영, 1998). 신화의 세계에서는 종종 막강한 세력들 간의 잔인한 싸움이 벌어진다.

　원형적인 그림자는 부정적인 콤플렉스와 유사해 보이지만 차이가 있다. 원형적인 그림자와 부정적인 콤플렉스 모두 어두운 주제와 이미지를 가지고 있으며 부정적인 감정들을 유발한다는 점에서 유사성이 있다. 그러나 원형적인 그림자는 그 주제와 감정들이 근원적이라는 측면에서 차이가 있다. 콤플렉스는 개인무의식에 속한 것이지만 그림자 원형은 집단무의식에 속한 것이기 때문이다. 언급한 것처럼, 그림자 원형은 흔히 모든 인류가 공통적으로 가지고 있는 신화와 민담 속에서 발견된다. 예를 들어, 분리물안이라는 주제는 콤플렉스에서 비롯된 콤플렉스 주제일 수도 있고, 그림자 원형에서 비롯된 그림자 주제일 수도 있다. 그러나 그 둘 사이에는 차이가 있다. 콤플렉스에서 비롯된 분리불안의 근거는 부모의 방치나 학대 등으로 발생한 과거의 아픈 경험에 있지만, 그림자 원형에서 비롯된 분리불안의 근거는 최초의 인류가 하나님의 명령을 어기고 선악과를 따먹은 범죄 행동으로 인하여 하나님과 에덴동산으로부터 추방당했다는 원형적인 상실의 고통에 이른다. 마찬가지로 죄책감은 콤플렉스에서 비롯된 콤플렉스 정서일 수도 있고, 그림자 원형에서 비롯된 그림자 정서일 수도 있다. 콤플렉스에서 비롯된 죄책감의 근거는 살면서 다른 사람에게 피해를 입힌 것과 같은 자신의 잘못된 행동에 있지만, 그림자 원형에서 비롯된 죄책감의 뿌리는 최초의 인류가 범죄한 행동 또는 카인이 질투심으로 동생 아벨을 죽인 원형적인 사건에 있다. 그리스 신화에 나오는 오이디푸스 왕이 부지 중에 자신의 아버지를 죽이고 어머니와 결혼한 것을 알게 되어 죄책감을 느낀 나머지 자신의 두 눈을 빼 버린 것은 그 죄책감이 원형적인 그림자에 속한다는 것을 보여 준다.

건강한 인격으로 성장하기를 원한다면 자신의 그림자를 만나야 한다. 그림자를 만나야 개성화를 향한 성장의 여정을 떠날 수 있다. 그림자를 만난다는 것은 무엇을 의미하는 것일까? 그것은 나의 무의식 속에 인격의 어두운 측면인 그림자가 있다는 것을 인식하고 인정하며 그것을 나의 것으로 기꺼이 받아들이는 것을 말한다. 그 결과 나의 그림자를 나의 인격과 삶에 통합시키는 것이다(Ackroyd, 1993). 그렇게 되면 그림자는 오히려 우리에게 유익한 선물이 된다. 그림자 안에 있는 큰 자원과 가능성과 에너지가 우리의 삶에 통합되기 때문이다.

〈개구리 왕자〉라는 우화가 있다. 큰 개구리 한 마리가 3일 동안 매일 밤마다 한 처녀를 찾아왔다. 첫날 밤 처녀는 개구리의 침입에 놀라 무서워서 도망쳤다. 둘째 날 밤에도 처녀는 개구리를 보고 놀라 도망쳤다. 그러나 셋째 날 밤에는 달랐다. 처녀는 개구리를 측은하게 여긴 나머지 자신의 침대 속으로 들어오게 했다. 그리고 개구리에게 키스를 해 줬다. 그 순간 개구리는 멋지고 잘생긴 왕자로 변했다.

융 심리학자인 조지프 캠벨(Joseph Campbell)에 따르면, 우화 속에 나오는 개구리는 신화에서 보듯이 숨겨진 보물을 지키는 용 또는 괴물과 유사한 상징으로서 그것은 집단무의식 속에 있는 어둡고 무서운 그림자를 나타낸다. 숨겨진 보물은 개성화의 최종 단계에서 만나야 할 진정한 자기 자신의 상징이다. 개구리에게 키스를 한 것은 그림자를 의식으로 받아들이는 통합적 태도의 상징이다. 즉, 내가 나의 그림자를 인정하고 통합하면 그림자는 나에게 소중한 자원으로 변화된다. 그 결과 나는 진정한 내가 될 수 있고 개성화라는 삶의 과제를 수행할 수 있게 된다(Campbell, cited in Ackroyd, 1993). 그러나 내가 나의 그림자를 억압하거나 투사하면 그 그림자는 나를 공격하는 공격자로 내게 찾아온다. 칼 융은 "네 원수를 사랑하라"는 예수의 권면을 인용하면서 사랑해야 할 그 원수가 내 안에 있다고 말했다. 그 원수는 내 안에 있는 내가 만나야 할 나의 그림자이다. 칼 융은 말하기를, 그림자가 나에게 낯설다고 그 그림자를 억압하는 것은 머리가 아프다고 목을 자르는 것만큼이나 어리석은 일이라고 했다(Jung, cited in Ackroyd, 1993). 그림자가 없다면 자아의식도 없을 것이다. 왜냐하면 빛과 그림자는 항상 함께 있는 것이기 때문이다. 그림자가 없는 사람은 죽은 것이다. 그림자는 살아 있는 존재의 반영이기 때문이다. 그러므로 그림자가 있다는 것은 살아 있다는 증거이다(이부영, 1998).

자신의 그림자를 만나서 의식에 통합해야 한다는 개념 속에는 '회심'의 주제가 담겨 있다. 그리스도교적인 전통에서 회심은 이전의 잘못된 것을 버리고 바른 곳을 향하는 방향 전환을 의미한다. 융 심리학적인 관점에서 보면, 회심은 개성화를 향한 제1단계의 과정이라고 할 수 있다. 왜냐하면 회심은 자신의 어두운 그림자를 인정하고 받아들임으로써 새로운 차원의 삶을 표명하는 것이기 때문이다. 융은 그것이 개성화의 시작이라고 말했다(Jung, cited in Ackroyd, 1993).

신약 성경 로마서 7장에 보면, 바울 사도의 자기 고백을 볼 수 있다. "그러므로 내가 한 법을 깨달았노니 곧 선을 행하기 원하는 나에게 악이 함께 있는 것이로다."(로마서 7:21) 바울은 자신의 삶의 경험을 통해서 분명하게 깨달은 것이 있었다. 자신은 그리스도를 만나 의인이 되었지만 자기 안에는 죄인의 속성을 지닌 악의 모습이 여전히 남아 있다는 것을 알게 된 것이다. 그는 종종 악의 요소에 사로잡혀 죄의 구렁텅이에 빠지는 자신의 모습을 보며 "오호라 나는 곤고한 사람이로다 이 사망의 몸에서 누가 나를 건져 내랴." 하고 고백했다(로마서 7:24). 그러나 바울의 고백 속에는 단지 자신이 곤고하다는 고뇌 이상의 의미가 담겨 있다. 그것은 바울이 자기의 그림자를 인정하고 받아들인 것이니. 바울은 자신의 그림자를 자기 인격에 통합했다.

그러나 자신의 그림자를 전혀 억압하지 않거나 투사하지 않는 사람은 없다. 우리의 생각과 말속에는 많은 억압과 투사가 포함되어 있다. 우리는 억압과 투사의 바다에 살고 있다고 할 수 있다. 중요한 것은 내가 그림자를 억압하거나 투사하고 있다는 사실을 아는가, 모르는가에 있다. 우리는 자기성찰과 자기분석과 꿈작업 등의 의식적인 노력을 통해서 내가 나의 그림자를 억압하고 투사하고 있다는 사실을 알 수 있다. 그리고 그 사실을 알면 알수록 그림자의 억압과 투사는 줄어들게 된다. 그리고 그림자는 나의 인격에 통합된다.

아니마와 아니무스

　　개성화의 과정에서 그림자를 만난 다음에 해야 할 작업은 집단무의식의 더 깊은 층에 있는 심혼, 곧 아니마와 아니무스를 만나는 것이다. 융 심리학에서는 인간을 '양성적 존재'라고 말한다. 즉, 생물학적으로는 남성 또는 여성으로 태어났을지라도 심리학적으로는 성별에 관계없이 남성성과 여성성을 모두 지니고 있다는 것이다. 아니마(anima)는 남성의 내면속에 있는 심혼으로서 여성적인 속성과 잠재력을 지닌 인격을 말하며, 아니무스(animus)는 여성의 내면 속에 있는 심혼으로서 남성적인 속성과 잠재력을 가진 인격을 의미한다. 모든 남성은 자신의 무의식 속에 여성적인 요소인 아니마가 있으며, 모든 여성은 자신의 무의식 속에 남성적인 요소인 아니무스를 가지고 있다. 융은 아니마와 아니무스의 개념을 동양의 음양설에 비유함으로써 모든 만물에는 음과 양의 짝이 있듯이 사람의 정신은 성별에 관계없이 음과 양의 속성을 모두 지니고 있다고 했다.

　　그러나 아니마와 아니무스는 여성과 남성에게 속한 모든 성향과 속성을 나타내는 것은 아니다. 그것은 여성과 남성이 가지고 있는 기본적이고 원초적인 특성들로서 아니마는 인류의 오랜 역사 속에서 남성이 여성에 대해 공통적이며 반복적으로 경험한 것의 집합이며, 아니무스는 여성이 남성에 대해 공통적이며 반복적으로 경험한 것들의 총화라고 할 수 있다. 융은 아니마와 아니무스를 인류가 조상 대대로 이성에 대해서 경험한 모든 것의 침전물이라고 말했다. 융은 아니마와 아니무스를 집단무의식 안에 있는 원형이라고 말했다(이부영, 1998). 남성이 지닌 여성적 속성인 아니마는 기분(mood), 정서(emotion), 에로스(eros), 친절, 부드러움, 인내, 수용, 용서, 숙명, 신성, 역사적 감정 등으로 나타나고, 여성이 지닌 남성적 속성인 아니무스는 사고, 이성, 의견, 로고스(logos), 현실, 판단, 권력, 통제, 투쟁, 주도권, 독단성, 미래적 관심 등으로 나타난다(Ackroyd, 1993).

　　아니마와 아니무스는 라틴어로서 독일어로 번역하면 심혼(Seele) 또는 정신(Geist)에 해당되는 말인데, 이것은 아니마와 아니무스라는 용어 속에 종교적인 색채의 영혼과 신화적인 요소가 있다는 것을 의미한다. 아니마와 아니무스는 외적인 인격인 페르소나와 대응되는 내적 인격이다. 페르소나는 외부 대상과 관계를 맺는 외적 인격이지만 아니마와 아니무스는 무의식 속에 있는 내적 대상과 관계를 맺는 내적 인격이다. 아니마와 아니무스는 의식적인 자아를 내면의 광대한 영역인 무의식의 세계로 안내하는 영혼의 안내자 (psychopompi)의 역할을 한다(Ackroyd, 1993). 따라서 의식적인 자아가 자신을 페르소나와 동일시하고 자신의 심혼을 이성에게 투사한다면 영혼의 안내자를 잃음으로써 내적 인격들과의 관계가 단절되어 정신의 참혹한 상태, 곧 신경증이 발생할 수 있다. 그러나 자아가 자신의 심혼을 수용하고 그 안내를 받아서 무의식의 세계를 탐험하면 페르소나가 가지고 있지 아니한 무의식의 충만한 자원들과 접촉할 수 있게 되어 개성화를 향해 나아가게 된다.

원시사회에는 샤먼(shaman)이라고 하는 주술적인 존재가 있는데, 샤먼은 복을 빌고 길흉을 점치며 질병을 퇴치하는 역할을 한다. 원시사회에 속한 사람들은 샤먼이 죽은 자의 영혼을 저승으로 안내하기도 하고 또한 저승에 가서 죽은 자의 영혼을 찾아 죽은 자의 몸 속에 넣어 주기도 한다고 생각한다. 원시 신앙에서 보면 샤먼은 영혼의 안내자이다. 그리스의 영웅신화인 테세우스(Theseus)의 이야기에 나오는 아리아드네(Ariadne)라는 여성은 테세우스를 미노스의 지하 미궁으로 안내하는 영혼의 안내자라고 할 수 있다. 융 심리학에서는 그 아리아드네를 남성의 집단무의식 속에 있는 아니마의 신화적 원형상에 비유한다. 아리아드네는 테세우스가 복잡한 지하 미로를 찾아 들어가 머리에 뿔이 달린 괴물 미노타우로스(Minotauros)를 죽이고 안전하게 빠져나올 수 있도록 실뭉치와 칼을 주었다. 실뭉치는 미로를 지날 때에 계속 풀어놓음으로써 되짚어 나올 수 있도록 하기 위한 것이었고, 칼은 미노타우로스를 죽이는 데 무기로 사용하기 위한 것이었다. 테세우스는 아리아드네가 가르쳐 준 대로 실뭉치를 풀고 들어가 미노타우로스를 처단하고 복잡한 미로를 무사히 빠져나올 수 있었다. 이것은 테세우스라는 의식적인 자아가 아리아드네라는 아니마의 도움과 안내를 받아 내면의 어둡고 위험한 무의식 세계를 안전하게 탐험하는 내면의 여정을 상징하는 신화로 자주 언급된다. 테세우스가 제거한 괴물 미노타우로스는 억압된 그림자 또는 콤플렉스 등을 의미한다. 미노타우로스를 죽이는 것은 의식적인 자아가 그림자 또는 콤플렉스를 받아들여서 의식의 통제하에 두는 것을 말한다(Ackroyd, 1993). 의식과 무의식의 통합이다. 그러나 통합은 죽음과 살해에 의해서만 이뤄지는 것이 아니다. 사랑과 수용과 존중은 통합으로 가는 성숙한 방법이다. 이와 유사한 이야기는 문학 작품들 속에도 나타나는데, 단테의 「신곡」은 그 대표적인 작품이다. 이 작품에 보면 베아트리체라는 여인이 주인공인 기독교도를 천국으로 인도하는 이야기가 나온다. 베아트리체는 영혼의 안내자인 아니마라고 할 수 있다.

아니마의 보편적인 상징은 곤경에 처한 공주로 표현된다. 공주의 이야기는 소위 영웅신화라고 불리는 이야기 속에 자주 나온다. 영웅적인 왕자는 위험을 무릅쓰고 공주를 찾아내어 죽음의 잠을 자고 있는 공주에게 키스함으로써 잠을 깨운다. 왕자가 잠자는 공주를 깨우는 데 성공하면 궁궐에서 수백 년 동안 잠들어 있던 모든 사람이 깨어난다. 왕자는 남성의 의식 안에 있는 자아이고 죽음의 잠에서 깨어난 공주는 그 남성의 아니마이다. 키스를 하는 것은 미분화된 자신의 여성성인 아니마를 어두운 무의식으로부터 의식화하는 것으로서 자아가 아니마를 기꺼이 맞이하는 것이다. 궁궐에서 수백 년 동안 잠들어 있다가 공주와 함께 깨어난 사람들은 그 남성의 정신 안에서 오랫동안 미분화 상태로 묻혀 있었던 모든 인격적인 요소들이다(Ackroyd, 1993). 이처럼 자아가 아니마를 수용하고 통합하면 아니마는 많은 선물을 제공한다.

아니무스의 한 형상은 민간설화에 등장하는 난쟁이들이다. 다음은 그림 형제 판본에 실린 〈백설공주와 일곱 난쟁이들〉이라는 동화 속에 나오는 이야기이다. "거울아, 거울아, 세상에서 누가 제일 예쁘니?"라는 악한 왕비의 질문에 마법의 거울은 백설공주가 제일 예쁘다고 말한다. 그 말에 화가 난 왕비는 백설공주를 죽이려고 계교를 꾸민다. 백설공주는 숲속에 버려진다. 그러나 백설공주는 죽지 않고 일곱 난쟁이를 만난다. 난쟁이들은 광산의 지하 동굴에서 금처럼 귀중한 보물들을 캐내는 광부들이다. 백설공주는 밥을 하고 바느질을 하면서 난쟁이들을 돌봐 주었다. 그런 중에 백설공주는 악한 왕비가 넘겨준 독이 든 사과를 먹고 쓰러진다. 난쟁이들은 슬퍼하며 죽은 공주를 유리관에 넣어 숲속에 안치한다. 그때 멋진 왕자가 숲속을 지나다가 유리관에 있는 백설공주를 발견하고 그 아름다움에 매료되어 유리관을 자신의 성으로 가져간다. 그런데 운반 중에 유리관이 흔들리면서 공주는 독이 묻은 사과 조각을 토해 낸다(디즈니 영화판에서는 왕자가 백설공주에게 키스를 하는 것으로 되어 있다). 그 순간 백설공주가 죽음에서 깨어난다. 그리고 멋진 왕자와 결혼한다. 이 민담은 한 여성이 자신의 아니무스를 만나서 보살피고 의식으로 통합할 때, 그 아니무스가 무의식으로부터 소중한 선물을 가져다준다는 것을 나타낸다. 난쟁이들이 일하는 지하 동굴은 무의식의 세계를 상징한다. 융 심리학에서 남녀의 결혼이나 입맞춤과 포옹 그리고 성적 교합은 한 사람의 의식적인 자아가 무의식적인 심혼(아니마와 아니무스)을 만나서 이루는 합일과 통합을 상징한다(Ackroyd, 1993).

　꿈에 심혼(아니마와 아니무스)은 언제나 꿈사람과 반대의 성을 가진 인물로 나타난다. 즉, 남성의 꿈에서 아니마는 여성의 이미지, 곧 순수한 소녀의 모습 또는 연예인처럼 황홀한 감동을 주는 매력적인 여성이나 성적인 파트너로 등장하기도 하고, 남루한 옷을 입은 거지나 머리를 풀어 헤친 귀신 같은 모습으로 나타나기도 한다. 여성의 꿈에서 아니무스는 남성의 이미지, 곧 백마를 탄 기사처럼 멋진 남성 또는 유명한 연예인이나 운동선수 등으로 등장하기도 하고, 술 취한 늙은이나 무기력한 게으름뱅이로 나타나기도 한다. 또한 아니마와 아니무스는 종종 단수가 아니라 여러 사람이 군집을 이루는 복수의 형태로 나타난다.

　원시적 상태의 아니마와 아니무스는 긍정성과 부정성을 모두 가지고 있다. 즉, 아니마의 원형은 밝고 명랑한 기분과 어둡고 불쾌하고 우울한 기분을 모두 가지고 있으며, 아니무스의 원형은 합리적으로 차분하게 생각하고 말하는 이성적인 모습과 함께 까다롭게 따지고 고집을 부리는 부정적인 모습을 모두 가지고 있다. 꿈에 나타난 아니마와 아니무스의 긍정적인 모습은 꿈사람이 정신적으로 잘 분화되어 있으며 그(녀)가 지닌 여성성 또는 남성성이 잘 발달된 상태에 있다는 것을 의미한다. 잘 분화된 아니마와 아니무스는 창조적인 에너지와 지혜의 원천으로 매력적인 대상이 된다. 아니마와 아니무스의 긍정적인 심상은 신화의 인물들 속에 잘 나타나 있다. 신화학에서는 긍정적인 아니마의 심상을 비너스(아프로디테)와 헬레네처럼 아름다운 여신으로 묘사하고 있으며, 또한 긍정적인 아니무스의 심상을 다윗 상이나 아폴로와 헤라클레스처럼 힘세고 고상한 영웅적인 존재로 묘사한다. 즉, 긍정적인 아니마는 미모의 여신상으로 나타나고 긍성적인 아니무스는 출등한 영웅상으로 나타난다.

　융은 그의 책『전이의 심리학(The Psychology of The Transference)』에서 아니마와 아니무스의 4단계 발달과정에 대해 언급했다. 아니마와 아니무스가 무의식으로부터 의식화되어 분화를 거듭하면 더 성숙한 모습으로 발달한다. 융의 분류에 따르면, 아니마의 첫 번째 발달은 이브(Eve)의 단계로서 이때 아니마는 남성과 짝을 이뤄 성적인 에로스의 사랑을 나누고 자녀를 출산하는 생물학적이고 본능적인 여성의 모습을 지닌다. 이 단계에서 아니마는 생물학적인 어머니의 모습으로 나타나기도 한다. 두 번째 발달은 헬레네(Helene)의 단계로서 아니마는 에로스의 매력과 함께 여성으로서의 낭만적인 아름다움과 개성을 지닌 모습으로 등장한다. 이 단계는 미의 단계라 할 수 있다. 세 번째 발달은 마리아(Maria)의 단계인데, 이것은 에로스가 영적인 헌신으로 승화된 상태로서 이때 아니마는 종교적이며 영적인 어머니의 모습을 지닌다. 네 번째 발달은 소피아(Sophia)의 단계로서 이때 아니마는 가장 거룩하고 순수한 지혜를 지닌 여신상의 모습으로 나타난다(Jung, 1966). 융의 제자 폰 프란츠(Marie-Louise von Franz)는 현대의 남성들이 가지고 있는 여성성으로서의 아니마가 네 번째의 발달단계에 이르는 경우는 거의 없다고 말했다(von Franz, 이부영, 1998, 재인용).

아니마와 마찬가지로 아니무스의 발달단계도 4단계로 구분된다. 폰 프란츠의 분류에 따르면, 아니무스의 첫 번째 발달은 신체적인 힘의 단계로서 유명한 운동선수나 근육질의 남자 또는 정글의 영웅인 타잔과 같은 모습을 지닌다. 두 번째 발달은 주도권을 가지고 행동하는 단계로서 나라를 구한 전쟁영웅이나 혁명투사 또는 예술인처럼 낭만적인 남성의 모습을 지니기도 한다. 세 번째 발달은 말씀을 전하는 사자의 단계로서 교수와 목사 등의 상으로 등장한다. 네 번째 발달은 의미와 진리의 단계로서 종교적 체험의 중개자 또는 영적인 세계로 이끌어 주는 지혜로운 안내자의 모습으로 등장한다(von Franz, 이부영, 1998, 재인용).

아니마와 아니무스의 부정적인 측면은 어떤 것일까? 부정적인 아니마와 아니무스는 의식적인 자아와의 접촉 부재로 인하여 의식화되지 못하고 무의식 속에 미분화 상태로 남아 있다는 것을 의미한다. 아니마가 미분화된 상태에 있으면 원시적 감정을 지닌 부정적인 아니마(negative anima)의 모습을 가지게 된다. 부정적인 아니마는 남성으로 하여금 작은 스트레스만 받아도 예민하고 까다롭고 짜증을 내는 신경질적인 반응을 하도록 만든다. 하루 종일 불쾌하거나 우울한 기분이 지속되기도 하고 갑자기 분노를 폭발하기도 한다. 이것은 남성의 의식적인 자아가 부정적인 아니마에 사로잡혀 아니마의 지배를 받고 있는 상태라 할 수 있다. 부정적인 아니마에 사로잡혀 있는 남성은 작은 일도 꼬치꼬치 따지는 행동과 고집불통의 모습을 보이는데, 이것은 자신의 입장과 결론을 이미 정해 놓고 대화를 하기 때문이다. 그의 대화는 논리적이거나 합리적이지 않으며 기분에 의해 좌우된다. 이런 부정적인 아니마의 지배를 받고 있는 사람의 감정 상태를 '아니마 기분(anima mood)'이라고 한다. 이런 현상은 자아가 아니마를 의식화하려는 노력 없이 방치하고 있을 때 나타난다. 그러나 동시에 이것은 아니마가 자아에게 자신을 방치하지 말고 만나 달라는 메시지가 담긴 요청이기도 하다.

그 외에도 부정적인 아니마의 특징은 더 있는데, 예를 들면 남성들로 하여금 자기비하에 빠지게 하거나 지적 유희에 사로잡히게 하는 것 등이다. 자기비하에 빠진 남성들은 '나는 할 수 없어. 능력이 없어, 또 실패할 거야.', '나는 살 만한 가치가 없는 사람이야. 세상에는 아무도 나를 좋아하는 사람들이 없어.'라고 생각하며 자살의 유혹을 느끼기도 한다. 지적 유희에 사로잡혀 있는 남성들은 추상적이고 현학적인 사고와 언어에 갇혀서 자발적인 에너지와 생동감을 상실한 삶을 산다.

아니무스가 의식화되지 못하고 미분화된 상태에 있으면 부정적인 아니무스(negative animus)의 형태를 띠게 된다. 부정적인 아니무스는 여성으로 하여금 잘난 체하며 다른 사람들을 교묘하고 집요하게 통제하도록 만든다. 부정적인 아니무스를 지닌 여성은 남성의 아니마를 자극하여 남성을 짜증스러운 토론의 장소로 끌어내며, 상대방에게 "미안하지만 내가 또 옳았지? 내가 또 이겼다."라고 말함으로써 상대방을 약 오르게 하고 화나게 한다. 부정적인 아니무스의 가장 파괴적인 모습은 상대방의 것을 훔치는 도둑이 되거나 상대방을 죽이는 살인자의 형태를 지닌다는 것이다. 특별히 자신의 부정적인 아니무스를 의식하지 못하는 여성들은 자신의 남편과 자녀들을 몹시 힘들게 할 수 있다. 남편을 교묘하게 자극하고 조정하며, 자녀를 지배하고 묶어 놓음으로써 자녀의 결혼생활을 방해하기도 한다(이부영, 1998).

이와 같이 부정적인 아니마와 아니무스는 남성과 여성의 자기 인격은 물론 다른 사람의 인격과 인간관계를 파괴한다. 그러나 아니마와 아니무스가 의식화되고 잘 분화되면 그것은 창조적인 에너지와 생동감, 긍정적인 정서와 매력, 그리고 시혜와 진리 등의 자원을 지닌 원천이 될 수 있다. 특히 아니마와 아니무스는 영혼의 안내자가 되어 의식적인 자아를 무의식의 세계로 안전하게 인도함으로써 개성화, 곧 자아실현의 단계로 나아갈 수 있도록 돕는다.

그러므로 의식적인 자아의 역할이 중요하다. 자아가 건강해야 한다. 자아는 아니마와 아니무스라는 심혼, 곧 내적 인격을 의식화하고 통합함으로써 균형 있는 관계를 형성해야 한다. 그러나 자아가 아니마와 아니무스라는 심혼과 왜곡된 관계를 맺는 경우가 두 가지 있는데, 하나는 자아가 자신을 그 심혼과 지나치게 동일시하는 것이며, 다른 하나는 자아가 그 심혼을 방치하고 억압하는 것이다.

자아가 자신을 아니마 또는 아니무스와 동일시하면 어떤 일이 발생할까? 융 심리학에서는 동성애의 원인이 될 수 있다고 보고 있다. 융은 남성이나 여성에게 생물학적으로 타고난 자신의 성에 부합되는 성역할 페르소나가 발달되지 않으면 무의식 속에 있던 아니마 또는 아니무스가 자아의식을 지배함으로써 동성애가 나타날 수 있다고 보았다. 남성의 경우, 의식의 영역에 있어야 할 성역할 페르소나(외적 인격)는 무의식 속에 억압되고 무의식 속에 있던 아니마가 그의 성역할 페르소나를 대신하게 된다. 이것은 남성의 의식적인 자아가 자신을 아니마와 동일시한 상태로서 아니마가 남성 페르소나를 대신하여 외적 인격으로 자리 잡게 된 것이다. 그 결과 남성 페르소나를 상실하게 됨으로써 여자 같은 남자가 된다. 그리고 자신이 가지고 있어야 할 남성 페르소나를 외부의 다른 남성에게 투사함으로써 그 남성에게 동성애적인 매력을 느낄 수 있다. 마찬가지로 여성의 자아가 자신을 아니무스와 동일시 할 경우, 아니무스가 그녀의 여성 페르소나를 대신하여 외적 인격이 된다. 그 결과 여성 페르소나의 상실이 나타나고 남자 같은 여자의 모습을 지니게 된다. 그리고 자신의 여성 페르소나를 외부의 다른 여성에게 투사함으로써 그 여성에게서 성적인 매력을 느끼게 된다(Jung, 이부영, 1998, 재인용). 물론 동성애의 배경과 원인에 대한 이해는 다양하다. 다만, 전통적인 융 심리학적인 입장에서 볼 때 이와 같은 설명이 가능하다. 한편, 현대의 심리학과 정신의학적인 이해에 따르면 동성애는 정신병리로 볼 수 없다는 입장도 있다.

만약 자아가 아니마와 아니무스라는 심혼을 방치하고 억압하면 어떤 현상이 발생할까? 융 심리학의 관점에서 보면, 이것은 매우 불행한 사태라 할 수 있다. 왜냐하면 이것은 인격의 통합과 성장을 저해하고 정신 병리의 원인이 될 수 있기 때문이다. 예를 들어, 남성의 의식적인 자아가 자신의 아니마를 방치하고 억압하게 되면, 앞에서 언급한 것처럼 아니마는 미분화되고 미성숙한 상태에 있음으로써 부정적인 아니마가 될 수 있다. 또한 여성의 자아가 자신의 아니무스를 방치하고 억압하면, 아니무스는 미분화되어 부정적인 아니무스의 형태를 띠게 된다.

그런데 방치나 억압은 단지 그것으로 끝나지 않는다. 투사라는 현상을 낳는다. 투사는 자기가 가지고 있으나 그 사실을 모르는 아니마와 아니무스를 외부의 다른 대상에게 전가함으로써 상대방에게서 아니마와 아니무스의 상을 보는 것이다. 아니마와 아니무스가 투사될 때 그 투사의 대상은 인물, 이념, 종교, 예술작품, 물질 그리고 동식물에 이르기까지 다양하다. 아니마와 아니무스가 서로 사랑하는 남녀 사이에 투사될 때 그들은 황홀한 감흥을 느끼며 상대방을 이상적인 상태로 높이게 되는데, 이것은 자기 속에 있는 여신상으로서의 아니마와 영웅상으로서의 아니무스를 투사해서 바라본 결과이다. 이때 두 사람은 현실적인 여성과 남성을 보는 것이 아니라 신화 속에 나오는 신화적인 인물을 보고 있는 것이다. 따라서 그들이 투사를 거두어들이게 되면 크게 실망하게 되는데, 이 실망을 견디어 낼 수 있을 때에 성숙한 사랑이 이루어지는 것이라 할 수 있다.

청소년들이 인기 연예인이나 운동선수를 열광적으로 좋아하며 그들에게 깊이 빠져 버리는 경우도 자신의 아니마 또는 아니무스를 그들에게 투사한 결과라고 볼 수 있다. 요즘 한국 사회에서 볼 수 있는 연예인에 대한 청소년들의 선호적인 태도는 아니마 또는 아니무스의 투사로 인한 현상일 수 있다. 이념이나 종교는 종종 아니마와 아니무스의 투사의 대상이 된다. 아니마와 아니무스가 이념이나 종교에 투사되면 그 이념과 종교는 사랑과 헌신의 대상이 된다. 그리하여 그 이념이나 종교를 위해 자신의 삶과 목숨을 바치는 행동을 할 수 있다.

무속신앙에서 무녀들은 자신에게 신적인 능력을 부여하는 신이 있다고 믿는데, 그 신은 그들의 배우자로서 성주님 또는 장군님으로 불린다. 융 심리학적 관점에서 보면, 이런 현상은 무녀들이 자신의 아니무스를 투사한 것으로 볼 수 있다. 만약 아니마와 아니무스가 태양, 달, 산, 나무, 바위, 바다, 동물 등에게 투사되면, 그 대상들은 신봉의 대상이 된다. 예술가는 자신의 아니마와 아니무스를 시, 소설, 그림, 조각 등의 예술작품 속에 투사하는 경우가 있는데, 그렇게 함으로써 그들은 작품 속에 열정을 쏟게 되고 그 작품을 자신의 분신으로 생각하기도 한다. 아니마와 아니무스가 돈, 알코올, 마약, 섹스 등에 투사되는 경우도 있다. 물질은 종종 아니마와 아니무스 원형의 투사 대상이 되기도 한다. 이때 물질은 단지 물질이 아니라 신비한 마력을 지닌 특별한 대상으로 바뀐다. 그 물질은 우상처럼 떠받들어지기도 하고 중독의 대상이 되기도 한다(이부영, 1998).

남녀 사이에 아니마와 아니무스가 일방적으로 투사될 경우, 애정망상 또는 질투망상의 병리현상이 나타나기도 한다. 애정망상은 여성에게 많이 나타나는데, 상상 속에 만들어 놓은 이상적인 남자 또는 우연히 한 번 만난 남자가 자기를 사랑하며 자기와 결혼할 것이라는 믿음을 갖는 것이다. 질투망상은 어떤 객관적인 사실이나 증거도 없이 자신의 배우자가 다른 이성을 만나고 사랑의 관계에 빠져 있다고 믿는 것이다. 이것은 흔히 의처증이나 의부증의 원인이 되기도 한다.

아니마와 아니무스는 꿈에 자주 등장하는 무의식의 내적 인격이다. 남자의 꿈에서 아니마는 거룩한 성녀와 여신으로부터 어머니 그리고 창녀에 이르기까지 주로 여자의 인격상으로 나타나고, 여자의 꿈에서 아니무스는 영웅과 남신 등으로부터 술주정뱅이에 이르기까지 주로 남자의 인격상으로 등장한다. 그러나 남성의 꿈에 나오는 모든 여성이 아니마이고, 여성의 꿈에 나오는 모든 남성이 아니무스라고 할 수는 없다. 왜냐하면 꿈에서 꿈사람의 성별과 다른 아기의 상이 나타날 경우, 이것은 자기 원형을 나타내는 신성한 아이일 수도 있으며, 또한 꿈에 나타나는 할머니와 할아버지는 위대한 어머니(great mother)의 원형이나 마성인격을 지닌 노현자(wise old man)의 상일 수도 있기 때문이다.

남녀의 꿈에서 아니마와 아니무스가 긍정적인 모습으로 투사될 때 그것은 흔히 사랑하는 대상으로 나타난다. 예를 들면, 아니마와 아니무스는 꿈사람이 좋아하는 탤런트나 연예인의 모습으로 나타나기도 하고, 전혀 본 적이 없는 아름다운 여신상이나 멋있는 영웅상으로 등장하기도 한다. 또는 그 대상과 함께 친밀한 대화를 나누거나 성적인 유희를 즐기는 꿈을 꿀 수도 있다. 데이비드 폰태너에 따르면, 이렇게 꿈에서 아니마와 아니무스가 고귀한 형태나 강렬한 인상을 주는 사람의 모습으로 나타나는 것은 그런 아니마와 아니무스를 의식화하여 인격에 통합시킬 필요가 있음을 의미하는 것이라고 말했다(Fontana, 1994). 그러나 꿈에서 아니마와 아니무스가 험악하고 술 취한 모습으로 나타날 수도 있는데, 이것은 아니마와 아니무스가 미분화되어 부정적인 상태에 있다는 것을 보여 준다(Ackroyd, 1993). 다음은 꿈에 아니마와 아니무스가 어떤 상징으로 투사되는지를 참고할 수 있도록 정리한 내용들이다.

남성의 꿈에 등장하는 아니마의 상징들

● 남성의 꿈에서 아니마는 종종 매혹적인 여성으로 투사된다. 아름답고 신비로운 여성으로 나타난다. 이것은 꿈사람의 내면에 그렇게 아름다운 여성성이 있다는 것을 알

려 주는 꿈이다.

- 남성의 꿈에서 아니마는 어머니 같고 스승 같은 지혜로운 여성으로 투사된다. 방향을 제시하거나 문제를 해결할 수 있는 지혜를 알려 주는 것은 긍정적인 아니마의 상징일 수 있다.
- 남성의 꿈에서 아니마는 양육적인 어머니의 모습 또는 순수하고 천진난만한 딸의 모습으로 투사되기도 한다.
- 남성의 꿈에서 아니마는 아프로디테, 헤레나 그리고 소피아처럼 아름답고 현숙하고 지혜로운 여신상으로 등장하기도 한다. 또는 요정이나 인어 같은 모습으로 나타나기도 한다.
- 남성의 꿈에서 아니마는 아름다운 여인과 성적인 유희를 즐기는 상징으로 나타나기도 한다. 이것은 꿈사람이 그렇게 아름다운 여성성을 가지고 있다는 것과 그런 여성성을 자신의 전 인격에 통합해야 한다는 것을 보여 주는 꿈이다.
- 남성의 꿈에서 아니마는 꿈사람을 유혹해서 파멸에 이르게 하는 여성의 모습으로 등장할 수 있다. 이것은 부정적인 아니마의 상징이다.
- 남성의 꿈에서 부정적인 아니마는 머리를 풀어 헤치고 허름한 옷을 입고 있거나 벗은 몸으로 거리를 헤매고 다니는 여성의 모습으로 나타날 수 있다.
- 남성의 꿈에서 아니마는 암소, 고양이, 호랑이, 나비, 동굴 그리고 항구 등의 상징으로 니타나기도 한다.

여성의 꿈에 등장하는 아니무스의 상징들

- 여성의 꿈에서 아니무스는 종종 카리스마 있고 권위가 있는 강한 남성으로 등장한다. 이것은 꿈사람의 내면에 그런 남성성이 있다는 것을 알려 주는 꿈이다.
- 여성의 꿈에 나오는 왕자, 영웅, 전사, 기사, 훌륭한 사회적 지도자 등은 아니무스의 상징일 수 있다. 아니무스는 다윗상이나 백마 탄 기사 등으로 등장한다.
- 여성의 꿈에 나오는 학자, 스승, 성직자 등은 아니무스의 상징이 될 수 있다. 아니무스의 특징 중 하나는 이성적이고 철학적인 사고력을 가지고 있는 것이기 때문이다.

- 여성의 꿈에 나오는 아폴로나 헤라클레스처럼 막강한 힘을 가진 남신들은 여성이 가지고 있는 아니무스를 상징할 수 있다.
- 여성의 꿈에 나오는 연인이나 남성 동반자는 아니무스를 상징하는 경우가 많다. 특히 그 연인과 성적인 사랑을 나누고 있는 꿈을 꾼다면 그 연인은 꿈사람의 아니무스일 가능성이 많다.
- 여성의 꿈에서 술에 취한 남자나 거지처럼 남루한 옷을 입고 있는 남자가 등장한다면 그것은 꿈사람의 미개발된 부정적인 아니무스일 수 있다. 이것은 꿈사람이 자신의 아니무스를 방치하지 말고 만나서 대화함으로써 전 인격에 통합해야 한다는 메시지를 주는 꿈이다.
- 여성의 꿈에서 아니무스는 독수리, 황소, 사자, 그리고 발기된 남근상과 남근상을 나타내는 탑이나 창 등으로 투사되기도 한다.

긍정적인 아니마 꿈 사례

다음은 이부영 교수의 책『아니마와 아니무스』에 수록된 꿈 사례들이다(이부영, 2012b). 꿈에서 아니마와 아니무스가 어떤 상징심상으로 등장하고 있는지를 알 수 있는 좋은 사례라고 생각된다. 첫 번째 꿈은 어느 미혼 남성의 꿈인데, 남성의 긍정적인 아니마가 꿈에서 어떤 모습으로 나타나는지를 참고할 수 있는 꿈이다.

꿈에서 그 남성은 군중 속에 있었는데, 바로 앞에 서 있던 한 여인이 자꾸만 뒤를 돌아다본다. 그녀가 뒤로 고개를 돌릴 때마다 하얀 피부가 자기의 뺨에 가볍게 스친다. 그녀는 꿈사람을 보는 게 아니고 그 뒤에 있는 무엇인가를 보고 있다. 어둠 속에서 그녀의 하얀 피부와 맑고 깊은 눈이 보인다. 그녀는 무척 아름답고 청결하다. 이 남성은 그녀의 뺨이 자신의 뺨에 와 닿도록 일부러 그녀에게 다가선다. 그는 용기를 내서 자신의 입술을 그녀의 입술에 댄다. 그녀가 정열적으로 그의 입술을 깨문다. 의외다. 두 사람 사이에 사랑의 유희가 급진적으로 전개된다. 그녀는 키가 크고 날씬하다. 남성은 그녀의 허리를 안는다. 지금까지 경험하지 못했던 즐거움과 강렬한 환희를 느끼지만 불결한 느낌은 조금도 없다.

이부영 교수의 분석에 따르면, 꿈에 나타난 하얀 피부의 아름다운 여인은 꿈을 꾼 사람의 아니마이다. 꿈은 두 사람의 키스와 정열적인 행위라는 상징을 통해서 의식적인 자아와 아니마 사이의 만남과 통합의 필요성을 제시하고 있다. 꿈에 보이는 성과 성행위는 단순한 생리적 욕구의 표현일 뿐 아니라 영적이며 종교적인 합일의 경지를 나타내는 상징이 된다. 사랑하는 남녀 사이의 성적인 결합이 이루어지면 극적인 환희와 기쁨을 느끼게 되는데, 그것은 두 사람이 육체만이 아니라 영혼이 결합되었다는 것을 의미한다. 남자의 꿈에서 긍정적인 아니마는 사랑하는 여인 그리고 그 여인과의 성적인 결합의 모습으로 나타나는 경우가 많다.

부정적인 아니마 꿈 사례

다음은 남성의 꿈에서 부정적인 아니마가 어떻게 등장하는지를 알 수 있는 사례이다. 융 심리학에 따르면, 아직 어리거나 젊은 남성의 아니마는 분화되지 못하고 미성숙한 상태로 있는 경우가 많다. 왜냐하면 그들은 사회생활에 필요한 남성 페르소나라는 외적 인격을 먼저 발달시켜야 하는 과제를 가지고 있기 때문이다. 한 남성이 다음과 같은 꿈을 꾸었다.

꿈에서 그는 많은 사람이 해변에 모여 있는 것을 본다. 모래로 만든 것 같은 여인들이 손을 내밀며 남자들을 유혹한다. 유혹하는 여인들의 손을 잡는 남자들은 모래로 변하며 부스러진다. 많은 남자들이 그렇게 죽어 간다. 똑같은 현상들이 여자들에게노 일어난다. 여자들이 모래 남자들의 유혹에 넘어가서 모래로 부스러지고 죽어 간다. 이렇게 해서 인류의 종말이 오는 것이로구나라고 생각한다. 그는 무서워하며 꿈에서 깬다.

꿈에 나오는 모래 여인들은 꿈을 꾼 사람의 분화되지 못한 부정적인 아니마를 나타낸다. 부정적인 아니마와 부정적인 아니무스는 자기 자신은 물론 주위의 다른 사람들을 몰락시킨다. 폰 프란츠는 부정적인 아니마와 부정적인 아니무스를 '죽이는 아니마(killing anima)'와 '죽이는 아니무스(killing animus)'라고 불렀다. 앞에 소개된 꿈에는 부정적인 아니마만이 아니라 부정적인 아니무스도 등장한다. 따라서 이 꿈은 꿈을 꾼 사람의 개인적인 문제만이 아니라 인류공동체가 지니고 있는 집단적인 문제를 보여 주고 있다고 할 수 있다. 이부영 교수의 분석에 따르면, 사람이 모래로 변한 것은 생명을 가진 인간이 생명이 없는 사막으로 바뀌는 것을 의미한다고 말했다. 이것은 인공지능과 생명복제와 같은 현대의 과학적인 발명품들에 의해서 인간 본연의 감정이 메마르고 인격이 사라지는 비인간화의 문제를 상징하는 꿈으로 볼 수 있다.

긍정적인 아니무스 꿈 사례

하나의 꿈 사례를 더 소개한다. 이 꿈은 여성의 내적 인격인 아니무스가 어떻게 영혼의 안내자가 되어 의식적인 자아를 무의식의 세계로 안내하고 있는지를 보여 주는 꿈이다. 30대의 어느 기혼여성이 다음과 같은 꿈을 꾸었다.

꿈에서 여성은 지하실로 내려가고 있다. 지하실로 내려가는 입구가 여기저기에 여러 개 있다. 여인은 어떤 특정한 물건을 파는 지하실로 내려가기를 원한다. 그런데 다른 물건을 파는 원치 않는 장소로 잘못 내려간다. 여러 번 잘못 내려가기를 반복하며 다시 잘 찾아서 내려가려고 하는데, 어떤 남자가 나타나서 어디를 가느냐고 묻는다. 여인은 이런저런 설명을 하며 이번에는 잘 찾아 내려가려고 저쪽에 있는 입구로 가는 중이라고 말한다. 그러자 그 남자는 저쪽이 아니고 이쪽으로 내려가야 원하는 장소로 갈 수 있다고 말해 준다. 여인은 "아 맞다. 하마터면 또 잘못 내려갈 뻔했네."라고 말하며 웃는다.

이 꿈에 나타난 어떤 남자는 지하실로 내려가는 입구를 몰라서 방황하고 있는 여인에게 그 길을 가르쳐 주고 있는 안내자의 역할을 하고 있다. 꿈에 나오는 여인, 곧 꿈사람은 여인의 의식적인 자아를 나타낸다. 그녀가 어떤 물건을 사기 위해 내려가기를 원하는 지하실은 그녀의 무의식 세계를 상징한다. 그리고 그녀에게 그 지하실로 내려가는 길을 가르쳐 주는 남자는 그녀의 내적 인격인 아니무스이다. 그녀의 아니무스는 그녀의 자아를 무의식 세계로 안내하는 영혼의 안내자의 역할을 하고 있다. 이 꿈은 여인이 자신의 무의식 세계를 탐험함으로써 무의식을 의식화할 필요가 있다는 것을 알려 준다. 그리고 자신의 무의식을 탐험하는 것은 자기 안에 있는 아니무스를 통해서 스스로 해야 한다는 것도 알려 준다.

———— 마성인격

집단무의식 속에는 수많은 원형이 있다. 그 원형들은 인간이 인간 되게 하는 정신의 기본적인 골격이다. 그 원형들 중에는 우리의 삶과 정신활동에 많은 영향을 주며 꿈에 자주 등장하는 중요한 원형들이 있다. 앞에서 언급한 것처럼 페르소나, 그림자, 그리고 아니마와 아니무스 원형들이다. 그런 원형들 속에 포함시켜야 할 또 하나의 중요한 원형이 있다. 마성인격(mana personality)이라는 원형이다.

마성인격은 집단무의식 속에 있는 또 하나의 중요한 원형으로서 지혜와 능력을 상징하는 원형이다. 마성인격은 비범한 지혜와 능력을 지닌 신화적인 인물이다. 융에 따르면, 마성인격은 집단무의식 속에 있는 초월적인 능력을 가진 이미지가 인격화되어 나타난 것이다. 우리의 무의식 속에는 우리가 알고 있는 것 이상으로 신성한 지혜와 능력을 지닌 무의식적인 인격이 있다. 그 인격은 우리로 하여금 신비하고 초인적인 경험을 하게 하며 의식 세계에서는 생각할 수도 없는 지혜가 떠오르게 함으로써 평소의 우리 자신들보다 훨씬 더 능력 있는 존재가 되도록 한다. 사람들은 누구나 이런 지혜와 능력을 지닌 마성인격이라는 원형을 가지고 있다. 마성인격은 종종 자기(Self)와 연결된 원형의 일부로 나타난다. 그러나 마성인격의 출현은 때때로 비현실적이며 비합리적인 사고를 유발함으로써 정신건강을 해칠 수도 있다. 융은 의식적인 자아가 마성인격에 완전히 사로잡히는 것은 위험하다고 경고했다. 그런 경우 과대망상증에 이를 수도 있기 때문이다. 융은 마성인격에 사로잡혀 있는 사람을 '마성인격'이라고 불렀다(Ackroyd, 1993).

마성, 곧 '마나(mana)'라는 용어는 인류학에서 사용되는 말인데, 융은 그것을 심리학에 도입했다. 이 용어는 인도네시아 동남쪽과 호주 북쪽 사이에 있는 멜라네시아(Melanesia) 지역 사람들의 말에서 유래된 것으로, 이것은 '거룩', '신성' 등의 의미를 지닌 말이다. '마나'라는 말을 우리말로 번역하면 신성 또는 마성이라고 할 수 있는데, 마성(魔性)이라는 번역이 더 적절해 보인다. 왜냐하면 융 심리학에서 사용하는 '마나'라는 말의 의미는 거룩한 신성만이 아니라 주술가, 마법사, 무녀 등의 정신현상에서 나타날 수도 있는 부정성을 모두 포함하고 있기 때문이다. 융의 기술에 따르면, 마성인격은 주술적인 힘을 가진 존재로서 영웅, 장군, 주술사, 무당, 영매, 신들의 친구 등으로 투사된다(Jung, 1967). 『융 분석 비평 사전(A Critical Dictionary of Jungian Analysis)』을 엮은 앤드류 사무엘스(Andrew Sanuels)와 동료들은 '마나'라는 말에 잘 어울릴 수 있는 현대적인 용어가 '카리스마'라고 하였다. 그것은 신성한 능력, 정신 에너지의 원형, 성장 에너지의 근원, 주술적인 치유 등을 암시하는 말이다(Samuels et al., 1993).

현상학적으로 보면, 마성인격은 그리스도교에서 말하는 하나님 형상이라는 개념과 유사한 측면이 있어 보인다. 그리스도교의 신학적인 인간이해에 따르면, 인간은 하나님의 형상대로 창조되었기 때문에 인간은 하나님의 신성한 속성을 어느 정도 가지고 있다고 보고 있다. 비록 인류의 조상인 아담과 이브가 선악과를 따먹는 불순종의 원죄로 인하여 에덴동산에서 추방되었지만, 그 이후에도 하나님의 형상은 다 파괴되지 않고 단편적으로 남아 있다고 보는 학자들이 많다. 따라서 융 심리학에서 말하는 마성인격을 그리스도교적으로 표현한다면, 사람 안에 있는 하나님의 형상이고 할 수 있을 것이다. 그러나 마성인격과 하나님의 형상이 동일한 것은 아니다. 왜냐하면 마성인격에는 신적인 지혜와 능력이 있지만 그 속에는 빛과 어둠, 선과 악, 긍정성과 부정성이 모두 포함되어 있기 때문이다.

엔드류 사무엘스와 동료들은 카를로스 카스타네다(Carlos Arana Castaneda)의 저술에 나오는 돈 후앙(Don Juan)의 이미지를 마성인격의 대표적인 사례로 제시한다(Samuels et al., 1993). 돈 후앙은 멕시코 지역의 야퀴(Yaqui) 인디언 부족의 주술사(shaman)로서 시공간을 자유자재로 넘나들며 환경을 조작할 수 있는 신비한 능력을 지닌 자로 알려져 있다. 카스타네다는 미국의 애리조나주와 멕시코 지역을 여행하다가 돈 후앙을 만나 그에게 주술사가 되는 훈련을 받았다. 그 후 카스타네다는 비일상적인 신비한 체험을 하며 현대의 합리적인 과학 세계의 반대편에 있다고 생각되는 신비한 지식의 체계를 글로 표현하였다. 그 대표적인 책이 『인디언 주술사 돈 후앙의 가르침(The Teaching of Don Juan)』이다. 이 책 속에는 마술, 마법, 신비, 영육의 분리 등 초인간적인 체험과 신비한 이야기들이 소개되어 있는데, 그 중심에는 항상 돈 후앙이 있다(Samuels et al., 1993). 이 책은 1960년대 후반에서 1970년대에 미국에서 일어난 반문화 운동, 뉴에이지 운동, 영성추구 운동 등에 많은 영향을 끼쳤다. 이 책에 수록되어 있는 돈 후앙의 가르침이 담겨 있는 글 한 편을 소개한다.

> 어떠한 길도 하나의 길에 불과하며
> 너의 마음이 원치 않는다면 그 길을 버리는 것은
> 너에게나 다른 이에게나 무례한 일이 아니다.
> 모든 길을 가까이, 자세히 보아라.
> 네가 필요하다고 생각하면 몇 번이고 해 보아라.
> 그리고 오직 너 자신에게만 한 가지를 물어보아라.
> 이 길에 마음을 담았느냐? 그렇다면 그 길은 좋은 것이고
> 그렇지 않다면 그 길은 소용없는 길이다.

융 심리학의 관점에서 보면, 돈 후앙이 지혜의 말을 남기고 마술적이며 신비한 능력을 나타낸 것은 그의 집단무의식 속에 있는 마성인격이라는 원형이 출현한 결과라고 할 수 있다. 그는 자신의 마성인격 원형을 만남으로써 높은 단계의 인식을 유지하며 나른 사람들이 할 수 없었던 신비한 세계를 경험하였다. 그러나 이런 마성인격이 돈 후앙에게만 있는 것은 아니다. 그것은 모든 사람이 공통적으로 집단무의식 속에 가지고 있는 중요한 원형 중의 하나이다.

우리의 의식적인 자아와 마성인격 원형 사이에는 어떤 관계가 존재하는 것일까? 의식적인 자아가 마성인격을 대하는 태도는 어떠해야 할까? 여기에는 건강한 태도와 건강하지 못한 태도가 있다. 건강한 태도란 의식적인 자아가 마성인격을 자신이 가지고 있는 어러 원형 중의 하나로 인식하고 받아들이는 것이다. 자신의 집단무의식 속에는 비범한 지혜와 능력을 지닌 마성인격이 있다는 것을 이해하고 인정하며 그것을 자신의 전체 인격으

로 통합하는 것이 필요하다(Ackroyd, 1993). 그렇게 함으로써 마성인격으로부터 나오는 지혜와 신비한 능력을 활용하는 상태가 되는 것이다. 그러나 그것은 자신이 마성인격자가 되는 것을 의미하는 것은 아니다. 마성인격을 만나고 수용함으로써 자신의 전체 정신과 조화를 이루도록 하는 것이다.

마성인격에 대한 건강하지 못한 태도에는 다른 원형에 대한 태도와 마찬가지로 두 가지가 있다. 하나는 자아가 자신을 마성인격과 지나치게 동일시하는 것이며, 다른 하나는 자아가 그 마성인격을 억압하거나 부정하는 것이다. 자아가 자신을 마성인격과 동일시하면 문제가 발생한다. 자기 자신을 영웅, 초능력적인 인물, 또는 신적인 존재로 착각할 수 있다. 사이비 종교의 교주 중에는 "내가 예수다."라고 말하는 사람이 있는데, 그것은 그 사람의 자아가 자신을 마성인격과 동일시한 결과라고 볼 수 있다. 사이비 종교의 교주들은 그들의 자아가 자신의 마성인격과 동일시된 상태, 곧 마성인격자들이라고 할 수 있다. 자아가 마성인격과 동일시되면 자아팽창(ego inflation)이 나타나고 과대망상에 빠지게 되어 자기 자신을 스스로 우상화하게 된다(Samuel et al., 1993). 그리고 주위에 있는 사람들에게 자신을 믿고 추종하라고 요구한다.

자아가 자기 자신을 마성인격과 동일시하는 사람이 꾸게 되는 꿈이 있다. 그것은 정신세계의 균형과 조화를 유지하도록 하기 위한 보상적인 꿈이다. 예를 들면, 자기 자신이 마치 풍선처럼 부풀어 올랐다가 터지는 것 같은 꿈을 꿀 수도 있고, 수많은 사람 앞에서 강의 또는 연설을 하다가 원고를 잃어버리거나 생각이 나지 않아서 수모를 당하는 꿈을 꿀 수도 있다. 이런 꿈이 꿈사람에게 주는 메시지는 자기 자신을 마성인격과 동일시하지 말라는 것이다. 또한 꿈에서 마법사나 주술사 등이 나타날 경우, 사이비 마성인격을 나타낼 수도 있다(Jung, 2004). 마성인격은 우리를 의식의 높은 단계로 안내하기도 하고 그 단계에서 추락하게 하기도 한다.

융은 말하기를, 마성인격에 사로잡히는 것은 정신이 혼란에 빠지고 장애를 일으킬 수도 있는 위험한 일이라고 하였다. 융 심리학자들의 이해에 따르면, 성인식이나 입문식처럼 큰 변화를 경험하는 역(threshold)의 시기에 있는 사람, 삶의 큰 위기나 고통에 직면해 있는 사람, 그리고 정신분석이나 심도 있게 정신치료를 받고 있는 사람들은 마성인격의 출현으로 일시적인 정신착란을 일으킬 수도 있다는 것을 알 수 있다(Samuels et al., 1993). 그들은 마성인격의 출현에 매료되어 의식적인 자아의 합리적인 기능을 상실하기도 한다.

자아가 자신의 마성인격을 억압하고 부정하는 것도 동일시하는 것과 마찬가지로 문제가 발생한다. 억압은 자아가 스스로 마성인격의 존재를 인정하지도 않고 받아들이지도 않는 것을 말한다. 그 결과 자신에게 비범한 지혜와 능력을 지닌 인격이 있다는 것을 모른다. 부정은 아예 그런 인격이 자기 안에 있다는 것을 부인하는 것이다. 마성인격을 억압하고 부정하면 마성인격으로부터 얻을 수 있는 지혜와 능력을 얻지 못한다. 억압은 억압으로 끝나지 않는다. 억압은 항상 투사의 문제를 낳는다. 즉, 자신의 마성인격을 억압하면 그것을 다른 사람에게 투사함으로써 그 사람에게서 비범한 지혜와 능력을 지닌 마성을 보게 된다(Ackroyd, 1993). 그리고 그 사람을 특별한 인물이나 신적인 존재로 추앙하고 추종한다. 억압이 심하면 심할수록 투사는 더 극적으로 나타난다. 사이비 종교의 신도들이 그들의 교주를 추앙하고 신봉하는 것은 그들의 집단무의식 속에 있는 마성인격을 투사한 결과로 이해할 수 있다. 그들은 그들의 교주를 마치 초능력이 있는 사람 또는 신적인 존재로 생각한다. 찬양과 경배 수준으로 높이기도 한다. 이런 현상은 자신의 마성인격을 억압하고 투사한 결과이다. 교주는 자기 자신을 마성인격과 동일시하며, 신도들은 자신의 마성인격을 억압하고 그것을 교주에게 투사한 것이라 할 수 있다. 그들은 마성인격의 동일시와 투사라는 심리적인 현상이 두 개의 볼트와 너트처럼 맞아떨어지도록 밀착된 상태이기 때문에 그 결합과 결속력은 끊을 수 없을 만큼 강력하다. 그것은 사이비 종파의 신도가 거기에서 빠져나올 수 없는 이유가 된다.

마성인격의 억압과 투사는 사이비 종교의 신도들에게만 나타나는 것은 아니다. 누구에게나 있을 수 있는 현상이다. 학생이 자신의 마성인격을 선생이나 교수에게 투사할 수 있는데, 그러면 선생이나 교수를 지식과 지혜의 신처럼 생각하고 추종하게 된다. 청소년 중에는 자신의 마성인격을 연예인이나 운동선수에게 투사하는 경우가 있는데, 그러면 그 연예인이나 운동선수를 재능의 신처럼 추앙하게 된다. 이런 경우, 청소년들은 자신의 아니마 또는 아니무스 원형을 투사하기도 하고, 마성인격 원형을 투사하기도 하며, 이 두 원형을 모두 투사할 수도 있다. 투사가 많으면 많을수록 자기 정신의 통합과 균형은 더 방해를 받는다.

이처럼 자신의 마성인격을 억압하고 투사할 때 꾸는 꿈이 있다. 마성인격을 투사한 대상이 꿈에 나타난다. 꿈에 나타난 그 사람은 꿈사람에게 비범한 행동을 나타내 보이기도 하고 또한 꿈사람에게 말이 없거나 냉정한 모습을 보이기도 한다. 이런 꿈이 꿈사람에게 주는 메시지는 분명하다. 마성인격의 투사를 중단하고 억압을 해제함으로써 그 마성인격을 자신의 정신에 통합하라는 것이다. 마성인격 원형이 꿈에 등장할 때 그 꿈이 꿈사람에게 주는 의미들은 다음과 같이 정리할 수 있다.

- 자신을 마성인격과 너무 동일시하지 말라. 마성인격에 사로잡히지 말라.
- 자신의 마성인격을 억압하거나 부정하지 말라. 억압을 풀고 인정하라.
- 자신의 마성인격을 투사하지 말라. 투사를 거두어들이라.
- 자신의 마성인격을 인정하고 받아들임으로써 자신의 전체 인격에 통합하라.
- 자신의 마성인격으로부터 비범한 지혜와 능력을 얻고 개발하라.

마성인격에 대한 논의에 한 가지 더 추가할 것이 있다. 그리스도인 중에는 자신의 마성인격을 하나님께 투사하는 사람들이 있다. 자신의 집단무의식 속에 있는 비범하고 신비한 능력을 지닌 마성인격을 하나님에게 투사하는 것이다. 그러면 어떤 문제가 발생할 수 있을까? 하나님을 자신의 마성인격과 동일시함으로써 하나님을 자신의 마성인격이라는 정신의 범주 속에 가두어 놓게 된다. 다시 말하면, 하나님의 무한성과 영원성을 제한하게 된다. 따라서 그들이 믿는 하나님은 자신의 마성인격에서 비롯된 투사된 하나님(projected God)이라 할 수 있다. 그러나 그리스도교 신학에 따르면, 그리스도교의 하나님은 투사된 하나님이 아니다. 스스로 존재하면서 자신을 인간세계 속에 드러내는 계시된 하나님(revealed God)이다. 하나님은 스스로 있는 분이다. 인간의 마음이나 조건에 의해 창조되지 않았다. 그러므로 그리스도인들이 믿어야 할 하나님은 투사된 하나님이 아니라 계시된 하나님이다. 그럼에도 그리스도인들 중에는 자신의 생각, 소망, 기대, 감정, 욕구, 그리고 마성인격과 같은 원형적인 요소들을 하나님에게 투사함으로써 하나님에게 마성의 옷을 입히고 색칠을 하는 사람들이 있다. 그 결과 계시된 하나님을 보는 것이 아니라 투사된 하나님을 본다. 그들에게 필요한 것은 무엇일까? 하나님에 대한 자기의 상을 지움으로써 투사를 거둬들이는 것이다. 그런 의미에서 영성신학에서 말하는 부정신학은 계시된 하나님과 진실에 이르는 또 하나의 길이라 할 수 있다. 부정신학에 따르면, 하나님에게 이를 수 있는 길은 하나님에 대한 많은 지식과 경험을 쌓는 것이 아니라 오히려 자신이 가지고 있는 하나님에 대한 선지식과 경험을 모두 내려놓고 빈 마음의 상태가 되는 것이다. 다음은 마성인격이 꿈에 어떤 상징으로 투사되는지를 알 수 있는 참고적인 내용들이다.

- 꿈에서 마성인격은 현명한 노인(wise old man)으로 투사된다. 그들은 지혜롭고 경건한 인물로 꿈사람에게 조언을 하거나 문제를 해결할수 있는 길을 보여 준다. 꿈에서 그런 인물을 보았다면 그것은 자신의 마성인격을 억압하지 말고 전체 인격에 통합하라는 것이다.
- 꿈에서 마성인격은 성직자, 수도자, 예언자 등의 종교적인 인물로 등장한다. 종교적인 인물은 마성인격의 상징으로 볼 수 있다.
- 꿈에서 강력한 왕이나 여왕이 나타나면 그것은 마성인격의 등장으로 볼 수 있다. 왕이나 여왕은 막강한 권위와 능력을 지닌 마성인격의 상징일 수 있다. 왕이나 여왕은 자기 원형의 상징으로 나타나기도 한다.
- 꿈에서 신적 존재, 신화적인 영웅, 초자연적인 힘을 지닌 인물이 나타나면 그것은 마성인격을 상징하는 것일 수 있다. 이런 경우 그 신적 존재는 아니마와 아니무스를 상징할 수도 있고 마성인격을 상징할 수도 있다. 그것을 구분하는 것은 어려울 수 있지만, 마성인격은 지혜와 능력을 지닌 인격이라는 점을 감안하면 가능하다.
- 꿈에서 빛으로 둘러싸인 인물이나 신성한 분위기가 느껴진다면 그것은 마성인격의 출현일 수 있다. 그것은 꿈사람의 초월적인 깨달음이나 영적인 성장을 나타낸다.
- 꿈에서 불가능한 것을 가능하게 하거나 질병을 치유하는 등의 기적을 행하는 존재가 등장한다면 그것은 마성인격의 출현으로 볼 수 있다.
- 꿈에 마법사나 주술사 같은 존재가 나타나면 그것은 마성인격의 상징일 수 있다. 이 경우 마성인격은 꿈사람의 의식을 고양시킬 수도 있고 반대로 추락시킬 수도 있다는 것을 나타낸다.
- 꿈에서 꿈사람이 높은 곳에서 추락하거나 달리던 자동차가 전복하는 장면을 보았다면 그것은 꿈사람에게 주는 경고적인 상징으로서 자신을 마성인격과 동일시하지 말

라는 것이다.

● 꿈에서 마성인격은 산, 바람, 강, 파도, 바위, 거목 등의 자연 상태로 투사될 수 있다.

부성 원형과 모성 원형

원형에 대한 논의 중에 포함해야 할 원형이 있다. 부성 원형과 모성 원형이다. 부성 원형은 인류의 삶과 관계 속에 권위와 질서를 부여하고 생존의 안정을 위한 구조와 규범을 제공한다. 부성 원형은 신화에 나오는 신화적인 인물로부터 현실적인 아버지에 이르기까지 부성적인 속성의 근원이 되는 원형이다. 부성 원형은 현실적인 아버지와 상호작용하면서 경험적으로 형성된 부성적 이미지보다 먼저 존재한다. 즉, 우리는 실재하는 아버지 경험으로부터 부성 원형을 형성하는 것이 아니라 부성 원형이 있기 때문에 현실적인 아버지에 대한 이미지 형성과 관계 경험이 가능한 것이다. 부성 원형은 부성 콤플렉스와 구별된다. 융에 따르면, 원형과 콤플렉스가 구별되듯이 부성 원형은 부성 콤플렉스로부터 구별된다(Jung, 이유경, 2008, 재인용). 다음은 융에게 치료를 받았던 어느 여성 환자의 사례인데, 이 사례에서 환자는 융에게 부성 콤플렉스가 아니라 부성 원형을 투사하고 있다는 것을 알 수 있다.

부성 원형의 투사적 꿈 사례

융에게 심리치료를 받고 있었던 여성 환자는 자신의 부성상을 융에게 전이하고 투사했다. 융은 그 환자가 자신에게 투사하고 있는 것이 그녀의 아버지로부터 비롯된 부성 콤플렉스라고 생각했다. 환자는 부성상을 투사함으로써 융을 거의 신적 권위를 지닌 존재로 의존했다. 환자는 융이 자신을 완벽하게 치료해 주고 보호해 줄 것이라고 믿었다. 융은 그녀의 기대에 부응하여 그런 역할을 떠맡았다. 그러나 환자의 증상은 일시적으로 호전되는 것 같았으나 시간이 지나면서 오히려 악화되었다. 융은 새로운 치료의 출구를 찾기 위해 환자의 꿈에 주목했다. 환자는 아버지가 등장하는 꿈을 반복적으로 꾸었는데, 꿈에 나타난 아버지는 현실적인 아버지의 모습과 매우 달랐다. 꿈에 등장한 아버지는 강한 힘을 지닌 신적인 존재와 같았다. 다음은 그 여성 환자의 꿈이다.

꿈에서 여성은 아버지와 함께 언덕 위에 서 있다. 밀밭으로 덮여 있는 언덕이다. 아버지가 실제의 모습과 달리 거인같이 큰 몸집을 가지고 있다. 아버지가 작은 몸집의 그녀를 땅에서 들어 올려서 두 팔로 감싸안듯이 껴안는다. 바람이 불어 들판 위로 지나간다. 바람에 밀밭이 흔들릴 때마다 아버지가 두 팔로 그녀를 안은 채 흔들어 준다.

환자는 이 꿈을 꾼 다음 현실적인 아버지나 융도 제공하지 못했던 큰 위안을 받고 마음이 안정되었다. 이 꿈을 해석하는 과정에서 융은 환자가 왜 자신을 거의 신적인 존재로 의존했는지를 알게 되었다. 융의 분석에 따르면, 이 여성 환자의 꿈에 등장한 아버지, 곧 부성상은 아버지 콤플렉스가 아니다. 그녀의 집단무의식 속에 있는 부성 원형, 즉 신화적인 인물이다. 이 환자가 큰 위안을 받은 것은 그녀의 집단무의식 속에 있는 부성 원형이 등장함으로써 그 원형과의 만남이 이뤄졌기 때문이다. 이 환자가 융을 신적인 존재로 의존했던 것은 아버지 콤플렉스를 투사한 것이 아니고 그녀 자신의 부성 원형을 투사한 것이다(Jung, 이유경, 2008, 재인용).

부성 원형은 종종 마성인격과 중복적으로 나타난다. 부성 원형이 꿈이나 환상으로 구체화될 때, 지혜를 상징하는 노현자(wise old man)의 모습으로 나타나는 경우가 많기 때문이다(Ackroyd, 1993). 노현자 원형은 지혜를 상징하는 존재로서 다른 사람의 마음을 움직이는 신비한 능력과 사물의 이치를 꿰뚫어 아는 지혜, 그리고 선악과 옳고 그름을 판단하는 정의로운 도덕성을 지니고 있다. 노현자 원형은 부성의 상징이기 때문에 부성을 나타내는 인물 및 사물 등에 투사된다. 즉, 노현자 원형은 아버지, 할아버지, 왕, 마법사, 예언사, 도사, 안내자, 교수, 목사, 회장, 상사 등에 투사되는데 이런 상징심상들이 꿈속에 등장한다. 꿈에서 이런 상징심상들이 등장할 때 꿈사람은 자신이 높은 단계의 정신적 상태에 있다는 느낌을 갖게 된다(Ackroyd, 1993). 이런 이유로 노현자 원형은 마성인격과 유사한 측면을 가지고 있다고 할 수 있다.

이솝 우화에 수록된 「헤르메스와 나무꾼」의 이야기 속에 나오는 노인은 부성 원형과 노현자 원형의 이미지로 제시될 수 있다. 헤르메스(Hermes)는 물을 관장하는 냇물의 주인이며 신화적인 인물이다. 이 우화가 한국에 소개되면서 헤르메스는 백발의 노인으로 묘사되었다. 한국의 민속 문화에 어울리는 모습으로 바뀐 것이다. 그 이야기는 다음과 같다.

백발의 노인과 나무꾼

한 나무꾼이 나무를 하려고 산으로 갔다. 그는 도끼로 나무를 찍다가 그만 잘못하여 도끼를 연못 속에 빠뜨린다. 그는 낙심하여 울고 있었다. 그때 연못 속에서 흰옷을 입은 백발의 노인이 나타나 그 나무꾼에게 왜 울고 있느냐고 묻는다. 나무꾼은 도끼를 연못에 빠트려서 울고 있다고 말했다. 그러자 노인은 연못 속에서 금도끼를 꺼내 보여 주며 "이것이 네 것이냐?"고 묻는다. 나무꾼은 "아닙니다. 제 도끼는 쇠도끼입니다."라고 정직하게 대답한다. 노인은 다시 연못 속에서 은도끼를 꺼내어 "그럼 이것이 네 것이냐?"고 묻는다. 정직한 나무꾼은 이번에도 "아닙니다. 제 도끼는 쇠도끼입니다."라고 말한다. 나무꾼의 정직함에 탄복한 백발의 노인은 금도끼와 은도끼와 쇠도끼 세 개를 모두 그 나무꾼에게 주었다.

그 후 같은 마을에 살고 있는 욕심쟁이 나무꾼이 그 이야기를 들었다. 금도끼와 은도끼가 탐이 난 욕심쟁이 나무꾼은 그 정직한 나무꾼의 흉내를 내려고 하였다. 도끼로 나무를 찍다가 일부러 도끼를 연못 속에 빠뜨린 것이다. 그때 연못 속에서 백발의 노인이 나타나 금도끼와 은도끼를 차례로 보여 주며 "이것에 네 것이냐?"고 물었다. 욕심쟁이 나무꾼은 그 도끼들이 모두 자기 것이라고 대답했다. 노인은 정직하지 못한 나무꾼을 꾸짖었다. 욕심쟁이 나무꾼은 금도끼와 은도끼는 커녕 자신의 쇠도끼마저 잃고 말았다.

이 우화는 정직한 자는 복을 받고 거짓말하는 자는 벌을 받는다는 권선징악의 교훈을 담고 있다. 하나의 사회적 공동체가 견고하게 유지되기 위해서는 사회 도덕적인 가치가 필요하다. 그러나 이 우화의 도덕적인 배경은 사회공동체이지만, 이 우화가 나오게 된 정신적인 배경은 집단무의식 속에 있는 원형적인 요소라 할 수 있다. 왜냐하면 원형은 신화와 민담을 만들어 내는 하나의 신화소가 되기 때문이다. 따라서 이 우화에 나오는 헤르메스(백발노인)는 집단무의식 속에 있는 부성과 노현자의 원형이 의식으로 나타난 것으로 해석할 수 있다. 우화 속의 연못은 무의식을 상징한다. 헤르메스는 연못의 깊은 곳, 즉 집단 무의식에서 나왔다. 헤르메스는 집단무의식 속에 있는 부성과 노현자의 원형으로 볼 수 있다. 따라서 이 우화는 한 사람의 의식적인 자아가 집단무의식 속에 있는 부성과 노현자 원형을 만나서 통합을 이루는 자기성장과 자기실현의 과정을 보여 주고 있는 이야기로 볼 수 있다. 동시에 정직하지 못한 나무꾼은 욕심과 거짓으로 인하여 자신의 부성과 노현자 원형을 만나는 데 실패했다는 교훈도 담고 있다.

부성 원형은 꿈에서 어떤 상징심상으로 투사될까? 다음은 종종 꿈에 등장하는 부성 원형의 상징들이다.

- 꿈에서 부성 원형은 강력한 힘을 가진 왕, 대통령, 군사 지휘관 등으로 투사된다. 이런 인물들은 권위, 질서, 통제, 규범 등을 나타내는 부성 원형의 상징이다.
- 꿈에서 부성 원형은 꿈사람에게 지식을 가르치고 바른길로 인도해 주는 교사 또는 스승으로 등장한다.
- 꿈에서 부성 원형은 판사, 검사, 경찰관 등으로 투사된다. 이런 인물들은 엄격한 아버지 또는 높은 도덕적 기준이나 법적 권위를 지닌 부성 원형의 상징일 수 있다.
- 꿈에서 제우스나 아폴로 같은 남신이 등장하고, 꿈사람이 그 남신의 통제를 받거나 남신에게 의존하고 있다면 그것은 부성 원형의 상징일 수 있다.
- 꿈에서 꿈사람이 태양이나 하늘을 보고 있다면 그것은 부성 원형의 출현일 수 있다. 태양은 종종 부성 원형의 상징으로 등장하며, 하늘은 부성 원형이 지니고 있는 위엄과 초월적인 질서를 나타낸다.
- 꿈에 나오는 높은 탑이나 성채 그리고 견고한 건물 등은 안전과 보호를 나타내는 부성 원형의 상징이 될 수 있다.

모성 원형은 출산, 생명, 양육, 창조, 농사, 풍요 등의 기능을 지닌 원형이다. 모성 원형은 신화에 등장하는 여신으로부터 현실적인 어머니에 이르기까지 모성성의 종합적이며 근원적인 전형이다. 우리는 현실적인 어머니 때문에 모성 원형이 만들어지는 것이 아니라 모성 원형이 있기 때문에 현실적인 어머니에 대한 개념과 이미지가 형성되는 것이며 어머니를 어머니로 경험할 수 있는 것이다. 무의식과 꿈에서 모성 원형이 구체화되면, 종종 태모 곧 위대한 어머니(great mother)로 등장한다. 노현자가 부성 원형의 상징이라면, 태모는 모성 원형의 상징이라고 할 수 있다. 인간은 누구나 태모라는 원형적 인격을 가지고 있다. 융 심리학에 따르면, 태모 원형과의 만남은 인간의 정신적인 발달과 성장에 극히 중요한 과정으로 말해지고 있다. 데이비드 폰태너(David Fontana)는 말하기를, 꿈과 신화 그리고 종교에서 모성적 이미지가 널리 등장하는데 그 이유는 어린 시절 엄마에 대한 경험 때문만이 아니라 태모 원형 때문이라고 하였다(Fontana, 1994). 태모 원형은 개인적인 경험과 관련된 것이 아니라 동서고금을 통해서 누구에게나 발견되는 정신적인 유산이다. 집단무의식 속에 있는 태모 원형은 꿈과 신화를 만드는 중요한 요소가 된다.

태모 원형이 신화에 투사될 때, 신화에 등장하는 인물은 현실적인 어머니의 모습이 아닌 신화적인 인물이 된다. 예를 들어, 태모 원형이 투사된 여신에는 대지의 여신인 가이아(Gaea)와 곡식과 풍요의 여신인 데메테르(Demeter)가 있다. 가이아는 태초에 카오스(Chaos), 곧 혼돈과 텅 빈 세상으로부터 대지의 여신으로 태어났다. 가이아는 혼자의 힘으로 하늘의 신 우라노스(Ouranos)와 바다의 신 폰토스(Pontos)를 낳고 자신이 낳은 아들 우라노스와 결혼하여 12명의 티탄(Titan) 족을 낳았다. 티탄 족은 그리스 신화에 등장하는 거인들로서 거대한 체격과 강력한 힘을 지닌 신의 종족이다. 티탄 족을 낳은 가이아는 대지와 출산의 여신이 되었다. 데메테르는 '곡식의 어머니' 또는 '어머니의 대지'라는 의미를 지닌 말로서 데메테르는 땅과 풍요와 곡식 그리고 건강과 출생과 결혼의 여신으로 추앙받았다. 데메테르는 올림포스 12신 중의 하나이다. 데미테르는 풍요로운 대지처럼 너그러운 어머니의 모습으로 옥수수, 이삭, 곡식 그리고 온갖 종류의 과일, 꽃으로 가득 찬 바구니 등의 이미지를 담고 있다. 데메테르는 먹을 것이 없어서 굶주리고 있는 인간들이 방황하는 것을 보고 밭을 갈고 씨를 뿌리는 방법을 가르쳐 주어 땅에 정착할 수 있도록 도와주었다. 그러나 데메테르는 지하의 신 하데스(Hades)가 자기의 딸 페르세포네를 납치하였을 때 그 딸을 찾으러 다니느라고 사람들이 농사짓는 일에 관심을 두지 못했다. 그러자 식물들이 메말라 죽고 기근이 들었다. 인간들은 수확을 거두지 못해 제우스(Zeus)에게 제물을 바칠 수가 없었다. 제우스는 하데스에게 페르세포네를 돌려보내라고 명령했고 데메테르는 잃었던 딸을 찾게 되었다. 그러나 페르세포네는 먹어서는 안 되는 지하세계의 음식인 석류를 먹음으로써 저주를 받아 1년 중 1/4에 해당되는 기간 동안에는 농사를 지을 수 없는 추운 겨울이 찾아왔다(유재원, 2015). 데메테르 여신은 태모 원형의 신화적 상징이다. 태모 원형은 출산, 양육, 수확, 풍요 등의 신성한 능력을 지닌 여신상의 모습을 가지고 있다.

그러나 태모 원형이 신성한 여신의 이미지만으로 나타나는 것은 아니다. 현실의 모성적 존재가 가지고 있는 긍정과 부정의 모든 이미지와 개념을 포함한다. 예를 들어, 민담이나 전설에 나오는 어머니와 할머니와 계모 등에 대한 이야기는 모두 태모 원형의 이미지를 반영한다. 태모 원형은 모든 원형이 그렇듯이 긍정성과 부정성의 양극단을 구성한다. 태모 원형의 긍정성은 생명을 낳고 양육하고 돌보는 임신, 출산, 양육 등의 요소를 지니고 있다. 자녀를 향한 돌봄과 배려 그리고 이성을 초월하는 자비와 지혜 등은 태모 원형의 긍정적인 속성이다. 출산과 양육의 속성은 자연과 대지에도 그대로 적용된다. 태모 원형은 농산물의 풍요와 다산성을 상징한다. 동시에 태모 원형은 순결하고 희생적이며 신성한 영묘의 의미를 지니고 있다. 한편, 태모 원형의 부정성은 자녀를 지배하고 통제하며 교묘하게 유혹하고 이용하는 측면을 가지고 있다. 태모 원형의 부정성 극단에는 탐식하고 소유하며 가두고 죽이는 어둠의 요소가 있다. 유혹하고 삼키고 중독시키는 속성, 운명처럼 피할 수 없는 두려움의 대상 그리고 심연처럼 깊은 죽은 자들의 세계는 태모 원형의 부정적인 모습이다. 현실적인 어머니의 집단무의식 속에는 이처럼 자녀를 지배하고 통제하려는 태모 원형의 부정적인 본성이 출산과 양육의 긍정적인 요소와 함께 섞여 있다(Jung, 2004).

부정적인 태모 원형은 여신들의 신화에 잘 나타나 있다. 그 대표적인 여신들 중에 고르곤(Gorgon) 여신, 하르피아(Harpyia) 여신 그리고 릴리스(Lilith) 여신 등이 있다. 그리스 신화에 나오는 고르곤은 지하세계에 사는 여신으로서 머리카락이 뱀으로 되어 있으며 크고 무서운 이빨을 가지고 있다. 고르곤은 자신의 눈과 마주치는 모든 사람을 돌이 되게 했다. 그녀는 상대방을 꼼짝 못하게 상악하고 죽음에 이르게 하는 어둠의 세력을 가지고 있었다. 상반신은 인간의 모습을 하고 하반신은 독수리 모습을 지닌 하르피아 여신은 자신이 원하는 것이면 무엇이든지 취하는 탐욕스러운 괴물이다. 유대인의 신화에 나오는 릴리스는 아담의 첫 번째 아내였는데, 성교할 때 남성이 상위체위를 하는 것에 불만을 품고 아담을 떠나 바빌로니아의 수메르지역으로 들어가 혼자 살면서 많은 남자를 유혹하고 관능적인 쾌락을 즐기며 창녀처럼 살았다. 또한 그녀는 광야를 돌아다니면서 어린아이들을 잡아 감금하고 게걸스럽게 먹어 치우는 끔찍한 마녀의 모습을 지니고 있었다. 이러한 여신들은 모두 태모 원형의 부정적인 측면을 나타내는 신화적인 인물들이다(Fontana, 1994). 릴리스의 행동은 남녀평등을 최초로 강조한 신화적인 모티브로 여겨질 수 있다는 측면이 있다. 한편, 융은 릴리스를 부정적인 아니마를 상징하는 여신으로 보기도 했다.

언급한 것처럼, 융의 원형이론에 따르면, 우리는 현실적인 어머니 때문에 모성 원형, 즉 태모를 경험하는 것이 아니라 모성 원형이 있기 때문에 현실적인 어머니를 어머니로 경험하게 되는 것이라고 할 수 있다. 즉, 모성 원형은 '어머니' 하면 떠오르는 모든 속성과 특성들에 대한 선험적이며 근원적인 이미지이다(Jung, 이유경, 2008, 재인용). 융은 원형이 지배적인 힘의 특성을 가지고 있다고 말했다. 그런 지배적인 특성 때문에 의식적인 자아가 원형에 사로잡히는 경우가 발생한다. 만약 어느 여인의 의식 세계가 태모 원형의 부정적인 요소에 사로잡히게 되면 그들의 자녀와 가족들은 물론 그녀 주위에 있는 사람들은 무자비하게 지배당하고 통제받게 될 것이다. 융은 우리가 노현자나 태모 원형에 사로잡히는 것은, 마성인격에 사로잡히는 경우처럼, 정신의 혼란과 장애를 겪을 수 있는 위험한 일이라고 하였다. 모성 원형은 꿈에 어떤 상징심상으로 투사될까? 다음은 종종 꿈에 등장하는 모성 원형의 상징들이다.

- 꿈에 넓은 대지와 풍요로운 들판이 등장한다면 그것은 출산과 양육을 나타내는 모성 원형의 상징일 수 있다.
- 꿈에서 현실적인 어머니나 할머니를 보았다면 그 인물들은 모성 원형의 등장일 수 있다. 이 경우, 어머니와 할머니는 꿈사람이 지닌 모성 콤플렉스일 수도 있다. 만약 그 인물들의 모습이 초월적으로 신비해 보이거나 비현실적으로 보인다면 모성 원형일 가능성이 많다. 꿈에서 모성 원형이 현실적인 어머니로 투사될 때 그 투사에는 현실적인 어머니가 가지고 있는 긍정적인 모습과 부정적인 모습을 모두 포함한다.
- 꿈에 달 또는 물이 보인다면 그것은 주기적으로 변화하는 여성성과 모성 원형의 상징이 될 수 있다. 특히 물은 생명과 감정의 근원으로 모성을 상징하는 경우가 많다.
- 꿈에 그릇, 항아리, 동굴 등이 보이면 그것은 모성 원형을 나타내는 것으로 볼 수 있다. 그릇과 항아리 같은 도구들은 생명을 품고 돌보는 상징이 될 수 있기 때문이다.

- 꿈에 메마른 불모지나 얼어붙은 대지가 보이면 그것은 부정적인 모성 원형의 상징일 수 있다.
- 꿈에서 부정적인 모성 원형은 고르곤 또는 하르피아 여신처럼 끔찍한 모습으로 투사되기도 한다.

신성한 아이

집단무의식 속에 있는 원형들 중에 신성한 아이(divine child)라는 원형이 있다. 꿈에 가끔 등장하는 원형이다. 신성한 아이는 재탄생, 희망, 갱신, 완벽성, 순결성을 지닌 인격으로 우리를 개성화의 성숙한 상태로 인도하는 재생력의 상징이다. 신성한 아이는 존재의 완전성을 나타내며 진정한 자기(Self)의 상징이 되기도 한다. 신성한 아이는 개성화 과정에서 의식과 무의식을 통합으로 이끄는 자기의 상징이다. 신성한 아이는 작고 연약해 보이지만 신성불가침의 막강한 변형력과 정화의 능력을 지니고 있다(Fontana, 1994). 신성한 아이는 영웅적인 존재로서 비범한 능력을 가지고 있으며 세상을 구원하는 구세주가 되기도 하고 새로운 질서를 만드는 변혁자가 되기도 한다. 꿈에서 신성한 아이는 어린 아기나 유아의 모습으로 등장한다.

신성한 아이의 신화적인 이야기는 역사적·종교적으로 여러 지역에서 발견된다. 그리스도교의 아기 예수는 신성한 아이의 가장 원형적인 모델이다. 신성한 아이의 신화들 속에는 공통된 주제가 있다. 신화 속에 등장하는 신성한 아이는 그 아이가 속한 세상과 사회로부터 배척받고 추방을 당한다는 것이다. 사회는 그 아이의 출생을 환영하지 않으며 그 아이를 제거하기 위한 음모를 꾸민다. 아이는 상자에 담겨 강물에 떠내려가거나 산속에 버려진다. 사람들의 눈을 피하여 동굴이나 마구간에서 태어난다. 융의 기록에 의하면, 신성한 아이는 버림받고 내던져진 자이며 동시에 신적인 능력을 가진 존재이다. 그 아이의 시작과 출현은 보잘것없이 작고 초라하지만 그 결말은 놀랄 만큼 크고 영광스럽다(Jung, 1969). 신성한 아이는 왜 기존의 사회로부터 거절받고 추방당하는 것일까? 그 이유는 사회가 그 아이의 신성과 능력을 용납하지 못하기 때문이다. 사회는 그 사회의 현 체제를 유지하면서 이득을 보려는 기득권자들이 있기 마련이다. 그들은 변화를 원하지 않는다. 신성한 아이가 사회에서 추방당하는 이유는 그 사회를 바꾸고 변혁할 수 있는 막강한 힘을 가지고 있기 때문이다. 기득권자들은 그런 힘을 가진 신성한 아이의 출현을 두려워한다. 그러나 기득권자들의 음모와 추방에도 불구하고 신성한 아이는 살아남는다. 그리고 때가 되면 아이가 가지고 있는 본래의 신성한 능력이 나타난다. 신성한 아이의 시대가 도래하는 것이다. 변혁의 바람이 불고 구원의 노래소리가 들린다. 기득권자들은 물러나고, 억압받은 자들은 풀려나며, 세계의 질서가 새롭게 개편된다. 이제 아이는 진정한 자기가 되어 신성한 능력을 행사하며 자신의 지위와 명예를 회복한다. 신성한 아이가 존경을 받는다 (Bradshaw, 1990; Fontana, 1994). 이처럼 신성한 아이가 활동하는 진정한 시간은 미래적이다. 꿈이나 환상에서 신성한 아이가 등장했을 때, 그것은 회고적인 과거를 상징하는 것처럼 보이지만 그 아이의 원형적인 주제는 미래적인 희망이다(Jung, 1969). 집단무의식 속에 있는 신성한 아이를 만나면 인격의 많은 변화가 일어난다. 자아가 부정적인 콤플렉스와 원형들의 지배와 통제로부터 벗어나 전체 인격의 개편이 시작된다.

꿈에 등장하는 모든 어린아이가 신성한 아이를 상징하는 것은 아니다. 꿈에 등장하는 어린아이는 꿈사람 자신의 내면아이(inner child)를 나타낼 수도 있고, 꿈사람의 자녀나 손주를 나타낼 수도 있다. 그것을 어떻게 구별할 수 있을까? 신성한 아이는 다른 원형들과 마찬가지로, 현실에서 볼 수 없는 특별한 모습을 지니고 있거나 신비롭고 경이로운 느낌을 준다. 몸에서 광채가 나거나 구름 위를 날기도 하고, 황소를 끄는 동자의 모습을 보이기도 하며, 거대한 바위나 폭풍우 속에서 밝은 모습으로 등장하기도 한다.

신성한 아이 꿈 사례

다음은 한 여인의 꿈 사례이다.

꿈에서 여인은 커다란 우물 속을 들여다보고 있다. 우물은 검고 두꺼운 돌로 둘러싸여 있다. 갑자기 우물 밑에서부터 한줄기의 거대한 빛이 하늘로 솟아오른다. 주변이 환해진다. 그 빛줄기를 타고 오색찬란한 커다란 물고기가 우물 밑에서부터 위로 떠오른다. 물고기에서 선명한 광채가 빛난다. 물고기 등에는 발가벗은 옥동자가 타고 있다. 옥동자는 머리에 금으로 된 왕관을 쓰고 있다. 옥동자는 우물 주위를 빙글빙글 천천히 돌면서 여인을 보고 방긋방긋 웃는다. 여인의 눈과 옥동자의 눈이 마주친다.

이 꿈에 등장하는 우물은 무의식의 깊은 하층 세계, 곧 집단무의식을 상징하는 것으로 보인다. 한줄기의 거대한 빛이 솟아오르는 것은 중요한 대상이나 인물이 등장하기 전에 보여 주는 전조 현상과도 같다. 아기 예수가 탄생하던 날 밤, 하늘에 이상한 광채를 띤 별이 등장한 것처럼, 이 거대한 빛은 다음 단계에 나타날 대상을 주목하게 만든다. 오색찬란한 커다란 물고기는 집단무의식이라는 큰 호수 또는 바다에서 나왔다. 물고기는 다산성과 풍요를 상징한다. 옥동자가 그 물고기에 타고 있다는 것은 옥동자가 누리게 될 운명적인 축복이다. 물고기의 등을 타고 있는 발가벗은 옥동자는 무엇을 나타내는 것일까? 꿈사람이 지니고 있는 신성한 아이를 상징한다. 꿈의 마지막 장면에서 옥동자의 눈과 꿈사람의 눈이 마주친 것은 그 옥동자가 꿈사람의 내면에서 나온 꿈사람의 신성한 아이이기 때문이다. 그 아이가 물고기 등을 타고 우물 속에서 솟아오르는 것은 신비롭고 경이로운 느낌을 준다. 옥동자는 머리에 금으로 된 왕관을 쓰고 있다. 이것은 세상을 바꿀 수 있는 막강한 힘이 그 아이에게 있다는 것을 의미한다. 금은 자기 원형의 상징이다. 이 여인은 어린 시절에 이 꿈을 꾸고 내면이 강화되는 힘과 소망을 얻었으며, 그 후 삶이 어렵고 좌절감이 느껴질 때마다 이 꿈을 생각하면 영혼이 소생하는 느낌을 받았다고 한다.

꿈에서 신성한 아이는 어떤 상징으로 묘사될까? 다음은 신성한 아이 원형이 꿈에서 자신을 드러내는 몇 가지의 상징들이다.

- 꿈에서 신성한 아이는 순수하고 천진난만한 갓난아기 또는 어린 소년이나 소녀로 묘사된다. 그 아이들은 미래에 대한 희망을 상징한다.
- 꿈에서 빛을 두른 아이 또는 빛 속을 걸어가는 아이가 보이면 그것은 꿈사람이 가지고 있는 신성한 아이의 출현으로 볼 수 있다.
- 꿈에서 신성한 아이는 구름을 타고 가거나 황금으로 만든 왕관을 쓰고 있는 신화적인 존재로 등장할 수 있다.

- 꿈에서 새끼 사자나 어린 새 등 작은 동물들을 돌보거나 그 동물들이 성장하는 것을 보고 있다면 그것은 신성한 아이의 상징일 수 있다.
- 꿈에서 알이 부화하거나 씨앗이 싹트는 것을 보고 있다면 그것은 잠재적인 능력과 변화의 가능성을 가진 신성한 아이의 상징으로 볼 수 있다.
- 꿈에서 갓난아이가 버려지거나 배척을 받고 있다면 그것은 신성한 아이가 꿈사람의 내면에서 환영받지 못하고 추방당하고 있다는 것을 상징할 수 있다. 이것은 자신의 내면에 그런 신성한 아이가 있다는 것을 인정하고 수용함으로써 전 인격에 통합해야 한다는 것을 알려 준다.
- 꿈에서 신성한 아이는 푸른 초원이나 깨끗한 정원 또는 평화로운 장소에서 마음껏 뛰어노는 상징으로 투사될 수 있다. 그러나 꿈에서 길을 잃은 아이가 보이거나 꿈사람이 길을 잃은 아이를 찾고 있다면 그것은 보호와 양육이 필요한 꿈사람의 내면아이로 볼 수 있다.

——— **트릭스터**

또 하나의 원형인 트릭스터(trickster)는 이중적인 본성, 즉 반은 동물적이고 반은 신적인 요소를 가지고 있다. 즉, 하층 동물의 특성과 신적인 신성한 능력이 결합된 원형이다. 트릭스터는 '신의 원숭이' 또는 '반영웅적 원형'이라고 불리기도 한다. 융은 트릭스터를 연금술에 나오는 메르쿠리우스(Mercurius)에 비유했는데, 메르쿠리우스는 음흉하고 악의적인 농담을 잘하며 짓궂은 장난기가 가득한 존재이다. 융은 트릭스터의 형상을 그림자와 동등한 것으로 보았다. 트릭스터는 집단적인 그림자이며 개인이 지닌 열등한 것들의 총합이라고 했다(Jung, 1969). 그럼에도 트릭스터가 인격을 파괴하고 해를 끼치는 부정적인 것은 아니다. 트릭스터는 개인의 인격이 재난이나 위험에 처할 때 나타나 보상적인 에너지를 방출함으로써 쓰러지지 않도록 돕는다. 트릭스터는 신성한 아이와 같이 인격의 변화와 변형을 유도한다(Fontana, 1994). 트릭스터는 구원자 또는 영웅의 형상으로 투사되기도 하고 약탈자와 가해자의 모습으로 투사되기도 한다. 영웅으로 투사될 때 트릭스터는 우리가 아무리 노력해도 이룰 수 없는 것들을 자신의 어리석음과 역설적인 행동을 통해 단번에 성취한다.

트릭스터는 종종 꿈에 등장하는데, 어릿광대, 익살꾼, 괴롭히고 폭로하는 자의 모습으로 나타난다. 트릭스터는 자아가 지나치게 도덕적이거나 완벽성을 추구할 때 또는 자아가 자신을 외부 인격인 페르소나와 지나치게 동일시할 때, 그 문제를 꼬집고 지적하기 위해 등장한다. 그 이유와 목적은 그런 자아의 편향적인 태도를 지적해 줌으로써 그 태도를 바꾸고 변화를 추구하도록 돕는 데 있다. 트릭스터의 행동은 의식적인 자아의 태도에 반대되며 보상적인 경우가 대부분이다(Jung, 1969). 트릭스터가 자아의 편향성을 지적하는 방식은 조롱과 찌름과 방해와 비웃음 등이다. 꿈에서 트릭스터는 꿈사람의 놀이와 즐거움을 방해하고, 숨겨진 책략과 부끄러운 비밀을 들춰내고 폭로하며, 꿈사람을 괴롭힘으로써 혼란에 빠트리는 것이다. 트릭스터는 자아가 지나친 완벽성이나 허영심으로 오판을 함으로써 위험한 상황에 있을 때 등장한다. 트릭스터는 혼란과 기만 그리고 변덕스러운 행동을 함으로써 심리적인 성장을 촉진하는 원형이다.

트릭스터 꿈 사례

어느 여인의 꿈이다.

꿈에서 여인이 자전거를 타고 동네 길을 지나가고 있었는데, 그만 넘어섰다. 어깨에 메고 있던 핸드백이 땅에 떨어진다. 그때 동네의 개구쟁이처럼 생긴 남자아이가 그 가방을 집어 달아난다. 아이는 몸이 뚱뚱하고 장난기가 가득해 보인다. 여인은 소리를 지르며 쫓아간다. 아이는 달아나면서 핸드백을 열고 그 안에 있는 것들을 마구 꺼내어 내던진다. 소지품, 화장품, 지갑, 돈 등이 땅에 떨어진다. 여인은 불쾌한 마음으로 황당해한다. 여인은 아이를 놓치고 땅에 떨어진 몇 개의 소지품들을 주워 돌아온다. 돌아와 보니까 자전거가 없어졌다. 순간 검은색의 옷을 입은 많은 사람이 큰 체육관과 같은 장소에 모여 있는 것이 보인다. 여인은 그들에게 자기의 자전거가 어디에 있느냐고 묻는다. 그들은 한쪽에 다른 자전거들과 함께 쌓아 두었다고 말한다. 그러나 자전거를 찾을 수가 없다.

　이 꿈에 등장하는 장난기가 가득한 남자아이는 꿈사람의 문제를 지적하는 트릭스터로 보인다. 꿈사람의 문제는 자아가 자신을 외적 인격인 페르소나와 지나치게 동일시하고 있는 것이다. 어깨에 메고 있는 핸드백은 여인의 페르소나를 상징한다. 장난기로 가득한 남자아이는 꿈사람의 내면에 있는 트릭스터 원형이다. 그 남자아이는 꿈사람의 페르소나의 문제를 지적한다. 그런데 페르소나의 문제를 지적하는 방식이 조롱과 놀림과 괴롭힘이다. 남자아이는 핸드백 속에 있는 소지품들을 들춰내고, 내던지고, 폭로한다. 여인은 수치감을 느낀다. 핸드백 속의 소지품들은 여인이 숨기고 싶은 내면의 문제들로 보인다. 예를 들면, 소지품들은 여인의 내면에 있는 콤플렉스, 그림자 그리고 여인이 가지고 있는 욕망과 욕구와 감정들이다.

　여인은 남자아이가 내던진 소지품들 중에 몇 개를 주워 온다. 여기에 희망적인 변화의 에너지가 있다. 왜냐하면 그것은 자신이 가지고 있는 내면의 문제를 일부 만난 것이기 때문이다. 물론 자기 내면과의 더 깊은 직면, 그리고 수용과 통합이 필요하다. 꿈에서 큰 체육관처럼 보이는 장소는 여인의 무의식 세계를 상징하는 것으로 보인다. 검은 옷을 입은 많은 사람은 여인의 자아로 하여금 무의식의 세계를 탐험하도록 안내하는 아니무스일 가능성이 높다. 그들은 여인에게 자전거가 어디 있는지를 알려 주는데, 잃어버린 자전거는 여인이 더 만나고 작업해야 할 무의식 안에 있는 내용물이라고 볼 수 있다. 그러나 여인은 자전거를 찾지 못한다. 이것은 자아가 아직 통합하지 못한 무의식의 내용물들이 남아 있다는 것과 그 과정이 쉽지 않다는 것을 보여 준다.

　다음은 트릭스터 원형이 꿈에서 어떤 상징으로 투사될 수 있는지를 보여 주는 몇 가지의 예시들이다.

- 꿈에서 트릭스터는 여우, 까마귀, 원숭이 등의 지혜롭지만 교활하고 장난스러운 동물로 투사된다.
- 꿈에서 트릭스터는 어릿광대, 익살꾼 등 사람들을 웃기는 익살스러운 존재로 등장한다.
- 꿈에서 트릭스터는 간혹 사기꾼, 도둑, 거짓말쟁이처럼 믿을 수 없는 존재로 나타난

다. 트릭스터는 꿈사람의 계획이나 진로를 방해한다.

- 꿈에서 트릭스터는 권위나 기존의 질서에 반항하는 청소년의 모습으로 투사되기도 한다. 이것은 기존의 질서와 규범이 너무 경직되어 있다는 것을 나타내는 상징이다. 즉, 그 질서와 규범의 변화를 촉구하는 꿈이다.
- 꿈에서 트릭스터는 자신의 형태나 모습을 계속 바꾸는 인물이나 동물로 투사된다. 만약 꿈에서 어떤 사람이 갑자기 다른 사람이나 동물로 변하는 것을 보고 있다면 그 것은 트릭스터의 상징일 수 있다.
- 꿈에서 어떤 대상이 서툰 행동이나 실수를 했는데 그것이 문제 해결의 실마리가 되 었다면 그 대상은 트릭스터의 상징일 수 있다.
- 꿈에서 얼굴을 가리고 있거나 자신의 정체를 드러내지 않는 인물이 진실을 폭로하거 나 거짓을 들춰내고 있다면 그것은 트릭스터의 행동일 가능성이 많다.

부록 2
자기와 자기실현

자기 원형

자기(Self)는 집단무의식을 구성하고 있는 또 하나의 중요한 원형으로서 의식과 무의식을 포함한 전체 정신의 중심이다. 자아(ego)가 의식세계의 중심이라면, 자기는 전체 정신의 중심이 된다. 자기는 자아와 비교할 수 없을 만큼 크다. 자아는 부분으로 존재하지만 자기는 전체로 존재한다. 정신세계에 있어서 자아는 종속적인 반면에 자기는 궁극적인 권위를 갖는다. 융은 말하기를, 자기는 중심일 뿐 아니라 의식과 무의식을 모두 포함한다고 했다. 자기는 잠재력과 전체적인 인격의 통일에 대한 원형적인 이미지이다. 이부영 교수에 따르면, 자기는 부분이 아니고 전체이기 때문에 자기를 말하려면 모든 것을 말해야 한다고 하였다(이부영, 1998). 모든 것이란 의식, 개인무의식, 집단무의식 안에 있는 정신의 모든 내용물을 말한다. 한편, 융은 자아가 자기를 향해 나아가는 과정을 자기실현 또는 개성화라고 했는데, 자기는 자기실현을 위해 자아가 만나야 하는 최종적인 대상이 된다.

융은 자기 원형을 신성을 지닌 신적인 존재로 묘사한다. 자기는 인간정신 안에 존재하는 하나님 또는 그리스도라는 것이다. 융은 말하기를, 자기는 우리 안에 있는 하나님이라고 하였다. 그만큼 자기는 자아보다 크고 지혜롭고 능력이 있으며 의식의 세계 너머에 존재한다는 것이다. 융이 자기를 인간정신 안에 있는 그리스도라고 한 것은 그리스도가 인성과 신성이라는 대극적인 요소를 지니고 있었다는 것과 관계가 있다. 그러나 그런 진술 때문에 융은 많은 그리스도교 신학자로부터 비판을 받았다. 그들은 융이 하나님을 자기로 대치하고 있다고 공격했다. 그러나 융이 언급한 하나님과 그리스도는 신학적인 의미의 말은 아니다. 자기 원형이 지닌 잠재력과 신성을 표현하기 위해 신학적인 용어를 빌려 온 것이다. 융은 말하기를, 자신이 제시한 것은 심리적 경험과 현상을 설명하는 것이지 신학적인 논의는 아니라고 하였다. 하나님의 존재에 대해서 말하는 것은 심리학의 영역을 넘어서는 것이며, 그것은 심리학적으로 설명할 수도 없고 이해할 수도 없는 것이라고 말했다. 심리학은 다만 인간의 무의식에 나타난 하나님의 형상(Imago Dei)에 대해 말할 수 있을 뿐이라는 것이다. 한편, 융은 오직 선과 선행만을 강조하는 서구의 그리스도교는 신도들로 하여금 본연의 자기 자신(인간은 콤플렉스와 그림자 등의 어둠을 가지고 있는 존재)으로부터 분열과 소외를 경험하게 만들었다고 지적했다(Samuels et al., 1993).

자기는 다른 원형들과 마찬가지로 과학적으로 밝혀낼 수 있는 실체가 아니다. 또한 철학적 사유나 신학적 사고의 대상이 되지 않는다. 왜냐하면 자기는 경험적 관찰에 의해서만 밝혀질 수 있는 심리적 실체이기 때문이다. 따라서 자기가 무엇인지 정확하게 정의를 내리거나 구체적으로 설명하기는 어렵다. 또한 자아가 자기를 명확하게 인식하는 것은 쉽지 않은 일이다. 자기는 자아가 존재하는 의식의 영역을 벗어나기 때문이다. 자아가 자기를 인식하고 만날 수 있는 길은 제한된 의식세계를 벗어나서 무의식의 세계와 접촉할 때 가능하다.

자기의 기능과 존재 목적은 전체 정신의 통일성과 전일성(wholeness)을 유지하는 데 있다. 전체 정신이란 의식과 개인무의식과 집단무의식을 비롯하여 그 안에 있는 모든 내용물, 즉 수많은 콤플렉스와 원형들을 포함한다. 이렇게 수많은 내용물이 있음에도 불구하고 정신이 분열되거나 혼란에 빠지지 않고 균형과 조화를 이룰 수 있는 것은 자기가 지닌 통일성의 기능 때문이다. 자기는 정신의 통합과 안정을 유지한다. 자기 안에는 정신의 불균형과 장애를 치유하고 회복하는 힘과 자원이 있다. 자기는 인격의 통합에 대한 원형적인 이미지이다(Hall, 1983).

──────── 대극의 통합

자기 원형은 부분이 아니라 전체로 존재하기 때문에 서로 대조가 되는 대극적인 요소들(opposite factors)을 모두 자기 안에 품는다. 자기 안에는 밝음과 어둠, 양과 음, 선과 악, 인간적인 것과 신적인 것이 공존한다. 자기는 대극들의 연합체이다. 융의 이해에 따르면, 자기는 대극들의 긴장과 갈등을 조정하고 중재하며 상대화하는 능력을 가진 원형적인 인격이라고 정의할 수 있다(Samuels et al., 1993). 자기 원형은 음양이 합하여 하나의 통합된 길을 이룬다고 하는 주역 사상의 도(道)의 개념과 유사하다. 정신 안에 있는 대극들이 분열되지 않고 통합을 이루는 것은 자기가 가지고 있는 통일성의 기능 때문이다. 자기는 정신세계 안에 있는 서로 다른 대극들의 긴장과 충돌을 조정하고 중재한다. 이런 통합과 균형이 유지될 때 인간은 최대의 자유와 평화를 누릴 수 있다.

자기는 대극적인 요소들을 포함하고 있기 때문에 완전한 선도 아니고 악도 아니다. 자기는 윤리성이 없다. 윤리성은 자아에게 속한다. 종교가 지나치게 윤리성을 강조하면 인간의 정신을 의식세계에 머물게 함으로써 무의식 안에 있는 원형들을 만나는 데 제약이 될 수 있다. 융은 대극들을 경험하지 않고는 자기라는 전체 정신을 만날 수 없다고 하였다. 자기실현이라는 전체성에 이르려면 대극들을 인정하고 대극들 간에 발생하는 갈등과 충돌을 직면하고 경험함으로써 그것을 삶의 보편적인 과정으로 받아들여야 한다. 그때 비로소 대극을 뛰어넘는 초월적 상태에 이르게 된다. 초월적 상태란 대극을 인정하고 받아들임으로써 대극 때문에 혼란에 빠지지 않고 오히려 온전성과 자유에 이르는 것을 말한다.

대극의 통합과 초월 경험은 의식의 확장과 영적인 성숙으로 이어진다. 영적인 성숙은 인간이 지닌 죄성을 완전히 없애는 데 있는 것이 아니라 그 죄성을 인정하고 받아들이는 데 있다. 종교개혁 시대의 개혁자이며 대표적인 신학자였던 존 칼빈(John Calvin)의 교훈적인 기록에 따르면, 그리스도교에 귀의하고 그리스도인이 된다고 해서 죄성이 다 없어지는 것은 아니라고 했다. 비록 그리스도인이 되었을지라도 여전히 넘어지고 쓰러지며 죄를 지을 수 있는 죄성을 그대로 지니고 있다는 것을 알아야 한다고 했다. 칼빈은 이렇게 말했다. "그리스도인은 의인인 동시에 죄인이고 죄인인 동시에 의인이다(Christian is righteous and a sinner at the same time, and a sinner and righteous at the same time)." 그가 남긴 유명한 명제이다.

이 명제의 강조점은 그리스도인이 되었을지라도 그의 마음속에는 여전히 죄성을 지닌 죄인의 모습이 있다는 것을 잊지 말라는 것이다.

다음은 성경에 기록된 예수와 베드로의 이야기이다. 베드로의 원래 이름은 시몬이다. 베드로는 예수가 개명해 준 새 이름이다. 예수는 시몬을 보고 이렇게 말했다. "네가 요한의 아들 시몬이니 장차 게바라 하리라. 게바는 번역하면 베드로라."(요한복음 1:42) 예수가 시몬이란 이름을 베드로라고 개명해 준 것이다. 그런데 흥미로운 것이 있다. 예수는 시몬이란 이름을 베드로라고 개명해 준 후에도 계속해서 시몬이라고 불렀다는 것이다. 요한복음 마지막 장에서 "네가 이 사람들보다 나를 더 사랑하느냐"고 물을 때에 예수는 "요한의 아들 시몬아"라고 불렀다. 왜 그렇게 불렀을까? 예수가 시몬이란 이름을 베드로라고 개명해 주었다면 예수가 먼저 모범적으로 새 이름을 불러 주어야 하지 않았을까? 디한(M. R. Dehann)의 저서 『베드로』라는 주석서를 보다가 그 이유를 알게 되었다. 시몬은 예수를 만나기 전 죄성을 지닌 죄인의 옛 이름이다. 베드로는 예수를 만난 후 변화된 의인의 새 이름이다.

4복음서를 면밀하게 살펴보면 발견할 수 있는 것이 있다. 예수가 베드로를 시몬이라고 부를 때에는 공통점이 있다. 베드로가 넘어지거나 쓰러지는 영적인 실패를 했거나 그럴 가능성이 있을 때이다. 요한복음 마지막 장에서 예수가 베드로를 "요한의 아들 시몬아"라고 부른 것은 베드로가 예수를 모른다고 세 번이나 부인한 영적인 실패 이후였다. 물론 다 그런 것은 아니다. 예수가 베드로를 칭찬할 때에도 시몬이라고 부른 경우가 있다. 그러나 중요한 것은 예수가 시몬이란 이름을 베드로라고 개명해 준 이후에도 계속해서 시몬이라고 불렀다는 사실이다. 여기에 우리가 깨닫고 기억해 두어야 할 중요한 교훈이 있다. 베드로는 예수를 만나 의인이 되었지만 그의 마음속에는 예수를 만나기 전 죄성을 지닌 죄인, 곧 시몬이 여전히 남아 있다는 것을 잊지 말라는 것이다. 그 사실을 인정하고 잊지 않는 것이 중요하다. 왜냐하면 그 사실을 인정하고 잊지 않으면 예수가 자기를 부른 목적대로 베드로가 되어 의인으로 살 수 있지만, 그 사실을 부정하고 잊어버리면 본래의 이름인 시몬으로 돌아가 죄인으로 살 수밖에 없기 때문이다.

그러므로 예수가 시몬이란 이름을 베드로라고 개명해 준 이후에도 계속해서 시몬이라고 부른 것은 다음과 같은 의미가 있는 말이다. "베드로야, 너는 나를 만나 의인 베드로가 되었지만 네 안에는 죄성을 지닌 시몬이 여전히 있다는 것을 잊지 말아라. 그 사실을 잊지 않으면 너는 베드로가 되어 의인으로 살게 될 것이다. 그러나 그 사실을 잊어버리면 너는 시몬이 되어 죄인으로 살게 될 것이다." 여기에 영적인 진실이 있다. 우리는 우리 안에 시몬이 있다는 것을 인정하고 잊지 않으면 베드로가 될 수 있지만, 시몬이 있다는 것을 부정하거나 잊어버리면 시몬이 되고 말 것이다. 매우 역설적이다. 죄성을 인정하면 의인이 되지만 죄성을 부인하면 죄인이 되기 때문이다. 요한복음 마지막 장에서 예수가 자신을 요한의 아들 시몬이라고 부른 다음, 베드로는 자기 안에 죄성을 지닌 시몬이 있다는 것을 잊지 않았다. 의인의 모습을 지닌 베드로가 있다는 것도 잊지 않았다. 두 이름을 모두 기억했다. 베드로가 기록한 마지막 편지, 베드로 후서 1장 1절에서 베드로는 자기 자신을 이렇게 소개한다. "예수 그리스도의 종과 사도인 시몬 베드로는 ⋯⋯에게 편지하노니." 그는 자신을 베드로라고 소개하지 않았다. 시몬이라고 소개하지도 않았다. 시몬 베드로라고 소개하였다. 두 이름을 모두 사용한 것이다. 이것은 존 칼빈의 명제, "그리스도인은 의인인 동시에 죄인이고 죄인인 동시에 의인이다."라는 명제의 의미가 모두 담겨 있는 표현이라고 볼 수 있다. 즉, 자기 안에는 죄성을 지닌 죄인의 모습과 예수를 만나 변화된 의인의 모습이 공존한다는 것을 잊지 아니한 것이다. 여기에 베드로가 지닌 자기의 초월적 기능이 보인다. 베드로는 자기 안에 서로 다른 대극적인 요소들이 있다는 것을 인정하고 받아들임으로써 전체 정신의 통합적 상태에 이르고 있다.

자기의 상징

자기 원형은 다른 원형들과 마찬가지로 자기 자신을 직접적으로 나타내지 않는다. 투사라는 간접적인 방법으로 자신을 드러낸다. 자기 원형이 자기 자신을 투사하는 상징심상들은 무엇일까? 융이 자기 원형을 발견하게 된 과정은 우리의 논의에 도움이 된다. 융은 자신과 피분석자들의 꿈과 환상을 관찰하고 분석하면서 자기 원형을 발견하였다. 융은 자신의 무의식으로부터 어떤 심상들을 불러내어 심층적인 대화를 나누는 경험과 피분석자들의 꿈에 나오는 심상들을 분석하는 과정에서 자기 원형을 찾아낼 수 있었다. 융이 찾아낸 자기의 가장 기본적인 상징은 만다라(mandala)이다. 만다라는 산스크리트어로서 '마법의 원'이라는 뜻을 가지고 있는 말이다. 만다라는 정방형의 사각형이나 원으로 만들어진 기하학적인 도형으로서 가운데 중심이 있고 좌우상하가 대칭적으로 조화와 균형을 이루는 그림이다(Samuels et al., 1993). 융은 제1차 세계 대전 당시에 군의 지휘관으로 참전한 경험이 있는데, 그때 매일 아침마다 자신의 노트에 작은 원의 도형을 그렸다. 원의 도형을 그리면서 그 도형이 당시 자신이 처해 있는 마음의 상태를 그대로 반영한다는 것을 알게 되었다. 즉, 자신의 마음이 평화롭고 안정되어 있으면 균형 잡힌 원의 도형이 그려졌으나, 자신의 마음이 불안하거나 편견에 사로잡혀 있으면 찌그러진 원의 도형이 그려졌다. 그러나 당시 융은 그 도형이 만다라의 도형이라는 것과 자기의 상징이 된다는 것을 알지 못했다. 그 후 융은 피분석자들의 꿈에서 4개로 구분되는 형상이 등장하고 정방형과 원의 도형이 나타나는 것을 보았다. 그런 꿈을 꿀 때 피분석자의 마음이 안정과 균형을 이루게 되는 것도 알게 되었다. 즉, 정사각형과 원의 도형은 인간의 마음과 전체 정신을 통합해 주는 핵심적 상징이 된다는 것을 발견한 것이다. 그리고 융은 정신이 분열되거나 장애가 있는 환자가 만다라의 심상이 등장하는 꿈을 꾸면 그 증상과 고통이 감소되는 방어적인 효과가 있다는 것을 발견하였다(Samuels et al., 1993). 그 후 융은 동양사상을 접하면서 정사각형과 원으로 된 이 도형이 만다라라는 것을 비로소 알게 되었다. 융은 자신이 만다라를 그리던 경험을 회상하며 만다라에는 항상 하나의 중심점이 있으며 모든 그림은 그 중심점을 향하고 있었다고 말한다. 그리고 중심점이 있는 바로 그 그림이 자기 원형의 상징이며, 그 중심점을 향하는 과정이 개성화의 길을 나타내는 것이라고 하였다.

연금술에서 말하는 라피스(lapis)는 철학자의 돌 또는 현자의 돌로서 그것은 자기 원형에 대한 상징이 된다. 연금술사들은 기초적인 물질들을 가치 있는 것, 곧 금이나 현자의 돌 등으로 변형시키고, 기본적인 물질을 영적인 것으로 바꾸기를 원했다. 융의 주장에 따르면, 청금석을 만들기 위한 연금술사들의 연금과정은 자기의 원형을 찾아가는 개성화, 곧 자기실현을 이루어 가는 과정에 비유된다(Samuels et al., 1993).

꿈과 환상에서 자기가 투사되는 상징심상들은 다양한 형태로 나타난다. 다음은 자기 원형이 꿈과 환상에서 자신을 나타내는 투사의 이미지들이다. 그러나 이런 투사의 이미지들이 반드시 자기 원형을 의미한다는 사전적인 해석은 적절하지 않다. 다만, 참고할 수 있을 뿐이다. 왜냐하면 콤플렉스와 원형 등 내적 상태의 투사물은 다양하게 표현되며 그 것을 제한된 이미지로 규정하는 것은 그 다양성을 부정하는 것이 되기 때문이다.

- 자기 원형은 꿈에서 정사각형이나 원, 그리고 좌우 대칭이 되는 균형 잡힌 그림, 곧 만다라의 형태로 투사된다. 언급한 것처럼, 만다라는 자기 원형의 기본적인 도형이다.
- 꿈에 나오는 원은 가장 보편적인 자기의 상징이다. 원은 인격의 전체성과 통합을 상징한다.
- 꿈에 나오는 사각형은 안정성과 질서의 의미를 지니고 있으며 세상에 뿌리를 내리는 자기의 상태를 상징한다.
- 꿈에서 자기 원형은 종종 숫자 4로 투사된다. 숫자 4는 안정, 전체성, 균형 등의 의미를 나타낸다. 숫자 4는 자기 원형이 개인의 전 인격을 포함하는 전체로 존재하는 것의 상징이다.
- 자기 원형은 꿈에서 물질을 구성하는 기본적인 4요소인 불과 물과 흙과 공기 등으로 투사된다.
- 자기 원형은 꿈에서 동, 서, 남, 북의 4방위로 투사된다. 4와 관련된 이미지들은 안정된 자기의 구조를 나타낸다.
- 꿈에 밝은 빛 또는 태양이 나타난다면 그것은 자기 원형의 등장으로 볼 수 있다. 빛과 태양은 내면의 깨달음, 생명력, 인격과 영혼의 통합을 나타내는 경우가 많다. 동시에 꿈에서 태양은 종종 부성 원형을 상징하기도 한다.
- 자기 원형은 꿈에서 라피스, 곧 청금석, 황금, 현자의 돌 등의 상징으로 투사된다. 융은 기본적인 물질을 청금석으로 바꾸는 연금술의 길고 험난한 과정에서 자기 원형의 상징을 찾아냈다.
- 자기 원형은 꿈에서 우월한 인격상으로 투사된다. 꿈에서 자기 원형은 종종 왕, 여왕, 그리스도, 구원자, 영웅 등으로 나타난다. 이런 인격상들은 자아를 초월하는 자기의 통치적 기능과 역할을 상징한다. 한편, 왕과 여왕은 마성인격의 상징으로 투사되기도 한다.
- 자기 원형은 꿈에서 신성한 아이로 투사된다. 신성한 아이는 그 자체로 독립된 원형

일 수 있으나 동시에 존재의 완전성을 나타내는 자기(Self)의 상징이 되기도 한다. 언급한 것처럼, 신성한 아이는 재탄생, 희망, 갱신, 완벽성, 순결성을 지닌 인격으로 우리를 개성화의 성숙한 상태로 인도하는 재생력의 상징이다.

- 자기 원형은 꿈에서 남녀 양성을 한 몸에 지닌 양성적 존재로 등장하기도 한다. 자기 원형은 음과 양의 대극을 자기 안에 통합하고 있기 때문이다.

- 자기 원형은 꿈에서 우주의 광활함과 초월성의 상징으로 투사된다. 이것은 자기 원형이 자아의 경계를 넘어가는 초월적인 존재라는 것을 의미한다.

- 자기 원형은 꿈에서 저항할 수 없는 위엄 있는 목소리로 등장한다. 꿈에서 위엄 있는 목소리만 들리는 경우가 있는데, 그것은 자기 원형 또는 자아보다 더 큰 존재의 등장으로 볼 수 있다. 꿈에서 들리는 어떤 소리나 목소리는 신비하고 영적인 상태를 상징한다.

- 꿈에서 자기 원형이 동물에 투사되면 코끼리, 사자, 말, 황소, 새, 나비, 물고기 등으로 나타나기도 한다. 코끼리와 사자 등은 자기(Self)가 지닌 강력한 힘과 본능적인 에너지를 상징하고, 하늘을 나는 새는 자아를 넘어 더 높은 단계로 나아가는 자기의 기능을 상징하며, 나비는 변형과 재생을 거쳐서 자기(개성화)로 나아가는 과정을 상징하고, 물고기는 무의식의 심연에서 자기를 찾아가는 자기 발견의 과정을 상징한다.

- 꿈에서 자기 원형이 식물에 투사되면 연꽃이나 장미 등 꽃잎으로 표현되기도 한다. 꽃은 씨앗에서 싹이 나고 자라서 꽃을 피우는 심리적 성숙과 자기실현의 과정을 상징한다. 그리고 꽃잎들은 자기를 상징하는 만다라의 도형을 띠고 있는 경우가 대부분이다.

- 꿈에서 자기 원형은 종종 별(star)로 투사된다. 별은 고대로부터 자기를 나타내는 자기의 상징으로 이해되었다. 길가메시 서사시에 나오는 길가메시의 꿈은 가장 오래된 꿈 중의 하나로서 별이 자기 원형의 상징심상이 된다는 것을 암시한다.

길가메시의 꿈

길가메시(Gilgamesh)는 고대 메소포타미아 지역에 위치한 수메르의 성곽 도시인 우르크

지방의 왕이었다. 그는 왕이라는 페르소나를 쓰고 막강한 권력으로 백성들을 통치하는 영웅적이며 폭압적인 왕이었다. 백성들은 그를 칭송하기도 했고 그의 폭압적인 통치로 고통을 호소하며 탄원하기도 했다. 그런 중에 그는 다음과 같은 꿈을 꾸었다. 약 4,600년 전의 꿈이다.

> 한밤중에 나는 백성들이 모여 있는 무리 사이를 자신만만하게 걸어가고 있었다. 하늘에는 별들이 떠 있었다. 갑자기 하늘의 신인 아누(Anu)의 별들 가운데 하나가 나에게 떨어졌다. 나는 그 별을 집어서 들어 올리려고 했지만 너무 무거웠다. 그때 우르크의 모든 백성들이 별 주위로 모여들었다. 그들은 그 별의 발치에 입을 맞추었다(von Franz, cited in Boa, 1988).

길가메시는 꿈에서 별이 자기 앞에 떨어지는 것을 본다. 이것은 그 별이 자기와 관련이 있다는 것을 나타낸다. 그가 그 별을 들어 올리려고 했다는 것은 그 별이 자기의 것임을 의미한다. 그 별은 길가메시의 진정한 모습이라고 할 수 있는 자기(Self)를 상징한다. 별의 상징적인 의미는 개인의 고유성과 영원성에 있다. 우리는 밤하늘의 별을 보며 '별 하나 나 하나, 별 둘 나 둘'이라고 세기도 하는데, 그것은 고유한 자기 자신을 별의 이미지와 동일시하는 상태라고 볼 수 있다. 개인의 고유성은 집단정신이나 집단에 의해 씌워진 페르소나와 대조된다. 그것은 진정한 자기가 되어 자기의 삶을 사는 것이다. 개성화, 곧 자기실현과 관계가 있다.

그러나 꿈에서 길가메시는 그 별이 너무 무거워서 들지 못한다. 이것은 진정한 자기가 되어 자기의 삶을 산다는 것이 결코 쉽지 않다는 것을 의미한다. 왜냐하면 그는 왕으로서의 집단적인 역할을 수행해야 하는 페르소나라는 두꺼운 의복을 입고 있기 때문이다. 백성들은 그를 영웅적인 왕으로 추앙하고 숭배한다. 그는 그 영광을 누리고 있다. 막강한 권력을 행사하여 거대한 성벽을 쌓는 등 자신의 욕구와 계획을 충족하고 있다. 이런 영광과 성취의 유혹적인 겉옷을 벗어 버리는 것은 너무 어려운 일이다. 그러나 꿈에서 별이 자기에게 떨어지는 것을 본 이후에 길가메시는 고유한 자기 자신이 되는 과제를 떠안게 되었다. 이전까지 그는 막강한 왕권을 쥐고 있음에도 불구하고 진정한 자기의 삶을 이룬 것은 아무것도 없었다. 그는 자신을 위대하고 영웅적인 왕이라고 생각했지만 이제 그런 후광이 중요하지 않다는 것을 알아야 한다. 왜냐하면 백성들이 그를 온전히 추앙하고 숭배하는 동기는 그의 영웅적인 권력에 있는 것이 아니라 그의 내면에 있는 고귀한 인격, 곧 자기 자신에게 있는 것이기 때문이다. 그런 이유로 백성들은 그의 신체적인 발이 아닌 별의 발치에 입을 맞춘 것이다(von Franz, cited in Boa, 1988). 폰 프란츠에 따르면, 이 꿈이 길가메시에게 주는 메시지는 다음과 같다. "백성들이 너에게 보내는 존경과 칭송을 모두 너의 것으로 받아들이지 말라. 그들이 숭배하는 것은 네가 아니라 네 위에 놓인 별이다. 고유한 자기가 되는 것은 필연적인 것이다. 사람들이 숭배하는 것은 네 속에 있는 것이지 겉으로 보이는 네가 아니다. 그리고 그것은 너의 가장 무거운 짐이다."(von Franz, cited in Boa, 1988)

길가메시의 꿈 이야기 가운데 한 가지 주목하고 싶은 대목이 있다. 백성들이 그의 별 앞에 입을 맞췄다는 대목이다. 이것은 백성들이 자기의 별을 길가메시에게 투사했다는 것을 의미할 수 있다. 사람들은 흔히 자기의 별을 보지 못하고 그것을 다른 사람에게 투사한다. 연예인처럼 인기 있는 스타들, 대중적인 지지를 받는 정치 지도자, 또는 종교 지도자 등 특별한 재능이나 능력을 가진 사람들은 투사의 매력적인 대상이 된다. 이때 사람들은 자기의 별을 그런 사람에게 투사하고 투사한 그 대상을 추앙하고 따르게 된다. 그러면 자신의 별, 곧 자기를 잃어버리고 자기의 삶이 아닌 남의 삶을 살게 된다. 목적 없는 혼란 상태에 빠지기도 한다. 우리는 각자 자기에게 주어진 자기의 별을 만나고 자기의 별을 따라가야 한다. 물론 그것은 어려운 일이다. 왜냐하면 그 길은 대중적으로 모두 가고 있는 집단적인 길과 다르며, 홀로 걸어야 하는 외로운 길이기 때문이다. 그러나 그것은 진정한 자기가 되는 자기실현의 길이다.

자아와 자기

앞에서 자아는 전체 정신의 부분으로서 종속적인 기능을 가지고 있으며, 자기는 전체 정신의 중심으로서 궁극적인 권위를 갖는다고 말했다. 그럼에도 자아의 역할은 중요하다. 왜냐하면 자아의 독립성과 분석력이 없다면 자기가 의식세계에서 그 존재를 드러낼 수 없기 때문이다. 융은 자아와 자기라는 이 두 심리적인 체계는 서로를 필요로 하는 관계에 있다고 말했다. 융에 따르면, 자아는 의식 세계에서 자기의 실제적인 대리자가 된다. 무의식 세계에 자리를 잡고 있는 자기는 자아를 움직이게 하는 자(the mover)로 존재하며, 의식 세계에 있는 자아는 자기로부터 동력을 받아 실천하는 움직여지는 자(the moved)에 해당된다. 그런 의미에서 자기는 주체가 되고 자아는 객체가 된다고 할 수 있다. 융은 이렇게 말했다. "움직여지는 것(자아)이 움직이게 하는 것(자기)에 객체와 주체처럼 서로 마주하고 있다."(Jung, 이부영, 1998, 재인용)

융 심리학자인 포담(Fordham)의 임상적인 관찰연구에 따르면, 갓 태어난 유아의 자아는 아직 발달되지 않은 채 자기라는 전체 정신 안에 결합되어 있다. 에딩거(Edward F. Edinger)는 그 상태를 '자아-자기 융합(ego-Self union)'이라는 용어로 묘사했다. 즉, 자아는 자기라는 전체 정신 안에 아직 발달되지 않은 가능성으로 존재한다. 그러나 유아가 성장하면서 자아가 자기로부터 분리되기 시작한다. 자아가 출현하는 것이다. 에딩거는 이런 상태를 '자아-자기 분화(ego-Self separation)'라는 말로 표현하였다. 자기로부터 분화된 자아는 현실성과 합리성과 도덕성을 지닌 정신으로 발달한다(Edinger, 1972). 분석심리학자들의 일반적인 논의에 따르면, 생의 전반기에는 자아의 발달, 곧 자아가 자기로부터 분화되는 것이 중요한 심리적 과제가 된다. 반면에 생의 후반기에는 자아가 자기를 만나고 자신을 자기에게 양도함으로써 자기와 연합되는 통합의 과정이 중요한 과제가 된다. 에딩거는 이런 자아와 자기의 관계를 다음과 같이 공식화하였다.

생의 선반기: 자아-자기 분화, 생의 후반기: 자아-자기 통합

그러나 최근의 분석심리학적 연구에 따르면, 자아와 자기 사이의 분화와 결합의 과정은 평생 계속 반복되는 것으로 알려져 있다. 인간의 정신은 자아와 자기 사이에 분화와 결합을 계속 반복하면서 발달한다는 것이다. 즉, '자아-자기 분화'와 '자아-자기 통합'이 교차 반복된다.

자아가 자기로부터 분화되는 것은 점진적인 과정으로서 그것은 심리발달의 과정을 의미한다. 에딩거는 자아가 자기로부터 분화되는 과정을 [그림 11-2]와 같이 4단계의 도형

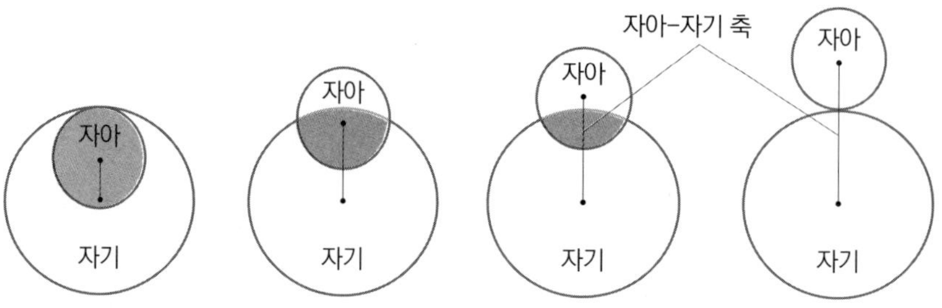

그림 11-2 자아가 자기로부터 분화되는 과정

으로 설명한다.

앞의 도형에서 짙은 색 부분은 자아와 자기가 함께 있는 융합의 영역으로서 '자아-자기 동일성(ego-Self identity)'의 상태를 나타낸다. 자아의 중심과 자기의 중심을 연결한 선은 '자아-자기 축(ego-Self axis)'으로서 자아와 자기 사이를 역동적으로 연결 짓는 고리이다. 그 것은 자아와 자기 사이에 소통을 위한 통로를 의미한다. 그 축이 유지될 때 자아와 자기 사이에 소통과 통합이 가능하다. 그 축이 훼손되어 소통이 단절되면 내적인 공허감, 절망 감, 무의미감 그리고 극도의 정신장애와 자살 충동 등이 나타날 수 있다(Edinger, 1972).

첫 번째 도형에서 자아는 자기 안에 포함되어 있으며 그 가능성으로만 존재한다. 자아 와 자기가 완전하게 융합되어 있음으로써 '자아-자기 동일성'의 상태에 있다. 두 번째 도 형은 자아가 자기로부터 분화되기 시작했다는 것을 나타낸다. 그러나 자아의 중심은 여 전히 자기의 영역 안에 있다. 세 번째 도형에서 자아는 더 분화되어 그 중심이 자기 밖에 존재한다. 그러나 '자아-자기 동일성'은 짙은 색 부분만큼 여전히 남아 있다. 처음 두 도 형에서 '자아-자기 축'은 무의식의 영역 속에 있으나, 세 번째 도형에서 '자아-자기 축'은 부분적으로 의식의 영역에 속한다. 네 번째 도형에서 자아는 자기로부터 완전히 분화한 다. '자아-자기 축'은 의식화된다. 그러나 이것은 이상적이며 이론적으로만 가능하다. 실 제로 존재하지 않는다. 왜냐하면 자아는 자기의 영역을 완전히 벗어날 수는 없기 때문이 다(Edinger, 1972).

유아의 심리적인 발달은 자아가 자기로부터 분화되는 점진적인 과정으로 볼 수 있다. 그러나 분화는 격리나 단절을 의미하지 않는다. 자아와 자기가 독립되어 있으나 두 대상간에 역동적인 상호작용이 가능한 상태가 되는 것을 말한다. 즉, 정신의 건강한 발달은 분화된 자아와 자기 사이에 대화와 소통이 이루어짐으로써 자아와 자기가 통합되는 것을 의미한다. 통합은 자아가 자기 속으로 무차별 결합되는 것이 아니라 자아의 정체성을 유지하면서 자기와 친밀한 관계를 유지하는 것이다. 자아와 자기의 통합은 의식과 무의식의 통합으로 이어진다.

자아와 자기의 통합이라는 관점에서 볼 때, 자기에 대한 자아의 태도는 매우 중요하다. 자아의 태도에는 건강한 태도와 건강하지 않은 태도가 있다. 건강한 태도는 자아와 자기의 통합에 도움이 되는 태도로서 자아가 무의식으로부터 나오는 메시지에 귀를 기울이고 대화함으로서 자아와 자기 사이에 원활한 소통이 이뤄지는 것이다. 에딩거의 도형으로 말한다면 '자아-자기 축'을 잘 유지하는 것이라 할 수 있다. 꿈작업을 하는 것은 자아가 자기와 무의식의 메시지에 귀를 기울임으로써 '자아-자기 축'을 유지할 수 있는 좋은 방법이 된다. 자아가 자기의 음성에 귀 기울이고 자기를 향해 나가는 과정이 개성화의 과정이며 또한 심리치료의 목표가 된다. 자아가 자기를 향해 나아갈 때 분열된 정신의 조각들이 하나로 통일되고 정신은 온전성을 회복하게 된다.

자아의 건강하지 않은 태도에는 두 가지가 있다. 하나는 자아가 자신을 자기와 지나치게 동일시하는 것이며, 다른 하나는 자아가 자기를 부정하고 억압함으로써 자기의 메시지에 귀를 기울이지 않는 것이다. 자아가 자신을 자기와 동일시하면 자신을 자기로 착각하게 된다. 자기는 신성과 막강한 능력을 지닌 신적인 이미지의 원형이다. 따라서 자아가 자신을 자기와 농일시하면 자신을 신석인 존재로 생각하게 된다. 자신의 생긱과 기준을 설대화하고 그것에 최고의 가치를 부여한다. 그 결과 다른 사람들의 말에 귀를 기울이지 않는다. 매우 위험한 상태가 되는 것이다. 자아가 자신을 자기와 동일시하는 것은 집단무의식에 사로잡히는 위험에 빠질 수 있다. 집단부의식은 자기가 거하는 자기의 못사리가 되기 때문이다. 집단무의식에는 고태적인 신화의 층이 있다. 따라서 자아는 자신을 신화적인 인물과 동일시하게 된다. 그러면 의식적인 자기표상과 대인관계에 문제가 발생한다. 이런 현상은 자아가 자신을 마성인격과 동일시할 때도 나타난다.

자아가 자신을 자기와 동일시하는 것은 부분을 전체로 간주하는 결과를 가져온다. 이것은 자아가 비현실적으로 확장되는 것으로서 에딩거는 이런 상태를 '자아팽창

(ego-inflation)'이라고 말했다. 자아팽창은 자아가 자기와 동일시된 상태로서 자아가 비현실적으로 팽창하여 적절한 크기 이상이 되는 것을 말한다. 이때 자아는 지나치게 뽐내고 자신만만하며 주제넘고 오만한 모습을 나타낸다. 자아는 과장된 상태에서 현실감과 합리적인 사고를 상실한다. 융은 자아의 팽창에 압도되지 않는 것이 중요하다고 말했다. 자아팽창은 개성화가 진행되고 있는 동안에 발생할 수도 있다(Edinger, 1972). 한편, 자아팽창은 '자아-자기 동일성'의 상태로서 유아의 심리로 퇴행한 결과라 할 수 있다. 유아의 자아는 자기로부터 분리되지 않았기 때문에 자신을 자기, 곧 신적인 존재로 느낀다. 이때 유아는 모든 것을 다 할 수 있다는 전능감을 갖는다. 유아의 자아가 자기로부터 분화되면서 그런 전능감은 적절한 자신감으로 변형된다.

한편, 자아가 자기를 부정하고 억압하면 어떻게 될까? 자기로부터 들려오는 메시지를 듣지 못한다. 그 결과 자기와의 상호작용과 소통이 단절되어 자기가 없는 삶을 살게 된다. 자기실현으로부터 멀어지는 것이다. 이런 현상은 자아가 의식세계만을 고집하고 무의식세계를 방치 또는 억압함으로써 나타나는데, 이때 정신은 의식과 무의식으로 분열되어 두 영역 사이에 소통이 부재한다. '자아-자기 축'이 훼손되는 것이다. 이때 인격은 해리되고 의식은 더 이상 확장되지 않는다. 의식의 확장은 자아가 무의식과 얼마나 소통하느냐에 달려 있다.

융에 따르면, 억압(repression)과 억제(suppression)는 구별된다. 억압은 불편한 감정과 충동과 불안 등을 없애려는 무의식적인 행동으로서 개인의 본성에 반대가 되는 방어기제이다. 억압은 그런 감정과 충동을 무의식 속에 밀어 넣음으로써 그 경험을 종종 잊어버린다. 이런 억압은 신경증과 정신장애를 유발할 수 있다. 신경증은 정당한 고통을 회피하려고 할 때 나타나는 고통의 대치물이다. 억제는 억압과 다르다. 억제는 불편한 감정과 충동을 통제한다는 면에서는 억압과 동일하다. 그러나 억제는 그런 통제를 도덕적인 차원에서 의식적으로 선택한 결과라는 점에서 억압과 다르다. 억제의 특징은 의식적인 선택이라는 데 있다. 억제는 근심, 갈등, 고통을 느낄 수 있게 하지만, 신경증을 유발하지는 않는다. 신경증은 삶이 무의미하고 적대적으로 느껴질 때 발생하는 진정성이 없는 가짜 감정이다. 고통에는 치유와 성장에 도움이 되는 진정한 고통이라는 것이 있다. 진정한 고통은 피할 수 없는 고통을 회피하지 않고 받아들일 때 발생하는 고통으로서 그것은 오히려 내일의 성취와 함께 인격의 성장과 영적인 풍요를 가져온다. 의식의 확장과 자기실현을 위해서는 피할 수 없는 어려움을 회피하려는 신경증적인 방어를 내려놓고, 그 고통을 있는 그대로 경험하고 받아들이려는 태도의 전환이 필요하다(Jung, cited in Jacobi, 1973).

억압은 억압으로 끝나지 않는다. 투사가 뒤따른다. 자아가 자기를 억압하고 자기와 소통하지 않으면 자기를 다른 대상에게 투사하게 된다. 자기 원형은 왕 또는 그리스도로 나타나기 때문에 자기 원형을 어떤 인물에게 투사하면 그 인물을 왕이나 그리스도처럼 느끼고 추종하게 된다. 신앙의 대상이 되어 절대적인 충성을 보이기도 한다. 독일 나치 시대의 젊은 병사들 중에는 히틀러를 신처럼 생각하며 추종하는 젊은이들이 있었는데, 이들은 자신의 자기 원형을 히틀러에게 투사한 것으로 볼 수 있다. 이런 현상은 독재국가의 독재자와 그 추종자들 사이에서 많이 볼 수 있다.

이처럼 자아가 의식세계에만 몰두하고 자기를 억압하거나 투사할 때 자기는 꿈을 통해서 자기를 드러낸다. 억압된 자기는 꿈속에서 어둠이나 무서운 공포의 대상으로 등장한다. 흉측한 거인, 모든 것을 휩쓸어 버리는 바다와 파도, 범람하는 홍수, 소용돌이치는 물, 자연의 재앙, 출구를 찾을 수 없는 미로, 전율을 느끼게 하는 무서운 목소리 등으로 투사된다. 이것은 자기가 자아와의 관계에서 억압된 상태에 있다는 것을 말하며, 자아가 자기를 만나서 그 목소리에 귀를 기울여야 한다는 것을 극적으로 표현하는 것이다.

자기실현

융은 자아가 무의식의 내용물들을 통합하고 전체 정신의 중심인 자기를 만남으로써 진정한 자기가 되는 과정을 자기실현(self-realization) 또는 개성화(individuation)라고 하였다. 자기실현은 인격성장의 목표이며 심리치료의 방향으로서 자아가 의식과 무의식의 모든 내용물을 접촉하고 의식화하고 통합함으로써 이뤄진다. 융은 그것이 인생의 목표가 된다는 것을 자신의 삶을 통해서 확인했다. 융은 이렇게 말했다. "나의 생애는 무의식이 그 자신을 실현하는 역사이다. 무의식에 있는 모든 것은 사건이 되어 밖의 현상으로 나타나며, 인격은 무의식의 여러 조건을 근거로 하여 발달하고 전체로서 경험된

다."(Jung, edited in Jaffé, 1973)

융은 자아실현이라고 하지 않고 자기실현이라고 하였다. 왜냐하면 실현해야 하는 대상이 자기 안에 있기 때문이다. 자기실현은 한마디로 자아가 자기를 만나 가는 과정이다. 그러나 자기실현에 있어서 자아의 역할은 매우 중요하다. 왜냐하면 자아가 없이는 자기실현이 불가능하기 때문이다. 이부영 교수는 이렇게 기술했다. 무의식 속에 있는 "잠재력을 깨워서 적극적으로 자기실현을 수행하느냐, 하지 않느냐 하는 것은 자아에게 달려 있다"(이부영, 1998). 융은 자기실현을 개성화라고도 말했는데, 왜냐하면 자기실현은 사회심리적인 분화의 과정으로서 사회의 집단의식과 획일성에서 벗어나 자신만의 독특성을 확립한다는 의미가 있기 때문이다. 모든 사람은 각자 태어날 때부터 가지고 있는 자기만의 개성이 있는데, 개성화는 그것이 삶으로 실현되는 것을 말한다. 한 사람 한 사람이 세상에서 유일한 존재가 되는 것이다. 융은 이렇게 기술했다. "나는 사람이 개개의 더 이상 나눠질 수 없는 개별적인 단일체, 혹은 전체로 되어 가는 과정을 설명하기 위해서 개성화라는 용어를 사용한다."(Jung, 1969)

그러나 개성화가 문화적 상황이나 보편적인 사람들로부터 동떨어진 이상한 상태가 되는 것은 아니다. 개인 지상주의와는 다른 것이다. 개성화는 흔히 "저 사람 개성이 있다."라고 말할 때 의미하는 것과는 차이가 있다. 개성화라고 할 때 개성은 자기(Self)에 주목하고 자기가 중심이 되는 말로서 바로 그 사람 자신이 되는 것을 의미한다. 한마디로 '나다운 나'가 되는 것이다. 개성화는 소위 세상에서 돈키호테나 히피족처럼 특이한 존재가 되는 것이 아니다. 출세를 하거나 성공과 명성을 얻는 것과도 관계가 없다. 결점이나 흠이 없는 순결한 사람이 되는 것도 아니다. 개성화의 목표는 완전해지는 것에 있지 않고 온전해지는 것에 있다. 온전해지는 것은 자신이 가지고 있는 밝음과 어둠을 모두 인정하고 통합함으로써 가능하다. 그것은 자유에 이르는 길이다.

자기실현, 곧 개성화를 이룬 사람의 특성은 어떻게 설명할 수 있을까? 융은 자기실현에 대해 강조했지만 자기를 실현한 사람의 특성에 대해서는 구체적으로 언급하지 않았다. 자기실현은 평생 지속되는 과정으로서 매우 드물게 나타난다. 융은 말하기를, 세상에는 자기를 실현한 사람이 거의 없다고 했다. 예수와 붓다가 자기를 실현한 대표적인 인물이라고 했을 뿐이다. 따라서 자기를 실현한 사람의 특성을 묘사하기는 쉽지 않다. 분석심리학자 이부영 교수는 자기를 실현한 사람의 특성을 다음과 같이 기술하였다. 다음 글은 이부영 교수의 글로서, 필자가 낱말 몇 개를 바꾸는 정도로 수정한 내용이다.

"자기실현은 통속적인 의미의 성인군자나 도사를 만드는 과정이 아니다. 그것들은 모두 사회가 만들어 준 탈, 곧 페르소나이기 쉽다. 자기실현은 간단히 말해서 농부로 하여금 농부로, 서양인으로 하여금 서양인으로, 한국인으로 하여금 한국인으로 되게 하는 과정이다. 자기실현이 될수록 그 사람은 지극히 평범한 모습을 갖출 것이다. 그렇다고 모든 것이 원만하고 선하다고 칭찬을 받는 존재가 되는 것은 아니다. 그 사람이 속한 사회의 윤리에 비추어 볼 때, 때로는 이기적이며 냉정하다는 평가를 받고, 때로는 일관성이 없다고 비난을 받을지도 모른다. 때로는 무한한 정열로 이웃을 돕지만, 때로는 권력의 도가니에서 싸우고 금욕과 정욕에 사로잡히며, 때로는 질투와 증오의 감정에 허덕일 것이다. 다만, 그 사람의 머리에는 집단적인 투사에 의해 생기는 명성이라는 후광이 없고 스스로 그런 후광을 만들려고 하지도 않는다. 그러나 만일 누가 그런 후광을 만들어 씌워 주면 구태여 거부하지 않고 받아들일 것이다. 그것이 인생에서 대수로운 것이 아니라는 것을 알기 때문이다.

그 사람은 평범하나 분수를 아는 사람이다. 자신이 해야 할 바를 스스로 물으며 그것이 자신이 가야 할 길이라면 그 길을 간다. 그것 때문에 세속적인 이권에서 손해를 보게 될지라도 그렇게 한다. 그 사람은 진정으로 고독한 사람일 수 있다. 또한 세속적인 의미에서 무력한 사람으로 보일 수도 있다. 그러나 그 사람은 자기와의 일치라는 점에서 가장 강한 사람이다. 하지만 그 사람은 강하다, 약하다라고 하는 의식을 갖지 않는다. 그는 반성할 줄 알며, 그런 의미에서 종교적인 인간이다. 자신이 가야 할 길이 무엇인지를 항상 마음속에 묻지만 그 해답이 늘 분명하지 않음을 알며, 인간은 불분명한 혼돈 속에서 고통을 겪어야 한다는 것을 안다. 그러나 언젠가 그 물음과 찾음에 응답이 있을 것임을 믿는다."(이부영, 1998)

고통과 희생

자기실현은 무의식을 의식화하고 자아가 자기를 만남으로써 가능하다. 그러나 그 과정은 결코 쉽지 않다. 유쾌한 작업이 되는 것도 아니다. 스스로 보기 싫어하는 자신의 어두운 측면을 보아야 하며 특히 자아의 기득권과 욕구가 포기되어야 한다. 이것은 마치 원시사회의 성인식이나 샤먼(shaman)의 입문식에서 거쳐야 하는 어려운 과정과도 유사하다. 그 주인공들은 고통, 희생, 죽음, 그리고 재생이라는 과정을 거치게 된다.

자아가 자기를 만나고 자기실현을 향해 나아갈 때 종종 경험하게 되는 것이 있다. 자아가 철저히 소외된 상태에서 극도의 고난과 고통을 겪는 것이다. 사람들로부터 버림을 받아 깊은 고독과 외로움에 처하기도 하고, 질병이나 사고로 죽음의 위기에 가까이 가기도 하며, 실패와 파산으로 절망의 나락에 떨어지기도 한다. 그런데 바로 이런 임계상황에서 자아의 이기적인 욕망이 포기되고 자기를 만나는 변형된 경험이 가능해진다. 옛 자아가 죽고 새로운 존재가 되는 것이다. 새로운 존재는 자아만으로 살지 않고 자기의 음성에 응답하는 존재이다.

구약 성경에 나오는 이야기이다. 형 에서를 속이고 장자의 명분을 가로챈 야곱은 에서의 살인적인 분노에 두려움을 느껴서 외삼촌이 있는 하란 땅으로 도망을 가다가 베델이라는 광야에서 잠을 자게 되었다. 베델은 아무것도 없는 위험한 광야로서 도망가는 야곱의 마음과 같은 곳이다. 그때 야곱은 하나님을 만나는 꿈을 꾸게 된다. 꿈에서 하늘과 땅 사이에 사닥다리가 놓여 있고 천사가 사닥다리를 오르내리는 것을 본 것이다. 이때 야곱은 하나님을 만났는데, 그것은 동시에 자기를 만나는 과정이 되었다. 야곱의 자아가 자기와 하나님을 만난 것이다. 신학자 칼빈에 따르면, 하나님의 지식과 인간의 자기 지식은 서로 연결되어 있으며 상호작용한다고 하였다. 모세는 애굽 사람을 죽이고 미디안 광야로 도망갔을 때, 거기에서 하나님을 만나는 체험을 한다. 그때 모세는 애굽의 왕자라는 페르소나를 벗었으며 광야에서 양치는 목자가 되었다. 모세가 하나님을 만났던 호렙산은 영적인 여정을 위한 자기의 상징이며, 그 경험은 자기를 만나는 것과 하나님을 만나는 것이 서로 관계가 있다는 것을 보여 준다.

자기실현의 과정에서 자아는 자신이 가지고 있는 다양한 내용물을 만나고 버려야 할 것을 버려야 한다. 무엇보다 자아가 집단과 사회에 의해서 씌워진 페르소나 역할에 매몰되지 않아야 한다. 융은 이렇게 기록했다. "개성화의 목적은 한편으로 페르소나의 거짓 외피를 벗겨 내는 것이고, 다른 한편으로 [자신의] 최초 이미지들에 대한 연상으로부터 벗어나게 하는 것이다."(Jung, 1967) 페르소나의 외피가 벗겨지면 자신의 콤플렉스들을 만나는 작업이 필요하고, 이어서 집단무의식 속에 있는 자신의 원형들, 곧 그림자를 만나는 과정이 따라야 하며, 아니마와 아니무스의 의식화가 이루어져야 한다. 이런 과정에서 개인은 윤리적인 갈등과 자아의 저항에 부딪힐 수 있는데, 그렇게 갈등과 저항이라는 자기 직면의 과정이 없이는 자기실현을 향해 나아갈 수 없다. 융에 따르면, 자기실현에 필요한 것은 첫째, 자아가 쓰고 있는 페르소나를 벗는 것이며, 둘째, 자아를 무의식의 이미지와 내용에 사로잡히지 않도록 구출하는 것이라고 했다.

융은 전체 정신의 통합과 자기실현을 위해서는 자아의 희생이 요구된다고 하였다. 자아가 자신의 이기적인 태도와 욕망을 포기하고 희생할 때 자아와 자기 사이에 통합이 가능해진다는 것이다. 이때 자기는 인격의 통합과 자기실현을 위해 자아의 희생을 요구한다. 자기는 희생을 요구하는 자가 되고 자아는 그 희생제물이 되는 셈이다. 그러나 자기와 자아의 관계를 그렇게만 보는 것은 옳지 않다. 왜냐하면 자기가 자아에게 희생을 요구할 때 자기도 희생을 하고 있기 때문이다. 융은 이런 자기와 자아의 관계를 구약 성경 창세기 21장에 나오는 아브라함과 그의 아들 이삭의 경우를 예로 들어 설명한다. 모리아산에 올라간 아브라함은 아들 이삭을 결박하여 제단 위에 올려놓고 하나님에게 희생제물로 바치려고 하였다. 이 사건에서 아버지 아브라함은 단지 희생을 요구하는 자이며, 아들 이삭은 단지 희생제물이라고 보는 것은 잘못이다. 왜냐하면 아브라함이 이삭을 결박한 것은 곧 자기 자신을 결박한 것이고, 아브라함이 이삭을 향해 칼을 빼어든 것은 곧 자기 자신을 향해 그렇게 한 것이기 때문이다. 융은 자신의 아들을 희생제물로 바친 아버지야말로 진정한 희생자라고 믿는다. 이처럼 자기가 자아의 희생을 요구할 때 자기는 이미 자신의 희생을 각오하고 있는 것이다. 융은 이렇게 기록했다. "자기에 대한 자아의 관계가 아버지에 대한 아들의 관계와 같기 때문에 이제 우리는 자기가 우리 자신(자아)을 희생하라고 요구할 때 그것은 실제로 자기 자체의 희생적 행위를 수반하고 있다고 말할 수 있다."(Jung, 박종수, 2010, 재인용)

자아의 희생은 자기의 희생이 수반된 행위라고 보는 융의 생각은 성자 예수의 희생과 성부 하나님의 희생이라는 맥락 속에서 그 원형적인 모델을 찾을 수 있다. 성부 하나님은 인류를 구원하기 위해 성자 예수의 희생을 요구했고, 예수는 그 희생제물이 되었다. 십자가에 달린 것이다. 예수의 희생은 인격의 통합과 자기실현을 위한 자아의 희생에 비교될 수 있다. 십자가에 달린 예수의 아픔과 고통은 이루 말로 다할 수 없었다. 예수는 "엘리, 엘리, 라마 사박다니/나의 하나님, 나의 하나님, 어찌하여 나를 버리시나이까?"라고 절규했다. 그러나 성부 하나님은 아들의 절규에도 불구하고 침묵한다. 아니 외면한다. 그리고 예수는 운명했다. 이 경우, 성부 하나님은 희생을 요구하는 자이고 성자 예수는 희생을 요구받는 자라고만 말하는 것이 정당할까? 위르겐 몰트만(Jürgen Moltmann)이라는 신학자는 그렇게 보는 것은 정당한 해석이 아니라고 한다. 몰트만에 따르면, 성자 예수가 십자가에 달릴 때 성부 하나님도 십자가에 함께 달렸다고 말한다. 뿐만 아니라 그리스도인이 고난을 당하고 십자가에 처형될 때에도 성부 하나님은 그들과 함께 십자가에 달렸다고 말했다. 그는 『십자가에 달리신 하나님(The Crucified God)』이라는 책을 저술했다(Moltmann, 1972). 그러므로 하나님의 침묵은 단순한 침묵이 아니다. 아버지의 침묵은 침묵 외에는 아들을 잃어버리는 아버지의 고통을 표현할 수 있는 다른 방법이 없었다는 것을 의미한다. 아버지의 침묵은 아버지의 죽음을 뜻한다. 침묵 속에서 아들의 죽음과 아버지의 죽음이 동일시된다. 이것은 성부 하나님이 성자 예수와 동일한 고통을 겪었으며 동일한 희생을 했다는 것을 의미한다. 이와 같이 성자 예수와 성부 하나님의 이야기는 자기실현의 과정에서 자아와 자기의 희생에 관한 원형적인 모델이 된다고 할 수 있다.

——— 종합 정리

자기 원형과 자기실현에 대한 논의는 많은 이야기가 필요하다. 여기에서는 기본적인 이야기만 나누었을 뿐이다. 자기실현, 곧 개성화는 인격성장의 목표이며 심리치료의 방향이다. 그러나 자기실현은 결코 쉬운 과정이 아니다. 무의식을 의식화하는 작업과 자아의 희생이 따라야 한다. 자기실현에 필요한 과정을 다음과 같이 정리해 볼 수 있다.

- 분화된 자아와 자기 사이에 통합을 이룸으로써 원활한 소통관계를 유지한다. '자아-자기 축'이 건강한 상태가 되도록 하는 것이다.
- 자기 내면이 밝음과 어두움이라는 대극적인 요소들로 되어 있다는 것을 이해하고 그

대극들을 수용함으로써 통합한다. 우리 안에 의인 베드로와 죄인 시몬이 공존한다는 것을 잊지 않는 것이다.

- 자아가 자신을 자기와 동일시하지 않는다. 자아팽창의 상태가 되지 않는 것이다.
- 자아가 자기를 억압함으로써 자기를 다른 대상에게 투사하지 않는다. 자기 자신의 별을 다른 대상에게 투사하여 그 대상을 추종하지 않는 것이다. 자기의 별을 찾고 그 별을 만나야 한다.
- 사회적 집단정신에 의해서 씌워진 페르소나를 벗고 진정한 자기 자신이 되어 자신의 삶을 산다. 개성화의 삶을 사는 것이다.
- 자아가 개인무의식 속에 있는 콤플렉스를 만나고, 집단무의식 안에 있는 원형들, 곧 그림자와 아니마/아니무스 등을 만남으로써 그것을 의식화하고 통합한다. 이 작업은 어렵고 힘들고 오래 걸리는 과정으로서 자기실현의 핵심적인 내용이다.
- 자아가 철저히 소외된 상태에서 극도의 아픔과 고통을 겪어 낸다. 고통은 변화와 변형의 산실로서 자기실현의 과정에서 반드시 겪어내야 할 경험이라는 것을 이해한다.
- 자아가 자신의 태도와 욕망을 포기하고 자신을 희생할 때 그것은 자아만이 아니라 자기도 함께 희생하고 있다는 것을 기억한다.

참고문헌

■ **국내 서적**

고혜경(2014). 나의 꿈 사용법. 서울: 한겨레출판(주).

고혜경(2016). 꿈에게 길을 묻다. 서울: 도서출판 나무연필.

김상준(2021). 심리학으로 읽는 그리스 신화. 서울: 보이스.

김성대(2008). 그리스 로마 신화. 서울: 삼양미디어.

김정규(1998). 게슈탈트 심리치료. 서울: 학지사.

김중호(2017). 내면부모와 내면아이. 서울: 학지사.

김중호(2022). 트라우마 치유상담. 미출판 자료집. 서울: 크리스찬치유상담연구원.

박종수(2010). 융심리학과 성서적 상담. 서울: 학지사.

유재원(2015). 그리스 신화. 서울: 북촌.

이경희(2020). 프로이트의『꿈의 해석』읽기. 서울: 세창미디어.

이부영(1998). 분석심리학. 서울: 일조각.

이부영(2011). 한국민담의 심층분석. 서울: 집문당.

이부영(2012a). 그림자. 서울: (주)도서출판 한길사.

이부영(2012b). 아니마와 아니무스. 서울: (주)도서출판 한길사.

이부영(2012c). 자기와 자기실현. 서울: (주)도서출판 한길사.

이유경(2008). 원형과 신화. 서울: 분석심리연구소.

정태기(2010a). 아픔·상담·치유. 서울: 상담과 치유.

정태기(2010b). 위기와 상담. 서울: 상담과 치유.

최상진(2003). 한국인 심리학. 서울: 중앙대학교 출판부.

황인숙, 오윤선(2022). 게슈탈트 접촉경계 혼란에 대한 기독교 상담학적 고찰. 복음과 상담, 30(1).

■ 외국 서적

Ackroyd, E. (1993). *A Dictionary of Dream Symbols*. London: Thorsons.

Barrett, D. (2001). *Trauma and Dreams*. Massachusetts: Havard University Press.

Boa, F. (1988). *The Way of the Dream-Dr. Marie-Louise von Franz in Conversation with Fraser Boa*. Toronto: Windrose Films Ltd.

Bradshaw, J. (1990). *Home-Coming: Reclaiming and Championing Your Inner Child*. New York: Bantam Books.

Brenner, C. (1973). *An Elementary Textbook of Psycho-Analysis*. New York: The Free Press.

Burness, E. M., & Bernard, D. F. The American Psychoanalytic Association (1990). *Psychoanalytic Terms & Concepts*. New York: Vail-Ballou Press.

Edinger, E. F. (1972). *Ego & Archetype*. Toronto: Inner City Book.

Eliade, M. (1987). *The Sacred & The Profane*. FL: Harcourt Brace Company.

Fontana, D. (1994). *The Secret Language of Dreams*. London: Duncan Baird Publishers Ltd.

Freud, S. (1900). Works of Sigmund Volume IV: *The Interpretation of Dream (Part 1)*. London: Hogarth Press.

Freud, S. (1901). Works of Sigmund Volume V: *The Interpretation of Dream (Part 2)*. London: Hogarth Press.

Freud, S. (1905). Works of Sigmund Volume VII: *A Case of Hysteria, Three Essays on Sexuality and Other Works*. London: Hogarth Press.

Freud, S. (1911). *The Interpretation of Dream* (3rd ed.). London: Hogarth Press.

Freud, S. (1920). Translated in English by Elder, M. D. *Dream Psychology-Psychoanalysis for Beginners*. London: Arcturus Publishing.

Freud, S., & Breuer J. (1893). Works of Sigmund Volume II: *Studies on Hysteria*. London: Hogarth Press.

Hall, James, Albert. (1934). *Jungian Dream Interpretation*. Canada: University of Toronto Press Incorporated.

Herman, J. (1997). *Trauma and Recovery*. New York: Basic Books.

Hudson, J. R. (2000). *Natural Spirituality*. Danielsville Georgia: JRH Publications.

Jacobi, J. (1957). Translated in English by Manhiem. R. (1974). *Complex, Archetype, Symbol in the Psychology of C. G. Jung.* New York: Princeton University Press.

Jacobi, J. (1973). *The Psychology of C. G. Jung.* CT: Yale University Press.

Jaffé, A., Translated in English by Richard & Winston. C. (1973). *Memories, Dreams, Reflections* by C. J. Jung. New York: Random House Inc.

Johnson, R. A. (1986). *Inner Book.* New York: Library of Congress Cataloging-in-Publication Data.

Jung, C. G. et al. (1964). *Man and His Symbols.* London: Aldus Books.

Jung, C. G. (1966). Collected Work Volume 16: *The Practice of Psychology.*

Jung, C. G. (1967a). Collected Work Volume 5: *Symbols of Transformation.*

Jung, C. G. (1967b). Collected Work Volume 7: *Two Essays on Analytical Psychology.*

Jung, C. G. (1969a). Collected Work Volume 9a: *The Archetypes of the Collective Unconscious.*

Jung, C. G. (1969b). Collected Work Volume 9b: *AION: Researches into the Phenomenology of the Self.*

Jung, C. G. (1970a). Collected Work Volume 8: *The Structure and Dynamics of the Psyche.*

Jung, C. G. (1970b). Collected Work Volume 11: *Psychology and Religion: West and East.*

Jung, C. G. (1971). Collected Work Volume 6: *Psychological Types.*

Jung, C. G. et al. (1991). *Meeting the Shadow: The Hidden Power of the Dark Side of Human Nature.* New York: Penguine Book.

Jung, C. G. Translated in English by Hull. R. F. C. (1980). *The Archetypes and the Collective Uniconscious.* New York: Princeton University Press.

Kelly, B. (1985). *Spiritual Dreaming.* New York: Paulist Press.

Kelly, B. (2003). *Dreams of Healing: Transforming Nightmares into Visions of Hope.* New York: Paulist Press.

Kelsey, M. T. (1991). *God, Dreams, and Revelation.* MN: Augsberg Fortress.

Krugger, M. H. (2016). *Principles and Practice of Sleep Medicine.* Philadelphia: Elsevier.

Moltmann, J. (1972). *The Crucified God.* London: SCM Press.

Moore, R., & Gillette, D. (1990). *King Warrior Magician Lover.* New York: Library of Congress Cataloging-in-Publication Data.

Niedermeyer, E., & da Silva, F. L. (2004). *Electroencephalography: Basic Principles, Clinical*

Applications and Related Fields. Philadelphia: Williams & Wilkins.

Perls, F. S. (1969). *Ego, Hunger and Aggression*. New York: Vintage Books.

Perls, F. S. (1992). *Gestalt Therapy Verbatim*. ME: The Gestalt Journal Press, Inc.

Robert, J. H. (2005). *Dream Language*. Ashland: Immersource.

Samuels, A., Shorter, B., & Plaut, F. (1993). *A Critical Dictionary of Jungian Analysis*. New York: Routledge.

Sanford, J. A. (1968). *Dreams: God's Forgotten Language*. New York: Library of Congress Cataloging-in-Publication Data.

Sanford, J. A. (1978). *Dreams and Healing*. New York: Paulist Press.

Sanford, J. A. (1980). *The Invisible Partners*. New York: Paulist Press.

Saul, L. J. (1972). *Psychodynamically Based Psychotherapy*. Philadelphia: Lippincott.

Stevens, A. (1991) *On Jung*. New York: Penguine Book.

Taylor, J. (1983). *Dream Work: Techniques for Discovering the Creative Power in Dreams*. New Jersey: Paulist Press.

Taylor, J. (1993). *Where People Fly and Water Runs Uphill*. New York: Grand Central Publishing.

Taylor, J. (1998). *The Living Labyrinth: Exploring Universal Themes in Myths, Dreams, and the Symbolism of Waking Life*. New Jersey: Paulist Press.

Walpaw, J. R., & Walpaw, E. W. (2012). *Brain-Computer Interfaces: Principles and Practice*. Oxford: Oxford University Press.

Zewig, C., & Wolf, S. (1997). *Romancing the Shadow*. New York: Ballantine Books.

Zinker, J. (1977). *Creative Process in Gestalt Therapy*. New York: Vintage Books.

■ 번역 서적

Ackroyd, E. (1993). *A Dictionary of Dream Symbols*. 김병준 역(1997). 꿈 상징 사전. 서울: 한국심리치료연구소.

Barasch, M. I. (2001). *Healing Dreams*. 김정일 역(2003). 힐링 드림즈. 서울: 한문화멀티미디어.

Brenner, C. (1973). *An Elementary Textbook of Psycho-Analysis*. 이근후, 박영숙 공역(1987). 정신분석학. 서울: 도서출판 하나의학사.

Corey, G. (1987). *Theory and Practice of Counseling and Psychotherapy*. 오성춘 역(1990). 상담학개론. 서울: 장로회신학대학출판부

Corey, G. (1995). *Theory and Practice of Group Counseling*. 조현춘 외 공역(2004). 집단심리상담의 이론과 실제. 서울: 시그마프레스.

Corsini, R. J. with the Assistance of Wedding, D. *Current Psychotherapies*. 김정희, 이장호 공역(1995). 현대심리치료. 서울: 중앙적성출판사.

Daton, T. (2005). *The Living Stage: A Step-by-Step Guide to Psychodrama, Sociometry and Experiential Group Therapy*. 김세준 역(2012). 사이코드라마 매뉴얼. 서울: 시그마프레스.

Erna, V. W. (1996). *De L'inconscient a Dieu: Ascese Chretienne et Psychologie de C. G. Jung*. 김성민 역(1997). 융의 심리학과 기독교 영성. 서울: 다산글방.

Flanders, S. (1993). *The Dream Discourse Today*. 이세형 역(2022). 오늘날 정신분석의 꿈 담론. 서울: 현대정신분석연구소.

Fontana, D. (1994). *The Secret Language of Dreams*. 원재길 역(1998). 꿈의 비밀. 서울: (주)문학동네.

Freud, S. (1920). *Dream Psychology*. Translated in English by Elder, M. D. 정명진 역(2017). 꿈심리학. 서울: 도서출판 부글북스.

Freud, S., Hall, C. S., & Osbon, R. et al. (1900). *Die Traumdeutung*. 설영환 역(1989). 프로이트 심리학 해설. 부산: 도서출판 선영사.

Freud, S. 김미리혜 역(2013). 프로이트 전집 3권, 히스테리 연구. 서울: 열린책들.

Freud, S. 김정일 역(2014). 프로이트 전집 7권, 성욕에 관한 세편의 에세이. 서울: 열린책들

Freud, S. 윤희기, 박찬부 공역(2014). 프로이트 전집 11권, 정신분석학의 근본개념. 서울: 열린책들.

Freud, S. 임홍빈, 홍혜경 공역(2014). 프로이트 전집 1권, 정신분석 강의. 서울: 열린책들.

Freud, S. 김인순 역(2014). 프로이트 전집 4권, 꿈의 해석. 서울: 열린책들.

Hans, J. M. (2003). *Der Lilith Komplex*. 이미옥 역(2004). 릴리스 콤플렉스. 서울: 참솔.

Harris, T. A. (1968). *I'm OK-You're OK: The Practical Guide to Transactional Analysis*. 이형득, 이성태 공역(1995). 인간관계의 개선과 치료. 서울: 중앙적성출판사.

Jung, C. G. et al. (1964). *Man and His Symbols*. 이부영 외 공역(1985). 인간과 무의식의 상징. 서울: 집문당.

Jung, C. G. Recorded & Edited by Jaffé, A. (1973). *Memories, Dreams, Reflections*. 이부영 역

(2007). 회상, 꿈 그리고 사상. 서울: 집문당.

Jung, C. G. (2001). 융저작번역위원회 역. 융 기본 저작집 1권. 정신요법의 기본 문제. 서울: 솔 출판사.

Jung, C. G. (2002). 융저작번역위원회 역. 융 기본 저작집 5권. 꿈에 나타난 개성화 과정의 상징. 서울: 솔 출판사.

Jung, C. G. (2004). 융저작번역위원회 역. 융 기본 저작집 9권. 인간과 문화. 서울: 솔 출판사.

Jung, C. G. (2005). *Dream Analysis.* 정명진 역(2018). 꿈 분석. 서울: 도서출판 부글북스.

Jung, C. G. (2009). *Red Book.* 김세영, 정명진 공역(2020). 칼 융 레드 북. 서울: 도서출판 부글북스.

Jung, C. G., Hall, C. S., & Jacobi, J. 설영환 역(1996). 융 심리학 해설. 부산: 선영사.

Kast, V. (2006). *Traüme.* 원석영 역(2007). 꿈. 서울: 프로네시스.

Kelsey, M. (1989). *Dreams.* 정광영 역(2006). 꿈에 대한 명상. 서울: 성바오로출판사.

Pennebaker, J. W. (1997). *Opening Up.* 김종한, 박광배 공역(1999). 털어놓기와 건강. 서울: 학지사.

Robert, A. J. (1986). *Inner Work.* 고혜경, 이정규 공역(2011). 내면작업. 서울: 동연.

Samuels, A. *Jung and the Post-Jungians.* 김성민, 왕영희 공역(2012). C. G. 융과 후기 융학파. 서울: 한국심리치료연구소.

Samuels, A., Shorter, B., & Plaut, F. A. (1993). *Critical Dictionary of Jungian Analysis.* 민혜숙 역(2000). 융분석비평사전. 서울: 집문당.

Sanford, J. A. (1968). *Dreams: God's Forgotten Language.* 정태기 역(2018). 꿈: 하나님의 잊혀진 언어. 서울: 동연.

Saul, L. J. (1972). *Psychodynamically Based Psychotherapy.* 이근후, 최종진, 박영숙 공역(1992). 정신역동적 정신치료. 서울: 도서출판 하나의학사.

Savary, L. M. (1984). *Dreams and Spiritual Growth.* 정태기 역(1993). 꿈, 내 마음의 거울. 서울: 도서출판 예솔.

Spinelli, E. (2015). *Practicing Existential Therapy.* 이상훈, 김예인, 신성만 공역(2023). 실존치료의 실제. 서울: 학지사.

Taylor, J. (1983). *Dream Work.* 고혜경 역(2006). 꿈으로 들어가 다시 살아나라. 서울: 성바오로 출판사.

Taylor, J. (1992). *Where People Fly & Water Runs Uphill.* 이정규 역(2007). 사람이 날아다니고 물이 거꾸로 흐르는 곳. 서울: 동연.

Taylor, J. (1998). *The living Labyrinth.* 이정규 역(2015). 살아있는 미로. 서울: 동연.

Theodor, A. (2005). *Introduction to Picture Interpretation According to C. G. Jung.* 이유경 역

(2010). 융 심리학적 그림해석. 서울: 분석심리학연구소.

von Franz, M. (2012). *Psychologische Märcheninterpretation.* 이부영, 이광자 공역(2018). 민담의 심리학적 해석. 서울: 한국융연구원.

Wallin, D. J. (2007). *Attachment in Psychotherapy.* 김진숙 외 공역(2010). 애착과 심리치료. 서울: 학지사.

Wilber, K. (2000). *Integral Psychology.* 조옥경 역(2008). 켄윌버의 통합심리학. 서울: 학지사.

저자 소개

김중호(Kim, Joongho)

저자 김중호는 성균관대학교와 장로회신학대학원을 졸업하고 미국 시카고에 있는 매코믹(McCormick) 신학교와 시카고(Chicago) 신학교에서 각각 신학석사와 목회학박사 학위를 받았다. 그 후 클라렛(Claret) 연구소에서 영성지도 인턴십을 마쳤고, 헤이든(Haden) 연구소에서 꿈작업지도자 과정을 수료했다.

서울 영락교회 상담전담목사와 미국 시카고복음장로교회 담임목사로 사역하였고 치유상담대학원대학교의 대학원장과 부총장으로 재직하였으며, 현재 동 대학원의 명예교수와 치유상담연구원의 원장으로서 한국목회상담학회 감독, 한국치유상담협회 회장, (사)한국가족문화상담협회 전문이사 및 수련감독으로 활동하고 있다.

저자는 트라우마 치유상담, 내면아이 치유상담, 집단투사 꿈작업, 집단상담 등의 정규과목 외에 영성치유수련, 한작업 치유수련, 명상기도수련, 한국인의 심리와 한작업, 감수성훈련, 엄마아빠 테라피 등의 임상적인 수련과정을 만들어 진행하고 있다.

〈주요 저서〉

내면부모와 내면아이(학지사, 2017)

트라우마 치유상담(미간행 자료집, 치유상담연구원, 2022)

애착이론과 치유(미간행 자료집, 치유상담연구원, 2023)

〈주요 논문〉

Spiritual Discernment for Christian Mystical Experience: Contribution of Ken Wilber(박사학위논문, 1999)

영성치유수련의 이론적 토대: 외적구조와 내적구조(정태기 "치유상담 30년" 학술 심포지엄, 2015)

재구성적 감정작업의 치유과정에 대한 뇌신경학적인 이해(한국치유상담협회 학술대회, 2021)

예수의 치유에서 본 접촉지유의 사회관계적 의미(대한예수교장로회 총회 제100회 총회주세해설, 2023~2024)

프로이트의 꿈이해: 잠재봉과 외현몽(꿈벗 드림아카데미 학술대회, 2023)

입양자녀의 대상관계(한국입양가족상담센터 송년 학술대회, 2023)

초월영성과 투사 꿈작업(한국상담학회 초월영성상담학회 학술대회, 2024)

엄마/아빠 테라피의 이론과 치유작업의 실제(영성치유수련 학술 프로젝트, 2025)

꿈의 심리학과 집단투사 꿈작업

Dream Psychology and Group Projective Dream Work

2025년 5월 20일 1판 1쇄 인쇄
2025년 5월 25일 1판 1쇄 발행

지은이 • 김중호
펴낸이 • 김진환
펴낸곳 • (주) **학지사**

04031 서울특별시 마포구 양화로 15길 20 마인드월드빌딩
대표전화 • 02)330-5114　　　팩스 • 02)324-2345
등록번호 • 제313-2006-000265호

홈페이지 • http://www.hakjisa.co.kr
인스타그램 • https://www.instagram.com/hakjisabook/

ISBN 978-89-997-3420-5 03180

정가 27,000원

출판미디어기업 **학지사**

간호보건의학출판 **학지사메디컬** www.hakjisamd.co.kr
심리검사연구소 **인싸이트** www.inpsyt.co.kr
학술논문서비스 **뉴논문** www.newnonmun.com
교육연수원 **카운피아** www.counpia.com
대학교재전자책플랫폼 **캠퍼스북** www.campusbook.co.kr